রাম : ইক্ষ্বাকু কূলতিলক

অমীশ একজন ১৯৭৪ সালে জন্মগ্রহণকারী, আইআইএম (কলকাতা)-তে শিক্ষিত ব্যাঙ্কার-লেখক। তাঁর প্রথম বই, দ্য ইমমর্টালস অফ মেলুহা (শিবা ট্রিলজির প্রথম বই) -এর সাফল্য তাঁকে লেখালেখিতে সম্পূর্ণভাবে মনোনিবেশ করার জন্য আর্থিক পরিষেবায় তাঁর কর্মজীবন ছেড়ে দিতে উৎসাহিত করেছিল। একজন লেখক হওয়ার পাশাপাশি, তিনি ভারত সরকারের একজন কূটনীতিক, টিভি তথ্যচিত্রের হোস্ট এবং একজন চলচ্চিত্র প্রযোজক।

অমীশ ইতিহাস, পৌরাণিক কাহিনী এবং দর্শন সম্পর্কে উৎসাহী, তিনি বিশ্বের সমস্ত ধর্মে সৌন্দর্য এবং অর্থ খুঁজে পান। তাঁর বই ছয় মিলিয়নেরও বেশি কপি বিক্রি হয়েছে এবং কুড়িটিরও বেশি ভাষায় অনূদিত হয়েছে। তাঁর শিবা ট্রিলজি ভারতীয় প্রকাশনার ইতিহাসে সবচেয়ে দ্রুত বিক্রি হওয়া এবং তার রামচন্দ্র সিরিজ দ্বিতীয় দ্রুততম বিক্রি হওয়া বই সিরিজ। আপনি অমীশের সাথে সংযুক্ত হতে পারেন এখানে:

www.authoramish.com
www.facebook.com/authoramish
www.instagram.com/authoramish
www.twitter.com/authoramish

AF520125

www.authoramish.com

লেখকের অন্যান্য বই

শিব ত্রয়ী

ভারতীয় প্রকাশনীর ইতিহাসে সর্বাধিক বিক্রীত ধারাবাহিক:

মেলুহার মৃত্যুঞ্জয়ীগণ (কাহিনি-১)
নাগ রহস্য (কাহিনি-২)
বায়ুপুত্রদের শপথ (কাহিনি-৩)

রামচন্দ্র ধারাবাহিক

ভারতীয় প্রকাশনীর ইতিহাসে দ্বিতীয় সর্বাধিক বিক্রীত ধারাবাহিক:

সীতা—মিথিলার যোদ্ধা (রামচন্দ্র ধারাবাহিক-২)
রাবণ-আর্য্যাবর্তের অরিশ্রেষ্ঠ (রামচন্দ্র ধারাবাহিক-৩)

অ কল্পকাহিনী

মৃত্যুঞ্জয়ী ভারত: নবীন দেশ, নিরন্তর সভ্যতা

www.authoramish.com

‘{অমীশের} লেখনী ভারতের প্রাচীন সংস্কৃতির প্রতি এক সুতীব্র কৌতূহল জাগায়।’

নরেন্দ্র মোদী
(মাননীয় প্রধানমন্ত্রী, ভারত)

‘{অমীশের} লেখা তরুণ প্রজন্মকে প্রাচীনকালের মূল্যবোধের সাথে পরিচয় করায় এবং একইসঙ্গে তাদের কৌতুহল জাগিয়ে তোলে ও চরিতাথ´ করে।’

- শ্রী শ্রী রবি শঙ্কর
(আধ্যাত্মিক নেতা এবং প্রতিষ্ঠাতা, আট´ অফ লিভিং ফাউন্ডেশন)

‘{অমীশের} লেখনী এককথায় চিত্তাকর্ষক ও তথ্যসমৃদ্ধ।’

অমিতাভ বচ্চন
(কিংবদন্তি নায়ক)

‘অমীশ, অন্যান্য লেখকের চেয়ে অনেক বেশি চিন্তাশীল এবং গভীর, যাঁরা মূলত নতুন ভারতকে চিত্রিত করেন।’

বীর সাংভি
(সিনিয়র সাংবাদিক ও কলামিস্ট)

‘অমীশ হলেন ভারতবর্ষের সাহিত্যের সর্বশ্রেষ্ঠ রকস্টার।’

শেখর কাপুর
(পুরস্কার প্রাপ্ত চিত্র পরিচালক)

www.authoramish.com

‘{অমীশ} হলেন এই প্রজন্মের এক প্রকৃত চিন্তাশীল মননের আরেক নাম।’

অর্ণব গোস্বামী

(প্রখ্যাত সাংবাদিক এবং এমডি, রিপাব্লিক টিভি)

‘অমীশের গল্প বলার ধরণের সাবলীলতায় ছোট বড় প্রতিটি ঘটনার পুঙ্খানুপুঙ্খ বিবরণ লক্ষ করা যায়।’

ডঃ শশী থারুর

(মেম্বার অফ পার্লামেন্ট এবং লেখক)

‘{অমীশ} হলেন একজন মননশীল মানুষ। অতীতের প্রতি যার মধ্যে এক আশ্চর্য মনোমুগ্ধকর দৃষ্টিভঙ্গি কাজ করেন।’

শেখর গুপ্ত

(সাংবাদিক এবং কলামিস্ট)

‘নতুন ভারতের সম্বন্ধে জানতে হলে, আপনাকে অমীশের লেখা পড়তেই হবে।’

স্বপন দাশগুপ্ত

(মেম্বার অফ পার্লামেন্ট এবং বর্ষীয়ান সাংবাদিক)

‘অমীশের প্রতিটি লেখায় উন্নতশীল সমাজের সম্পূর্ণ চালচিত্র ফুটে ওঠে—লিঙ্গ বৈষম্য, জাতপাত, যে কোনো ধরণের সামাজিক বিরোধ ইত্যাদি—তিনি এই মুহূর্তে একমাত্র ভারতীয় লেখক যার দর্শনের উপর অগাধ দখল, তাঁর প্রতিটি বই অক্লান্ত চিন্তা ও অভ্রান্ত গবেষণার ফসল।’

সন্দীপন দেব

(বর্ষীয়ান সাংবাদিক এবং মুখ্য আধিকারিক, স্বরাজ্য)

‘অমীশের সাহিত্য সৃষ্টি আমাদের ভাবায়, তাঁর বইগুলি সাহিত্যের বন্ধন অনর্গল করে, তাঁর লেখনীতে ফুটে ওঠে দর্শন, ভক্তিরসে টইটম্বুর তাঁর লেখায় ফুটে ওঠে তাঁর দেশভক্তির সুবাস।’

গৌতম চিকরমানে

(বর্ষীয়ান সাংবাদিক এবং লেখক)

‘অমীশ হলেন সাহিত্যের এক বিস্ময়।’

অনিল ধরকর

(বর্ষীয়ান সাংবাদিক এবং লেখক)

রাম

ইক্ষ্বাকু কূলতিলক

রামচন্দ্র ধারাবাহিকের
প্রথম বই

অমীশ

অনুবাদ
ইপ্সীতা ভট্টাচার্য

eka

www.authoramish.com

eka

First published in English as *Scion of Ikshvaku* in 2015 by westland ltd

Reprinted in English as *Ram: Scion of Ikshvaku* in 2018 by Westland Publications Private Limited

First published in Bengali as *Ikshvaku Kultilak* in 2016 by westland ltd, in association with Yatra Books

Published in Bengali as *Ram: Ikshvaku Kultilak* in 2023 by Eka, an imprint of Westland Books, a division of Nasadiya Technologies Private Limited

No. 269/2B, First Floor, 'Irai Arul', Vimalraj Street, Nethaji Nagar, Alapakkam Main Road, Maduravoyal, Chennai 600095

ISBN: 9789357763820

10 9 8 7 6 5 4 3 2 1

Cover design by Oktobuzz
Typeset by *i*Cues
Printed at Nutech Print Services, India

www.authoramish.com

আমার বাবা, বিনয় কুমার ত্রিপাঠী
ও মা, ঊষা ত্রিপাঠীর উদ্দেশে নিবেদিত

খলিল জিব্রান বলেছেন পিতামাতা যেন ধনুক
আর শিশুরা তির।
ধনুক যত বাঁকে ও প্রসারিত হয় তির তত দূরে উড়ে যায়।
আমি উড়ি আমার বিশিষ্টতার কারণে নয় বরং উড়ি তাঁরা নিজেদের
প্রসারিত করেছিলেন বলে।

www.authoramish.com

ওঁ নমঃ শিবায়
ব্রহ্মাণ্ড ভগবান শিবের কাছে নতজানু হয়
আমিও ভগবান শিবের কাছে নতজানু হই।

www.authoramish.com

রামরাজ্যবাসী ত্বম্ প্রোচ্যরায়স্ব তে শিরম্
ন্যায়র্থম্ যুদ্ধস্ব, সর্বেষু সমম্ চর:
পরিপালয় দুর্বলম্, বিদ্ধি ধর্মম্ বরম্
প্রোচ্যরায়স্ব তে শিরম্,
রামরাজ্যবাসী ত্বম্।

তুমি বাস করো রামের রাজত্বে, শির উন্নত করো
লড়াই করো ন্যায়ের জন্য। সবাইকে সমান হিসেবে গণ্য করো।
দুর্বলকে রক্ষা করো। মনে রেখো ধর্ম সবকিছুর উর্ধ্বে।
শির উন্নত করো,
তুমি রামের রাজত্বে বাস করো।

www.authoramish.com

এ উপন্যাসের কুশীলব ও গুরুত্বপূর্ণ জনগোষ্ঠীর তালিকা

অরিষ্টনেমী: মলয়পুত্রদের সেনাধ্যক্ষ; বিশ্বামিত্রের সবচেয়ে বিশ্বস্ত ব্যক্তি

অশ্বপতি: উত্তর-পশ্চিম ভারতীয় রাজ্য কেকয়-এর অধিপতি; দশরথের বিশ্বস্ত মিত্রশক্তি; কৈকেয়ীর পিতা

ভরত: রামের সৎভাই; দশরথ ও কৈকেয়ীর পুত্র

দশরথ: কোশলের চক্রবর্তী রাজা এবং সপ্ত সিন্ধুর সম্রাট; কৌশল্যা, কৈকেয়ী ও সুমিত্রার স্বামী; রাম, ভরত, লক্ষ্মণ এবং শত্রুঘ্নর পিতা

জনক: মিথিলার রাজা; সীতা ও ঊর্মিলার পিতা

জটায়ু: মলয়পুত্র উপজাতির একজন সেনাপতি; রাম ও সীতার নাগ (বিকৃত অঙ্গ নিয়ে জন্মানো মানুষ) সুহৃদ

কৈকেয়ী: কেকয়-এর রাজা অশ্বপতির কন্যা; দশরথের দ্বিতীয় ও প্রিয়তমা পত্নী; ভরতের মাতা

কৌশল্যা: দক্ষিণ কোশলের রাজা ভানুমন ও তাঁর মহিষী মহেশ্বরীর কন্যা; দশরথের প্রথমা রানি; রামের মাতা

কুবের: রাবণের অব্যবহিত পূর্বের লঙ্কার রাজা ও বণিক

কুম্ভকর্ণ: রাবণের ভাই; একজন নাগ

কুশধ্বজ: সঙ্কাশ্য-এর রাজা; জনকের কনিষ্ঠ ভ্রাতা

লক্ষ্মণ: দশরথ ও সুমিত্রার যমজ পুত্রদের অন্যতম; রামের প্রতি বিশ্বস্ত; পরবর্তী কালে ঊর্মিলার স্বামী

মলয়পুত্র: ষষ্ঠ বিষ্ণু পরশুরামের জনগোষ্ঠী

মন্থরা: সপ্ত সিন্ধুর সর্বাধিক ধনী বণিক; কৈকেয়ীর মিত্রশক্তি

মৃগাশ্ব: দশরথের সেনাধ্যক্ষ; অযোধ্যার অন্যতম অভিজাত

নাগ: অঙ্গবিকৃতি নিয়ে জন্মানো দুর্ধর্ষ জনগোষ্ঠী

নীলাঞ্জনা: অযোধ্যার রাজপরিবারের মহিলা চিকিৎসক; দক্ষিণ কোশল থেকে আগত

রাবণ: লঙ্কার রাজা, বিভীষণ, শূর্পনখা ও কুম্ভকর্ণের ভ্রাতা

রাম: অযোধ্যা (কোশল রাজ্যের রাজধানী নগরী)-র সম্রাট দশরথের চার পুত্রের প্রথম ও দশরথের প্রথমা পত্নীর পুত্র; পরবর্তীকালে সীতার স্বামী

রোশনি: মন্থরার কন্যা, দায়িত্বশীল চিকিৎসক ও দশরথের চার পুত্রের রাখি-বোন

সমীচি: মিথিলার পুলিশ ও বিধি বিভাগের প্রধান।

শত্রুঘ্ন: লক্ষ্মণের যমজ ভাই; দশরথ ও সুমিত্রার পুত্র

শূর্পনখা: রাবণের সৎবোন

সীতা: মিথিলার রাজা জনকের পালিতা কন্যা; মিথিলার প্রধানমন্ত্রী, পরবর্তীকালে রামের পত্নী

সুমিত্রা: কাশীরাজের কন্যা; দশরথের তৃতীয় মহিষী, যমজ দুভাই লক্ষ্মণ ও শত্রুঘ্নর মাতা

বশিষ্ঠ: অযোধ্যার রাজগুরু ও রাজপুরোহিত; চার রাজপুত্রের শিক্ষক

বায়ুপুত্র: শেষ মহাদেব ভগবান রুদ্রের জনগোষ্ঠী

বিভীষণ: রাবণের সৎভাই

বিশ্বামিত্র: ষষ্ঠ বিষ্ণু পরশুরামের জনগোষ্ঠী মলয়পুত্রদের প্রধান; সাময়িকভাবে রাম ও লক্ষ্মণের গুরু

ঊর্মিলা: সীতার ছোটো বোন; জনকের আত্মজা, পরবর্তীকালে লক্ষ্মণের পত্নী

**৩৪০০ খ্রিস্টপূর্বাব্দের মানচিত্রের জন্য তৃতীয় প্রচ্ছদ দেখুন।*

কৃতজ্ঞতা

জন ডান যা লিখেছেন তার সবকিছুর সঙ্গে সহমত পোষণ করিনা, কিন্তু একটা বিষয়ে তিনি অভ্রান্ত: 'কোনো মানুষই দ্বীপ নয়।' আমার সৌভাগ্য যে আমি বহু মানুষের সঙ্গে যুক্ত যারা আমায় ধ্বস্ত হওয়া থেকে বাঁচিয়ে দিয়েছে। অন্যের ভালোবাসা ও সহায়তাই সৃজনশীলতাকে সবচেয়ে বেশি পুষ্টি দান করে।

আমার ঈশ্বর, ভগবান শিব, তাঁর আশীর্বাদ দ্বারা আমার এই জীবন আর তার সঙ্গে আর সবকিছুকে ধন্য করেছেন। এবং তাঁর আশীর্বাদেই ভগবান রাম (আমার পিতামহ পণ্ডিত বাবুলাল ত্রিপাঠী যাঁর ভক্ত ছিলেন) আবার ফিরে এসেছেন আমার জীবনে।

নীল আমার পুত্র, আমার কাছে আশীর্বাদ, আমার গর্ব। সে যা তাই হয়েই আমাকে সুখী করে।

আমার স্ত্রী প্রীতি; বোন ভাবনা; আমার ভগ্নিপতি হিমাংশু; অনীশ ও আশিস, আমার দু-ভাই, এ বইয়ে তাদের অবদান রেখেছে। আমার বোন ভাবনা বিশেষ উল্লেখের দাবি করে এই বইয়ে আলোচিত দর্শনগুলি সম্পর্কে আমাকে আন্তরিকভাবে পরামর্শ দেবার কারণে। আমার স্ত্রী প্রীতি সব সময়ের মতো আমার অনন্ত কৃতজ্ঞতার দাবিদার, তার অনবদ্য মার্কেটিং সংক্রান্ত পরামর্শের জন্য।

আমার পরিবার : ঊষা, বিনয়, মিতা, ডোনেটা, শেরনাজ, স্মিতা, অনুজ ও রুতা। আমার প্রতি তাদের ধারাবাহিক বিশ্বাস ও ভালোবাসার জন্য। তাদের প্রতি আমি কৃতজ্ঞ।

www.authoramish.com

শর্বানী, আমার সম্পাদক। আমাদের মধ্যে এক অদ্ভুত সম্পর্ক। মজা ও হাসিঠাট্টা সাধারণ সময়ে করলেও সম্পাদনার সময় আমরা নিরন্তর যুদ্ধ করে চলি। এরকম জুটি স্বর্গেই তৈরি হয়ে থাকে!

গৌতম, কৃষ্ণ কুমার, প্রীতি, দীপ্তি, সতীশ, বর্ষা, জয়ন্তী, বিপিন, সেন্থিল, শত্রুঘ্ন, সরিতা, অবনী, সংযোগ, নবীন, জয়শংকর, গুরুরাজ, সতীশ এবং আমার প্রকাশক ওয়েস্টল্যাণ্ডের অসাধারণ দলটিও আমার কৃতজ্ঞতাভাজন।

আমার প্রতিনিধি অনুজ। বিশাল বপুর লোকটির হৃদয় আরও বড়ো। এরকম পরম বন্ধু পাওয়া যেকোনো লেখকের ভাগ্যের ব্যাপার।

সংগ্রাম, শালিনী, পরাগ, শাইস্তা, রেখা, হৃষিকেশ, রিচা, প্রসাদ এবং থিংক্ হোয়াই নট্-এর সবাই যারা বইটির প্রচ্ছদ বানিয়েছে, আমার মতে যা অসামান্য! তারা ট্রেলার বানানো সহ এই বইয়ের বাণিজ্যিক দিকটা দেখেছে। দেশের সেরা বিজ্ঞাপন সংস্থাগুলির তারা অন্যতম।

হেমল, নেহা এবং অক্টোবাজ টিম, এই বইয়ের সোশ্যাল মিডিয়া এজেন্সি। তারা পরিশ্রমী, অত্যন্ত কর্মকুশল ও প্রবলভাবে দায়বদ্ধ। যেকোনো টিমের কাছে তারা সম্পদ।

জাভেদ, পার্থসারথি, রোহিত ও ট্রেলার ফিল্মের প্রোডাকশন টিমের অন্যরা। প্রাণবন্ত মানুষ সব। বিশ্বাস করুন, পৃথিবী খুব শীঘ্রই এদের কাছে আনন্দময় কর্মক্ষেত্র হয়ে উঠবে।

বন্ধু মোহন, যোগাযোগ বিষয়ে যার উপদেশকে আমি সর্বদা অত্যন্ত মূল্যবান মনে করি।

বিনোদ, তোরাল, নিমিশা এবং ক্লিয়া পিআর-এর দারুণ টিম এই বইটির জনসংযোগের ক্ষেত্রে গুরুত্বপূর্ণ কাজ করেছে।

মৃণালিনী, একজন সংস্কৃত পণ্ডিত যিনি আমার সঙ্গে কাজ করেন। তাঁর সঙ্গে আমার আলোচনা সর্বদাই আমাকে আমায় আলোকিত করে ও শক্তির যোগান দেয়।

নিতিন, বিশাল, অবনী ও ময়ূরী—আমি যখন নাসিকে এই বইটির কিছু অংশ লিখি তখন তাদের আতিথেয়তার জন্য।

এবং সবশেষে কিন্তু অবশ্যই ন্যূনতমভাবে নয় আপনারা, পাঠককুল। আমার হৃদয়ের অন্তস্থল থেকে আমি আপনাদের ধন্যবাদ জানাই শিব ত্রয়ী উপন্যাসকে আপনারা যে উৎসাহে গ্রহণ করেছিলেন তার জন্য। আশাকরি, নতুন একটি সিরিজের প্রথম বইটি আপনাদের হতাশ করবে না। হর হর মহাদেব!

।। অধ্যায় ১ ।।

৩৪০০ খ্রিস্টপূর্বাব্দ, ভারতের গোদাবরী নদীর সন্নিহিত কোনো এক স্থান

রাম তার ঋজু, দোহারা এবং পেশীবহুল শরীরকে বাঁকিয়ে নামিয়ে আনল। সে ধনুকটিকে দৃঢ়ভাবে ধরে তার শরীরের ভার রাখল ডান হাঁটুর উপর। তিরটি লাগানো ছিল যথাস্থানে, যদিও সে জানত ছিলায় টান দিতে একটুও তাড়াহুড়ো করা চলবে না। সে চাইছিল না তার শরীরের পেশীগুলি অকারণে ক্লান্ত হয়ে উঠুক। ঠিক সময়টার জন্য তাকে অপেক্ষা করতেই হবে।

লক্ষ্যভেদ নির্ভুল হতে হবে।

'দাদা, ওটা সরে যাচ্ছে', তার অগ্রজকে ফিসফিস করে বলল।

রাম উত্তর দিল না। তার দৃষ্টি নিবদ্ধ লক্ষ্যবস্তুর উপর। হালকা বাতাস তার মাথার ওপরে বাঁধা ঝুঁটির বাইরে থাকা কয়েকগুচ্ছ চুলের ওপর খেলা করে গেল। সে হাওয়ায় তার না কামানো অবিন্যস্ত দাড়ি, সাদা ধুতিও কেঁপে উঠল থিরথির করে। বাতাসের গতিমুখ বুঝে রাম তার ধনুকের অবস্থান সামান্য বদলে নিল। নিঃশব্দে সাদা অঙ্গবস্ত্র খুলে রাখতেই তার যুদ্ধবিক্ষত শ্যামবর্ণ শরীরটা উন্মুক্ত হল। *তিরটা ছোঁড়ার মুহূর্তে হাওয়ার দোলায় কাপড় যেন অন্তরায় না হয়।*

হরিণটা হঠাৎ স্থির হয়ে দাঁড়িয়ে পড়ে চোখ তুলে তাকাল, যেন তার

সহজাত প্রবৃত্তিই তার মধ্যে জাগিয়ে দিল বিপদসংকেত। হরিণটার নাক দিয়ে শ্বাসটানার মৃদু শব্দ এবং অস্থিরভাবে তার পা ঠোকার আওয়াজ শুনতে পেল রাম । কয়েক মুহূর্তের মধ্যেই হরিণটা আবার পাতা চিবোতে থাকলে ফিরে এল নৈঃশব্দ। দলের অন্য হরিণরা ছিল কিছুটা দূরে, দৃষ্টির অন্তরালে, জঙ্গলের ঘন লতাপাতার আড়ালে।

'পরশুরামের কৃপায় হরিণটা তার সহজাত প্রবৃত্তিকেও উপেক্ষা করল,' চাপা স্বরে বলল লক্ষ্মণ। 'প্রভুজিকে ধন্যবাদ, সত্যিকারের ভালো খাবার খুব দরকার আমাদের।

'চুপ...'

লক্ষ্মণ চুপ করে গেল। রাম জানত এই শিকারটা তাদের পক্ষে ভীষণ দরকারি। সে লক্ষ্মণ ও স্ত্রী সীতার সঙ্গে গত ত্রিশ দিন প্রায় পালিয়ে বেড়াচ্ছে এক জায়গা থেকে আরেক জায়গায়। জটায়ুর নেতৃত্বে মলয়পুত্র জনগোষ্ঠীর কজন সদস্যও আছে তাদের সঙ্গে।

প্রতিহিংসার অবধারিত আক্রমণ থেকে রক্ষা পেতে জটায়ু দ্রুত স্থানত্যাগের জন্য তাগাদা লাগাচ্ছে। শূর্পনখা ও বিভীষণের সঙ্গে সেই অঘটনটির প্রতিক্রিয়া একটা হবেই। কারণ, আর যাইহোক তারা দুজনেই লঙ্কার রাক্ষসরাজ রাবণের ভাইবোন। লঙ্কার রাজরক্ত যখন ঝরেছে তখন রাবণ যে তীব্র প্রতিহিংসা দেখাবে তা স্পষ্ট।

গোদাবরীকে সমান্তরালে রেখে দণ্ডকপ্রদেশের ঘন অরণ্য দণ্ডকারণ্যের মধ্যে দিয়ে তারা চলে এসেছে বেশ অনেকখানি পথ। তারা এখন অনেকটা নিশ্চিত যে তাদের এখন খুঁজে বের করা খুব একটা সহজ নয়। শাখানদী বা জলাশয়ের থেকে দূরে দূরে থাকার অর্থ শিকার করার সহজ সুযোগ থেকে বঞ্চিত হওয়া। রঘু প্রতিষ্ঠিত গর্বোদ্ধত ক্ষত্রিয় রঘুকুলের উত্তরাধিকারী দুই রাজকুমার, অযোধ্যার রাম ও লক্ষ্মণ। তাদের পক্ষে লতা-গুল্ম, ফলপাকড় খেয়ে জীবনধারণ এককথায় অসম্ভব।

হরিণটা স্থির হয়ে দাঁড়িয়ে কচি ঘাস চিবিয়ে চলেছে নিশ্চিন্তে। রাম বুঝল এটাই প্রকৃষ্ট সময়। বাঁহাতে ধনুকটিকে দৃঢ়ভাবে ধরে সে ডান হাতে

ছিলাটাকে প্রায় তার ঠোঁটের কাছে টেনে আনল। তার কনুই মাটির একেবারে সমান্তরালে। যেমনটি তার গুরু মহর্ষি বশিষ্ঠ তাকে শিখিয়েছিলেন।

কনুইটা দুর্বল ঠেকছে। উঁচুতে তোলো কনুইটাকে। পিঠের সমস্ত পেশির শক্তি ওখানে টেনে আনো, পিঠটাই আসল শক্তির জায়গা।

রাম ছিলাটাকে আরও একটু টেনে এনে তিরটাকে ছুঁড়ল। গাছপালার ফাঁক দিয়ে বিদ্যুৎগতিতে উড়ে তিরটা বিঁধে গেল হরিণটার গলায়। একবারও ডেকে ওঠার সুযোগ পেল না সে, তৎক্ষণাৎ মাটিতে পড়ে গেল, ফুসফুস থেকে উজিয়ে উঠছে তার রক্ত তখন। পেশিবহুল চেহারার লক্ষ্মণ পা টিপে টিপে এগোল হরিণটার দিকে। এগোতে এগোতেই তার কোমরবন্ধের পিছনে লুকানো ছুরিটি সে হাতে নিল। মুহূর্তে জন্তুটির সামনে গিয়ে লক্ষ্মণ ছুরিটি ঢুকিয়ে দিল হরিণটার দুই পাঁজরের গভীরে , একেবারে হৃদযন্ত্রের ভিতর।

হরিণটার মাথা নম্রভাবে ছুঁয়ে সে সমস্ত শিকারিদের মতো উচ্চারণ করল, ‘হে সুন্দর জীব, তোমাকে মারার জন্য আমায় ক্ষমা করো! তোমার শরীর আমাদের আত্মাকে রক্ষা করবে তৎক্ষনাৎ যেন তোমার আত্মা আরও সমুন্নত হয়।’

রাম দৌড়ে লক্ষ্মণের কাছে এলে লক্ষ্মণ হরিণটার শরীর থেকে তিরটি টেনে বের করে, সেটাকে মুছে পরিষ্কার করে রামের হাতে দিতে দিতে বিড়বিড় করে বলল, ‘এটাকে আবারও ব্যবহার করা যাবে।’ রাম তিরটি তূণীরে রাখতে রাখতে আকাশের দিকে তাকাল। আকাশে গান গাইছে পাখিরা অথচ হরিণটার সঙ্গীদের মধ্যে ভয়ের চিহ্ন মাত্র নেই। তাদের দলের একজনের মৃত্যুর কথা তারা বুঝতেই পারেনি। শিকারের সার্থকতার জন্য রাম দেবতা রুদ্রর প্রতি একটি ছোটো স্তোস্ত্র আওড়াল নীচু গলায়। তাদের সর্বপ্রথম লক্ষ্য তাদের থাকার জায়গার হদিশ কেউ যেন জানতে না পারে।

গভীর জঙ্গলের মধ্যে দিয়ে পথ করে চলেছিল রাম ও লক্ষ্মণ। একটি বড়ো

বাঁকের সামনের দিকটা কাঁধে করে রাম হাঁটছিল সামনে, পিছনে লক্ষ্মণ, তার কাঁধে বাঁকের অন্য অংশ; দুজনের মাঝখানে ঝুলছিল হরিণের শরীরটি। তার পা চারটি বাঁকের সঙ্গে দড়ি দিয়ে শক্ত করে বাঁধা।

'আহ্, কতদিন পর জুটবে সত্যিকার ভালো খাবার! লক্ষ্মণ বলল।

রামের ঠোঁটেও খেলে গেল এক চিলতে হাসি, তবে সে বলল না কিছু।

'যদিও আমরা এটাকে ঠিকমতো রাঁধতে পারব না, তাই না, দাদা?'

'না, তা পারব না। ক্রমাগত ধোঁয়া ওপরে উঠতে থাকলে আমাদের ঠিকানাটা ওদের কাছে ধরা পড়ে যাবে।'

'আমাদের কি সত্যিই এতটা সাবধান হওয়া দরকার? এতদিনেও আমাদের ওপর কোনো আক্রমণ তো হল না। বোধহয় ওরা আর আমাদের খুঁজে পাচ্ছে না। আমরা তো কোনো ঘাতকের সম্মুখীনই হইনি এখনো, তাই না? আমরা কোথায় তা ওরা জানবেই বা কী করে? দণ্ডকের অরণ্যে ঢোকাই তো দুঃসাধ্য।'

'হয়ত তুমিই ঠিক, কিন্তু আমি কোনো ঝুঁকি নেবার পক্ষপাতী নই। বরং যতটা সম্ভব সাবধানেই থাকতে চাই।'

কাঁধ নুয়ে আসছিল লক্ষ্মণের, তবু সে তার স্বাভাবিক শান্তভাব বজায় রাখল।

রাম পিছন ফিরে ভাইয়ের দিকে না তাকিয়েই বলল, 'তবু, এটা লতা-গুল্ম খাবার থেকে ভালো।'

'সে তো অবশ্যই,' লক্ষ্মণ সায় দিল।

দুই ভাই নীরবে আবার বনের মধ্যে দিয়ে হাঁটতে লাগল।

'দাদা, মনে হচ্ছে একটা চক্রান্ত ফাঁদা হচ্ছে। ঠিক যে কী সেটা অবশ্য ধরতে পারছি না। কিন্তু কিছু একটা ঘটছে। সম্ভবত ভরত দাদা...'

'লক্ষ্মণ!' রুক্ষ গলায় ধমকে উঠল রাম।

রামের পরের ভাই-ই ভরত। রাম রাজ্যত্যাগ করার পর দশরথ তাকেই অযোধ্যার রাজা মনোনীত করেছে। শত্রুঘ্ন ও লক্ষ্মণ — দুই ছোটো যমজ ভাই। যদিও আনুগত্যের প্রশ্নে তাদের মনোভাব বিপরীত। শত্রুঘ্ন যখন ভরতের সঙ্গে অযোধ্যাতেই থেকে যেতে মনস্থ করেছে তখন বিন্দুমাত্র

দ্বিধা না করে লক্ষ্মণ রামের সঙ্গেই বেছে নিয়েছে কষ্টের জীবন। লক্ষ্মণ আবেগপ্রবণ, ভরতের প্রতি রামের অন্ধ বিশ্বাসকে সে সংশয়ের চোখে দেখে। তার মনে হয় ভরত যে ষড়যন্ত্রে লিপ্ত সে সম্পর্কে তার অতিমাত্রায় নীতিনিষ্ঠ অগ্রজকে সাবধান করা উচিত।

নাছোড়বান্দাভাবে লক্ষ্মণ আবার বলে, ‘ জানি দাদা, তুমি এসব শুনতে চাও না, কিন্তু আমি নিশ্চিত যে একটা চক্রান্তের জাল বুনছে তোমার—’

লক্ষ্মণকে থামিয়ে দিয়ে রাম বলল, ‘বেশ, এটা নিয়ে আমরা পরে গভীরভাবেই না হয় ভাবব, কিন্তু আমাদের প্রথমে যা দরকার তা মিত্র সংগ্রহ। জটায়ু মিত্র হিসেবে যথার্থ। আমাদের স্থানীয় মলয়পুত্রদের শিবির খুঁজে বের করতে হবে। তারা যে আমাদের সাহায্য করবে সে বিশ্বাস করাই যায়।’

‘দাদা, কাকে যে বিশ্বাস করা যায় তা আমার মাথায় আসে না। হয়তো ওই শকুন-মানুষটা আমাদের শত্রুদেরই মদত দিচ্ছে!’

জটায়ু নাগ সম্প্রদায়ভুক্ত, যে সম্প্রদায়ে সবাই জন্মায় শারীরিক বৈকল্য নিয়ে। নর্মদার উত্তরে অবস্থিক সপ্ত সিন্ধু বা সাত নদীর দেশের নাগরা ঘৃণিত, ভীতিপ্রদ ও সমাজ থেকে বহিষ্কৃত হওয়া স্বত্ত্বেও রাম জটায়ুকে বিশ্বাস করতে শুরু করেছে।

সব নাগদের মতোই জটায়ু জন্মেছে অবধারিত জন্মগত বিকৃতি নিয়ে। তার মুখটা শক্ত ও হাড়সর্বস্ব এবং সেটা সামনের দিকে পাখির চঞ্চুর মতো এগোনো। তার মাথায় চুল না থাকলেও তার মুখ মসৃণ ও নরম পালকে ঢাকা। যদিও সে মানুষ, তবু তাকে কেমন যেন শকুনের মতো দেখতে।

‘সীতা জটায়ুকে বিশ্বাস করে,’ রাম কথাটা এমনভাবে বলল যেন এরপর আর অবিশ্বাসের কিছু থাকতে পারে না। তারপর যোগ করল, ‘আমিও বিশ্বাস করি জটায়ুকে। আর তুমিও তাই করবে।’

লক্ষ্মণ নীরব রইল। দুই ভাই হাঁটতে লাগল জঙ্গলপথে।

‘কিন্তু ভরতদাদা যে এমনটা করতে পারে সেটা তোমার কাছে অযৌক্তিক মনে

হচ্ছে কেন?'

'স্‌স্‌স্‌', হাত তুলে লক্ষ্মণকে চুপ করিয়ে রাম বলল, 'শোনো।'

লক্ষ্মণ কান খাড়া করল। তার মেরুদণ্ড দিয়ে নেমে এল এক শীতল স্রোত। মুখে স্পষ্ট আতঙ্কের ভাব নিয়ে রাম লক্ষ্মণের দিকে ফিরে তাকাল। তারা দুজনেই শুনেছে। এক তীক্ষ্ণ আর্তনাদ। এ আর্তনাদ সীতার। এতদূর থেকে আর্তনাদ অনেকটা ফিকে শোনালেও, এ কণ্ঠস্বর নিশ্চিতভাবেই সীতার। সীতা তার স্বামীকে চিৎকার করে ডাকছে।

হরিণটাকে মাটিতে ফেলে প্রাণপণে তারা দৌড় লাগাল সামনে। তাদের অস্থায়ী তাঁবু থেকে তখনও তারা বেশ খানিকটা দূরে।

ত্রস্ত পাখিদের চিৎকার চেঁচামেচি ছাপিয়ে শোনা যাচ্ছিল সীতার কণ্ঠস্বর।

'... রা-আ-আ-ম!'

দু-ভাই এখন অনেকটাই কাছে এসে পড়েছে, তাদের কানে এল অস্ত্রের ঝনঝনানি। রাম উন্মত্তের মতো জঙ্গলের মধ্যে দিয়ে দৌড়তে দৌড়তে চিৎকার করে উঠল, 'সী-তা-আ'।

লক্ষ্মণ দৌড়তে দৌড়তেই বের করে ফেলেছে তার তলোয়ার। যুদ্ধের জন্য সে তৈরি।

'রা-আ-আ-ম।'

রাম ধনুকটা ধরল শক্ত করে। তারা তাদের তাঁবু থেকে মাত্র কয়েক মিনিট দূরে। আবার চিৎকার করল রাম। 'সী-তা-আ-আ।'

'...রা-আ-আ-ম...'

'ওকে ছেড়ে দাও!' চিৎকার করে উঠল রাম। সে তখন ঘন পাতাঝোপ ভেদ করে অনেকটা সামনে এগিয়ে এসেছে।

'...রা-আ-আ...'

সীতার কথা মাঝপথেই থেমে গেল। ভয়ংকর কোনো কিছুর কথা কল্পনাতেও আসতে না দিয়ে রাম দৌড়তে থাকল, বুক ধড়াস ধড়াস করছে তার। মনে বইছে দুশ্চিন্তার ঝড়।

ঘূর্ণায়মান পাখার হুম হুম শব্দ তাদের কানে এল। আগের এক অভিজ্ঞতা

থেকে রাম এই শব্দের অর্থ বুঝতে পারল। এ শব্দ রাবণের বিখ্যাত পুষ্পক বিমান বা উড়ন্ত শকটের।

'না-আ-আ-আ-!' সামনে ধনুকের ছিলা টেনে দৌড়তে দৌড়তেই চিৎকার করল রাম। তার দুগাল বেয়ে তখন নামছে অশ্রুধারা।

জঙ্গল ভেদ করে দুভাই ততক্ষণে এসে পৌঁছেছে তাদের তাঁবুর সামনের ফাঁকা জায়গাটায়। তাঁবুটা ভেঙে ছত্রাকার হয়ে গেছে, আর চারিদিকে ছড়িয়ে আছে রক্ত।

'সী-ই-ই-ই-তা!'

রাম তাকাল ওপর দিকে। দ্রুত আকাশের উচ্চতায় উঠে যেতে থাকা পুষ্পক বিমানের দিকে লক্ষ্য করে সে নিক্ষেপ করল একটি তির। এই তির নিক্ষেপ যেন অসহায় রাগেরই প্রকাশ, কারণ বিমান তখন উড়ে যাচ্ছে অনেক উপর দিয়ে।

'সী-ই-ই-ই-তা!'

লক্ষ্মণ উন্মত্তের মতো তাঁবুর ভেতরটা খুঁজে দেখতে লাগল। চারপাশে ছড়িয়ে আছে মৃত সৈনিকদের শরীর। কিন্তু সীতা কোথাও নেই।

'রাজ...কুমার...রাম...'

সেই দুর্বল কণ্ঠস্বর চিনতে রামের ভুল হল না। সে দৌড়ে এগিয়ে গিয়ে দেখল নাগের রক্তাক্ত ও ছিন্নভিন্ন শরীর।

'জটায়ু!'

ভয়ংকরভাবে আহত জটায়ু অনেক কষ্টে বলে উঠল, 'সে...সেই লোকটা...'

'কী?'

'রাবণ...রাবণ...তাঁকে অপহরণ...করে নিয়ে...চলে গেল।'

ক্রোধন্মত্ত রাম আকাশের দিকে মুখ তুলে দেখল বিমানটি দ্রুত তাদের থেকে আরও দূরে চলে যাচ্ছে। আক্রোশে চিৎকার করে উঠল রাম, 'সীইইইতা!'

।। অধ্যায় ২।।

তেত্রিশ বৎসর পূর্বে, ভারতের পশ্চিম সাগরের কাছে কারাচাপ বন্দর

সপ্ত সিন্ধু অঞ্চলের শ্রেষ্ঠ সাম্রাজ্য কোশলের অধীশ্বর দশরথ, যাঁর বয়স তখন চল্লিশ, প্রায় ফিসফিস করে বলল, 'প্রভু পরশুরাম, অনুগ্রহ করুন।'

সপ্ত সিন্ধুর সম্রাট তার বিস্তৃত সাম্রাজ্য পেরিয়ে রাজধানী অযোধ্যা থেকে পশ্চিম তটভূমিতে পৌঁছোনোর জন্য যাত্রা করেছে। কিছু বিদ্রোহী বণিকের রাজকীয় ন্যায় বিচারের স্বাদ পাওয়া একান্ত জরুরি হয়ে উঠেছে। যুদ্ধপ্রিয় দশরথ তাঁর পিতা অজ-র কাছ থেকে উত্তরাধিকার সূত্রে পাওয়া সাম্রাজ্যেকে করে তুলেছে মহাপরাক্রান্ত। ভারতের বিভিন্ন প্রান্তের শাসকরা হয় পরাজিত হয়ে অথবা প্রচুর উপঢৌকন প্রদানের মাধ্যমে অযোধ্যার রাষ্ট্রিয় আনুগত্য স্বীকার করে দশরথকে করে তুলেছে চক্রবর্তী সম্রাট অথবা বিশ্ব সম্রাট।

দশরথের সেনাধ্যক্ষ মৃগাশ্ব বলল, 'হ্যাঁ, প্রভু, এ গ্রামটার ওপরেই ওরা কেবল ধ্বংসক্রিয়া চালায়নি, বরং আমরা যেখানে দাড়িয়ে আছি তার পঞ্চাশ কিলোমিটার ব্যাসার্ধের মধ্যে যত গ্রাম আছে সব শত্রুরা ধ্বংস করে দিয়েছে। জলের কূপগুলিকে দূষিত করেছে তার মধ্যে পশুশব ফেলে, নির্দয়ভাবে পুড়িয়ে দিয়েছে শস্যক্ষেত্র। সমস্ত দেশগ্রামের ওপর একেবারে তাণ্ডব চলেছে।'

'যাকে বলে পোড়ামাটি নীতি...' দশরথের মিত্রশক্তি কেকয়ের রাজা এবং সম্রাটের দ্বিতীয় এবং প্রিয়তমা পত্নী কৈকেয়ীর পিতা অশ্বপতি বলে।

'ঠিক তাই,' অন্য এক রাজা বলে, 'এখানকার পাঁচ লক্ষ সৈন্যের আহার জোটাতে পারছি না। আমাদের রসদ সরবরাহ ব্যবস্থাও অপ্রতুল।'

'কী করে ওই নরকের কীট, বর্বর বণিক কুবের এরকম সামরিক কৌশল আয়ত্ত করল?' দশরথ জিজ্ঞাসা করে।

ক্ষত্রিয় হিসেবে বণিক শ্রেণি বা বৈশ্যদের প্রতি তার সহজাত ঘৃণা দশরথ চেষ্টা করেও লুকোতে পারছিল না। সপ্ত সিন্ধুর রাজন্যবর্গ মনে করে ধনসম্পত্তিতে জয়ীদেরই অধিকার, তা যুদ্ধে বিজয়ী হয়ে হোক বা অন্য রাজ্য লুণ্ঠন করে হোক, কিন্তু তাদের মতে ব্যবসার লাভালাভ থেকে সম্পদ সংগ্রহ অন্যায়। বৈশ্যদের কুলগত নীচতা সর্বদাই ঘৃণার্হ। তারা প্রবল বিধিনিষেধেই কেবল আবদ্ধ নয়, তারা রাষ্ট্রের কঠোর নির্দেশ ও অনুশাসন দ্বারাও নিয়ন্ত্রিত। সপ্ত সিন্ধুর অভিজাত পরিবারের সন্তানরা যোদ্ধা বা পণ্ডিত হবার ব্যাপারে উৎসাহিত হয়, ব্যবসায়ী হতে নয়। ফলস্বরূপ ধীরে ধীরে এইসব রাজ্যে বণিক শ্রেণি একপ্রকার উৎছন্নে গেছে। যুদ্ধবিগ্রহ থেকে প্রাপ্ত ধনরত্ন এখন আর যথেষ্ট না হওয়ায় রাজকোষ গুলিও ক্রমে শূন্য হয়ে উঠছে।

লাভের সম্ভাবনার গন্ধ পেয়ে, দ্বীপরাষ্ট্র লঙ্কার বণিক-রাজা কুবের সপ্ত সিন্ধুর রাজ্যগুলিতে তার দক্ষতা ও পরিষেবা সংক্রান্ত কুশলতা প্রদর্শন করে বাণিজ্য করার অনুমতি প্রার্থনা করেছিল। অযোধ্যার তৎকালীন রাজা অজ, কুবেরকে বাণিজ্য করার একচেটিয়া অধিকার দান করেন এবং তার কাছ থেকে প্রাপ্ত বিপুল বার্ষিক শুল্ক সপ্ত সিন্ধু সাম্রাজ্যের অধীন সব রাজ্যকে ভাগ করে দেবার বন্দোবস্তও করেন। এতে অন্যান্য রাজ্যের মধ্যে অযোধ্যার গুরুত্ব বাড়ে। তবুও এসব রাজ্য এখনো বাণিজ্যের প্রতি তাদের পুরোনো ঘৃণা পুষে রেখেছে। কিন্তু দশরথ মনে করে অযোধ্যার ন্যায়সম্মতভাবেই এই বাণিজ্য শুল্ক প্রাপ্য। সম্প্রতি কুবের তার পরিমাণ কমিয়ে দিয়েছে। একজন সামান্য ব্যবসায়ীর এহেন ঔদ্ধত্য অবশ্যই শাস্তিযোগ্য। এরই প্রেক্ষিতে দশরথ তার অধীন রাজাদের নির্দেশ দিয়েছিল তাদের সৈন্যদলকে অযোধ্যার

সৈন্যবাহিনীর সঙ্গে যুক্ত করে কারাচাপ অভিযান করতে এবং কুবেরকে বুঝিয়ে দিতে ক্ষমতার পরম্পরায় তার স্থান কোথায়।

'মহারাজ, আপাতভাবে মনে হচ্ছে এই দুর্বুদ্ধিটা কুবেরের নয়, পেছনে অন্য কেউ আছে।' মৃগাশ্ব বলল।

'কে সে?' বিরক্ত দশরথের প্রশ্ন।

'আমরা তার সম্পর্কে বিশেষ কিছু জানি না। তবে শুনেছি লোকটার বয়স ত্রিশের বেশি নয়। কুবেরের বাণিজ্য রক্ষীদলের প্রধান হিসেবে খুব বেশিদিন আগে সে যোগ দেয়নি। কিছুদিনের মধ্যেই লোকটা আরও লোকজনকে নিয়োগ করে রক্ষীদলকে রীতিমতো একটা সৈন্যদলে পরিণত করেছে। আমার বিশ্বাস সে-ই আমাদের বিরুদ্ধে কুবেরকে উস্কানি যোগাচ্ছে।'

'আমারও একই মত।' অশ্বপতি বলে। 'এটা বিশ্বাসযোগ্য নয় যে সপ্ত সিন্ধুর শক্তির বিরুদ্ধে রুখে দাঁড়াবার স্পর্ধা কুবেরের মতো অলসের হতে পারে।'

'কোথা থেকে এল লোকটা? নাম কী?' দশরথের প্রশ্ন।

'মহারাজ, সত্যিই, লোকটা সম্পর্কে আমরা বিশেষ কিছু জানি না,' মৃগাশ্ব বলে।

'অন্তত তার নামটা কী, তা জানো?'

'হ্যাঁ। ওর নাম রাবণ।'

অযোধ্যার রাজপ্রাসাদের বারান্দা দিয়ে রাজবৈদ্য নীলাঞ্জনা দৌড়ে যাচ্ছিল অন্দরমহলের দিকে। সন্ধ্যার কিছু পরে রাজা দশরথের প্রথম পত্নী, রানি কৌশল্যার ব্যক্তিগত সচিবের জরুরি তলব।

দক্ষিণ কোশলের নম্র ও সংযত রাজকন্যা, কৌশল্যার সঙ্গে, দশরথের বিবাহ হয়েছে প্রায় পনেরো বছর আগে। সম্রাটকে তাঁর উত্তরাধিকারী প্রদান না করতে পারার অক্ষমতার বেদনা তাকে কুরে কুরে খায়। একজন উত্তরাধিকারী

না থাকার হতাশায় শেষ পর্যন্ত দশরথ তাঁর নিকট মিত্র পশ্চিম ভারতীয় শক্তিশালী রাজ্য অশ্বপতি শাসিত কেকয়ের রাজকন্যা দীর্ঘাঙ্গী সৌষ্ঠবময়ী গৌরবর্ণা কৈকেয়ীকে বিবাহ করে। এ বিবাহ থেকেও উদ্দেশ্য সিদ্ধ হয়নি। সে শেষপর্যন্ত বিবাহ করে পবিত্র শহর কাশীর মিতভাষী কিন্তু দৃঢ়চেতা রাজকন্যা সুমিত্রাকে। এ শহর বিখ্যাত দেবতা রুদ্রের মহিমা ও অহিংসার জন্য। এত কিছুর পরও মহাসম্রাট দশরথের ভাগ্যে কোনো উত্তরাধিকারী জোটেনি।

সুতরাং এটা কিছুমাত্র আশ্চর্যের নয় যে যখন কৌশল্যা শেষমেশ গর্ভবতী হল, তখন সে ঘটনা আনন্দ ও উৎসব বয়ে আনল রাজপ্রাসাদে। রানি সাবধানী ও সচেষ্ট ছিল যাতে তার সন্তান সুস্থভাবে ভূমিষ্ট হয়। তার সমস্ত সহকারিনী ও কর্মচারী, যাদের অধিকাংশই তার সঙ্গে এসেছিল তার বাবার রাজপ্রাসাদ থেকে, তারাও একজন উত্তরাধিকারীর জন্মের রাজনৈতিক গুরুত্ব সম্পর্কে যথেষ্ট ওয়াকিবহাল ছিল। অপর্যাপ্ত সাবধানতা অবলম্বন করা হয়েছিল প্রথম থেকেই। এটাই প্রথমবার নয়, নীলাঞ্জনাকে এভাবে এর আগেও তলব করা হয়েছে নানা তুচ্ছ ও অলীক সংকেত থেকে। তথাপি, বৈদ্যও এসেছেন রানি কৌশল্যার পৈতৃক রাজবাড়ি থেকে। আর সেই আনুগত্যই তাকে বিরক্তিপ্রকাশ থেকে নিবৃত্ত রাখে। কিন্তু এবার সম্ভবত সেই বহু কাঙ্খিত ঘটনাটা ঘটতে চলেছে। রাণির প্রসব বেদনা এবার সত্যিই শুরু হয়েছে।

দৌড়ানোর সময়ও নীলঞ্জনার ঠোঁটদুটি কাঁপছিল থরথর করে, সে আন্তরিক প্রার্থনা করছিল ভগবান পরশুরামের কাছে যাতে সহজে প্রসব হয় এবং জন্ম হয় এক পুরুষ শিশুর।

‘বেঁচে থাকতে হলে তোমার লাভের নয় দশমাংশ পূর্ববৎ দেওয়া শুরু কর।’ দশরথ প্রায় গর্জন করে বলল।

যুদ্ধের রীতি অনুযায়ি আপস-মীমাংসার শেষ চেষ্টায় দশরথ কুবেরের

কাছে একজন দূতকে পাঠিয়েছিল। দশরথের সৈন্যশিবির ও কারাচাপ দুর্গের মধ্যবর্তী স্থানে দু পক্ষই রাজি হয়েছিল আলোচনায় বসতে। অযোধ্যা নৃপতির সঙ্গে ছিল অশ্বপতি, মৃগাশ্ব ও কুড়িজন দেহরক্ষীর এক দল। কুবের হাজির ছিল তার সৈন্যাধ্যক্ষ রাবণ ও কুড়িজন দেহরক্ষী নিয়ে।

মোটা কুবের যখন থপথপ করে নিজেকে টানতে টানতে তাঁবুতে প্রবেশ করল তখন সপ্ত সিন্ধুর যোদ্ধারা তাদের ঘেন্না আর লুকোতে পারছিল না। সত্তর বছর বয়স্ক বিপুল ধনী লঙ্কার বণিকের কমে আসা চুলসহ চাঁদপানা মুখখানা তার বিশাল শরীরের ওপর বসানো ছিল। মসৃণ গৌরবর্ণ ত্বক যদিও গোপন করছিল তার বয়সকে। পরণে ছিল সবুজ ধুতি ও গোলাপি অঙ্গবস্ত্র আর সর্বাঙ্গে বহুমূল্য অলংকার। ভোগী, নাদুসনুদুস, মেয়েলি ব্যবহারের লোকটিকে দেখে দশরথের মনে হল-এ হচ্ছে আদর্শ বৈশ্যের উদাহরণ।

দশরথ তার ভাবনার রাশ টানলেন, কারন তার ভাবনা শব্দ হয়ে বেরিয়ে যাবার জন্য উশখুশ করছিল। *এই উদ্ভট ভাঁড়টি কি সত্যি মনে করে আমার সঙ্গে পাল্লা দেবে?*

'মহামান্য হুজুর...' শঙ্কিত কণ্ঠে কুবের শুরু করল, 'আমার মনে হয় আপনি যে হারে শুল্ক ধার্য করেছেন তা আমার পক্ষে মেনে নেওয়া একটু অসুবিধার। খরচাপাতি এখন বেড়ে গেছে, ব্যবসা থেকে অত লাভও আর হয়না যেমনটা—'

'আমি বণিক নই, আমি সম্রাট। যেকোনো ভদ্রজনই তফাৎটা বোঝে। আমার সঙ্গে তোমার দরদামের বাজারি কৌশল দেখিও না!' চিৎকার করে মেজ চাপড়ে বলল দশরথ।

দশরথের বুঝতে অসুবিধা হল না কুবের কেমন যেন অস্বচ্ছন্দ বোধ করছে। সম্ভবত বণিকটা চায়নি ব্যাপারটা এমন পর্যায়ে পৌঁছে যাক। কারাচাপ দুর্গের দিকে বিপুল সৈন্য সমাগম নিশ্চয়ই তাকে ঘাবড়ে দিয়েছে। দশরথের ধারণা হল কিছু কটু বাক্যই কুবেরকে তার মূর্খ উচ্চাশা ত্যাগ করতে বাধ্য করবে এবং তারপর, ন্যায়সঙ্গত ভাবেই সে কুবেরকে আরও দুই শতাংশ লাভ ছাড় দেওয়া হবে। দশরথ বোঝে কখনো-সখনো সামান্য মহানুভবতা অশান্তি কমাতে সমর্থ হয়।

দশরথ গলা নামিয়ে সামনের দিকে ঝুঁকে প্রায় হিস হিস করে উঠল, 'আমি করুণা করতে পারি, ভুলকে ক্ষমাও করতে পারি। কিন্তু তার আগে তোমার এই অন্যায় অবশ্যই বন্ধ করতে হবে এবং আমি যা বলব তাই করতে হবে।'

শঙ্কিত কুবের ঢোঁক গিলে তার ডানদিকে ভ্রুক্ষেপহীন ভাবে বসে থাকা রাবণের দিকে তাকাল। বসা অবস্থাতেও রাবণের উচ্চতা ও থিরথির করে কাঁপতে থাকা পেশিবহুল শরীর কেমন যেন ভীতিপ্রদ। তার যুদ্ধ-বিক্ষত, তামাটে ত্বকে বসন্তের ক্ষতচিহ্ন। যেন সেই কুৎসিত ক্ষতচিহ্নগুলিকে ঢাকার জন্যেই বাড়তে দেওয়া ঘন দাড়ি আর ওই বিশাল গোঁফ তাকে দিয়েছে এক ভয়াবহ রূপ। তার পোশাক অবশ্য সাধারণ, কেবল সাদা ধুতি আর ঘিরঙা অঙ্গবস্ত্র। তবে তার শিরস্ত্রাণ বৈশিষ্ট্যপূর্ণ। দুপাশ থেকে ছয় ইঞ্চি লম্বা দুটি শিং ভয়াবহভাবে উঁচিয়ে আছে।

সৈনাধ্যক্ষের অবিচল মূর্তি দেখে কুবের অসহায়ভাবে আবার দশরথের দিকে তাকিয়ে বলল, 'কিন্তু মহামান্য হুজুর, আমরা নানারকম সমস্যার মুখোমুখি হয়েছি আর আমাদের গচ্ছিত মূলধন—'

'কুবের তুমি এবার আমার ধৈর্যের বাঁধ ভেঙে দিচ্ছ।' রাবণকে উপেক্ষা করে তার মনোযোগ কুবের-এর উপর ফিরিয়ে দশরথ গর্জন করল, 'তুমি সপ্ত সিন্ধুর সম্রাটকে এবার বিরক্ত করছ।'

'কিন্তু হুজুর...'

'দ্যাখো, তুমি যদি আমাদের ন্যায়সঙ্গতভাবে প্রাপ্য শুল্ক না দাও, তবে নিশ্চিত থেকো কাল এই সময় তোমাদের একজনও বেঁচে থাকবে না। প্রথমে আমি তোমাদের এখানকার অপদার্থ সেনাবাহিনীকে ধ্বংস করব,তারপর সোজা তোমাদের ওই অভিশপ্ত দ্বীপে গিয়ে শহরটাকে জ্বালিয়ে মাটিতে মিশিয়ে দেব।'

'দেখুন আমাদের জাহাজগুলোয় দেখা দিয়েছে নানা সমস্যা, তার ওপর শ্রমিকদের খরচ—'

'তোমার সমস্যা নিয়ে আমার কোনো মাথাব্যাথা নেই,' চিৎকার করে উঠল দশরথ, তার সেই প্রবাদপ্রতিম ক্রোধ তখন টগবগ করে ফুটছে।

'মাথাব্যাথা আপনার হবে, কালকের পর থেকে', নম্র স্বরে রাবণের প্রত্যুত্তর ।

ক্ষিপ্ত দশরথের দৃষ্টি তৎক্ষণাত ঘুরল রাবণের দিকে। কুবেরের সহকারীর এত বড়ো স্পর্ধা যে সে আলোচনার মধ্যে নাক গলাবে!

'কোন সাহসে তুমি কথা বলে উঠলে—'

'তোমারই বা এতবড়ো সাহস হল কী করে, দশরথ?' গলা চড়িয়ে রাবণ বলল।

হতভম্ব দশরথ! মৃগাশ্ব,অশ্বপতিও থ। দেহরক্ষী প্রধানের এত বড়ো ঔদ্ধত্য যে সে সপ্ত সিন্ধুর অধিপতিকে নাম ধরে ডাকে!

অদ্ভুত শীতল কণ্ঠে রাবণ বলল, 'আমার নেতৃত্বাধীন বাহিনীকে হারাবার আশা করার দুঃসাহস তোমার হয় কি করে?

প্রচণ্ড ক্রুদ্ধ হয়ে লাফিয়ে উঠল দশরথ, সশব্দে তার আসনটা পিছনে ছিটকে গেল। রাবণের দিকে আঙুল তুলে সে বলল, 'ওরে মূঢ়, কাল যুদ্ধক্ষেত্রেই আমি তোকে দেখে নেব!'

ধীরে অথচ ভয়ানকভাবে আসন ছেড়ে উঠে দাঁড়াল রাবণ। গলার ঝুলন্ত হারে আটকানো তাবিজটি তার ডান হাতের মুঠোয়। সেই মুঠো খুলতেই যা দেখা গেল তা দশরথকে সন্ত্রস্ত করে তুলল। সোনায় বাঁধানো তাবিজটা আসলে দুটি মানুষের আঙুলের হাড়। আবার বিদঘুটে সেই স্মারকটিকে মুঠোবন্দি করতেই মনে হল ওটা যেন রাবণের প্রবল শক্তির উৎস।

চোখে অবিশ্বাস নিয়ে দশরথ তাকিয়ে রইল। সে শুনেছে রাক্ষসরা তাদের শত্রুদের মাথার খুলিতে রক্ত ও মদ পান করে। আর শত্রুদের দেহাবশেষ রেখে দেয় স্মারক হিসেবে। কিন্তু এ যোদ্ধা তো নিজের শরীরেই ধারণ করে আছে শত্রুর দেহাংশ। *কে এই দানব?*

'চিন্তা করো না, কাল যুদ্ধক্ষেত্রে মোলাকাত হবে।' রাবণের কথাগুলোয় তীব্র শ্লেষের স্বর। ভয়ার্ত দশরথ তার দিকে তাকিয়ে থাকতে থাকতে রাবণকে বলতে শুনল, 'আমি তোমার রক্তপান করার জন্য মুখিয়ে আছি।'

নিশ্চুপ দশরথকে উপেক্ষা করেই হনহনিয়ে তাঁবুর বাইরে বেরিয়ে গেল রাবণ, থপথপিয়ে তার পেছনে পেছনে চলল কুবের আর লঙ্কার রক্ষীরা।

দশরথের ক্রোধ ছলকে উঠল। 'কাল আমরা এই আবর্জনাগুলোকে শেষ করে দেব। কিন্তু কেউ ওই লোকটাকে স্পর্শ করবে না।' রাবণের দিকে আঙুল দেখিয়ে হুংকার দিয়ে উঠল দশরথ,'ওই লোকটাকে হত্যা করব আমি! কেবল আমি!'

দিন যখন ঢলে পড়ছে সন্ধ্যার দিকে। দশরথের রাগ তখনও গণগণে। চিৎকার করে বলল, 'নিজের হাতে ওর শরীরটা টুকরো টুকরো করে কুকুরদের সামনে ছুঁড়ে দেব।'

দশরথ রাগে অগ্নিশর্মা। অযোধ্যার রাজকীয় শিবিরের ভেতরে সদর্পে পায়চারি করছিল সে। 'কী দুঃসাহস লোকটার, আমার সঙ্গে এভাবে কথা বলল!'

কৈকেয়ী বসে ছিল নির্বিকারভাবে। রাজার যেকোনো সমরাভিযানে সে তার সঙ্গী। নির্লিপ্ত ভাবেই দশরথকে নিরীক্ষণ করছিল সে। লম্বা, শ্যামবর্ণ, সুদর্শন—নিখাদ ক্ষত্রিয়। সযত্নে ছাঁটা গোঁফে সে যেন আরো আকর্ষণীয়। পেশিবহুল, বলশালী শরীরে যদিও আসন্ন বার্ধক্যের ছায়া। মাথার দু-একটা পাকা চুলের সঙ্গেই সুঠাম পেশিগুলোতেও বয়স থাবা বসাতে শুরু করেছে। রাজপরিবারের সদস্যদের জন্য মুনিদের দ্বারা প্রস্তুত গূঢ় সঞ্জীবনী সুধা সোমরসও যেন আজীবন অনলস যুদ্ধদীর্ণ ও প্রবল পানদুষ্ট শরীরটার তারুণ্য ঠিকভাবে ধরে রাখতে পারছে না।

তীব্র ক্ষোভে বুকে চাপড় মেরে গর্জন করে উঠল দশরথ, 'আমি সপ্ত সিন্ধুর সম্রাট! এতবড়ো সাহস লোকটার?'

স্বামীর সঙ্গে একাকী থাকলেও প্রকাশ্য অধিবেশন ও অনুষ্ঠানে স্বামীর প্রতি তার যে বিনম্র আচরণ নির্ধারিত এখনও সে পালন করছিল। আগে কখনো স্বামীকে সে এমন ক্রোধোন্মত্ত দেখেনি।

কৈকেয়ী বলল, 'সোনা আমার, কালকের জন্য রাগটাকে জমা রাখো আর

এখন রাতের খাবারটা খেয়ে নাও। সামনে যে যুদ্ধ তার জন্য তোমার শক্তি সঞ্চয় করা দরকার।'

'ভবঘুরে ভাড়াটে সৈন্যটার কী সামান্য ধারণাও আছে কাকে সে দ্বন্দ্বযুদ্ধে আহ্বান করছে? আমি জীবনে কোনো যুদ্ধে পরাজিত হইনি।' দশরথ কথা বলে চললেও কৈকেয়ী নীরব রইল।

তারপর একসময় বলল, 'দেখো, যথারীতি কালও তুমি জয়ী হবে।'

দশরথ কৈকেয়ীর দিকে ফিরে তাকাল।

'হ্যাঁ, কাল অবশ্যই জিতব। তারপর ওর শরীরটা কেটে টুকরো টুকরো করে রাস্তার কুকুর আর খোঁয়াড়ের শুয়োরগুলোকে খাওয়াব।'

'প্রিয় আমার, নিশ্চয়ই তাই তুমি করবে। তুমি তো সেটা আগেই ঠিক করে ফেলেছ।'

নাকে গরগর শব্দ করে দশরথ ঘুরে দাঁড়িয়ে তাঁবু থেকে ছিটকে বেরিয়ে যেতে উদ্যত হলে কৈকেয়ী আর নিজেকে স্থির রাখতে পারল না।

সে কঠিন স্বরে ডাক দিল, 'দশরথ'।

দশরথ যেতে যেতে থমকে দাঁড়াল। তার প্রিয় মহিষী খুব প্রয়োজন না হলে তাকে এইভাবে ডাকে না। কৈকেয়ী তার দিকে এগিয়ে এসে তার হাত ধরল, তারপর তাকে নিয়ে গেল খাবার যেখানে রাখা আছে সেদিকে। দুটো কাঁধ ধরে সে চাপ দিয়েই তাকে আসনে বসাল। তারপর একটা রুটি ছিঁড়ে তা দিয়ে কিছুটা সবজি ও মাংস তুলে তার মুখের সামনে ধরল। 'আজ রাতে খাওয়া-ঘুম না হলে কাল তো ওই রাক্ষসটাকে হারাতে পারবেনা।' কৈকেয়ী প্রায় ফিসফিস করে বলল।

দশরথ হাঁ করলে কৈকেয়ী খাবারটা তার মুখে পুরে দিল।

।। অধ্যায় ৩ ।।

অযোধ্যার রানি কৌশল্যা শুয়ে ছিল বিছানায়, ক্লান্ত ও পরিশ্রান্ত। মাত্র চল্লিশেই চুলে পাক ধরেছে তার, যা তার উজ্জ্বল মসৃণ শ্যামবর্ণ ত্বকের সঙ্গে কেমন এক বৈপরীত্যের জন্ম দিয়েছে। যদিও খুব লম্বা নয়, তথাপি একদা সে ছিল যথেষ্ট সবল। যে সংস্কৃতিতে একজন নারীর চরিতার্থতা নির্ধারিত হয় পুরুষের উত্তরাধিকারীর জন্মদানের উপর সে পরিবেশে সন্তানহীনতা তাকে মানসিকভাবে জীর্ণ করে ফেলেছে। প্রথমা পত্নী হওয়া সত্ত্বেও দশরথ কেবল রাজকীয় অনুষ্ঠানাদিতেই তাকে স্বীকৃতি দেয়। অন্য অধিকাংশ সময় তার অবস্থান তুচ্ছ আবছায়ায়, যা তাকে নিঃশেষ করে দেয়। কৈকেয়ীকে যতটা সময় ও সোহাগ দশরথ উজাড় করে দেয় তার সামান্য এক ছটাক পেলেও সে যেন নিজেকে ধন্য মনে করে।

খুব নিশ্চিতভাবে সে জানে একজন উত্তরাধিকারীর জন্ম দিতে পারলে, আর তা যদি দশরথের প্রথম পুত্র সন্তান হয় তবে তা তার মর্যাদাকে কোন পর্যায়ে নিয়ে যেতে পারে। অবাক হবার কিছু নেই যে শরীর দুর্বল থাকলেও আজ তার প্রাণসত্তা হয়ে উঠেছে প্রদীপ্ত। গত ষোলো ঘন্টা ধরে প্রসব যাতনা ভোগ করলেও সে যেন কোনো যন্ত্রণাই অনুভব করছে না। দাঁতে দাঁত চেপে যন্ত্রণা সহ্য করেও সে চিকিৎসককে অনুমতি দেয়নি অস্ত্রোপচার করে তার

সন্তানকে গর্ভের বাইরে আনতে।

দৃঢ়কণ্ঠে কৌশল্যা বলেছে,‘ আমার সন্তানের জন্ম হবে স্বাভাবিকভাবে।’

স্বাভাবিকভাবে ভূমিষ্ঠ হওয়াকে অধিকতর শুভ বলে গণ্য করা হয়। তার সন্তানের ভবিষ্যত সৌভাগ্য অস্ত্রোপচারের জন্য বিন্দুমাত্র বিড়ম্বিত হোক তা সে চায় না।

‘সে একদিন রাজা হবে,’ বলে চলে কৌশল্যা। ‘সে জন্মাবে সৌভাগ্য নিয়ে।’

নীলাঞ্জনা দীর্ঘশ্বাস ফেলে। সে নিশ্চিত নয় যে সন্তানটি ছেলেই হবে। কিন্তু সে তার মালকিনের মনে সামান্যতম আঁচড় দিতেও প্রস্তুত নয়। সে যন্ত্রণা উপশমের জন্য রানিকে কিছু আয়ুর্বেদিক ওষুধ দিয়ে চরমক্ষণের অপেক্ষায় ছিল। বাস্তব গুরুত্বের কথা মাথায় রেখে চিকিৎসক চাইছিলেন সন্তানের জন্ম দ্বিপ্রহরের আগেই যাতে হয়। রাজ জ্যোতিষীরা তাকে বলেছে যে সন্তান যদি দুপুরের পরে ভূমিষ্ঠ হয় তবে সারাজীবন তাকে তীব্র কষ্টের মধ্যে দিয়ে যেতে হবে। আবার অন্যপক্ষে, সূর্য মধ্যগগনে যাবার পূর্বে যদি সন্তান জন্মগ্রহণ করে তবে সে মানবশ্রেষ্ঠ হিসেবে লক্ষ লক্ষ বছর পূজিত হবে।

নীলাঞ্জনা একবার প্রহর বাতির দিকে তাকাল—এই বাতি প্রতি ছ-ঘন্টার সময় বলে দেয়। সূর্য আগেই উঠেছে এবং এখন দ্বিতীয় প্রহরের তৃতীয় ঘন্টা। আর তিন ঘন্টার মধ্যে হবে মধ্যদিন। নীলাঞ্জনা দুপুর হবার আধঘন্টা আগে পর্যন্ত অপেক্ষা করবে বলে স্থির করে। তার মধ্যেও যদি শিশু ভূমিষ্ঠ না হয় তবে অস্ত্রোপচার করা ছাড়া তার আর অন্য রাস্তা থাকবে না।

কৌশল্যা আবারও এক তীব্র যন্ত্রণার ঢেউয়ে যেন ছিন্নভিন্ন হয়ে গেল। সে ঠোঁটে ঠোঁট চেপে মনে মনে সেই নামটিই জপ করতে লাগল যে নামটি সে তার সন্তানকে দেবে বলে ভেবে রেখেছে। এই নাম তাকে শক্তি যোগাচ্ছিল, কারণ, এটা মোটেই সাধারণ কোনো নাম নয়। যে নামটি সে নির্বাচন করেছে তা যষ্ঠ বিষ্ণুর নাম।

‘বিষ্ণু’ একটি উপাধি যা প্রদত্ত হয় সেইসব মহান নেতাদের উপর যাদের পৃথিবী মনে রাখে শুভ কর্মের উদ্গাতা হিসেবে। যষ্ঠ মানুষ হিসেবে এই

উপাধি লাভ করেন প্রভু পরশুরাম। সেই নামেই তিনি সাধারণ মানুষের মধ্যে পরিচিত। পরশু-র অর্থ কুঠার, আর তা বিষ্ণুর নামের সঙ্গে যুক্ত হয়েছে, কারণ, মহাশক্তিশালী যুদ্ধাস্ত্র হিসেবে কুঠারই ছিল তাঁর প্রিয়। তাঁর জন্মনাম ছিল রাম। সেই নামটাই কৌশল্যার মনের মধ্যে নিরন্তর স্পন্দিত হচ্ছে। *রাম...রাম...রাম...রাম...*

দ্বিতীয় প্রহরের চতুর্থ ঘন্টায় দশরথকে যুদ্ধের জন্য প্রস্তুত অবস্থায় দেখা গেল। আগের রাত্রে তার প্রায় ঘুমই হয়নি, আপন শ্রেষ্ঠত্ব সম্বন্ধে নিঃসন্দিহান সে, তার ক্রোধ কোনোভাবেই প্রশমিত হয়নি। সে সারাজীবনে কোনো যুদ্ধে পরাজিত হয়নি। কিন্তু কেবল জয়ই চাইছিল না সে। তার প্রতিহিংসা একমাত্র চরিতার্থ হতে পারে অর্থগৃধ্নু বণিকটাকে পরাজিত করে তার শরীর থেকে প্রাণকে বিযুক্ত করে।

অযোধ্যার সম্রাট তার সেনাকে সাজিয়েছিল সূচিব্যূহ-র বিন্যাসে। কারণ, কুবের-এর সেনারা কারাচাপ দুর্গের চারপাশে অনেক জায়গা জুড়ে লাগিয়েছিল ঘন কাঁটাযুক্ত ঝোপ। এই বন্দর-শহরকে জমির ওপর দিয়ে আক্রমণ করা ছিল এককথায় অসম্ভব। দশরথের সৈন্যদল ঝোপ পরিষ্কার করে দুর্গ আক্রমণের একটা রাস্তা তৈরি করতেই পারত। কিন্তু এতে কয়েক সপ্তাহ সময় লেগে যাবে। কুবের-এর সৈন্যদল কারাচাপ দুর্গের চারপাশে পোড়ামাটি নীতি বলবৎ করায় স্থানীয় ভাবে জল ও খাদ্য সংগ্রহ অসম্ভব হয়ে পড়ে। দশরথের সৈন্যদলের পক্ষে বেশি সময় এখানে থাকা ছিল অসম্ভব। সঙ্গের রসদ শেষ হবার আগেই তাদের দুর্গ আক্রমণ করতে হবে।

দ্রুত দুর্গ আক্রমণের প্রধান যেটি কারণ তা হল দশরথ এত ক্রোধান্ধ হয়েছিল যে তার পক্ষে ধৈর্য ধরা ছিল অসম্ভব। সুতরাং, সে কারাচাপ দুর্গ আক্রমণের পরিকল্পনা করল যে একমাত্র সরু ফাঁকা জায়গাটা দুর্গের একদিকে খোলা ছিল সেই সমুদ্রসৈকত দিয়ে। সমুদ্রসৈকতটি স্বাভাবিকের চেয়ে বেশি

চওড়া হলেও তা এক বিরাট সৈন্যদলের জন্য যথেষ্ট প্রশস্ত ছিল না। সেজন্যই দশরথকে সূচিব্যূহ নির্মাণের কৌশল নিতে হয়েছিল। সৈন্যবিন্যাসের পুরভাগে থাকবে সেরা সৈন্যদের সঙ্গে সম্রাট স্বয়ং, এবং বাকি সৈন্যরা পিছনে পরপর সারিবন্ধ ভাবে এগোবে। তাদের পরিকল্পনা ছিল চক্রবৎ আক্রমণের। প্রথম সারির সৈন্যরা লঙ্কার সৈন্যদের প্রবল আক্রমণ করে সরে দাঁড়ালে কুড়ি মিনিটের মধ্যে পিছন থেকে এগিয়ে এসে নতুন একদল আক্রমণ হানবে। এভাবে ক্রমাগত পরপর হানা চালাবে সপ্ত সিন্ধুর বীর সেনানীরা কুবের-এর সৈন্যদের ছত্রভঙ্গ করে দুর্গটাকে ধুলোয় মিশিয়ে দিতে।

অশ্বপতি তার ঘোড়াটাকে কয়েকপা এগিয়ে নিয়ে অশ্বপৃষ্ঠে বসা দশরথের পাশে এসে দাঁড়াল।

সে বলল, 'মহামান্য, আপনি কি নিশ্চিত এই কৌশল সার্থক হবে?'

'আমাকে একথা বলবেন না, রাজা অশ্বপতি, যে আপনার দ্বিতীয় কোনো ভাবনা আছে।' তার স্বভাব-আগ্রাসী শ্বশুরমশায়কে সতর্কতা নিয়ে কথা বলতে শুনে দশরথ বেশ অবাক হল। সারা ভারতবর্ষব্যাপী রাজ্যজয়ে এ মানুষটিই ছিল তার সর্বাধিক সমর্থ মিত্রশক্তি।

'আমি কেবল ভাবছিলাম এভাবে আমরা আমাদের সৈন্যদের প্রবল সংখ্যাধিক্যকে পুরোপুরি ব্যবহার করতে পারব না। আমাদের অধিকাংশ সৈন্য সামনের সারির আক্রমণকারীদের, পিছনে পড়ে থাকবে। একসঙ্গে সবাই যুদ্ধে ঝাঁপিয়ে পড়তে পারবে না। এটা কি বিচক্ষণতার কাজ হবে?'

আত্মবিশ্বাস নিয়ে দশরথ দৃঢ়তার সঙ্গেই বলল, 'বিশ্বাস করুন, এটাই একমাত্র পথ। যদি ধরেই নিই আমাদের প্রথম দলের আক্রমণ ব্যর্থ হবে, তবে পিছন থেকে সৈন্যরা একের পর এক আসতে থাকবে ঢেউ-এর মতো। আমরা কুবেরের হিজড়া বাহিনীর শেষটিকেও খতম করতে পারব একের পর এক ক্রমাগত তীব্র আক্রমণে। যদিও আমি মনে করি না ব্যাপারটা অতদূর গড়াবে। প্রথম আঘাতেই আমি ওদের ধ্বংস করে দেব।'

অশ্বপতি তার বাঁদিকে তাকাল। তীর থেকে প্রায় দু-কিলোমিটার দূরে কুবের-এর জাহাজগুলি নোঙর করে আছে। তাদের গঠন কেমন যেন অদ্ভুত। জাহাজের সামনের অংশ ও গলুই অস্বাভাবিকরকম চওড়া। 'যুদ্ধে এই

জাহাজগুলোর ভূমিকা কী হবে?'

দশরথ হাসতে হাসতে বলল, 'কিচ্ছু হবে না।' অশ্বপতির নৌযুদ্ধের কোনো অভিজ্ঞতা না থাকলেও দশরথের সে অভিজ্ঞতা ছিল। 'মুর্খগুলো দাঁড়টানা নৌকাগুলোকেও জাহাজ থেকে জলে নামায়নি। যদি জাহাজে ওদের কিছু সংরক্ষিত সেনাও থাকে ওরা তাদের দ্রুতগতিতে যুদ্ধে নামাতে পারবে না। নৌকা নামিয়ে, তাতে সৈন্য তুলে সৈকতে এসে পৌঁছোতে কয়েকঘন্টা লেগে যাবে। যতক্ষণে তারা পৌঁছোবে ততক্ষণে আমরা দুর্গে থাকা সমস্ত সৈন্যকে নিশ্চিহ্ন করে দেব।'

কারাচাপ এর দিকে অঙ্গুলি নির্দেশ করে অশ্বপতি সংশোধন করে বলে, 'দুর্গের বাইরের সৈন্য বলুন!'

অবাক কাণ্ড এই যে, সুরক্ষিত দুর্গের আড়াল থেকে যুদ্ধ করার বিপুল সুযোগ ছেড়ে রাবণ তার সৈন্যদের সার দিয়ে দাঁড় করিয়েছে দুর্গপ্রাকারের সামনে। দুর্গের প্রাকারে সৈন্যদের দাঁড় না করিয়ে সে তার প্রায় পঞ্চাশ হাজার সৈন্যকে সাধারণ বিন্যাসে সাজিয়েছে দুর্গের বাইরে সমুদ্রসৈকতে।

'এরকম অদ্ভুত যুদ্ধ-কৌশল আমি আগে দেখিনি।' অশ্বপতি শুকনো গলায় বলে। কেন লোকটা ওর অবস্থানগত সুযোগটা ছেড়ে দিল? এখন সৈন্যদের ঠিক পিছনেই দুর্গপ্রাকার থাকায় সৈন্যরা পিছু হটতেও পারবে না। কেন এমনটা করল রাবণ?'

দশরথ চাপা হাসির মতো আওয়াজ করল, 'কারণ ওটা একটা প্রতিক্রিয়াশীল মূর্খ। লোকটা আমাকে তার বীরত্ব দেখাতে চায়। ঠিক আছে, আমি ওকে শেষটা দেখিয়ে দেব তলোয়ারটা ওর হৃৎপিণ্ডে বিঁধিয়ে।'

আবারও দুর্গপ্রাকারের দিকে মুখ ঘুরিয়ে অশ্বপতি রাবণের সৈন্যদের লক্ষ করতে লাগল। এত দূর থেকেও সে দেখতে পাচ্ছিল রাবণকে। সেই বিদঘুটে শিংওলা শিরস্ত্রাণ পরে সামনে থেকে সৈন্যদের নেতৃত্ব দিচ্ছে।

অশ্বপতি তাদের নিজেদের সৈন্যদের দিকে তাকাল। সৈন্যেরা চিৎকার করছে ও অপর পক্ষের প্রতি অবিশ্রান্ত গালিগালাজ দিচ্ছে, যেমনটা যুদ্ধের আগে সিপাহিরা করে থাকে। সে আবার রাবণের সৈন্যবাহিনীর দিকে ফিরল।

অদ্ভুত বৈপরীত্য! তাদের কেউ কোনো শব্দ করছিল না। তাদের মধ্যে কোনো নড়াচড়াও ছিল না। দৃঢ় বিন্যাসে তারা দাঁড়িয়েছিল নিঃশব্দে, যেন সৈন্যবাহিনীর শৃঙ্খলার আদর্শ নিদর্শন হিসেবেই।

অশ্বপতির মেরুদণ্ড বেয়ে একটা শীতল স্রোত বয়ে গেল।

এটা যে মন থেকে এই ধারণাটা তাড়াতে পারছিল না যে ওইসব সৈন্যরা আসলে টোপ এবং দশরথ তাদেরই আক্রমণ করতে উদ্যত হয়েছে।

যদি তুমি টোপের দিকে ধাওয়া করা মাছ হও, তাহলে সাধারণত ব্যাপারটা মোটেই ভালোভাবে শেষ হয় না।

অশ্বপতি দশরথের দিকে ফিরে তার আশঙ্কার কথা বলতে চাইল, কিন্তু সপ্ত সিন্ধুর অধিপতি ততক্ষণে ঘোড়া ছুটিয়ে সামনে এগিয়ে গেছে।

দশরথ ঘোড়ার পিঠে তার সৈন্যদলের একেবারে সামনে গিয়ে দাঁড়ল। সে আত্মবিশ্বাসের সঙ্গে তাকাল তার সৈন্যবাহিনীর দিকে। তলোয়ার উঁচিয়ে যুদ্ধে ঝাঁপিয়ে পড়তে উদ্যত একদল উচ্ছৃঙ্খল ও কর্কশ সিপাহি। ঘোড়াগুলোও যেন যুদ্ধের উন্মাদনায় ফুটছে। কারণ, সওয়ারিদের তাদের থামিয়ে রাখতে হচ্ছে লাগাম টেনে ধরে। দশরথ ও তার সৈন্যেরা যেন অচিরেই যে রক্তপাত হবে তার গন্ধ পাচ্ছিল; মহৎ হত্যালীলা। তারা চিরদিনের মতো এই বিশ্বাসে স্থিত ছিল যে জয়ের দেবীর আশীর্বাদ তাদের ওপরেই আছে। *যুদ্ধের দামামা বাজাও!*

দশরথ চোখ কুঁচকে বেশ কিছু দূরে লঙ্কার সেনাপতি রাবণকে দেখতে পেল। তার মধ্যে বয়ে যাচ্ছিল গলিত ক্রোধের ধারা। তলোয়ার কোষমুক্ত করে উঁচুতে তুলে ধরল সে, তারপর সগর্বে রণধ্বনি দিল কোশল ও রাজধানী অযোধ্যার নামে: 'অযোধ্যাতহ্ বিজেতারহ!'

অজেয় অযোধ্যা নগরের বিজয়ীরা অগ্রসর হও!

সৈন্যদলের সবাই অযোধ্যার নাগরিক নয়, তথাপি তারা মহান কোশলের পতাকাতলে জুটে যুদ্ধ করার জন্য গর্বিত। তারাও প্রতিধ্বনি করল সেই

রণধ্বনির—'অয়োধ্যাতহ্ বিজেতারহ!'

দশরথ তলোয়ার নামিয়ে ঘোড়ার পেটে পা দিয়ে খোঁচা দিল, তাকে ছোটানোর জন্য। 'ওদের সবকটাকে হত্যা করো! কোনো ক্ষমা নয়!'

প্রথম সারির অশ্বারোহীরা তাদের শঙ্কাহীন প্রভুর পিছনে পিছনে 'কোনো ক্ষমা নয়!' চিৎকার করে তাদের ঘোড়া ছোটালো।

তখনই রহস্যটা পরিষ্কার হয়ে গেল।

দশরথ ও তার সেরা যোদ্ধারা সুচের বিন্যাসের একদম সামনের দিকে ছিল। সমুদ্রতট ধরে তারা লঙ্কার সৈন্যবাহিনীর দিকে ঘোড়া ছোটালেও আকস্মিক লঙ্কাবাহিনী একইভাবে স্থির রইল। যখন শত্রুবাহিনী কয়েকশো গজের মধ্যে, রাবণ অপ্রত্যাশিতভাবে তার ঘোড়ার মুখ ঘুরিয়ে চলে গেল পিছন দিকে, যদিও সেনারা দাড়িয়ে রইল দৃঢ়ভাবে। এই ঘটনা দশরথকে আরও ক্রুদ্ধ করে তুলল। ঘোড়াকে লাথি মেরে গতি বাড়িয়ে সে তীব্র চিৎকার করে উঠল। লঙ্কার পদাতিক বাহিনীকে মাড়িয়ে যত তাড়াতাড়ি সম্ভব সে পৌঁছোতে চায় রাবণের কাছে।

রাবণ ঠিক এমনটাই ধরে নিয়েছিল। লঙ্কার প্রথম সারির সৈন্যরা হঠাৎই তাদের তলোয়ার ফেলে প্রায় কুড়ি ফুট দীর্ঘ অস্বাভাবিক আকারের বর্শা মাটি থেকে তুলে রণহুংকার দিল। এতক্ষণ বর্শাগুলো মাটিতে শোওয়ানো ছিল। কাঠ ও ধাতু নির্মিত বর্শাগুলো এতই ভারি যে এক একটি তুলতে দুজন সৈন্যের প্রয়োজন হল। তীক্ষ্ণ তামার মাথাযুক্ত বর্শাগুলো সরাসরি তারা রাখল দশরথের অশ্বারোহী বাহিনীর সামনে। বর্শাগুলো বিদীর্ণ করে দিতে লাগল অপ্রস্তুত ঘোড়া সওয়ারি সৈন্যদের। অশ্বারোহী বাহিনীর ঝটিকা আক্রমণ হঠাৎ রুদ্ধ হয়ে গেল এবং ঘোড়াগুলো অকস্মাৎ দাঁড়িয়ে পড়ল লঙ্কার সেনাদের সামনে। আর তখনই দুর্গের উপরে হাজির হল লঙ্কার তিরন্দাজরা। উঁচু থেকে বক্ররেখাপথে তিরের বৃষ্টি হতে লাগল দশরথের সৈন্যবাহিনীকে লক্ষ করে। সে তিরবৃষ্টি বিন্যাসের পিছনদিকের সৈন্যদেরও ধরাশায়ী করতে লাগল। সামান্য সময়ের মধ্যে সপ্ত সিন্ধু বাহিনীর সৈন্যবিন্যাস প্রায় ছত্রভঙ্গ হয়ে গেল।

সামনের সারির যে সব সৈন্যেরা ঘোড়া থেকে ছিটকে পড়েছিল তারা শত্রুপক্ষের সঙ্গে সরাসরি সামনাসামনি হাতাহাতি যুদ্ধে লিপ্ত হল। তাদের সেনাধ্যক্ষ দশরথ ভয়ংকরভাবে চারপাশে তলোয়ার চালাতে চালাতে সামনে যাকে পাচ্ছে তাকে হত্যা করে এগোতে লাগল। কিন্তু দশরথ দেখতে লাগল লঙ্কা সেনাদের তির বর্ষণে ও অসাধারণ তলোয়ার চালনায় তার সৈন্যেরা একে একে ধরাশায়ী হচ্ছে। দশরথ তার পাশে দাঁড়ানো পতাকাবাহী কে নির্দেশ দিল পিছনের সারির সৈন্যদের এখনই তীব্র গতিতে সামনের সারির সৈন্যদের সাহায্যে ঘোড়া ছোটাতে।

কিন্তু পরিস্থিতির অবনতি হতেই থাকল।

দূরে থাকা লঙ্কার জাহাজগুলি ইতিমধ্যে নোঙর তুলে, দাঁড় টেনে অতি দ্রুত চলে আসতে থাকল তীরের দিকে। পালও ছিল তোলা, যাতে হাওয়ার যতটা সম্ভব সাহায্যও পাওয়া যায়। মুহূর্তমধ্যে জাহাজ থেকে দশরথের ঘনসন্নিবিষ্ট সৈন্যদের উপর শুরু হল তির বর্ষণ। জাহাজে থাকা লঙ্কার তিরন্দাজদের ক্রমাগত আক্রমণে সপ্ত সিন্ধুর সেনানীদের সমস্ত কৌশলগত বিন্যাস ভেঙে পড়ল।

দশরথের কোনো সেনাপতি কল্পনাই করেনি যে লঙ্কার জাহাজগুলো তীরে এসে ভিড়তে পারে, কারণ এতে হাল ভেঙে যাবার কথা। তাদের জানার কথাও নয়, যে এই জলযানগুলি কুবের-এর দক্ষ নৌ-প্রযুক্তিবিদদের নকশা অনুযায়ী বানানো। প্রবল গতিতে যখন জাহাজগুলো তীরে ভিড়ছিল তখন হালের চওড়া দাঁড়গুলো ওপরদিকে ঘুরে গেল। স্বাভাবিক হালের দাঁড় নয় এগুলো। দাঁড়গুলো নীচে হালের সঙ্গে বিশাল সব কবজা দিয়ে আটকানো ছিল। যার ফলে জাহাজগুলি তীরভূমিতে বালির কাছে অনায়াসে এসে দাঁড়াল। পরমুহূর্তে খুলে গেল জাহাজে ওঠার পথ এবং সেখান দিয়ে পশ্চিম থেকে আনা অস্বাভাবিক বড়ো ঘোড়ার পিঠে চড়ে লঙ্কার অশ্বারোহী বাহিনী সরাসরি যুদ্ধক্ষেত্রে চলে এলো এবং সামনে যারা পড়ল তাদের কচুকাটা করতে করতে এগোতে লাগল। দুর্গের সামনে এসে তার সৈন্যদের করুণ অবস্থা দেখে দশরথের সহজাত বোধ বলে দিল যে পিছন দিকে থাকা

তার সৈন্যদলও ভয়ংকর অবস্থার মুখোমুখি হয়েছে। সমুদ্রের দিকে তাকিয়ে যুদ্ধের ভয়াবহতা দেখতে দেখতেই সে একদম শেষ মুহূর্তে তার ঢালটা তুলে ধরে এক লঙ্কা সেনার প্রচণ্ড আঘাত থেকে নিজেকে রক্ষা করল। একটু নীচু হয়ে দশরথ প্রবল ভাবে তলোয়ার চালালো, আক্রমণকারীর বর্ম ভেদ করে তলোয়ার ঢুকে গেল শরীরের ভেতর। সৈন্যটি মাটিতে পড়ে যেতেই তার তলপেট থেকে ছিটকে উঠতে লাগল রক্ত আর বেরিয়ে এল গোলাপি রঙা পাকস্থলির অংশ। হতভাগ্য মানুষটা মৃত্যুর দিকে এগিয়ে গেলেও দশরথের মনে কোনো করুণা জাগল না।

'না!' সে চিৎকার করে উঠল। চারপাশে যা দেখছে তা তার মতো বীরের মনোবল ভেঙে দেবার পক্ষে ছিল যথেষ্ট। দুর্গের দেওয়ালের কাছে লঙ্কার নির্মম তিরন্দাজদের সাঁড়াশি আক্রমণ এবং পিছন দিকে অশ্বারোহীদের ধ্বংসকাণ্ড দেখে দশরথের অজেয় সৈন্যবাহিনী বিহ্বলভাবে ভেঙে পড়তে লাগল। সৈন্যবাহিনীর সর্বোচ্চ অধ্যক্ষ হিসেবে সে কখনো কল্পনাও করেনি তার পরাক্রান্ত বাহিনীর এহেন পরিণতি হতে পারে। তার সৈন্যরা দল ভেঙে যে যার মতো দৌড়োচ্ছিল প্রাণ বাঁচাতে।

প্রবল হুংকার দিয়ে উঠল দশরথ, **'না! যুদ্ধ চালিয়ে যাও! যুদ্ধ করো! আমরা অযোধ্যা! আমরা চিরকাল অজেয়!'**

প্রবল পরাক্রমে তলোয়ার চালিয়ে একজন দৈত্যাকৃতি লঙ্কা সেনানীর মুণ্ডচ্ছেদ করল দশরথ। মুখ ঘুরিয়ে অনন্ত স্রোতের মতো ধেয়ে আসা সেনাদের দিকে তাকিয়ে তার নজর পড়ল সেই শয়তানটার ওপর যে এই ধ্বংসলীলা চালাচ্ছে। সমুদ্রতটের বাঁদিকে তার অশ্বারূঢ় সৈন্যদের নেতৃত্ব দিচ্ছে রাবণ। বাইরের দিকে থাকা পদাতিক বাহিনীকে আবার সম্মিলিত হবার সুযোগ না দিয়ে রাবণ নৃশংস ভাবে বিপক্ষ সৈন্যদের মারতে মারতে এগিয়ে আসছে। এখন আর এটাকে যুদ্ধ বলা চলে না। এখন যা চলছে তা চরম বিপর্যয়।

দশরথ বুঝে গিয়েছিল যে এ যুদ্ধে সে হেরে গেছে। সে এও জানত যে পরাভূত হবার চেয়ে মৃত্যুই তার কাম্য। তবু শেষ একটা ইচ্ছা তখনও তার

ছিল। লঙ্কার মানুষখেকো রাক্ষসটার ছিন্ন মুণ্ডতে থুতু ফেলতে না পারলে তার যে প্রতিজ্ঞারক্ষা হবে না!

'ই আ আ আ আ আ!' গর্জন করে তার দিকে ঝাঁপিয়ে পড়া এক সৈনিকের কব্জিটা হাত থেকে আলাদা করে দিল দশরথ। শত্রুকে ঠেলে ফেলে দিয়ে রাবণের মুখোমুখি হতে দশরথ যেন উড়ে এগোতে লাগল। আর সেসময়ই সে অনুভব করল একটা ঢাল ভয়ংকর ভাবে আছড়ে পড়ল তার পায়ের ডিমের ওপর আর ওই প্রবল হট্টগোলের মধ্যেও একটা হাড় ভাঙার শব্দ সে শুনতে পেল।

প্রবল পরাক্রান্ত সপ্ত সিন্ধুর অধিপতি যুদ্ধের নিয়ম ভেঙে আক্রমণ করা লঙ্কার ওই সৈনিকের দিকে তীব্র গর্জন করে তলোয়ার চালিয়ে ধড় থেকে তার মুণ্ডটা নিখুঁত ভাবে আলাদা করে দিল। পিঠে একটা প্রচণ্ড আঘাত অনুভব করতেই সে ঘাড় ঘুরিয়ে পিছনে তাকিয়ে আঘাত ঠেকাতে গেল। কিন্তু তার ভাঙা হাত পা তাকে খাড়া থাকতে দিল না। সামনে মুখ থুবড়ে পড়তে পড়তে সে অনুভব করতে লাগল তার বুকের ওপর তীব্র আঘাত। কেউ তাকে ছুরিকাঘাত করেছে। তার মনে হল ছুরির ফলাটা খুব বেশি ভেতরে ঢোকেনি। নাকি ছুরিটি গভীরেই প্রবেশ করেছিল, তার শরীর যন্ত্রণাকে বুঝে উঠতে দিচ্ছিল না? দশরথ অনুভব করল, অন্ধকার তাকে ঢেকে দিচ্ছে। কাছাকাছি মৃত সৈনিকদের একজনের পড়ে থাকা শরীরের ওপর তার শরীর মুখ থুবড়ে পড়ল। ধীরে ধীরে চোখ বন্ধ হয়ে আসতে থাকলে সে যে দেবতাকে সর্বাধিক ভক্তি করে, সেই সূর্যদেবকে স্মরণ করে শেষ প্রার্থনা জানাল।

আমাকে এই লজ্জা বয়ে বেড়াবার জন্য বাঁচিয়ে রেখোনা, আমাকে মৃত্যু দাও, মৃত্যু দাও আমাকে।

এ এক চরম দুর্বিপাক!

সন্ত্রস্ত অশ্বপতি তার অশ্বারোহীদের একত্রিত করে যুদ্ধক্ষেত্র মাড়িয়ে এগিয়ে যেতে থাকল। চারিদিকে পড়ে থাকা মৃতদেহের মধ্যে পথ করে সে

এগোতে থাকল কারাচাপ দুর্গের সামনের সেই বধ্যভূমিতে যেখানে না মারা গেলেও পড়ে আছে ভয়ংকরভাবে আহত দশরথ।

অশ্বপতি জানে যুদ্ধটা তারা হেরে গেছে। তার চোখের সামনেই সপ্ত সিন্ধুর বিরাট সংখ্যক সৈন্য মারা পড়েছে। এখন তাঁর একমাত্র লক্ষ্য সম্রাট দশরথ ও তার জামাতার প্রাণরক্ষা করা। কৈকেয়ীকে বিধবা হতে দেওয়া চলবে না।

কারাচাপ দুর্গপ্রাকারের অবিশ্রান্ত তিরবর্ষণ থেকে রক্ষা পেতে ঢাল উঁচু করে অশ্বারোহীর দল প্রবল গতিতে এগিয়ে যাচ্ছিল অকুস্থলের দিকে। 'এই যে ওখানে!' চিৎকার করে উঠল এক সেনা।

অশ্বপতি দেখল নিথর দশরথ পড়ে আছে দুজন সৈনিকের মৃতদেহের ওপর। তখনও তার জামাতা দৃঢ়ভাবে হাতে ধরে রেখেছে তার তলোয়ার। দুজন দেহরক্ষী তাকে সাহায্য করতে এগিয়ে আসার আগেই অশ্বপৃষ্ঠ থেকে লাফিয়ে নামল অশ্বপতি। সে দশরথকে টেনে আনল তার দিকে, এবং ভীষণভাবে আহত দেহটা তুলে শুইয়ে দিল তার ঘোড়ার জিনের উপর। তারপর লাফিয়ে ঘোড়ায় চড়ে কাঁটাঝোপের দিকে চলতে লাগল।

দৃঢ়চেতা কৈকেয়ী কাঁটাঝোপের পাশের সামান্য ফাঁকা জায়গায় রথের উপর দাঁড়িয়ে ছিল। এমতাবস্থায়ও সে ছিল অচঞ্চল। তার বাবার ঘোড়াটা কাছে আসতেই সে ঘোড়ার কাছে এগিয়ে এসে দশরথের শরীরটা টেনে তুলল। যদিও তার বাবার দেহ বহু তিরের আঘাতে বিক্ষত, তবু তার দিকে না তাকিয়েই সে রথে বাঁধা চারটি ঘোড়ার ওপর চাবুক চালাল।

'হিয়ায়া,' কৈকেয়ী চিৎকার করে ঝোপের মধ্যে দিয়ে রথ চালনা করল। ঝোপের কাঁটায় অসহায় ঘোড়াগুলোর দুপাশের চামড়া কেবল নয়, মাংসও ছিঁড়ে যাচ্ছিল। তথাপি কৈকেয়ী তাদের চাবুকের পর চাবুক মেরেই চলছিল। রক্তাক্ত ও ক্লান্ত ঘোড়াগুলো অল্পক্ষণের মধ্যেই কাঁটাঝোপ পেরিয়ে খোলা জায়গায় চলে এল।

অবশেষে কৈকেয়ী লাগাম টেনে ঘোড়াগুলোকে থামিয়ে পিছন ফিরে তাকাল। দেখল তার বাবা ও তার নিজস্ব সেনাদের কাঁটাঝোপের ভিতর তাড়া করে আসছে রাবণের একদল অশ্বারোহী সৈনিক। মুহূর্তমধ্যে কৈকেয়ী বুঝতে

পারল তার বাবার উদ্দেশ্য। সে চাইছিল তার উপর থেকে সৈনিকদের নজর ঘুরিয়ে দিতে।

সূর্য এখন প্রায় মধ্যগগনে। দ্বিপ্রহরের আর দেরি নেই।

কৈকেয়ী অভিসম্পাত করল,'*ধিক্ তোমায় সূর্যদেব! কী করে তুমি তোমার পরম ভক্তের এই পরিণতি হতে দিলে?*'

স্বামীর অচেতন দেহের পাশে হাঁটু গেড়ে বসে অঙ্গবস্ত্রের একটা বড়ো অংশ ছিঁড়ে প্রবলভাবে রক্তক্ষরণ হতে থাকা বুকের ক্ষতে তা শক্ত করে বাঁধল, রক্তপাত সামান্য কমলে দাঁড়িয়ে উঠে সে লাগাম হাতে নিল। সর্বপ্রথম তাকে তার স্বামীর প্রাণরক্ষা করতে হবে। এখন তার দরকার ধীশক্তির সহায়তা।

কৈকেয়ী ঘোড়াগুলোর দিকে তাকাল। তাদের শরীর থেকে ঝরঝর করে রক্ত ঝরছে। জায়গায় জায়গায় চামড়া ছিড়ে ঝুলে পড়েছে মাংস। ঘন কাঁটাঝোপের মধ্য দিয়ে তীব্র বেগে এসে জন্তুগুলো চরম পরিশ্রান্ত হয়ে ভয়ানকভাবে হাঁপাচ্ছে।

চাবুকটা হাতে তুলে ধরে কৈকেয়ী ফিসফিস করে উঠল, 'তোরা ক্ষমা কর আমায়।'

বাতাসে একপাক খেয়ে চাবুকটা নির্মমভাবে সপাৎ করে পড়ল ঘোড়াগুলোর উপর। একবার না, বারবার। ক্ষমা চেয়েই যেন ডেকে উঠল ঘোড়াগুলো, এগোল না। কৈকেয়ী আবার চাবুক চালালে ঘোড়াগুলো সামান্য এগোল।

বারবার নির্দয়ভাবে চাবুক চালাতে চালাতে কৈকেয়ী কর্কশ ভাবে চিৎকার করল, '**দৌড়ো!**' ঘোড়াগুলো যেন মরিয়া হয়েই দৌড়োতে লাগল অসম্ভব গতিতে।

তাকে তার স্বামীকে বাঁচাতেই হবে।

অকস্মাৎ একটা তির তীব্র গতিতে তার পাশ দিয়ে ভয়াবহ ভাবে উড়ে বিঁধে গেল রথের সামনের দিকের একটা তক্তায়। আতঙ্কে কৈকেয়ী পিছন ফিরে তাকাল। দলছুট এক রাবণ সৈন্য অশ্বপৃষ্ঠে তাকে ধাওয়া করে আসছে।

কৈকেয়ী সামনে ফিরে আবার চাবুক চালাল, '**জোরে, আরও জোরে।**'

ঘোড়াগুলোর ওপর উন্মত্তের মতো চাবুক চালাতে চালাতেই কৈকেয়ী একটু সরে স্বামীর শরীরটা আড়াল করে বসল।

রাবণের রাক্ষস সেনাদেরও অন্তত নিরস্ত্র নারীকে আক্রমণ না করার সৌজন্যবোধ থাকবে।

না। ভুল ছিল তার ভাবনা।

তীব্রবেগে তার পিঠে একটা তির গেঁথে যাবার আগেই কৈকেয়ী তিরটির আসার ভোঁ ভোঁ শব্দ শুনেছিল। সেই আঘাতে কৈকেয়ীর শরীরটা সামনের দিকে ছিটকে পড়লেও তার মুখটা উঠে গেল আকাশের দিকে। প্রচণ্ড যন্ত্রণায় চিৎকার করে ওঠা কৈকেয়ীর চোখে ভেসে উঠল আকাশ। কিন্তু তৎক্ষণাৎ উঠে বসল সে। অ্যাড্রিনালিন থেকে ক্ষরিত রস তার শরীর ভরিয়ে দিয়ে তাকে লক্ষ্যে রেখে দিল অবিচল।

নির্দয়ভাবে চাবুক মারতে মারতে সে আবারও চিৎকার করল, **'ছোট্ তোরা, জোরে ছোট্!'**

আরেকটা তির তার মাথার লক্ষ্যচ্যুত হয়ে তার কান ঘেঁষে বনবন করে বেরিয়ে গেল। কৈকেয়ী একঝলক দেখে নিল অসমতল মাঠের উপর দিয়ে উড়ে চলা রথের উপর শায়িত তার স্বামীর শরীরটার ওঠাপড়া।

'আরও জোরে!'

তার দিকে ধেয়ে আসা আরেকটা তিরের শব্দ শুনতে শুনতেই বুঝল তিরটা তার ডান হাতের তর্জনী চিরে ছিটকে পড়ে গেল পথের ধারে। হঠাৎ আঘাতে তার হাত থেকে ছিটকে পড়ল চাবুকটা। আরও আঘাত পাবার জন্য মন এখন তার প্রস্তুত। তার শরীরও সইয়ে নিচ্ছে যন্ত্রণাকে। সে চিৎকার করে উঠল না, কাঁদলও না।

'ছোট্, জোরে ছোট্। তোদের সম্রাটের জীবন এখন বিপন্ন!'

সে পিছনে আরও এক তিরের বোঁ বোঁ শব্দ শুনল এবং আরেকটা আঘাত শরীরে ধারণ করতে নিজেকে শক্ত করে রাখল; তার বদলে তার পিছনে সে শুনতে পেল এক মরণ-আর্তনাদ। সামান্য ঘুরে তাকাতেই চোখে পড়ল তার দিকে ধাববান শত্রুর ডানচোখের ভিতর গভীরভাবে ঢুকে গেছে একটা তির। সে আরও বুঝল তার বাবা এগিয়ে আসছে তারই দিকে। একঝাঁক তির ছুটে

এসে লঙ্কার সেই আক্রমণকারীকে ঘোড়া থেকে ফেলে দিল। মাথাটা পথে ছড়ানো পাথরের আঘাতে থেঁতলে গেল তখনই।

কৈকেয়ী আবার সামনে তাকাল। তাকে দশরথকে বাঁচাতেই হবে।

ছন্দময় ভাবে অবিরত তার চাবুক চালানো চলতেই থাকে।

'জোরে, আরো জোরে!'

নীলাঞ্জনা সদ্যোজাত শিশুটির পিঠে আলতো করে ক্রমাগত চাপড় মেরে যাচ্ছিল। বাচ্চাটা এখনও শ্বাস নেয়নি।

'এই ছেলে, কী হল, শ্বাস নে!'

দীর্ঘ প্রসব যাতনা ভোগ করে অবসন্ন কৌশল্যা সে দিকে তাকিয়ে ছিল একরাশ উদ্‌বেগ নিয়ে। কনুইয়ে ভর দিয়ে একটু ওঠার চেষ্টা করে সে বলল, 'ওঃ মা, কী হল আমার ছেলেটার?'

তার কাঁধের ওপর দিয়ে ঝুঁকে থাকা রানির সেবিকাকে ধমকে বলল নীলাঞ্জনা, 'রানিকে শান্ত করো, এক্ষুনি।'

'মহারানি...' জলভরা চোখে নীলাঞ্জনা অস্ফুট স্বরে বলল।

'বাচ্চাকে আমার কাছে দে!'

'আমার মনে হয় না...'

'ওকে আমার কাছে দে।' মৃদু গর্জন করে উঠল কৌশল্যা।

দৌড়ে বিছানার পাশে গিয়ে নীলাঞ্জনা প্রাণহীন শিশুটিকে শুইয়ে দিল রানির পাশে। রানি তার সাড়হীন সন্তানকে টেনে নিল বুকের উপর। মুহূর্তমধ্যে শিশুটি নড়ে উঠে সহজাত বোধ থেকে ছোট্ট মুঠিতে ধরল কৌশল্যার লম্বা চুল।

কৌশল্যা বেশ জোরে ডেকে উঠল, 'রাম!'

প্রবল কেঁদে উঠে রাম এজন্মে তার প্রথম শ্বাস নিল। অঝোরে পড়ছে অশ্রু ধরায়, কৌশল্যা আবার কেঁদে উঠল, 'রাম!'

তার ছোট্ট ছোট্ট মুঠিতে যত শক্তি আছে তার সবটুকু দিয়ে মায়ের চুল ধরে

রাম পাড়া কাঁপিয়ে কাঁদতে লাগল। তারপর ছোট্ট হাঁ করে সহজাত ভাবেই মায়ের স্তনবৃন্ত চুষতে শুরু করল।

নীলাঞ্জনার ভেতরটাও শিশুর মতো কেঁদে উঠল। তার মালকিন জন্ম দিয়েছে এক অপূর্ব শিশুপুত্রের। জন্ম হয়েছে এক রাজকুমারের।

উন্মাদ আনন্দের মধ্যেও নীলাঞ্জনা তার তালিম ভোলেনি। সে জানে রাজ জ্যোতিষীর প্রয়োজন হবে জন্মের ঠিক সময়টা জানার।

সে দম বন্ধ করে সময়টা লক্ষ করল।

ভগবান রুদ্র, কৃপা করো!

এখন ঠিক মধ্যদিন, দ্বিপ্রহর।

'এ কথার অর্থ কী?' নীলাঞ্জনা জানতে চাইল।

জ্যোতিষী বসেছিলেন স্থির হয়ে।

সূর্য তখন অস্তাচলে এবং কৌশল্যা ও রাম, দুজনেই গভীর নিদ্রামগ্ন। নীলাঞ্জনা শেষমেশ রাজ জ্যোতিষীর কক্ষে এসেছে রামের ভবিষ্যত বিষয়ে তার মতামত জানতে।

'আপনি বলেছিলেন দ্বিপ্রহরের পূর্বে যদি সন্তান জন্মায় তবে ইতিহাস তাকে পৃথিবীর অন্যতম শ্রেষ্ঠ হিসেবে চিরকাল মনে রাখবে। আর সে যদি মধ্যাহ্নের পরে জন্মায় সে আজীবন দুর্ভাগ্যের শিকার হবে এবং তার ব্যক্তিগত সুখ বলে কিছু থাকবে না।'

'তুমি কি নিশ্চিত শিশুটি একেবারে মধ্যাহ্নে জন্মগ্রহণ করেছে? তার আগেও নয়, পরেও নয়?' জানতে চাইল জ্যোতিষী।

'একদম তাই। এ ব্যাপারে নিশ্চিত আমি। বাচ্চা জন্মেছে একেবারে ঠিক মধ্যাহ্নে।'

জোরে শ্বাস নিয়ে জ্যোতিষী পুনরায় গভীর চিন্তায় তলিয়ে গেলেন।

'এসবের মানে কী?' নীলাঞ্জনা অধৈর্যভাবে জিজ্ঞাসা করল। 'ওর ভবিষ্যৎ

কেমন হবে? ও কী মহান হবে, না সারাজীবন শিকার হবে দুর্ভাগ্যের?'

'আমি জানিনা।'

'জানেন না একথার অর্থ কী?'

বিরক্তি চাপতে না পেরে জ্যোতিষী বলল, 'বলছিই তো আমি জানি না।'

নীলাঞ্জনা জানালার বাইরে বিস্তৃত অসামান্য রাজকীয় উদ্যানের দিকে তাকাল। রাজপ্রাসাদটির ওপারে জলের দিকে তাকিয়ে থাকতে থাকতে নীলাঞ্জনা বুঝে নিল তাকে কী করতে হবে। জন্মক্ষণটি নথিভুক্ত করার দায়িত্ব একমাত্র তারই এবং সে জন্মক্ষণটিকে মধ্যদিন বলে উল্লেখ করবে না। সে সিদ্ধান্ত নিয়েই নিল। রাম মধ্যাহ্নের ঠিক এক মিনিট আগে জন্মগ্রহণ করেছে।

সে রাজ জ্যোতিষীর দিকে ফিরে বলল, 'আপনি প্রকৃত জন্মক্ষণটি নিয়ে কোনো কথা বলবেন না।'

তার আর অন্য কোনো সতর্কতা নেবার প্রয়োজন ছিল না। এই জ্যোতিষী কৌশল্যার পৈত্রিক দেশের লোক। তাকে ব্যাপারটা বুঝিয়ে দিতে বিশেষ কিছু করার দরকার ছিল না। নীলাঞ্জনার মতো তার আনুগত্যও প্রশ্নহীন।

'অবশ্যই না।' জ্যোতিষী বলল।

।। অধ্যায় ৪।।

অযোধ্যার দুর্গের তৃতীয় প্রকারের সিংহদুয়ারে দিকে এগিয়ে এলেন মহর্ষি বশিষ্ঠ। তাঁর পিছনে সম্মানজনক দূরত্বে তাঁর অনুচরবৃন্দ। প্রহরীরা চমকে তটস্থ হয়ে দাঁড়াল, তারা অবাক হয়ে ভাবল এত সকালে মহান *রাজগুরু*, অযোধ্যার *রাজঋষি* কোথায় চলেছেন!

রক্ষীদের প্রধান দুহাত জোড় করে মাথা নীচু করে প্রণাম জানিয়ে মহাজ্ঞানী মানুষটিকে বলল, '*মহর্ষি।*'

নম্রভাবে মাথা নামিয়ে প্রতি নমস্কার জানালেও তিনি থামলেন না।

ভীষণ রোগা ও অসম্ভব লম্বা, সমাহিত, আত্মপ্রত্যয়ী চেহারা। পরণে পবিত্র শুভ্র ধুতি, অঙ্গবস্ত্র। তার কামানো মাথার মাঝখানে একটি সুস্পষ্ট শিখা জানান দিচ্ছে তাঁর ব্রাহ্মণত্বের। লম্বা বরফসাদা দাড়ি, শান্ত চক্ষুদ্বয় এবং জ্ঞানদীপ্ত মুখশ্রী বুঝিয়ে দিচ্ছিল আত্মমগ্ন এক আত্মার কথা।

তথাপি, যে বিশাল জলাধার অভেদ্য অযোধ্যার দুর্গপ্রাকার বেষ্টন করে আছে, সেদিকে যেতে যেতে তিনি গভীর চিন্তামগ্ন ছিলেন। তিনি সেই ভাবনাতেই মগ্ন ছিলেন যা তিনি জানেন তাঁকে করতেই হবে। ছ-বছর আগে, রাবণের বর্বর সৈন্যদল সপ্ত সিন্ধুর সৈন্যদের মাটিতে মিশিয়ে দিয়েছিল। সম্মান ভূলুণ্ঠিত হলেও উত্তর ভারতের কোনো রাজ্য এ যাবৎকাল এ সাম্রাজ্যের প্রতি প্রতিস্পর্ধা দেখায়নি, কারণ সেই বিভীষিকাময় দিনে অযোধ্যার অনুগত সব

রাজ্যই প্রবলভাবে ক্ষতিগ্রস্ত হয়েছিল। তারা নিজেরাও বিধ্বস্ত হওয়ায় দুর্বল অযোধ্যার সঙ্গে পেরে ওঠা তাদের পক্ষেও সম্ভব ছিল না। ক্ষমতা ও সমৃদ্ধি কমে গেলেও সপ্ত সিন্ধু সাম্রাজ্যের অধিপতি দশরথই থেকে গিয়েছিল।

নির্দয় রাবণ অযোধ্যা থেকে তার পাওনা ঠিকই বুঝে নিয়েছিল। এই লজ্জাজনক পরাজয়ের আগে লঙ্কার বণিক যে শুল্ক দিত তা কমে হয়েছিল দশভাগের এক ভাগ। এখন সপ্ত সিন্ধু থেকে সে পণ্যও কিনছে অনেক কম দাম দিয়ে। স্বাভাবিকভাবে লঙ্কার সমৃদ্ধি যতই বাড়ছিল ততই দরিদ্র হয়ে পড়ছিল উত্তরভারতের রাজ্যগুলি। এমনকী এ খবরও ছড়িয়েছিল যে রাক্ষস রাজ্যে রাস্তাঘাট সোনা দিয়ে মোড়া।

বশিষ্ঠ হাতের ইশারায় তাঁর অনুচরদের পিছিয়ে যেতে বললেন। তারপর তিনি উঠলেন এক ছাউনি দেওয়া বেদিতে, যেখান থেকে বিরাট জলাধারটি দেখা যায়। জলাধার বরাবর বিস্তৃত ছাদের নীচের অসামান্য কারুকার্যের দিকে তাঁর চোখ চলে গেল। তারপর তার চোখ গেল আদিগন্ত, বিস্তৃত জলাধারের জলের দিকে। এটা ছিল একসময় অযোধ্যার বিপুল বিত্তের প্রতীক, যা এখন হয়ে উঠেছে ক্ষয় ও দারিদ্রের চিহ্নস্বরূপ।

এই বিশাল জলাধার খনন করা হয়েছিল কয়েক শতাব্দী আগে সম্রাট আয়ুতায়ুস-এর সময়, সরজু নদী থেকে খাল কেটে জল এনে। আয়তনের দিক থেকে পরিখাটি যেন দিব্য বৈভব সম্পন্ন। প্রায় ৫০ কিলোমিটার বিস্তৃত এই পরিখাটি অযোধ্যা নগরীর তৃতীয় ও শেষ প্রাচীরটিকে বেষ্টন করে রয়েছে। চওড়াতে পরিখাটি বিশাল, এক পাড় থেকে অন্য পাড়ের দূরত্ব প্রায় আড়াই কিলোমিটার। এর জলধারণ ক্ষমতা এতই বেশি যে এটি খনন করার পর বেশ কিছু বছর অবধি নদীর নিম্ন ধারার আশেপাশের রাজ্যগুলি নদীর জলের ঘাটতির অভিযোগ করত। সেই অভিযোগকে নস্যাৎ করেছিল অযোধ্যার শক্তিশালী যোদ্ধারা।

এই জলাধারটির সামরিক, নিরাপত্তার গুরুত্বই প্রধানতম। এটি নগরের সুরক্ষা পরিখা হিসেবেই নির্মিত হয়। তবে সত্যি কথা বলতে এটাকে মহা-পরিখা বলা যায় যা চারপাশে ঘিরে শহরকে নিরাপত্তা দিচ্ছে।

আক্রমণকারীদের অযোধ্যায় আসতে গেলে এই নদীর মতো চওড়া পরিখা ধরে দাঁড় টেনে আসতে হবে। মূর্খ অভিযাত্রীরা যদি আক্রমনের জন্য আসে তবে তাদের বিশাল জলাধারের ওপর অজেয় অযোধ্যার সুউচ্চ প্রাকার থেকে অবিশ্রান্ত তির ও শস্ত্র বৃষ্টির মুখে পড়তে হবে। চারদিকে পরিখার ওপর আছে চারটি সেতু! সেতুগুলো থেকে চারটি রাস্তা চলে গেছে নগরের বাহির প্রাকারের চারটি বিশাল সিংহদরজায় : উত্তর দুয়ার, পূর্ব দুয়ার, দক্ষিণ দুয়ার ও পশ্চিম দুয়ার। প্রতিটি সেতু আবার দুভাগে বিভক্ত। প্রত্যেক অংশে আছে নিজস্ব তোরণ ও সেতু, যা শিকল দিয়ে টেনে তুলে ফেলা যায়— এইভাবে পরিখাটি দুভাবে নগরকে সুরক্ষিত করেছে।

তবু এই বিশাল জলাধারকে কেবল সুরক্ষা পরিখা বললে যথেষ্ট বলা হবে না। অযোধ্যার নাগরিকরা এই জলাধারকে ধর্মীয় প্রতীক হিসেবে দেখে। তাদের কাছে এই কাকচক্ষু, গভীর, অপার ও শান্ত জলাধার ছিল সমুদ্রের সমতুল্য। এ সেই আদি পৌরাণিক শূন্য সমুদ্র, যা থেকে সৃষ্টি হয়েছিল এই জগৎ। বিশ্বাস করা হয় সেই অনন্ত সমুদ্রের গর্ভে, শতশত কোটি বছর আগে জগতের সৃষ্টি হয়েছিল যখন, তখন সেই একম্, এক প্রবল বিস্ফোরণে নিজেকে খণ্ডবিখণ্ড করে সৃষ্টিচক্রের সূচনা করেছিলেন।

অজেয় এই নগর অযোধ্যাকে মনে করা হত সেই পরমেশ্বর, সেই এক ঈশ্বর, আকার আকৃতিহীন একম্, যাকে বর্তমান যুগে ব্রহ্ম বা পরমাত্মা বলা হয়, তারই প্রতিনিধিস্থানীয়। বিশ্বাস করা হয় সেই পরমাত্মা বিরাজ করেন প্রতিটি প্রাণী ও জড়ের ভিতর। সামান্য কিছু নরনারী তাদের অন্তস্থিত সেই পরমাত্মাকে জাগ্রত করতে পারে ও দেবতায় রূপান্তরিত হয়। অযোধ্যার নানা স্থানে এইসব দেবতাদের বিশাল সব মন্দির আছে। জলাধারের মধ্যে ছোটো ছোটো দ্বীপ তৈরি করা হয়েছে। সেগুলিতে এইসব দেবতাদের মন্দির নির্মিত হয়েছে। যদিও বশিষ্ঠ জানেন যে প্রতীক বা আবেগসর্বস্বতার বিষয় নয়, এই বিপুল পরিখা খনন করা হয়েছিল একেবারে বাস্তব প্রেক্ষিত থেকে। এই জলাধার বন্যা প্রতিরোধে বিশেষ সহায়ক। কারণ দুরন্ত, সরযুর জল নিয়ন্ত্রিতভাবে এই পরিখায় আনা হয় বেশ কিছু নিয়ন্ত্রণ দ্বারের মাধ্যমে। উত্তর

ভারতে বন্যা একটা নিত্য সমস্যা।

আরও একটা ব্যাপার হল এর জলতল শান্ত হওয়ায় সরযুর থেকে জল সংগ্রহ করার থেকে এর থেকে জল নেওয়া সুবিধাজনক। এই জলাধার থেকে ছোটো ছোটো খাল কেটে নিয়ে যাওয়া হয়েছিল অযোধ্যার ভিতর দিকে ফলে সেই জলের সাহায্যে চাষ-আবাদ ও পণ্য উৎপাদন বেড়েছিল বহুগুণ। ফলন বৃদ্ধি পাওয়ায় বহুকৃষক জমিতে কাজ করার পরিশ্রম থেকে নিজেদের সরিয়ে নিতে পেরেছিল। কোশলের বিশাল জনসংখ্যার খাদ্যের জোগান দেবার জন্য অনেক কম সংখ্যক চাষির প্রয়োজন হত। এই অতিরিক্ত কৃষকদের বিশিষ্ট সেনাপতিদের মাধ্যমে প্রশিক্ষণ দিয়ে সৈন্যদলে অন্তর্ভূক্ত করা হতো। এই সেনাবাহিনী ধীরে ধীরে জয় করে চলেছিল সংলগ্ন সব স্থান। বর্তমান সম্রাট দশরথের পিতামহ সম্রাট রঘু সমগ্র সপ্তসিন্ধুর ওপর নিজের দখল এনে পরিচিত হন চক্রবর্তী সম্রাট হিসেবে।

কোশলের সম্পদবৃদ্ধির সঙ্গে সঙ্গে ধূম পড়ে যায় নানা নির্মাণকার্যের— তৈরি হতে থাকে বিশালাকৃতি মন্দির, প্রাসাদ, সাধারণের জন্য গণ-স্নানাগার, প্রেক্ষাগৃহ ও বাজার। পাথরে তৈরি গীতিকাব্যময় এইসব সৌধ অযোধ্যার অতীত গৌরবের সাক্ষ্য বহন করছে। এদেরই অন্যতম জলাধারের ভিতরের দিকে জলের উপর ঝুলানো এক বড়ো বারান্দার মতো স্থান, তীর বরাবর। এই ঝুলন্ত বারান্দা তৈরি হয়েছিল গঙ্গার ওপার থেকে আনা লাল বেলেপাথর দিয়ে এবং গোটা বারান্দাটি সুদৃশ্য কারুকার্য করা ছাদ দ্বারা আচ্ছাদিত। যেখানে অনবরত ভিড় জমায় দর্শক ও ভ্রমণার্থীরা।

কড়িকাঠের ভিতরের দিকে প্রতি বর্গইঞ্চি জায়গাতেই নানা রঙে আঁকা প্রাচীন দেবতা ইন্দ্র প্রভৃতির ও অযোধ্যার পূর্ববর্তী রাজাদের, এই বংশের প্রতিষ্ঠাতা ইক্ষ্বাকু পর্যন্ত সবার জীবনের নানা ঘটনার ছবি। প্রতিটি অংশের মধ্যভাগে আঁকা আছে বিশাল মাপের সূর্য, যার আলোকরশ্মিগুলি তীব্রভাবে ছড়িয়ে পড়ছে সর্বত্র। এর একটি বিশিষ্টতা আছে, কারণ অযোধ্যার রাজারা সবাই সূর্যবংশীয়, ভগবান সূর্যের সাক্ষাৎ বংশধর, আর সূর্যের মতোই তাদের দীপ্তিও ছড়িয়ে পড়েছিল সর্বদিকে। অন্তত লঙ্কার রাক্ষসরাজ রাবণ এক

ধাক্কায় অযোধ্যার সম্মান ভূলুণ্ঠিত করার আগে পর্যন্ত বাস্তব অবস্থা তাই-ই ছিল।

জলাধারের মধ্যে যে অসংখ্য দ্বীপ মাথা উঁচু করে আছে তার একটির দিকে বশিষ্ঠ তাকালেন। অন্য দ্বীপের মতো এই দ্বীপে কোনো মন্দির নেই, কিন্তু তিনটি বিশালকায় প্রস্তরমূর্তি পিঠে পিঠ ঠেকিয়ে তিন দিকে তাকিয়ে দাঁড়িয়ে আছে। প্রস্তরমূর্তিদের একটি সৃষ্টিকর্তা ভগবান ব্রহ্মার, যিনি সর্বশ্রেষ্ঠ বৈজ্ঞানিক; বৈদিক জীবনযাপন যে সব জিনিসের ওপর ভিত্তি করে দাঁড়িয়েছিল তার অনেকগুলির সৃষ্টির জন্য তাঁকেই কৃতিত্ব দেওয়া হয়। তাঁর শিষ্যরা তাঁর তৈরি করা জীবনচর্যাই পালন করে থাকেন—যেমন, জ্ঞানার্জনের জন্য নিরন্তর প্রয়াস এবং সমাজের প্রতি স্বার্থহীন সেবা। দীর্ঘকাল ধরে এঁরাই ধীরে ধীরে হয়ে উঠেছেন এক গোষ্ঠী। যাঁদের ব্রহ্মাগোষ্ঠী বা ব্রাহ্মণ বলা হয়।

সেই মূর্তির ডানদিকে দণ্ডায়মান পরশুরাম, যিনি বিষ্ণুর ষষ্ঠ অবতার রূপে পূজিত। সৃষ্টির আদি থেকে যখনই কোনো জীবনধারা হয়ে পড়ে অনুপযোগী, দুর্নীতিময় অথবা অন্ধবিশ্বাসজাত উগ্রতায় বিক্ষুব্ধ তখনই অবতীর্ণ হন এক নতুন নেতা, যিনি মানুষকে এগিয়ে নিয়ে চলেন উন্নতর সামাজিকতার স্তরে। প্রাচীনকাল থেকেই বিশিষ্ট নেতাদের, যারা শুভকর্মের প্রবর্তক, তাদের বিষ্ণু উপাধিতে ভূষিত করা হয়। বিষ্ণুরা দেবতাদের মতোই পূজিত হন। অব্যবহিত আগের বিষ্ণু, পরশুরাম, বহু শতাব্দী পূর্বে ভারতকে ক্ষত্রিয় যুগের বাইরে আনতে সক্ষম হয়েছিলেন; যে যুগে ভয়াবহ হিংস্র উন্মত্ততা সমাজকে অবক্ষয়ের দিকে ঠেলে দিয়েছিল। তিনি ব্রাহ্মণ যুগ বা জ্ঞানের যুগের উদ্গাতা।

পরশুরামের ঠিক পাশে এবং প্রভু ব্রহ্মার বাঁদিকে দাঁড়িয়ে রুদ্র, পূর্ববর্তী মহাদেব পূর্ণ করেছেন ত্রিদেবের ধারণাকে। প্রভু রুদ্র উপাধিটি প্রদত্ত হত সামান্য কজন বিশিষ্টের উপর যারা ছিলেন পাপের বিনাশক। মানবতাকে নতুন রাস্তা দেখাবার দায়িত্ব মহাদেবের নয়। সে দায়িত্ব বিষ্ণুর। তাঁর কাজ পাপকে খুঁজে বের করে তার ধ্বংসসাধন। একবার পাপ ধ্বংস হলে পুণ্য শুভ নতুন শক্তি প্রানোচ্ছল হয়ে বিকশিত হয়। বিষ্ণুর মতো মহাদেবও ভারতবর্ষের মধ্যে থেকে নির্বাচিত হন না, কারণ এর ফলে ভারতের এক অংশ

বা অন্য অংশের প্রতি তার পক্ষপাত হতে পারে। ভারতবর্ষের বাইরের লোক হওয়ার পাপের উদ্ভব হলে তাঁর পক্ষে পরিস্কারভাবে তা লক্ষ করা সম্ভব হয়। ভগবান রুদ্র ভারতের পশ্চিম সীমান্তের ওপারের ভূখণ্ড, পরিহার মানুষ।

হাঁটুতে ভর দিয়ে বসে বশিষ্ঠ মেঝেতে কপাল ছোঁয়ালেন সেই মহৎ ত্রিদেবের দিকে যাঁরা বৈদিক জীবনধারার প্রবর্তক। এরপর করজোড়ে তাঁদের প্রণাম করলেন।

'হে মহান ত্রিনাথ, আপনারা আমায় সঠিক পথ দেখান, কারণ আমি বিদ্রোহ করতে বদ্ধপরিকর।'

ত্রিমূর্তির দিকে তাকিয়ে থাকতে থাকতেই এক ঝলক বাতাস যেন তার কানের পাশে প্রতিধ্বনি করে গেল। শ্বেতপাথর আর আগের মতো নেই। অযোধ্যার রাজন্যবর্গ এখন আর বাইরের ঔজ্জ্বল্য ধরে রাখার অবস্থাতেও নেই। ভগবান ব্রহ্মা, পরশুরাম ও রুদ্রের মুকুটের স্বর্ণাবরণ খসে পড়ছে। ছাদের রঙ চটে অসামান্য চিত্রগুলো নষ্ট হয়ে যাচ্ছে। বেলে পাথরে তৈরি মেঝেতে জায়গায় জায়গায় ফাটল ধরেছে। কোনোরকম সংস্কার না হওয়ায় বিশাল জলাধারের নীচে জমা হচ্ছে পলি। জলও কমে যাচ্ছে তার, এইসব কাজ করানোর মতো অবস্থা আর হয়ত অযোধ্যা রাজপ্রশাসনের নেই।

যদিও এটা বশিষ্ঠের কাছে পরিষ্কার কেবল যে প্রশাসনের হাতে শাসনকার্য চালাবার মতো পর্যাপ্ত অর্থ নেই তাই নয়, তারা সুশাসনের ইচ্ছেটাই যেন হারিয়ে ফেলেছে। জলাধারের জল শুকিয়ে যে অংশ বেরিয়ে এসেছে সেসব জায়গা দখল হয়ে যাচ্ছে। অযোধ্যার জনসংখ্যা এতই বেড়েছিল যে মনে হচ্ছিল সেই চাপে যেন অযোধ্যার পরিধি ফেটে পড়বে। কিছু বছর আগে পর্যন্তও কেউ জলাধারকে অপবিত্র করবে তা চিন্তারও বাইরে ছিল। এখন সেখানে গরিবদের জন্য বসতি তৈরি হচ্ছে। কিন্তু হায়! অনেক অসম্ভব ব্যাপারই তো এখন স্বাভাবিক হয়ে উঠেছে!

ভগবান পরশুরাম, আমাদের চাই নতুন ধরনের জীবনচর্যা । আমার মহান দেশকে আবার বীরদের ঘাম ও রক্তক্ষরণের মাধ্যমে হয়ে উঠতে হবে সঞ্জীবিত। আমি চাই সেইসব বিপ্লবী ও দেশপ্রেমীদের যারা বিশ্বাসঘাতকের

তক্‌মা পায় তাদেরই কাছ থেকে যাদের মঙ্গালের জন্যই তাদের সব কাজ, যতক্ষণ পর্যন্ত না ইতিহাস দেয় তার শেষ রায়।

বারান্দায় সিঁড়িতে জমে থাকা জলাধারের কিছু কাদামাটি বশিষ্ঠ মুঠো করে তুললেন তারপর আঙুলের সাহায্যে তা দিয়ে কপালে একটি উল্লম্ব তিলক টানলেন।

আমার কাছে এই মাটির মূল্য আমার প্রাণের চেয়ে দামি। আমি আমার দেশকে ভালোবাসি। আমি প্রতিজ্ঞা করছি, আমার যা করণীয় তা আমি করবই। ভগবান আমাকে শক্তি দিন!'

মন্ত্রোচ্চারণের ছন্দময় তরঙ্গ বাতাসে ভেসে এসে তাঁকে ডানদিকে তাকাতে বাধ্য করল। একটি ছোট্ট দল দেবত্বের প্রতীক নীল রঙের পোশাক পরে দূর দিয়ে ভক্তিনম্র চিত্তে চলেছে। আজকাল এমন দৃশ্য সুলভ নয়। অর্থ ও সামর্থের সঙ্গে সঙ্গে সপ্ত সিন্ধুর মানুষ হারিয়েছে ধর্মীয় প্রবণতাও। অনেকেই বিশ্বাস করে তাদের নিজ নিজ দেবতা তাদের ছেড়ে গেছেন। এসব না হলে এরা এত কষ্টই বা পাবে কেন?

পুন্যার্থী মানুষরা রামের ষষ্ঠ অবতার প্রভু পরশুরামের নামগান করছে।

'রাম, রাম, রাম বলো; রাম, রাম,রাম,রাম,রাম, রাম বলো; রাম, রাম, রাম।'

খুব সাধারণ এক মন্ত্রোচ্চারণ; এসো আমরা সবাই রামের নামগান করি।'

বশিষ্ঠ হাসলেন, তার কাছে এটা শুভ লক্ষণ বলে মনে হল।

তোমায় প্রণাম, পরশুরাম। তোমার আশীর্বাদের জন্য তোমায় ধন্যবাদ।

বশিষ্ঠ তার আশার লক্ষ্যস্থল করেছেন বিষ্ণুর ষষ্ঠ অবতারের নামের সঙ্গে মিল থাকা অযোধ্যার ছয় বছরের প্রথম রাজকুমার রামের উপর।

ঋষি জোর করেছিলেন যাতে রানি কৌশল্যা পুত্রের নাম রাখে রাম, বিশদে রামচন্দ্র। কৌশল্যার পিতা, দক্ষিণ কোশলের রাজা ভানুমান এবং মা, কুরু গোষ্ঠীর মহেশ্বরী ছিল চন্দ্রবংশীয়। বশিষ্ঠ ভেবেছিলেন রামের মাতুলালয়ের প্রতিও সম্মানজ্ঞাপন করা দরকার। তাছাড়াও রামচন্দ্র শব্দের অর্থ 'চাঁদের মতো সুন্দর মুখ' আর এটা সবারই জানা যে চন্দ্র সূর্যের আলোতেই আলোকিত। আবার কাব্যে সূর্যই মুখ, আর চাঁদ তার প্রতিচ্ছবি। কে তাহলে চাঁদের প্রসন্ন

চেহারা জন্য দায়ী? সূর্য! সে ক্ষেত্রেও রামচন্দ্র নামটি যথার্থ, কারণ, তার বাবা দশরথ সূর্যবংশীয়।

প্রাচীন বিশ্বাস যে মানুষের নাম তার ভাগ্য তৈরি করে দেয়। পিতামাতা অনেক যত্নে তাদের সন্তানদের জন্য নাম নির্বাচন করে। এক অর্থে নাম হয়ে ওঠে শিশুর প্রেরণা, স্বধর্ম ও অঙ্গীকার। ষষ্ঠ বিষ্ণুর নাম ধারণই কী শিশুরটির কাছে বিরাট প্রেরণা হয়ে উঠবে না!

আরেকটি নামের ওপরও বশিষ্ঠ তাঁর বিশ্বাস রেখেছেন: ভরত, রামের চেয়ে সাত মাসের ছোট ভাই। রাবণের সঙ্গে সেই ভয়াবহ যুদ্ধের সময় ভরতের মা কৈকেয়ী জানতই না যে সে তার গর্ভে দশরথের পুত্রকে ধারণ করে আছে। বশিষ্ঠ জানেন যে কৈকেয়ী খুব আসক্তিময় ও উচ্চাকাঙ্খী মহিলা। কেবল নিজের জন্য নয়, যাদের সে নিজের মনে করে তাদের জন্যও তার উচ্চাশা ভীষণ প্রবল। প্রথম রানি কৌশল্যা যে তার ছেলের নাম একটি রেখে তাকে আরও একবার টপকে গেছে এটা তাকে স্বস্তি দিতনা। তার পুত্রের নাম রাখা হল পৌরাণিক চন্দ্রবংশীয় রাজা ভরতের নামের সঙ্গে মিলিয়ে, যিনি লক্ষাধিক বছর আগে রাজত্ব করেছিলেন।

প্রাচীন সম্রাট ভরত যুদ্ধরত সূর্যবংশীয় ও চন্দ্রবংশীয়দের এনেছিলেন এক পতাকার তলায়। মাঝে মাঝেই ছুটকো ছাটকা বিবাদ-বিসংবাদ হলেও তারা শান্তিতে বসবাস করতে শিখেছিল, এবং সে শান্তি স্থায়ী ছিল দীর্ঘদিন। আজও তা বাস্তব সত্য, কারণ সূর্যবংশীয় সম্রাট দশরথ তাঁর দুই রাজমহিষী কৌশল্যা ও কৈকেয়ীকে গ্রহণ করেছিলেন চন্দ্রবংশ থেকে। বস্তুত, কৈকেয়ীর বাবা, কেকয়-এর চন্দ্রবংশীয় রাজা অশ্বপতি ছিল সম্রাটের বিশস্ত পরামর্শদাতা।

এই দুটো নামের মধ্যে একটা নাম আমার উদ্দেশ্যসাধন করবে।

আবার ভগবান পরশুরামের দিকে দৃষ্টিপাত করে তিনি সেই মূর্তি থেকে শক্তি টেনে নিতে লাগলেন।

আমি জানি ওরা ভাববে আমি ভুল করছি। তারা এমনকী আমার আত্মাকে অভিশাপও দিতে পারে। কিন্তু তুমিই একদা বলেছিলে ভগবান, একজন নেতা নিজের প্রাণের থেকেও দেশকে বেশি ভালোবাসবে।

বশিষ্ঠ তাঁর অঙ্গবস্ত্রের ভাঁজে লুকোনো খাঁড়াটা নিতে হাত বাড়ালেন। তিনি তলোয়ার সম খাঁড়াটির হাতলটার দিকে তাকালেন। দেখলেন সেখানে প্রাচীন বর্ণমালায় খোদাই করা নাম, পরশুরাম।

গভীরভাবে শ্বাস গ্রহণ করে তিনি খাঁড়াটি বাঁহাতে ধরলেন। তারপর তাঁর ডানহাতের তর্জনীতে সেটি গেঁথে দিলেন যাতে রক্ত বেরোয়। এবার তিনি তার বুড়ো আঙুল ও তর্জনীর নীচে রাখলেন যাতে রক্তের ফোঁটা তার ওপর পড়ে। এবং তারপর কয়েক ফোঁটা রক্ত জলাধারে মিশিয়ে দিলেন।

এই রক্তপাতের মাধ্যমে আমি আমার সমস্ত জ্ঞানানুসারে অঙ্গীকার করছি, আমি আমার বিপ্লবকে সাফল্যমণ্ডিত করব। অথবা তা করতে গিয়ে প্রাণ বিসর্জন দেব।

বশিষ্ঠ আর একবার ভগবান পরশুরামের দিকে তাকালেন এবং মাথা নীচু করে দুহাত জোড় করে ভক্তিভরে প্রণাম জানালেন। এবং অস্ফুট উচ্চারণ করলেন বিষ্ণু উপাসকদের মন্ত্র—'জয় পরশুরাম!'

।। অধ্যায় ৫।।

রানি হিসেবে কৌশল্যা ছিল তৃপ্ত, মা হিসেবে নয়। রামের অযোধ্যার প্রাসাদ ছেড়ে যাওয়া উচিত সে বোঝে। সম্রাট দশরথ রামকেই দায়ী করে থাকে রামের জন্মের দিনে রাবণের হাতে পর্যদুস্ত হবার জন্য। সেই ভয়ংকর দিনের আগ পর্যন্ত সে একটি যুদ্ধেও সে হারেনি, বাস্তবিক সে-ই ভারতের একমাত্র অপরাজেয় শাসক। দশরথ নিশ্চিত ছিল যে রাম অশুভ কর্মফল নিয়ে জন্মেছে এবং তার জন্ম পবিত্র রঘুর বংশে একটা বিপর্যয়। তার এই ধারণা বদলাবার ক্ষমতা কৌশল্যার ছিল না।

কৈকেয়ী চিরদিনই দশরথের প্রিয়তমা স্ত্রী। আর কারাচাপ এর যুদ্ধে সম্রাটের জীবনরক্ষার ফলে দশরথের উপর তার কর্তৃত্ব এখন সর্বাত্মক। কৈকেয়ী ও তার অনুগতরা দ্রুত এ খবর রটিয়ে দিয়েছিল যে দশরথ বিশ্বাস করে রামের জন্ম অশুভ। কিছুদিনের মধ্যেই অযোধ্যার নাগরিকরাও দশরথের মতোই ভাবতে লাগল। সবাই এটা বিশ্বাস করে নিল যে সারাজীবন ভালো কাজ করলেও '৭০৩২ সনের কলঙ্ক' রাম মুছতে পারবে না। ভগবান মনুপঞ্জিকা অনুযায়ী ৭০৩২ সনেই দশরথ পরাজিত হয় এবং রাম জন্মগ্রহণ করে।

কৌশল্যা জানত রাজগুরু বশিষ্ঠের সঙ্গে রাজপ্রাসাদ ছেড়ে গেলেই রামের মঙ্গল। অযোধ্যার যে অভিজাতরা তাকে কখনোই গ্রহণ করেনি

তাদের থেকে অন্তত সে দূরে থাকতে পারবে। এছাড়াও বশিষ্ঠের গুরুকুল থেকে প্রাপ্ত শিক্ষা তার উপকারে আসবে। গুরুকুল বলতে বোঝায় গুরুর পরিবার, কিন্তু বাস্তবত, কথাটার অর্থ গুরুর নিজের বাড়ির বিদ্যালয়। রাম সেখানে দর্শনশাস্ত্র, বিজ্ঞান, গণিত, নীতিশিক্ষা, যুদ্ধবিদ্যা ও কলাবিদ্যা শিখতে পারবে। বেশ কবছর পর সে যখন ঘরে ফিরবে তখন সে নিজেই নিজের ভাগ্যবিধাতা হয়ে উঠবে।

রানি এসব বুঝত। কিন্তু তার মায়ের মন ছেলেকে ছাড়তে পারছিল না। সন্তানকে বুকে জড়িয়ে সে কাঁদছিল। রাম দৃঢ়ভাবে মাকে ধরে দাঁড়িয়েছিল, যে তাকে ভরিয়ে দিচ্ছিল আদরে ও চুমোতে। কম বয়স সত্ত্বেও রাম ছিল স্থির ও অচঞ্চল।

রামের ঠিক বিপরীত ভরত, সে পাগলের মতো কেঁদে যাচ্ছিল এবং তার মাকে ছাড়ছিল না। হতাশায় কৈকেয়ী তার ছেলের দিকে ক্রুদ্ধ দৃষ্টি হানছিল, 'তুই আমার ছেলে! এমন ছেলেমানুষি তোকে মানায় না! একদিন রাজা হবি তুই, সেই রাজার মতো আচরণ কর, যা তোর মাকে গর্বিত করে!'

বশিষ্ঠ এসব দেখতে দেখতে হাসছিলেন।

আসক্তিযুক্ত শিশুদের প্রবল আবেগ নিশ্চিতভাবে খুঁজে নেয় বহির্গমনের পথ। তারা জোরে হাসে, তারা কাঁদে আরও জোরে।

দুই ভাইকে দেখতে দেখতে তিনি ভাবছিলেন তার উদ্দেশ্য সিদ্ধ হবে কীভাবে—কঠিন শাসনে না আন্তরিক ব্যবহারে। দশরথের চার পুত্রের মধ্যে কনিষ্ঠতম, যমজ ভাই লক্ষ্মণ ও শত্রুঘ্ন দাঁড়িয়ে ছিল পিছনে। তাদের মা সুমিত্রার সঙ্গে। তিন বছরের শিশুদুটি কেমন যেন বিহ্বল, কী যে সব হচ্ছে তার কিছুই ঠিক বুঝে উঠতে পারছিল না। বশিষ্ঠ জানেন তাদের গুরুগৃহে যাওয়ার বয়স এখনো হয়নি, কিন্তু তিনি তাদের এখানে ফেলে রেখে যেতে চান না। রাম ও ভরতের শিক্ষা সম্পন্ন হতে অনেক সময় লাগবে, এক দশক বা তার বেশিও হতে পারে। এই দীর্ঘসময় তিনি যমজ দুটিকে প্রাসাদে রাখতে চান না, কারণ অভিজাতদের মধ্যে যেভাবে রাজনৈতিক চক্রান্ত ঘনিয়ে উঠছে তাতে এই শিশু রাজকুমারদেরও কোনো না কোনো গোষ্ঠীতে

টানা হবে। এই দুর্নীতিপরায়ণ অভিজাতরা নিজেদের লাভের জন্য চক্রান্ত ও কুটিলতার মাধ্যমে অযোধ্যাকে করে তুলছে রক্তহীন, অন্যদিকে সম্রাট দুর্বল ও উদাসীন।

বছরে দুবার দুটো ন-দিনের ছুটিতে রাজকুমাররা বাড়ি ফিরতে পারবে—একবার গ্রীষ্মকালে আর শীতে সূর্যের ক্রান্তিকালে। প্রাচীন ধর্মীয় অনুষ্ঠান নবরাত্র পালিত হয় সাড়ম্বরে সূর্য ভগবানের ছ-মাস অন্তর উত্তর ও দক্ষিণ প্রদক্ষিণের সূচনা থেকে নয় দিন ধরে। বশিষ্ঠ বিশ্বাস করতেন যে বছরে ওই আঠেরো দিনই মা ও সন্তানের বিচ্ছিন্ন থাকার শোক উপশমের পক্ষে যথেষ্ট। শরৎ ও বসন্তের দুই নবরাত্র উৎসব গুরুকুলেই উদ্‌যাপিত হবে।

রাজগুরু দৃষ্টি নিক্ষেপ করলেন দশরথের দিকে। গত ছ-বছরের পরিশ্রম সম্রাটের শরীরে চিহ্ন রেখে গেছে। তার মুখের ওপর চামড়া পাতলা পার্চমেন্ট কাগজের মতো ঝুলে আছে। বিষাদগ্রস্ত কোটরগত চোখ, মাথার চুলও পাকা। সেই ভয়াবহ যুদ্ধের সময়কার তার পায়ের ক্ষত পরিণত হয়েছে চিরস্থায়ী বৈকল্যে, যার জন্য সে তার প্রিয় শখ শিকারেও আর যেতে পারে না। সুরায় নিমজ্জিত তার কুঁজো হয়ে আসা শরীর দেখে এখন আর বোঝাই যাবে না একদা কী শক্তিমান ও সুদর্শন এক বীর ছিল সে। রাবণ কেবল সেই অভিশপ্ত দিনে দশরথকে পরাস্তই করেনি। প্রতিদিন হার হচ্ছে দশরথের।

উচ্চ কণ্ঠস্বরে বশিষ্ঠ বললেন, 'তবে মহামান্য, আপনার অনুমতি সাপেক্ষে।'

আনমনা দশরথ হাত নাড়িয়ে রাজ-অনুমতি দিল।

দিনটা ছিল শীতের ক্রান্তিদিবস উৎসবের যান্মাসিক ছুটির দ্বিতীয় দিন, যখন রাজকুমাররা অযোধ্যায়। আজ থেকে ঠিক তিনবছর আগে এই দিনটিতে তারা গুরুকুলে যাবার জন্য বাড়ি ছেড়েছিল। তখনও উত্তরায়ণ অর্থাৎ সূর্যের উত্তরদিকে সরার কাল শুরু হয়েছিল। ছমাস পর গরমের তীব্রতার সময়

দিক পরিবর্তন করে সূর্যদেব আবার দক্ষিণাভিমুখী চলতে থাকেন— তখন তার দক্ষিণায়ণ।

এমনকী ছুটির সময়ও রাম বেশির ভাগ সময়টা কাটায় গুরু বশিষ্ঠের সঙেগ; তিনি সেসময় ছাত্রদের সঙেগ প্রাসাদে ফিরে আসেন। কৌশল্যার অনুযোগ ছাড়া অন্য কিছু করার থাকেনা। অন্যদিকে ভরতকে কৈকেয়ী তার নিজস্ব পুরীতে আটকে রাখে। সেখানে তার ব্যক্তিত্তময়ী মা তাকে নিরবচ্ছিন্নভাবে শিক্ষাদান ও জিজ্ঞাসাবাদ করে চলে। এ সময়টায় লক্ষ্মণ, সবে টাট্টু ঘোড়ায় চড়া শিখেছে, এবং সে এটা খুব ভালোবাসে, আর শত্রুঘ্ন কেবল বই-ই পড়ে!

ঘোড়ার চড়ার শেষে লক্ষ্মণ যখন দৌড়ে তার মা সুমিত্রার দিকে আসছিল, তখন ঘরের ভিতরে কথাবার্তা শুনে সে থমকে দাঁড়াল। সে পর্দার আড়াল থেকে উঁকি মারল।

'তুমি এটা একদম বুঝে নাও, তোমার ভাই ভরত তোমাকে নিয়ে মজা করতে পারে, কিন্তু সে তোমাকে সবচেয়ে ভালোবাসে। সবসময় তার দিকে থাকবে।'

শত্রুঘ্ন হাতে তালপাতার পুথি ধরেছিল, মায়ের কথা শুনছে এমন ভান করে সে নিবিষ্টভাবে পড়ে যাবার চেষ্টা করছিল।

সুমিত্রা তীক্ষ্ণ স্বরে বলল, 'শত্রুঘ্ন, আমার কথা কি শুনছ?'

'হ্যাঁ মা।' শত্রুঘ্ন মায়ের দিকে মুখ তুলে বলল। তার কণ্ঠস্বরে ঝরে পড়ছে মাতৃভক্তি।

'আমার কিন্তু তা মনে হচ্ছে না।'

শত্রুঘ্ন মায়ের শেষ বাক্যটি নিজের মনে বলল। বয়সের তুলনায় তার বুদ্ধি ও স্মৃতিশক্তি অনেক উন্নত। সুমিত্রা বুঝতে পারছিল শত্রুঘ্ন তার কথায় একদম মনোযোগ দিচ্ছে না, কিন্তু এ ব্যাপারে তার কিছু করারও ছিল না।

লক্ষ্মণ হাসি মুখে লাফাতে লাফাতে মায়ের কাছে গিয়ে তার কোলে ঝাঁপিয়ে পড়ল।

'মা, আমি তোমার সব কথা শুনব।' সে বালকোচিত আধো আধো গলায় বলল।

সুমিত্রা হেসে হাত দিয়ে লক্ষ্মণকে জড়িয়ে ধরে বলল, 'হ্যাঁ আমি জানি তুমি সব সময় আমার কথা শোনো। তুমি আমার সোনা ছেলে।'

শত্রুঘ্ন একবার তার মায়ের দিকে তাকিয়ে তাল পাতার পুঁথিতে মনোনিবেশ করল।

মায়ের প্রতি ভালোবাসায় দুচোখ ভরে লক্ষ্মণ বলল, 'তুমি আমায় যা করতে বলবে তাই করব। সবসময়।'

সুমিত্রা তার দিকে ঝুঁকে যেন কোনো গোপন যুক্তি করার ভঙ্গিতে, যেটা লক্ষ্মণ পছন্দ করে, বলল, 'তোমার বড়ো ভাই রামের তোমাকে প্রয়োজন।' তার কথা বলার ভঙ্গি বদলে গেল আন্তরিক সারল্যে, 'সে এক সরল নিষ্পাপ ছেলে। তার দরকার এমন একজনকে যে হতে পারে তার চোখ ও কান। কেউই তাকে সত্যিসত্যি ভালোবাসে না।' সে আবারও লক্ষ্মণের দিকে তাকিয়ে প্রায় ফিসফিস করে বলল, ' তাকে বিপদ থেকে তোমায় রক্ষা করতে হবে। তার পিছনে তার সম্পর্কে সবাই খারাপ কথা বলে, কিন্তু সে সবার ভালোটাই দেখে। ওর শত্রু অনেক। ওর জীবন হয়তো তোমার ওপরেই নির্ভর করে আছে...'

'সত্যি?' ভয়াবহতার গুরুত্ব উপলব্ধি না করলেও তার চোখ বড়োবড়ো হয়ে উঠল।

'হ্যাঁ, বিশ্বাস করো আমায়। ওকে রক্ষা করার ব্যাপারে আমি একমাত্র তোমার উপরেই নির্ভর করতে পারি। রামের মন খুব ভালো, সবাইকে সে বড্ড বিশ্বাস করে ফেলে।'

'চিন্তা কোরো না, মা।' লক্ষ্মণ বলল। তার পিঠ সোজা, ঠোঁটে ঠোঁট চাপা, তার চোখদুটো জ্বলজ্বল করছে, যেন কোনো সৈনিককে একটা গুরুত্বপূর্ণ কাজের দায়িত্ব দিয়ে সম্মানিত করা হয়েছে। সে আবার বলল, 'আমি সদাসর্বদা রামদাদার খেয়াল রাখব।'

সুমিত্রা আবার লক্ষ্মণকে বুকে জড়িয়ে স্নেহের হাসিতে মুখ ভরিয়ে বলল, 'আমি জানি বাবা, তুমি তা করবে।'

টাট্টু ঘোড়াটার পেটে জুতোর পিছন দিয়ে খোঁচা মেরে আরও জোরে তাকে ছোটাতে চেয়ে লক্ষ্মণ চিৎকার করল, 'দাদা!' কিন্তু টাট্টুটা বিশেষভাবে বাচ্চাদের জন্যই প্রশিক্ষিত। সে লক্ষ্মণের আদেশ মানল না।

ন বছরের রাম আরও একটু বড়ো ও বেশি গতির টাট্টুর পিঠে সওয়ার হয়ে সামনে চলেছে। তার প্রশিক্ষণ অনুযায়ী সে রাজকীয়ভাবে ঘোড়ার পিঠে চড়ে টাট্টুর সঙ্গে তাল মিলিয়ে তার প্রতি পদক্ষেপের সঙ্গে জিনের ওপর শরীরের ভার বদল করছিল। আজকের এই অলস বিকেলে তারা নিজেরাই ঘোড়া নিয়ে অশ্বচালন বিদ্যায় তালিম নেবার মনস্থ করেছিল অযোধ্যার অশ্বারোহণের মাঠে।

তীব্রভাবে চিৎকার করে উঠল লক্ষ্মণ, 'থামো, দাদা, থামো!' অশ্বচালনার কোনো নিয়ম মেনে চলার সময় এখন তার নেই। সে টাট্টুটাকে লাথি মেরে চাবুক কষিয়ে যথাসম্ভব দৌড়োতে বাধ্য করল।

রাম অতি উৎসাহী লক্ষ্মণকে দেখে হেসে ফেললেও ছোটো ভাই লক্ষ্মণকে সাবধান করল, 'লক্ষ্মণ, আস্তে চলো। ঠিকমতো ঘোড়া চালাও।'

সর্বশক্তি দিয়ে চিৎকার করে উঠল লক্ষ্মণ, 'থামো!'

লক্ষ্মণের উন্মাদবৎ চিৎকারের কোনো অর্থ আছে ভেবে রাম সঙ্গে সঙ্গে লাগাম টেনে ধরল এবং লক্ষ্মণ তখনই তার পাশে এসে তড়িঘড়ি ঘোড়ার পিঠ থেকে নামল। 'দাদা, নেমে এসো।'

কী ব্যাপার?'

উত্তেজিত ভাবে চিৎকার করল লক্ষ্মণ, 'নামো!' তারপর রামের হাত ধরে তাকে টেনে নামানোর চেষ্টা করল।

রাম ঘোড়া থেকে নামতে নামতে চোখ বড়ো করে লক্ষ্মণের দিকে তাকাল, 'কী হচ্ছে, লক্ষ্মণ?'

'দ্যাখো!' ভয়ার্ত গলায় বলে উঠল লক্ষ্মণ। ঘোড়ার জিন আটকানোর দড়ির গিঁটটা খোলা আর জিনের সঙ্গে রেকাবও বাঁধা নেই। জিনের থেকে দড়িটা প্রায় খুলে গেছে।

নীচু গাঢ় স্বরে রাম বলে বসল, 'ওঃ মহাদেবতা রুদ্রের কৃপা।' জিন থেকে

দড়িটা ও রেকাব যদি খুলে যেত ঘোড়া দৌড়োনোর সময় তাহলে রাম ছিটকে পড়ত মাটিতে এবং এর ফলে মারাত্মকভাবে আহতও হত। লক্ষ্মণ তাকে এক ভয়ংকর দুর্ঘটনা থেকে বাঁচিয়েছে।

লক্ষ্মণ ভীত চোখে চারদিকে তাকাল। তার মার বলা কথাগুলো তার মাথার মধ্যে প্রতিধ্বনিত হল। 'দাদা, তোমাকে কেউ একজন মেরে ফেলতে চাইছে।'

রাম জিন, দড়ি প্রভৃতির দিকে তাকাল। একেবারে অতি পুরোনো সব জিনিস, তবে কেউ ইচ্ছে করে এমনটা করেনি। কিন্তু লক্ষ্মণ তাকে কোনো শুধু দুর্ঘটনার হাত থেকে বাঁচায়নি, হয়ত বাঁচিয়েছে মৃত্যু থেকেও।

রাম আলতো ভাবে আলিঙ্গন করল লক্ষ্মণকে, 'ধন্যবাদ, ভাই আমার।'

লক্ষ্মণ শিশুসুলভ উচ্চারণে বলল, 'কোনো চক্রান্ত নিয়ে দুশ্চিন্তা কোরো না,' সে এখন নিশ্চিত তার মায়ের আশঙ্কা সত্য। 'দাদা, সর্বদা আমি তোমাকে পাহারা দেব।'

রাম কোনোভাবে হাসি চেপে বলল, 'চক্রান্ত! হাঃ? কে তোমাকে এত বড়ো শব্দ শোনাল?'

লক্ষ্মণ চারিদিকে তাকিয়ে বুঝে নিতে চাইল কোনো বিপদের সম্ভাবনা আছে কি না, তারপর বলল, ' শত্রুঘ্ন।'

'হুম্, শত্রুঘ্ন।'

রাম তার ভাইয়ের কপালে চুমু দিয়ে ও তার বাচ্চা রক্ষীকে আশ্বস্ত করে বলল, 'আমার এখনই বেশ সুরক্ষিত মনে হচ্ছে।'

ঘোড়ার জিনসংক্রান্ত ব্যাপারের দুদিন পর আবার চারভাই গুরুকুলে যাবার জন্য প্রস্তুত হল। যাত্রার আগের দিন রাতে রাম রাজকীয় আস্তাবলে তার ঘোড়াটির দেখাশোনা করতে গেল; পরের দিনটা তাদের দুজনের পক্ষেই বেশ কষ্টদায়ক হবে। আস্তাবলে কর্মচারীরা আছে ঠিকই, কিন্তু এ কাজটা করতে তার বেশ

লাগে, এতে তার মন শান্ত হয়। অযোধ্যায় একমাত্র পশুরাই তার বিচারক নয়। প্রায়ই সে এদের সঙ্গে সময় কাটাতে ভালোবাসে। ঘোড়ার ক্ষুরের শব্দে সে পিছন ফিরে তাকাল।

'লক্ষ্মণ!' আতঙ্কে রাম চিৎকার করে উঠল। তার টাট্টুর ওপর বসে আছে লক্ষ্মণ। ভীষণভাবে আহত। রাম দৌড়ে গিয়ে তাকে নামতে সাহায্য করল। লক্ষ্মণের চিবুক কেটে দুফালা হয়ে গেছে, সৃষ্টি হয়েছে গভীর ক্ষত। এক্ষুনি সেলাই করা দরকার। তার গোটা মুখে রক্ত। কিন্তু তার সাহস এমনই যে রাম যখন তার ক্ষতটা পর্যবেক্ষণ করছে তখনও সে যন্ত্রণায় কুঁকড়ে গেল না।

'রাত্রে ঘোড়ার পিঠে চড়ার তো তোমার অনুমতি নেই। তুমি জানোনা সেকথা?' রাম নম্রভাবে বলল ভাইকে।

লক্ষ্মণ অবিচলিত ভাবে বলল, 'মার্জনা করো... হঠাৎ ঘোড়াটা...'

'একদম কথা বলবে না,' রাম তাকে কথার মাঝে থামিয়ে দিল, কেননা কথা বললে রক্ত বেরোচ্ছে বেশি।

'এসো আমার সঙ্গে।'

তার আহত ভাইকে নিয়ে রাম দৌড়োলো নীলাঞ্জনার কক্ষের দিকে। যাবার পথে তারা পড়ল পরিচারিকা সহ সুমিত্রার সামনে, যে পাগলের মতো লক্ষ্মণ কোথায় তা খুঁজে বেড়াচ্ছিল।

প্রবলভাবে রক্তঝরা লক্ষ্মণের দিকে চোখ পড়তে আর্তনাদ করে উঠল সুমিত্রা, 'কী হয়েছে?'

লক্ষ্মণ মুখ বুজে জেদির মতো দাঁড়িয়ে রইল। সে জানত বিপদ আসন্ন, কারণ তার দাদা কখনো মিথ্যা বলেনা। তাছাড়া গল্প বানাবার সুযোগ কিছু নেইও। তাকে এখন সত্য কথা বলতেই হবে এবং তারপর ফন্দি আঁটতে হবে কীভাবে শাস্তি এড়ানো যায়।

রাম তার ছোটো সৎমাকে বলল, 'তেমন কিছু নয়, কিন্তু এখনই আমাদের ওকে নীলাঞ্জনার কাছে নিয়ে য়েতে হবে।'

'কিন্তু হয়েছেটা কী?' সুমিত্রা আবারও জানলে চাইল।

মায়ের রাগ থেকে ছোটোভাই লক্ষ্মণকে বাঁচাতে সহজাতভাবে সে উদ্যোগী হয়ে উঠল। তার ওপর কদিন আগেই লক্ষ্মণ তার জীবন বাঁচিয়েছে। সে তার বিবেকের তাড়না অনুযায়ী কাজ করল; দোষটা নিয়ে নিল নিজের ওপর। 'ছোটোমা, এটা আমারই দোষ। আমি লক্ষ্মণের সঙ্গে আস্তাবলে গিয়েছিলাম আমার ঘোড়াটার দেখাশোনা করতে। ঘোড়াটা একটু বেশি তেজি, লাফিয়ে উঠে ওটা লক্ষ্মণকে লাথি মারল। আমার দেখা উচিত ছিল যে লক্ষ্মণ আমার পিছনে আছে।'

সুমিত্রা সঙ্গে সঙ্গে সামনে থেকে সরে দাঁড়াল, 'তাড়াতাড়ি ওকে নীলাঞ্জনার কাছে নিয়ে যাও।'

নিজেকে লক্ষ্মণের খুব অপরাধী লাগছে; সে ভাবল, *মা জানে রামদাদা কখনো মিথ্যা বলেনা।*

রাম ও লক্ষ্মণ ঘুরতেই একজন পরিচারিকা তাদের পিছনে দৌড়োবার উদ্যোগ নিতে সুমিত্রা হাত তুলে তাকে থামিয়ে দেখল ছেলেদুটো বারান্দা দিয়ে হেঁটে যাচ্ছে। রাম শক্ত করে ধরে আছে লক্ষ্মণের হাত। কেমন এক তৃপ্তিতে নিয়ে সুমিত্রার মুখে হাসি খেলে গেল।

রামের হাতটা টেনে নিয়ে নিজের বুকে চেপে লক্ষ্মণ ফিসফিসিয়ে বলল, 'দাদা, সবসময় দুজনে একসঙ্গে থাকব। সবসময়।'

'কথা বোলো না লক্ষ্মণ, রক্ত আরও...'

অযোধ্যার রাজকুমাররা এখন পাঁচ বছর হল গুরুকুলে আছে। অন্তরে গর্ব নিয়ে বশিষ্ঠ দেখেন এগারো বছর বয়সি রাম প্রশিক্ষণ নিচ্ছে পরিপূর্ণ যুবক প্রতিপক্ষের সঙ্গে। এ বছরই রাম ও ভরতের অস্ত্রশিক্ষা শুরু হয়েছে। লক্ষ্মণ ও শত্রুঘ্নর এই শিক্ষা নিতে এখনও দুবছর বাকি। এখন তাঁদের যা শিখতে হচ্ছে তা দর্শনশাস্ত্র, গণিত ও বিজ্ঞান।

'এগিয়ে এসো দাদা, কাছে সরে এসে মারো লোকটাকে।' চিৎকার

করল লক্ষ্মণ।

বশিষ্ঠ ঠোঁটে প্রশ্রয়ের হাসি নিয়ে লক্ষ্মণের হাবভাব লক্ষ করছিল। বশিষ্ঠর মাঝে মাঝে লক্ষ্মণের সেই কম বয়সের আধো আধো কথা শুনতে ইচ্ছে করে, যা কিছুটা বেড়ে ওঠায় লক্ষ্মণ এখন বলে না। কিন্তু আট বছরের বালকটি তার একবিন্দু প্রাণশক্তি হারায়নি। একইরকম ভাবে সে প্রবল অনুরক্ত রামের, যাকে সে প্রাণাধিক ভালোবাসে। সম্ভবত রামই পারবে লক্ষ্মণের এই বন্য চঞ্চলতাকে অন্য খাতে বইয়ে দিতে।

নম্রভাষী ও জ্ঞানবিষয়ক ব্যাপারে উৎসাহী শত্রুঘ্ন লক্ষ্মণের পাশে বসে একটি তালপাতার পুঁথি থেকে ঈশপনিষদ পাঠ করছিল। সে সংস্কৃত ভাষাতেই তা পড়ছিল।

'পুষন্নেকরসে যম সূর্য প্রজাপত্যঃ ভূয়ঃ রশ্মিন সমুহঃ তেজোঃ;
যত্তে রূপম্ কল্যাণতমম্ তত্তে পশ্যামি ইসাবাসৌ পুরুষ সোহ্মঅস্মি'

হে ভগবান সূর্য, প্রজাপতি পুত্রের পালক, একক যাত্রী ও ব্রহ্মাণ্ডের শাসক; তোমার রশ্মিচ্ছটাকে সংযত করো, নম্র করো তোমার জ্যোতি; প্রজ্বলিত অগ্নির আড়ালে থাকা তোমার শ্রীমুখ আমাদের দেখতে দাও, এবং উপলব্ধি করতে দাও তোমার মধ্যে থাকা ঈশ্বর আমিই।

শত্রুঘ্ন নিজের মনেই হাসল সুললিত ছন্দে দর্শনশাস্ত্র অধ্যয়ন করতে করতে। তার ঠিক পিছনেই বসা ভরত তার মাথায় টোকা মেরে রামের দিকে আঙুল দেখাল। শত্রুঘ্ন পিছন ফিরে ভরতের দিকে তাকাল, তার দুচোখে মূর্ত প্রতিবাদ। ভরত কড়া চোখে ছোটো ভাইয়ের দিকে চাইতে শত্রুঘ্ন পাশে পুঁথিটি রেখে রামের দিকে মুখ তুলল।

রামের সঙ্গে তলোয়ার যুদ্ধের জন্য বশিষ্ঠ যাকে নির্বাচিত করেছেন সে গুরুকুলের কাছাকাছি বসবাসকারী এক জনজাতি। তাঁর আশ্রমটি গঙ্গার অনেকটা দক্ষিণে, শোন নদীর পশ্চিমতম তীরের নিকটবর্তী, সভ্য মানুষের পা না পড়া গভীর জঙ্গলের ভিতর। তারপরই নদী পূর্বদিকে বিরাট এক বাঁক নিয়ে উত্তর-পূর্ব দিকে গিয়ে গঙ্গার সঙ্গে মিশে গেছে। হাজার হাজার বছর ধরে এই অঞ্চলটিতে বহু গুরু বসবাস করেছেন। বনবাসীরা জায়গাটার

রক্ষণাবেক্ষণ করে এবং কিঞ্চিৎ শুল্কের বিনিময়ে তাদের তা ভাড়া দেয়।

গুরুকুলে পৌঁছোবার একমাত্র পথটিকে লুকিয়ে রাখা হয় ঘন ঝোপজঙ্গল ও তারপর প্রাচীন বটগাছের ঝুরিদের আড়ালে। তারপর একটি বনবীথি, যার মধ্যস্থলে মাটি কেটে নীচের দিকে নামার সিঁড়ি বসানো থাকে, যা গিয়ে পড়েছে লতাগুল্ম দিয়ে লুকোনো এক গভীর জলহীন পরিখায় । সেই পরিখাই পরে বদলে যায় সুড়ঙ্গে এবং সেটা পৌঁছে যায় কোনো খাড়া পাহাড়ের নীচ পর্যন্ত। সুড়ঙ্গের একটি দিক আলোয় ভেসে যায় যেটি উঠে যায় নদীর তীরে, যে নদীর দুই তীর যুক্ত থাকে একটি কাঠের সেতুর দ্বারা। তার ওপারে থাকে গুরুকুল—পাথুরে পাহাড়ের গায়ে এক প্রস্তর নির্মিত সাদামাঠা কাঠামো।

পাহাড়ের সামনের দিকটা কেটে একটা বিরাট ত্রিমাত্রিক পাথরের চাঙড় বের করে এনে ঢোকার মুখে তৈরি করা হয়েছে। ভিতরে কুড়িটি মন্দির—তাদের কয়েকটির মধ্যে দেবমূর্তি, অন্যগুলি ফাঁকা। এর মধ্যে ছটি মন্দিরে থাকে আগের ছয় বিষ্ণু অবতারের মূর্তি, একটিতে থাকে পূর্ব মহাদেব রুদ্রর মূর্তি, আর অন্য একটায় অসামান্য বিজ্ঞানী, ভগবান ব্রহ্মার মূর্তি। দেবতা ও ভগবানদের রাজা, দেবরাজ ইন্দ্র, যিনি বজ্র ও আকাশের দেবতা তারও মন্দির আছে। যে দুটো পাথরের দেওয়াল মুখোমুখি, তার ভেতরের অংশ কেটে বানানো হয়েছে রান্নাঘর ও ভাঁড়ার। অন্যদিকের পাথর কেটে তৈরি হয়েছে খিলানযুক্ত বিশ্রামস্থল—গুরু ও তাঁর শিষ্যদের জন্য।

সেই আশ্রমে অযোধ্যার রাজকুমাররা অভিজাতদের মতো নয়, বরং বাস করত শ্রমিক পরিবারের সন্তানদের মতো; বস্তুত, তারা যে রাজবংশের সন্তান তা গুরুকুলের কেউই জানত না। ঐতিহ্য অনুসারেই সব শিক্ষার্থীদের মতন রাজকুমারদের নামও বদলে দেওয়া হয়েছিল। রামকে ডাকা হত সুদাস; ভরত হল বসু, লক্ষ্মণ পৌরব ও শত্রুঘ্ন নলতার্দক। বিধিবদ্ধ পাঠক্রমের বাইরেও তাদের গুরুকুল পরিষ্কার রাখা ও খাবার প্রস্তুত করে তা গুরুদেবকে নিবেদন করতে হত। শিক্ষাগত উৎকর্ষের মাধ্যমে তারা তাদের জীবনের লক্ষ্যকে সার্থক করতে সফল হবে আর তাদের অন্যান্য কাজকর্ম তাদের মানবতার

সঙ্গে একাত্ম হবার শিক্ষা দেবে, যার ফলে তারা বেছে নিতে পারবে নিজ নিজ জীবন আদর্শ।

'মনে হচ্ছে, সুদাস তুমি বেশ তেতে উঠেছ!' বশিষ্ঠ তার সেরা দুই শিক্ষার্থীর একজনের উদ্দেশে একথা বলে পাশে বসা বনবাসীদের প্রধানকে উদ্দেশ করে বললেন, 'গোষ্ঠীপতি বরুণ, এখন কি একটু দ্বন্দ্বযুদ্ধ দেখা যায়?'

এখানকার মানুষজন, কেবল ভালো আশ্রয়দাতাই নয়, তারা নিজেরাও পরাক্রান্ত বীর। বশিষ্ঠ তার শিষ্যদের যুদ্ধবিদ্যায় প্রশিক্ষণ দিতে সেই সব বীরদেরও আহ্বান করেন সৌজন্যমূলক কিছু অর্থদানের মাধ্যমে। এখনকার মতোই তারা শিক্ষার্থীদের পরীক্ষার নিমিত্ত দ্বন্দ্বযুদ্ধেও অংশ নেয়।

রামের সঙ্গে যে যুবকটি যুদ্ধের মহড়া দিচ্ছিল তার উদ্দেশে ডাক দিল গোষ্ঠীপতি বরুণ, 'মৎস্য...'

তৎক্ষণাৎ মহরা থামিয়ে মৎস্য ও রাম দর্শকদের দিকে ফিরে মাথা নত করে বশিষ্ঠ ও বরুণকে শ্রদ্ধাজ্ঞাপন করল। তারা দুজনে যুদ্ধমঞ্চের কিনারায় এসে আঁকার তুলি একটি পাত্রে ডুবিয়ে, লাল রঙে ভিজিয়ে তাদের প্রশিক্ষণে ব্যবহৃত কাঠের তলোয়ার গুলির দুপাশে ও ডগায় লাগিয়ে দিল। এই রঙ একে অপরের শরীরের চিহ্ন রেখে যাবে, যাতে বোঝা যাবে কে প্রতিপক্ষকে কত ভয়ানকভাবে আঘাত করেছে।

রাম মঞ্চে উঠে একেবারে মধ্যবর্তী স্থানে দাঁড়াল, প্রায় সঙ্গেসঙ্গেই উঠে এল মৎস্য। মুখোমুখি দাঁড়িয়ে তারা একে অপরের প্রতি মাথা নামিয়ে প্রতিদ্বন্দ্বীকে সম্মান জ্ঞাপন করল।

'সত্য, কর্তব্য, সম্মান!'—তার গুরু বশিষ্ঠের কাছ থেকে শোনা রণধ্বনি দিল, তার কাছে বাক্যগুলির মূল্য অসীম।

মৎস্য, বালকটির থেকে প্রায় একফুট লম্বা, হাসতে হাসতে বলল, 'যেকোনো মূল্যেই চাই জয়!'

রাম নিজের জায়গা নিল, তার পিঠ সোজা, সে শরীরটিকে আড়াআড়ি সরিয়ে নিল, তার লক্ষ স্থির ডানদিকে তার কাঁধের উপরে—যেমনটি গুরু বশিষ্ঠ তাকে শিখিয়েছেন। এই ভঙ্গিতে থাকার জন্য তার বর্মের সামান্য

অংশই প্রতিদ্বন্দ্বীর চোখের সামনে। তাকে যেমন শেখানো হয়েছে তেমনই তার শ্বাস-প্রশ্বাস স্বাভাবিক ও নিয়মিত। তার বাঁ হাতটি শরীরের সামান্য বাইরে রাখা, শরীরের ভারসাম্য রাখার জন্য। তলোয়ার ধরা শক্ত ডান হাতটি ভূমিতল থেকে সামান্য কৌণিক উচ্চতায় ওঠানো। ফলে কনুইটা সামান্য ভাঁজ করা। সে তলোয়ারটাকে আবার ঠিক করে ধরল যাতে তার ভারটা তার সুগঠিত পেশির উপর থাকে। হাঁটু ভাঁজ করে সে শরীরের ভর রাখল পায়ের পাতার অগ্রভাগে যাতে যেকোনো দিকে সে দ্রুত ঘুরে যেতে পারে। মৎস্য এসব দেখে মুগ্ধ হল। বাচ্চা ছেলেটা যুদ্ধের প্রতিটি রীতি যথাযথ মেনে চলছে।

ছেলেটির চেহারার মধ্যে সবচেয়ে আকর্ষণীয় ছিল তার চোখদুটি। তীক্ষ্ণ দৃষ্টি নিবন্ধ ছিল তার প্রতিপক্ষের চোখের দিকে। *গুরুদেব বশিষ্ঠ ছেলেটিকে ভালো শিক্ষাই দান করেছেন। মাথা ঘোরার আগেই তার চোখদুটি ঘুরছে।*

মৎস্যের চোখ সামান্য প্রসারিত হল। রাম বুঝল আঘাত আসন্ন। সামনে লাফিয়ে মৎস্য তার লম্বা হাতের সাহায্যে তার তলোয়ার ক্ষিপ্রভাবে এগিয়ে দিল রামের বুকের দিকে। এই আঘাত মৃত্যু ডেকে আনতে পারত, কিন্তু রাম দ্রুত ডানদিকে সরে সে আঘাত এড়িয়ে তার ডান হাতে ধরা তলোয়ার মৎস্যের গলা লক্ষ করে এগিয়ে দিল।

মৎস্য তৎক্ষণাৎ পিছিয়ে গেল।

'আরও জোরে কেন তুমি তলোয়ার চালাচ্ছ না, দাদা?' চিৎকার করল লক্ষ্মণ। 'ওই আঘাত থেকে মৃত্যু হতে পারত।'

মৎস্য সে কথা শুনে প্রশংসাসূচক হাসল। সে বুঝল লক্ষ্মণ ব্যাপারটা ঠিক বোঝেনি। রাম তাকে মেপে নিচ্ছে। একজন সতর্ক যোদ্ধা হিসেবে সে মারণ-আঘাতটা তখনই করবে যখন সে তার প্রতিপক্ষের সক্ষমতা ঠিকমতো যাচাই করে নেবে। রাম মৎস্যের উৎসাহী হাসির জবাব দিল না। শ্বাস-প্রশ্বাস স্বাভাবিক, তাঁর দৃষ্টি ছিল স্থির। তার প্রতিদ্বন্দ্বীর দুর্বলতা তাকে আগে বুঝে নিতে হবে। অপেক্ষা করতে হবে মারণ-আঘাতের জন্য।

ডান দিক থেকে তলোয়ার ঘুরিয়ে মৎস্য ভয়ংকর ভাবে সামনে ঝাঁপিয়ে এল। রাম পিছিয়ে গিয়ে তার গোটা শরীরের সমস্ত শক্তি তলোয়ারে এনে

সে-আঘাত প্রতিহত করল। মৎস্য ডানদিকে ঝুঁকে রামের বাঁদিক দিয়ে ভয়ানক গতিতে তলোয়ার চালাল বালকটির মাথা লক্ষ করে। রাম আবারও পিছিয়ে গিয়ে তলোয়ার উঁচু করে সে আঘাত ঠেকাল। অকস্মাৎ সে লাফ দিয়ে ডান দিকে সরে মসৃণভাবে তলোয়ার চালিয়ে আঘাত করল মৎস্যের বাহুতে, লাল রঙ লেগে রইল সেখানে। এটা একটা আঘাত নিশ্চয়। কিন্তু তা লড়াই থামাবার পক্ষে যথেষ্ঠ নয়।

রামের চোখ থেকে চোখ না সরিয়ে মৎস্য পিছিয়ে গেল। *হয়ত সে অতিরিক্ত সতর্ক।*

'তোমার কি আঘাত করার সাহস নেই?'

রাম গ্রাহ্য করল না সেকথা। হাঁটু সামান্য ভাঁজ করে সে আবার জায়গা নিল। তার বাঁ হাত পিছনে হালকা করে রাখা, শক্ত করে তলোয়ার ধরা ডান হাত সামনে এগিয়ে।

'না যদি খেলো, তবে তুমি খেলায় জিততেও পারবে না,' মৎস তাকে উপহাস করে। 'তুমি কি কেবল হার বাঁচাতেই চাও, না কি তুমি সত্যিই জিততে চাও?'

সর্তক ও প্রস্তুত রাম শান্ত থাকল। সে তার শক্তি ধরে রাখছে।

এ ছোকড়াকে নড়ানো শক্ত, মৎস ভাবল। সে আবার আঘাত করতে ঝাঁপাল, বারবার আঘাত করতে থাকল ওপর থেকে, তার উচ্চতাকে ব্যবহার করে, যাতে রামকে মাটিতে ছিটকে ফেলা যায়। রাম দৃঢ় পদক্ষেপে এপাশে-ওপাশে, পিছনে সরে বারবার করা আঘাতগুলো এড়িয়ে গেল।

বশিষ্ঠ রামের উদ্দেশ্য বুঝতে পেরে মৃদু হাসলেন।

মৎস খেয়ালই করল না মঞ্চের ওপর সামান্য মাথা উঁচু করে থাকা একটি পাথরের টুকরোকে এড়িয়ে রাম পিছনে সরে গেল। মুহূর্ত মধ্যে আক্রমনোদ্দত মৎস্য সেই পাথরে হোঁচট খেয়ে ভারসাম্য হারিয়ে ফেলতেই ক্ষণমাত্র নষ্ট না করে রাম একটা হাঁটুর উপর ভর দিয়ে বনবাসী যোদ্ধার ঊরুসন্ধি লক্ষ্য করে প্রবল আঘাত করল। এ এক মারণ -আঘাত!

মৎস্য মাথা নীচু করে তার ঊরুসন্ধিতে লেগে থাকা লাল রঙ দেখল।

কাঠের তলোয়ার রক্ত না ঝরালেও দিয়েছে ভয়াবহ যন্ত্রণা। মৎস্য তার আত্মসম্মান রক্ষার্থে সে যন্ত্রণা কোনোক্রমে চেপে রাখল।

বাচ্চা শিক্ষার্থীর পটুতায় মুগ্ধ মৎস্য এগিয়ে এসে তার কাঁধ চাপড়ে বলল, 'অবশ্যই যুদ্ধের আগে প্রত্যেকের যুদ্ধক্ষেত্রের আকার-প্রকার দেখে নেওয়া দরকার, জানা দরকার প্রতিটি খুঁটিনাটি। তুমি এই মূলসূত্রকে মনে রেখেছিলে, আমি রাখিনি। সাবাস বেটা!'

রাম বাঁ হাত দিয়ে ডান কনুই চেপে মুষ্টিবদ্ধ ডানহাত তার কপালে ছুঁইয়ে মৎস্যদেরই পরম্পরাগত প্রথায় বীর যোদ্ধাকে সম্মান জানাল। 'বীর আর্য, আপনার সঙ্গে লড়তে পেরে আমি সম্মানিত বোধ করছি।'

দুহাত জড়ো করে হাসিমুখে মৎস্যও প্রতিনমস্কার করল। বলল, 'না বালক, আমিই সম্মানিত হয়েছি। ভবিষ্যতে আমি তোমার কীর্তি দেখার জন্য উন্মুখ থাকব।'

বরুণ বশিষ্ঠের দিকে তাকিয়ে বলল, 'গুরুজি, এখানে সত্যিই আপনার একজন ভালো ছাত্র আছে। ছেলেটি কেবল ভালো যোদ্ধাই নয়। তার ব্যবহারও অত্যন্ত উচ্চমানের। ছেলেটি কে?'

হাসলেন বশিষ্ঠ, 'গোষ্ঠীপতি, আপনি তো জানেন, সেটা আমি প্রকাশ করব না।'

ইতিমধ্যে মৎস্য ও রাম মঞ্চের কিনারে এসে দাঁড়িয়েছে। রঙ ধোয়ার জন্য তারা তাদের তলোয়ার দুটি চুবিয়ে দিল একটা জলের পাত্রে। এরপর তলোয়ার দুটিকে শুকিয়ে তেল মাখিয়ে হাতুড়ি দিয়ে পিটিয়ে পরবর্তী লড়াই-এর জন্য প্রস্তুত রাখা হবে।

বরুণ তার গোষ্ঠীর আর এক যোদ্ধার দিকে তাকাল, 'গৌড়া, এরপর তোমার পালা।'

বশিষ্ঠ ভরতকে আশ্রমের নাম 'বসু' বলে ডেকে ইশারা করলেন।

মঞ্চে ওঠার আগে গৌড়া মাটি ছুঁয়ে প্রণাম করল। ভরত অবশ্য তেমন কিছু করল না। লাফিয়ে মঞ্চে উঠে ভরত দ্রুত এগিয়ে গেল তলোয়ার রাখা পেটিকার দিকে। সে সবচেয়ে লম্বা তলোয়ারটা ইতিমধ্যেই নিজের জন্য

পছন্দ করে রেখেছিল। এটার ফলে তার পূর্ণ বয়স্ক প্রতিপক্ষের বেশি জায়গা নিতে পারার সুবিধাকে বানচাল করা যাবে।

গৌড়া প্রশ্রয় দেবার ভঙ্গিতে হাসল; শেষমেশ তার প্রতিপক্ষ তো একটা বাচ্চা ছেলে। সে একটা তলোয়ার তুলে দৃপ্তভাবে মঞ্চের কোনে রাখা রঙ ও তুলির কাছে পৌঁছে গিয়ে দেখল ভরত সেখানে নেই। অধৈর্য কনিষ্ঠ যোদ্ধা তার তলোয়ারে রঙ লাগাতে তখন ব্যস্ত।

অবাক হলে গৌড়া বলল, 'একটু ছায়াযুদ্ধ করা হবে নাকি?'

ভরত মুখ ঘুরিয়ে বলল, ' কী লাভ সময় নষ্ট করে?'

অবাক হয়ে ভ্রু কুঁচকে তাকিয়ে গৌড়া তার তলোয়ারে রঙ লাগাতে লাগল।

দুই যোদ্ধা মঞ্চের মাঝখানে গিয়ে দাঁড়াল। প্রথা মতো দুজনে মাথা ঝুঁকিয়ে একে অপরকে অভিবাদন জানাল। গৌড়া অপেক্ষা করছিল রামের মতোই ভরতও একই রণধ্বনি দেবে।

'স্বাধীন জীবন অথবা মৃত্যু!' বীর বিক্রমে বুক চাপড়ে বলল ভরত।

গৌড়া আর নিজেকে সংযত রাখতে না পেরে হো হো করে হেসে উঠল, 'স্বাধীন জীবন অথবা মৃত্যু!' এই তোমার রণধ্বনি?'

ভরত তার দিকে তীব্র আক্রোশ নিয়ে ক্রুদ্ধ ভাবে তাকিয়ে আছে। তখনও হাসতে হাসতে বনবাসী যুবক মাথা নীচু করে অভিবাদন জানিয়ে তার রণধ্বনি উচ্চারণ করল, 'যে কোনো মূল্যেই চাই জয়।'

ভরতের দাঁড়ানোর ভঙ্গি দেখে গৌড়া আবারও অবাক হল। তার দাদার মতো নয়, ভরত সোজা সামনে মুখ করে তার গোটা শরীরটাকে প্রতিপক্ষের আক্রমণের লক্ষ্য করে দাঁড়িয়ে আছে। হালকা করে তলোয়ার ধরা তার ডানহাতটা শরীরের পাশে রয়েছে। তার চোখে মুখে সম্পূর্ণ অগ্রাহ্যের ভাব।

'তুমি কি যথাযথভাবে দাঁড়াবে না?' গৌড়ার বেশ ভয় হচ্ছিল যে সে বেহিসাবি বাচ্চাটাকে না বড়োসড়ো আঘাত করে ফেলে।

'আমি সর্বদাই যুদ্ধের জন্য প্রস্তুত।' উদ্ধত হাসিতে মুখ ভরিয়ে বিড়বিড় করে ভরত বলল।

কাঁধ ঝাঁকিয়ে গৌড়া তার জায়গা নিল।

বনবাসী যোদ্ধার দিকে উদাসীনভাবে তাকিয়ে ভরত অপেক্ষা করছিল তার প্রথম আঘাতের।

অকস্মাৎ গৌড়া এগিয়ে এসে তলোয়ারটা প্রবল গতিতে এগিয়ে দিল ভরতের তলপেটের দিকে। অন্যদিকে দ্রুত সরে গিয়ে ভরত তলোয়ারটাকে মাথার উপর তুলে প্রবল আঘাত করল গৌড়ার কাঁধের উপর। হেসে কোনো যন্ত্রণার কষ্ট প্রকাশ না করে গৌড়া পিছিয়ে গেল।

তার তলপেটের উপর লাল রঙ দেখিয়ে গৌড়া বলল, 'আমি তোমার পেট ফুঁড়ে দিতে পারতাম।'

'তার আগে তোমার কাটা হাত মাটিতে পড়ে থাকত।' ভরত বলল গৌড়ার কাঁধের উপর লাল দাগটা দেখিয়ে।

গৌড়া হাসল এবং আবার আক্রমণ করল। বিস্মিত গৌড়া দেখল মুহূর্তমধ্যে মাটি থেকে লাফিয়ে উঠে আবার উপর থেকে তলোয়ার নামিয়ে আনছে ভরত। এ এক অদ্ভুত কৌশল! চেষ্টা করেও গৌড়া আঘাতটা এড়াতে পারল না যেহেতু আঘাতটা তলোয়ারের ফলা বরাবর তার দিকে এসেছে। এ আঘাতকে একমাত্র চাল দ্বারাই প্রতিহত করা যেত। যদিও তার এই আক্রমণ কৌশল সঠিকভাবে ভরত প্রয়োগ করতে পারছিল না তার কম উচ্চতার জন্য। গৌড়া পিছিয়ে গিয়ে তার লম্বা হাতের সুবিধা নিয়ে প্রচণ্ড আঘাত করল।

মাটি থেকে লাফিয়ে ওঠা অবস্থায় গৌড়ার আঘাত তার বুকে লাগতে ভরত পিছনে ছিটকে পড়ল। সে দেখল তার বুকের উপর ঠিক সেইখানে একটি লাল দাগ যার নীচে হৃদপিণ্ডের অবস্থান।

মুহূর্তের মধ্যে দু-পায়ের উঠে দাঁড়াল ভরত। আঘাত প্রাপ্ত জায়গাটার নীচে কোনো শিরা বা ধমনি ছিঁড়ে যাওয়ায় বুকে ওই জায়গায় রক্ত জমাট বেঁধে গিয়েছে এরই মধ্যে। কাঠের তলোয়ার হলেও আঘাতটা হয়েছে যথেষ্ট জোরে। যন্ত্রণাকে অগ্রাহ্য করে ভরতের উঠে দাঁড়ানোয় গৌড়ার নীরব প্রশংসা পেল। দৃঢ়ভাবে দাঁড়িয়ে ভরত রুক্ষভাবে তাকাল তার প্রতিদ্বন্দ্বীর দিকে।

'তোমার কৌশল চমৎকার। আমি আগে এমনটা দেখিনি। তবে এটাকে

ঠিকমতো ব্যবহার করতে হলে তোমাকে আরও খানিকটা লম্বা হতে হবে।'

ভরত আক্রোশভরা দৃষ্টিতে গৌড়ার দিকে তাকিয়ে রুক্ষভাবে বলল, 'আমি একদিন লম্বা হব। তখন আবার আমরা লড়াই করব।'

হাসল গৌড়া, 'বাচ্চা, আমরা অবশ্যই আবার লড়ব। আমি অপেক্ষা করব সেই দিনটার জন্য।'

বরুণ বশিষ্ঠের দিকে তাকাল, 'গুরুজি, এরা দুজনেই প্রতিভাবান। কবে যে ওড়া বড়ো হয়ে উঠবে!'

আত্মতৃপ্ত হাসিতে মুখ ভরিয়ে বশিষ্ঠ বললেন, 'আমিও তো সেই অপেক্ষাই করছি।

সন্ধ্যা হয়ে এসেছে। আশ্রম থেকে সামান্য দূর দিয়ে বয়ে যাওয়া স্রোতস্বিনীর পাশে বসে রাম গভীরভাবে চিন্তা করছিল। সান্ধ্যভ্রমণে বেরিয়ে গুরু তাকে সেখানে দেখতে পেয়ে তার কাছে এসে দাঁড়ালেন।

দ্রুত পদশব্দ শুনে রাম সঙ্গেসঙ্গে উঠে দাঁড়িয়ে হাতজোড় করে বলল, 'গুরুজি!'

'বোসো, বোসো।' বললেন বশিষ্ঠ, তারপর নিজেই তার পাশে বসলেন, 'কী এত ভাবছ?'

আমি ভাবছিলাম আপনি কেন গোষ্ঠীপতি বরুণের কাছে আমাদের সঠিক পরিচয় দিলেন না। ওনাকে তো ভালো লোক বলেই মনে হল। তার কাছে সত্য গোপন করলেন কেন? কেন মিথ্যা বলা?'

'সত্য গোপন করা মিথ্যার থেকে আলাদা।' চোখে ঝিলিক তুলে বশিষ্ঠ বললেন।

'সত্য প্রকাশ না করাই তো মিথ্যা, তাই না গুরুজি?

'না, তা নয়। কখনো কখনো সত্যও অনিষ্টকারী হয়। এ রকম সময়ে মৌনতাই শ্রেয়। বাস্তাবিক, এমন সময়ও আসে যখন একেবারে নির্জলা মিথ্যা, একেবারে চরম মিথ্যাও ভালো ফল দান করে।'

'কিন্তু মিথ্যার পরিণাম তো ভালো নয়, গুরুজি। মিথ্যা তো খারাপ কর্ম।'

'কখনো কখনো সত্যের পরিণামও খারাপ হয়। মিথ্যা একজনের জীবন বাঁচাতে পারে। মিথ্যা একজনকে ক্ষমতার কেন্দ্রে বসাতে পারে যার থেকে অনেক শুভ কর্ম সম্ভব হয়। তুমি কি সেসব ক্ষেত্রে মিথ্যার বিপক্ষে মত দেবে? এটা বলাই যায় যে একজন প্রকৃত নেতা নিজের আত্মার চেয়ে তার দেশের মানুষকে অধিক ভালোবাসে। এইসব নেতার মনে এ ব্যাপারে কোনো দ্বিধা থাকে না। সে তার নাগরিকদের মঙ্গলের জন্য মিথ্যা বলতেই পারে।'

রামের ভ্রূ কুঁচকে গেল, 'কিন্তু গুরুজি, যে নাগরিকরা তাদের নেতাকে মিথ্যা বলতে বাধ্য করে তাদের জন্য লড়াই করা অর্থহীন...'

'এটা অতি সরলীকরণ রাম। তুমি একবার লক্ষ্মণের জন্য মিথ্যা বলেছিলে, বলোনি কি?'

'ওটা সহজাত বোধ থেকে ঘটে গিয়েছিল। মনে হয়েছিল আমার ওকে রক্ষা করা দরকার। কিন্তু সেজন্য পরে আমার অস্বস্তি হয়। সে কারণেই তখন আমি আপনার সঙ্গে কথা বলতে চেয়েছিলাম।'

'এবং আমি তোমাকে যে কথা আগে বলেছি তা পুনরায় বলছি। তোমার নিজেকে অপরাধি ভাবার কোনো কারণ নেই। জ্ঞান লুকিয়ে থাকে স্বাভাবিকতা ও ভারসাম্যের উপর। তুমি যদি ডাকাতদের হাত থেকে মিথ্যা বলে কোনো নিরাপরাধ লোকের প্রাণ রক্ষা করো, তবে সেটা কি অন্যায়?'

'একটা অপ্রাসঙ্গিক দৃষ্টান্ত তুলে ধরার মাধ্যমে মিথ্যাচারকে ন্যায়সঙ্গত বলা যায় না,' রাম সহজে ব্যাপারটা মেনে নিতে না। সে বলে, 'মা একবার বাবার ক্রোধ থেকে আমাকে বাঁচাতে মিথ্যা বলেছিল; বাবা অচিরেই সত্যটা জেনে ফেলে। একটা সময় ছিল যখন বাবা নিয়মিত মাকে সঙ্গদান করত। কিন্তু ওই ঘটনার পর বাবা মায়ের সঙ্গে দেখাই করত না। জীবন থেকেই মাকে বাদ দিয়ে দিয়েছিল বাবা।'

বেদনাহত মনে গুরু তাঁর শিষ্যের দিকে তাকিয়ে রইলেন। *সত্য কথাটাই বলা যাক, রাবণের কাছে পরাজয়ের জন্য সম্রাট দশরথ রানিকে দোষী সাব্যস্ত করেছিল। মিথ্যা বলাটা বাহানা মাত্র, কৌশল্যার কাছে না আসার জন্য তার একটা ছুতো-র দরকার ছিল।*

বশিষ্ঠ বললেন 'আমি বলছি না, মিথ্যাচার কোনো ভালো কাজ। কিন্তু কখনো-সখনো সামান্য পরিমাণ বিষ যেমন ওষুধের কাজ করে, তেমনই সামান্য মিথ্যা সত্যিকারের উপকার সাধন করতে পারে। সত্যকথনের অভ্যাস ভালো। কিন্তু তুমি এটা করো কেন? তুমি এটা করো ন্যায়সঙ্গত বলে মনে কর বলে, নাকি, ওই ঘটনাটা থেকে তুমি মিথ্যা বলতে ভয় পাও?'

রাম নিরুত্তর রইল। গভীরভাবে ভাবছিল সে।

'এখন তুমি নিশ্চয় ভাবছ বরুণকে সত্য বললে কী ক্ষতি হত?

'ঠিক তাই, গুরুজি।'

'তোমার কি গোষ্ঠীপতির গ্রামে আমাদের যাওয়ার কথা মনে আছে?'

'অবশ্যই মনে আছে, গুরুজি।'

শিষ্যরা সবাই একদিন গুরুজির সঙ্গে বরুণদের গ্রামে গিয়েছিল। পঞ্চাশ হাজার লোকসংখ্যার সে গ্রামটি আসলে ছোটো শহরই। রাজকুমাররা যা দেখেছিল তাতে মুগ্ধ হয়ে গিয়েছিল। এই আধা শহরে সুশৃঙ্খল বসবাসের জায়গায় রাস্তাগুলো ছড়িয়ে ছিল চতুষ্কোণ জালের মতো। বাড়িগুলো বাঁশের তৈরি হলে শক্তপোক্ত এবং গোষ্ঠীপতির বাড়ি থেকে শুরু করে সাধারণ গ্রামবাসী, সবার বাড়ি একইরকম। কোনো বাড়িতেই দরজার পাল্লা নেই, কারণ, সেখানে কোনো অপরাধ নেই। শিশুরা পালিত হয় যৌথভাবে বয়োজ্যেষ্ঠদের দ্বারা, নিজ নিজ পিতামাতার কাছে নয়।

ওই ভ্রমণের সময় রাজকুমাররা গোষ্ঠীপতির সহকারীর সঙ্গে খুব আকর্ষক বিষয়ে আলোচনা করেছিল। বাড়িগুলোর মালিক কারা? গোষ্ঠীপতি প্রতিটি বাড়ির মালিক না বাড়িগুলো যৌথ মালিকানার? অদ্ভুত উত্তর দিয়েছিল সেই সহকারী। *'জমি আমাদের হবে কী করে? জমিই তো আমাদের ধারণ করে আছে!'*

রামকে বর্তমানে ফিরিয়ে এনে বশিষ্ঠ জিজ্ঞাসা করলেন, 'গ্রামটা সম্পর্কে তোমার কী ধারণা?'

'কী অপূর্ব জীবনযাপন প্রণালী! আমাদের শহরের লোকেদের চেয়ে এরা অনেক সভ্য জীবন কাটায়। ওদের কাছ থেকে কতকিছু শেখার আছে!'

'হুমম, ওদের জীবনযাপনের ভিত্তিটা কী বলে তোমার মনে হয়?কেন

তারা শত শত বছরেও নিজেদের বদলে নেয়নি?'

'গুরুজি, ওই গ্রামের লোকেরা স্বার্থহীনভাবে একে অপরের জন্য বাঁচে। ওদের মধ্যে স্বার্থপরতার ছিটেফোঁটা নেই।'

বশিষ্ঠ মাথা নাড়ালেন, 'না, এর মূলে আছে সহজ সরল আইন কানুন। এসব কখনোই ভাঙা যায় না, একটা সমাজের সার্থকতা দাঁড়িয়ে থাকে নিয়ম ও নীতির ভিত্তির উপর। নিয়ম ও আইনই হল সমাজের ধারক।'

'আইন?'

'কেউ ভাবতেই পারে যে সামান্য একটু নিয়মভঙ্গ করলে ক্ষতি কী, তাই না? আর সে নিয়ম ভাঙা যদি মহৎ উদ্দেশ্যে হয়ে তবে আমিও মাঝেমধ্যে নিয়ম অমান্য করি। কিন্তু গোষ্ঠীপতি বরুণের চিন্তা অন্যরকম। তাদের আইনের প্রতি দায়বদ্ধতা কেবল ঐতিহ্যের প্রতি শ্রদ্ধা থেকে নয়। এটা দাঁড়িয়ে আছে মানুষের মনের এক বিশেষ ক্ষমতার উপর— শিশুবয়সের অপরাধবোধ। প্রথম যখন একটি শিশু নিয়ম ভাঙে, তা সে যত ছোটোই হোক না কেন, তাকে শাস্তি পেতে হয়। প্রত্যেক শিশুর ক্ষেত্রেই এটা প্রযোজ্য। একই নিয়ম বারবার ভাঙলে শাস্তিও হয় কড়া ও লজ্জাকর। তুমি কারোর ভালোর জন্যও মিথ্যা বলতে অপারগ, মিথ্যা বলার জন্য তোমার মায়ের শাস্তি পাওয়া দেখে। একইভাবে বরুণও পারে না নিয়ম ভাঙতে।'

'তাহলে কি আমাদের পরিচিতি জানতে পারলে তাদের সমাজের আইন ভাঙবে?'

'হ্যাঁ।'

'কোন আইন?'

'তাদের আইনানুসারে অযোধ্যার রাজবংশের কোনো উপকারে আসা নিষিদ্ধ। আমি জানি না কেন। তাঁরা নিজেরাও জানে বলে আমার মনে হয় না। তবু তারা এটা শত শত বছর ধরে মেনে চলছে। এখন আর এর যৌক্তিকতা না থাকলেও এরা সেই আইন কঠিনভাবে মেনে চলছে। ও জানে না আমি কোথাকার লোক; মাঝেমধ্যে আমার মনে হয় ওরা জানতেও চায় না। ওরা শুধু এটুকুই জানে যে আমার নাম বশিষ্ঠ।'

রামের কেমন অস্বস্তি হতে লাগল, 'আমরা কি এখানে নিরাপদ?'

'এই গুরুকুলে যাদের গ্রহণ করা হয় তাদের রক্ষা করতে ওরা বদ্ধপরিকর। এটাও তাদের একটা নিয়ম। একবার যখন তারা আমাদের এখানে গ্রহণ করেছে, তখন তারা আমাদের কোনো ক্ষতি করবে না। অবশ্য তোমরা চারজন কে জানলে হয়ত তারা আমাদের বহিষ্কার করতে পারে। আমরা এখানে নিরাপদ হলেও, অন্য শক্তিধর শত্রুরা আমাদের উদ্দেশ্যের পক্ষে ক্ষতিকর।'

রাম গভীরভাবে চিন্তামগ্ন হল।

'আমি মিথ্যা বলিনি, সুদাস। আমি কেবল সত্য উদ্‌ঘাটিত করিনি। এ দুয়ের মধ্যে তফাত আছে।'

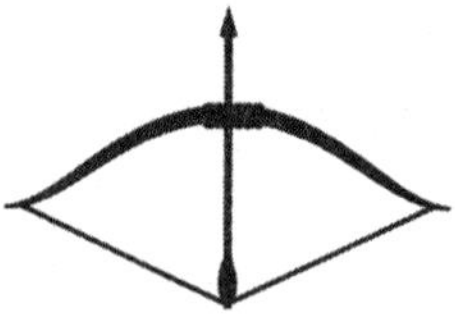

।। অধ্যায় ৬।।

প্রথম প্রহরের পঞ্চম ঘণ্টায় পাখির কুজনে ভোর হল গুরুকুলে। নিশাচর যখন তাদের দিনের বেলার আশ্রয়ে ফিরে যাচ্ছে তখন অন্য প্রাণীরা আবার একটা নতুন দিনের মুখোমুখি হতে জেগে উঠছে। যদিও অযোধ্যার চার রাজকুমার আগেই জেগেছে। গুরুকুল ঝাঁট দিয়ে তারা স্নান করে, রান্নার কাজ শেষ করে সেরে নিয়েছে তাদের প্রভাতী প্রার্থনা। জোড়হাতে পা মুড়ে তারা গুরুকে অর্ধবৃত্তাকারে ঘিরে বসেছিল। গুরুদেব নিজেও বসে ছিলেন পদ্মাসনে,বটবৃক্ষের নীচে এক উঁচু চৌকিতে।

অধ্যয়ন শুরুর আগে প্রথাগত ভাবে তারা গুরুস্তোত্র উচ্চারণ করছিল।

স্তোত্রপাঠ শেষ হলে, নিষ্ঠাভরে তারা পরপর গুরুদেব বশিষ্ঠের পা ছুঁয়ে প্রণাম করল। তিনি সবাইকে আলাদা আলাদা করে একই আশীর্বাদ করলেন। 'আমার জ্ঞান তোমার মধ্যে বিকশিত হোক, যাতে একদিন তুমি আমার শিক্ষক হয়ে উঠতে পারো!'

এবার রাম, ভরত, লক্ষ্মণ ও শত্রুঘ্ন নিজ নিজ আসনে গিয়ে বসল। রাবণের সঙ্গে সেই ভয়াবহ যুদ্ধের পর তেরো বছর কেটে গেছে। রাম এখন তেরো বছরের। তার ও ভরতের মধ্যে ফুটে উঠেছে বয়ঃসন্ধির চিহ্ন। তাদের গলা ভাঙছে, স্বর ভারী হচ্ছে। তাদের মুখে হালকা গোঁফের রেখা দেখা দিয়েছে। হঠাৎ চড়চড় করে বেড়ে গেছে তাদের উচ্চতা, যদিও তাদের দোহারা চেহারায় সবেমাত্র হালকা পেশির উদ্‌গম হচ্ছে।

লক্ষ্মণ ও শত্রুঘ্ন এখন দ্বন্দ্বযুদ্ধের প্রশিক্ষণ নিচ্ছে। যদিও বয়ঃসন্ধি-পূর্ব তাদের শরীরের পক্ষে ব্যাপারটা বেশ কষ্টসাধ্য। তারা চারজনেই দর্শন, গণিত ও বিজ্ঞানের মূল সূত্রগুলির সঙ্গে পরিচিত হয়ে গেছে। দেবভাষা সংস্কৃতে তারা দক্ষতা অর্জন করেছে। প্রাথমিক কর্তব্য শেষ। গুরু জানেন এটা বীজ বপনের সময়।

বশিষ্ঠ জিজ্ঞাসা করলেন, 'তোমরা কি সভ্যতার সৃষ্টি কীভাবে হয়েছিল তা জানো?' লক্ষ্মণ পড়াশোনায় তেমন ভালো না হলেও সর্বদা উত্তর দেবার ব্যাপারে প্রবল উৎসাহী। সে হাত তুলে বলতে্নরু করল, 'ব্রহ্মাণ্ডের নিজেরই সৃষ্টি হয়েছে—'

'না, পৌরব।' বশিষ্ঠ লক্ষ্মণকে তার গুরুকুলের নামে ডেকে বললেন। 'আমার প্রশ্নটা ব্রহ্মাণ্ডকে নিয়ে ছিল না, বরং ছিল আমাদের বিষয়ে, এই যুগের বৈদিক মানবদের প্রসঙ্গে।'

রাম ও ভরত দুজনেই একযোগে শত্রুঘ্নর দিকে তাকাল।

শত্রুঘ্ন উত্তর দিল, 'এর সূচনা হাজার হাজার বছর আগে পাণ্ড্যবংশের রাজপুত্র ভগবান মনুর সময়ে।'

'এ, একেবারে গুরুর চেলা!' আদর করেই ভরত ফিসফিস করে বলল। সারাক্ষণ অতিরিক্ত পাঠপ্রীতির জন্য ভরত সদাসর্বদা শত্রুঘ্নর পিছনে লাগে, যদিও সে মনে মনে ছোটো ভাইয়ের বিস্ময়কর মেধা নিয়ে গর্ব অনুভব করে।

বশিষ্ঠ ভরতের দিকে তাকিয়ে বললেন, 'তুমি কি আরও কিছু যোগ করতে চাও?'

নিজেকে সংযত করে ভরত তৎক্ষণাৎ বলল, 'না গুরুজি।'

বশিষ্ট আবার শত্রুঘ্নর দিকে মনোনিবেশ করে বললেন, 'হ্যাঁ, নলতার্দক, তুমি বলতে থাকো।'

'একথা বিশ্বাস করা হয় যে হাজার হাজার বছর আগে পৃথিবীর বিশাল অংশ ঢাকা ছিল বরফের চাদরে। যেহেতু প্রচুর পরিমাণ জল বরফে পরিণত হয়েছিল সেজন্য সমুদ্রতল ছিল আজকের তুলনায় অনেক নীচুতে।'

'ঠিকই বলেছ তুমি,' বশিষ্ঠ বললেন, 'কেবল একটা ব্যাপার ছাড়া। এটা

কোনো বিশ্বাসের ব্যাপার নয়, নলতার্দক, 'বরফ যুগ' কোনো তত্ত্ব নয়। এটা বাস্তব ঘটনা।'

শত্রুঘ্ন বলল, 'হ্যাঁ, গুরুজি, যেহেতু সমুদ্রতল ছিল অনেক নীচে, ভারত ভূখণ্ডও অনেকটা প্রসারিত ছিল সমুদ্রের দিকে। রাক্ষসরাজ রাবণের লঙ্কা দ্বীপটি ছিল ভারত ভূখণ্ডের সংলগ্ন। গুজরাত ও কোঙ্কনও ছিল সমুদ্রের দিকে অনেকটা বিস্তৃত।'

'তারপর?'

'আমার বিশ্বাস, ওখানে—'

বশিষ্ঠ তার দিকে বড়ো বড়ো চোখে তাকাতে শত্রুঘ্ন থেমে পড়ল। সে হেসে দুহাত জোড় করে বলল, 'আমায় মার্জনা করবেন, গুরুজি। 'বিশ্বাস নয়, সত্য ঘটনা।'

বশিষ্ঠ মৃদু হাসলেন।

'বরফ যুগের সময় ভারতে দুটি সভ্যতা ছিল। ভারতের দক্ষিণ-পূর্ব অংশের সভ্যতাটির নাম ছিল সঙ্গমতামিল, যার অন্তর্গত ছিল লঙ্কার একটা ছোটো অংশ ও তার সঙ্গে যুক্ত বিরাট স্থলভূমি যা এখন জলের তলায়। সে সময় কাবেরী নদীটি ছিল আরও চওড়া ও দীর্ঘ। এই বিশাল ও শক্তিশালী সাম্রাজ্য শাসন করত পাণ্ড্য রাজবংশ।'

'তারপর?'

'অন্য যে সভ্যতাটি ছিল সেটি দ্বারকা—বর্তমান গুজরাত ও কোঙ্কন সহ বিশাল ভূখণ্ড নিয়ে। এটার অনেকটাই এখন জলের তলায়। যদুর উত্তরাধিকারী যাদবরা ছিল এই সাম্রাজ্যের অধিপতি।'

'বলতে থাকো।'

'বরফ যুগের পরে সমুদ্রতল অনেক উঁচু হয়ে গেল। ফলে সঙ্গমতামিল ও দ্বারকা সভ্যতা শেষ হয়ে গেল। এই দুই সাম্রাজ্যের প্রধান প্রধান স্থানই হয়ে গেল জলমগ্ন। আমাদের জাতির পিতা, মনু, যেসব মানুষকে উদ্ধার পেরেছিল তাদের নিয়ে উত্তরের উচ্চস্থানে উঠে যান এবং সেখানে আবার নতুন করে জীবন শুরু করেন। সেই বৈদিক মানুষরা নিজেদের বিদ্যা ও

জ্ঞানের মানুষ বলেই নিজেদের পরিচয় দিত। আমরা সেই বৈদিক মানুষদের গর্বিত উত্তরাধিকারী।'

'চমৎকার বলেছ, নলতার্দক,' বশিষ্ঠ বললেন। 'কেবল আর একটা বিষয়। ধরিত্রী মাতার সময়ানুয়ায়ী যদিও বরফ যুগ হঠাৎই শেষ হয়ে গিয়েছিল। কিন্তু মানুষের সময়ের মানদণ্ড হিসেবে এটাকে অকস্মাৎ ঘটনা বলা যায় না। আমরা বহু দশক, দশকই বা কেন, বহু শতাব্দী সময় পেয়েছিলাম সাবধান হতে, তথাপি, আমরা কিছুই করিনি।'

গভীর মনোযোগ দিয়ে ছেলেরা তাঁর কথা শুনছিল।

'কেন অতি উন্নত সভ্যতা হওয়া সত্ত্বেও সঙগমতামিল ও দ্বারকা বিপদ থেকে রক্ষা পাবার ব্যবস্থা গ্রহণ করতে পারেনি? প্রমাণ আছে তারা আসন্ন বিপর্যয় ব্যাপারে সচেতন ছিল। তারা নিজেদের বাঁচাবার জন্য নতুন প্রযুক্তি আবিষ্কার ও তা ব্যবহার করার মতো বুদ্ধিমানও ছিল। কিন্তু তারা কিছুই করেনি। ভগবান মনুর সার্থক নেতৃত্বে সামান্য কিছু মানুষ সে বিপর্যয় থেকে রক্ষা পেয়েছিল, কিন্তু কেন?'

'লোকগুলো ছিল অলস।' যথারীতি লক্ষ্মণ একেবারে সিদ্ধান্তে পৌঁছে গেল।

বশিষ্ঠ দীর্ঘশ্বাস ফেললেন, 'পৌরব, যদি উত্তর দেবার আগে তুমি অন্তত চিন্তাটুকুও করতে!'

তিরস্কৃত হয়ে লক্ষ্মণ চুপ করে গেল।

'তোমার চিন্তা করার ক্ষমতা আছে, পৌরব,' বশিষ্ঠ বললেন। 'কিন্তু সর্বদাই ব্যস্ততা তোমার। মনে রেখো, আগে বলার চেয়ে ঠিক বলাটাই গুরুত্বপূর্ণ।'

মাথা নীচু করে লক্ষ্মণ বলল, 'হ্যাঁ, গুরুজি।' কিন্তু আবারও সে হাত তুলে বলল, 'তবে কি লোকগুলো চরিত্রহীন ও উদাসীন ছিল?'

'এখনও তুমি আন্দাজ করছ, পৌরব। আঙুলের নখ দিয়ে দরজা খোলার চেষ্টা কোরোনা। চাবি ব্যবহার করো।'

লক্ষ্মণকে মনে হল কিংকতর্ববিমূঢ়।

'সঠিক উত্তরের জন্য লাফ দিও না,' ব্যাখ্যা করলেন বশিষ্ঠ। 'চাবিটা হল

সঠিক প্রশ্নটা করতে পারা।'

রাম বলল, ' গুরুজি, আমি একটা প্রশ্ন করতে পারি?'

'অবশ্যই, সুদাস,' বশিষ্ঠ বললেন।

'আপনি একটু আগে বললেন তারা কয়েক দশক, কয়েক শতাব্দী আগেই পেয়েছিল বিপদ সংকেত। আমার মনে হয় ওদের বিজ্ঞানীরা সেই সংকেতকে ব্যাখ্যা করতে পেরেছিলেন।'

হ্যাঁ, তারাই তো করেছিলেন।'

'তারা কি এই বিপদ সংকেতের কথা রাজন্যবর্গ সহ সবাইকে জানিয়েছিলেন?'

'হ্যাঁ, তাও করেছিলেন তাঁরা।'

'সে সময় ভগবান মনু কি পাণ্ড্যদের রাজা ছিলেন, না, রাজপুত্র? আমি দুরকম বিপরীতধর্মী তথ্য জানি।'

বশিষ্ঠ সমর্থনের হাসি হাসলেন। 'ভগবান মনু ছিলেন অন্যতম তরুণ রাজপুত্র।'

'তথাপি, রাজা নয়, তিনিই বাঁচালেন প্রজাদের।'

'হ্যাঁ।'

'যদি রাজা "ব্যাতিরেকে" অন্যকে মানুষদের নিরাপদ স্থানে সরিয়ে নিয়ে যেতে হয় তবে তার একটাই অর্থ হয়। রাজা তাঁর কর্তব্যপালন করেননি। অর্থাৎ খারাপ নেতৃত্বই দায়ী ছিল সঙ্গমতামিল ও দ্বারকার ধ্বংসের জন্য।'

বশিষ্ঠ প্রশ্ন করলেন, 'তোমরা কি মনে করো একজন বাজে রাজা মানুষ হিসেবেও খারাপ?'

'না,' ভরত বলল, 'সম্মানিত ব্যক্তিরাও কখনো কখনো অপদার্থ নেতা বলে প্রমাণিত হন। বিপরীতভাবে, যাদের চরিত্র নিয়ে প্রশ্ন আছে সেসব লোকও প্রায়ই দেশের লোক যা চায় তাই হয়ে উঠতে পারে।'

'একেবারেই ঠিক কথা! একজন রাজাকে বিচার করতে হবে তার দেশের মানুষের জন্য সে কী অর্জন করেছে তার উপর। তার ব্যক্তিজীবনের কোনো গুরুত্বই নেই। বাহ্যিক জীবনে তার লক্ষ্য হবে একটাই, তার প্রজাদের সুখে

রাখা এবং তাদের জীবনের উন্নতি ঘটানো।'

'ঠিক,' ভরত বলল।

বশিষ্ঠ একটি ভারী শ্বাস নিলেন। এইটাই যথার্থ সময়। 'সেই যুক্তিতে তাহলে রাবণ তার প্রজাদের দিক থেকে একজন ভালো রাজা।'

বিমূঢ় নৈঃশব্দ বিরাজ করতে লাগল কিছুক্ষণ।

রাম এ প্রশ্নের জবাব দেবে না। সে অন্তর থেকে রাবণকে ঘৃণা করে। সে অযোধ্যাকে কেবল ছারখার করেনি, সেইসঙ্গে সে ধ্বংস করেছে রামের ভবিষ্যতও। রাবণের জয়ের 'কলঙ্ক' চিরকাল তার জন্মের সঙ্গে যুক্ত হয়ে থাকবে। তার বাবা ও অযোধ্যার সবার কাছে চিরদিন সে গণ্য হবে অশুভ বলে।

পরিশেষে ভরত কথা বলল, 'আমরা এটা স্বীকার করতে চাইব না, কিন্তু রাবণ একজন ভালো রাজা, তার প্রজারা তাকে ভালোবাসে। সে একজন দক্ষ প্রশাসক, যে সামুদ্রিক বাণিজ্যের মাধ্যমে দেশের মানুষকে সমৃদ্ধি এনে দিয়েছে, শুধু তাই নয়, সে দক্ষতার সঙ্গে তার সমুদ্র বন্দরগুলিকে ব্যবহার করে। জনশ্রুতি এমন যে লঙ্কার পথঘাট সোনা দিয়ে মোড়া, সেজন্য তার রাজ্যকে বলা হয় 'সোনার লঙ্কা'। হ্যাঁ, নিশ্চয় সে একজন ভালো রাজা।'

'আর তোমরা একজন ভালোমানুষ রাজাকে কী বলবে, যে হতাশা আচ্ছন্ন? যে তার ব্যক্তিগত ক্ষতিকে করে তুলেছে প্রজাদের ক্ষতি। সে কষ্টে থাকে বলে দেশের মানুষও থাকে কষ্টের মধ্যে। এরকম রাজাকে কি ভালো রাজা আখ্যা দেওয়া যায়?'

কারোরই বুঝতে অসুবিধা হল না বশিষ্ঠ কার কথা বলছেন। দীর্ঘক্ষণ ছাত্রেরা রইল নিরুত্তর। এ প্রশ্নের জবাব দেবার সাহস তাদের ছিল না। ভরতই তার হাত তুলল,'না, সে ভালো রাজা নয়।'

বশিষ্ঠ ঘাড় নাড়লেন। *জন্ম বিদ্রোহীর সাহসের ওপর আস্থা রাখো।*

'আজ এই পর্যন্ত,' অনেক না বলা কথার মাঝে বশিষ্ঠ পাঠ সমাপ্ত করে দিলেন। 'এ ব্যাপারে ভেবে এসো কাল সকলে।'

‘দাদা, এবার আমার পালা।’ রামের কাঁধে হালকা টোকা দিয়ে ভরত বলল।

সঙ্গে সঙ্গে রাম ছোট্ট চামড়ার থলিটা কোমরে আটকে বলল, ‘দুঃখিত, ভাই।’

ভরত মাটিতে পড়ে থাকা আহত খরগোশটার দিকে ঘুরল। সে প্রথমে প্রাণীটিকে অচেতন করল, তারপর একটানে তার থাবায় বিঁধে থাকা ছোট্ট কাঠের টুকরোটা বের করে দিল। ক্ষতটা প্রায় পচে উঠেছে। তবু যে ওষুধটা সে লাগাল তাতে পরবর্তী সংক্রমণ আর ঘটবে না। একটু পরেই সুস্থতার পথে জেগে উঠবে খরগোশটা, হয়ত তৎক্ষনাৎ হয়ে উঠবে কর্মতৎপর।

ভরত যখন আয়ুর্বেদিক ওষুধ দিয়ে হাত ধুচ্ছিল, রাম সেটাকে আলতো করে তুলে একটি গাছের কোটরে শুইয়ে দিল, যাতে অচেতন অবস্থায় খরগোশটা যেন শিকারর না হয়ে পরে। সে ভরতের দিকে তাকাল, ‘এক্ষুনি এটা জেগে উঠবে। এ যাত্রায় বেঁচেও যাবে।’

হাসল ভরত, ‘ভগবান রুদ্রের কৃপায় তাই হোক!’

রাম, ভরত, লক্ষ্মণ ও শত্রুঘ্ন চলছিল পক্ষকালে একবার করে তাদের অরণ্য অভিযানে; এ অভিযানের উদ্দেশ্য আহত প্রাণীদের শুশ্রূষা করা। কোনো প্রাণী শিকার ধরতে গেলে তারা বাধা দেয় না; এটা তাদের প্রাকৃতিক প্রয়োজনভিত্তিক ব্যাপার। কিন্তু যদি কোনো আহত পশু-পাখিকে দেখে তবে সাধ্যমতো তার চিকিৎসা করে। একটু দূরে দাঁড়িয়ে একমনে বড়ো ভাইকে নিরীক্ষণ করতে করতে শত্রুঘ্ন ডেকে উঠল, ‘দাদা।’

রাম ও ভরত দুজনেই ফিরে তাকাল। বিপর্যস্ত চেহারায় লক্ষ্মণ ছিল শত্রুঘ্নর থেকেও দূরে। সে অন্যমনস্কভাবে একটা গাছের দিকে ঢিল ছুড়ে চলেছে।

'লক্ষ্মণ অত পিছনে পড়ে থেকোনা,' রাম বলল। 'আমরা এখন আশ্রমে নেই। এটা জঙ্গল। একা থাকলে বিপদ হতে পারে।'

লক্ষ্মণ বিরক্তিতে দীর্ঘশ্বাস ফেলে তাদের সঙ্গে মিলিত হল।

সবথেকে ছোটো ভাই শত্রুঘ্নর দিকে ফিরে রাম বলল, 'বলো শত্রুঘ্ন, কী বলতে চাইছিলে।'

'ভরতদাদা খরগোশটার ক্ষতস্থানে জটাদি তেল লাগাল। ওটার ওপর নিম পাতা না জড়ালে ওষুধটা কাজ করবে না।'

রাম তার নিজের কপালে টোকা মেরে বলল, 'একদম ঠিক। শত্রুঘ্ন, ঠিক বলেছ তুমি।'

রাম খরগোশটাকে দুহাতে তুলতে তুলতেই ভরত তার চর্মপেটিকা থেকে কয়েকটা নিম পাতা বের করল।

শত্রুঘ্নর দিকে তাকিয়ে দাঁত বের করে হেসে ভরত বলল, 'হ্যাঁ রে, শত্রুঘ্ন, পৃথিবীতে এমন কিছু কি নেই যা তুই জানিস না?'

হেসে শত্রুঘ্ন বলল, 'খুব বেশি কিছু নেই।'

ভরত পট্টিটা খুলে ক্ষতস্থানে নিমপাতা চাপা দিয়ে বেঁধে খরগোশটিকে আবার গাছের কোটরে রেখে দিল।

রাম বলল, 'আমি ভাবি পক্ষকাল অন্তর আমাদের এই জঙ্গলভ্রমণে আমরা সত্যিই কি পশু-পাখিদের সাহায্য করছি, না কি আমরা বিবেককে সান্ত্বনা দিচ্ছি?'

কাষ্ঠ হেসে ভরত বলল, 'আমরা বিবেককেই সান্ত্বনা দিচ্ছি, তার বেশি কিছু নয়। তবুও তো আমরা আমাদের বিবেককে অস্বীকার করছি না।'

রাম মাথা নাড়াল, 'তুমি এত নেতিবাচক কথাবার্তা বল কেন?'

'তুমিই বা নেতিবাচক নও কেন?'

রাম হতাশ হয়ে ভ্রু কুঁচকে আবার চলতে শুরু করল। ভরত তার পাশেপাশে চললেও লক্ষ্মণ ও শত্রুঘ্ন কয়েকপা পিছনে আসছে।

ভরত বলল, 'মানবজাতির কীর্তি জানার পরও নেতিবাচক না হয়ে থাকো কী করে?'

'বাজে কথা ছাড়ো,' রাম বলল। 'আমরা মহৎ কর্ম করতে সক্ষম। কেবল যা আমাদের তা প্রয়োজন অনুপ্রাণিত করতে পারার মতো নেতৃত্ব।'

ভরত বলল, 'দাদা, আমি একথা বলছি না যে মানুষের মধ্যে ভালো কিছু নেই। তা আছে, এবং তা রক্ষার জন্য লড়াইও করা যায়। কিন্তু পৃথিবীতে এত বেশি বীভৎসতা যে মনে হয় এই গ্রহে মানুষ না থাকলেই ভালো হত।'

'এটা বড্ড বাড়াবাড়ি হচ্ছে। আমরা এতটা খারাপ নই।'

ভরত মৃদু হাসল, 'আমার বক্তব্য হল অধিকাংশ মানুষের মধ্যে মহত্ব ও শুভবোধ কেবল সম্ভাবনা রূপেই আছে, বাস্তবত নেই।'

'কী বলতে চাও তুমি?'

'নিয়মনীতি মেনে চলা উচিত তাই মানুষ সেটা করবে এটা ভাবা অতিরিক্ত আশাবাদী হওয়া। নিয়ম এমন ভাবে বানানো উচিত যাতে মানুষের স্বার্থপর ভাবনাগুলো তৃপ্ত হয়, কারণ মানুষ এর দ্বারাই তাড়িত। এর মাধ্যমেই তাদের সদাচরণের দিকে নিয়ে যাওয়া যাবে।'

'মানুষ তো উচ্চ আদর্শের ডাকেও সাড়া দেয়।'

'না, কেউ দেয়না, দাদা। হয়ত দু-পাঁচজন সে ডাকে সাড়া দিতে পারে। অধিকাংশরাই তা করবে না।'

'ভগবান রুদ্র স্বার্থহীন ভাবে মানুষকে পরিচালিত করেছিলেন, করেননি কী?'

ভরত বলল, 'হ্যাঁ, করেছিলেন কিন্তু যারা তাঁকে অনুসরণ করে ছিল তাদের মনে ছিল স্বার্থসিদ্ধির কামনাই। এটা একেবারে সত্য।'

রাম মাথা নাড়াল,'এ ব্যাপারটায় আমাদের কখনো সহমত হবেনা।'

হাসল ভরত, 'জানি তা হবেনা। কিন্তু এত সত্ত্বেও আমি তোমায় ভালোবাসি!'

রাম হাসল, আলোচ্য বিষয়টাকে বদলে দিয়ে বলল, 'তোমার ছুটি কেমন কাটল? ওখানে থাকলে তোমার সঙ্গে আমার কথা বলার সুযোগই হয় না।'

প্রায় দাঁত কিড়মিড় করে বলল ভরত, 'জানো তুমি, কেন হয়না! তবু আমি বলব এ সময়ে সেটা খুব খারাপও নয়।'

ভরত অযোধ্যায় তার মামার বাড়ির আত্মীয়রা এলে খুব খুশি হয়। এটা তাকে তার কড়াধাতের মায়ের কাছ থেকে পালিয়ে থাকতে খুব যাহায্য করে। কৈকেয়ী অন্য ভাইদের সঙ্গে তার বেশি কথাবার্তা বলা পছন্দ করে না। সত্যিকথা বলতে কী, তার ক্ষমতায় থাকলে ছুটির সময়টায় সে পুরোপুরি তার ছেলেকে নিজের কাছে আটকে রাখত। আরও যেটা খারাপ তা হল যতক্ষণ ভরত কাছাকাছি থাকে অনর্গল মায়ের কাছ থেকে শুনতে হয় কীভাবে, কেন পরাক্রান্ত হয়ে তাকে মায়ের ভাগ্যকে সার্থক করে তুলতে হবে। কেবল যাদের সঙ্গে কৈকেয়ী তার ছেলেকে মিশতে দেয় তারা তার রক্ত সম্পর্কের আত্মীয়। ছুটির অবকাশে তার দাদু দিদিমা বা মামা অযোধ্যায় থাকলে সে তার মায়ের কবল থেকে মুক্তি পায়। সে পুরো ছুটিটাই তাদের স্নেহ ও প্রশ্রয়ে কাটায়।

রাম খেলাচ্ছলে আলতো ঘুষি মারল ভরতের পেটে,'অ্যাই, উনি তোমার মা, তোমার পক্ষে যা মঙ্গলকর তাই উনি চান।'

'দাদা, তার চেয়ে বরং একটু আদর পেলে আমার ভালো হত। তুমি জানো, আমার যখন তিন বছর বয়স তখন একবার এক পাত্র দুধ হাত থেকে পড়ে যাওয়ায় মা আমায় চড় কষিয়েছিল! তার পরিচারিকাদের সামনেই কী প্রচণ্ড জোরে আমায় চড় মেরেছিল, জানো!'

'যখন তোমার তিন বছর বয়স, তখনকার কথাও তোমার মনে আছে? আমার ধারণা ছিল আমিই একমাত্র যার ওই বয়সের কথা মনে আছে।'

'কী করে ভুলব আমি? আমি তখন একটা ছোট্ট ছেলে। পাত্রটা আমার দুহাতে ধরার পক্ষে ছিল যথেষ্ট বড়ো। ওটা এত ভারী ছিল হাত থেকে ফস্‌কে যায়। এই তো ব্যাপার! এর জন্য কেন সে আমায় চড় মেরেছিল?

রাম তার সৎমা কৈকেয়ীকে ভালোই বোঝে। তারও হতাশা আছে। সে ছিল তার পরিবারের মধ্যে সর্বশ্রেষ্ঠ। দুর্ভাগ্যের বিষয়, তার উৎকর্ষতা তার বাবার কাছে কোনো গর্বের বিষয় ছিলনা। বরং অশ্বপতি অসুখী ছিল এই জেনে যে বুদ্ধিবৃত্তি থেকে সর্বক্ষেত্রে সে তার ছেলে যুধাজিৎকে টপকে গেছে। রামের এটা খুব খারাপ লাগে যে সমাজ সক্ষম ও সার্থক নারীদেরও সম্মান দেয় না। এখন বুদ্ধিমতি অথচ হতাশাগ্রস্ত কৈকেয়ী তার স্বীকৃতি খুঁজে নিতে চাইছে পুত্র ভরতের মধ্য দিয়ে। তার উচ্চাশার লক্ষ্যপূরণ সে করতে

চায় তার মাধ্যমে।

রাম তার সেই জানাটা নিজের মধ্যেই রাখল।

সপ্রতিভভাবেই ভরত বলে চলল, 'তোমার মতো আমার যদি একটা মা থাকত তবে সে আমায় স্বাভাবিক মাতৃসুলভ ভালোবাসায় ভরিয়ে দিত, আমার মাথা চিবিয়ে খেত না।'

রাম এসব কথার জবাব দিল না, কিন্তু বুঝল কিছু একটা ভরতের মনের ভেতর ঝড় তুলছে।

ছোটো ভাইয়ের দিকে মুখ না তুলেই রাম বলল, 'এসব কী বলছ ভরত?'

ভরত তার গলা নামাল যাতে লক্ষ্মণ ও শত্রুঘ্ন তার কথা শুনতে না পায়, 'দাদা, আজ গুরুজি কী নিয়ে কথা বললেন সেটা কী তুমি ভেবেছ?'

রাম নিশ্বাস বন্ধ করল।

'দাদা?' ভরত জিজ্ঞাসা করল।

রামের শরীর শক্ত হয়ে গেল। 'এটা রাজদ্রোহ! আমি এইসব ভাবনাকে কোনোভাবেই লালন করিনা।'

'রাজদ্রোহ! তোমার নিজের দেশের মঙ্গলভাবনা রাজদ্রোহ?'

'উনি আমাদের পিতা! তাঁর প্রতি আমাদের কর্তব্য আছে যা—'

রামকে কথা শেষ করতে না দিয়ে ভরত বলল, 'তুমি কি মনে কর তিনি একজন ভালো রাজা?'

'মনুস্মৃতিতে একটা শ্লোক আছে, যা পরিষ্কার জানাচ্ছে যে একজন পুত্র অবশ্যই—'

'দাদা মনুসংহিতার আইনকানুনের কথা আমায় বেলো না,' হাত নাড়িয়ে মাছি তাড়ানোর ভঙ্গিতে মনুস্মৃতিকে অবজ্ঞা করে ভরত বলল, 'আমিও মনুস্মৃতি পড়েছি। ওসব ছাড়ো, আমি জানতে চাই তোমার মতামত।'

'আমি মনে করি মনুর নিয়ম অবশ্যই পালনীয়।'

'সত্যিই কি এটাই তোমার অভিমত?'

'হ্যাঁ, সবসময় আমরা নিয়ম মেনে চলতে বাধ্য।'

বিরক্তিতে ভরত চোখ ঘুরিয়ে নিল।

'আমি বুঝি যে কিছু কিছু ব্যতিক্রমী ক্ষেত্রে এই নিয়ম নাও খাটতে পারে। কিন্তু নিষ্ঠাভরে যদি অনুশাসন মেনে চলা যায়, তাহলে দেরিতে হলেও একটা উন্নততর সমাজ অবশ্যই গড়ে উঠবে।'

'দাদা, অযোধ্যায় কেউ আজকে ওইসব নিয়ম অনুশাসনকে পাত্তাই দেয় না। আমরা এমন এখন সভ্যতায় আছি যা অবক্ষয়ের চরম অবস্থায় পৌঁছেছে। আমরাই পৃথিবীর বুকে সর্বাধিক ভণ্ড। আমরা অন্যের দুর্নীতির সমালোচনা করি, অথচ নিজেদের অসততার প্রতি হয়ে থাকি অন্ধ। যারা অন্যায় বা অপরাধ করে তাদের আমরা ঘৃণা করি অথচ নিজেদের ছোটো বড়ো অপকর্ম সম্বন্ধে থাকি উদাসীন। আমরা আমাদের সমস্ত খারাপের জন্য রাবণকে ঘৃণাভরে দোষারোপ করি, অথচ একবারও স্বীকার করি না যে, যে সর্বনাশে আমরা পড়েছি তা আমরাই সৃষ্টি করেছি।'

'কিন্তু কীভাবে এসবের বদল ঘটবে?'

'এই আচরণই মনুষ্যপ্রকৃতির স্বাভাবিক দৃষ্টিভঙ্গি। আমরা বাইরে থেকে অন্যদের দোষারোপ করি, অথচ নিজেদের দিকে আঙুল তুলি না। আমি এটা আগেও বলেছি এবং আবারও বলব যে আমাদের এমন একজন রাজার দরকার যিনি এমন এক সমাজব্যবস্থা তৈরি করবেন যার মধ্যে সব মানুষ, এমনকী স্বার্থপর মানুষও নিজেদের বিকশিত করতে আর সামগ্রিকভাবে সামাজিক প্রগতি ঘটাতে পারবে।'

'একদম বাজে কথা! আমাদের এমন একজন নেতার দরকার যিনি নিজ দৃষ্টান্তের মাধ্যমে আদর্শ তৈরি করবেন। এমন এক নেতা যিনি প্রজাদের অনুপ্রাণিত করবেন তাদের অন্তস্থিত শুভবোধকে আবিষ্কার করতে। আমরা এমন একজন নেতা চাইনা যিনি তাঁর প্রজাদের খুশি মতো চাওয়াকে ফলবতী হতে দেবেন।'

'না দাদা, স্বাধীনতা এক মিত্রশক্তি যদি তাকে বিচার-বিবেচনার মাধ্যমে ব্যবহার করা যায়।'

'স্বাধীনতা কখনোই কারও মিত্র বা শত্রু নয়। তোমার স্বাধীনতা আছে নিয়মনিষ্ঠ একটি সমাজ থাকবে কী থাকবে না তা বেছে নেবার, কিন্তু , যতক্ষণ

তুমি এমন এক সমাজে আছ, তোমাকে তার অনুশাসনগুলো মানতেই হবে।'

'তোমার এই অনুশাসন একটা গাধা, গাধাই থাকবে। এটা একটা সরঞ্জাম ছাড়া কিছু নয়; লক্ষ্যে পৌঁছবার পথ মাত্র।' ভরত বলল।

প্রবল হাস্যরোলের মাধ্যমে রাম এই আলোচনা শেষ করল। ভরত দাঁত বের করে হেসে দাদার পিঠে চাপড় মারল।

'তাহলে তুমি বলছ সেই রাজা হবেন অনুপ্রেরণকারী এবং নিজেদের মধ্যে ইশ্বরকে আবিষ্কার করার প্রেরণা দেবেন এবং মহৎসব কর্ম করে চলবেন...' ভরত বলল। 'তুমি মনে কর বাবা এই আদর্শের জন্য কাজ করে যেতে পারবে?'

রাম রাগতভাবে ভাইয়ের দিকে তাকাল। তার ভাইয়ের দেওয়া এই টোপটা সে আর গিলবে না।

ভরত আবার দাঁত বের করে হাসল, তারপর খেলাচ্ছলে রামের কাঁধে একটা ঘুষি মেরে বলল, 'তোমার কথাই থাকুক দাদা, তোমার ইচ্ছাই পূর্ণ হোক।'

রাম তখন প্রকৃতপক্ষেই দুই বিপরীত ধারণার মধ্যে দীর্ণ হচ্ছিল। তবুও একজন কর্তব্যপরায়ণ পুত্র হিসেবে, এমনকী তার নিজের ভাবনার মধ্যেও পিতার বিরুদ্ধে এমন বিদ্রোহী ভাবনাকে বেড়ে উঠতে দিতে পারে না।

কয়েকপা পিছনে থাকা লক্ষ্মণ বুঁদ হয়ে ছিল জঙ্গলের বিভিন্ন প্রাকৃতিক ঘটনার মধ্যে। শত্রুঘ্ন অবশ্য একান্ত মনোযোগে বড়ো দুই ভাইয়ের কথোপকথন শুনছিল। তার মনে হল *রামদাদা বড্ড বেশি আদর্শবান, কিন্তু ভরতদাদা বাস্তববাদী ও জাগতিক মানুষ।*

।। অধ্যায় ৭ ।।

আবার একজন? নিজের বিস্ময়ের ভাব চেপে রাম তাঁর চিন্তাকে কথা হয়ে বেরোতে দিল না। *এটা ওর পঞ্চম বান্ধবী।*

কারাচাপ যুদ্ধে দশরথের পরাজয়ের পর কেটে গেছে সতেরো বছর। ষোলো বছর বয়সে ভরত আবিষ্কার করেছে ভালোবাসার পুলক। প্রদীপ্ত ও প্রাণোচ্ছল ভরতকে মেয়েরা যেমন ভালোবাসে তেমনই সে-ও পছন্দ করে মেয়েদের। গুরুকুলের রক্ষক উপজাতিদের জীবনধারা উদার হওয়ায় নারী অধিকারে সুরক্ষিত বরুণের গোষ্ঠীর মেয়েরা যে কারোর সঙ্গে সম্পর্ক তৈরি করতে পারে। আর ভরত তো তাদের ভীষণই প্রিয়।

তার চেয়ে বয়সে বড়ো, বছর কুড়ির অসামান্য সুন্দরী মেয়েটির হাত ধরে সে রামের সামনে এসে দাঁড়াল।

'কী খবর, ভরত, কেমন আছ?'

দন্ত বিকশিত করে ভরত বলল, 'এত ভালো কখনো ছিলাম না, দাদা। এর থেকে ভালো থাকা মানে পাপে নিমজ্জিত হওয়া।'

রাম সৌজন্যপূর্ণ হাসিতে তাকাল মেয়েটির দিকে।

ভরত বলল, 'দাঁড়াও দাদা, তোমার সঙ্গে রাধিকার পরিচয় করিয়ে দিই। ও গোষ্ঠীপতি বরুণের কন্যা।'

আনত শিরে করোজোড়ে রাম মেয়েটিকে বলল, 'আপনার সঙ্গে পরিচিত হয়ে নিজেকে সৌভাগ্যবান মনে করছি।'

কেমন যেন মজা পেয়ে ভ্রূযুগল ওপরে তুলে রাধিকা বলল, 'ভরত ঠিকই বলেছিল, আপনি অদ্ভুতরকম প্রথানুসারী।'

মেয়েটির সোজাসাপটা ভাব দেখে রামের চোখ বড়ো হয়ে গেল।

ভরত প্রতিবাদ করে বলল, 'আমি কিন্তু 'অদ্ভুত' শব্দটা বলিনি।' সে মেয়েটির হাত ছেড়ে বলল, 'দাদার সম্পর্কে অমন কথা আমি কী করে বলব?'

রাধিকা ভরতের চুলে স্নেহের বিলি কেটে বলল, 'আচ্ছা বাবা ঠিক আছে, 'অদ্ভুত' শব্দটা আমারই যোগ করা। কিন্তু আপনার প্রথানুসারী ব্যবহার মনমুগ্ধকর। ভরতের ব্যবহারও আদতে তাই। আর আমি নিশ্চিত সেটা আপনিও জানেন।'

অঙ্গবস্ত্রটা ভালো করে গায়ে জড়িয়ে রাম বলল,'আপনাকে ধন্যবাদ।'

রামের অস্বস্তি দেখে রাধিকা খিলখিল করে হেসে উঠল। নারীদের প্রতি স্বভাব উদাসীন রামের মনে হল মেয়েটির হাসি স্বর্গের অপ্সরাদের মতোই মাধুর্যময়।

রাধিকা যাতে বুঝতে না পারে রাম তাই প্রাচীন সংস্কৃততে বলল, 'সা বর্ততে লাবণ্যাবতি।'

রামের মতো প্রাচীন সংস্কৃতয় ভরতের দখল না থাকলেও এই প্রশংসা বুঝতে অসুবিধে হল না! রাম যা বলেছে তার অর্থ—মেয়েটি অপার্থিব সুন্দরী।'

ভরত কিছু বলার আগেই রাধিকা বলে উঠল, 'অহম্ জনামি।' অর্থাৎ, আমি জানি।

লজ্জায় অতি বিব্রত হয়ে রাম বলল,'ভগবান ব্রহ্মার আশীর্বাদে আপনার প্রাচীন সংস্কৃত একেবারে শুদ্ধ।'

রাধিকা সুন্দর করে হাসল,' আমরা এখন নতুন সংস্কৃত পড়লেও,শাস্ত্রপাঠ করতে গেলে প্রাচীন সংস্কৃত তো জানতেই হবে।'

ভরতের মনে হল এসব আলোচনা থামনো দরকার। 'দাদা,ওর বুদ্ধিমত্তায় বোকা বেনো না। ও খুব ভালো মেয়ে।'

রাম আবার বিনম্র হেসে করোজোড়ে বলল, 'যদি কোনোভাবে আপনাকে অসন্তুষ্ট করে থাকি তবে মার্জনা করবেন, রাধিকা।'

মাথা ঝাঁকিয়ে হেসে উঠল রাধিকা, 'না না, একদম না, কোন মেয়েই বা তার সৌন্দর্যের প্রশংসা শুনতে ভালো না বাসে!'

'আমার ভাই খুব ভাগ্যবান,' রাম বলল।

ভরতের চুল ঘেঁটে দিয়ে রামকে যেন নিশ্চিত করল রাধিকা,'আমিও খুব দুর্ভাগ্যের অধিকারিণী নই।'

রাম বুঝল মেয়েটির প্রতি প্রেমে বিভোর ভরত। তার আগের বান্ধবীদের থেকে এই মেয়েটি অন্যরকম। কিন্তু সে বনবাসীদের পরম্পরা বিষয়েও অবগত। মেয়েটি নিঃসন্দেহে এসব ব্যাপারে স্বাধীন। তথাপি, তারা নিজেদের গোষ্ঠীর বাইরে বিবাহ করে না। তাদের আইন এটাকে একেবারেই সমর্থন করেনা। নিজস্বতা ধরে রাখতেই তাদের এই রীতি। তাছাড়া ধরিত্রীর থেকে বিচ্ছিন্ন শহরবাসীদের তারা তাদের থেকে হীন বলে মনে করে। রাম ভাবতে লাগল এসব কারণে তার ভাই যেন মনোবেদনা না পায়।

'কতটা মাখন আর তোমার চাই?' রাম ভরতের এই প্রবল মাখন আসক্তির কারণ কিছুতেই বুঝে উঠতে পারেনা।

এখন সন্ধ্যা, তৃতীয় প্রহরের শেষ ঘন্টা। গুরুকুলের এক বৃক্ষতলে বসে আছে রাম ও ভরত। অবসর সময়ে লক্ষ্মণ ও শত্রুঘ্ন ঘোড়া চড়াটা ভালো করে রপ্ত করতে ব্যস্ত। তারা ফাঁকা মাঠে ঘোড়া ছোটাচ্ছে একে অপরকে টেক্কা দিতে। ভাইদের মধ্যে অশ্বারোহণে সেরা লক্ষ্মণ হেলায় হারাচ্ছে শত্রুঘ্নকে।

ভরত মুখে লেগে থাকা মাখন নিয়েই মাথা ঝাঁকিয়ে বলল,' মাখন আমার খুব ভালো লাগে দাদা।'

'কিন্তু এটা ক্ষতিকর। মেদ বাড়ায়।'

জোরে শ্বাস টেনে ভরত তার ঊর্ধ্ববাহুর পেশি কুঞ্চিত করে তার পেশিবহুল চেহারাটা দেখাল।

হাসল রাম 'মেয়েরা নিশ্চয় তোমায় অনাকর্ষণীয় ভাবেনা। সুতরাং এক্ষেত্রে আমার মতামতের কোনো গুরুত্ব নেই।'

জিভে শব্দ করে ভরত বলল,'একদম সত্যি কথা।' তারপর মাটির পাত্র থেকে আঙুল দিয়ে মাখন তুলে মুখে পুরল।

রাম আলতো করে ভাইয়ের কাঁধে হাত রাখতেই খাওয়া থামিয়ে ভরত দাদার চিন্তিত মুখের দিকে তাকাল।

নম্র স্বরে রাম বলল, 'ভরত তুমি জানো—'

রামের কথা শেষ করতে না দিয়ে ভরত বলে উঠল, 'এমন ঘটবে না, দাদা।'

'কিন্তু ভরত...'

'দাদা আমার ওপর বিশ্বাস রাখো, মেয়েদের আমি তোমার চেয়ে ভালো বুঝি।'

'তুমি তো জানো গোষ্ঠীপতি বরুণের প্রজারা বাইরের কাউকে...'

'দাদা আমি ওকে যতটা ভালোবাসি, ও আমায় ততটাই ভালেবাসে। রাধিকা আমার জন্য ওদের সে নিয়ম ভাঙবে। ও আমায় ছেড়ে যাবেনা, বিশ্বাস করো।'

'তুমি এতটা নিশ্চিত হচ্ছো কীভাবে?'

'আমি নিশ্চিত।'

'কিন্তু ভরত...'

'দাদা, আমার জন্য দুশ্চিন্তা করা থামাও। আমার জন্য কেবল খুশি থাকো।'

রাম আর কথা না বাড়িয়ে তাঁর কাঁধ চাপড়ে বলল, ' তবে তাই হোক। তেমার জন্য আমার অভিন্দন রইল।'

নাটকীয়ভাবে ভরত মাথা নাড়িয়ে প্রত্তুর দিল,'ধন্যবাদ মহাশয়!'

রামের মুখ হাসিতে ভরে গেল।

'আমি কবে তোমায় অভিনন্দন জানাবার সুযোগ পাব, দাদা?'

রাম ভ্রু কুঁচকে ভরতের দিকে তাকাল।

'কোনো মেয়ের প্রতিই কি তোমার কোনো আকর্ষণ নেই? এখানে বা

অযোধ্যায়? ছুটির সময় আমাদের সঙ্গে তো কত মেয়েরই দেখা হয়।'

'কাউকেই তো তেমন মনে হয়না।'

'একজনও না।'

'না।'

'তুমি কী খুঁজছ?'

দূরের অরণ্যরেখার দিকে চোখ রেখে রাম বলল, 'আমি একজন নারীকে চাই, কোনো মেয়েকে নয়।'

'আহ্হ্হা! আমি জানি যে তোমার কঠিন বহিরঙ্গের ভেতর একটা দুষ্টু শয়তান বাস করে!'

রাম মজা করে ভরতের তলপেটে ঘুষি মারল, ' আমি তা যে বলিনি সেটা তুমি ভালোই জানো।'

'তাহলে কী বলতে চাইলে তুমি?'

'কোনো অপরিণতবুদ্ধি মেয়ে আমার কাম্য নয়। ভালোবাসা একটা গৌণ বিষয়। ওটা কোনো গুরুত্বপূর্ণ ব্যাপার নয়। আমি এমন কাউকে চাই যাকে আমি সম্মান করতে পারব।'

চোখমুখ কুঁচকে ভরত বলল,'সম্মান? ওঃ, বড্ড বিদ্‌ঘুটে শোনাচ্ছে।'

'নারী পুরুষের সম্পর্ক কেবল মজার জিনিস নয়। এটা পারস্পরিক বিশ্বাস ও একে অপরের প্রতি আস্থা স্থাপনের ব্যাপার। আসক্তি ও উদ্দামতার সম্পর্ক টেকে না।'

'সত্যি?'

মুহূর্তে রাম নিজেকে শুধরে নিল, 'অবশ্য রাধিকা আর তোমার ব্যাপারটা আলাদা।'

দন্ত বিকশিত করে ভরত বলল, 'আলবত্ তাই!'

'আমার মনে হয় আমি বলতে চাইছি, আমি সেরকম নারীকেই চাই যে আমার চেয়েও ভালো; এমন একজন যার আচরণ আমাকে তার প্রতি শ্রদ্ধা ও অভিবাদন জানাতে বাধ্য করবে।'

'দাদা আমরা পিতা-মাতা ও গুরুজনদের মাথা নীচু করে শ্রদ্ধা জানাই। স্ত্রীর সঙ্গে একজন তার আসঙ্গ ও প্রীতি ভাগ করে নেয়', মিচকে হেসে ভ্রু তুলে

দুষ্টুমিভরা চোখে বলল ভরত। ‘ভগবান ব্রহ্মার দিব্বি, আমি সেই মহিলার প্রতি সহানুভূতি অনুভব করি যাকে তুমি বিয়ে করবে। ইতিহাসে তোমাদের সম্পর্ক পৃথিবীর সবচেয়ে বিরক্তিকর বৈবাহিক সম্পর্ক বলে বিবেচিত হবে!’

ভরতকে ঠেলা দিয়ে রাম উচ্চস্বরে হেসে উঠল। ভরত মৃতপাত্রটা মাটিতে রেখে ধাক্কা দিয়ে রামকে সরিয়ে দৌড়ে সেখান থেকে পালাল।

রামও লাফিয়ে উঠে ভাইয়ের পেছনে ধাওয়া করতে করতে বলল, ‘দৌড়ে তুমি কিন্তু আমাকে হারাতে পারবে না।’

আগন্তুক বলল, ‘কাকে পছন্দ আপনার?’

এক রহস্যময় আগন্তুক নিঃশব্দে প্রবেশ করেছে গুরুকুলে। বশিষ্ঠের ইচ্ছানুযায়ী সে এসেছে গভীর রাতে। ভাগ্যের কথা এই যে, নিয়ম ভেঙে নির্দিষ্ট ঘুমের জায়গায় না থেকে লক্ষ্মণ এত রাতে বাইরে ঘোড়ায় চড়ে বেড়াচ্ছে তখন। সে ঘোড়া ছুটিয়ে ফেরার সময় দেখল আশ্রম পরিসরের অনেকটা বাইরে একটা গাছে একটা ঘোড়াকে বেঁধে কেমন যেন লুকিয়ে রাখা হয়েছে।

সে নিঃশব্দে তার ঘোড়াটাকে আস্তাবলে ঢোকাল। অযোধ্যার রাজপুত্রের এবার মনে হল গুরুদেবকে এক সম্ভাব্য অনুপ্রবেশকারী সম্পর্কে সতর্ক করার। বশিষ্ঠের ঘর ফাঁকা দেখে লক্ষ্মণের সন্দেহ বেড়ে গেল। অনেক খোঁজাখুঁজির পর লক্ষ্মণ দেখল একটা সেতুর নীচে এক আগন্তুকের সঙ্গে মুনিবর নীচু গলায় বাক্যালাপ করছেন। লঘু পায়ে এগিয়ে ঝোপের পিছনে লুকিয়ে লক্ষ্মণ কথা শোনার জন্য আড়ি পাতল। বশিষ্ঠ বললেন, ‘আমি এখনও মনস্থির করে উঠতে পারিনি।’

‘গুরুজি, আপনাকে দ্রুত সিদ্ধান্ত নিতে হবে।’

‘কেন?’

আগন্তুককে ভালো ভাবে দেখতে না পেলেও লক্ষ্মণ তার ভেতরে উথলে

ওঠা আতঙ্ক চেপে রাখতে পারছিল না। অল্প আলোতেও আগন্তুকের দীর্ঘ দেহ, গৌর গাত্রবর্ণ ও ঢেউখেলানো গোঁফ লক্ষ্মণের দৃষ্টিগোচর হল। তার শরীরটা কেমন ঘন লোমে ঢাকা আর পিঠের নীচে কেমন একটা উঁচু ঢিবির মতো জিনিস। নিঃসন্দেহে এ এক নৃশংস নাগ—সেই বৈকল্যযুক্ত প্রজাতি যাদের সপ্ত সিন্ধুর সবাই ভয় পায়। অন্য নাগেদের মতো মুখোশ বা কোনো মস্তকাবরণ পরে নিজের পরিচয় লুকোতে চায়নি এ লোকটা। লক্ষণীয় যে প্রথাসম্মত ভারতীয় পোশাক ধুতি তার পরনে।

অর্থপূর্ণ দৃষ্টিতে বশিষ্ঠের দিকে তাকিয়ে আগন্তুক বলল, 'কারণ ওদের লক্ষ্যস্থল আপনি।'

'তাই নাকি?'

'আপনি ভীত নন?'

কাঁধ ঝাঁকলেন বশিষ্ঠ,'ভয় পেতে যাব কেন?'

নাগ লোকটা মৃদু হেসে বলল,'জানেন তো বীরত্ব ও মূর্খতার ব্যবধান খুবই সুক্ষ।'

'তবে বন্ধু, সে সুতো পরিমাণ ব্যবধান পরিলক্ষিত হবে ভবিষ্যতে। কেবল আমি যদি সার্থক হই তবেই লোকে আমায় বীর বলবে, আর ব্যর্থ হলে আমাকে বলবে নির্বোধ। আমি যা সঠিক বলে স্থির করেছি তা আমায় করতে দাও। আমি বিচারের ভার ভবিষ্যতের ওপর ছেড়ে দিয়েছি।'

একথার সহমত পোষণ না করে নাগ তার চিবুকটা সামনে উঁচিয়ে ধরল। তার আর তর্ক করতে ইচ্ছে নেই, সে বলল। 'আপনি আমার কাছ থেকে কী চান তাই বলুন।'

'এখন কিছু নয়। অপেক্ষায় থাকো।' বশিষ্ঠ উত্তর দিলেন।

'আপনি কি জানেন যে রাবণ–'

'হ্যাঁ, জানি আমি।'

'তবুও আপনি এখানে পড়ে আছেন এবং সে ব্যাপারে কোনো উদ্যোগই নিচ্ছেন না?'

শব্দ বেছে বেছে বশিষ্ঠ বিড়বিড় করলেন,'রাবণ...হ্যাঁ, তারও প্রয়োজন আছে?'

লক্ষ্মণ এ ধাক্কা সামলাতে পারছিল না তবু কিশোরটি বুঝেছিল এখন চুপ

করে থাকা দরকার।

'অনেকেই এখন বিশ্বাস করে যে আপনি সম্রাট দশরথের বিরুদ্ধে বিদ্রোহের প্রস্তুতি নিচ্ছেন।' কথাটা নাগ বলল। তার কণ্ঠস্বর থেকে বোঝা গেল সে নিজে এটা বিশ্বাস করে না।

মৃদু হাসলেন বশিষ্ঠ। 'ওর বিরুদ্ধে বিদ্রোহের কোনো প্রয়োজনই নেই। সাম্রাজ্যটা তার হাত থেকে একপ্রকার বেরিয়েই গেছে। লোকটা ভালো, কিন্তু নিজেকে হতাশা ও ব্যর্থতাবোধে একেবারে ডুবিয়ে দিয়েছে। আমার লক্ষ্য আরও বড়ো।'

'বলুন,আমাদের লক্ষ্য।' তাঁকে শুধরে দেয় নাগ।

তার কাঁধ চাপড়ে হাসেন বশিষ্ঠ,'আলবাত্! মার্জনা করো, এটা আমাদের যৌথ লক্ষ্য। তবে লোকেদের যদি ধারণা হয় অযোধ্যার প্রতিই আমাদের উচ্চাশা সীমিত, তবে তা তারা ভাবুক।'

'হ্যাঁ, তা ঠিক।'

বশিষ্ঠ বললেন,'আমার সঙ্গে এসো। তোমাকে কিছু দেখাবার আছে।'

মানুষ দুটি দূরে সরে যেতে লক্ষ্মণ বড়ো করে নিশ্বাস ছাড়ল। তার বুক ধড়ফড় করছে।

গুরুজির উদ্দেশ্য কী? আমরা কি এখানে নিরাপদ?

চারিদিকে তাকিয়ে কেউ তাকে লক্ষ করছে না এটা নিশ্চিত হয়ে লক্ষ্মণ রামের ঘরের দিকে দৌড়োল।

'লক্ষ্মণ, যাও, ঘুমোতে যাও!' বিরক্ত রাম লক্ষ্মণকে মৃদু ভৎর্সনা করল। কাণ্ড-জ্ঞানরহিত ভাবে লক্ষ্মণ তার ঘুম ভাঙিয়েছে। ইতিমধ্যেই রাম তার কাছ থেকে আতঙ্ক ধরানো সংবাদ জেনেছে এবং আধা জাগ্রত অবস্থায় বুঝেছে যে তার ভাই আবার তার প্রিয় বিষয়, চক্রান্তের গন্ধ পেয়েছে।

'দাদা, কিছু একটা ঘটতে চলেছে। এর সঙ্গে অযোধ্যার সম্পর্ক আছে এবং

গুরুজি তার সঙ্গে যুক্ত।' লক্ষ্মণ একপ্রকার জোর করেই রামকে জানায়।

'ব্যাপারটা ভরতকে জানিয়েছ?'

'নিশ্চয়ই জানাইনি, এ চক্রান্তে সে-ও শামিল থাকতে পারে।'

রোষকায়িত চোখে রাম লক্ষ্মণের দিকে তাকাল। 'লক্ষ্মণ, ভরত তোমার দাদা।'

'দাদা, বড্ড সরল তুমি! অযোধ্যা যে একটা চক্রান্তের ঘাঁটি হয়ে উঠেছে তা তুমি বুঝতেই পার না। গুরুজিও এর সঙ্গে যুক্ত। অন্যরাও এটার সঙ্গে জড়িত থাকতে পারে। আমি তোমাকে ছাড়া কাউকে বিশ্বাস করিনা। আমাদের রক্ষা করার ভার তোমার ওপর। তোমাকে ঘটনাটা জানিয়ে আমি আমার কর্তব্য করেছি। এখন দায়িত্ব তোমার—ব্যাপারটা অনুসন্ধান করা।'

'কিছুই অনুসন্ধানের নেই লক্ষ্মণ, ঘরে গিয়ে ঘুমিয়ে পড়ো।'

'দাদা...'

'ঘরে ফিরে যাও লক্ষ্মণ, এক্ষুনি!'

।। অধ্যায় ৮।।

'আদর্শ জীবনচর্যা কী?' প্রশ্ন করলেন বশিষ্ঠ।

সকালে গুরুস্তোত্রম শেষ করে অযোধ্যার চার কুমার গুরুদেবের দিকে মুখ করে বসে আছে।

দীর্ঘ নীরবতা দেখে বশিষ্ঠ বললেন, 'বলো তোমরা।'

তিনি লক্ষ্মণের দিকে তাকালেন, সেই যে প্রথম উত্তর দেবে তা তো জানাই তাঁর। যদিও বশিষ্ঠকে অবাক করে কেমন শক্ত করে বসে আছে সে, নিজের ভেতর উত্তেজনাকে লুকোতে পারছেনা যেন।

বশিষ্ঠ জিজ্ঞাসা করলেন, 'কী অসুবিধা হচ্ছে তোমার পৌরব?'

লক্ষ্মণ দৃষ্টিতে অভিযোগ নিয়ে রামের দিকে একবার তাকিয়ে মাটির দিকে চেয়ে বলল, 'না গুরুজি, কোনো অসুবিধা হচ্ছে না।'

'তুমি কি উত্তর দেওয়ার চেষ্টা করবে?'

'আমি এর উত্তর জানিনা, গুরুজি।'

বশিষ্ঠের ভ্রূকুঞ্চন হল। না জানলেও লক্ষ্মণ সবার আগে উত্তর দেওয়া থেকে কখনো বিরত হয়না। তিনি ভরতকে জিজ্ঞাসা করলেন, 'বসু, তুমি কি উত্তর দেওয়ার চেষ্টা করবে?'

ভরত বলল, 'আদর্শ জীবনচর্যা হল তাই যেখানে সবাই থাকবে সুস্থ, বিত্তশালী ও সুখী এবং প্রত্যেকে যে যার আদর্শ অনুসারে কাজ করে যাবে।'

'বেশ! কিন্তু কীভাবে সমাজে এটা বলবৎ করা যাবে?'

'এটা করা বোধহয় অসম্ভব! কিন্তু যদি এটা করা সম্ভব হত, তবে তা

আসত কেবল স্বাধীনতার মাধ্যমে। লোকেদের নিজস্ব ভঙ্গিতে কাজ করার ও চলার স্বাধীনতা দিতে হবে। তারাই বেছে নেবে নিজ নিজ পথ।'

'কিন্তু এই স্বাধীনতা কি সবাইকেই তাদের স্বপ্ন পূরণের অধিকার দেবে? একজনের স্বপ্ন যদি অন্যজনের বিরুদ্ধপন্থী হয়, তখন কী হবে?'

উত্তর দেওয়ার আগে প্রশ্নটা নিয়ে খানিক ভাবল ভরত। 'ঠিকই বলেছেন আপনি। এক বলশালী লোকের প্রচেষ্টা সর্বদাই তার চেয়ে দুর্বল লোকের স্বার্থের পরিপন্থী হবে।'

'তাহলে?'

'সেক্ষেত্রে প্রশাসককে দুর্বলের সুরক্ষা সুনিশ্চিত করতে হবে। সবক্ষেত্রেই বলশালীকে সমর্থন করা ঠিক নয়, এতে জনমানসে ক্ষোভের সৃষ্টি হতে পারে।'

শত্রুঘ্ন বলে উঠল,'কেন দাদা, আমার তো মনে হয়ে বলবানদের পক্ষেই সবসময় থাকা উচিত। এতে সমাজেরও মঙ্গল।'

বশিষ্ঠ বললেন, 'কিন্তু এটা কি জঙ্গলের নিয়ম নয় যে সর্বদা দুর্বলকে নিঃশেষ হয়ে যেতে হবে?'

'গুরুজি আপনি যদি এটাকে জঙ্গলের নিয়ম বলেন, তবে আমি বলব এটা প্রকৃতিরই নিয়ম। প্রকৃতির বিচার করার আমরা কে? যদি দুর্বল হরিণরা বাঘের শিকার না হয় তবে হরিণের সংখ্যা প্রবলভাবে বৃদ্ধি পাবে। এবং তারা যে বিপুল পরিমাণ গাছপাতা খাবে তাতে দীর্ঘকাল পরে গোটা একটা বনই উজাড় হয়ে যেতে পারে। জঙ্গলের পক্ষে শক্তিমানের অস্তিত্ব রক্ষাই কাম্য—এর মধ্যে প্রকৃতি তার ভারসাম্য বজায় রাখে। কোনো প্রশাসকেরই প্রকৃতির ওপর হস্তক্ষেপ করা উচিত নয়। বরং দুর্বলের সুরক্ষা সুনিশ্চিত করাই তাদের লক্ষ্য হওয়া উচিত। এটুকু বাদে রাষ্ট্রের উচিত সমাজকে তার নিজের নিয়মে চলতে দেওয়া। সবাই স্বপ্নপূরণ করবে কি না এটা দেখা তাদের কাজ নয়।'

'তাহলে সরকার থাকারই বা দরকার কী?'

'সামান্য কটা কাজের জন্যই এর প্রয়োজন, যেমন বহিঃশত্রুর আক্রমণ থেকে দেশকে রক্ষা করার জন্য সামরিক বাহিনী প্রস্তুত রাখা, এবং সবার জন্য অন্তত প্রাথমিক শিক্ষার ব্যবস্থা করা। জন্তুদের থেকে যা আমাদের

পৃথক করে তা হল আমরা নিজ প্রজাতির দুর্বলদের হত্যা করিনা। কিন্তু সমাজ নিয়ন্ত্রকরা যদি এমন কোনো ব্যবস্থা নেয় যেখানে শুধু দুর্বলের স্বার্থরক্ষা হবে আর ক্ষমতাবানরা নিষ্পেশিত হবে, তবে কিছুদিনের মধ্যেই সমাজটাই ভেঙে পড়বে। একটি সমাজের প্রতিভাবান নাগরিকদের চিন্তা ও কর্মের মাধ্যমেই ঘটে তার উত্তরণ ও বিকাশ। এটা বিস্মৃত হওয়া উচিত নয়।'

বশিষ্ঠ মৃদু হেসে বললেন, 'সম্রাট ভরতের উত্তরাধিকারীদের ব্যর্থতাই যে ভারতের এই অধোগতির কারণ তা তুমি খুব ভালোভাবে বিচার বিবেচনা করেছ, তাই না?'

ঘাড় নাড়িয়ে সম্মতি জানাল শত্রুঘ্ন। বহু হাজার বছর আগে চন্দ্রবংশীয় এই পৌরাণিক ভরত ছিলেন এ দেশের সম্রাট। দেবরাজ ইন্দ্রের পর তিনিই ছিলেন সর্বশ্রেষ্ঠ শাসক। তিনি সারা ভারতকে তাঁর সাম্রাজ্যের অন্তর্ভুক্ত করেছিলেন এবং এ যাবৎকালের মধ্যে তাঁর প্রশাসনই ছিল সর্বাধিক দরদি ও প্রজাপালক।

বশিষ্ঠ জিজ্ঞাসা করলেন, 'রাজ্যশাসনের সেই প্রাচীন পদ্ধতি আর কার্যকরী হচ্ছে না দেখেও ভরতের উত্তরসূরীরা কেন তার বদল ঘটালেন না?'

'তা আমি জানিনা।' শত্রুঘ্ন জবাব দিল।

'এর কারণ, যে আদর্শ দ্বারা ভরতের সাম্রাজ্য পরিচালিত হত তা ছিল একই রকম সার্থক অথচ একেবারে বিপরীত চরিত্রের একটি রাষ্ট্রভাবনা-র প্রতিক্রিয়া যা অতীতে প্রভূত সাফল্য পেয়েছিল। ভরতের রাজত্বকে বর্ণনা করা যায় নারী বৈশিষ্ট সুলভ সভ্যতা বলে, যখন স্বাধীনতা, কর্মপ্রেরণা ও সৌন্দর্য এই সব গুণ বিকশিত হয়। এই ধরণের সভ্যতা যখন শীর্ষাবস্থায় থাকে তখন তা হয় মঙ্গলজনক, সৃজনশীল এবং বিশেষভাবে দুর্জনদের রক্ষক, কিন্তু যখন এই সমাজে অবক্ষয় শুরু হয় তখন তা হয়ে ওঠে দুর্নীতিযুক্ত, দায়িত্বজ্ঞানহীন ও জরাগ্রস্ত।'

রাম এবার বলে উঠল, 'তবে কি গুরুজি আপনি বলছেন আরও একরকম জীবনধারা আছে; যাকে বলা চলে পুরুষ ধারা।'

'হ্যাঁ, সেই পুরুষ বৈষিষ্ট্যপূর্ণ জীবনধারা চিহ্নিত হয় সত্য, কর্তব্যবোধ ও সম্মানের ভিত্তির উপর। এই জীবনধারা তার শীর্ষে পৌছালে তা হয়ে ওঠে

কার্যকরী, ন্যায়সঙ্গত ও সাম্যের ভিত্তির উপর প্রতিষ্ঠিত। কিন্তু সেই সভ্যতা যখন অবক্ষয়ের পথে যায় তখন তা হয়ে ওঠে ধর্মান্ধ, কঠোর ও বিশেষভাবে দুর্বলদের পক্ষে অপকারী!'

'তাহলে নারীবৈশিষ্ট্যপূর্ণ সমাজ অধোগতি প্রাপ্ত হলে তার নিরাময় হয় পুরুষবৈশিষ্ট্যপূর্ণ ব্যবস্থার মাধ্যমে,' রাম বলল। 'এবং পুরুষ বৈশিষ্ট্যসম্পন্ন সভ্যতা বিপন্ন হলে, নারীসুলভ সভ্যতাকে উদ্ধারকার্যে নামতে হয়।'

গুরুদেব বললেন, 'হ্যাঁ, জীবন একটা সত্যিই বিদ্বেষতিক্ত ব্যাপার।'

'তাহলে কি সবদিক থেকে এটা বলা চলে যে বর্তমান অবক্ষয়িত ভারত একটি নারীবৈশিষ্ট্যসম্পন্ন দেশ?' ভরত জিজ্ঞাসা করল।

বশিষ্ঠ তাকালেন ভরতের দিকে। 'সত্যিই ভারতবর্ষ এখন দ্বিধাদীর্ণ দেশ। এ দেশ নিজের চরিত্রকে আর বুঝে উঠতে পারে না নারীসুলভ ও পৌরুষময় সভ্যতার এক জগাখিচুড়ির কারণে। তবে আমাকে যদি তোমরা বলতে বাধ্য কর তবে আমাকে বলতে হবে যে এ এক নারীবৈশিষ্ট্যময় অবক্ষয়ী সভ্যতা।'

ভরত তর্ক করার ইচ্ছা থেকেই যেন বলল, 'তাহলে প্রশ্ন হচ্ছে—এমতাবস্থায় কি পৌরুষময় জীবনধারাকে বেছে নিতে হবে, নাকি নারীসুলভ জীবনচর্যাকেই আবার জাগিয়ে তুলতে হবে? আমি বিশ্বাস করি না স্বাধীনতা ব্যতিরেকে ভারত বাঁচতে পারে। আমরা এখন এক বিদ্রোহীদের দেশ। সবকিছু নিয়েই আমরা তর্ক ও লড়াই করি। নারীসুলভ জীবনধারা গ্রহণের মাধ্যমে, স্বাধীনতার পথেই আমাদের সমৃদ্ধি আসবে। পৌরুষময় জীবন কিছুসময়ের জন্য কার্যকরী হতে পারে, কিন্তু তা দীর্ঘস্থায়ী হবে না। আমরা দীর্ঘকাল ধরে পুরুষবৈশিষ্ট্যের পথে এগোবার মতো যথেষ্ট কর্তব্যপরায়ণ জাতি নয়।'

বশিষ্ঠ বললেন, 'বর্তমানে হয়ত তাই মনে হচ্ছে, কিন্তু সর্বদা ব্যাপারটা তেমন ছিল না। একটা সময় ছিল যখন ভারত চরিত্রগতভাবে ছিল পুরুষ।'

ভরত চুপ করে ভেবে যাচ্ছিল।

রামের কিন্তু অস্বস্তি হচ্ছিল ব্যাপারটা মেনে নিতে, সে বলল, 'গুরুজি আপনি বললেন যে সম্রাট ভরত প্রতিষ্ঠা করেছিলেন নারীবৈশিষ্ট্যপূর্ণ সমাজজীবন এবং সে জীবনচর্যা বদলাবার সময় এলেও তা করা হয়নি। কারণ, এটা আরও প্রাচীনকালে একটি পৌরুষময় সমাজব্যবস্থার অবক্ষয়ের

প্রতিক্রিয়াজাত ছিল। সম্ভবত লোকের কাছে তাদের আগের কালের জীবনচর্যা অশুভ বলে গণ্য হত।'

'তুমি যথার্থ বলেছ সুদাস,' বশিষ্ঠ বললেন।

'আপনি কি আমাদের সেই অতি প্রাচীন যুগের পুরুষসমাজের আচরণবিধির ব্যাপারে আরও কিছু জানাবেন? সে সাম্রাজ্য কেমন ছিল? আমাদের বর্তমান যুগের সমস্যার সমাধানসূত্র কী আমরা সেই ব্যবস্থা থেকে পেতে পারি?' রাম আগ্রহ ভরে জিজ্ঞেস করল।

'সেই সাম্রাজ্যের সূচনা হয়েছিল বেশ কয়েক লক্ষ বছর আগে এবং অতি দ্রুত সারা ভারত সেই সাম্রাজ্যের অন্তর্ভুক্ত হয়ে গিয়েছিল। তাদের ছিল একেবারে ভিন্নধর্মী জীবনচর্যা, এবং সে সাম্রাজ্য যখন গৌরবের শীর্ষে পৌঁছোয়, সেই জীবনাচার স্পর্শ করে এক মহতী মাত্রা।'

'কারা ছিল সেই সভ্যতার মানুষ?'

'আমরা যেখানে এখন অবস্থান করছি ঠিক সেখানেই পত্তন হয়েছিল এই সভ্যতার। সেটা এত বেশি পুরোনো এক সময়ে যে প্রায় সব লোকই এই আশ্রমের তাৎপর্য এখন আর মনে করতে পারে না।'

'এখানেই?'

'হ্যাঁ, এখানেই সেই সাম্রাজ্যের প্রতিষ্ঠাতারা এক মহাগুরুর কাছ থেকে শিক্ষাপ্রাপ্ত হয়েছিলেন। তিনি তাদের শিক্ষা দিয়েছিলেন এক সমুন্নত পুরুষ জীবনধারার অতি আবশ্যিক বিষয়গুলি সম্পর্কে। এটাই ছিল সেই মহাগুরুর আশ্রম।'

বিস্ময়াবিষ্ট রাম জিজ্ঞেস করল, 'কে ছিলেন সেই মহান ঋষি?'

বশিষ্ঠ গভীরভাবে শ্বাস নিলেন। তিনি জানেন এ প্রশ্নের উত্তর ছেলেদের আঘাত দেবে। সেই প্রাচীন ঋষির নামই এখনকার দিনে ভীতির সঞ্চার করে। অন্য কিছু দূরে থাক, তার নাম পর্যন্ত কখনো মুখে আনা হয়না। রামের দিকে স্থির দৃষ্টিতে তাকিয়ে তিনি উত্তর দিলেন, 'তিনি মহামতি শুক্রাচার্য।'

ভরত, লক্ষ্মণ ও শত্রুঘ্ন ভয়ে পাথর হয়ে গেল। শুক্রাচার্য ছিলেন অসুরদের গুরু। বহু বহু হাজার বছর আগে সেই ভয়ানক অসুরেরা ভারতের প্রায় পুরোটা নিজেদের দখল কায়েম করেছিল। পরিশেষে তাদের পরাজিত করে দেব-রা,

যারা এখনও দেবতা বা ভগবান বলে পূজিত। যদিও সে যুদ্ধে শেষমেশ দেবরা জয়ী হলেও এতে ভারতের বিপুল ক্ষতি হয়। মারা যায় কোটি কোটি লোক। পরবর্তী সভ্যতা গড়ে উঠতে অনেক অনেক সময় লাগে। দেবরা ভারতবর্ষ থেকে অসুরদের উৎখাত করতে সফল হলে শুক্রাচার্যের নাম ধুলোয় মিশে যায়, তার স্মৃতিও ভয়ে ও ঘৃণায় ধীরে ধীরে মুছে যায়।

ছাত্ররা এতটাই বিমূঢ় হয়ে পড়েছিল তাদের কোনো প্রতিক্রিয়া প্রকাশ পেল না। অন্যদের না হলেও, রামের চোখে কৌতূহল ঝিলিক দিচ্ছিল।

তাঁর ছাত্রদের মধ্যে বিপুল আলোড়ন ঘটে গেছে ভেবে গভীর রাতে বশিষ্ঠ ঘরের বাইরে এলেন। গুরু শুক্রাচার্যের প্রসঙ্গটি তিনি কৌশলে অবতারণা করেছিলেন তার ছাত্রদের উত্তেজিত করার জন্যই। লক্ষ্মণ ও শত্রুঘ্নকে তাদের নিজ নিজ ঘরে নাক ডাকিয়ে ঘুমোতে দেখলেও রাম ও ভরতকে তাদের ঘরে দেখলেন না। তাদের খুঁজতে বশিষ্ঠ আশ্রম চত্তরে হাঁটা শুরু করলেন। জ্যোৎস্নালোকে চারিদিকে ফুটফুটে আলো। সামনে মৃদু কথাবলার শব্দ শুনে বশিষ্ঠ খানিকটা এগিয়ে এসেই দেখতে পেলেন সর্বদা প্রাণবন্ত ভরতকে এক সঙ্গিনী সহ।

ভরত প্রায় অনুনয়ের ভঙ্গিতে বলল, 'কিন্তু কেন...'

'আমি দুঃখিত ভরত,' মেয়েটি শান্ত কণ্ঠে বলল। 'আমি আমার গোষ্ঠীর মানুষদের নিয়ম ভাঙতে পারব না।'

'কিন্তু রাধিকা, আমি তোমায় ভালোবাসি... আমি জানি তুমিও আমায় ভালোবাস... অন্যরা কী ভাবল না ভাবল তা নিয়ে আমাদের কীসের সমস্যা?'

দ্রুত ঘুরে গিয়ে বশিষ্ঠ অন্যদিকে চলতে লাগলেন। একটা একান্ত ব্যক্তিগত ও করুণ পরিস্থিতিতে নাক গলানো গর্হিত অপরাধ।

কিন্তু রাম কোথায়?

আবারও কী ভেবে দিক পরিবর্তন করে তিনি চত্তরের মাঝখানে পাথর কেটে তৈরি করা ছোট্ট মন্দিরটায় দিকে এগোলেন। দেবতাদের

মধ্যে যিনি অসুরদের নিধন করেছিলেন, সেই দেবতা ইন্দ্রের মন্দিরে তিনি প্রবেশ করলেন। প্রাঙ্গণের মধ্যভাগে ইন্দ্রের এই মন্দিরের একটি প্রতীকী অর্থও আছে, কারণ এই ইন্দ্রই শুক্রাচার্যের উত্তরাধিকারকে নিশ্চিহ্ন করে দিতে পেরেছিলেন।

বিশাল মূর্তির পিছন থেকে বশিষ্ঠ মৃদু একটি শব্দ শুনে সেদিকে এগিয়ে গেলেন। মূর্তির পিছনে চার পাঁচজনের বসার মতো বেশ খানিকটা জায়গা আছে। দেওয়ালে রাখা মশালের প্রকম্পিত আলোয় দেবমূর্তি ও বশিষ্ঠের ছায়া কেঁপে কেঁপে উঠছিল মেঝের উপর। মূর্তির পিছনে তার চোখ পড়তে তিনি আবছাভাবে রামের শরীরটা দেখতে পেলেন। একটা ধাতব শাবল জাতীয় জিনিস দিয়ে একটা বিশাল প্রস্তরখণ্ডকে সরানোর চেষ্টা করছে রাম, যে পাথরের নীচে মেঝের উপর অতি প্রাচীন কিছু লিপি খোদিত আছে। পুরোপুরি পাথরটা সরিয়ে দেবার সময়ই রাম অনুভব করল বশিষ্ঠের উপস্থিতি।

সঙ্গে সঙ্গে শাবলটা ফেলে দিয়ে উঠে দাঁড়িয়ে রাম বলে উঠল, 'গুরুজি!'

বশিষ্ঠ তার দিকে এগিয়ে গেলেন, হাত দিয়ে তার কাঁধ বেষ্টন করে তাকে ধীরে ধীরে মেঝেতে বসিয়ে সামনের দিকে ঝুঁকে রাম যে লিপিমালা উন্মুক্ত করেছে তার দিকে আগ্রহভরে তাকানো।

বশিষ্ঠ বললেন, 'যা লেখা আছে তা কি তুমি পড়তে পারছ?'

এক প্রাচীন অধুনাবিস্মৃত লিপি এটি।

রাম বলল, 'আমি এই লিপি আগে কখনো দেখিনি।'

'এটা সত্যিই অতি প্রাচীন একটি লিপি। অসুরেরা এ লিপিতে লিখত বলে বহুকাল পূর্বেই তাকে বর্জন করা হয়েছে।'

'আপনি আজই তো বললেন অসুরেরা এক পৌরুষবৈশিষ্ট্যযুক্ত সাম্রাজ্য ভারতে প্রতিষ্ঠিত করেছিল, তাই না।'

'সে তো ঠিকই।'

রাম লেখ-এর দিকে তাকিয়ে বলল, 'বলুন না গুরুজি, কী লেখা আছে এখানে?'

বশিষ্ঠ বর্ণগুলির উপর তর্জনী বোলালেন এবং তারপর বললেন, "এ বিশ্ব ব্রহ্মাণ্ড কী করে উচ্চারণ করবে শুক্রাচার্যের নাম? কারণ, ব্রহ্মাণ্ড তো

শুক্রাচার্যের চেয়ে অনেক ছোটো। আর শুক্রাচার্য অনেক বড়ো।”

রাম আনত হয়ে লেখা স্পর্শ করল।

‘জনশ্রুতি এই যে এটাই ছিল তাঁর আসন, এখানে বসে তিনি শিক্ষাদান করতেন।’ বললেন বশিষ্ঠ।

রাম বশিষ্ঠের দিকে মুখ তুলে তাকাল, ‘গুরুজি, আপনি আমাকে তাঁর সম্পর্কে বলুন।’

‘অতি সংখ্যালঘু একটি গোষ্ঠী এখনও মনে করে পৃথিবীতে হেঁটে যাওয়া শ্রেষ্ঠতম সামান্য কজন ভারতীয়দের অন্যতম তিনি। আমি তাঁর বাল্যকাল সম্পর্কে বিশেষ কিছু জানিনা। লোকশ্রুতি মতে তিনি মিশরের এক দাস পরিবারে জন্মগ্রহণ করেন এবং শিশুকালেই তাঁকে পরিবার থেকে বহিষ্কার করা হয়। তখন সে দেশে সফরকারী এক অসুর রাজকুমারী তাঁকে দত্তক হিসেবে নেন এবং এই ভারতবর্ষেই তিনি তাঁকে নিজ সন্তানের মতো প্রতিপালন করেন। যদিও তাঁর লেখাপত্তর উদ্দেশ্যপ্রণোদিত ভাবে নষ্ট করে দেওয়া হয় এবং অবশিষ্ট যা ছিল তা আগের যুগের শক্তিবান ও সমৃদ্ধ শাসকরা করে দেয় উদ্দেশ্যপ্রণোদিত ভাবে বিকৃত। তিনি ছিলেন এক প্রচণ্ড মেধাবী ও মাধুর্যমণ্ডিত প্রাণ, যিনি সেকালের ভারতের প্রায় নগণ্য রাজন্যবর্গকে রূপান্তরিত করেন এক প্রবল পরাক্রান্ত শক্তিতে।’

‘নগণ্য রাজন্যবর্গ কারা? অসুররা তো ভিন্‌দেশি?’

‘ওসব বাজে কথা। একদল লোক নিজের স্বার্থ চরিতার্থ করতে এই প্রচার অভিযান চালিয়েছিল। অধিকাংশ অসুররাই মূলগত ভাবে দেবদের সঙ্গে সম্পর্কিত। প্রকৃতপক্ষে, অসুর ও দেবাসুর উভয়েই মানসকুল নামক পূর্বপুরুষদের উত্তরসুরী। কিন্তু এক বৃহত্তর পরিবারে সদস্য অসুররা ছিল গরিব ও দুর্বল। এবং তাদের তুতো ভাইদের ঘৃণা ও অবজ্ঞার পাত্র। শুক্রাচার্য সেই অসুরদেরই নতুনভাবে তৈরি করেন প্রবল পরিশ্রম, নিয়মানুবর্তীতা, ঐক্য এবং সহ-অসুরদের প্রতি তীব্র আনুগত্যের আদর্শে উদবুদ্ধ করে।’

‘কিন্তু মাত্র এইসব উপকরণের মাধ্যমে কারো পক্ষে জয় করা ও আধিপত্য স্থাপন করার শক্তি অর্জিত হয় না। তাহলে কীভাবে তারা এমন অসাধারণ সাফল্য পেয়েছিল?’

'যারা তাদের ঘৃণা করে তারা বলে যে সেটা সম্ভব হয়েছিল তারা বর্বর ও নির্মম যোদ্ধা হওয়ায়।'

'কিন্তু নিশ্চয়ই আপনি তাদের বিরুদ্ধ মত পোষণ করেন?'

'বেশ, শোনো তবে, দেবরাও কিন্তু কাপুরুষ ছিল না। সেটা ছিল ক্ষত্রিয় যুগ, যখন যোদ্ধার গুণকে মর্যাদা দেওয়া হত। তারা যুদ্ধবিদ্যায় অসুরদের থেকে অধিক পরাক্রান্ত যদি নাও হয়, তবু সমকক্ষ তো ছিলই। অসুররা জয় পেয়েছিল কারণ তারা বিশেষ উদ্দেশ্যে সংঘবদ্ধ ছিল। অন্যপক্ষে দেবতাদের মধ্যে নানান ছিল বিভাজন।'

'এতৎসত্ত্বেও অসুরদের অবক্ষয় হল কেন? তারা কি পরের দিকে দুর্বল হয়ে পড়েছিল? দেবরা তাদের হারাতে পারল কীভাবে?'

'যেমনটা প্রায়ই ঘটে, তোমার সাফল্যের চাবিকাঠি যা, তাই-ই দীর্ঘকাল পরে হয়ে ওঠে তোমার পতনের কারণ। এক ঈশ্বর, একম্-এর আদর্শে শুক্রাচার্য অসুরদের ঐক্যবদ্ধ করেছিলেন। যাঁরা সেই পরমেশ্বরের উপাসক তাদের সবাইকে তিনি সমান জ্ঞান করতেন।'

ভ্রূকুটি করল রাম। 'কিন্তু এটা তো কোনো নতুন ব্যাপার নয়। ঋগ্বেদেই তো সেই পরমেশ্বর বা একমেবাদ্বিতীয়মের কথার উল্লেখ আছে। এখনও অবধি তাঁকেই তো আমরা সব আত্মার স্রষ্টা বা পরমেশ্বর বলে ডাকি। এমনকী নারীবৈশিষ্ট্যসুলভ আদর্শে বিশ্বাসী সেই দেবরাও তো পরমেশ্বরের পুজারি ছিলেন।'

'এর মধ্যে সামান্য একটু তারতম্য আছে, যেটা তুমি ধরতে পারছ না, সুদাস। ঋগ্বেদও বলেছেন সেই পরমেশ্বর এক ও অদ্বিতীয় এবং তিনি নানা রূপে, এমনকি দেবতার রূপেও আমাদের সামনে আবির্ভূত হন যাতে আমরা আধ্যাত্মিক ভাবে বিকশিত হই এবং তাঁর স্বরূপকে চিনতে পারি। আসলে এই প্রকৃতিতে বৈচিত্রই আমাদের ঘিরে থাকে এবং তাদের সবার সঙ্গেই আমাদের সম্পর্কিত হতে হয়। শুক্রাচার্যের মত ছিল ভিন্ন। তিনি বলতেন সেই পরমাত্মার অন্যসব যে রূপ তা মিথ্যা, যা মানুষকে নিয়ে যায় মায়া ও বিভ্রান্তির রাজ্যে। তাঁর কথা অনুযায়ী সেই পরমাত্মাই একমাত্র সত্য, একমাত্র ঈশ্বর ও একমাত্র বাস্তবতা। সে সময়ের প্রেক্ষিতে এ চিন্তা ছিল অবশ্যই প্রগতিশীল।

অকস্মাৎ এমন একটা সময় এল যখন যারা শাস্ত্রে পারদর্শী এবং যারা শাস্ত্র সম্বন্ধে অনবহিত তারা কেউই আর আধ্যাত্মিকতার বৈচিত্রের পথে এগোনোর প্রয়াস করল না, কেবলমাত্র এজন্যই যে তারা সেই পরমাত্মায় বিশ্বাস করত, ফলে অন্য কিছু করার প্রয়োজনই তারা অনুভব করেনি।'

'এই দর্শন ভাবনায় তো সব মানুষই সমান।'

'হ্যাঁ, তা সত্য। এটা খুবই উপকারী হয়েছিল কারণ এই দর্শনের কল্যাণে অসুরদের মধ্যেকার সমস্ত ব্যবধান মুছে গিয়েছিল। ফলে দেবদের মধ্যেকার দরিদ্র ও শোষিত কিছু কিছু গোষ্ঠী অসুরদের সঙ্গে মিলে গিয়েছিল নিজেদের অবস্থার উন্নয়ন ঘটানোর জন্য। কিন্তু একটু আগেই আমি যেমন বলছিলাম, সব ধারণার একটা ইতিবাচক দিক যেমন রয়েছে তেমনই আছে নেতিবাচক দিকও। অসুরদের এমন ধারণা হয়েছিল যে যারা পরমাত্মাকে বিশ্বাস করে তারা সবাই সমান। আর যারা সেই পরমাত্মায় বিশ্বাস করে না তাদের সম্পর্কে কী ভাবত তারা?'

'তারা ভাবত যে তারা তাদের সমকক্ষ নয় তাই না?' রাম উন্মুখ হয়ে জিজ্ঞাসা করল।

'হ্যাঁ। সবার উপর এক ঈশ্বরের ধারণাকে চাপিয়ে দিয়ে এবং অন্য সব আধ্যাত্মিক বৈচিত্রকে অস্বীকার করার ফলে সমাজে সৃষ্টি হয়েছিল অসহিষ্ণুতার। উপনিষদে এ সম্পর্কে সতর্ক করা হয়েছিল।'

'হ্যাঁ, আমার ওই স্তোত্রটার কথা মনে পড়ছে। সেই বিশেষ দ্বিপদীটা যেখানে বলা হয়েছে: *একজন শিশুর হাতে ধারালো তরবারি তুলে দেওয়া কোনো মহত্তের কাজ নয়, তা নিছকই দায়িত্বজ্ঞানহীনতা।* অসুরদের ঠিক তাই ঘটেছিল, তাই না?'

'ঠিক তাই। শুক্রাচার্যের সাক্ষাৎ শিষ্যেরা, যারা তার দ্বারা নির্বাচিত বুদ্ধিমত্তায় ও আধ্যাত্মিকতায় উন্নত তারা পরমাত্মার এই প্রগতিশীল ধারণায় সম্যক অনুধাবন করেছিল। কিন্তু অসুর সাম্রাজ্য বিস্তৃত হচ্ছিল এবং প্রচুর সংখ্যক মানুষ তার অন্তর্গত হচ্ছিল। সময় এগোতে এগোতে এমন সময় এল যে তখন যারা এক পরমাত্মায় আস্থাবান তারা সবার কাছ থেকেই পরমাত্মার প্রতি প্রশ্নহীন আনুগত্য দাবি করল এবং বলতে থাকল যে তাদের ঈশ্বরই

একমাত্র সত্য ও অন্য সব দেবতারা মেকী। ক্রমে তারা এক পরমাত্মার তত্ত্বে যারা অবিশ্বাসী তাদের ঘৃণা করতে শুরু করল এবং কালক্রমে তাদের হত্যা করতেও পিছপা হল না।'

বিস্ময়ে হতভম্ব রাম বলে উঠল, 'সে কী? এ তো একেবারে অসঙ্গত ব্যাপার। পরমাত্মা সম্পর্কে স্তোত্রেই তো বলা আছে যে একজন একেশ্বরবাদি কি না তার প্রমাণ এই যে তার পক্ষে অন্যকে ঘৃণা অসম্ভব। সেই পরমাত্মা সর্বজীবে ও সর্বত্র বিরাজমান, সুতরাং কাউকে ঘৃণা বা অবজ্ঞা করার অর্থ সেই পরমশ্বেরকেই অপমান করা।'

'সে কথা তো ঠিক। কিন্তু অসুররা সাধারণভাবে ভাবতে শুরু করেছিল যে তারা যে কাজ করছে সেটা ঠিক। তাদের শক্তি যত বাড়তে লাগল তত তাদের গুন্ডাবাহিনী মন্দির ধ্বংস করে, সৌধ ও মূর্তি ভেঙে, অন্য দেবতার উপাসকদের হত্যা করে এক সন্ত্রাসের রাজত্ব কায়েম করল।'

রাম মাথা নাড়ল, 'তাদের আচরণের মাধ্যমে তারা সবাইকেই তাদের বৈরী করে তুলেছিল।'

'ঠিক সেটাই ঘটেছিল। যখন পরিস্থিতির বদল হল, যেমন প্রায়শই হয়, অসুরদের মিত্র বলে আর কেউ রইল না। অন্যদিকে দেবরা বহুধাবিভক্ত হওয়ায় তারা অন্যের উপর নিজের বিশ্বাস ও জীবনধারা চাপিয়ে দেবার মতো অবস্থায় ছিল না। কীভাবেই বা তা করতে পারত তারা? তারা তো তাদের জীবনচর্যা কী হবে সে ব্যাপারেও সহমতে আসতে পারেনি। অকস্মাৎ পরিস্থিতি এমন হল যে ভেদভাব ভুলে তাদের প্রয়োজন হল শত্রু সংহারের। যেভাবেই হোক অসুরদের প্রথাগত আক্রমণে ও সন্ত্রাসে অসুরবিরোধী শক্তি তাদের শত্রুসম দেবদের সঙ্গে মিলিত হল। আশ্চর্যভাবে অনেক অসুরও হিংসা ও সন্ত্রাসের এই রণনীতি নিয়ে প্রশ্ন তুলল। তারাও অসুরপক্ষ ত্যাগ করে বিরুদ্ধ দলে যোগদান করল। এরপর আর আশ্চর্য কী যে অসুররা পরাজিত হবে?'

রাম ঘনঘন মাথা দোলাল, 'পুরুষতান্ত্রিক সমাজের এটাই খুব বড়ো ঝুঁকি তাই না? চিন্তাধারা এভাবে সহজেই বদলে যায় অসহিষ্ণুতা ও গোঁড়ামির দিকে বিশেষ করে দুর্যোগের দিনে। নারীবৈশিষ্ট্যপূর্ণ সমাজ কখনো এ ধরনের

সমস্যার সম্মুখীন হয়নি।'

রাম যে তার সমকালীন ভারতবর্ষ নারীবৈশিষ্ট্যপূর্ণ ব্যবস্থা উপজাত নানান বিভাজন ও অচলাবস্থার প্রত্যক্ষ সাক্ষী। ভীষণ কৌতূহলী রাম পৌরুষময় ব্যবস্থা সম্পর্কে অবগত হতে চায়। সে বলে, 'পৌরুষময় ব্যবস্থাকে আবার জাগিয়ে তুলতে হবে। ভারতবর্ষের বর্তমান সমস্যার মোকাবিলায় অসুরদের পদ্ধতি কাজে লাগতে পারে। কিন্তু অসুরদের জীবনধারার অবশ্যই উৎসাহদান করতে হবে কিন্তু, অন্ধ অনুকরণ করা চলবে না। কিছু কিছু উন্নতি ও অদলবদল করতেই হবে। প্রশ্ন করার অধিকারকে স্বীকৃতি দিতেই হবে এবং সেটাকে আমাদের বর্তমান অবস্থার উপযোগী করে তুলতে হবে।'

'কিন্তু নারীবৈশিষ্ট্যপূর্ণ ব্যবস্থায় তোমার আপত্তি কোথায়?'

'আমার মনে হয় এই ব্যবস্থায় নেতৃত্ব দায়িত্ব নিতে দ্বিধাগ্রস্ত হয়। তাদের অনুগতদের প্রতি তাদের বাণী হয়: নিজের সিদ্ধান্ত নিজে নাও। যখন ব্যবস্থাটার মধ্যে গণ্ডগোল দেখা দেয় তখন কেউই দায়িত্ব নিতে চায় না। পৌরুষভাবের ক্ষেত্রে নেতাকেই নিতে হয় সব দায়িত্বভার। আর সমাজ তখনই কর্মক্ষম হয় যখন নেতারা দায়িত্বভার কাঁধে তুলে নেয়। এর মাধ্যমেই সামগ্রিকভাবে সমাজের মঙ্গলসাধন সম্ভব। অন্যথায় যা ঘটে তা বিরতিহীন বিতর্ক, বিশ্লেষণ এবং সবশেষে অচলাবস্থা।'

মৃদু হাসলেন বশিষ্ঠ, 'তুমি ব্যাপারটাকে অতিসরলীকরণ করে ফেললে। কিন্তু আমি একথা অস্বীকার করতে পারিনা যে দ্রুত ফললাভ করতে হলে পুরুষবৈশিষ্ট্যপূর্ণ সমাজই অধিক কাম্য। নারীবৈশিষ্ট্যপূর্ণ ব্যবস্থা কার্যকরী হতে বেশি সময় নেয়। কিন্তু এর থেকে যা প্রাপ্তি হয় তা দৃঢ় ও দীর্ঘস্থায়ী।'

'পুরুষপথও মজবুত হতে পারে যদি আমরা অতীত থেকে শিক্ষা গ্রহণ করি।'

'তুমি কি এই নতুন পথেই এগোতে চাও?'

রাম সততার সঙ্গেই বলল, 'আমি অবশ্যই তা করব। এটা আমার মাতৃভূমির প্রতি কর্তব্য। আমার মহান দেশের প্রতি কর্তব্য।'

'বেশ, তোমার পৌরুষমুখী সংস্কারের প্রতি আমার শুভেচ্ছা রইল। তবে আমার অনুরোধ তুমি তোমার সংস্কারের নাম অসুর দিওনা। কারণ,

নামটা এখন ঘৃণিত। এ নাম ব্যবহার করলে তোমার উদ্যোগ প্রথমেই মাঠে মারা পড়বে।'

'তাহলে আপনি আমায় কী করতে বলেন?'

'নামে কিছু এসে যায় না। যেটা কাজ করে তা হল এসবের পিছনে থাকা দর্শন ভাবনা। একটা সময় ছিল যখন অসুরেরা মেনে চলত পুরুষপথ এবং দেবরা নারীপথ। তারপর অসুররা সবংশে ধ্বংস হয়ে গেল আর জিতে গেল দেবরা। সূর্যবংশীয় আর চন্দ্রবংশীয়েরা উভয়েই ছিল দেবদের উত্তরসূরী এবং তারা নারীপথই অনুসরণ করত। এতৎসত্ত্বেও আমি বলছি, তুমি যা অর্জন করতে চাও, এবং আমি বিশ্বাস করি তুমি তা অর্জন করবে। তোমার মতো একজন সূর্যবংশীয়ের পক্ষে পুরুষ জীবনধারাই হবে সঠিক তবে চন্দ্রবংশীয়েরা অনুসরণ করবে নারীসুলভ পথ, যা তাদের পূর্বসূরী দেবদের পথ। কিন্তু তুমি জানো, নাম কোনো বিশেষ ব্যাপার নয়।'

রাম আবারও সেই লেখ-এর দিকে ভাবছিল সেই মানুষটির কথা বহু পূর্বে যিনি এই লেখ খোদাই করেছিলেন। তার মনে হচ্ছিল এটি এক বন্ধ্যা বিপ্লবের বার্তা। শুক্রাচার্যের নাম নেওয়া এদেশে নিষিদ্ধ হয়েছিল। তার অনুগত শিষ্যেরাও তাদের গুরুনাম স্মরণ করা বন্ধ করতে রাজি হয়েছিল। সম্ভবত, এই লেখ তাদের গুরুদেবের নাম প্রকাশ্যে উচ্চারণ না করতে দেওয়ার বিরুদ্ধে প্রবল বিদ্বেষ থেকে লিখিত।

বশিষ্ঠ তার হাত রামের কাঁধে রাখলেন। আমি তোমাকে শুক্রাচার্যের জীবন ও দর্শন সম্পর্কে আরও জানাব। তিনি ছিলেন এক প্রতিভা। তুমি তার থেকে জ্ঞান অর্জন করে এক নতুন সাম্রাজ্য গড়তে পারো। তবে জয়ী মানুষদের কথা শুনতে শুনতে তোমাকে জানতে হবে তাঁদের ব্যর্থতার কথাও।'

'তাই হবে গুরুদেব।'

।। অধ্যায় ৯।।

নাগ বলল, 'গুরুজি, অনেকদিন আমার সঙ্গে আপনার আর দেখা হবে না।'

ভগবান ইন্দ্রের মন্দিরে রাত্রে বশিষ্ঠ ও রামের মধ্যে শুক্রাচার্যকে নিয়ে কথাবার্তার পর কেটে গেছে বেশ কয়েক মাস। গুরুকুলে রাজকুমারদের প্রথাগত শিক্ষা সমাপ্ত। পরদিন বাড়ি ফিরবে রাজকুমাররা চিরদিনের মতো। অধিকরাত্রে লক্ষ্মণ এখানে শেষবারের মতো ঘোড়া চড়তে বেরিয়েছে। লুকিয়ে ঘরে ফেরার পরে তার গুরুদেব আর ওই সন্দেহজনক নাগের কথোপকথন কানে এল তার।

এবারও তারা সেতুর নীচে দাঁড়িয়ে কথা বলছে।

'হ্যাঁ, ব্যাপারটা একটু অসুবিধাজনক হবে,' নাগের কথায় সায় দিয়ে বললেন বশিষ্ঠ। 'অযোধ্যার লোকেরা আমার অন্য জীবনের কথা জানেনা। কিন্তু তোমার সঙ্গে যোগাযোগ করার অন্য পথ ঠিক খুঁজে নেব।'

কোমরের নীচে উঁচু হওয়া জায়গাটা থেকে লেজের মতো কিছু একটা কেঁপে উঠল নাগ কথা বলতেই, 'আমি শুনেছি রাবণের সঙ্গে আপনার পুরোনো বন্ধুর মৈত্রী বেশ জমে উঠেছে।'

গভীর শ্বাস টেনে বশিষ্ঠ নম্রভাবে বললেন, 'সে চিরকালই আমার বন্ধু থাকবে। যখন আমি একা ছিলাম সে আমায় সাহায্য করেছিল।'

চোখ সরু করে তাকাল নাগ, তার চোখে কৌতূহল, 'কখনো এই গল্পটা আমাকে বলবেন গুরুজি, ঠিক কী ঘটেছিল?'

বশিষ্ঠ যেন শুকনো ভাবে হাসলেন, 'কিছু গল্প না বলা হলেই ভালো।'

নাগ বুঝল সে যন্ত্রণাদায়ক পরিসরে প্রবেশ করেছে, তাই আর কৌতূহল দেখাবে না ঠিক করল।

বিষয় বদলে বশিষ্ঠ বললেন, 'আমি কিন্তু জানি তুমি কেন এসেছ।'

নাগ বলল, 'আমায় জানতে হবে...'

সাদামাঠা ভাবে বললেন বশিষ্ঠ, 'রাম।'

মনে হল নাগ যেন অবাক হল, 'আমি তো ভেবেছিলাম রাজপুত্র ভরত...'

'না, রামই। রাম ছাড়া হবে না।'

নাগ ঘাড় নাড়ল। 'ও তাহলে রাজকুমার রামই। আপনি আমাদের সাহায্যের ব্যাপারে নির্ভর করতে পারেন।'

'হ্যাঁ, তা আমি জানি।'

নিঃশব্দে কথা শুনতে শুনতে লক্ষ্মণ বুঝল তার হৃদযন্ত্র চলছে লাফিয়ে লাফিয়ে।

'দাদা, সত্যি জগৎটাকে তুমি একদম বোঝো না,' লক্ষ্মণ চিৎকার করে বলল।

'ভগবান ইক্ষ্বাকুর দিব্যি, দয়া করে ঘুমোতে যাও,' বিরক্ত রাম বিড়বিড় করে বলল। 'তুমি সব জায়গায় চক্রান্তের গন্ধ পাও।'

'কিন্তু...'

'লক্ষ্মণ!'

'আমি জানি, দাদা, ওরা তোমাকে খুন করার সিদ্ধান্ত নিয়েছে।'

'কবে তুমি বিশ্বাস করবে যে আমায় কেউ হত্যা করতে চাইছে না? আমাকে মেরে গুরুজির কী লাভ? আমাকে কোনো লোক খুন করতে চাইবে কোন আহ্লাদে?' রাম অবাক হয়েই বলল। 'যখন তুমি ঘোড়া চড়তে বেরিয়েছিলে কেউ আমাকে খুন করার চেষ্টা করেনি। এবং এখনও কেউ আমাকে খুন করার চেষ্টা করছে না। তুমি জানো, আমি অতটা গুরুত্বপূর্ণ নই।

এখন ঘুমোতে যাও।'

'দাদা, তুমি একেবারেই কোনো কিছুর খবর রাখো না। এভাবে চলতে থাকলে আমি জানি না কীভাবে আমি তোমাকে সুরক্ষিত রাখতে পারব!'

'যেভাবেই হোক, তুমি চিরকালই আমায় সুরক্ষিত রাখবে,' প্রশ্রয়ের হাসি হেসে মিষ্টি গলায় বলল রাম ভাইয়ের চিবুক ধরে। 'যাও, এখন ঘুমোতে যাও।'

'দাদা...'

'লক্ষ্মণ!'

'এসো, ঘরে এসো, সোনা!' কৌশল্যা বলল।

আনন্দাশ্রু চাপতে না পেরে গর্বিত রানি তার ছেলের দিকে তাকাল। তার চোখে জল দেখেই বোধহয় রাম মাকে জড়িয়ে ধরেও কেমন অস্বস্তি বোধ করছিল। তার মায়ের মতোই অযোধ্যার রঘুবংশের অষ্টাদশ বর্ষীয় রাজকুমারের গাত্রবর্ণ শ্যামল ও উজ্জ্বল। সেই রঙের সঙ্গে বেশ মানিয়েছে তার সাদা ধুতি ও অঙ্গবস্ত্র। তার চওড়া কাঁধ, দোহারা চেহারা, শক্তিশালী পৃষ্ঠদেশ প্রমাণ করে ধনুর্ধর হিসেবে তার দক্ষতাকে। চুড়ো করে সাধারণভাবে মাথার উপরে বাঁধা চুল ও গলায় রুদ্রাক্ষের মালা— রামকে দৃপ্ত সৌন্দর্য দিয়েছিল। দুল দুটি ছিল সূর্যের মতো যা চারপাশে রশ্মি বিকিরণ করছে। গলায় রুদ্রাক্ষের মালা ভগবান রুদ্রের প্রতীক, বহু সহস্র বছর পূর্বে যিনি ভারতবর্ষকে পাপ থেকে উদ্ধার করেছিলেন।

রানির কান্না থামলে রাম তার কাছে সরে দাঁড়াল। সে এক হাঁটু মাটিতে ছুঁইয়ে মাথা নীচু করে তার বাবাকে শ্রদ্ধা নিবেদন করল। পূর্ণ প্রেক্ষাগৃহে এই অনুষ্ঠানিক অভ্যর্থনা সভায় সবাই নিশ্চুপ। এই রকম বিশেষ দিন অপরাজেয় অযোধ্যার বিশাল রাজকীয় সভাগৃহে বিগত দু-দশকে কখনো হয়নি। এই বিশাল রাজপ্রাসাদ ও সুদৃশ্য রাজসভা রামের প্রপিতামহ রঘু

নির্মাণ করেছিলেন। অনেক যুদ্ধজয়ের মাধ্যমে এমন প্রবল প্রতাপান্বিত হয়ে উঠেছিলেন যে তিনি অযোধ্যার পরিবারের নাম ইক্ষ্বাকু বংশ থেকে বদলে গিয়েছিল রঘুবংশ নামে। ... রাম এই পরিবর্তনের বিপক্ষে কারণ তার মতে এটা এক মহান বংশধারার প্রতি এক ধরণের বিশ্বাসঘাতকতা। কেউই ঐতিহ্যকে ছাড়িয়ে যেতে পারেন না। সে তার পরিবারকে ইক্ষ্বাকু বংশ বলেই পরিচয় দিতে চায়। কারণ, আর যাই হোক, ইক্ষ্বাকুই এই রাজবংশের প্রতিষ্ঠাতা। কিন্তু রামের মতামতকে গুরুত্ব দেবার মতো বিশেষ কেউই ছিল না।

রাম অভিবাদনের ভঙ্গিতে বসে থাকলেও সে অভিবাদনের রাজকীয় স্বীকৃতি আসছিল না। সম্রাট দশরথের ডান দিকে বসা রাজগুরু বশিষ্ঠ তার দিকে নীরব অনুযোগের দৃষ্টিতে তাকালেন।

দশরথ কেমন আনমনা হয়ে ওপরে দিকে চেয়েছিলেন। তার হাতদুটো সিংহাকৃতি স্বর্ণনির্মিত সিংহাসনের হাতলের উপর পড়েছিল। সিংহাসনের উপর ঝুলছিল মূল্যবান রত্নখচিত সোনালি চাঁদোয়া। এই সুসজ্জিত রাজসভা ও রত্নখচিত সিংহাসন এখন না হলেও, এক সময় ছিল সত্যই অযোধ্যার বৈভব ও শক্তির প্রতীক। খসে যাওয়া রঙ ও ভাঙাচোরা কোনা যেন অযোধ্যার বর্তমান অবক্ষয়েরই প্রতীক। এ সময় বিশিষ্ট ঋষিদের মূর্তি গুলিকে আলাদা করতে ছাদ থেকে ঝুলত মহামূল্যবান সোনালি পর্দা। সেই মূর্তিগুলিতে এখন ধুলো জমেছে। বোঝা যায় সেগুলোকে পরিষ্কার করার কথাও কারো মনে আসেনি।

রাম একইভাবে নতজানু হয়ে অপেক্ষা করতে থাকায় রাজসভায় কেমন এক অস্বচ্ছন্দ ও অস্বস্তি ছড়িয়ে পড়তে থাকে। রাজার অমাত্যদের মধ্যে গুঞ্জন বুঝিয়ে দিচ্ছিল আরও একবার যে রাম তার পছন্দের রাজপুত্র নয়।

পুত্র অনড় অচল অবস্থায় বসেই রইল। সত্যি কথা বলতে কী সে এতে কিছুমাত্র বিস্মিত নয়। অবহেলা ও অবজ্ঞার সঙ্গে পরিচিত বলেই সে এসবকে উপেক্ষা করতে শিখে নিয়েছে। গুরুকুল থেকে প্রতিবার বাড়ি ফেরাটা তার কাছে ছিল যন্ত্রণার। প্রায় পরিকল্পনা করেই কিছু লোক তাকে সদাসর্বদা মনে করিয়ে দেবে তার অমঙ্গলজনক জন্মের কথা। মনুকৃত পঞ্জিকার 'কলঙ্কিত ৭০৩২ সন' কেউ কখনো ভুলবে না। কম বয়সে এটা তাকে কষ্ট দিলেও বাবার

চেয়েও তার প্রিয় গুরু বশিষ্ট তাকে একদিন যা বলেছিলেন রাম করুণভাবে এখন কেবল সেইটাই স্মরণ করছিল।

কিমপি নু জানাহ: বধিশ্যন্তি । তদেব কার্যম্ জানানাম্।

লোকেরা ফালতু বকবক করবেই। আসলে এটাই তাদের কাজ।

কৈকেয়ী তার স্বামীর কাছে এগিয়ে এসে এক হাঁটুর ওপর বসে দশরথের প্রায় পঙ্গু ডান পাটা তুলে দিল পাদানিতে। জনতার সামনে তার কর্তব্যপরায়ণ ও নিষ্ঠাবান ভাবমূর্তি প্রদর্শন করে প্রায় নীরবে সে আক্রমণাত্মক মেজাজে হিসহিস করে দশরথকে আদেশ করল, 'রামকে আশীর্বাদ করো। মনে রেখো, রক্ষাকর্তা বলবে না, বলবে বংশধর।'

সম্রাটের মুখে যেন জীবনের চিহ্ন ফিরে এল। আলতোভাবে রামের চিবুক ধরে দশরথ বলল, 'ওঠো, রঘুকুলের উত্তরসূরী, রামচন্দ্র।'

বশিষ্ঠর চোখেমুখে ফুটে উঠল অসন্তোষ, তিনি রামের উপর দৃষ্টি নিবদ্ধ করলেন।

প্রথম সারির রাজন্যবর্গের মধ্যে অত্যন্ত দামি পোশাক পরা, অলংকারে প্রায় চাপা পড়া ফর্সা একটি কুঁজো শরীর বসে ছিল। মুখভরা পুরোনো অসুখের ক্ষত ও তার কুঁজো শরীর তাকে করে তুলেছিল ভয়ংকর দর্শি। তার পাশে দাঁড়ানো একটি লোককে সে ফিসফিস করে সে বলল, 'কী বুঝলে দ্রুহু? বংশধর, রক্ষাকর্তা নয়।'

দ্রুহু সসম্মানে মাথা নীচু করে সপ্ত সিন্ধুর সবচেয়ে ধনী ও প্রতাপশালী বণিককে বলল, 'হ্যাঁ, মন্থরাজি।'

'রক্ষাকর্তা' শব্দটি দশরথ ব্যবহার না করায় সভাস্থ সবার কাছে এটা পরিষ্কার হয়ে গেল যে প্রথম সন্তান হিসেবে তার যে জন্মগত অধিকার তা থেকে তাকে বঞ্চিত করা হবে। রাম কোনোরকম অসন্তোষের প্রকাশ না দেখিয়ে সৌজন্যমূলক ভঙ্গিতে উঠে দাঁড়াল। তারপর দু-হাত জড়ো করে নমস্কারের ভঙ্গিতে মাথা ঝুঁকিয়ে উদাত্ত কণ্ঠে বলল, 'আমাদের এই মহান দেশের সব দেবতারা আপনাকে রক্ষা করে চলুন, পিতৃদেব!' তারপর সে পিছিয়ে ভাইদের পাশে গিয়ে দাঁড়াল।

রামের পাশে দাঁড়িয়ে ছিল ভরত, উচ্চতায় রামের চেয়ে কম হলেও তার শরীর ছিল বলিষ্ঠতর। দীর্ঘদিনের কঠোর প্রশিক্ষণে তার শরীর ভরে উঠেছে বলিষ্ঠ মাংসপেশিতে—এর সঙ্গে মুখে একটি ক্ষতচিহ্ন তার চেহারাকে করেছে একই সঙ্গে ভীতিপ্রদ ও আকর্ষণীয়। সে তার গায়ের ফর্সা রঙ পেয়েছে আর সে রঙ আরও খুলেছে তার পরণের নীলধুতি ও অঙ্গবস্ত্রের জন্য। তার বড়োবড়ো চুলকে ধরে রেখেছে যে সুদৃশ্য ফিতে তাতে ছিল মুগু জরির কাজ ও সেই সঙ্গে একটি সোনালি ময়ূরের পালক। যদিও তার রাজকীয় সৌন্দর্য আঁকা ছিল উন্নত নাক, কঠিন চোয়াল ও দুষ্টমিভরা চোখে। এই মুহূর্তে সেই চোখ ছিল বেদনাহত। দৃশ্যত ক্রুদ্ধ, সে দশরথের দিকে মুখ ঘোরাবার আগে আন্তরিকভাবে দেখল ভাই রামের দিকে।

ভরত ইচ্ছে করেই উদাসীনতার ভাব নিয়ে দৃঢ় পায়ে সামনে এগিয়ে এক হাঁটু মাটিতে চেপে বসল। উপস্থিত সবাই বেশ একটা আঘাত পেল যখন সে তার মাথা না নুইয়েই বসে রইল। সে তার বাবার দিকে যে ক্রুদ্ধভাবে তাকিয়ে ছিল তাও অনেকেরই নজরে পড়ল।

কৈকেয়ী দশরথের পাশে প্রথম থেকেই দাঁড়িয়ে ছিল। সে বড়ো চোখে ছেলের দিকে তাকিয়ে চোখের ইশারায় মাথা নীচু করতে বলল। এইসব দৃষ্টিপাতে ভয় পাবার বয়স ভরত বহুকালই পেরিয়ে এসেছে। কৈকেয়ী মুখ নামিয়ে দশরথকে কিছু বললেও তা কারও দৃষ্টিগোচর হল না। দশরথ তার স্ত্রীর নির্দেশমতোই বলল, 'ওঠো, রঘুকুলের উত্তরসূরী ভরত!'

তাকেও 'রক্ষাকর্তা' না বলতেই বেশ খুশি হল ভরত। সে উঠে দাঁড়িয়ে সাধারণ কথা বলার ঢঙে বলল, 'ভগবান ইন্দ্র ও ভগবান বরুণ আপনাকে জ্ঞান দান করুন, পিতৃদেব।'

সে দ্রুত ভাইদের কাছে ফিরে আসতে আসতে রামের দিকে তাকিয়ে চোখ টিপল। রাম কিন্তু তার গাম্ভীর্য বজায় রাখল।

এবার এল লক্ষ্মণের পালা। সে সামনে এগোতেই সভার সবাই অবাক হয়ে তার বিশাল ও দীর্ঘ চেহারার দিকে তাকিয়ে রইল। যদিও স্বভাব ছন্নছাড়া তবু এই বিশেষ অনুষ্ঠানের জন্য তার মা সুমিত্রা গৌরবর্ণ লক্ষ্মণকে যতটা

সম্ভব সাজিয়ে দিয়েছে। তার প্রিয় দাদা রামের মতোই সেও অলংকার পরা পছন্দ করে না। তারও কান চাপা চুল। গলায় রুদ্রাক্ষের মালা। তার অভিবাদন প্রদান ও আশীর্বাদ গ্রহণের মধ্যে কোনো বিশেষত্ব ছিল না। সে ফিরতে শত্রুঘ্ন এগিয়ে গেল সিংহাসনের দিকে। শান্ত ও সুভদ্র ছোটো রাজকুমার সর্বদা যথার্থ পোশাক-পরিচ্ছদ পরার পক্ষপাতী। তার চুল সুন্দর করে বাঁধা, কড়া ইস্ত্রি করা তার ধুতি ও অঙ্গবস্ত্র। অলংকার সামান্য ও সংযত। অনুষ্ঠান শেষ হল তাকেও 'রঘুর উত্তরসূরী' বলার মাধ্যমে।

কৈকেয়ী উঠে দাঁড়াল দশরথকে সাহায্য করতে এবং সম্রাটের পাশে দাঁড়ানো এক সাহায্যকারীকে ইঙ্গিত করল। দশরথ লোকটির কাঁধে হাতের ভর রেখে তাকাল দাঁড়িয়ে ওঠা বশিষ্ঠের দিকে। দুহাত জোড় করে দশরথ বললেন, 'প্রণাম, গুরুজি!'

বশিষ্ঠ তাঁর ডান হাত তুলে আশীর্বাদ করলেন, 'মহারাজ, ভগবান ইন্দ্র তোমায় দীর্ঘ জীবন দান করুন।'

দশরথ মাথা সামান্য ঝুঁকিয়ে তার পুত্রদের দিকে তাকাল। তার চোখ স্থির হল রামের ওপর। বিরক্তির সঙ্গে একবার কেশে দশরথ সাহায্যকারীর কাধে ভর দিয়ে থপথপ করে চলল। কৈকেয়ীও দশরথের পিছন পিছন রাজসভা ছেড়ে গেল।

'সম্রাট সভাকক্ষ ছেড়ে গেছেন,' এক অমাত্য এ ঘোষণা করতেই উপস্থিত সবাই রাজসভা থেকে বেরিয়ে যেতে থাকল।

মন্থরা তার চেয়ারে বসে একদৃষ্টে তাকিয়েছিল রাজকুমারদের দিকে।

দ্রুহু ফিসফিস করে বলল, 'কী ব্যাপার, মহাশয়া?'

লোকটির অতি অনুগত আচরণ থেকে বোঝা যাচ্ছিল সে মহিলাকে কতটা ভয় পায়। জনশ্রুতি যে মন্থরা নাকি সম্রাটের থেকেও ধনী। এ ছাড়াও লোকের এ বিশ্বাস আছে যে সাম্রাজ্যের সর্বাপেক্ষা শক্তিশালী ব্যক্তি রানি কৈকেয়ীর সে ঘনিষ্ঠ উপদেষ্টা। দুষ্ট লোকেরা এমন কথাও বলে যে মন্থরা নাকি লঙ্কার রাক্ষস-রাজ রাবণের মিত্র। তবে যুক্তিবাদী লোকেরা এটাকে অতিকল্পনা বলে মনে করে।

মন্থরা বলল, 'ভাইয়ে ভাইয়ে খুব ভালোবাসা!'

'হ্যাঁ, ওদের দেখে মনে হয়...'

'উল্লেখযোগ্য ব্যাপার... এমনটা না হবারই কথা ... তবে ব্যাপারটা গুরুত্বপূর্ণ।'

দ্রুহু তার কাঁধের ওপর দিয়ে রাজকুমারদের দিকে চোরা চাউনিতে দেখে বলল, 'আপনি এখন কী ভাবছেন মহাশয়া?'

'আমি এটা নিয়ে বেশ কিছুকাল ধরেই ভাবছি। আমি নিশ্চিত নই আমরা রামকে বঞ্চিত করতে পারব। গত আঠেরো বছর ধরে অবজ্ঞা ও ঘৃণা সহ্য করেও যে স্থির ও প্রত্যয়ী থাকতে পারে। সে যে অন্য ধাতুতে গড়া তা ভরতের বুঝতে অসুবিধা হবার কথা নয়। আর ভরত, একেবারে নিশ্চিতভাবে তার দাদার প্রতি নিবেদিত ও উৎসর্গীকৃত প্রাণ।'

'তাহলে কী কর্তব্য আমাদের?'

'ওরা দুজনেই সুযোগ্য। ঠিক করা শক্ত কার ওপর বাজি রাখব।'

'কিন্তু ভরত রানি কৈকেয়ীর...'

মন্থরা বলল, 'আমাকে চেষ্টা করতে হবে যাতে রোশনি ওদের সঙ্গে বেশি দেখাসাক্ষাৎ করতে পারে। এই রাজকুমারদের সম্পর্কে আমার আরও খবরাখবর দরকার।'

দ্রুহু কেমন যেন বিস্মিত হল, 'মহাশয়া, আমার আন্তরিক মার্জনা গ্রহণ করুন, আপনার কন্যা খুবই সরলস্বভাবা, প্রায় কুমারী দেবী কন্যাকুমারীর মতো। মনে হয় না সে...'

'তার ওই সারল্যই ঠিক সেই জিনিস যেটা আমাদের প্রয়োজন। একটি সরল সুন্দরী মেয়ের মতো কেউই শক্তধাতের পুরুষদের কাবু করতে পারে না। সব শক্তিশালী পুরুষদেরই আকর্ষণ থাকে কুমারী দেবীর প্রতি। তাকে সম্মানিত করতে বা রক্ষা করতে পারলে তারা ধন্য হয়ে যায়।'

।। অধ্যায় ১০।।

ভরত তার কব্‌জিতে বাঁধা সুন্দর সোনালি রাখিটার দিকে তাকিয়ে হেসে বলল, 'তোমাকে ধন্যবাদ!' তার পাশে দাঁড়িয়ে একটি অপূর্ব সুন্দরী মেয়ে, রোশনি যার নাম।

অযোধ্যায় রাজপুত্রদের সংবর্ধনাজ্ঞাপন পর্ব সম্পূর্ণ। এরপর বেশ কয়েক সপ্তাহ কেটে গেছে। লক্ষ্মণ ও শত্রুঘ্নও একটু আগেই রাখি পরে সানন্দে রোশনিকে সর্ব বিপদ থেকে আগলে রাখার প্রতিশ্রুতি দিয়েছে, যেমনটা রাখি উৎসবের প্রথা। যদিও বড়ো থেকে ছোটো এই ক্রমে রাখি পরানোই রীতি। পরম্পরা ভেঙে রোশনি প্রথম রাখি পরিয়েছে দুই ছোটো ভাইকে, তারপর তাদের চেয়ে বড়ো ভরতকে। অযোধ্যা প্রাসাদের সুসজ্জিত বাগানে বসে ছিল তারা। পাহাড়ের সর্বোচ্চ চূড়ায় অবস্থিত প্রাসাদ থেকে ধাপে ধাপে নেমে যাওয়া শহরের দৃশ্য অতি চমৎকার।

বাগানটিকে সাজানো হয়েছে কেবল সপ্ত সিন্ধুতে যেসব ফুলের গাছ পাওয়া যায় তাই দিয়েই নয়, বৃক্ষ, গুল্ম ও লতা আনা হয়েছে পৃথিবীর সব প্রান্ত থেকে। ফুলগাছের বিপুল বৈচিত্র যেমন উদ্যানটিকে অপরূপ সৌন্দর্যে ভরিয়েছে তেমনই তা যেন সপ্ত সিন্ধুর সাংস্কৃতিক বহুত্বের কথাও স্মরণ করাচ্ছে। মখমল সবুজ ঘাসে ছাওয়া মাঠে জ্যামিতিক আকারে বানানো চলাফেরার রাস্তা। যদিও আগের মতো যত্ন যে নেওয়া হয় না তা খাম্‌তি

স্পষ্ট। মাঠের মাঝে কয়েক জায়গায় ঘাস উঠে গিয়ে বিশ্রী ফাঁকা জায়গা তৈরি হয়েছে।

রোশনি ভরতের কপালে চন্দনের তিলক পরিয়ে দিল । মন্থরার কন্যা তার মায়ের মতো রঙটা পেয়েছে, যদিও অন্য সব ক্ষেত্রে তাদের মধ্যে বৈপরীত্য এতটাই বেশি যে এর বেশি বিপরীতধর্মীতা বাস্তবে সম্ভব নয়। সুন্দর, ছোটোখাটো মেয়েটির কণ্ঠস্বর মিষ্টি এবং প্রায় শিশুদের মতো। তার সরল সাজগোজ দেখে তাদের পরিবারের বিত্তের কোনো আন্দাজ পাওয়া যায় না। তার উর্ধ্বাঙ্গে সাদা পোশাক আর নীচে মাখনরঙা ঘাঘরা। কানের দুল ও গলার মালা রুদ্রাক্ষের। সরল ও পবিত্র মুখটির চারপাশে কুঞ্চিত কালো চুল যা বেণী করে বাঁধা। তার দিকে তাকালেই কেমন যেন পুজো পুজো ভাব মনে কাজ করে। তার সৌন্দর্যের সেরা সম্পদ তার চোখদুটি থেকে উপচে পড়ছে নম্রতা, স্নিগ্ধ লাবণ্য, স্নেহ ও প্রেমের ধারা, যেমনটা দেখা যায় নিষ্ঠাবতী যোগিনীদের চোখে।

ভরত তার কোমরবন্ধের থলি থেকে একমুঠো স্বর্ণমুদ্রা তুলে রোশনির দিকে বাড়িয়ে বলল, ‘বোন, এগুলো তোমার।’

রোশনি ছোট্ট করে ভ্রূ কোঁচকাল। ইদানীংকালে এটা প্রথা হয়ে দাঁড়িয়েছে যে রাখি পরালে ভাইরা বোনেদের অর্থ বা উপহার দেয়। রোশনির মতো মেয়েরা অবশ্য এ ধারাকে গ্রহণ করেনি। তারা বিশ্বাস করে মেয়েরাও ব্রাহ্মণ, বৈশ্য ও শূদ্রের মতো কাজ করতে সক্ষম। একটি মাত্র কাজই তাদের পক্ষে অসুবিধাজনক তা হল ক্ষত্রিয়ের কাজ। সে কাজ করার শক্তি তো তাদের নেই; হিংসার প্রতি বিন্দুমাত্র আকর্ষণও তাদের নেই-ই। তারা বলে রাখি পরাবার সবচেয়ে বড়ো উপহার ভাইদের কাছ থেকে পাওয়া সুরক্ষার প্রতিশ্রুতি। অন্য কিছু নেবার অর্থ নিজেকে ছোটো করা।

রোশনি হেসে বলল, ‘ভরত, আমি তোমার চেয়ে বয়সে বড়ো। আমার মনে হয় আমাকে তোমার অর্থ দেওয়া অনুচিত। কিন্তু তোমার সুরক্ষার প্রতিশ্রুতি আমি সাদরে গ্রহণ করছি।’

চটজলদি থলিটা কোমরবন্ধে আটকে ভরত বলল, ‘আচ্ছা বেশ। তুমি

মন্থরাজির কন্যা, তোমার অর্থের প্রয়োজন কী?'

রোশনি সঙ্গে সঙ্গে চুপ করে গেল। রাম দেখল সে আহত হয়েছে। সে জানত তার মায়ের বিপুল সম্পদের ব্যাপারে তার অস্বস্তি আছে। দেশের অনেক মানুষ যেখানে দারিদ্রে জীবন কাটায় সেখানে তার মা মাঝেমধ্যেই যে প্রাচুর্যময় খানাপিনার আসর বসায়, সেগুলো সে সন্তর্পণে এড়িয়ে চলে। সে দেহরক্ষী নিয়েও চলাফেরা করে না। সে বরং চেষ্টা করে নানা সেবামূলক কাজে অংশগ্রহণ করতে, যেমন দরিদ্র শিশুদের শিক্ষাদান ও তাদের চিকিৎসার ব্যবস্থা করা, বিশিষ্ট আইনশাস্ত্র মৈত্রেয়ী স্মৃতির মতে যে দুটি সর্বশ্রেষ্ঠ কাজ। সে প্রায়ই তার বৈদ্যক বিদ্যার সাহায্যে দুঃখী মানুষদের চিকিৎসা করে।

এরকম অস্বস্তিকর নৈঃশব্দ ভাঙতে শত্রুঘ্নই এগিয়ে আসে। যে তার দাদাকে মৃদু বিদ্রুপ করে বলে, 'এটা খুব আশ্চর্যের রোশনি-দিদি যে ভরতদাদা তোমায় রাখি পরাতে দিয়েছে।'

লক্ষ্মণও পরিস্থতি বদলাতে মাঠে নামল, 'ঠিক বলেছে শত্রুঘ্ন, আমাদের প্রিয় দাদাটা মেয়েদের খুব পছন্দ করে, তবে ঠিক ভাই হিসেবে নয়।'

'আর এও আমি শুনেছি যে মেয়েরাও তাকে খুব পছন্দ করে।' ভরতের দিকে সোজাসুজি তাকিয়ে রোশনি বলে। 'এখনও কি কোনো স্বপ্নসুন্দরীর দেখা পাওনি ভাই, যে তোমাকে টলিয়ে দেবে এবং তাঁকে তুমি বিয়ে করে নিশ্চিন্ত হতে চাইবে?'

ভরত বলে উঠল, 'হ্যাঁ, আমার এক স্বপ্ন-সুন্দরী প্রেমিকা আছে তো! সমস্যা হচ্ছে আমি জেগে উঠলেই সে উধাও হয়ে যায়।'

শত্রুঘ্ন, লক্ষ্মণ ও রোশনি একথা শুনে খুব একচোট হেসে নিল, রাম এতে যোগ দিতে কোনো সাড়া পেল না। সে জানে ভরত মজার ছলে আসলে তার গোপন ব্যথা চাপার চেষ্টা করছে। সে এখনও রাধিকার সঙ্গে বিচ্ছেদের ব্যাপারটা কাটিয়ে উঠতে পারেনি। রাম আশা করে তার সংবেদনশীল ভাই সারাজীবন এ বেদনা বয়ে বেড়াবে না।

'এবার আমার পালা,' বলে রাম ডান হাত তুলে এগিয়ে এল।

লক্ষ্মণ দেখল দূরে বশিষ্ঠ যাচ্ছেন। সে সঙ্গে সঙ্গে বাগানের চারপাশ

খুঁটিয়ে নিরীক্ষণ করতে লাগল সম্ভাব্য বিপদ সম্পর্কে। গুরুদেবের ওপর থেকে তার সন্দেহ ঘোচেনি এখনও।

'বোন আমার, আমি প্রতিশ্রুতি দিচ্ছি আজীবন তোমায় রক্ষা করব!' রাম প্রথমে সম্ভ্রমের সঙ্গে হাতে বাঁধা সোনালি রাখি এবং তারপর রোশনির দিকে তাকিয়ে বলল।

রোশনি হেসে রামের কপালে পরিয়ে দিল চন্দন তিলক। আরতির ডালাটা নামিয়ে রাখতে সে একটা বসার জায়গার দিকে এগিয়ে গেল।

লক্ষ্মণ হঠাৎই ঝাঁপিয়ে পড়ে রামকে ধাক্কা মেরে সরিয়ে চিৎকার করে উঠল, 'দাদা!'

লক্ষ্মণের ধাক্কায় পিছনে ছিটকে পড়ল রাম। আর গাছের একটি বিশাল ডাল প্রচণ্ড শব্দে ভেঙে পড়ল সেখানে, যেখানে রাম এক মুহূর্ত আগে দাঁড়িয়েছিল। ডালটা মাটিতে পড়ার আগে লক্ষ্মণের কাঁধে পড়ে কাঁধের হাড় দুটুকরো করে দিল। ভাঙা হাড় মাংস চামড়া ফুঁড়ে বেরিয়ে এল, রক্ত বেরোতে লাগল অঝোর ধারায়।

'লক্ষ্মণ!' বলে চিৎকার করে তিন ভাই ছুটে গেল তার দিকে।

অস্ত্রোপচার কক্ষ থেকে বেরিয়ে এসে রোশনি বলল, 'ও ঠিক হয়ে যাবে।' বশিষ্ঠ, রাম, ভরত এবং শত্রুঘ্ন 'আয়ুরালয়ের' বারান্দায় উদ্‌বিগ্ন মুখে দাঁড়িয়ে ছিল। সুমিত্রা ঠায় দেওয়ালের কাছে বসে ছিল। রোশনিকে দেখে তাড়াতাড়ি উঠে সুমিত্রা তাকে বুকে জড়িয়ে ধরল।

'মহারানি, এতে কোনো চিরস্থায়ী ক্ষতির সম্ভাবনা নেই।' রোশনি তাকে আশ্বস্ত করে। 'হাড় দুটো ঠিকমতো বসিয়ে দেওয়া হয়েছে। আপনার পুত্র পুরোপুরি সুস্থ হয়ে উঠবে। আমাদের ভাগ্য ডালটা ওর মাথায় পড়েনি।'

বশিষ্ঠ বললেন, 'আমরা ভাগ্যবান যে লক্ষ্মণ বৃষের মতো বলবান। ওর জায়গায় অন্য কেউ হলে তাকে আর প্রাণে বাঁচতে হত না।'

অভিজাত লোকেদের বাসগৃহের মতো বিরাট একটা ঘরে চোখ মেলল লক্ষ্মণ। বিছানাটা বড়ো, কিন্তু খুব নরম নয়, যাতে তাঁর আহত কাঁধ আর কোনো ভাবেই ক্ষতিগ্রস্ত না হয়। আধো অন্ধকারে সে ভালো করে দেখতে পাচ্ছিল না, কিন্তু একটা ক্ষীণ শব্দ তার কানে এল। মুহূর্তে সে দেখতে পেল লাল-চোখ নিয়ে রাম তার বিছানার পাশে দাঁড়িয়ে আছে।

লক্ষ্মণ ভাবল, *দাদাকে জাগিয়ে দিলাম।*

তখনই তিনজন সেবিকা তার বিছানার দিকে প্রায় দৌড়ে এল। লক্ষ্মণ ধীরে ধীরে মাথা নাড়াতে তারা আবার পিছিয়ে গেল।

রাম আলতো ভাবে লক্ষ্মণের মাথায় হাত দিয়ে বলল, 'ভাই আমার...'

'দাদা... ওই গাছটা...'

'ডালটা পচে গিয়েছিল লক্ষ্মণ। সেজন্যই ওটা ভেঙে পড়েছিল। তুমি আরও একবার আমার জীবন বাঁচালে।'

'দাদা... গুরুজি...'

'ভাই আমার, আমাকে রক্ষা করতে তুমি নিজের শরীরে আঘাতটা নিয়েছ। সেটা নিয়তি আমার ওপর দিতে চেয়েছিল...' রাম সামনে ঝুঁকে লক্ষ্মণের কপালে হাত বুলোতে লাগল।

লক্ষ্মণ অনুভব করল এক ফোঁটা চোখের জল তার গালে পড়ল। 'দাদা...'

'কথা বোলো না। ঘুমোতে চেষ্টা করো। কোনো চিন্তা মনে আসতে দিও না।' রাম বলতে বলতে মুখ ঘুরিয়ে নিল।

রোশনি আয়ুরালয়ে প্রবেশ করল রাজকুমারের জন্য কিছু ওষুধ নিয়ে। দুর্ঘটনার পর এক সপ্তাহ কেটে গেছে। লক্ষ্মণ দেহে অনেকটা শক্তি ফিরে পেয়েছে এবং অস্থিরতাও বেড়েছে তার।

'আর সবাই কোথায়?'

রোশনি একটি পাত্রে ওষুধগুলো মিশিয়ে লক্ষ্মণের হাতে দিতে দিতে বলল, 'সেবিকারা তো এখনও এখানেই আছে। তোমার ভায়েরা স্নান করতে ও পোশাক বদলাতে প্রাসাদে গেছে।'

ওষুধটা মুখে নিতেই তার মুখ বিকৃত হয়ে গেল, সে বলে উঠল, 'ওয়াক্!'

'যত বিশ্রী খেতে হবে ওষুধ, ততই তা কার্যকরী হবে।'

'তোমরা চিকিৎসকরা রোগীদের এমন কষ্ট দাও কেন?'

লক্ষ্মণের হাত থেকে পাত্রটা নিয়ে রোশনি একজন সেবিকাকে সেটা দিয়ে বলল, 'ধন্যবাদ।'

'আমার কাঁধের অনেকটা এখনও অসাড় হয়ে আছে।'

'সেটা এই যন্ত্রণা কমাবার ওষুধের জন্য।'

'আমার আর ওসবের দরকার নেই।'

'আমি জানি যত যন্ত্রণাই হোক, তুমি সহ্য করতে পারবে। কিন্তু যতক্ষণ তুমি আমার রোগী, ততক্ষণ তা হতে দিতে পারি না।'

লক্ষ্মণ বলল, 'একদম দিদির মতো কথা বলছ।'

'না, কথা বলছি চিকিৎসকের মতো।' মৃদু ধমক দিল রোশনি। তারপর তার নম্র দৃষ্টি পড়ল লক্ষ্মণের ডান কবজিতে যেখানে এখনও বাঁধা সেই সোনালি রাখিটা। সে চলে যাবার জন্য ঘুরে দাঁড়িয়েও থমকে দাঁড়াল।

'কী হল?' লক্ষ্মণ জিজ্ঞেস করল।

রোশনি সেবিকাদের বাইরে যেতে বলল। এবার সে একেবারে বিছানার পাশে এল। 'তোমার ভাইরা সারাটা সময়ই প্রায় এখানে ছিল। তোমার মা, বিমাতারাও ছিলেন। তারা রোজ সকালে আসতেন আর রাতে ফিরে যেতেন। কিন্তু রামকে গত এক সপ্তাহ একবারের জন্যও এখান থেকে নড়ানো যায়নি। সে তোমার এই ঘরেই ঘুমিয়েছে। আমাদের যেসব কাজ করার কথা নিজে থেকে রামই সেসব করেছে।'

'আমি জানি। ও আমার দাদা!'

হাসল রোশনি, 'একদিন অনেক রাতে তোমাকে দেখতে এসেছিলাম।

এসে শুনলাম সে তন্দ্রাঘোরে বলছে, 'আমার ভাইকে শাস্তি দিও না; যা শাস্তি দেবার আমাকে দাও।'

'সব কিছুর জন্য ও নিজেকে দায়ী করে,' লক্ষ্মণ বলল। 'প্রত্যেকটা মানুষ ওর জীবনটাকে নরক করে তুলেছে।'

রোশনির বুঝতে অসুবিধে হল না লক্ষ্মণ কী প্রসঙ্গে কথাটা বলল।

'আমাদের পরাজয়ের জন্য কীভাবে লোকজন দাদাকে দায়ী করতে পারে? সেই দিনটাতে দাদা জন্মগ্রহণ করেছিল। আমরা তার জন্মের জন্য যুদ্ধটা হেরে গেলাম, না লঙ্কার যোদ্ধারা আমাদের থেকে ভালো লড়াই করেছিল তারজন্য?'

'লক্ষ্মণ, তোমার এত কথা বলা উচিত...'

'অশুভ! অভিশপ্ত! অপবিত্র! এমনকি কোনো অপমানজনক শব্দ কি আছে যা তার দিকে ছুড়ে দেওয়া হয়নি? তবুও সে অবিচল, কটূ কথা তো দূরের সে তাদের অবজ্ঞা পর্যন্ত করেনি। তার ওপর যা হয়েছে তাতে আজীবন পৃথিবীর সবার ওপর তার বিরক্তি প্রকাশ পাবে এটাই স্বাভাবিক। কিন্তু তা হয়নি। আত্মমর্যাদার সঙ্গে সে বেঁচে থাকতে চেয়েছে। জীবনে কখনো সে মিথ্যা বলেনি ভাবতে পারো?' লক্ষ্মণ কথা বলতে বলতে কাঁদছিল। 'তবু সে একবার আমার জন্য মিথ্যা বলেছিল। রাত্রে অশ্বারোহণ নিষিদ্ধ হলেও আমি একরাতে ঘোড়া চড়ছিলাম। ঘোড়া থেকে পড়ে গিয়ে আমার খুব আঘাত লাগে। মা তো রেগে আগুন! সে রাগ থেকে দাদা মিথ্যা বলে আমায় বাঁচিয়েছিল। বলেছিল, সেই আমাকে আস্তাবলে নিয়ে গিয়েছিল। সেখানেই একটা ঘোড়া আমাকে লাথি মারে। মা সঙ্গে সঙ্গে সে কথা বিশ্বাস করে নেয়, কারণ দাদা তো কখনো মিথ্যা বলেনা। জানি, এ জন্য দাদা ভেতরে ভেতরে দগ্ধ হচ্ছিল তবু মায়ের ক্রোধ থেকে আমাকে বাঁচাতে সে মিথ্যার আশ্রয় নিয়েছিল। তবু লোকে তাকে বলে...'

রোশনি এগিয়ে এসে আলতো ভাবে তার গালে হাত দিয়ে চোখের জল মুছিয়ে দিল। আবার সে পাগলের মতো কাঁদতে লাগল, 'একটা সময় আসবে যখন সারা বিশ্ব জানবে কী মহান মানুষ ছিল সে। কালো মেঘ চিরদিনের জন্য

সূর্যকে ঢেকে রাখতে পারে না। মেঘমুক্ত সেই সূর্যই আলোতে ভরিয়ে দেয় পৃথিবীকে। একদিন সবাই দাদার মহত্ব সম্পর্কে জানবে।'

'আমি এখনই তা জানি।' মৃদুস্বরে রোশনি বলল।

তার প্রাসাদোপম বাড়ির যে অংশে ব্যাবসায়িক কাজকর্ম হয়, সে অংশের একেবারে শেষে তার নিজস্ব কক্ষে জানালায় দাঁড়িয়েছিল মন্থরা। অসামান্য সৌষ্ঠবময় বাগানসহ তার জমিদারিটা সম্রাটের তালুকের চেয়ে অবশ্য ছোটো; পরিকল্পিত ভাবেই করা। এ প্রাসাদও একটি ছোটো পাহাড়ের উপরে অবস্থিত। বাড়িটা দেখলেই তার সামাজিক প্রতিপত্তির একটা আন্দাজ পাওয়া যায়।

সন্দেহাতীত ভাবেই সে অত্যন্ত বিচক্ষণ ব্যক্তি। বুদ্ধিও তার ক্ষুরধার। সপ্ত সিন্ধুর বাণিজ্য বিরোধী মনোভাবের জন্যই বিপুল সম্পদ সত্ত্বেও তার সামাজিক গুরুত্ব তেমন ছিল না। যদিও তাকে সরাসরি এসব বলার হিম্মত কারো ছিলনা। যে নিজেও ভালো করেই জানত তাকে ভিনদেশি রাক্ষস রাবণের পরগাছা মুনাফাখোর বলে ডাকা হয়। সত্যিই কোনো ব্যাবসায়ীর পক্ষেই লঙ্কার বণিকদের উপেক্ষা করে বাণিজ্য করা কার্যত অসম্ভব। কারণ, বর্হিবাণিজ্যের পুরোটাই রাবণের নিয়ন্ত্রণে। রাবণের সঙ্গে এই চুক্তি অবশ্য ব্যাবসায়ীরা করেনি, করেছিল সপ্ত সিন্ধুর বিভিন্ন রাজারা। আর এই চুক্তি অনুযায়ী চলার জন্য বণিকরাই সামাজিক ঘৃণার শিকার হয় সব থেকে বেশি। ব্যাবসা বিরোধী মানসিকতার অধিকাংশ আক্রোশ এসে পড়ে তাদেরই উপর।

কিন্তু ছোটোবেলায় সে এত নিন্দা ও ঘৃণা সহ্য করেছে যে তা তাকে বহু জীবনের যন্ত্রণা সহ্য করার উপযুক্ত করে তুলেছে। দরিদ্র পরিবারে জন্মগ্রহণ করে সে এবং অল্প বয়সেই গুটি বসন্তে আক্রান্ত হয় যা সারাজীবনের মতো তার মুখে তার চিহ্ন রেখে যায়। আর সেটাই যেন যথেষ্ট নয়, এগারো বছর বয়সে সে আক্রান্ত হয় পোলিও-য়। আস্তে আস্তে অসুখটা কমতে

থাকলেও তার ডান পা আংশিকভাবে পক্ষাঘাতে আক্রান্ত হয় এবং তাকে প্রায় খোঁড়া করে দেয়। কুড়ি বছর বয়সে তার অদ্ভুত গতিভঙ্গির জন্য এক বন্ধুর বাড়ির ঝুলন্ত বারান্দা থেকে পা পিছলে পড়ে যায়। ফলে তার পিঠটা বিশ্রীভাবে বেঁকে যায়। শারীরিক এইসব বৈকল্যের জন্য ছোটোবেলায় তাকে সহ্য করতে হয়েছে তাচ্ছিল্য ও ঘৃণা। এখন অবশ্য কেউ তার সামনে দাঁড়িয়ে এমন আচরণ করার সাহস দেখায় না। তার যা বিত্ত তা দিয়ে সমগ্র কোশলের রাজকীয় ব্যয় নির্বাহ করা যায় নগদ টাকাতেই। বলার অপেক্ষা রাখে না যে এর ফলে প্রবল ক্ষমতার মালিক হবার সঙ্গে সে হয়ে উঠেছে প্রভাবশালীও।

সংযতভাবে তার থেকে কয়েক ফুট দূরে দাঁড়িয়ে সসঙ্কোচে দ্রুহু জিজ্ঞাসা করল, 'মহাশয়া, আপনি কোন বিষয়ে আলোচনা করতে চেয়েছিলেন?'

মন্থরা খোঁড়াতে খোঁড়াতে তার জায়গায় গিয়ে তার জন্য বিশেষভাবে তৈরি গদি লাগানো আসনে বসল। অন্যদিকে দ্রুহু রইল দাঁড়িয়ে।

মন্থরা আঙুল বাঁকিয়ে ইঙ্গিত করতেই সে তৎক্ষণাৎ এগিয়ে গিয়ে তার পাশে হাঁটুতে ভর রেখে বসল। ঘরে কেবল তারা দুজন এবং তাদের মধ্যেকার কথাবার্তার এক ফোঁটাও কারো কানে যাবেনা। সহকারী কর্মচারীরা একতলায় এবাড়ির সংলগ্ন একটি অংশে কাজ করছে। তার নৈঃশব্দেরও অর্থ বুঝতে পারে। এবং তর্ক করার বিন্দুমাত্র সাহস সে দেখায় না। তাই সে অপেক্ষা করতে লাগল।

'যা জানার ছিল তার সবই আমার জানা হয়ে গেছে,' মন্থরা ঘোষণা করল। 'অজান্তেই আমার ছোট্ট রোশনি রাজকুমারদের চরিত্র আমার কাছে উদ্‌ঘাটিত করেছে। আমি সেসব নিয়ে গভীরভাবে চিন্তাভাবনা করেছি এবং সিদ্ধান্তে এসেছি ভরত কূটনৈতিক বিষয়গুলো দেখবে এবং রাম দায়িত্ব নেবে নগর পুলিশ বাহিনীর।'

বিস্মিত দ্রুহু বলল, ' মহাশয়া, আমার মনে হয় আপনি সম্প্রতি রাজকুমার রামের উপর প্রসন্ন হয়ে উঠেছেন?

একজন অযোধ্যা রাজকুমার কূটনৈতিক দায়িত্ব পেলে তার কাছে বিশেষ সুযোগ আসবে নানা রাজত্বের সঙ্গে সম্পর্ক গড়ে তোলার। এবং এর মাধ্যমে

সে ভবিষ্যতের এক শক্তিশালী সাম্রাজ্য গড়ে তোলার ভিত্তি স্থাপন করতে পারবে। যদিও এখনও অযোধ্যা সপ্ত সিন্ধু রাষ্ট্রজোটের চালক, কিন্তু শক্তি হিসেবে সে আগের তুলনায় কিছুই নয়। অন্য রাজাদের সঙ্গে সম্পর্ক স্থাপন লাভদায়ী হবে।

অন্যদিকে নগর পুলিশের দায়িত্ব একজন রাজকুমারের যথার্থ প্রশিক্ষণের জায়গা নয়। অপরাধের সংখ্যা ক্রমবর্ধমান আইন-শৃঙ্খলা পরিস্থিতি জঘন্য এবং বেশিরভাগ ধনীরাই নিজস্ব সুরক্ষা বাহিনী রাখে। ফলস্বরূপ দরিদ্ররা ভোগ করে নরক যন্ত্রনা। সাধারণ কোনো সমাধানসূত্রের মাধ্যমে এই জটিল পরিস্থিতি শোধরানো যাবে না। নাগরিকরাই এই অরাজক সামাজিক পরিস্থিতির জন্য বহুলাংশে দায়ী। গুরু বশিষ্ঠ একবার মন্তব্য করেছিলেন একটা রাষ্ট্রব্যবস্থার পক্ষে আইন শৃঙ্খলা রক্ষা করা সম্ভব যদি সামান্য এক অংশের মানুষ আইন না মানে, কিন্তু কোনো রাস্ট্রব্যবস্থাই বিশৃঙ্খলা ও বিপর্যয় ঠেকাতে পারে না যদি অধিকাংশ নাগরিকেরই আইনের প্রতি কোনো শ্রদ্ধাবোধ না থাকে। এবং অযোধ্যার নাগরিকরা অহরহ প্রত্যেকটি আইন ভঙ্গ করেও কোনো শাস্তি পায় না।

যদি ভরত কূটনৈতিক ক্ষেত্রে দক্ষতা দেখায় তবে তার ফলশ্রুতিতে সে দশরথের সিংহাসনের উত্তরাধিকারী হবে এবং রাম পড়ে থাকবে একটা প্রশংসাহীন কাজ নিয়ে। যদি সে কঠিনভাবে অপরাধ দমন করতে পারে লোকেরা তার নির্দয়তার জন্য তাকে ঘৃণা করবে। আর যদি সে দয়ালু হয় তবে অপরাধ বাড়তেই থাকবে এবং সবাই তাকে দায়ী করবে। যদি অলৌকিকভাবে সে অপরাধ কমাতে পারে এবং জনপ্রিয় হয় তবু সেটা তার পক্ষে সুবিধাজনক হবে না, কারণ, জনতার মতামতের মাধ্যমে রাজার নির্বাচন হয় না।

'ওহ! আমি রামকে পছন্দ করি।' মন্থরা ধীর স্বরে বলল। 'আমার উদ্দেশ্য কেবল মুনাফা বাড়ানো। ব্যবসার পক্ষে সেটাই ভালো যদি আমরা সঠিক ঘোড়াটার ওপর বাজি ধরি। এটা রাম ও ভরতের মধ্যে থেকে একজনকে বাছা নয়, বিষয়টা কৌশল্যা ও কৈকেয়ীকে নিয়েও। এবং নিশ্চিন্ত থাকো দু রানির যুদ্ধে কৈকেয়ীই জিতবে এটা অবধারিত। রামের রাজা হবার সবরকম

যোগ্যতা আছে কিন্তু কৈকেয়ীকে টেক্কা দেবার ক্ষমতা তার নেই।'

'যথার্থই বলেছেন মহাশয়া।'

'তাছাড়া এটা ভুলোনা, রাজন্যবর্গ ও অভিজাতরা রামকে ঘৃণা করে। কারাচাপের যুদ্ধে হারের জন্য তারা তাকেই দোষী সাব্যস্ত করে থাকে। ফলে রামকে উচ্চ ক্ষমতা পাইয়ে দিতে হলে আমাদের উৎকোচ প্রদানের মাত্রা অনেক বাড়াতে হবে। ভরতকে কূটনৈতিক ক্ষেত্রের প্রধান বলে মানাতে রাজন্যবর্গ বা অভিজাতদের জন্য আমাদের অতটা খরচ করতে হবে না।'

হেসে উঠল দ্রুহু, 'আমাদের খরচ অনেকটাই কমে যাবে।'

'হ্যাঁ, সেটাও ব্যবসার পক্ষে ভালো।'

'আর আমার মনে হয় এতে রানি কৈকেয়ীও আমাদের প্রতি কৃতজ্ঞ থাকবেন।'

'এবং সেটাও আমাদের ব্যবসার পক্ষে ক্ষতিকারক হবে না।'

'আমি ব্যাপারটার দায়িত্ব নিচ্ছি, মহাশয়া। রাজগুরু বশিষ্ঠ এখন অযোধ্যার বাইরে, এতে আমাদের কাজের সুবিধা হবে। তিনি আবার রামের প্রবল সমর্থক।'

রাজগুরু সম্পর্কে তার কথা মুখ থেকে বেরোতেই দ্রুহুর মনে অনুশোচনার উদ্রেক হল।

'তুমি এখনও জানতে পারোনি গুরুজি কোথায় আছে, পেরেছ কি?, প্রশ্ন করল বিরক্ত মন্থরা। 'এতদিন ধরে কোথায় রয়েছেন, কখন তিনি ফিরবেন—এসব কিছুই তুমি জানো না।'

মাথা নীচু করেই দ্রুহু বলল, 'না মহাশয়া, আমি দুঃখিত।'

'মাঝেমধ্যেই আমি ভাবি তোমার পেছনে আমি খরচা করি কেন?

দ্রুহু নীরব রইল, পাছে আবার অবান্তর কিছু বলে ফেলে। হাতের ইশারায় মন্থরা তাকে চলে যেতে নির্দেশ দিল।

।। অধ্যায় ১১।।

'তুমি একজন অসাধারণ পুলিশ প্রধান হবে,' দু চোখে শিশুসুলভ উৎসাহ নিয়ে রোশনি বলল। 'অপরাধ কমে যাবে এবং তা দেশের মানুষের পক্ষে মঙ্গলজনক হবে।'

রোশনি উদ্যানে বসে আছে আশাহত অথচ সংযত রামের সঙ্গে। রাম আশা করেছিল তাকে বৃহত্তর দায়িত্ব দেওয়া হবে, অন্তত সেনাবাহিনীর সহকারী অধ্যক্ষের পদ। কিন্তু সে তা রোশনির কাছে প্রকাশ করবে না।

'আমি নিশ্চিত নই, আমি দায়িত্বটা সামলাতে পারব কি না,' রাম বলল। 'একজন ভালো পুলিশ প্রধানের প্রয়োজন হয় জনসাধারণের সমর্থন।'

'তুমি কি মনে করো তোমার প্রতি জনসাধারণের সমর্থন নেই?'

রাম হাসল, কিন্তু করুণভাবে, 'রোশনি আমি জানি তুমি মিথ্যা কথা বল না, তুমি কি সত্যি মনে কর লোকে আমাকে সর্মথন করবে? সবাই আজও লঙ্কার হাতে পরাজয়ের জন্য আমায় দোষী সাব্যস্ত করে। আমি ৭০৩২ মনু-অব্দের কলঙ্ক।'

রোশনি সামনে ঝুঁকে আন্তরিকভাবে বলল, 'তুমি তো কেবল অভিজাতদের সঙ্গেই মেলামেশা করেছ, যারা অধিকার নিয়ে জন্মায়, আমাদের মতো মানুষেরা। হ্যাঁ, এটা ঠিক তাঁরা তোমায় পছন্দ করে না। তবে আরেকটা অযোধ্যাও এই অযোধ্যার ভিতরেই আছে, যারা কোনো অধিকার

ছাড়াই জন্মায়। যারা বিত্তশালীদের অপছন্দের ব্যক্তি ও জিনিসকেই পছন্দ করে। মনে রেখো, তারা তোমার প্রতিই সহানুভূতিশীল। আর অভিজাতদের অপছন্দ তুমি, তাই সাধারণের কাছে তুমি গ্রহণযোগ্য।'

রাম এতকাল জীবন কাটিয়েছে রাজকীয় অভিজ্ঞতার বুদবুদের ভিতর। এই আশার বাণী তাকে উৎসাহী করল।

'আমাদের মতো লোকেরা বাস্তব জগতে পা রাখে না। সে জগতে কী ঘটছে তার খবর আমরা রাখি না। আমি সাধারণ জনতার সঙ্গে মিশি, তাই মনে হয় অন্তত কিছুটা তাদের বুঝতে পারি। অভিজাতদের ঘৃণা তোমার উপকারই করেছে। এজন্য জনমানসে তোমার জনপ্রিয়তাও বেড়েছে। আমার দৃঢ় বিশ্বাস তোমার কথা ওরা মান্য করবে। নগরের অপরাধ দমনে তুমি শুধু সক্ষম হবেনা, তুমিই হবে সফলতম ব্যক্তিত্ব। তোমার ওপর আমার এই আস্থা আছে। অনেক ভালো কাজ করার সুযোগ তুমি পাবে। ভাই আমার, আমার সম্পূর্ণ আস্থা আছে তোমার ওপর, তুমিও সেই বিশ্বাস রাখো নিজের প্রতি।'

আইনশৃঙ্খলার ক্ষেত্রে যেসব সংস্কার কর্মসূচি রাম প্রবর্তন করেছিল তার ফল এক বছরের ভিতরেই ফলতে শুরু করল। প্রথমেই সে একটা সমস্যার সম্মুখীন হল। আসলে অধিকাংশ মানুষের আইন সম্পর্কে কোনো ধারনাই নেই, তারা আইনের বই অর্থাৎ স্মৃতিগুলোর নামও জানে না। এর প্রধান কারণ আইন পুস্তকের সংখ্যাধিক্য আর বহু শতাব্দী ধরে লেখা বিভিন্ন বই-এর মধ্যকার অসংগতি। মনুস্মৃতি অতি পরিচিত আইন গ্রন্থ, অথচ খুব কম লোকেই জানে যে এই বইয়ের একাধিক ব্যাখ্যা আছে। এছাড়াও যাজ্ঞবল্ক্য স্মৃতি, নারদ স্মৃতি, আপস্তম্ব স্মৃতি, অত্রি স্মৃতি, যম স্মৃতি এবং ব্যাস স্মৃতি নামেও জনপ্রিয় আইন গ্রন্থ আছে। এখন পুলিশ কোনো একজন অপরাধীকে স্মৃতির একটি আইন ভাঙার জন্য গ্রেফতার করল এবং বিচারালয়ে নিয়ে গেল। দেখা গেল বিচারক যে স্মৃতি পড়েছেন তাতে ওই অপরাধের জন্য

শাস্তি বা মাফের যে বিধান তার সঙে্গ পুলিশি গ্রেফতারি পরোয়ানার মিল নেই। ফলে প্রশাসন ও বিচারব্যবস্থার মধ্যে কোনো সামঞ্জস্য ছিল না। স্বাভাবিক ভাবেই অরাজকতা বাড়ছিল ও অপরাধীরাও এই দুর্বলতার ফায়দা নিচ্ছিল। অন্যদিকে নিরাপরাধীরা কারাগারে অবর্ণনীয় অত্যাচার সহ্য করত এবং ক্রমে তারাই কারাগারে বিপজ্জনকভাবে সংখ্যাগরিষ্ঠ হয়ে গেল।

রাম উপলব্ধি করল আইনকে সরল করতে হবে এবং প্রশাসন ও বিচারব্যবস্থা যাতে একই আইন অনুযায়ী কাজ করে তাও সুনিশ্চিত করতে হবে। রাম নিজে স্মৃতিশাস্ত্রগুলি অধ্যয়ন করে একটি আইন গ্রন্থ সংকলন করল যেখানে ন্যায়সংগত, সরল, সামঞ্জস্যপূর্ণ এবং বর্তমান সময়ের সঙে্গ সঙ্গতিপূর্ণ আইনগুলি লিপিবন্ধ হল। এরপর থেকে কেবল ওই আইন পুস্তক অনুসারেই অযোধ্যার শাসন প্রণালী, পুলিশি ব্যবস্থা ও বিচারব্যবস্থা কাজ করবে তা নিশ্চিত করা হল। অন্যসব স্মৃতিকে বাতিল বলে ঘোষণা করা হল। আইনগুলিকে প্রস্তরফলকে খোদাই করে অযোধ্যার সমস্ত মন্দিরে রাখা হল। সবচেয়ে গুরুত্বপূর্ণ আইনগুলিকে ফলকের নীচের দিকে খোদাই করে লেখা হল। আইন সম্পর্কে অজ্ঞতা কোনো ন্যায়সঙ্গত অজুহাত হতে পারে না। প্রতিদিন সকালে নগরের বিভিন্ন প্রান্তে ঢেরা পিটিয়ে এইসব আইন প্রচারের ব্যবস্থা হল। কিছু দিনের মধ্যেই সবাই মোটামুটি মূল আইনগুলি সম্পর্কে ওয়াকিবহাল হয়ে গেল।

অচিরেই সাধারণ জনগণ নিজেদের অজান্তেই রামকে এক সম্মানিত উপাধিতে ভূষিত করল— ‘আইনের শাসক রাম’।

তার দ্বিতীয় সংস্কারটি ছিল আরও বিপ্লবাত্মক। সে পুলিশকে অধিকার দিল কোনো ভয় বা আনুকূল্যের প্রতি গুরুত্ব না দিয়ে সবার উপর সমান আইন প্রয়োগ করার। একটা সাধারণ সত্য রাম বুঝতে পেরেছিল। পুলিশরাও জনগণের শ্রদ্ধা প্রত্যাশা করে। এবং এই শ্রদ্ধা পাবার সুযোগ তাদের এর আগে দেওয়া হয়নি। তারা যদি নির্ভয়ে আইনভঙ্গকারীদের — সে যতই প্রতিপত্তির অধিকারী বা ক্ষমতাবানই হোক না কেন – শাস্তি দিতে পারে তবে মানুষ তাদের সমীহ করবে। রাম এই দৃষ্টান্তই স্থাপন করল যে আইন ভাঙলে শাস্তি অনিবার্য।

তার এমনই একটি ঘটনার কথা সবাই বলাবলি করত। রাম একদিন শহরে ফিরেছিল সন্ধ্যার পর, যখন দুর্গের দরজাগুলো বন্ধ হয়ে গেছে। রাজকুমারকে দেখে প্রহরী শশব্যস্তে সিংহদরজা খুলে দিয়েছিল। রাম তাকে প্রচণ্ড তিরস্কার করে, কারণ রাতে কারোর জন্যই দরজা খোলার নিয়ম নেই। রাম ভিতরে না ঢুকে সে রাতটা দুর্গপ্রাকারের বাইরে কাটিয়ে পরদিন সকালে শহরে প্রবেশ করেছিল। অযোধ্যার আমজনতা ঘটনাটা নিয়ে মাসের পর মাস সপ্রশংস আলোচনা করলেও অভিজাত শ্রেণি দায়িত্ব সহকারে ব্যাপারটাকে উপেক্ষা করেছিল।

এতদিন অভিজাতরা পুলিশি ব্যবস্থাকে সম্পূর্ণ অগ্রাহ্য করে নিয়মিত অপকর্ম করে গেলেও এখন রামের উদ্যোগে পুলিশি তৎপরতায় তারা খানিকটা সন্ত্রস্ত। তারা এটা বুঝেছিল অপরাধ করে ছাড় পাওয়ার দীর্ঘকালীন সুযোগ আর নেই। এতে রামের প্রতি তাদের ঘৃণা বেড়ে গেল বহুগুণ, তারা তাকে স্বৈরাচারী ও বিপজ্জনক আখ্যা দিতে লাগল। কিন্তু জনচিত্তে রামের প্রতি আস্থা দিন দিন বাড়ছিল। অবিশ্বাস্য গতিতে অপরাধপ্রবণতাও কমছিল। এর কারণ দ্রুত ন্যায়বিচারে হয় অপরাধীরা কারাবন্দি নয় প্রাণদণ্ডে দণ্ডিত হচ্ছিল। নিরাপরাধীদের ওপর পুলিশি হয়রানিও হ্রাস পেয়েছিল । নাগরিক নিরাপত্তা সুনিশ্চিত করার জন্য প্রাণভরে রামকে তারা শুভেচ্ছা জানিয়েছিল ও আশীর্বাদ করেছিল।

এসব ঘটনা যখন ঘটছিল তখনও রাম কিংবদন্তী হয়ে ওঠেনি। সেটা আরও বেশ কয়েক দশক পরের ঘটনা। কিন্তু প্রবাদপ্রতিম হয়ে ওঠার যাত্রা শুরু এ সময়েই। সাধারণ মানুষের মাঝে ধীরে ধীরে বিকশিত হচ্ছিল একটি নক্ষত্র।

কৌশল্যা বলল, ‘বাছা আমার, তুমি তো শত্রুর সংখ্যা বাড়িয়েই চলেছ। আইন-শৃঙ্খলা প্রয়োগের ক্ষেত্রে এত কঠোরতা কিন্তু ভালো নয়।’

'মা, আইনের শাসন কে কোন লোক তো বিচার করে না,' রাম বলে। 'সবার জন্য এক নিয়ম বলবৎ হতেই হবে। অভিজাতরা যদি এটা পছন্দ না করে তবে তারা আইন ভাঙতেই পারে।'

'রাম, আমি আইন নিয়ে তোমার সঙেগ আলোচনা করছি না। তুমি যদি মনে কর সেনাধ্যক্ষ মৃগাশ্বর কোনো সহযোগীকে শাস্তি বিধান করে তুমি তোমার বাবার মন পাবে, তবে সেটা একেবারে ভুল। তিনি সম্পূর্ণ কৈকেয়ীর সম্মোহনের শিকার।'

সেনাধ্যক্ষ মৃগাশ্ব যতই শক্তিশালী হয়ে উঠছে তত বিষাদগ্রস্ত হয়ে পড়ছে দশরথ। রানি কৈকেয়ীর বিরুদ্ধাচারী যারা তারা চুম্বকাকর্ষণের মতো তার চারপাশে ভিড় করেছে। অপরাধী হোক বা অকর্মণ্য, মৃগাশ্ব তার অনুগামীদের সর্বদা বুক দিয়ে আগলে রাখে; ফলে তার মিত্রের সংখ্যা বিপজ্জনকভাবে ক্রমবর্ধমান। কৈকেয়ী তাকে প্রবল অপছন্দ করে, কারণ, তার সব খামখেয়ালি প্রস্তাব যা শাসনতান্ত্রিক দশরথের মনোভাব নিয়ন্ত্রণ করে তার প্রতি মৃগাশ্ব চূড়ান্ত ঔদাসীন্য দেখায়।

সম্প্রতি আইনের সাহায্যে মৃগাশ্বের এক বিশ্বস্ত অনুচরের কাছ থেকে অন্যায়ভাবে গরিবদের জমি হস্তগত করার অপরাধে রাম সব জমি কেড়ে নেবার যে সাহস দেখিয়েছে, যা এর আগে কেউ সেনাধ্যক্ষের কাছের লোকের ওপর করার সাহস দেখায়নি।

'সেনাধ্যক্ষ মৃগাশ্ব ও কৈকেয়ী মা-র মধ্যেকার রাজনীতি নিয়ে আমার কোনো আগ্রহ নেই। তার অনুচর নিয়ম ভেঙেছে। তার শাস্তিবিধান আমার কর্তব্য।'

'অভিজাতরা কিন্তু তাদের ইচ্ছানুযায়ী ব্যবস্থা নেবে, রাম।'

'এ ব্যাপারে আমার কিছু করার নেই।'

'রাম...'

'মা, অভিজাত শ্রেণি বলে কিছু হয় না, আচরণে অভিজাত হয়ে উঠতে হয়। সেটাই আর্য জীবনাচরণ। কারও জন্মের মাধ্যমে আভিজাত্য নির্ণীত হয় না, তা নির্ণীত হয় যাপনের উৎকর্ষতার মাধ্যমে। অভিজাত হয়ে ওঠার অর্থ দায়িত্ববান হয়ে ওঠা, অভিজাত পরিবারে জন্মালেই কেউ অভিজাত হয় না।'

'রাম কেন তুমি কিছু বুঝতে চাও না? সেনাধ্যক্ষ মৃগাশ্বই আমাদের একমাত্র মিত্র। আর সব অভিজাতরা কৈকেয়ীর দলের লোক। উনিই একমাত্র যিনি কৈকেয়ীর বিরুদ্ধে দাঁড়াতে পারেন। যতক্ষণ মৃগাশ্ব ও তার অনুচরেরা আমাদের পক্ষে থাকবে ততদিনই আমরা নিরাপদ।'

'কিন্তু আইন মানা না মানার সঙ্গে এর সম্পর্ক কী?'

কৌশল্যা তার বিরক্তি চেপে রাখার প্রাণপণ চেষ্টা করে বলল, 'তুমি কি জানো তোমার জন্য সমর্থন জোগাড় করতে আমাকে কতরকম সমস্যায় পড়তে হয়? জান তো, লঙ্কার কাছে পরাজয়ের জন্য সবাই তোমায় দোষী সাব্যস্ত করে!'

কৌশল্যা যখন দেখল তার সমস্ত বক্তব্যই নৈঃশব্দে আঘাত করে ফিরছে, তখন সে একটা আপস-মীমাংসায় আসতে চাইল। 'বাছা আমার, বোঝ, আমি বলছি না তুমি যা করছ তা ভুল। কিন্তু বাস্তব পরিস্থিতিটা মাথায় রাখো। আমাদেরও বাস্তববাদী হতে হবে। তুমি কি রাজা হতে চাও, না, চাও না?'

'আমি একজন সত্যিকারের ভালো রাজা হতে চাই। অন্যথায়, বিশ্বাস করো তুমি, আমি রাজা হতে চাই না।'

হতাশায় কৌশল্যা আর কিছু করতে না পেরে চোখ বন্ধ করল। 'রাম, আমার মনে হয় তুমি এক কল্পিত তাত্ত্বিক জগতে বাস করো। তোমাকে বাস্তববাদী হতে শিখতে হবে। এটুকু জেনো, আমি তোমায় ভালোবাসি, এবং তোমার মঙ্গল চাই।'

'মা, তুমি যদি আমায় ভালোবাসো, তাহলে আমার মানসিকতাটা বোঝার চেষ্টা করো।' রাম নম্রভাবে কথা বললেও তার কণ্ঠস্বরে ছিল গভীর আত্মবিশ্বাস। 'এটা আমার জন্মভূমি। আমি যেভাবে পারি এর সেবা করব। রাজা হয়েই হোক বা একজন সাধারণ গ্রাম্য মানুষ হিসেবে, আমি আমার কর্তব্য করে যাব।'

'রাম, তুমি এমন কথা—'

কৌশল্যার কথা মাঝপথে থেমে গেল। 'রানি কৈকেয়ী দেখা করতে এসেছেন!'

রাম এবং কৌশল্যা, দুজনেই একসঙ্গে উঠে দাঁড়াল। তারা দেখল হাসিমুখে দৃপ্ত ভঙ্গিতে কৈকেয়ী এগিয়ে আসছে। দুহাত জড়ো করে কৈকেয়ী বলল, 'নমস্কার দিদি, ছেলের সঙ্গে কথা বলার সময় বিরক্ত করার জন্য মার্জনা করো!'

শিষ্টাচার বজায় রেখে কৌশল্যা বলল, 'এটা কোনো ব্যাপার নয়, কৈকেয়ী। তবে মনে হচ্ছে গুরুতর কিছু একটা ঘটেছে।'

'সত্যিই তাই,' কৈকেয়ী বলল। তারপর রামের দিকে ফিরে বলল, 'তোমার পিতৃদেব শিকারে যেতে চান, রাম।'

বিস্মিত রাম বলে উঠল, 'শিকারে যাবেন?'

রামের স্মৃতিতেও নেই দশরথের শিকার করতে যাবার কথা। সেই যুদ্ধে পাওয়া আঘাত এককালের বীর শিকারির জীবন থেকে শিকারের আনন্দটাই কেড়ে নিয়েছে।

'হ্যাঁ, তোমার বাবা শিকারে যেতে মনস্থির করেছেন। আসলে আমি ভরতকেই তাঁর সঙ্গে পাঠাতাম। ওঃ কতদিন ভালো হরিণের মাংস খাইনি! কিন্তু, তুমি তো জানো ভরত এখন ব্রঙ্গতে কূটনৈতিক সফরে গেছে। ভাবছিলাম বাবার সঙ্গে শিকারে যাবার দায়িত্বটা যদি তুমি নাও, তাহলে...'

রাম মৃদু হাসল। সে বুঝল যে হরিণের মাংসের জন্য নয়, কৈকেয়ী রামকে পাঠাতে চাইছে দশরথের সুরক্ষার জন্য। কৈকেয়ী কখনও দশরথ সম্পর্কে প্রকাশ্যে এমন কোনো মন্তব্য করে না যাতে তার কোনো দুর্বলতা প্রকাশিত হয়, অন্য কারো কাছে তো নয়ই, রাজবাড়ির ভিতরেও নয়।

হেসে রাম করজোড়ে প্রণাম জানিয়ে বলল, 'তোমার কোনো কাজ করতে পারলে আমি নিজেকে ধন্য মনে করব, ছোটো মা।'

কৈকেয়ী হেসে বলল, 'তোমায় ধন্যবাদ।'

কৌশল্যা শান্তভাবে তাকিয়েছিল রামের দিকে, তার চোখেমুখে স্পষ্ট দুর্বোধ্যতা।

'ও এখানে কেন এসেছে?' জিজ্ঞাসা করল দশরথ। কৈকেয়ীর অন্দরমহলের দারোয়ান সবেমাত্র কৌশল্যার আগমনবার্তা ঘোষণা করেছে। দশরথ ও কৈকেয়ী শুয়ে ছিল বিছানায়। হাত বাড়িয়ে কৈকেয়ী দশরথের লম্বা চুল তার কানের পাশের পিছনে দিয়ে বলল, 'যা বলার তাড়াতাড়ি বলে চটপট ফিরে এসো।'

দশরথ বলল, 'তোমাকেও আমার সঙ্গে আসতে হবে, সোনা।'

বিরক্তিতে দীর্ঘশ্বাস ছেড়ে কৈকেয়ী বিছানা থেকে অঙ্গবস্ত্র তুলে নিয়ে কাঁধের ওপর দিয়ে গায়ে জড়িয়ে অন্য প্রান্তটা দিয়ে ভালো করে হাতের কবজি পর্যন্ত ঢেকে দিল। তারপর নীচু হয়ে বসে দশরথের ধুতিটা ঠিক করল। সবশেষে দশরথের অঙ্গবস্ত্র তুলে তার গায়ে জড়িয়ে দিল। কৈকেয়ী দশরথকে বৈঠকখানায় নিয়ে চলল এবং 'অনুগ্রহ করে রাজমহিষী প্রবেশ করুন।' কৈকেয়ী হাত ধরে বলল।

কৌশল্যা ঘরে প্রবেশ করল দুজন পরিচারিকা নিয়ে। তাদের একজনের হাতে একটা পূজার থালা। অবাক হয়ে সোজা তাকাল কৈকেয়ী। দশরথ তার স্বাভাবিক ভাব নিয়েই বসে থাকল।

নমস্কারের ভঙ্গিতে দুহাত জোড় করে কৈকেয়ী বলল, 'দিদি, কী সৌভাগ্য আমার! একইদিনে দুবার তোমার সঙ্গে দেখা হয়ে গেল।'

'সৌভাগ্য আমারই।' কৌশল্যা বলল, 'তুমি বলেছিলে মহারাজ শিকারে যাবেন। আমার মনে হল তার জন্য যেসব পুজো আর্চা করণীয় সেগুলো করে ফেলা দরকার।'

প্রাচীন যুগ থেকে এ নিয়ম চলে আসছে। যুদ্ধ যাত্রার প্রাক্কালে রাজার প্রধান মহিষী তাঁর হাতে তুলে দেবে মন্ত্রপূত তরবারি।

'একবারই আমি মহারাজের হাতে তরবারি তুলে দিতে পারিনি, আর সেবারই বিঘ্ন ঘটেছে,' কৌশল্যা বলল।

হঠাৎ দশরথের ভঙ্গি বদলে গেল। মুখ হল রক্তবর্ণ, কেউ যেন তাকে প্রবল আঘাত করেছে। কারাচাপের যুদ্ধে যাবার সময়ে কৌশল্যার পক্ষে তার হাতে তরবারি তুলে দেওয়া সম্ভব হয়নি। আর সেটাই ছিল তার প্রথম পরাজয়। সে ধীরে এক পা এগিয়ে গেল তার প্রথমা স্ত্রীর দিকে।

কৌশল্যা পরিচারিকার হাত থেকে পুজোর থালাটি তুলে সেটি রাজার মুখের সামনে চক্রাকারে ঘোরাল। তারপর থালা থেকে এক চিমটে সিঁদুর দু-আঙুলে তুলে তা দশরথের কপালে পরিয়ে বলল, 'জয়ী হয়ে ফিরে এসো...'

তাকে কথা শেষ করতে না দিয়ে নাকমুখ কুঁচকে কৈকেয়ী বলল, 'দিদি, ও কিন্তু কোনো যুদ্ধযাত্রা করছে না!'

দশরথ কৈকেয়ীকে উপেক্ষা করে বলল, 'তুমি বলছিলে তা শেষ করো, কৌশল্যা।'

কৌশল্যা হতচকিত ভাবে ঢোঁক গিলল, তার মনে হল সত্যি বুঝি এটা বড়ো ভুল হয়ে গেল। সুমিত্রার কথা তার শোনা উচিত হয়নি। কিন্তু এতৎসত্ত্বেও সে রীতি অনুসারে তার যা বলার তা শেষ করল, 'বিজয়ী হয়েই ফিরে এসো, অন্যথায় নয়।'

কৌশল্যার মনে হল সে দশরথের চোখে একটা ঝিলিক দেখল, যেমনটা দেখা যেত সংগ্রাম ও গৌরব প্রিয় তরুণ দশরথের চোখে।

রীতিমাফিক মর্যাদাপূর্ণভাবে দশরথ সামনে হাত বাড়াল, 'দাও আমার তরবারি তুলে দাও।'

কৌশল্যা পিছনে ফিরে পরিচারিকার হাতে পূজার থালা দিয়ে দুহাত দিয়ে তরবারি তুলে স্বামীর মুখোমুখি দাঁড়াল, তারপর সামনে ঝুঁকে আচার অনুযায়ী অভিবাদন জানাল এবং তার হাতে তরবারি তুলে দিল। শক্ত করে এমনভাবে সেটা হাতে ধরে রইল দশরথ, যেন সে এর থেকে শক্তি টেনে নিচ্ছে।

কৈকেয়ী দশরথের দিক থেকে মুখ ফিরিয়ে কৌশল্যার দিকে তাকাল।

এটা নিশ্চয়ই সুমিত্রার বুদ্ধিতে হয়েছে। কৌশল্যা নিজে এটা করার কথা ভাবতেই পারত না। বোধ হয় দশরথের সঙ্গে রামকে যেতে বলে আমি ভুলই করলাম।

রাজকীয় শিকার একটা বিরাট ব্যাপার। যা চলতে থাকে বেশ কয়েক সপ্তাহ জুড়ে। সম্রাটের সঙ্গে চলল এক বিশাল বাহিনী। অযোধ্যার উত্তরে গভীর জঙ্গলের মধ্যে রাজকার্য চালানোর জন্য তৈরি করা হয়েছে ছোটো সাময়িক শিবির।

শিকার অভিযানের সূচনা হল শিবিরে পৌঁছোবার পরদিন। এ শিকারের পদ্ধতি হল হাজার হাজার সৈন্য চক্রাকারে ঘিরে ফেলবে জঙ্গলের বিরাট অংশ, কখনো কখনো প্রায় পঞ্চাশ কিলোমিটার জায়গা। চক্রাকারে এগোতে এগোতে একটানা প্রবলভাবে ঢাকঢোল বাজিয়ে তারা জীবজন্তুদের ক্রমে ছোটো হতে থাকা একটা জায়গায়, কোনো নদী বা জলাধারের কাছে টেনে আনবে। সেই হত্যামঞ্চে আগে থেকেই উপস্থিত সম্রাট এবং তার শিকারির দল। এরপরই শুরু করবে শিকার উৎসব।

এক রাজকীয় হাতির হাওদায় দাঁড়িয়ে ছিল দশরথ। তার পিছনে বসেছিল রাম ও লক্ষ্মণ। দশরথের মনে হল তাদের উপস্থিতি বিষয়ে উদাসীন একটি বাঘের গর্জন যেন সে শুনতে পেল। সে মাহুতকে দ্রুত সেই আওয়াজের দিকে হাতি নিয়ে যেতে আদেশ দিল। মুহূর্তমধ্যে বাকি শিকারিদের থেকে দশরথের হাতি আলাদা হয়ে গেল। গভীর অরণ্যে হাতির পিঠে দুই পুত্রকে নিয়ে সে হয়ে পড়ল একা।

চারপাশে তাদের ঘিরে রেখেছে ঘেঁষাঘেষি করে দাড়ানো গাছগাছালি। অধিকাংশ গাছ এতই উঁচু যে সেগুলো হাতির মাথার ওপর ছাতার মতো ডালপালা ছড়িয়ে রেখেছিল। দিনেরবেলাও সূর্যালোক তেমন আসছিল না। অভেদ্য অন্ধকারে সামনের কয়েক সারি গাছের ওপারে আর কিছু দেখাই যায় না।

লক্ষ্মণ রামের দিকে ঝুঁকে ফিসফিস করে বলল, 'দাদা, আমার মনে হচ্ছে এখানে কোনো বাঘটাঘ নেই।'

রাম হস্তিপৃষ্ঠে দণ্ডায়মান তার বাবার দিকে তাকিয়েছিল। সে ইঙ্গিতে লক্ষ্মণকে চুপ করতে বলল। দশরথ তার উত্তেজনা ও উৎসাহ চেপে রাখতে পারছিল না। তার শরীরের ভার প্রায় সবটাই ছিল তার বাঁ পায়ের

উপর। তার অবশ ডান পাটা হাওদার উপর বসানো একটা কাঠামোর ভিতর ছিল, যেটা একটি চক্রাকার ভিত্তির উপর শক্ত করে বাঁধা ফাঁপা ধাতব পাত্র। নীচের চক্রাকার অংশ চারপাশে ঘুরতে পারে। তার জুতোর ফিতে ওই নলের সঙ্গে বাঁধা ছিল। ফলে যে কোনো দিকে ফিরতে দশরথের কোনো অসুবিধা হবার কথা নয়। তবুও হাতে ধনুক তুলে ছিলাটা টানটান করে তিরটা লক্ষ্যবস্তুর দিকে তাক করতেই পিঠে যে ভীষণ টান পড়েছে তা বোঝা যাচ্ছিল।

রাম চাইছিল না তার বাবার দুর্বল শরীর এত পরিশ্রম নেয়। তবুও উৎসাহ ও উত্তেজনায় যে সে তার কর্মক্ষমতার উপরে নিজের অক্ষম শরীরটিকে তুলে নিতে সক্ষম হয়েছে--এটা দেখে রাম মনে মনে গর্ব অনুভব করল।

লক্ষ্মণ ফিসফিস করে বলল, 'আমি বলছি এখানে কিছু নেই।'

'শসস!'

লক্ষ্মণ চুপ করে গেল। হঠাৎই ধনুকের ছিলাটা আরও টেনে ধরতেই রাম দশরথের শর নিক্ষেপের পদ্ধতি দেখে একপ্রকার শিউরে উঠল। দশরথের কনুই তিরের সঙ্গে সমান্তরাল রেখায় নেই, থাকলে তার কাঁধ ও বাহুর পিছন দিকের পেশি থেকে আরও শক্তি পাওয়া সম্ভব হত। সম্রাটের কপালে বিন্দু বিন্দু ঘাম। তবু সে দাঁড়িয়ে ছিল আক্রমণাত্মক ভঙ্গিতে। এক মুহূর্ত পরে সে তিরটা নিক্ষেপ করল এবং এক তীব্র চিৎকারে বুঝিয়ে দিল যে তিরটি তার লক্ষ্যকে বিদ্ধ করেছে। তার বাবা যে এ সময়ে প্রবল পরাক্রান্ত বীর ছিল এটা সঙ্গেসঙ্গে মনে পড়তেই রাম খুশি হয়ে উঠল।

বেখাপ্পাভাবে পিছন দিকে ফিরে অবজ্ঞামিশ্রিত হাসি হেসে দশরথ লক্ষ্মণকে বলল, 'ছোকরা, আমাকে হেয় প্রতিপন্ন করার চেষ্টা কোরো না।'

লক্ষ্মণ মাথা নীচু করে বলল, 'মার্জনা করবেন বাবা, আমি ঠিক তা বলতে চাইনি...।'

'সৈন্যদের আদেশ দাও বাঘের লাশটা এখানে নিয়ে আসতে। ওরা দেখবে বাঘটার চোখ দিয়ে তির ঢুকে মস্তিষ্কে বিঁধে আছে সেটা।'

'হ্যাঁ, বাবা, বলছি—'

'বাবা!' প্রচন্ড চিৎকার করে সামনের দিকে ঝাঁপিয়ে পড়ে রাম কোমরের ঝোলানো তলোয়ারটা হাতে তুলে নিয়েছে।

পাতার নড়াচড়ার খচখচ শব্দের মধ্যেই হাওদার উপর ঝুলে থাকা একটি ডালের উপর এক চিতাবাঘ এসে পড়েছে। চতুর জন্তুটা আক্রমণের জন্য বেছে নিয়েছে দারুণ রাস্তা। চিৎকারে দশরথ অন্যমনস্ক হতেই চিতাটা ডাল থেকে ঝাঁপ দিল। রামের সময়জ্ঞান ছিল তার থেকেও নিখুঁত। সে লাফিয়ে উঠে শূন্যে থাকাকালীনই চিতাটার বুকে তলোয়ার বিঁধিয়ে দিল। কিন্তু দুজনেই শূন্যে থাকায় রাম সামান্য লক্ষ্যভ্রষ্ট হল। তলোয়ারটা চিতার হৃৎপিণ্ডে বেঁধেনি। ফলে জন্তুটা আহত হলেও মরেনি। প্রবল চিৎকার করে থাবা চালাল চিতাটা। রাম তার শরীর থেকে তলোয়ারটা টেনে বের করে আবার আঘাত করার জন্য চিতাটার সঙ্গে প্রায় মল্লযুদ্ধে প্রবৃত্ত হল। কিন্তু তলোয়ারটা এমনভাবে আটকে গেছে যে সেটাকে কিছুতেই বের করা যাচ্ছে না। চিতাটা পিছন দিকে একটু পিছিয়ে রামের বাহুর পিছন কামড় বসাল। মুখ সরিয়ে নিতেই চিতাটার মুখে উঠে এল অনেকটা মাংস আর রক্ত ঝরতে লাগল প্রবলভাবে। সহজাত বোধ থেকে চিতাটা রামের গলা কামড়াতে চেষ্টা করতে লাগল যাতে দমবন্ধ করে মেরে ফেলতে। রাম একটু পেছিয়ে এসে প্রবল শক্তিতে ঘুষি চালাল জন্তুটার মাথায়।

ইতিমধ্যে লক্ষ্মণ প্রাণপণে চেষ্টা করছিল রামের কাছে পৌঁছতে। কিন্তু পা বাঁধা দশরথ তার সামনে দাঁড়িয়েছিল প্রাচীরের মতো। লক্ষ্মণ অনেকটা লাফিয়ে উঠে গাছের একটা ডাল ধরে তার মাথার উপর দিয়ে হাওদার সামনে গিয়ে পড়ল, ঠিক চিতাটার পিছনে। চিতাটা আবার রামের দিকে ঝাঁপাতেই লক্ষ্মণ ছোরাটা চিতাটার দিকে চালাল। ভাগ্যক্রমে ছোরাটা চিতাটার একটা চোখের ভিতর ঢুকে গেল। সমস্ত শক্তি তার কাঁধে তুলে এনে লক্ষ্মণ ছোরাটার চাপ দিতে লাগল যতক্ষণ না সেটা একেবারে মস্তিষ্কের মধ্যে পুরোপুরি গেঁথে যায়। সামান্যক্ষণ নিজেকে মুক্ত করার ব্যর্থ চেষ্টা করে চিতাটা লুটিয়ে পড়ল প্রাণহীন।

চিতাটাকে দুহাতে তুলে লক্ষ্মণ সেটাকে মাটিতে ছুঁড়ে ফেলল। রক্তের ভেতর পড়ে ছিল রামের অচেতন শরীর।

পা বাঁধা অবস্থায় নিজের শরীরটাকে কোনোক্রমে ঘুরিয়ে দশরথ চিৎকার করল, 'রাম!'

লক্ষ্মণ মাহুতের দিকে ফিরে বলল, 'শিবিরের দিকে হাতি ছোটাও।'

মাহুত বসে ছিল পাথরের মতো, সামান্য কিছু সময়ের ভয়ংকরতা তাকে একেবারে বিহ্বল করে দিয়েছে, দশরথ সম্রাটসুলভ হুংকার দিল, 'শিবিরে ফিরে চলো, এক্ষুনি!'

শিকার শিবিরের স্থানে স্থানে মশাল জ্বলছে। গভীর রাতেও শিবির ভীষণ রকম কর্মব্যস্ত। অযোধ্যার আহত রাজকুমার সম্রাটের বিশাল সুসজ্জিত তাঁবুতে শুয়ে আছে। রামের চিকিৎসা হবার কথা অস্থায়ী চিকিৎসালয়ের তাঁবুতেই। কিন্তু দশরথ আদেশ দিয়েছেন রামের চিকিৎসা হবে সম্রাটের আপন রাজকীয় তাঁবুতেই। রামের অতি রক্তক্ষরণে বিবর্ণ দুর্বল শরীর ওষুধ ও পট্টিতে ঢাকা।

রামকে নম্রভাবে স্পর্শ করে একজন বৈদ্য অস্ফুটে ডাকল, 'রাজকুমার রাম!'

রোগীর বিছানার পাশে এক আরাম-কেদারায় বিশ্রামরত দশরথ জানতে চাইল, 'ওকে কি না জাগালেই নয়?'

'না, মহারাজ। এই ওষুধটা ওনাকে এখন খাওয়াতেই হবে,' চিকিৎসক বলল।

তার নাম শুনে রাম অবসন্নভাবে চোখ খুলে আলোর সঙ্গে সইয়ে নিল। সে দেখল বৈদ্যর হাতে ওষুধের পাত্র। সে হাঁ করে ওষুধটা গিলে ফেলল, যদিও তিক্ত স্বাদের জন্য তার মুখ কুঁচকে উঠল। ঘুরে সম্রাটকে অভিবাদন জানিয়ে, চিকিৎসক বেরিয়ে গেল। রাম ঘুমের মধ্যে তলিয়ে যেতে যেতে দেখল বিছানার উপর রাজকীয় অনুষ্ঠানে ব্যবহৃত সোনালি চাঁদোয়াটি টাঙানো আছে, যার মাঝখানে সুতোর কাজ করা এক সূর্য যার রশ্মি ছড়িয়ে পড়েছে

চারিদিকে সূর্যবংশীয়দের প্রতীক। সে বুঝতে পারল সে শুয়ে আছে সম্রাটের শয্যায়, যা তার পক্ষে অনাচরণীয়। সে প্রবল যন্ত্রণা নিয়েই উঠে বসতে গেল।

'শুয়ে থাকো,' হাত তুলে আদেশ করল দশরথ।

লক্ষ্মণ দৌড়ে এসে আস্তে আস্তে মাথায় ও গালে হাত বুলিয়ে রামকে শান্ত করার চেষ্টা করল।

'আমি সূর্যের নাম করে আদেশ করছি, রাম শুয়ে পড়ো।' দশরথ বলল।

বিছানায় শুয়ে রাম দশরথের দিকে তাকিয়ে বলল, 'বাবা, আমায় মার্জনা করবেন, আপনার বিছানায় শোয়া আমার উচিত—'

হাতের ইঙ্গিতে বাক্য শেষ হবার আগেই দশরথ রামকে থামিয়ে দিল। রামের লক্ষ করতে ভুল হল না তার বাবার চেহারায় এক সুক্ষ পরিবর্তন— চোখে দীপ্তির ঝলক, কণ্ঠস্বরে দৃঢ়তা এবং একটা চনমনে ভাব। দশরথ একসময় কেমন ছিল তা বোঝাতে তার মা বারংবার তাকে এমন বর্ণনাই করেছে। এখানে বসে আছে ব্যক্তিত্বময় এক ব্যক্তি যে তার আদেশ না মানলে কাউকে ক্ষমা করে না। রাম তার বাবার এমন চেহারা আগে দেখেনি।

দশরথ পরিচারকদের উদ্দেশে বলল, 'বাইরে যাও।'

পরিচারকদের সঙ্গে লক্ষ্মণও বাইরে যেতে উদ্যত হল।

'না, তোমায় বলিনি, লক্ষ্মণ,' দশরথ গম্ভীরভাবে বলল।

লক্ষ্মণ তাঁবুর মাঝবরাবর থমকে দাড়িয়ে পরবর্তী আদেশের অপেক্ষা করতে লাগল। বাঘ ও চিতাটার চামড়া তাঁবুর যে কোনায় বিছিয়ে রাখা আছে দশরথ সেদিকে তাকাল। দুই ছেলের সঙ্গে সে যে পশুদের শিকার করেছে এগুলো তারই স্মারক।

'কেন?' দশরথ হঠাৎ জিজ্ঞাসা করল।

'বাবা?' রাম ঠিক বুঝতে পারল না দশরথ কী বলছে।

'আমার জন্য তুমি তোমার জীবনের ঝুঁকি নিলে কেন?'

রাম কোনো শব্দ উচ্চারণ করল না।

দশরথ বলতে থাকল, 'আমি আমার পরাজয়ের জন্য তোমায় অভিযুক্ত করেছি। আমার গোটা দেশ তোমায় অভিযুক্ত করেছে। তুমি সারাজীবন সেসব

সহ্য করেছ। কিন্তু কখনো প্রতিবাদ করোনি। আমার ধারণা ছিল তুমি দুর্বল বলেই প্রতিবাদ করোনি। কিন্তু দুর্বল মানুষেরা তাদের ভাগ্য বিপর্যয়ের জন্য যারা দায়ী সেই নির্যাতনকারীরা কষ্ট পেলে উল্লাসিত হয়। কিন্তু তুমি নিজের জীবন বিপন্ন করে আমায় বাঁচালে। কেন?'

রাম একটা ছোট্ট বাক্যে এত কথার উত্তর দিল, 'কারণ, সেটাই আমার ধর্ম।'

জিজ্ঞাসু দৃষ্টিতে দশরথ রামের দিকে তাকল। এই প্রথম সে তার জ্যেষ্ঠ পুত্রের সঙ্গে প্রকৃত অর্থে কথাবার্তা বলছে। 'সেটাই কি একমাত্র কারণ?'

'আর কী অন্য কারণ থাকতে পারে, বাবা?'

'ওহ্, না, তা আমি জানি না।' নাক দিয়ে শব্দ করে অবিশ্বাসী গলায় দশরথ বলল। 'এর পিছনে তোমার যুবরাজ হিসেবে অভিষিক্ত হবার মতলব নেই?'

এমন শ্লেষাত্মক কথাতেও রাম না হেসে থাকতে পারল না। 'বাবা, আমি জানি, আমি যদি আপনাকে রাজিও করাতে পারি তবু রাজন্যবর্গ ও অভিজাতরা আমাকে মেনে নেবে না। আমি আজ যা করেছি চিরকাল আমি তেমনই করে যাব। আমি আমার ধর্মে অটল থাকব। ধর্মের থেকে বড়ো আর কিছু নেই।'

'তাহলে তুমি বিশ্বাস করো না যে রাবণের হাতে আমার পরাজয়ের জন্য তোমায় দোষী সাব্যস্ত করা যায়, তাই না?'

'আমার বিশ্বাস অবিশ্বাসে কিছু এসে যায় না, বাবা।'

'তুমি কিন্তু আমার প্রশ্নের উত্তর দিলে না।'

রাম চুপ করেই থাকল।

দশরথ বিছানার দিকে ঝুঁকে এল, 'রাজকুমার, আমার কথার উত্তর দাও।'

'আমি জানিনা, বাবা, এই বিশ্বব্রহ্মাণ্ড কীভাবে আমাদের জন্ম-জন্মান্তরের হিসেব রাখে। আমি এটুকুই শুধু জানি আপনার পরাজয়ের পিছনে আমার কোনো ভূমিকা নেই। হয়ত এভাবে অভিযুক্ত হওয়া আমার পূর্বজন্মকৃত পাপের ফল।'

রামের স্থৈর্য দেখে বিস্মিত দশরথ মৃদু হাসল।

'তুমি কি জানো কাকে আমার অভিযুক্ত করা উচিত?' দশরথ জিজ্ঞাসা করল। 'যদি আমার অন্তরের গভীরে তাকাবার সৎ সাহস থাকত তবে আমার উত্তরটা হত একেবারে পরিষ্কার। ওই পরাজয়ের দায় আমার, কেবলমাত্র আমারই। আমি ছিলাম অপরিণামদর্শী ও নির্বোধ। কোনো রণকৌশল নয়, আমি আক্রমণ করেছিলাম কেবলমাত্র ক্রোধকে সম্বল করে। আমাকে তার মূল্য চোকাতে হয়েছে, তাই নয় কী? সেই ছিল আমার প্রথম পরাজয় এবং চিরজীবনের মতো শেষ যুদ্ধ।'

'বাবা, আরও নানা কারণ–'

'আমায় বাধা দিও না, রাম। আমি এখনও শেষ করিনি,' রাম চুপ করতে দশরথ আগের কথার খেই ধরে বলল, 'দোষটা ছিল আমার। অথচ তার দায় আমি চাপালাম সদ্যোজাত তোমার ওপর। এটা করা ছিল কত সহজ! আমি সে দায় তোমার ওপর চাপালাম এবং সবাই তা মেনেও নিল। যেদিন তুমি জন্মেছ সেদিন থেকে আমি তোমার জীবন বিপন্ন করে তুলেছি। তোমার আমাকে ঘৃণা করা উচিত। তোমার ঘৃণা করা উচিত অযোধ্যাকে।'

'আমি কাউকে ঘৃণা করি না, বাবা।'

দশরথ একদৃষ্টে ছেলের দিকে তাকাল। বহুযুগ পরে তার মুখে খেলে গেল এক অদ্ভুত হাসি। 'আমি জানি না, তুমি তোমার সত্যিকার মনোভাব লুকোচ্ছ,নাকি অন্তর থেকেই তুমি যে মানুষ বা এতকাল থেকে তোমায় যে দোষারোপ করে আসছে তাকে গুরুত্ব দাও না। সত্য যাই হোক এতসবের পরও তুমি অবিচল। সারা বিশ্ব তোমাকে ধ্বংস করার চক্রান্তে শামিল হয়েছে, অথচ এখনও তুমি অদমিত। তুমি কোন ধাতু দিয়ে গড়া, পুত্র?'

অন্তর থেকে উত্থিত আবেগে রামের চোখ ভিজে উঠল। সে তার বাবার ঘৃণা ও অবজ্ঞাকে সামলাতে পারে। এতে সে অভ্যস্ত। কিন্তু সে জানে না তার কাছ থেকে আপত্তি স্নেহ পেলে সেটা কীভাবে সামলাতে হয়। রাম ধীরভাবে বলল, 'আমি আপনার ধাতুতেই তৈরি, বাবা!'

দশরথ নিজের মনে হাসল। এতদিনে সে তার পুত্রকে আবিষ্কার করছে।

দশরথ হঠাৎ জিজ্ঞাসা করল, 'মৃগাশ্বর সঙ্গে তোমার কী নিয়ে সমস্যা হচ্ছে?'

রাম অবাক হল এই ভেবে যে তার বাবা রাজপ্রাসাদের সব খবরই রাখে। ‘কোনো সমস্যা তো নেই, বাবা।’

‘তাহলে তুমি তার এক অধস্তনকে জরিমানা করলে কেন?’

‘সে তো লোকটা আইন ভেঙেছিল বলে।’

‘মৃগাশ্ব কত ক্ষমতাবান তা কি তুমি জানো না। তোমার তাকে ভয় নেই?’

‘বাবা, কেউই আইনের ঊর্ধ্বে নয়। কেউই ধর্মের চেয়ে অধিক শক্তিশালী হতে পারে না।’

দশরথ আবার হাসল, ‘এমনকী আমিও নই?’

‘এক মহান সম্রাট একবার একটা সুন্দর কথা বলেছিলেন: ধর্মের স্থান সবার উপরে, রাজারও উপরে। ধর্মের স্থান দেবতাদেরও ঊর্ধ্বে।’

ভ্রূকুটি করে দশরথ বলল, ‘কে বলেছিলেন কথাটা?’

‘একথা আপনিই বলেছিলেন বাবা, অনেক বছর আগে অভিষেক গ্রহণের সময়ে। আমি শুনেছি আপনি আমাদের মহোত্তম আদিপুরুষ ইক্ষ্বাকুর কথারই প্রতিধ্বনি করেছিলেন।’

রামের দিকে দৃষ্টি রেখে দশরথ স্মৃতি হাতড়ে দেখতে চাইছিল সেই মহাশক্তিধর পুরোনো দশরথকে।

‘ঘুমিয়ে পড়ো, পুত্র। তোমার এখন বিশ্রামের প্রয়োজন।’

।। অধ্যায় ১২।।

দ্বিতীয় প্রহরের শুরুতে রামকে আবার ওষুধ খাওয়ানোর জন্য বৈদ্য জাগাল। চোখ খুলতেই প্রথাসম্মত রাজকীয় পোশাকে প্রাণবন্ত লক্ষ্মণের দিকে তার নজর পড়ল। সে দাঁড়িয়ে রয়েছে তার বিছানার পাশে। তাঁর গেরুয়া অঙ্গবস্ত্রে কুলচিহ্নস্বরূপ সূর্যের ছবি।

'পুত্র?'

ঘাড় ঘুরিয়ে রাম দেখল রাজপোশাকে সুসজ্জিত দশরথ দাঁড়িয়ে আছেন ।

'সুপ্রভাত, বাবা,' রাম বলল।

হালকাভাবে ঘাড় নাড়াল দশরথ 'সন্দেহ নেই আজকের সকালটা সত্যিই সুন্দর।'

তাঁবুর প্রবেশপথের দিকে তাকিয়ে দশরথ বলে উঠল, 'কে ওখানে?'

এক রক্ষী পর্দা সরিয়ে অভিবাদন জানাতে জানাতে প্রায় দৌড়ে ভিতরে ঢুকল।

'অভ্যাগতদের ভেতরে আসতে বলো।'

রক্ষী আবার অভিবাদন জানিয়ে পিছন দিকে চলতে শুরু করল। কিছুক্ষণের মধ্যেই তাঁবুতে এক এক করে প্রবেশ করল অতিথিরা। তাঁবুতে ঢুকে সম্রাটের সামনে আনুষ্ঠানিক গম্ভীরতায় অর্ধচন্দ্রাকারে তারা দাঁড়াল।

'একটু সরে দাঁড়াও তোমরা, রামকে ভালো করে চোখ ভরে দেখি।' দশরথ বলল।

সম্রাটের কণ্ঠস্বরে এমন প্রত্যয় শুনে তারা দুপাশে সরে দাঁড়াল।

দশরথ রামের চোখে চোখ রেখে বলল, 'উঠে বসো।'

লক্ষ্মণ তাড়াতাড়ি রামকে উঠতে সাহায্য করতে এগিয়ে আসতেই দশরথ হাত তুলে তাকে বাধা দিল। উপস্থিত ব্যক্তিরা স্থানুবৎ দাঁড়িয়ে দেখল অত্যন্ত দুর্বল রাম নিজে নিজে বিছানায় উঠে বসার চেষ্টা করছে। বিছানা থেকে উঠে টলমল করে সে তার বাবার দিকে এগিয়ে গেল। দশরথের সামনে পৌঁছে সে ধীরে ধীরে তাকে অভিবাদন জানাল।

দশরথ রামের চোখে দৃষ্টি রেখে, গভীর শ্বাস টেনে, পরিষ্কার কণ্ঠে বলল, 'নতজানু হও!'

মানসিক ভাবে অবিশ্বাস্য আঘাত পেয়ে রাম যেন নড়তেই পারছিল না। চেষ্টা করেও সে তার উপছে ওঠা অশ্রু ঠেকাতে পারছিল না।

দশরথের কণ্ঠস্বর সামান্য নরম হল,'নতজানু হও, পুত্র।'

রাম তার আবেগ সামলাতে সামলাতে কাছাকাছি একটা টেবিল বা সেরকম কোনো অবলম্বন খুঁজছিল। প্রচণ্ড কষ্টে কোনোক্রমে রাম এক হাঁটুর ওপর দেহের ভার রেখে, মাথা নীচু করে নিয়তির ঘোষণা শোনার অপেক্ষায় রইল।

দশরথ কণ্ঠস্বরে সমতা রেখে কথা বললেও তা রাজকীয় তাঁবুর বাইরেও প্রতিধ্বনিত হল: 'রঘুকূলের রক্ষাকর্তা, রামচন্দ্র, উঠে দাঁড়াও।'

এক সম্মিলিত বিস্ময়াহত শব্দ তাঁবুর ভিতর দিয়ে বয়ে গেল।

দশরথ মুখ তুলে তাদের দিকে তাকাতেই অমাত্যবর্গের ওপর নেমে এল নৈঃশব্দ।

রাম তখনও মাথা নীচু করে ছিল যাতে তার শত্রুরা তার চোখের জল দেখে না ফেলে। নিজেকে সম্পূর্ণ সামলে নেবার আগে পর্যন্ত সে মেঝের দিকে চেয়ে রইল। তারপর সে তার বাবার মুখের দিকে তাকিয়ে শান্ত কণ্ঠে বলল, 'পিতৃদেব, এই মহান দেশের সমস্ত দেবতারা আপনাকে সুরক্ষিত রাখুন!'

দশরথের চোখ যেন রামের শরীর ভেদ করে হৃদয়ের অন্তস্থল পর্যন্ত দেখ তে পাচ্ছিল। মুখে এক চিলতে হাসি নিয়ে অমাত্য ও অভিজাতদের সে বলল,

'এবার আপনারা আসতে পারেন।'

সেনাধ্যক্ষ মৃগাশ্ব কিছু বলতে চাইল,' মহা রাজ্যেশ্বর, কিন্তু—'

তার দিকে অগ্নিদৃষ্টি নিক্ষেপ করে দশরথ বলল,'আপনারা আসতে পারেন'—এই কথার কোন অংশ আপনার বোধগম্য হল না, মৃগাশ্ব?'

'মহারাজ মার্জনা করবেন।' মৃগাশ্ব অভিবাদন জানিয়ে অন্যদের নিয়ে বিদায় নিল।

অচিরেই দশরথ, রাম ও লক্ষ্মণ ছাড়া তাঁবুতে আর কেউ রইল না। এবার দশরথ বাঁ দিকে অনেকটা ঝুঁকে উঠে দাঁড়াবার চেষ্টা করল। সাহায্য করতে এগিয়ে আসা লক্ষ্মণকে গম্ভীর হুংকারে থামিয়ে টলমল পায়ে এগিয়ে লক্ষ্মণের নিজেই চওড়া কাঁধে ভর দিয়ে রামের কাছে এগিয়ে গেল। রামও ধীরে ধীরে উঠে দাঁড়াল। তার মুখমণ্ডলে দুর্জেয় ভাব, চোখে আবেগের আবেশ– যদিও সে দৃষ্টিতে ছিল বিস্ময়ঝরা প্রশান্তিও।

দশরথ তার দু হাত রামের কাঁধের উপর রাখল,'সেই মানুষ হয়ে ওঠো, যা আমি হতে পারতাম! হয়ে ওঠো সে রকম মানুষ যা আমি হতে পারিনি।'

চোখের জলে দৃষ্টি আবছা, রাম শুধু অস্ফুটে বলতে পারল,'বাবা...'

দশরথের চোখেও অশ্রুধারা। সিক্ত চোখেই সে বলল,'আমাকে গর্বিত কোরো।'

'বাবা!'

'পুত্র আমার, আমাকে গর্বোদ্ধত কোরো।'

রাজ পরিবারের অভ্যন্তরীণ সম্পর্ককে ঘিরে যে সন্দেহ ঘণীভূত হয়েছিল তার অবসান ঘটল অযোধ্যা রাজপ্রাসাদে কৈকেয়ীর অন্দরমহল থেকে দশরথ বেরিয়ে আসতেই। হঠাৎ কেন সে রামকেই যুবরাজ বলে ঘোষণা করল তা নিয়ে কৈকেয়ীর পুনঃপুন ঝাঁঝালো প্রশ্নের যুক্তিপূর্ণ উত্তরদানে ব্যর্থ দশরথ তার ব্যক্তিগত সচিব ও সহকারীদের নিয়ে চলে এল কৌশল্যার অন্দরমহলে।

প্রধান মহিষী খানিকটা বিহ্বল । হঠাৎই সে ফিরে পেল তার পূর্ণ মর্যাদা। সদানম্র কৌশল্যা কিন্তু তার এই অকস্মাৎ উন্নতি সত্ত্বেও যথেষ্ট সাবধানতা অবলম্বন করে চলছিল। তার ব্যবহারে কোনো পরিবর্তন আসেনি। কেন,তা বলা শক্ত। হতে পারে সেটা তার আত্মবিশ্বাসহীনতার জন্য অথবা সৌভাগ্যের আয়ুষ্কাল নিয়ে আশঙ্কা থেকে।

এই খবরে রামের ভাইদের আনন্দের সীমা ছিল না। ব্রঙ্গ থেকে ফিরেই ভরত ও শত্রুঘ্ন দৌড়ে হাজির হল রামের কক্ষে, তাদের ফেরার পথেই এখবর তাদের কাছে পৌঁছে গেছিল।

প্রবল আনন্দে বড়োভাইকে জড়িয়ে ধরে ভরত বলল, 'দাদা, অনেক অভিনন্দন।'

শত্রুঘ্ন বলল, 'এ সম্মানের তুমিই যোগ্য।'

'সত্যিই এ সম্মান ওরই প্রাপ্য।' বলল রোশনি। তার মুখ চোখ ভেসে যাচ্ছে আনন্দে। 'এখানে আসার পথে গুরু বশিষ্ঠের সঙ্গে দেখা করে এলাম। তিনি বললেন যে অযোধ্যার অপরাধ কমে যাওয়ার একটি সামান্য দৃষ্টান্ত থেকেই বোঝা যায় যে রাম সত্যিই দক্ষ প্রশাসক হয়ে উঠবে।'

উত্তেজিত লক্ষ্মণ বলল,'তুমি বাজি ধরো, সেটাই হবে।'

'আচ্ছা হয়েছে, হয়েছে,' রাম বলল। 'তোমরা এবার সত্যিই আমাকে লজ্জায় ফেলে দিচ্ছ।'

'হা হা হা।' চওড়া হেসে বলল ভরত,'হ্যাঁ দাদা, সেটাই আমাদের উদ্দেশ্য।'

শত্রুঘ্ন বলল,'যদ্দুর জানি, কোনো শাস্ত্রই সত্যি কথা বলতে মানা করেনি।'

'এসো দাদা এ বিষয়ে ওর কথাতেই নির্ভর করি,' প্রাণখোলা উচ্ছ্বাসে লক্ষ্মণ বলল। 'একমাত্র শত্রুঘ্নকেই জানি যে বেদ, উপনিষদ, ব্রাহ্মণ, আরণ্যক, বেদান্ত ও স্মৃতি ও অন্যান্য শাস্ত্রের প্রত্যেকটি শ্লোক আবৃত্তি করতে পারে।'

ভরত যোগ করল,'ওর বিপুল মস্তিষ্কের ভার এমনভাবে ওর ঘাড়ে চেপে বসেছে যে সেটা বেচারার লম্বা হওয়াটাকে আটকে দিয়েছে।'

হাসতে হাসতে খেলাচ্ছলে লক্ষ্মণের তলপেটে ঘুষি চালাল শত্রুঘ্ন।

বাচ্চাদের মতো খিলখিলিয়ে লক্ষ্মণ বলল,'তোমার কি মনে হয় এই দুর্বল

ঘুষিতে আমার লাগবে? তুমি মায়ের গর্ভে সৃষ্ট সব মস্তিষ্ক কোষের মালিক হতে পারো, আমি কিন্তু সেখানকারই সব শক্তির আধার!'

সবাই একসঙ্গে হেসে উঠল। রোশনিরও আনন্দ যেন আর ধরছিল না। অযোধ্যা রাজসভার সব রাজনৈতিক চক্রান্ত ও কূটকাচালির পরেও চার ভাইয়ের এত মিলমিশ সত্যিই বিস্ময়কর। ঈশ্বর নিশ্চয়ই রাজ্যের মঙ্গলের দিকে নজর দিয়েছেন।

রোশনি রামের কাঁধে চাপড় দিয়ে বলল,'এবার আমায় যেতে হবে।'

রাম বলল, 'আরে, যাবে কোথায়?'

'সরাইয়াতে। তুমি তো জানো প্রতিমাসে আশপাশের গ্রামগুলোতে একটি করে চিকিৎসা শিবির করি। এমাসে সরাইয়ার পালা।'

রামকে সামান্য উদ্বিগ্ন দেখাল,'আমি তোমার সঙ্গে কজন দেহরক্ষী পাঠাচ্ছি। সরাইয়ার আশপাশের গ্রামগুলো খুব নিরাপদ নয়।

রোশনি হাসল,'তোমার কল্যাণে রাজ্যে অপরাধ প্রবণতা অনেকটাই কমেছে। আইনশৃঙ্খলার উন্নতিতেই এটা সম্ভব হয়েছে। এখন আর ভয়ের কিছু নেই।'

'এটা তুমি ভালো করেই জানো,সম্পূর্ণ অপরাধ দমনে এখনও সফল হইনি আমি। আর দ্যাখো, সাবধানতা অবলম্বনে তো কোনো দোষ নেই।'

রোশনি লক্ষ করল বহুদিন আগে তার দেওয়া রাখিটা রাম এখনও পরে আছে। তার মুখে আনন্দ খেলে গেল,'রাম, একদম দুশ্চিন্তা কোরোনা,এটা দিনের বেলার কাজ। সন্ধের আগেই ফিরে আসব। আর আমি তো একা যাব না। সহকারীরাও সঙ্গে থাকবে। আমরা গ্রামবাসীদের বিনামূল্যে প্রয়োজন মতো চিকিৎসা করে ওষুধ দিই। আমার অনিষ্ট কেউ করবে না। করেই বা তার কী লাভ হবে?'

ভরত এতক্ষণ তাদের কথাবার্তা শুনছিল, এবার সে এগিয়ে এসে পিছন থেকে রোশনির কাঁধে হাত রাখল,'তুমি খুব ভালো মেয়ে,রোশনি।'

রোশনি শিশুর সারল্যে হেসে বলল,'সেটা আমি জানি।'

দুপুরের তীব্র রোদও অযোধ্যার শ্রেষ্ঠ অশ্বারোহী লক্ষ্মণকে তার ঘোড়ার অনুশীলন থেকে নিবৃত্ত করতে পারছিল না। সে জানে যে ঘোড়া ও ঘোড়সওয়ারের ছুটতে ছুটতে হঠাৎ থমকে দাঁড়ানো যুদ্ধে খুব তাৎপর্যপূর্ণ। বিশেষ এই অনুশীলনের জন্য সে শহরের বাইরে এমন একটা জায়গা বেছেছে যেখানে পাহাড়ের খাড়া পাথুরে ঢাল অনেক নীচ দিয়ে বয়ে চলা খরস্রোতা সরযুর দিকে নেমে গেছে।

'চল চল', লক্ষ্মণ পেটে একটা খোঁচা দিতেই লাফাতে লাফাতে ঘোড়াটা পাথরের ঢালের শেষ প্রান্তে পৌঁছে গেল।

তীব্রবেগে পাথরের শেষ প্রান্তে পৌঁছনোমাত্র একেবারে শেষমুহূর্ত সামনে ঝুঁকে ডান হাত দিয়ে প্রবল শক্তিতে লাগাম টেনে বাঁ হাত দিয়ে ঘোড়ার গলাটা জড়িয়ে ধরল লক্ষ্মণ। ঘোড়াটাও সেই ভগ্নাংশ সময়ের মধ্যেই সামনের পা দুটো তুলে শরীরের ভার রাখল পিছনের পায়ে। নিশ্চিত মৃত্যুর কয়েকফুট আগে, অকস্মাৎ গতিরোধ করায় পিছনের খুর দুটো মাটিতে গর্ত সৃষ্টি করল। ঘোড়া থেকে নেমে লক্ষ্মণ তার আদরের পোষ্যটির গায়ে প্রশংসাসূচক চাপড় দিল। 'দারুণ ব্যাটা...দারুণ।' প্রশংসা সে গ্রহণ করেছে বোঝাতে ঘোড়াটা লেজটা দোলাল।

'কীরে ব্যাটা, আর একবার হবে?'

ইতিমধ্যেই যথেষ্ট পরিশ্রম হয়েছে, নাক দিয়ে সশব্দে নিঃশ্বাস ছেড়ে ঘোড়াটা জোরে জোরে মাথা নাড়াতে লাগল। হেসে লক্ষ্মণ আবার তার পিঠে উঠে লাগাম ধরে তাকে উলটোদিকে নিয়ে চলল, 'ঠিক আছে। চলো আজ বাড়ি ফিরি।'

জঙ্গলের মধ্যে দিয়ে অশ্বপৃষ্ঠে যখন সে আসছিল তার কিছুটা দূরেই একটা আলোচনা হচ্ছিল। নিবিষ্টভাবে গুরু বশিষ্ঠ আগে দেখা সেই রহস্যময় নাগের সঙ্গে আলোচনায় মগ্ন। লক্ষ্মণের চোখে পড়তেই লুকিয়ে সে তাদের কথাবার্তা শুনতে লাগল।

নাগ বলল,'আমি দুঃখিত যে আপনি...'

'ব্যর্থ হয়েছেন?' বশিষ্ঠ বাক্যটি সম্পূর্ণ করল। গুরু সম্প্রতি এক দীর্ঘ ও অপ্রত্যাশিত অনুপস্থিতির পর সম্প্রতি অযোধ্যায় ফিরেছেন।

'না, আমি ঠিক ওই কথাটা বলতে যাচ্ছিলাম না; গুরুজি।'

'যদিও যা হয়েছে সেটাই যথার্থ। এটা আমাদের ব্যর্থতা নয়। ব্যর্থতা-'

মাঝপথেই তাকে বশিষ্ঠ কথা থামিয়ে দিলেন, তার মনে হল তিনি কোন শব্দ শুনতে পেলেন।

'কী ব্যাপার?' প্রশ্ন করল নাগ।

'তুমি কি কিছু শুনতে পেলে?'

চারদিকে তাকিয়ে নাগ শোনার চেষ্টা করল কয়েক মুহূর্ত, তারপর মাথা নাড়ল।

'রাজকুমার রামের খবর কী?' আলোচনায় ফিরে এল নাগ। 'আপনি কি জানেন আপনার বন্ধু তাকে খুঁজতে এ দিকেই আসছে?'

'জানি সেটা ।'

'এ ব্যাপারে কী করতে চান আপনি?'

অসহায় ভঙ্গিতে দুহাত উঁচু করে বশিষ্ঠ বললেন,'এ বিষয়ে আমার কী করার আছে? বিষয়টা রামকেই সামলাতে হবে।'

সে মুহূর্তেই তারা দুজনে শুনল একটা ছোটো ডাল ভাঙার শব্দ। হয়ত কোনো জন্তু। নাগ নীচু গলায় বিড়বিড় করে উঠল, 'আমি বরং যাই।'

'হ্যাঁ, যাও।' বশিষ্ঠ সম্মতি জানালেন।

দ্রুত ঘোড়ায় লাফ দিয়ে উঠে বশিষ্ঠ-র দিকে তাকিয়ে নাগ বলল, 'আপনার অনুমতিক্রমে।'

বশিষ্ঠ হেসে দুহাত জড়ো করে নমস্কার জানাল, 'ভগবান রুদ্রের সঙ্গে গমন করো, বন্ধু।'

নাগও প্রতি নমস্কার করল,'গুরুজি, ভগবান রুদ্রের উপর বিশ্বাস রাখুন।'

নাগ তার ঘোড়ার গায়ে সামান্য টোকা দিতেই ঘোড়াটা ছুটতে শুরু করে দূরে মিলিয়ে গেল।

‘ও কিছু নয়, একটু মচকে গেছে কেবল’, বাচ্চাটিকে আশ্বস্ত করে রোশনি তার গোড়ালির ওপর একটা ব্যান্ডেজ বেঁধে দিল। ‘দেখিস, দু-একদিনের মধ্যেই সেরে যাবে।’

বাচ্চাটির উদ্‌বিগ্ন মা বলল,‘আপনি নিশ্চিত সেরে যাবে?’

আশেপাশের বসতি থেকে অগন্য গ্রামবাসী সরাইয়ার গ্রামের প্রাঙ্গণে জড়ো হয়েছে। রোশনি ধৈর্য ধরে তাদের প্রত্যেকের সমস্যার কথা শুনেছে। এই ছিল আজকের শেষ রোগী।

বাচ্চাটার মাথায় আদরের চাঁটি মেরে রোশনি বলল, ‘হ্যাঁ, সেরে তো যাবেই। কিন্তু আমাকে একটা কথা দিতে হবে,’ দুহাতে বাচ্চাটির মুখ ধরে সে বলল, ‘আগামী কদিন কিন্তু গাছে চড়া ও দৌড়োনো একদম বন্ধ। যতক্ষন না গোড়ালি পুরোপুরি সেরে যায় ততদিন সাবধানে থাকবে।’

বাচ্চাটার মা বলে উঠল,‘ আমি নিশ্চয়ই দেখব যাতে কদিন ও বাড়ির বাইরে বেরোতে না পারে।’

‘খুব ভালো,’ বলল রোশনি।

ঠোট ফুলিয়ে ছদ্ম অভিমানের ভান করে বাচ্চাটা বলল,‘রোশনি দিদি, আমার মিষ্টি কোথায়?’

রোশনি এক সহকারীকে ডেকে তার থলি থেকে এক টুকরো মিষ্টি বের করে বাচ্চাটার হাতে দিতেই মুখে হাসির ঝিলিক খেলে গেল তার। বাচ্চাটার মাথার চুলগুলো এলোমেলো করে দিয়ে সিড়ি থেকে উঠে দাঁড়িয়ে পিঠটা সোজা করল রোশনি। দীর্ঘক্ষণ ঝুঁকে বসে থাকায় পিঠটা টনটন করছে। সে এবার গ্রাম প্রধানের দিকে তাকিয়ে বলল, ‘যদি অনুমতি দেন, এবার আমি যাই।’

প্রধান আন্তরিক কণ্ঠে বলে উঠল, ‘মাননীয় মহাশয়া, অনেকটা তো দেরি হয়ে গেল, আপনি কি নিশ্চিত সন্ধের আগে আপনি নগরে পৌঁছোতে পারবেন? নগরের দরজা তো আবার সন্ধ্যার পরই বন্ধ হয়ে যায়।’

আত্মবিশ্বাসী রোশনি বলল,'চিন্তা করবেন না, আমরা ঠিক সময়ের মধ্যেই পৌঁছে যাব। আজ অযোধ্যাতে ফিরতেই হবে। মা আজ একটা অনুষ্ঠানের আয়োজন করেছেন এবং উনি চান আমি তাতে উপস্থিত থাকি।'

'ঠিক আছে, মহাশয়া, আপনার যেমন ইচ্ছা,' গ্রাম প্রধান বলল। 'আপনাকে আবারও একবার অশেষ ধন্যবাদ। আপনি না থাকলে আমাদের কী যে হত!'

'এর জন্য আপনারা একমাত্র ভগবান ব্রহ্মাকেই প্রণাম জানাবেন, কারণ, তিনিই আপনাদের সাহায্য করার দক্ষতা আমাকে দিয়েছেন।'

প্রতিবারের ন্যায় এবারও কৃতজ্ঞতাপরবশ হয়ে গ্রামপ্রধান তার পা ছুঁয়ে তার আন্তরিক কৃতজ্ঞতা জানাতে চাইল। অন্য সব বারের মতোই এবারেও রোশনি লাফিয়ে পিছনে সরে গেল। 'অনুগ্রহ করে পা ছুঁয়ে আমায় লজ্জিত করবেন না। আমি আপনার চেয়ে বয়সে ছোটো।'

করজোড়ে দাঁড়িয়ে গ্রাম-প্রধান বলল,'মহাশয়া, ভগবান রুদ্র আপনাকে আশীর্বাদ করুন!'

'তিনি আমাদের সবার মঙ্গল করুন!' রোশনি একথা বলে সামনের দিকে এগিয়ে গেল এবং এক লাফে ঘোড়ার পিঠে উঠে বসল। তার সহকারীরা ইতিমধ্যে সব চিকিৎসা সরঞ্জাম জড়ো করে ঘোড়ার পিঠে চাপিয়েছে। রোশনির ইঙ্গিতে তারা দ্রুতবেগে ঘোড়া ছোটাল।

এর কিছুক্ষণ পরেই আটজন অশ্বারোহী গ্রাম-প্রধানের বাড়ির সদর দরজায় এসে দাঁড়াল। তারা ইসলা নামক গ্রাম থেকে এসেছে । আজ সকালেই তারা রোশনির কাছ থেকে কিছু ওষুধ নিয়েছিল। তাদের গ্রামে সে সময় জ্বরের প্রকোপ চলছিল। অশ্বারোহীদের মধ্যে এক কিশোরের নাম ধেনুকা, সে ইসলা গ্রাম-প্রধানের ছেলে।

গ্রাম প্রধান বলল, 'ভাইসকল তোমাদের যা দরকার তা কি তোমরা নিয়েছ?' ধেনুকা বলল, 'তা তো নিয়েছি, কিন্তু মহীয়সী রোশনি দেবী কোথায়? আমি তাঁকে অভিনন্দন জানাতে এসেছিলাম।'

গ্রাম-প্রধান একটু অবাক হল। ধেনুকা দুর্বিনীত, রূঢ় ব্যবহারের জন্য

সুপরিচিত। আজই প্রথম সে রোশনিকে দেখেছে। তিনি হয়ত তাঁর মধুর ব্যবহার ও মহত্ত দিয়ে উগ্র ছেলেটারও মন জয় করে নিয়েছেন! গ্রাম-প্রধান বলল, তিনি তো এইমাত্র বেরিয়ে গেলেন। তাঁকে রাত্রি নামার আগেই নগরে পৌছতে হবে।'

গ্রাম থেকে বাইরের দিকে বেরিয়ে যাওয়া পথের দিকে তাকিয়ে ধেনুকা বলল,'বেশ', তারপর সেই পথে ঘোড়া ছোটাল।

'আমি কি আপনাকে কোনো সাহায্য করতে পারি মহামান্য মহীয়সী?' ধেনুকা পিছন থেকে জিজ্ঞাসা করল।

রোশনি অবাক হয়েই পিছন ফিরে তাকাল। তারা দ্রুত ঘোড়া ছুটিয়ে বেশ তাড়াতাড়িই নগরের নিকটবর্তী হওয়ায় সরযুর তীরে একটু বিশ্রাম করছিল। অযোধ্যায় পৌছতে আর এক ঘন্টা।

সে কে, প্রথমে রোশনি তা বুঝতেই পারেনি, কিন্তু মুহূর্তে তাকে মনে পড়তেই সে হাসল।

'কোনো সমস্যা নেই ধেনুকা,' রোশনি বলল, 'আসলে ঘোড়াগুলোর একটু বিশ্রাম দরকার। মনে হয় আমার সহকারীরা সবাইকে বুঝিয়ে দিয়েছে কীভাবে ওষুধ খেতে হবে।'

'হ্যাঁ, সেটা তারা করেছে,' অদ্ভুতভাবে হেসে ধেনুকা বলল।

হঠাৎই রোশনির কেমন অস্বস্তি হতে লাগল। তার প্রবৃত্তি তাকে বলে দিল যে অচিরেই তাঁকে স্থান ত্যাগ করতে হবে। তবু সে বলল, 'বেশ, আশা করি তোমার গ্রামের অসুস্থরা শীঘ্রই ভালো হয়ে যাবে।'

সে তার ঘোড়ার দিকে গিয়ে লাগামটা হাতে তুলে নিল। তৎক্ষণাৎ ঘোড়া থেকে লাফিয়ে নেমে ধেনুকা রোশনির হাত চেপে তাকে পিছন দিকে টানল। 'মহীয়সী, এত তাড়া কীসের?'

তাকে ধাক্কা দিয়ে সরিয়ে রোশনি পিছিয়ে এল কিছুটা। ইতিমধ্যে ধেনুকার

দলের অন্যরাও তাদের ঘোড়া থেকে নেমে এসেছে। তাদের মধ্যে তিনজন তার সহকারীদের দিকে এগিয়ে গেল।

রোশনির মেরুদন্ড দিয়ে এক শীতল স্রোত নেমে গেল,'আমি... আমি তোমাদের গ্রামের লোকদের তো সাহায্য করি...'

ধেনুকা দাঁত বের করে ভয়ানকভাবে হেসে উঠল, 'হ্যাঁ, সেটা তো জানি, আশা করছি আপনি আমাকেও সাহায্য করবেন...'

রোশনি ছিটকে সরে গিয়ে দৌড়তে লাগল। কিন্তু কিছুক্ষণের মধ্যেই ওই তিনজন তাকে ধরে ফেলল। তাদের একজন তার গালে একটা প্রচন্ড চড় কষাল। রোশনির ঠোঁট ফেটে রক্ত বেরোতে থাকলে দ্বিতীয় জন তার দুহাত নির্মমভাবে তার দেহের পিছনে নিয়ে গিয়ে মুচড়ে দিল।

ধেনুকা ধীর পায়ে সামনে এগিয়ে এসে তার মুখে আদর করতে লাগল। 'আপনি তো একজন অভিজাত মহিলা,...উমম্... ব্যাপারটা বেশ মজারই হবে।

তার দলের অন্যরা হেসে উঠল হো হো করে।

রামের কার্যালয়ে ঢুকে চিৎকার করে উঠল লক্ষ্মণ, 'দাদা!'

রাম মুখ না তুলেই তার টেবিলে রাখা নথিপত্রে চোখ বোলাতে থাকল। এটা দ্বিতীয় প্রহরের প্রথম ঘন্টা, এসময় সে সামান্য নির্জনতা ও শান্তি প্রত্যাশা করে।

হাতে ধরা নথিপত্রটা পড়তে পড়তেই রাম অন্যমনস্কভাবে বলল, 'আবার কী হল লক্ষ্মণ?'

'দাদা...' লক্ষ্মণ আবেগরুদ্ধ হয়ে আর কথা বলতে পারল না।

'লখ্...' রাম বাক্যটা শেষ করতে পারল না, লক্ষ্মণের দুচোখে অবিরল অশ্রুধারা দেখে বলল, কী হয়েছে?'

'দাদা... রোশনি দিদি...'

দ্রুত রাম উঠে দাঁড়াতে তার আসনটা পিছন দিকে শব্দ করে সরে গেল, 'বলো কী হয়েছে রোশনির?'

'দাদা...'

'কোথায় সে?'

।। অধ্যায় ১৩।।

ভরত স্তম্ভিত হয়ে দাঁড়িয়ে ছিল। লক্ষ্মণ ও শত্রুঘ্ন কাঁদছিল হাউহাউ করে। কোলে রাখা মেয়ের মাথা হাতে ধরে মন্থরা শূন্য চোখে তাকিয়ে ছিল। অক্ষিগোলক ফুলে উঠলেও তা অশ্রুহীন। তার চোখের সব জল শুকিয়ে গেছে। একটা সাদা চাদরে রোশনির শরীরটা ঢাকা। মন্থরার রক্ষীরা তার শরীরটা খুঁজে পেয়েছিল সরযু নদীর তীরে, অত্যাচারিত ও বসনহীন। তার এক সহকারীর মৃতদেহ পড়ে ছিল একটু দূরে। তাকে নির্মম ভাবে মুগুরের আঘাতে হত্যা করা হয়েছে। তার অন্য এক সহকারীকে প্রচণ্ডভাবে আহত কিন্তু জীবিত অবস্থায় পাওয়া গিয়েছিল। তার চিকিৎসারত বৈদ্যদের পাশে রাম দাঁড়িয়ে ছিল। মুখে আবেগের কোনো চিহ্ন না থাকলেও প্রচণ্ড ক্রোধে তার মুষ্টিবদ্ধ হাত কাঁপছিল। রোশনির সহকারীকে প্রশ্ন করতে হবে।

পরদিন সকালেও রোশনি না ফিরলে মন্থরা তার দেহরক্ষীদের পাঠিয়ে ছিল সরাইয়া গ্রামে রোশনির খোঁজে। নগর প্রাকারের দরজা খুলতেই তারা যাত্রা করেছিল, আর একঘণ্টা ঘোড়ায় যাওয়ার পর তাদের চোখে পড়ে রোশনির মৃতদেহ, যে মৃত্যুর আগে নির্দয়ভাবে হয়েছে গণধর্ষিত। তার মাথা বারবার আছড়ানো হয়েছে পাথরের ওপর। একটা গাছের সঙ্গে বাঁধা হয়েছিল তাকে। তার শরীরের সর্বত্র ছিল আঁচড় ও কামড়ের দাগ। রাক্ষসরা এমনকী দাঁত দিয়ে তার তলপেট ও বাহুর চামড়া তুলে ফেলেছিল।

তাকে ধর্ষণকারীরা, কিছু একটা, সম্ভবত লাঠি দিয়ে প্রহার করেছিল। তার মুখের একদিকে মুখগহ্বর থেকে কানের কাছ পর্যন্ত ছিল গভীর ক্ষত। তার মুখের ক্ষত, মুখমণ্ডলে জমাট বাধা রক্ত বুঝিয়ে দিচ্ছিল অত্যাচার চলাকালীন অবস্থায় তার দেহে প্রাণ ছিল। বীর্যের শুকনো দাগ ছিল সারা শরীরে। সে মারা যায় ভয়াবহ যন্ত্রণায়; সবশেষে এক অত্যাচারী তার মুখের মধ্যে ঢেলে দেয় অ্যাসিড।

সহকারী বহু কষ্টে তার চোখ খুলল। রাম তার দিকে ঝুঁকে পড়ে গর্জন করে উঠল, 'বল, ওরা কারা?'

বৈদ্য বলল, 'প্রভু, আমার মনে হয়না ও এখন কথা বলতে পারবে।'

তার কথা সম্পূর্ণ উপেক্ষা করে রাম আহত সহকারীটির পাশে হাঁটু মুড়ে বসে আবার বলল, 'বল, ওরা কারা?'

রোশনির সহকারী কোনো মতে একটি মাত্র নাম উচ্চারণ করে আবার অচেতন হয়ে গেল।

রোশনি ছিল তেমনই এক বিরল ব্যক্তিত্ব যে আমজনতা, অভিজাত ও রাজন্যবর্গ সবার কাছেই ছিল জনপ্রিয়। সে তার জীবনকে উৎসর্গ করেছিল সেবায়। সে ছিল এক বিরল চরিত্রের নারী, মর্যাদা ও সম্ভ্রমের প্রতীক। অনেকেই তার সঙ্গে কুমারী দেবী কন্যাকুমারীর তুলনা করত। তার এই নির্মম পরিণতিতে যে বিক্ষোভ তৈরি হল তা তুলনাহীন।

পালিয়ে যাবার ঠিক আগের মুহূর্তে ইসলা গ্রাম থেকে অপরাধীদের ধরে আনা হল। সেই গ্রামেরই মহিলাদের হাতে গ্রাম-প্রধান তুলোধোনা হয় যখন সে তার কুখ্যাত ছেলেকে রক্ষা করার চেষ্টা করছিল। তারা ধেনুকার অত্যাচার দীর্ঘদিন নীরবে সহ্য করতে বাধ্য হয়েছে। রামের অতি উন্নত পুলিশ বাহিনীর তৎপরতায় অপরাধীদের গ্রেফতার, তাদের কাছ থেকে তথ্যপ্রমাণ সংগ্রহ করে তা বিচারকদের কাছে পেশ করা, অপরাধীদের বিচার ও বিচারকদের

রায়দান—সবকিছু হয়ে উঠল অবিশ্বাস্য দ্রুততায়। এক সপ্তাহের মধ্যে অপরাধীদের শাস্তিদানের সব বন্দোবস্ত পাকা হয়ে গেল। কেবলমাত্র ধেনুকা ছাড়া সবার মৃত্যুদণ্ড হল।

গণধর্ষণের প্রধান অভিযুক্ত, খুন ও ধর্ষণে যুক্ত অপরাধীদের দলপতি, ধেনুকা সাবালক না হওয়ায় আইনের সুক্ষ্ম ফাঁক গলে মৃত্যুদণ্ড এড়ানোয় রাম একেবারে ভেঙে পড়ল, কিন্তু আইনভঙ্গ করা তো রামের পক্ষেও সম্ভব নয়। আর রামও তার একেবারে পক্ষপাতী নয়। আইন রক্ষক রামকেই করতে হবে যা কিছু করণীয়। কিন্তু রোশনির রাখি-ভাই রাম ডুবে যাচ্ছিল অপরাধবোধে তার বোনের এরকম ভয়াবহ পরিণতির প্রতিশোধ নিতে না পেরে। একমাত্র নিজেকে শাস্তি দিয়েই হয়ত এই অপরাধবোধ থেকে সে মুক্তি পেতে পারে। আর নিজেকে যন্ত্রণায় জর্জরিত করে সে ঠিক তাই করছিল।

তার ব্যক্তিগত বৈঠকখানার বারান্দায় আসনে বসে তাকিয়ে ছিল সেই বাগানের দিকে যেখানে রোশনি তাকে রাখি পরিয়ে দিয়েছিল। চোখভরা জল নিয়ে সে তার হাতে বাঁধা রাখিটার দিকে তাকাল। মধ্যদিনের তীব্র সূর্যালোক তার উন্মুক্ত শরীরের উপর যেন আক্রোশ নিয়ে এসে পড়ছিল। চোখের ওপর হাতের তালু রেখে সে সূর্যের দিকে তাকাল। তারপর গভীর শ্বাস টেনে তার আঘাতপ্রাপ্ত ডান হাতের দিকে নজর ঘোরাল। সে টেবিলে রাখা কীলক আকৃতির কাঠের টুকরোটা হাতে তুলে নিল, যার তীক্ষ্ণ কোণার দিকটা জ্বলছে ধিক ধিক করে।

সে আকাশের দিকে তাকিয়ে অস্ফুটে বলল, 'রোশনি, আমায় ক্ষমা করো।'

সে কীলকের জ্বলন্ত কোনাটা চেপে ধরল হাতের ভিতর দিকে যেখানে রাখিটি বাধা ছিল। তীক্ষ্ণ কোনাটা মাংসের গভীরে প্রবেশ করলেও সে কোনো শব্দ করল না। তার চোখের পলকও পড়ল না। পোড়া মাংসের গন্ধ জানালা দিয়ে ছড়িয়ে পড়ছিল বাইরে।

'আমি দুঃখিত... ক্ষমা করো আমায়...'

রামের চোখ বন্ধ। তার দু-গাল বেয়ে নেমে আসছে অশ্রুধারা।

কয়েক ঘণ্টা পর শূন্যদৃষ্টিতে রাম বসেছিল তার কার্যালয়ে। তার হাতের পোড়া অংশটা ঢাকা ছিল তিরন্দাজদের কবজিবন্ধ দিয়ে।

'এটা ভুল দাদা...'

দৃশ্যত ভয়ানক ক্রুদ্ধ লক্ষ্মণ রামের ঘরে প্রবেশ করল। রাম চোখ তুলে তাকাল। তার চোখ তার অন্তরের ক্রোধকে লুকিয়ে রেখেছিল।

শান্তভাবে রাম বলল, 'এটাই আইন লক্ষ্মণ। আইন কখনো ভাঙা যায় না। আইন সবার উপরে। আমার অথবা তোমার থেকেও গুরুত্বপূর্ণ। এমনকী গুরুত্বপূর্ণ...'

রামের কথা আটকে গেল। আর সে নামটা উচ্চারণ করতে পারল না।

'দাদা, কথাটা শেষ করো,' দরজার কাছ থেকে ভরত তীব্র শ্লেষের সঙ্গে বলল।

রাম মুখ তুলল। সে ভরতের দিকে হাত তুলে যন্ত্রণাকাতর উচ্চারণে বলল, 'ভরত...'

দীর্ঘ পদক্ষেপে ঘরে ঢুকল ভরত, তার দুচোখে বেদনার ছায়া। শরীরটা শক্ত, হাতের আঙুলগুলো কাঁপছিল, তবু তার ভিতরে যে ঝড় বইছিল সেটা সে পুরোপুরি প্রকাশ করতে পারছিল না। ' কী বলছিলে দাদা, বলো। কথাটা শেষ করো।'

'ভরত, ভাই আমার, আমার কথা শোনো...'

'না, তুমি যা বলছিলে আগে সেটা শেষ করো। আমাদের বলো যে তোমার ওই নিরেট, নির্বোধ আইন রোশনির চেয়েও বেশি গুরুত্বপূর্ণ,' ভরতের চোখ দিয়ে অশ্রুপাত হচ্ছে তখন। 'বলো যে তোমার হাতে বাঁধা রাখির চেয়ে তোমার ওই আইন বড়ো! সে সামনে ঝুঁকে রামের ডান হাতটা ধরল। ব্যথা লাগলেও রাম তা প্রকাশ করল না। 'বলো রোশনিকে রক্ষা করার আমাদের প্রতিশ্রুতির চেয়েও তোমার আইন বড়ো!'

রাম ভরতের হাত থেকে তার হাতটা ছাড়াতে ছাড়াতে বলল, 'ভরত,

আইনে এটা পরিষ্কারভাবে বলা আছে যে প্রাপ্তবয়স্ক না হলে তাকে চরম দণ্ড দেওয়া যাবে না। ধেনুকা প্রাপ্তবয়স্ক নয়, এবং সেজন্যই তাকে প্রাণদণ্ড দেওয়া যাবে না।'

'চুলোয় যাক তোমার আইন,' চিৎকার করে উঠল ভরত। এটা কোনো আইনের ব্যাপার নয়, এটা বিচারব্যবস্থার বিষয়! তুমি কি দুটোর পার্থক্যও বোঝো না, দাদা? দৈত্যটাকে মরতেই হবে।'

যে অপরাধবোধ তাকে কুরেকুরে খাচ্ছে, সেই যন্ত্রণা থেকেই রাম বলল, 'হ্যাঁ, মরতে ওকে হবেই। কিন্তু অযোধ্যায় কোনো অপ্রাপ্তবয়স্কের মৃত্যুদণ্ড হবে না। এটাই আইন।'

টেবিলে ভয়ানক ভাবে ঘুষি মেরে ভরত গর্জন করে উঠল, 'দাদা, ধিক তোমার আইন!'

পিছন থেকে একটা বজ্রসম আওয়াজ উঠল, 'ভরত!'

তিন ভাই মাথা ঘুরিয়ে দেখল দরজার সামনে দণ্ডায়মান রাজগুরু বশিষ্ঠ। সঙ্গেসঙ্গে দাঁড়িয়ে দুহাত জোড় করে তার দিকে ঘুরে ভরত সসম্ভ্রমে তাঁকে নমস্কার করল। লক্ষ্মণ মুখ তুলে তাকাবারও প্রয়োজন বোধ করল না। তার ভয়ংকর ক্রোধ গিয়ে পড়ল তার গুরুর উপর।

বশিষ্ঠ ইচ্ছে করেই হালকা পদক্ষেপে অতি ধীরে ধীরে ঘরে প্রবেশ করলেন। তারপর বললেন, 'ভরত ও লক্ষ্মণ, তোমাদের বড়ো ভাই যা বলেছে তাই ঠিক। পরিস্থিতি যাই হোক আইন মেনে চলতে হবে ও তাকে শ্রদ্ধা করতে হবে।'

'কিন্তু গুরুজি, আমরা যে প্রতিশ্রুতি রোশনিকে দিয়েছিলাম তার কী হবে? তার কী কোনো মূল্য নেই?' ভরত প্রশ্ন করল। 'আমরা তো কথা দিয়েছিলাম আমরা ওকে রক্ষা করব। ওর প্রতি আমাদের একটা কর্তব্য ছিল এবং সেটা পালনে আমরা ব্যর্থ হয়েছি। এখন আমরা তার অত্যাচারীকে হত্যা করে তার প্রতিশোধ নেব।'

'তোমার কথা আইনের ঊর্ধ্বে নয়।'

প্রাচীন এক পারিবারিক ঐতিহ্য উদ্ধৃত করে ভরত বলে উঠল,'রঘুবংশীরা

কথার খেলাপ করে না।'

'যদি তোমাদের প্রতিজ্ঞা আইন মোতাবেক না হয়, তবে প্রতিশ্রুতি ভঙ্গ করার জন্য নিজেদের উপর কলঙ্ক মেনে নিতে হবে,' বশিষ্ঠ বললেন, 'আর এটাই ধর্ম।'

সমস্ত আত্মনিয়ন্ত্রণ ও ব্যবহারবিধি ভুলে লক্ষ্মণ চিৎকার করে উঠল, 'গুরুজি!'

'এই দিকে দ্যাখো,' বশিষ্ঠ সামনে এগিয়ে রামের বাহুবন্ধটা খুলে তার হাতটা তুলে ধরলেন। রাম হাতটা টেনে নিতে চাইলেও বশিষ্ঠ সেটাকে শক্ত করে ধরে রইলেন।

ভরত ও লক্ষ্মণ বিমূঢ় হয়ে গেল। রামের ডানবাহুর ভিতরের দিকটা পুড়ে দগদগে হয়ে আছে। সেখানে পুড়ে তামাটে হয়ে গেছে।

'প্রত্যেকটা দিন ও এটা করে চলেছে। যেদিন থেকে বিচারক রায় দিয়েছেন যে অপ্রাপ্তবয়স্ক হওয়ায় অপরাধীকে মৃত্যুদণ্ড দেওয়া যাবে না, সেদিন থেকে, আমি ওকে থামাতে চেয়েছিলাম। কিন্তু রোশনিকে দেওয়া প্রতিশ্রুতি রাখতে না পেরে ও এভাবেই নিজেকে শাস্তি দিয়ে চলেছে। তবু সে আইনভঙ্গ হতে দেবে না।'

সাতজন ধর্ষণকারীর মৃত্যুদণ্ড কার্যকর হবার দিন রাম সেখানে উপস্থিত ছিল না।

মূল অভিযুক্তকে চরম শাস্তি না দিতে পারার জন্য নিজেদের ওপর ভীষণ ক্ষিপ্ত হয়েছিলেন বিচারকেরা এবং ফলস্বরূপ নিজেদের সীমা অনেকটা পেরিয়ে বাকি সাতজনকে কীভাবে সাজা দেওয়া তা বিস্তারিতভাবে তাদের রায়ে জানিয়েছিলেন। রাম মৃত্যুদণ্ডের যে নতুন রীতি চালু করেছে তাতে লিখিত ছিল গলায় ফাঁস লাগিয়ে মৃত্যু পর্যন্ত ঝুলিয়ে রেখে যতটা সম্ভব দ্রুত মৃত্যুদণ্ড কার্যকর করতে হবে। এ ছাড়াও লিখিত ছিল কারাগারের একটি

নির্দিষ্ট স্থানেই ফাঁসি দেওয়া হবে। আইনের শেষে বলা ছিল পদ্ধতিগত ক্ষেত্রে বিচারকদের সিদ্ধান্তই চূড়ান্ত। ক্রোধন্মত্ত বিচারকরা আইনের শেষ অংশের সুযোগ নিয়ে মৃত্যুদন্ড কীভাবে বলবৎ হবে তা বিস্তারিতভাবে লিখে নির্দেশ দেন। তাতে বলা হয় যে মৃত্যুদণ্ড দেওয়া হবে প্রকাশ্য স্থানে এবং ফাঁসির মাধ্যমে নয়। রক্তপাতের মাধ্যমেই অপরাধীদের হত্যা করা হবে এবং শাস্তি যতটা সম্ভব যন্ত্রণাদায়ক করা সুনিশ্চিত করতে হবে। তাঁরা তাদের সিদ্ধান্তের যথার্থ বোঝাতে এও বললেন যে এমন কঠোর শাস্তি দিলে তা ভবিষ্যতে দৃষ্টান্ত হয়ে থাকবে এবং অপরাধপ্রবণ ব্যক্তিরা অপরাধ করার আগে দুবার ভাববে। নিজেদের মধ্যে তাঁরা আলোচনা করলেন যে এইভাবে প্রকাশ্যে শাস্তি দিলে মানুষের মধ্যেকার ক্ষোভ ও বিদ্বেষজাত প্রতিশোধ ইচ্ছা পূর্ণ হবে। পুলিশের সেই রায় কার্যকর করা ছাড়া কোনো উপায় ছিল না।

নগর প্রাকারের বাইরে নির্মিত হয়েছিল চারফুট উঁচু হত্যামঞ্চ, যাতে এমনকী দূর থেকেও পুরো দৃশ্য পরিলক্ষিত হয়। এই ঘটনার সাক্ষী থাকতে সকাল থেকেই হাজার হাজার মানুষ নগর প্রাকারের বাইরে উপস্থিত হয়েছিল। অনেকের হাতে ছিল পচা ডিম ও টম্যাটো অপরাধীদের গায়ে ছুঁড়ে মারার জন্য।

জনতার মধ্যে থেকে ক্রোধ ও ঘৃণার চিৎকার উঠল যখন শকটে করে সাত অপরাধীকে কারাগার থেকে আনা হল মঞ্চের কাছে। তাদের সারা শরীরের ক্ষতচিহ্ন দেখেই বোঝা যাচ্ছিল কারাগারেই তাদের ওপর চলেছে নিদারুণ অত্যাচার। রাম বহু চেষ্টা করেও কারারক্ষী ও অন্য বন্দিদের নৈতিক ক্রোধ থেকে অপরাধীদের রক্ষা করতে ব্যর্থ হয়েছে। এদের সবাই কোনো না কোনো সময়ে নানাভাবে রোশনির বদান্যতা ও উপকার পেয়েছে। প্রতিশোধস্পৃহা হয়ে উঠেছে আকাশছোঁয়া।

অপরাধীরা সিঁড়ি বেয়ে পাটাতনের উপর উঠল। পাটাতনের ওপর কাঠের স্তম্ভের সঙেগ কাঠের শাস্তি-খাঁচা লাগানো ছিল। তার প্রতিটিতে এক একজনের মাথা ও হাত ঢুকিয়ে দেওয়া হল; সর্বসাধারণের আনুষ্ঠানিক ঘৃণা ও বিদ্রুপের লক্ষ্য হিসেবে। অপরাধীদের খাঁচায় সুদৃঢ়ভাবে আটকে প্রহরীরা নেমে গেল।

এটারই অপেক্ষা করছিল জনতা। নিখুঁত লক্ষে অপরাধীদের দিকে উড়ে আসতে লাগল ইঁট, পাটকেল, পচা ডিম ও টম্যাটো, থুতু, গালাগালি ও অভিশাপ। দূর থেকে ছোড়া ক্ষেপণাস্ত্র তীব্র বেগে তাদের গায়ে পড়ে তীব্র যন্ত্রণা দিচ্ছিল। জনতাকে কড়া নির্দেশ দেওয়া ছিল যে কেউ পাথর বা তীক্ষ্ণ কিছু ছুঁড়তে পারবে না। কেউই চাইছিল না তাড়াতাড়ি এই নরপশুদের যন্ত্রণার শেষ হোক। শাস্তি, কেবল প্রবল শাস্তিই তাদের উপযুক্ত।

এটা প্রায় আধঘণ্টা ধরে চলল। ধীরে ধীরে, সম্ভবত ক্লান্তি থেকেই ক্ষেপণাস্ত্র বর্ষণ কমে এল। জল্লাদ জনতাকে নিরস্ত হতে বলল। সে মঞ্চে উঠে প্রথম অপরাধীর কাছে গেল, যার দুচোখে অসহায় ভয় থমথম করছিল। দুজন সহকারী অপরাধীর দুটো পা যতটা সম্ভব দূরে টেনে সরিয়ে দিল। এতেই শাস্তি-খাঁচায় আটকানো প্রথম অপরাধীর দমবন্ধ হবার জোগাড় হল। অতি ধীরে ধীরে জল্লাদ একটা বড়ো পেরেক ও কামারের হাতুড়ি তুলে নিল। সহকারী দুজন একটা পা টেনে ধরতে জল্লাদ পেরেকটা পায়ের পাতায় রাখল ছন্দোবদ্ধ হাতুড়ি ঠুকে সেটাকে পায়ের ভিতর দিকে পাটাতনে গেঁথে দিতে থাকলে যতই চিৎকার করছিল অপরাধী জনতা ততই উন্মত্ত হয়ে উঠছিল। জল্লাদ নিজের কাজটায় খুশি হয়ে পিছিয়ে এল। অপরাধীর চিৎকার একটু কমে আসতেই জল্লাদ আবার এগিয়ে গিয়ে অন্য পা-টার দায়িত্ব নিল।

এইভাবে সে পরপর আরও ছজনের উপর চালাল নির্মম অত্যাচার। অপরাধী যত যন্ত্রণায় চিৎকার করছিল জনতা তত উন্মত্ত উল্লাস প্রকাশ করছিল। সাতজনের পা কাঠের পাটাতনে পেরেক দিয়ে আটকানো হলে সে মঞ্চের সামনে এগিয়ে এসে জনতার দিকে হাত বাড়াতে জনতা তার দিকে অভিনন্দন ছুড়ে দিতে থাকল।

এবার সে প্রথম যার পায়ে পেরেক পোঁতা হয়েছিল তার দিকে এগিয়ে গেল। অপরাধী এতক্ষণে অজ্ঞান হয়ে গিয়েছিল। কিছু ওষুধ তার গলায় ঢেলে তার জ্ঞান ফেরা অবধি তার দুগালে চড় কষানো হতে থাকল।

জল্লাদ হিসহিস করে বলল, 'এই মজা উপলব্ধি করতে হলে তো তোকে জেগে থাকতেই হবে রে!'

'আমাকে মেরে ফেলো,' অপরাধী অনুরোধ করল, 'দয়া করে...আমায় করুণা করো।'

জল্লাদের মুখটা হয়ে উঠল পাথরের মতো। মাত্র চারমাস আগে রোশনি তাঁর স্ত্রীর কন্যা সন্তান প্রসব করিয়েছিল। তার বদলে রোশনি তাদের ঘরে তাদের সঙ্গে সামান্য আহার করে তাদের ধন্য করেছিল 'পাগলা কুত্তার বাচ্চা, মহিয়সী রোশনির ওপর তোরা দয়া দেখিয়েছিলি?'

'মাপ করো...ক্ষমা করো...দয়া করো আমায় মেরে ফেলো' অপরাধী চিৎকার করে কেঁদে উঠল।

উদাসীনভাবে জল্লাদ তার কাছ থেকে সরে গেল।

টানা তিন ঘন্টা প্রকাশ্য নির্মম অত্যাচারের পর জল্লাদ তার কোমরবন্ধ থেকে একটা ছোটো ধারালো ছুরি বের করল। শাস্তি খাঁচা থেকে প্রথম অপরাধীর ডানহাত সে আলগা করে দিল। যে ভালো করে কবজিটা পরীক্ষা করল। ঠিক ধমনিটা তাকে খুঁজে নিতে হবে।

'একদম এটাই!' বলল জল্লাদ। তারপর ছুরিটা কাছাকাছি এনে নিঁখুতভাবে কেবল সেই ধমনিটা কাটতেই রক্ত বেরোতে লাগল, তবে ধীরে ধীরে। অপরাধীর আর চিৎকারের শক্তি নেই, সে গোঙাতে লাগল। মৃত্যু আসতে আরও যন্ত্রণাময় ঘণ্টা দুয়েক লাগবে। দ্রুততার সঙ্গে জল্লাদ একে একে বাকি ছজনের ওই বিশেষ ধমনি কেটে ফেলল। প্রতিবার ছুরি চালনার সময়ে জনতা চিৎকার করে অশ্লীল গালিগালাজ করতে লাগল।

এবার জল্লাদ জনতার দিকে হাতের ভঙ্গিতে বুঝিয়ে দিল আজকের মতো তার কাজ শেষ এবং মঞ্চ থেকে নীচে নেমে এল। জনতা আবার অপরাধীদের দিকে ইঁট, পাটকেল ছুঁড়তে শুরু করল। কেবল তখনই তারা থামছিল যখন কোনো রক্ষী অপরাধীদের রক্তপাতের গতি দেখে নিচ্ছিল। তীব্র যন্ত্রণা সহ্য করতে করতে ঘণ্টা আড়াই পর শেষ অপরাধীও মারা গেল। এ যন্ত্রণার স্মৃতি তাদের আগামী অনেক জন্মেও মুছবে না।

সাত অপরাধী মৃত বলে ঘোষিত হলে জনতা চিৎকার করল,'মহীয়সী রোশনির জয় হোক!'

মন্থরা মঞ্চের কাছেই একটা উঁচু চেয়ারে বসেছিল। তার চোখ তখনও ঘৃণায় ও আক্রোশে ধকধক করছিল। সে জানে জল্লাদ সুযোগ পেলে মনের সাধ মিটিয়ে আরও যন্ত্রণা দিয়ে মারতে পারত। তার রোশনিকে সবাই কতো ভালোবাসতো। তবু জল্লাদকে সে মোটা অর্থ উপহার দিল প্রস্তাবিত শাস্তি দানে যথার্থ নির্দয়তায় পালন করার জন্য। এই দীর্ঘ সময়ের অত্যাচার একবারও বোধহয় চোখের পাতা পড়েনি তার, সে মনোযোগ দিয়ে নিরীক্ষণ করেছে অপরাধীদের প্রতিটি যন্ত্রণার মুহূর্ত। শাস্তিদান হয়ে গেছে তবু মন্থরার তৃপ্তি নেই, ভিতরের ক্ষোভের প্রশমন নেই। তার হৃদয় পাথর হয়ে গেছে।

তার বুকের কাছে একটা ধাতব পাত্র চেপে সে বসেছিল। এই পাত্রে রাখা ছিল রোশনির চিতাভস্ম। সে নীচের দিকে তাকাল তার চোখ থেকে এক ফোঁটা জল ওই পাত্রের ওপর পড়তে। 'আমি প্রতিজ্ঞা করছি, এমনকি তোর ওপর অত্যাচার চালানো শেষ লোকটাকেও প্রতিদান দিতে হবে। ধেনুকাকেও পড়তে হবে নির্মমতম বিচারের মুখে।'

।। অধ্যায় ১৪।।

'এটা যা হল তা বর্বরতা ছাড়া কিছু নয়,' রাম বলল। 'এ যা হল তা রোশনি যে আদর্শের জন্য কাজ করেছিল তার একেবারে পরিপন্থী।'

রাম ও বশিষ্ঠ রামের নিজস্ব আলোচনারত।

বশিষ্ঠ বললেন,' কেন, বর্বরতা কেন? তুমি কি মনে করো ধর্ষণকারীদের হত্যা করা উচিত নয়?'

'তাদের প্রাণদন্ড হবে এটাই আইন। কিন্তু যেভাবে সেটা করা হল... অন্তত বিচারকদের উচিত হয়নি ব্যক্তিগত আক্রোশকে প্রাধান্য দেওয়া। এটা যা হল তা বন্য, ভয়ানক ও অমানবিক।'

'তাই নাকি, মানবিক হত্যা বলে কোনো ব্যাপার আছে নাকি?'

'গুরুজি, আপনি এই আচরণকে সমর্থন করছেন?'

'বলো আমায়, এইরকম শাস্তির পর সম্ভাব্য ধর্ষক ও খুনিরা আইন ভাঙতে ভয় পাবে কি না?'

রামকে বাধ্য হয়েই ব্যাপারটা মেনে নিতে হয়। 'হ্যাঁ...'

'তাহলে তো শাস্তি তার অভীষ্ট কাজই করেছে!'

'কিন্তু রোশনি নিশ্চয় চাইত না...'

'একদল আইনবিদ মনে করেন নৃশংস ব্যক্তিকে একমাত্র নৃশংস ভাবেই ধ্বংস করতে হয়। আগুনের মোকাবিলা আগুন দিয়েই করতে হয়, রাম।'

'কিন্তু রোশনি বেঁচে থাকলে বলত যে, 'চোখের বদলে চোখ' নীতি প্রয়োগ করতে থাকলে একদিন গোটা পৃথিবীটাই অন্ধ হয়ে যাবে।'

'সন্দেহ নেই যে অহিংসার মধ্যে শুভগুণ আছে, তবে সেটা ক্ষত্রিয় যুগের ধর্ম নয়। যদি ক্ষত্রিয় যুগে বাস করে সামান্য হাতে গোনা লোকের মতো তুমি বিশ্বাস করো যে চোখের বদলে চোখ নীতি পৃথিবীকে অন্ধ করে দেবে, এবং যখন অন্য সবাই এই বিশ্বাসের বিপরীতে তখন তোমার বিশ্বাস নিয়ে তোমাকেই অন্ধ হয়ে থাকতে হবে। পরিবর্তিত পরিস্থিতিতে চিরন্তন সত্যকেও বদলে নিতে বাধ্য হতে হয়।'

সহমত হতে না পেরে রাম মাথা নাড়ল।,'আমার মাঝেমধ্যেই মনে হয় এইসব দেশবাসীর জন্য লড়াই করার আদৌ আমার কোনো যুক্তিসিদ্ধতা আছে কি না।'

'একজন প্রকৃত নেতা বাছবে না কাদের হয়ে লড়াই করা যায় বা কাদের হয়ে যায় না। তার পরিবর্তে, সে তার দেশবাসী ও প্রজাদের তাদের যোগ্যতা অনুযায়ী দক্ষতা দেখাতে তাদের উদ্বুদ্ধ করবে। একজন প্রকৃত নেতা দৈত্যদের অবশ্যই রক্ষা করবে না বরং সে সেই দৈত্যদের দেবতায় পরিণত করবে। জাগিয়ে তুলবে এমনকী তার মধ্যে যে ঈশ্বর আছেন তাকেও। সে নিজেই ধর্ম সংকটের সব দায় নেবে নিজের কাঁধে। কিন্তু সে নিশ্চিত করবে যে তারা প্রজারা উন্নততর মানুষ হবে।'

'গুরুজি, আপনি নিজেই পরস্পর বিরোধী বক্তব্য রাখছেন। এক্ষেত্রে এ রকম শাস্তি কি সমর্থনযোগ্য?'

'ব্যক্তিগতভাবে আমি বলব, না। কিন্তু সমাজ কেবল তোমার আমার মতো মানুষকে নিয়ে গঠিত নয়। সমাজে নানামতের নানা প্রকারের লোক থাকে। একজন ভালো নেতা ধীরে ধীরে তাদের পরিচালনা করবে কেন্দ্রস্থিত ধর্মের দিকে, এবং দুই বিপরীতের মধ্যে ভারসাম্য বজায় রেখে। যদি অতি মাত্রায় ক্রোধ সমাজকে বিশৃঙ্খলার দিকে নিয়ে যায় তবে নেতাকে সে সমাজকে ফেরাতে হবে শান্তি ও সুস্থিতির দিকে। আবার অন্যদিকে, যদি সমাজ নিষ্ক্রিয় ও প্রতিবাদহীন হয়ে ওঠে, তবে নেতাকে মানুষের মনে কর্মোদ্যোগ সাহস

এমনকী ক্রোধ জাগিয়ে তুলতে হবে। মানুষের মধ্যেকার প্রত্যেকটি আবেগই পৃথিবীর প্রয়োজনেই সৃষ্ট হয়েছে। প্রকৃতির কাজে কোনো উদ্দেশ্যহীনতা নেই। প্রত্যেকটি আবেগেরই আবার বিপরীত আবেগ আছে, যেমন ক্রোধ ও শান্তভাব। শেষমেশ সমাজে ভারসাম্য থাকতেই হবে। কিন্তু রোশনির ধর্ষক ও খুনিদের প্রতি এই ক্রোধবহ্নি কি অন্যায়ের বিরুদ্ধে সমষ্টিগত ন্যায়সঙ্গত প্রতিক্রিয়া? হতেও পারে বা না-ও পারে। কয়েক দশকের মধ্যে আমরা তা নিশ্চিতভাবে জানতে পারব। বর্তমান ক্ষেত্রে এই ক্রোধ অবরুদ্ধ আবেগ প্রকাশের এক প্রাকৃতিক পদ্ধতি।'

ভীষণরকম বিচলিত রাম জানালার বাইরে তাকিয়ে রইল।

বশিষ্ঠ জানতেন তাঁর পক্ষে আর বিলম্ব করা সম্ভব নয়। তার হাতে বিশেষ সময় নেই। তিনি বললেন, 'রাম আমার কথা শোনো।'

'হ্যাঁ, গুরুজি, বলুন,' রাম বলল।

'একজন এখানে আসছেন, তিনি তোমার কাছেই আসছেন। তিনি মহাপ্রাণ ব্যক্তি। তিনি তোমাকে এখান থেকে নিয়ে যাবেন। আমার তাকে ঠেকানোর ক্ষমতা নেই। এটা আমার সীমার বাইরে।'

'তিনি কে—'

বশিষ্ঠ তাকে থামিয়ে দিয়ে বলল, 'আমি দায়িত্ব নিয়ে বলছি, তুমি বিপদে পড়বে না কিন্তু তোমাকে হয়ত আমার সম্পর্কে কিছু বলা হবে। আমি চাই তুমি মনে রেখো যে তুমি আমার আপন পুত্রের মতো। আমি দেখতে চাই তুমি সফলভাবে তোমার স্বধর্ম পালন করবে, সেটাই তোমার পৃথিবীতে আসার উদ্দেশ্য। আমার সমস্ত কাজ এতকাল সে উদ্দেশ্যেই সাধিত হয়ে চলেছে।'

'গুরুজি আমি বুঝতে পারছি না আপনি কী...'

'আমার সম্পর্কে যা বলা হবে তা বিশ্বাস কোরো না। তুমি আমার পুত্রবৎ। এখনকার মতো আমি শুধু এটুকুই বলছি।'

বিভ্রান্ত রাম করজোড়ে বলল, 'হ্যাঁ, গুরুজি।'

'মন্থরা বোঝার চেষ্টা করো, আমার কিছু করার নেই,' কৈকেয়ী বলল, 'আইন এইরকম।'

সাত অপরাধীর মৃত্যুদণ্ডের পরদিন কোনোরকম সময় নষ্ট না করে সকালেই সে দেখা করেছে অযোধ্যার দ্বিতীয় রানির সঙ্গে। একেবারেই সাতসকালে কৈকেয়ীর সামনে উপস্থিত এক নাছোড়বান্দা দর্শনার্থী। রানি তার প্রাতরাশ সারতে লাগল; মন্থরাকে কিছু নিতে বলে রাজি করানো যায়নি। তার যা দরকার তা তাঁর নিজস্ব প্রকৃতির ন্যায়বিচার। কিন্তু কৈকেয়ী কারও কাছেই স্বীকার করবে না যে এখন তার দশরথের ওপর যে অতি সামান্য প্রভাব আছে, রামের ওপর তাও নেই। সেজন্য সে আইনকে দোষী সাব্যস্ত করে চলল। নিজের অহংকার বজায় রাখতে হলে নিজের ব্যর্থতাকে চেপে রেখে মহৎ কোনো কিছুর প্রতি বাধ্যবাধকতার জন্যই কাজ করা যাচ্ছে না সেটা বোঝানো দরকার।

কিন্তু মন্থরাকে শুধু হাতে ফেরানো শক্ত। সে জানে নগরের এক অতি সুরক্ষিত কারাগারে ধেনুকাকে রাখা হয়েছে। সে এও জানে যে সে যা চাইছে তা একমাত্র ঘটানো সম্ভব রাজপরিবারের কোনো সদস্যের দ্বারাই। 'মহাশয়া, আমার কাছে এ নগরের সব অভিজাতদের কিনে নেবার মতো পর্যাপ্ত অর্থ আছে। এটা আপনি জানেন। সেই অর্থের সবটাই আমি আপনাকে দিতে চাই। আমি প্রতিশ্রুতি দিচ্ছি।'

কৈকেয়ীর হৃদস্পন্দন বেড়ে গেল। সে জানে মন্থরার সেই বিপুল সম্পদ তার হাতে এলে সে ভরতকে সিংহাসনে বসাতে পারে। কিন্তু সে সম্মতি জানাতে তাড়াহুড়ো করতে চায় না। 'আপনার প্রতিশ্রুতির জন্য ধন্যবাদ। কিন্তু এ প্রতিশ্রুতি তো ভবিষ্যতের ব্যাপার। কাল কী হবে তা কে বলতে পারে?'

মন্থরা তার অঙ্গবস্ত্রের ভাঁজ থেকে তার বাণিজ্য সংস্থার সিলমোহর লাগানো অঙ্গিকারপত্র বের করল। এই পত্রে একটা নির্দিষ্ট পরিমাণ অর্থ দেবার অঙ্গীকার করা আছে। কৈকেয়ী খুব ভালোভাবেই জানে যে সে যা নিতে চলেছে তা একরকম নগদ টাকাই। মন্থরার সই করা অঙ্গীকারপত্রের বদলে সপ্ত সিন্ধুর যেকোনো বণিক তাকে নগদ টাকা দিয়ে দেবে; এ ব্যাপারে

তার প্রসিদ্ধি আছে। কৈকেয়ী অঙ্গীকারপত্রটি হাতে দিয়ে দ্রুত সেটায় চোখ বোলাল। তার বুক কেঁপে উঠল। যে পরিমাণ অর্থের কথা লেখা আছে সেটা অযোধ্যার দশবছরের রাজস্বের সমান। এক মুহূর্তে মন্থরা তাকে রাজার চেয়েও ধনী করে তুলেছে। এই মহিলার সম্পত্তির পরিমাণ রানির কল্পনারও বাইরে।

'আমি জানি এত বিরাট অঙ্কের টাকা দেওয়া অধিকাংশ বণিকের পক্ষেই কষ্টকর, মহাশয়া,' মন্থরা বলল। 'যখনই আপনার টাকার দরকার হবে বলবেন। আমি নিজেই এই অঙ্গীকারপত্রের বিনিময় পুরো অর্থ সোনার মোহর হিসেবে দিয়ে দেব।'

কৈকেয়ী আরও একটা সুস্পষ্ট আইনও জানে। অঙ্গীকারপত্র অনুযায়ী কেউ অর্থ দিতে অস্বীকার করলে তার দীর্ঘ কারাবাসের ব্যবস্থা আছে।

মন্থরা কোনো ফাঁক রাখতে চায় না, 'যেখান থেকে এ অর্থ এসেছে সেখানে আরও অনেক আছে। সে সবই আপনার।'

কৈকেয়ী অঙ্গীকারপত্রটা শক্ত করে ধরল। সে জানে তার ছেলেকে নিয়ে তার স্বপ্ন পূরণের এটাই রাস্তা। যেসব স্বপ্ন সাম্প্রতিক সব ঘটনায় অধরা হয়ে যাচ্ছিল।

মন্থরা কষ্ট করে আসন থেকে উঠে খুঁড়িয়ে উঠে গেল কৈকেয়ীর কাছে। তার দিকে ঝুঁকে সে হিসহিসিয়ে উঠল, 'আমি চাই আমার মেয়েকে যত যন্ত্রণা ও দিয়েছে ততটাই পাক। আমি ওর দ্রুত মরণ চাই না।'

কৈকেয়ী মন্থরার হাত দৃঢ়ভাবে চেপে ধরল, 'আমি ভগবান ইন্দ্রের নামে শপথ করছি রাক্ষসটা বুঝবে ন্যায় বিচার কাকে বলে।' মন্থরা কঠিন শীতল দৃষ্টিতে তাকিয়ে রইল কৈকেয়ীর দিকে। শীতল ক্রোধে তার শরীর কাঁপছে।

'ওকে ফল পেতেই হবে। কৈকেয়ী অঙ্গীকার করল, 'রোশনির মৃত্যুর প্রতিশোধ নিতেই হবে, এটা অযোধ্যার রানির প্রতিশ্রুতি।'

'মা, বিশ্বাস করো আমি শুধু হাতদুটো দিয়ে শয়তানটাকে খুন করতে পারলে খুশী হই,' ভরত চরম আন্তরিকতা থেকে বলল। 'আমি যদি এটা করি তবে জানব আমি একটা ন্যায়সঙ্গত কাজ করেছি। কিন্তু রামদাদার আইন তা হতে দেবে না।

মন্থরা প্রাসাদ ত্যাগ করতেই কৈকেয়ী চলল ভরতের বাসভবনের উদ্দেশে। তাকে কী করতে হবে এবং কীভাবে করতে হবে সে সম্পর্কে সে অবগত ছিল। তার ছেলেকে উচ্চাশার কথা বল অনর্থক। নিজের মায়ের থেকে সে তার সৎ দাদার প্রতি বেশি বিশ্বস্ত। তাকে ভরতের ন্যায়বিচারের বোধ,পবিত্র ক্রোধ ও রোশনির প্রতি ভালোবাসার কাছে আবেদন করতে হবে।

'ভরত, রামের এই নতুন আইনটা আমার মাথায় ঢুকছে না। এটা কেমন করে ন্যায়বিচার আনবে?' কৈকেয়ী আন্তরিক গলায় প্রশ্ন করল। 'মনুস্মৃতি কি পরিষ্কার করে বলেনি যে, যে দেশে নারীদের উপর অত্যাচার হয়, সে দেশ দেবতারা পরিত্যাগ করেন?'

'হ্যাঁ, মা, কিন্তু এটা আইনের ব্যাপার! অপ্রাপ্তবয়স্কদের মৃত্যুদণ্ড দেওয়া যাবে না।'

'তোমার কি জানা আছে যে ধেনুকা এখন আর অপ্রাপ্তবয়স্ক নয়? অপরাধ করার সময় সে অপ্রাপ্তবয়স্ক ছিল।'

'হ্যাঁ মা, সেটা আমার অজানা নয়। এ বিষয়টা নিয়ে দাদার সঙ্গে আমার বিরাট ঝগড়া হয়েছে। আমি তোমার সঙ্গে সহমত। আইনের কূটকচালির চেয়ে ন্যায়বিচারের গুরুত্ব অনেক বেশি। কিন্তু দাদা সেটা বোঝে না।'

'হ্যাঁ, সত্যিই বোঝেনা।' কৈকেয়ী বলল।

'দাদা, এমন একটা পৃথিবীতে বাস করে যেটা আদর্শ পৃথিবী। সেটা এই বর্তমান পৃথিবীতে নয়। ও এক আদর্শ সমাজের মূল্যবোধ জারি করতে চায়। কিন্তু ভুলে থাকে যে অযোধ্যা আদর্শ সমাজের থেকে বহু দূরে আছে। আর ধেনুকার মতো শয়তানরা সর্বদাই আইনের সূক্ষ্ম ফাঁকের সুযোগের অপব্যবহার করে দুষ্কর্ম করে যাবে এবং শাস্তিও পাবে না। একজন আদর্শ নেতা আগে সমাজকে উন্নত আইনের উপযুক্ত করে তুলবে এবং তবেই তা

জারি করা উচিত।'

'তাহলে তুমি কেন...'

'না, তা আমি পারব না। আমি যদি আইন ভাঙি, অথবা এমন কী দাদার আইন নিয়ে প্রকাশ্যে প্রশ্ন তুলি তাহলে সেটা তার বিশ্বাসযোগ্যতাকে আঘাত করবে। যদি নিজের ভাই-ই আইন না মানে, তবে অন্যদের তা মেনে চলার কীসের গরজ?'

'তুমি আসল জিনিসটাই বুঝছ না। এতদিন যেসব অপরাধী রামের আইনকে ভয় পেত এখন জেনে যাবে যে আইনের নানা ফাঁক আছে এবং সেগুলোকে তারা অপকর্মের জন্য ব্যবহার করবে। প্রাপ্তবয়স্করা অপরাধের ছক কষে তা কমবয়সিদের দিয়ে করাবে। দেশে প্রচুর গরিব ও হতাশ কমবয়সি আছে যাদের সামান্য কটা টাকা দিয়েই অপরাধে শামিল করা যায়।'

'হ্যাঁ, তা সম্ভব।'

'ধেনুকাকে দিয়েই একটা দৃষ্টান্ত তুলে ধরতে হবে, যেটা অন্যদের কাছে একটা শিক্ষা হয়ে থাকবে।'

জিজ্ঞাসু দৃষ্টিতে ভরত এবার তার মায়ের দিকে তাকাল। 'এই ব্যাপারটায় তুমি এত মাথা ঘামাচ্ছ কেন, মা?'

'আমি কেবল আমাদের রোশনির ন্যায়বিচার চাই।'

'সত্যি?'

'রোশনি ছিল এক অভিজাত নারী। তোমার রাখি-বোনকে ধর্ষণ করেছে এক গ্রাম্য জানোয়ার।' কৈকেয়ী বিষয়টাকে উদ্দিষ্ট স্থানে নিয়ে যেতে চায়।

'আমার খুব কৌতূহল জাগছে ব্যাপারটা ঠিক বিপরীত হলেও কি তুমি একই রকম ভাবতে? যদি একজন অভিজাত পুরুষ কোনো গ্রাম্য নারীকে ধর্ষণ করত তবে কি সেক্ষেত্রেও তুমি এভাবে ন্যায়বিবচার চাইতে?'

থতমত খেয়ে কৈকেয়ী চুপ করে রইল। সে জানে যদি সে হ্যাঁ বলে, তবে ভরত তার কথা বিশ্বাস করবে না।

'আমি একজন অভিজাত ধর্ষক-খুনিকেও একইভাবে খুন করতে চাই,' গর্জন করে উঠল ভরত। 'ঠিক যেমনভাবে ধেনুকাকে খুন করতে চাই।

তাহলেই সেটা ন্যায়বিচার হয়।'

'তাহলে এখনও ধেনুকা বেঁচে আছে কেন?'

'অন্য ধর্ষকদের তো চরম শাস্তিই হয়েছে।'

'এই ঘটনাই প্রথম যেখানে আংশিক ন্যায়বিচার হল। খুব অদ্ভুত ব্যাপার, তাই না, 'বাছা আমার!' আংশিক ন্যায়বিচার বলে কোনো কথা হয় না। হয় তুমি ন্যায়বিচার করবে অথবা করবে না!'

'মা...'

'ওদের মধ্যে সবচেয়ে যে নিষ্ঠুর সে বেঁচে রয়েছে! কেবল তাই-ই নয়, সে অযোধ্যার অতিথি! তার থাকা খাওয়ার খরচ জোগানো হচ্ছে রাজ তহবিল থেকে; তোমাদের অর্থভাণ্ডার থেকে। তোমাদের রাখি-বোনকে যে অত্যাচার করে হত্যা করেছে তাকে তোমরা নিজের হাতে খাওয়াচ্ছ।' ভরত চুপ করে রইল।

'মনে হয় রাম হয়ত রোশনিকে যথেষ্ট ভালোবাসত না!' কৈকেয়ী কৌশলে এ কথাটা সময়মতো জুড়ে দিল।

'ভগবান ইন্দ্রের দিব্বি, এ কথাটা তুমি কী করে বলতে পারলে, মা? রামচন্দ্র নিজেকেই এজন্য শাস্তি দিচ্ছে কারণ...'

'এর অর্থ কী? এর মাধ্যমে রোশনি কী ন্যায়বিচার পাবে?'

ভরত নিরুত্তর রইল।

'তোমার মধ্যে কেকয়ের রক্ত বইছে, তোমার শরীরে বইছে অশ্বপতির রক্ত। তুমি কি ভুলে গেছ পুরোনো সেই নীতিবাক্যের কথা? রক্তের প্রতিশোধ রক্ত দিয়েই নিতে হবে। আর তখনই কেবল অন্যরা তোমায় ভয় পেতে শিখবে।'

'ঠিক তাই। আমার সেটা মনে আছে, মা। কিন্তু আমি রামদাদার বিশ্বাসযোগ্যতায় আঘাত দিতে পারব না।'

'আমি একটা অন্যপথ জানি।'

চোখেমুখে বিভ্রান্তি নিয়ে ভরত কৈকেয়ীর দিকে তাকাল।

'তুমি একটা কূটনৈতিক সফরে বেরোবে। তোমার অনুপস্থিতির

কথা আমি সর্বত্র প্রচার করে দেব। কদিন পরেই ফিরে আসবে ছদ্মবেশে। তারপর কজন বিশ্বস্ত লোক নিয়ে কারাগার ভেঙে ধেনুকাকে নিয়ে পালাবে। তারপর তাকে নিয়ে কী করতে হবে তা তুমি জানো। কাজ মিটে গেলে তুমি আবার সফর চালিয়ে যাবে। কেউ বুঝতেই পারবে না। বস্তুতপক্ষে গোটা নগরের সবাই-ই সন্দেহভাজনের তালিকায় থাকবে, কারণ, ধেনুকার মৃত্যু চায়না শহরে এমন একজনও নেই। রামের পক্ষে কে এই কাজ করেছে তা জানা একেবারেই সম্ভব হবে না। ভাইকে আড়াল করার জন্য কেউ রামকে অপবাদও দেবে না। কারণ, এর সঙ্গে যে তুমি যুক্ত তা কেউই জানবে না। লোকে ভাববে এই প্রথম রাম তথাকথিত এক হত্যাকারীকে ধরতে ব্যর্থ হল। সবচেয়ে বড়ো কথা, এর ফলে ন্যায়বিচার ঘটবে।'

'তুমি দেখছি ব্যাপারটা নিয়ে অনেকদূর অবধি ভেবেছ' ভরত বলল। 'কিন্তু কোনো কূটনৈতিক আমন্ত্রণ ছাড়া আমি নগর ছেড়ে যাব কী করে? কোনো আমন্ত্রণ ছাড়াই যদি আমি রাজ-অনুমতি চাই, তখন সন্দেহ জাগবে।'

'ইতিমধ্যেই তোমাকে কূটনৈতিক আমন্ত্রণ জানানো হয়েছে।'

'না, সেরকম কোনো আমন্ত্রণ আসেনি।'

'হ্যাঁ এসেছে,' কৈকেয়ী বলল। 'রোশনির মৃত্যুর পর ডামাডোলের মধ্যে ওটা যে এসেছে তা কেউ আর খেয়াল করেনি।'

সে ভরতের কাছে অবশ্য প্রকাশ করল না যে সদ্যপ্রাপ্ত অর্থ দিয়ে কেকয় থেকে পুরোনো তারিখে লেখা একটি আমন্ত্রণপত্র আনিয়ে কৈকেয়ী তা অযোধ্যার কূটনীতি সংক্রান্ত কাগজপত্রের ভেতর যথাস্থানে রেখে দেবার পাকা ব্যবস্থা ইতিমধ্যেই করে ফেলেছে।

কেকয়-এর আমন্ত্রণ গ্রহণ করো এবং তারপর তোমার বোনের আত্মাকে ন্যায়বিচার দাও।'

ভরত স্থিরভাবে বসে রইল, বরফ শীতল। তার মা যা এইমাত্র বলল তা নিয়ে সে চিন্তা করছিল।

'ভরত!' ডাক শুনে সে চমকে মায়ের দিকে তাকাল যেন সে মায়ের

উপস্থিতিতেই চমকে উঠল।

'যা বললাম তা করবে, না, করবে না?'

ভরত নিজের মনেই যেন বিড়বিড় করল, 'ন্যায়বিচারের জন্য কখনো কখনো নিয়ম ভাঙতেই হয়।'

কৈকেয়ী তার অঙ্গবস্ত্রের ভাঁজ থেকে একটা রক্তমাখা সাদা কাপড় বের করল। যেটা দিয়ে রোশনির অত্যাচারদীর্ণ শবদেহটা চাপা দেওয়া হয়েছিল। 'ওকে ন্যায়বিচার পেতে দাও।'

মায়ের হাত থেকে কাপড়টা নিয়ে ভরত সেটার দিকে তাকাল, তারপর কবজিতে বাঁধা রাখির দিকে। সে চোখ বন্ধ করতে তার গাল বেয়ে নেমে এল জল।

কৈকেয়ী ছেলের কাছে উঠে এসে তাকে শক্ত করে জড়িয়ে ধরল। 'শক্তি মায়ের দৃষ্টি তোমার উপর আছে, আমার পুত্র। একজন নারীর উপর যে এমন নৃশংস অত্যাচার করেছে তাকে চরম শাস্তি দাও।'

শক্তি মা, বা সর্বশক্তিমান মাতৃশক্তিকে সবাই শ্রদ্ধা করে, ভয়ও পায়।

রক্তের প্রতিশোধ রক্তের মাধ্যমেই নিতে হবে।

রাজকারাগারে তার একক কক্ষে মৃদু শব্দে দরজা খোলার আওয়াজে জেগে উঠল ধেনুকা।

বাইরে থেকে কোনো আলো আসছে না, অনেক উপরে থাকা জানালা দিয়েও কৃষ্ণপক্ষের রাতে কোনো আলো আসছিল না। সে বিপদের গন্ধ পেল। ঘুমোনোর ভান করে সে হাত মুষ্টিবদ্ধ করে দরজার দিকে মুখ করে শুয়ে রইল। সে চোখ একটুখানি ফাঁক করল, কিন্তু অন্ধকারে কিছুই দেখার উপায় নেই।

যেখানে শুয়েছিল তার ঠিক ওপরে সে একটা কীসের আওয়াজ শুনল। ধেনুকা লাফিয়ে উঠে শব্দ লক্ষ করে তীব্রবেগে ঘুষি চালাল। সেখানে কেউ

নেই। কিন্তু ওই ওপর থেকেই শব্দটা এসেছিল। বিভ্রান্ত ধেনুকা চারদিকে তাকাতে লাগল, কী ঘটছে বোঝার জন্য। তখনই আচমকা আঘাতটা আছড়ে পড়ল।

মাথার পিছনে তীব্র আঘাত পেয়ে সে সামনে মুখ থুবড়ে পড়ল। চুলের মুঠি ধরে তার মাথাটা তুলে কেউ তার মুখে একটা ভিজে কাপড় চেপে ধরল। ধেনুকা সঙ্গেসঙ্গে মিষ্টি গন্ধের তরলটা কী তা বুঝল। বহুবার সে তার শিকারদের উপর এটা ব্যবহার করেছে। সে জানত এর বিরুদ্ধে লড়াই চলে না। মুহূর্তমধ্যে সে অজ্ঞান হয়ে পড়ল।

মেঠো রাস্তার চাকা গড়ানোর শব্দে তার চেতনা ফিরল। তার দেহের কোথাও কোনো আঘাতের অনুভূতি নেই। কেবল মাথায় যন্ত্রণা হচ্ছে, দপদপ করছে মাথার পিছনটা। সে ভাবল এই অপহরণকারীরা কারা! এরা কি তার বাবার লোক যারা তাকে নিয়ে পালাচ্ছে। বাবা কোথায়? উঁচু নীচু রাস্তায় গাড়ির চাকা গড়াতে লাগল, সে শুনতে পেল একটানা ঝিঁঝির ডাক। তারমানে তারা ইতি মধ্যেই নগরের বাইরে, জঙ্গলের ভিতর। ঠিক কোথায় আছে বোঝার জন্য সে সামান্য মাথা তুলল। কিন্তু তখনই আবার ভিজে কাপড়টার আবির্ভাব ঘটল এবং সে আবারও অচেতন হয়ে গেল।

তার মুখে জলের ঝাপটা লাগতেই ধেনুকা ধড়মড়িয়ে জেগে উঠে অশ্লীল গালি দিল।

একটি অদ্ভুত নম্র কণ্ঠস্বর বলে উঠল, ‘শান্ত হও।’

বিস্মিত কিন্তু সতর্ক ধেনুকা উঠে বসতে চাইল। সে বুঝল একটা ছাউনি দেওয়া গরুর গাড়িতে সে শুয়ে আছে যেরকম গাড়িতে করে খড় বিচালি নিয়ে

যাওয়া হয়। তার উপর ছড়িয়ে থাকা খড় সে সরিয়ে দিল। যে নামতে চাইলে তাকে গাড়ি থেকে নামতে সাহায্য করল কেউ একজন। এখনও চারপাশে গাঢ় অন্ধকার। কয়েকটি মশালের আলোতে কেমন একটা আধো অন্ধকার ভাব সামনের কিছুটা অংশে, তবু সে আলোয় কোথায় কাদের মাঝে আছে তা বুঝতে চেষ্টা করল। তার তখনও মাথা ঘুরছে এবং ঠিকমতো দাঁড়াতে পারছে না; নিশ্চয়ই তার ওপর যে অজ্ঞান করার ওষুধ প্রয়োগ করা হয়েছিল এটা তারই প্রতিক্রিয়াজাত। সে হাত বাড়িয়ে গরুর গাড়িটা ধরে নিজেকে সামলাতে চেষ্টা করল।

হঠাৎ অন্ধকার ফুঁড়ে একটা লোক তার পাশে হাজির হয়ে বলল,'এটা খেয়ে নাও।'

ধেনুকা লোকটার হাত থেকে পাত্রটা নিল, কিন্তু দ্বিধাগ্রস্ত ভাবে তরলটা নিরীক্ষণ করলে লাগল।

'যদি তোমায় খুন করতে চাইতাম, তবে তা এতক্ষণে সেরে ফেলতাম,' লোকটা বলল, 'এটা তোমার মাথা পরিষ্কার করে দেবে। যা ঘটতে চলেছে তার জন্য তোমার সুস্থ থাকা দরকার।'

ধেনুকা কোনো প্রতিবাদ না করে তরলটা গলায় ঢালল। এর প্রতিক্রিয়া হল প্রায় সঙ্গেসঙ্গে। তার মাথাটা পরিষ্কার হয়ে গেল এবং মনও হয়ে উঠল প্রাণবন্ত ও হুঁশিয়ার। তার সমস্ত ইন্দ্রিয় সচল ও সতেজ হয়ে উঠতেই ধেনুকা কাছেই কুলকুল করে বয়ে চলা নদীর শব্দ শুনল।

সম্ভবত আমি কোনো নদীর কাছাকাছি আছি সূর্য উঠলেই সাঁতরে আমি নিরাপদেই ওপারে চলে যাব। কিন্তু বাবা কোথায়? একমাত্র সে-ই পারে কারাগার কর্তৃপক্ষকে ঘুষ দিয়ে আমায় বের করে আনতে।

লোকটা বিনা বাক্যব্যয়ে অন্ধকারে মিলিয়ে গেল। ধেনুকা আবার একা হয়ে পড়ল। 'এই কোথায় যাচ্ছ তুমি?'

যেখান থেকে লোকটা অদৃশ্য হয়ে গেল সেখানেই এক বলিষ্ঠ চেহারার লোকের আবির্ভাব ঘটল। মশালের আলোয় তার গৌরবর্ণ আরও উজ্জ্বল দেখাচ্ছিল। তার পরনে সবুজ ধুতি ও অঙ্গবস্ত্র। তার লম্বা চুল একটা ফিতে

দিয়ে বাধা। অপূর্ব উষ্ণীষে একটা সোনালি ময়ুর পালক সংযুক্ত। স্বভাব দুষ্টু তার চোখে এখন বরফ শীতল দৃষ্টি।

'রাজকুমার ভরত!' বিস্ময়ে বলে উঠল ধেনুকা অতি দ্রুত এক হাঁটুর ওপর ভর রেখে বসল।

কোনো উত্তর না দিয়ে ভরত তার দিকে এগিয়ে গেল।

কোশলের মহিলাদের মধ্যে ভরতের জনপ্রিয়তার কথা ধেনুকা শুনেছে। 'আমি জানি আপনি আমায় বুঝতে পারবেন। আপনার সাধু প্রকৃতির দাদার পক্ষে এটা বোঝা সম্ভব নয়।'

ভরত সোজা খাড়া হয়ে স্বাভাবিক শ্বাসপ্রশ্বাস নিচ্ছিল।

'আমি জানি আপনি বুঝতে পারবেন যে মেয়েদের জন্মই হয়েছে আমাদের সুখভোগের জন্য। মহিলাদের কাজই পুরুষের দ্বারা ব্যবহৃত হওয়া', মৃদু হেসে ধেনুকা মাথা নীচু করে অভিবাদন জানিয়ে বিনয়সূচক সম্মান প্রদর্শনের নিদর্শন স্বরূপ ভরতের অঙ্গবস্ত্র স্পর্শ করতে গেল।

ভরত এক লহমায় পিছনে একটু সরে ধেনুকার মাথাটা পিছন ঠেলে তার গলা চেপে ধরল। তার বিড়বিড় করতে থাকা দাঁতের সারির মধ্যে দিয়ে হিংস্র শব্দ বেরিয়ে এল, 'মেয়েরা ব্যবহারের সামগ্রী নয়, তারা ভালোবাসার জিনিস।'

ধেনুকার মুখে চোখে অকৃত্রিম আতঙ্ক ছড়িয়ে পড়ল। ফাঁদে পড়া জন্তুর মতো তার পা দুটো যেন মাটিতে গেঁথে গিয়েছিল। হঠাৎ প্রায় শুন্য থেকে আবির্ভুত হল কুড়ি জন বলিষ্ঠ লোক। সে প্রাণপণে নিজেকে মুক্ত করার চেষ্টা করতে লাগল।

'প্রভু!' ভরতের পিছন থেকে একজন বলে উঠল।

দম বন্ধ করে হঠাৎ গলা থেকে হাত তুলে নিল ভরত, 'এত সহজে তুই মরবি না।'

ভয়ংকর কাশতে কাশতে ধেনুকা স্বাভাবিকভাবে শ্বাস নিতে সক্ষম হতেই হঠাৎ সোজা হয়ে দাঁড়িয়ে, এক পাক ঘুরে প্রাণ বাঁচাতে দৌড়তে লাগল। দুজন লোক তার দিকে ঝাঁপিয়ে তাকে দুদিক থেকে ধরে লাথি মারতে মারতে

গোরুর গাড়ির দিকে হিঁচড়ে টেনে আনতে লাগল।

'কিন্তু আইন!' চিৎকার করে উঠল ধেনুকা। 'আইন অনুযায়ী আমার গায়ে হাত তোলা যাবে না। আমি তখন অপ্রাপ্তবয়স্ক ছিলাম।'

তৃতীয় একজন সামনে এগিয়ে ঘুষি চালাল ধেনুকার চোয়ালে, যাতে তার একটা দাঁত উপড়ে মুখ ভরে উঠল রক্তে। 'তুই এখন আর অপ্রাপ্তবয়স্ক নয়।'

'কিন্তু রাজকুমার রামের আইন বলছে--'

ধেনুকার কথা শেষ হবার আগেই লোকটা আবার তার মুখে একটা ঘুষি বসিয়ে দিল; এবার তার নাক ভেঙে গেল। 'আশেপাশে কোথাও রামকে দেখতে পাচ্ছিস?'

ভরত বলল, 'বাঁধো ওটাকে।'

দুজন লোক হাতে মশাল তুলে নিল এবং অন্য দুজন তার দুটো হাতকে টেনে ধরে দড়ি দিয়ে গাছের গুঁড়ির সঙ্গে বেঁধে দিল। তারপর একজন ঘুরে বলল, 'প্রভু হয়ে গেছে।'

ভরত এক পাশে ঘাড় ঘোরাল, 'শেষবার বলছি শত্রুঘ্ন, চলে যাও। তোমার এখানে থাকার কোনো দরকার নেই। এইসব থেকে তুমি দূরে থাকো।'

শত্রুঘ্ন মাঝপথেই বলে উঠল, 'দাদা, আমি সর্বদা তোমার পাশে থাকব।'

আবেগশূন্য চোখে ভরত শত্রুঘ্নর দিকে তাকাল।

শত্রুঘ্ন বলে চলল, 'যা হতে চলেছে তা আইনবিরুদ্ধ হতে পারে, কিন্তু এটাই ন্যায়।'

ভাইয়ের কথায় সায় দিয়ে ভরত সামনে এগিয়ে গেল। ধেনুকার দিকে এগোতে এগোতে সে তার কোমরবন্ধ থেকে একটুকরো রক্ত মাখা কাপড় বের করে সেটা ভক্তি ভরে মাথায় ঠেকাল তারপর সেটা বেঁধে নিল ডান হাতের কবজিতে, রাখির একটু উপরে। চারিদিকে সিংহ পরিবেষ্টিত খুঁটিতে বাঁধা ছাগলের মতো মরিয়া ধেনুকা কাতর কণ্ঠে বলে উঠল, 'আমায় ছেড়ে দিন, আমি প্রতিজ্ঞা করছি আর কখনো কোনো মহিলাকে স্পর্শ করব না।'

তার মুখে একটা প্রবল চড় কষিয়ে ভরত বলল,'জায়গাটা চিনতে পারছিস?'

চারদিক তাকিয়ে সে বুঝতে পারল এই সেই স্থান যেখানে সে ও তার স্যাঙাতরা রোশনিকে ধর্ষণ করে খুন করেছিল।

ভরত তার হাতটা সামনের দিকে তুলল। তৎক্ষণাৎ তার একজন সৈন্য এগিয়ে এসে তার হাতে একটা ধাতব বোতল দিল। ছিপি খুলে ভরত সেটা ধেনুকার নাকের কাছে ধরল। 'তুই খুব শিগগিরই বুঝবি যন্ত্রণা বলতে ঠিক কী বোঝায়।'

ধেনুকা অ্যাসিডের গন্ধটা চিনতে পেরে কান্নায় ভেঙে পড়ল। 'প্রভু, আমি ক্ষমাপ্রার্থী... আমি সত্যই দুঃখিত আমায় ক্ষমা করুন... আমাকে যেতে দিন... দয়া করুন...'

'নোংরা কুত্তা, মনে কর রোশনি দিদির আর্তনাদ।' গর্জন করে উঠল শত্রুঘ্ন।

মরিয়া হয়ে ধেনুকা প্রাণভিক্ষা চাইল, 'মহীয়সী রোশনি খুব ভালো মানুষ ছিলেন। প্রভু... আমি দানবের মতো কাজ করেছিলাম...আমি দুঃখিত কিন্তু তিনিও চাইতেন না আপনারা যা করছেন...'

ভরত বোতলটা সৈন্যটিকে ফিরিয়ে দিলে অন্য একজন তার হাতে তুলে দিল একটা বিরাট প্যাঁচানো ছিদ্র করার যন্ত্র। ভরত যন্ত্রের তীক্ষ্ণ দিকটা ধেনুকার কাঁধে ঠেকালো। 'হয়ত তুই ঠিক বলছিস। সে এতটাই ভালো ছিল যে হয়ত তোর মতো পিশাচকেও ক্ষমা করে দিত। কিন্তু আমি তার মতো অতটা ভালো নই।'

প্রবল আকাশফাটানো চিৎকার করে উঠল ধেনুকা যখন সে দেখল একজন সৈন্য ভরতের হাতে তুলে দিল একটা হাতুড়ি।

'বিকৃতমস্তিষ্ক বেজন্মা, চেঁচা, এবার যত ইচ্ছা চেঁচা,' একজন সৈন্য বলল। 'তোর চেঁচানি কেউ শুনতে পাবে না।'

'নাআআআআআ, দয়া করো...'

ভরত হাতুড়ি ধরা হাতটা উঁচু করল। সে আবার ধেনুকার কাঁধে তীক্ষ্ণ যন্ত্রটা ঠিকমতো বসিয়ে দিল। সে চাইছিল, বেশ একটু বড়ো গর্ত যাতে অ্যাসিড ঢেলে দেওয়া যায়। দ্রুত মৃত্যু তার যন্ত্রণাভোগ ও কষ্ট পাওয়া বড্ড

তাড়াতাড়ি শেষ করে দেবে।

অস্ফুটে বলল ভরত, ‘রক্তের প্রতিশোধ সর্বদা রক্ত দিয়েই নিতে হবে।’

হাতুড়িটা নেমে এল, ফলাটা মসৃণ ভাবে ঢুকে গেল কাঁধ ফুঁড়ে। আর্তনাদ ছড়িয়ে পড়ল চারপাশে, সরযুর কলকল শব্দ ছাড়িয়ে।

।। অধ্যায় ১৫।।

সূর্যের প্রথম আলো যখন অন্ধকারকে আঘাত করতে ইতস্তত করছিল, তখন পূর্ব পরিকল্পিত স্থানে ভরত ও শত্রুঘ্নর সঙ্গে মিলিত হতে কৈকেয়ী রাজপ্রাসাদ থেকে যাত্রা করল। জায়গাটা অযোধ্যার উত্তরতম অংশে অবস্থিত। দক্ষিণ দিকে, যেদিকে ধেনুকার শব পড়েছিল সেখান থেকে ওখানে আসতে ঘোড়ায় দুঘন্টা লাগে।

দুই ভাই বহু যত্নে রক্ত ও আগের রাতের সব চিহ্ন সরযুর জলে ধুয়ে ফেলেছে। তাদের রক্তমাখা পোশাক পুড়িয়ে দিয়ে তারা পরে নিয়েছে নতুন পোশাক। কৈকেয়ীর সঙ্গে ছিল ভরতের দেহরক্ষীরা।

সে রথ থেকে নেমে দু-জনকে আলিঙ্গন করল,'ছেলেরা, তোমরা ন্যায়বিচার করেছ!'

ভরত ও শত্রুঘ্ন কোনো কথা বলল না, তাদের মুখে যেন একটা করে মুখোশ বসানো আছে, যাতে চাপা আছে তাদের অন্তরের আবর্তিত ক্ষোভ, তাদের মধ্যেকার ধূমায়িত বিদ্বেষ। কখনো কখনো ন্যায়বিচারের জন্য বিদ্বেষের বিস্ফোরণের প্রয়োজন হয়। কিন্তু ক্রোধের ব্যাপারটা আগুনের মতো, যত তাতে ইন্ধন জোগাবে ততই প্রজ্বলিত হবে তা। কখন ক্রোধকে লাগামছাড়া করতে হবে তা জানতে প্রয়োজন হয় প্রজ্ঞার। বয়সে তরুণ দুই রাজকুমার, সেটা এখনও ঠিকমতো আয়ত্ব করতে পারেনি।

'বেশ, এখন তোমাদের বিদায় গ্রহণের সময় এসেছে।' কৈকেয়ী বলল।

রোশনির শব ঢাকা রক্তমাখা কাপড়ের টুকরোটা হাতে নিয়ে ভরত সেটা তার মায়ের দিকে এগিয়ে ধরল।

'আমি নিজেই এটা মন্থরার হাতে তুলে দেব,' ভরতের হাত থেকে কাপড়টা নিতে নিতে কৈকেয়ী বলল।

ভরত সামনে ঝুঁকে তার মায়ের পা ছুঁয়ে বলল, 'চলি মা।' নির্বাক শত্রুঘ্নও কৈকেয়ীকে প্রণাম করল।

পথচলতি গ্রামবাসীরা কাকেদের তারস্বরে কা-কা রবে তাকিয়ে দেখল তারা একটা মৃতদেহের নাড়িভুড়ি টানাটানি করছে। এভাবেই খুঁজে পাওয়া গেল ধেনুকার শব।

গ্রামবাসীরা দড়ি কেটে শবটাকে মাটিতে নামাল। ক্ষতচিহ্নের মুখে জমাট রক্ত দেখে বোঝা যায়, জীবিত থাকাকালীনই ভয়ংকরভাবে তার শরীরের অসংখ্য স্থানে হাতুড়ি মেরে শাবল জাতীয় কিছু ঢুকিয়ে দেওয়া হয়েছে। ক্ষতচিহ্নের চারপাশে পোড়া দাগ দেখে বোঝা যায় প্রতিটি গভীর ক্ষতের ভিতর অ্যাসিড জাতীয় কিছু ঢেলে দেওয়া হয়েছিল।

গ্রামবাসীদের একজন ধেনুকাকে চিনতে পেরে বলল, 'কেন আমরা এটাকে এখানে ফেলেই চলে যাচ্ছি না?'

'না আমাদের অপেক্ষা করতে হবে,' নেতা গোছের একটা লোক চোখ থেকে একফোঁটা জল মুছে দলেরই একজনকে অযোধ্যায় গিয়ে খবরটা জানাতে বলল। লোকটা নিজেও রোশনির দয়া ও সেবার সঙ্গে পরিচিত ছিল। তার ক্রোধও বাঁধনছেড়া হয়েছিল যখন সে জেনেছিল আইনের ফাঁক দিয়ে ধেনুকা চরম শাস্তি এড়িয়ে যেতে পারে। তার বাসনা ছিল এই শয়তানটাকে সে নিজের হাতে খুন করবে। সে সরযু নদীর দিকে তাকিয়ে অবশেষে ন্যায়বিচার হবার জন্য নদীর দেবীকে প্রণাম জানাল।

তারপর ফিরে তাকিয়ে শবের ওপর থুতু ফেলল।

ঘোড়ায় টানা শকটে মন্থরা, তার ব্যক্তিগত সচিব ও দেহরক্ষীদের নিয়ে বেরিয়ে এল নগরের উত্তর তোরণ দিয়ে। বিশাল পরিখা পেরিয়ে দ্রুতগতিতে তারা আধঘন্টার মধ্যে নদীর তীরে শ্মশানে পৌছে গেল। ঘাটের একেবারে শেষ প্রান্তে মৃত্যুর দেবতা যমের মন্দির। অদ্ভুত ব্যাপার এই যে যম একই সঙ্গে মৃত্যু ও ধর্মের দেবতা বলে অভিহিত। প্রাচীনরা মনে করতেন মৃত্যুর পর মৃতের পূর্বজন্মের কর্মের এক খতিয়ান বানানো হয়। যদি দেখা যায় কর্ম ও ধর্মের মধ্যে ভারসাম্য নেই, তবে সে আত্মাকে আবার পৃথিবীতে জন্ম নিতে হয়। কিন্তু যদি দেখা যায় বিগত জন্মে তার সব কর্মই ধর্মানুগত তবে সেই আত্মা জন্ম-মৃত্যুর অনন্ত বৃত্ত থেকে চিরতরে মুক্তিলাভ করে পরমাত্মা বা একমের সঙ্গে একীভূত হয়ে যায়।

যমের মন্দিরে সাতজন পুরোহিত তার প্রিয়তম কন্যার পারলৌকিক কর্মে ব্যস্ত। মন্থরা দাঁড়িয়েছিল দুহাতে তার মেয়ের চিতাভস্ম ভরা ধাতব পাত্র নিয়ে। অন্য পাত্রটিতে ছিল তার কন্যার শবাচ্ছাদিত রক্তমাখা কাপড়টি আজ সকালেই কৈকেয়ী এটা তাকে দিয়েছে।

দ্রুহু নদীর তীরে বসে নিঃশব্দে ভাবছিল সামান্য সময়ের মধ্যে ঘটে গেছে কী বিপর্যয়! তার মালকিন একেবারে বদলে গেছে। শেষ কয়েকদিনে সে এমন সব কাজ করেছে যা সে তাকে কোনোদিন করতে দেখেনি। এমন সব কাজ যা তাঁর ব্যবসা-বানিজ্য তো বটেই তাঁর ব্যক্তিগত ক্ষতিসাধনও করতে পারে। সে তার সব কর্তব্যকর্ম অর্পণ করেছে প্রতিহিংসার বেদিতে। দ্রুহুর মনে হয় তার আসল মালিক মন্থরার শেষ কয়েকদিনে এভাবে টাকার শ্রাদ্ধ করার জন্য তার উপর ক্ষুব্ধ হবেন। এই টাকার একটা বিরাট অংশ মন্থরার নিজের নয় যে সে তা নিয়ে যা খুশি করতে পারে। দ্রুহু তার নিজের ভালো মন্দ নিয়েও চিন্তিত হয়ে ওঠে। এমন সময়, মন্দিরের সামনের একটা নড়াচড়া

তার মনোসংযোগ ব্যাহত করল।

ঘাটের দিকে হেঁটে আসছিল মন্থরা। তার হাতে ধরা দীপকে যেমন প্রোজ্জ্বল দেখাচ্ছিল তেমনি তার পিঠ ছিল আরও সামনে ঝোঁকা। তার দেহরক্ষীরা তার পিছনে হাঁটছিল আর তারও পিছনে মন্ত্রোচ্চারণ করতে থাকা পুরোহিতদের দল। ধীরে ধীরে এক ধাপ এক ধাপ করে নেমে মন্থরা একেবারে শেষ সিঁড়িটায় বসল। পুরোহিতরা তার চেয়ে একধাপ ওপরে দাঁড়িয়ে মন্ত্রোচ্চারণ করছে যাতে মৃতার আত্মা পৌরাণিক বৈতরণী নদী পেরিয়ে নির্বিঘ্নে পৌছে যায় অন্য জগতে। তারা তাদের মন্ত্রোচ্চারণ শেষ করল ঈশ উপনিষদের একটি শ্লোক আবৃত্তি করে, যা পূর্বেই সৎকারের সময় উচ্চারিত হয়েছিল:

বায়ুর অনিলম্ অমৃতম্; অথেদম্ ভস্মন্তম্ শরীরম্।

এই ক্ষণস্থায়ী শরীর পুড়ে ভস্ম হয়ে যাক। কিন্তু প্রাণশক্তির স্থান অন্যত্র। তা যেন ফিরে যায় মৃত্যুহীন মহাপ্রাণের কাছে।

খানিকটা দূর থেকে দ্রুহু সমস্ত অনুষ্ঠানটা দেখছিল। তার নজর নিবদ্ধ ছিল বিচক্ষণ, সর্বদা তীক্ষ্ণবুদ্ধি মন্থরার বর্তমান করুণ অবয়বের উপর। একটা চিন্তাই ফাঁসের মতো তার উপর চেপে বসছিল।

আসল মালিকের কাছে এই বুড়ি মহিলার আর কোনো প্রয়োজন নেই। এখন আমাকে নিজের ভালো দেখতে হবে।

মন্থরা ভস্মাধারটি তার বুকের কাছে ধরে রেখেছিল। গভীর শ্বাস টেনে সে যেন শক্তি সঞ্চয় করতে চাইল তাকে যা করতেই হবে তার জন্য। সে ঢাকনা খুলে পাত্রটা উপুড় করে তার কন্যার চিতাভস্ম নদীতে বিসর্জন দিল যা ঢেউ এর মাথায় ভাসতে ভাসতে দ্রুত দূরে সরে যেতে থাকল। সে রক্তলাঞ্ছিত কাপড়টা মুখের কাছে ধরে অস্ফুটে বলল, 'সোনা আমার, এই নোংরা পৃথিবীতে আর ফিরে এসো না। এ পৃথিবীটা তোমার মতো পবিত্র আত্মাদের জন্য সৃষ্ট হয়নি।'

মন্থরা তার কন্যার শেষ চিহ্নগুলির সরে যাওয়া দেখতে থাকল। সে আকাশে মুখ তুলে তাকাল। ক্রোধে তার বুক ফেটে যাচ্ছে।

'রাম...'

চোখের পাতা কুঁচকে চোখ বন্ধ করল মন্থরা। তার শ্বাস প্রশ্বাস চলছে অনিয়মিত গতিতে।

তুমি ওই জানোয়ারটাকে সুরক্ষা দিয়েছিলে...তুমি ধেনুকাকে সুরক্ষিত রেখেছিলে... এটা আমার মনে থাকবে।

'এ কাজের জন্য দায়ী কে?' রাম হুংকার দিয়ে উঠল, উত্তেজনায় তার শরীর কাঠের মতো শক্ত। পুলিশের কর্মকর্তারা তাকে ঘিরে দাঁড়িয়েছিল। ধেনুকার বিভৎস হত্যাকাণ্ডের খবর পেয়ে স্থৈর্যের জন্য প্রখ্যাত মানুষটির উচ্চণ্ড ক্রোধ দেখে বিস্ময়ে বিমূঢ় হয়ে দাঁড়িয়ে ছিল।

'এটা আইনকে নিয়ে তামাশা, ন্যায়বিচারের ওপর বিকৃত আঘাত,' রাম চিৎকার করল, 'কে করেছে এ কাজ?'

'আমি...আমি জানিনা, প্রভু।' একজন কর্মকর্তা কাঁপতে কাঁপতে বলল।

রাম সন্ত্রস্ত লোকটার দিকে এগিয়ে ঝুঁকে দাড়াল,'তুমি কি আশা কর আমি এটা বিশ্বাস করব।'

পিছন থেকে তীব্র চিৎকার শোনা গেল, 'দাদা!'

রাম মুখ তুলে দেখল লক্ষ্মণ প্রবল গতিতে তাদের দিকে ঘোড়া ছুটিয়ে আসছে।

খুব কাছাকাছি এসে ঘোড়া থামিয়েই লক্ষ্মণ বলল,'তোমাকে এখনই আমার সঙ্গে আসতে হবে।'

মাছি তাড়ানোর ভঙ্গিমায় হাত নাড়িয়ে রাম বলল, 'এখন না লক্ষ্মণ, আমি ব্যস্ত আছি।'

'দাদা, গুরু বশিষ্ঠ তোমায় ডেকে পাঠিয়েছেন।'

বিরক্তি নিয়ে রাম লক্ষ্মণের দিকে তাকিয়ে বলল, 'আমি একটু পরেই আসছি। যাও গুরুজিকে বলো যে—'

লক্ষ্মণ তার অগ্রজকে থামিয়ে বলল,'দাদা মহর্ষি বিশ্বামিত্র এখানে উপস্থিত। তিনি তোমাকে ডাকছেন। কেবল তোমাকেই ডাকছেন।'

বিস্মিত হয়ে রাম লক্ষ্মণের দিকে তাকাল।

শেষ বিষ্ণু পরশুরামের উত্তরাধিকারী রহস্যময় উপজাতি মলয়পুত্রদের প্রধান বিশ্বামিত্র। এই উপজাতিই ষষ্ঠ বিষ্ণুর প্রতিনিধি এবং তারাই পৃথিবীতে তাঁর কাজ এগিয়ে নিয়ে যাবার জন্য দায়িত্বপ্রাপ্ত। মলয়পুত্রদের কিংবদন্তি শক্তির উপকথা আপামর জনসাধারণের মধ্যে সমীহ সৃষ্টি করে। ব্যাপারটা আরও সবাইকে সন্ত্রস্ত করে বিশ্বামিত্রের ক্রোধের খ্যাতি বা অখ্যাতির জন্য। বিশ্বামিত্র জন্মেছিলেন ক্ষত্রিয় বংশে কৌশিক নামে, মহান রাজা গাধির পুত্র রূপে। তরুণ বয়সে ভয়ংকর যোদ্ধা হলেও তার অন্তর্নিহিত ভাব তাকে ঋষি হবার দিকে নিয়ে যায়। সমস্ত প্রতিকূলতার বিরুদ্ধে লড়াই করে তিনি তার উদ্দেশ্যপূরণে সফলও হন। তারপর তিনি ব্রাহ্মণত্বের সর্বোচ্চ স্তরে পৌঁছে মলয়পুত্রদের অধিপতি হন। প্রধান হয়ে তিনি তাঁর নাম বিশ্বামিত্রে পরিবর্তিত করেন। মলয়পুত্রদের দায়িত্ব মহাদেবের পরবর্তী অবতার পৃথিবীতে অবতীর্ণ হলে তাকে সাহায্য করা। তথাপি, তারা মনে করে তাদের অব্যবহিত প্রধান কর্তব্য, সময় হলে পরবর্তী বিষ্ণু অবতারকে প্রতিষ্ঠিত করা।

রাম ধেনুকার শবের ওপর একবার তাকিয়ে ভাই লক্ষ্মণের দিকে তাকাল–দুটো কর্তব্যের কোনটাতে সে আগে সাড়া দেবে বুঝতে পারছিল না। লক্ষ্মণ লাফ দিয়ে ঘোড়া থেকে নেমে এসে তার কনুইয়ের কাছটা ধরল।

লক্ষ্মণ জোর করল,'দাদা, তুমি এ ব্যাপারটায় একটু পরেই ফিরে আসতে পারবে, কিন্তু মহর্ষি বিশ্বামিত্রকে এভাবে অপেক্ষায় রাখা যায় না। আমরা তো সবাই তাঁর ভয়ংকর ক্রোধের কথা জানি।'

লক্ষ্মণের এহেন চাপে রামকে মত বদলাতে হল। সে বলল,'আমার ঘোড়াটা এখানে নিয়ে এস।'

একজন কর্মকর্তা দ্রুত তার ঘোড়াটাকে হাজির করল। রাম তড়াক করে উঠে ঘোড়াটা চালিয়ে দিল। তাকে অনুসরণ করল লক্ষ্মণ। ঘোড়াদুটো টগবগ করে নগরের দিকে ছুটতে লাগল। রামের মনে পড়ে গেল কদিন আগে গুরু

বশিষ্ঠের সঙ্গে তার আলোচনার কথা।

কেউ একজন এখানে আসছে... তাকে আটকানোর ক্ষমতা আমার নেই...

রাম নিজের মনেই বলল, 'মহর্ষি বিশ্বামিত্র আমার কাছে কী চাইতে পারেন?'

...তার প্রতিও তোমার কিছু কর্তব্য আছে...

রাম বর্তমান পরিপ্রেক্ষিতে তার মনোযোগ ফিরিয়ে এনে ঘোড়ার পেটে সশব্দে জুতোর খোঁচা মেরে ঘোড়াটার গতি বাড়াল ।

'মহানুভব, তাহলে কি আমার প্রস্তাবে আপনি অসম্মতি জানাচ্ছেন?' অত্যন্ত সুরেলা কণ্ঠে বিশ্বামিত্র প্রশ্ন করলেন, কিন্তু তার এ প্রশ্নের পিছনে প্রচ্ছন্ন হুমকির ভাবটা তবু প্রকাশ পেয়ে গেল।

যেন তার ক্ষমতা ও খ্যাতি যথেষ্ট ভীতিপ্রদ নয়, মহর্ষি বিশ্বামিত্রের অস্বাভাবিক দীর্ঘ শরীর তার ব্যক্তিত্বে যুক্ত করেছিল এক অদম্য প্রভা। তিনি প্রায় সাত ফুট লম্বা ও বিপুলদেহী। তার বিরাট পেট বলিষ্ঠ পেশিবহুল বক্ষদেশ, কাঁধ ও বাহু-র সঙ্গে সাদা দাড়ি, কামানো মাথা, মোটা শিখা, দীঘল চোখ, কাঁধ থেকে ঝোলানো উপবীত তার শরীরের ওপর এক বৈপরীত্যের ভাবসঞ্চার করেছে।

সম্রাট দশরথ তিন মহিষী সহ মহর্ষিকে তার নিজস্ব কার্যালয়ে সসম্মানে নিয়ে এসেছে। মহর্ষি কোনো ভনিতা না করেই তার আগমনের উদ্দেশ্য ব্যক্ত করলেন। তাঁর একটি আশ্রমের উপর আক্রমণ হচ্ছে । এবং তিনি সেটাকে রক্ষা করার জন্য রামের সাহায্য চান। বিশ্বামিত্র বিশদে কোনো কথাই বললেন না।

সশঙ্কিত চিত্তে দশরথ ঢোঁক গিলল। বিশ্বামিত্রের মহড়া নেবার কথা হলে তার হৃৎকম্প হত। এখন সে আতঙ্কিত, সঙ্গে কিছুটা বিভ্রান্তও। রামের প্রতি তার স্নেহ বিগত ক-মাসে উত্তরোত্তর বৃদ্ধি পেয়েছে এবং তাকে ছেড়ে থাকার

কথা সে এখন ভাবতে পারে না। 'প্রভু আমি একথা বলছি না যে আমি রামকে আপনার সঙ্গে পাঠাতে অনাগ্রহী, তবু বলছি সৈন্যাধ্যক্ষ, মৃগাশ্ব আপনাকে একইভাবে সহায়তা দিতে পারেন। আমার সমস্ত সৈন্যবাহিনী আপনার হাতে তুলে দিচ্ছি, এবং এও...'

'আমি রামকে চাই', বিশ্বামিত্র বললেন। তাঁর দৃষ্টি দশরথের চোখের মধ্যে বিঁধে সপ্ত সিন্ধুর সম্রাটকে দুর্বল করে তুলল। 'আর আমার লক্ষ্মণকেও প্রয়োজন।'

কৌশল্যা বিশ্বামিত্রের প্রস্তাবটার অর্থ ঠিক বুঝতে পারছিল না। একদিকে যখন এই মহান ঋষির সঙ্গে রাম থাকবে ভেবে তার বেশ আনন্দ হচ্ছিল। অন্যদিকে সে ভাবছিল বিশ্বামিত্র কেবল রামের যুদ্ধদক্ষতাকে নিজের কাজে লাগিয়ে প্রয়োজন মিটলে তাকে ত্যাগ করবে। এছাড়াও আরও একটা গুরুতর বিষয় ছিল। রামের অনুপস্থিতির সুযোগে কৈকেয়ী দশরথকে সম্মোহিত করে ভরতকে পরবর্তী রাজা হিসেবে তুলে ধরতে পারে। এ ধরণের পরিস্থিতিতে পড়লে যে একমাত্র পদ্ধতিতে কৌশল্যা তার প্রতিক্রিয়া ব্যক্ত করতে পারে সে তাই করল, সে কাঁদতে লাগল নিঃশব্দে।

কৈকেয়ীর মাথায় এমন কোনো বিরুদ্ধ ভাবনার কথা ছিল না। সে কেবল মন্থরার প্রস্তাবে রাজি হবার জন্য মনে মনে অনুশোচনা করছিল। আর ভাবছিল, আজ এখানে ভরত থাকলে কী ভালোটাই না হত! সে বলে উঠল, 'মহর্ষি, ভরতকে আপনার সঙ্গে পাঠাতে পারলে আমি গর্বিত হতাম। কিন্তু আমাদের কেবল—'

'কিন্তু ভরত তো এখন অযোধ্যায় নেই।' বিশ্বামিত্র বললেন। তাঁর কথা শুনে মনে হল তাঁর অজানা নেই কিছুই ।

'আপনি ঠিকই বলছেন, মহর্ষি', কৈকেয়ী বলল। 'সেটাই আমি আপনাকে বলতে যাচ্ছিলাম। তাকে আপনার সঙ্গে পাঠাতে হয়ত কয়েক সপ্তাহ অপেক্ষা করতে হবে। আমি খবর পাঠিয়ে অচিরেই ভরতকে এখানে নিয়ে আসতে পারি।'

বিশ্বামিত্র সরাসরি কৈকেয়ীর চোখের দিকে তাকালেন। ভয়ার্ত কৈকেয়ী

মাটির দিকে চোখ নামাল। তার মনে হল, তার গোপন করা সব তথ্য যেন মহর্ষি জেনে ফেলেছেন। সামান্য সময়ের জন্য ভয়ংকর এক নীরবতা নেমে এল। তখনই বজ্রগর্জন করে উঠল বিশ্বামিত্রের কণ্ঠস্বর,'মহামহিম, আমার প্রয়োজন রামকে এবং অতি অবশ্যই লক্ষ্মণকেও। আমার আর কাউকে প্রয়োজন নেই। এখন বলুন, ওদের আমার সঙ্গে পাঠাবেন কি না?'

সুমিত্রা বলল, 'গুরুজি আলোচনায় ব্যাঘাত ঘটানোর জন্য আমি আন্তরিক মার্জনা চাইছি। কিন্তু আমার মনে হয়, এখানে আচরণবিধির লঙ্ঘন হচ্ছে। আপনি আমাদের সঙ্গে বেশ কিছুক্ষণ আছেন, কিন্তু আমাদের শ্রদ্ধেয় রাজগুরু বশিষ্ঠ এখনও আপনার সান্নিধ্যলাভের সুযোগ পাননি। আমরা কি তাঁকে, এখানে তাঁর প্রাজ্ঞ উপস্থিতির জন্য আমন্ত্রণ জানাব? তিনি উপস্থিত হলেই আবার নতুন করে শুরু করা ভালো।'

বিশ্বামিত্র হাসলেন, একটু জোরেই যেন,'হুম্‌ম্‌! যা শুনেছিলাম তা সত্য। তৃতীয় এবং সর্বকনিষ্ঠা রানিই সর্বাধিক সপ্রতিভ ও বুদ্ধিদীপ্ত।'

'না, মহর্ষি, কোনো অর্থেই আমি সপ্রতিভ ও বুদ্ধিদীপ্ত নই', লজ্জায় মুখ লাল করে সুমিত্রা বলল, 'আমি কেবল আচরণবিধির কথা বলছিলাম।'

'ঠিক ঠিক। ঠিকই বলেছ তুমি। তিনি এলে আমরা রামকে নিয়ে কথা বলব।'

রাজা এবং তার তিন স্ত্রী প্রায় দৌড়ে বেরোলেন আলোচনাকক্ষ থেকে। মহর্ষি ও তার কজন সহকারীকে অবাক করে।

বশিষ্ঠ তাঁর সহকারীদের বাইরে অপেক্ষা করতে বলে রাজগুরুর নিজস্ব কার্যালয়ে প্রবেশ করলেন। সহকারীরা দূরে যেতেই বিশ্বামিত্র নাকমুখ কুঁচকে উঠে দাঁড়িয়ে বললেন,'ওকে আমার থেকে অলাদা করে রাখতে তুমি কী যুক্তি দেখাবে দিবোদাস?'

উদ্দেশ্যপ্রণোদিত ভাবেই বিশ্বামিত্র বশিষ্ঠকে তাঁর গুরুকুলের নামে

ডাকলেন। এই ঋষিপ্রবর যখন ছোটো ছিলেন তখন তিনি এ নামেই পরিচিত ছিলেন।

'মহর্ষি বিশ্বামিত্র, আমি এখন আর বালকটি নেই,' কণ্ঠস্বর ইচ্ছে করেই অতি নম্র করে বশিষ্ঠ বললেন, 'আমার নাম বশিষ্ঠ এবং আমার ভালো লাগবে যদি আপনি আমাকে মহর্ষি বশিষ্ঠ নামেই ডাকেন।'

বিশ্বামিত্র বশিষ্ঠের আরও কাছে এগিয়ে এলেন। 'দিবোদাস, তোমার যুক্তি কী? তোমার রাজবাড়িতে অনৈক্য প্রবেশ করেছে। দশরথ তার ছেলেদের ছাড়তে চাইছে না। কৌশল্যা দ্বিধাগ্রস্ত এবং কৈকেয়ী প্রবলভাবে চাইছে আমার সঙ্গে একমাত্র ভরতই যাক। এবং সুমিত্রা, বুদ্ধিমতী সুমিত্রার, সবেতেই সায় আছে। কারণ যারই জয় হোক, দুজন ছেলের একজন জয়ীর সঙ্গে যুক্ত থাকবে। সত্যিই তুমি এখানে দারুণ কাজ করেছ, তাই না রাজগুরু?'

বশিষ্ঠ এই খোঁচা দেওয়া মন্তব্য উপেক্ষা করলেন। তার কাছে এটা পরিষ্কার যে তার বিশেষ কিছু করার নেই। তিনি যে যুক্তি-তর্কই উপস্থিত করুন না কেন রাম ও লক্ষ্মণকে বিশ্বামিত্রের সঙ্গে যেতেই হবে।

'কৌশিক' বশিষ্ঠ বিশ্বামিত্রকে ছোটোবেলার নামে ডেকে উঠলেন। 'বোঝাই যাচ্ছে, আরও একবার তুমি যা চাও তা করিয়েই ছাড়বে, তা সেটা যত অন্যায়ই হোক।'

বিশ্বামিত্র রাজগুরুর দিকে আরও এক পা এগিয়ে তাঁর দিকে ঝুঁকে দাড়ালেন। 'এবং এও মনে হচ্ছে তুমি পালাবে, আরও একবার। এখনও লড়তে এত ভয়, দিবোদাস?'

বশিষ্ঠের হাত মুষ্টিবদ্ধ হল, কিন্তু তার মুখ রইল একইরকম। 'তুমি কখনোই বুঝতে পারবে না, আমি যা করেছি তা কেন করেছি! এটা করেছি–'

'বৃহত্তর ভালোর জন্য?' বশিষ্ঠকে মাঝপথে থামিয়ে উপহাসের হাসি হেসে বিশ্বামিত্র বললেন। 'তুমি কি সত্যিই এটা আমায় বিশ্বাস করাতে চাও? মহৎ আদর্শের ভান করে কাপুরুষতা লুকোবার চেষ্টার মতো করুণ ব্যাপার আর নেই।'

'বোঝাই যাচ্ছে তুমি ক্ষত্রিয়সুলভ উগ্রতা এখনও ছাড়তে পারোনি।

এটা বড়ো আশ্চর্যের ব্যাপার যে, তুমি নিজেকে ক্ষত্রিয়ের উগ্রতা ধ্বংসকারী পরশুরাম বলে মনে করো!'

'প্রত্যেকেই আমার পূর্বজীবন সম্পর্কে অবগত দিবোদাস। আমি নিজে অন্তত কিছুই লুকোই না।' বিশ্বামিত্র তার চেয়ে কম উচ্চতার মানুষটির দিকে আগুনে দৃষ্টি নিক্ষেপ করলেন। 'আমি কি তোমার আদরের রাজকুমারের কাছে প্রকাশ করব তোমার পুরোনো পরিচয়? তোমার জন্য আমি কি করেছিলাম—'

আর ধৈর্য ধরে থাকতে না পেরে বশিষ্ঠ চিৎকার করে উঠলেন 'তুমি কখনো আমার কোনো উপকার করো নি'

'এখন একটা আমি অবশ্যই করব,' হেসে বললেন বিশ্বামিত্র।

ঘুরে দাঁড়িয়ে ঝড়ের বেগে বশিষ্ঠ ঘর থেকে বেরিয়ে গেলেন। মাঝখানে এত সময় কেটে যাবার পরও বশিষ্ঠ মনে করেন তাদের পুরনো বন্ধুত্বের সূত্রে তিনি উগ্র স্বভাব বিশ্বামিত্রের কাছ থেকে সামান্য সৌজন্য অন্তত দাবি করেন।

।। অধ্যায় ১৬।।

এক সপ্তাহ পর রাম ও লক্ষ্মণ সরযু দিয়ে বয়ে চলা জাহাজের পাটাতনের ওপর দাড়িয়েছিল। তারা বিশ্বামিত্রের বহু আশ্রমের মধ্যে গঙ্গার তীরে যেটি অবস্থিত সেখানে চলেছে। 'দাদা, এই বিশাল জাহাজটা এবং পিছনে যে দুটো জাহাজ আসছে তা মহর্ষি বিশ্বামিত্রের,' নীচু গলায় বলল লক্ষ্মণ। 'জাহাজ তিনটিতে অন্তত তিনশো প্রশিক্ষণপ্রাপ্ত সৈন্য রয়েছে। আমি শুনেছি কোনো এক গোপন স্থানে অবস্থিত তাঁর রাজধানীতে এরকম হাজার হাজার সৈন্য আছে। পরশুরামের দিব্যি, তবু উনি আমাদের আবার চাইছেন কেন?'

'তা আমি জানি না', নদীর গভীর কালো জলের বিস্তারের দিকে তাকিয়ে রাম উদাসীন কণ্ঠে বলল। জাহাজের সবাই তাদের থেকে দূরত্ব বজায় রেখেছে। 'এর সত্যি কোনো অর্থ নেই। কিন্তু বাবা আদেশ দিয়েছেন আমরা যেন মহর্ষি বিশ্বামিত্রকে আমাদের গুরুর মতো দেখি এবং তা-ও– '

'দাদা, আমার মনে হয়না আমাদের পাঠানো ছাড়া বাবার অন্য কোনো বিকল্প ছিল।'

'আর আমাদেরও নেই।'

কয়েকদিন পর বিশ্বামিত্র জাহাজ নোঙর করার নির্দেশ দিল। নৌকা নামানো হল, এবং জনা পঞ্চাশ লোক দাঁড় টেনে নদীতীরে পৌছে গেল; তাদের মধ্যে রাম ও লক্ষ্মণও ছিল। নৌকা ভিড়তেই মলয়পুত্ররা লাফ দিয়ে অপ্রশস্ত নদীতীরে নামল এবং পুজোর জন্য জায়গাটা পরিষ্কার করতে লাগল।

নমস্কারের ভঙ্গিতে হাত জোড় করে রাম নম্রভাবে বলল, 'আমরা এখানে কী করতে চলেছি গুরুজি?' মোটা ভ্রূ তুলে মুখে বক্রহাসি এনে বিশ্বামিত্র বলল,'তোমার রাজগুরু কী এ স্থান সম্পর্কে কিছুই বলেননি?'

রাম তার গুরু বশিষ্ঠ সম্পর্কে সম্মানহানিকর কিছু বলবে না। কিন্তু লক্ষ্মণের এমন কোনো বিবেক-যন্ত্রণা নেই। জোরে মাথা নেড়ে লক্ষ্মণ বলল, 'না গুরুজি, তিনি আমাদের এমন কিছু বলেননি।'

'বেশ। এই স্থানে ভগবান পরশুরাম পঞ্চম বিষ্ণু বামনের পুজো করেছিলেন, কার্তবীর্য অর্জুনের সঙ্গে যুদ্ধে যাবার পূর্বে।'

লক্ষ্মণ নতুন বিস্ময় ও শ্রদ্ধায় চারপাশে তাকিয়ে বলে উঠল, 'ওঃ!!'

'তিনি এখানেই বল-অতিবল পুজো করেছিলেন, বিশ্বামিত্র বলে চললেন এবং সে পুজোর ফলে তিনি বলবান হয়েছিলেন এবং ক্ষুধা ও তৃষ্ণা থেকে মুক্তি লাভ করেছিলেন।'

রাম করজোড়ে বিশ্বামিত্রকে বলল,'গুরুজি, আমরা কি আমাদের সেই পুজো শিখিয়ে দেবার জন্য আপনাকে অনুরোধ করতে পারি?'

এ প্রস্তাবে লক্ষ্মণের মধ্যে অস্বস্তিকর ভাব দেখা গেল। ক্ষুধা ও তৃষ্ণা থেকে মুক্তি পাবার বিন্দুমাত্র ইচ্ছা তার নেই। খেতে ও পান করতে যে খুবই ভালোবাসে।

'অবশ্যই,' বিশ্বামিত্র বললেন, 'আমি পুজো করার সময় তোমরা আমার পাশে বসতে পারো। পুজোর প্রভাবে অন্তত এক সপ্তাহ তোমাদের ক্ষুধা তৃষ্ণা কমে যাবে। তোমাদের শরীরের ওপর তার প্রভাব থাকবে আজীবন।'

কয়েক সপ্তাহের মধ্যে তিনটি জলযান সরযু ও গঙ্গার সঙ্গমে পৌছে গেল এবং সেগুলি পশ্চিমমুখো হয়ে উর্ধ্বধারার দিকে চলতে থাকল। দুদিনের মধ্যেই সেগুলি নোঙর ফেলল এবং অতি দ্রুত সাময়িক জেটি তৈরি হলে জাহাজে সামান্য কজন সৈন্যকে রেখে দুশো যোদ্ধাকে নিয়ে বিশ্বামিত্র, রাম ও লক্ষ্মণ পায়ে হাঁটা পথ ধরল। দক্ষিণ-পশ্চিম দিকে ঘন্টা চারেক হেঁটে দলটি মলয়পুত্রদের স্থানীয় আশ্রমে পৌঁছোল।

রাম ও লক্ষ্মণকে ইতিমধ্যে বলা হয়েছিল তাদের এখানে আনা হয়েছে শত্রুর আক্রমণ থেকে আশ্রমকে রক্ষা করার যে ব্যবস্থা রয়েছে তাকে আরও চাঙ্গা করতে। কিন্তু তারা যা দেখল তাতে দুই ভাইই অবাক হল। আশ্রম কোনো বড়ো ধরনের হামলা ঠেকাবার অবস্থায় নেই। বন্যগাছ ও কাঁটা গাছ দিয়ে বানানো বেড়া ছোটো খাটো বন্য জন্তুকে আটকাতে পারলেও মানুষের হামলা ঠেকাবার উপযুক্ত নয়। আশ্রমের বাইরে যে ছোটো নদীটা বয়ে গেছে তার তীরেও কোনো সুরক্ষা প্রাচীরের চিহ্ন নেই। ছোট্ট নদীটা পেরোতেও সাধারণ সেনাদের কোনোরকম অসুবিধা হবার কথা নয়। আশ্রম প্রাচীরের বাইরের ও ভিতরের এলাকা ঝোপ-জঙ্গল গাছগাছালিতে ঢাকা, ফলে বাইরে থেকে আক্রমণ হলে তা দেখাও সম্ভব নয়। কতকগুলো খড়ে ছাওয়া মাটির ছোটো ছোটো ঘর জড়াজড়ি করে দাঁড়িয়ে আছে যা আগুন লাগলে বিপজ্জনক হয়ে উঠবে। একটা ঘরে আগুন লাগলেই মুহূর্ত মধ্যে তা সবকটাতে ছড়িয়ে পড়বে। গবাদি পশুদের থাকার স্থান বাইরের দিকে না হয়ে আশ্রমের অভ্যন্তরে। বাইরে থাকলে অন্তত সহজাত বোধ থেকে তারা আশ্রমবাসীদের সতর্ক করতে পারত।

'সবকিছুই কেমন খাপছাড়া ধরনের,' খুব নীচু স্বরে লক্ষ্মণ বলল। 'এ শিবির দেখে মনে হচ্ছে সদ্য গজিয়ে উঠেছে এটি। এখানকার যা সুরক্ষাব্যবস্থা, সত্যি কথা বলতে কী তা কোনো কাজের না...'

রাম চোখের ইশারায় তাকে থামাল। লক্ষ্মণ ঘাড় ঘুড়িয়ে দেখল মহর্ষি তাদের দিকেই এগিয়ে আসছেন। বিশ্বামিত্র দৈত্যাকৃতি লক্ষ্মণের চেয়েও সামান্য লম্বা।

'অযোধ্যার রাজপুত্রগণ, মধ্যাহ্নভোজন করে নাও,' বিশ্বামিত্র বললেন। 'তারপর আমরা আলোচনা করব।'

অযোধ্যার রাজপুত্রেরা নিজেদের মতো বসল। বিশ্বামিত্রের ডান হাত এবং মলয়পুত্রদের সৈন্যাধক্ষ অরিষ্টনেমীর নির্দেশ পালন করতে প্রায় দৌড়ে বেড়ানো আশ্রমিকরা কেউ তাদের লক্ষ করল না। একটি বৃক্ষের নীচে বিশ্বামিত্র পা মুড়ে সুখাসনে বসে আছেন, দুটি পায়ের পাতা বিপরীত হাঁটুর নীচে রাখা। হাতের তালু নীচের দিকে করে হাতদুটি তিনি হাঁটুর উপর রেখে ছিলেন। ঢিলেঢালা যোগাসনে বসে তিনি বন্ধ রেখেছিলেন চোখ।

লক্ষ্মণ লক্ষ করল অরিষ্টনেমী তার এক সহকারীকে তাদের দিকে আঙুল দেখিয়ে কিছু বলছে। মুহূর্তকাল পরে দেখা গেল গেরুয়া শাড়ি ও জামা পরা একজন মহিলা দু-ভায়ের দিকে দুটি কলাপাতা নিয়ে এগিয়ে আসছে। তার পিছন পিছন কয়েকজন ছাত্র খাবারের পাত্র নিয়ে আসছিল। মহিলার তত্ত্বাবধানে খাবার পরিবেশিত হল।

হেসে হাত জোড় করে মহিলা বলল,'অযোধ্যার রাজকুমারদ্বয়, অনুগ্রহ করে খাদ্য গ্রহণ করুন।' লক্ষ্মণ সন্দেহজনক দৃষ্টিতে খাবারের দিকে চেয়ে দূরে বসা বিশ্বামিত্র-র দিকে এক ঝলক তাকাল। তার সামনের পাতায় কেবল একটি জাম রাখা—যে ফলের সঙ্গে ভারতের প্রাচীন নাম জম্বুদ্বীপের যোগ আছে।

'দাদা, মনে হয় ওরা খাবারে বিষ মিশিয়েছে,' লক্ষ্মণ বলল। 'অতিথি হিসেবে আমাদের এত খাবার দেওয়া হল আর মহর্ষি বিশ্বামিত্র খাচ্ছেন কেবল একটা জাম!'

রাম বলল,'লক্ষ্মণ, ও ফলটা খাবার জন্য নয়।' সে এক টুকরো রুটি ছিঁড়ে তা দিয়ে কিছুটা তরকারি তুলে মুখে দিল।

রাম হেসে বলল, 'এদের যদি আমাদের মারার পরিকল্পনাই থাকত তবে

ওরা সেটা আরও সহজে জাহাজেই করতে পারত। খাবারে বিষ নেই, খাও।'

'দাদা, কেন তুমি সবাইকে বিশ্বাস...'

'কথা না বলে খাও, লক্ষ্মণ।'

বিশ্বামিত্র ঝোপঝাড় দিয়ে বানানো বেড়ার একটা পোড়া অংশের দিকে আঙুল দেখিয়ে বললেন, 'ওইখানেই ওরা আক্রমণ করেছিল।'

'এখানে গুরুজি?' অবাক হয়ে চকিতে লক্ষ্মণের দিকে একবার তাকিয়ে বিশ্বামিত্রের দিকে ঘুরে রাম জিজ্ঞাসা করল।

'হ্যাঁ, এ জায়গাতেই।' বিশ্বামিত্র বললেন।

অরিষ্টনেমী বিশ্বামিত্রের পিছনে দাঁড়িয়েছিল।

রামের অবিশ্বাস ভিত্তিহীন নয়। এই সামান্য পোড়াকে হানা বা আক্রমণ বলা যায় না। বেড়ার দু মিটার জায়গা আংশিক পোড়া। কিছু বদমাস হয়তো জ্বালানি জাতীয় কিছু ঢেলে আগুন ধরিয়ে দিয়েছিল। বোঝাই যাচ্ছে জ্বালানি বেশি ছিল না, কারণ, প্রকৃতপক্ষে বেড়ার বাকি অংশ অক্ষত আছে। দুস্কৃতিরা এসেছিল রাতের দিকে। তখন বেড়ার গাছ-লতার ওপর শিশির পড়ে থাকায় অপেশাদার বদমাসগুলোর প্রচেষ্টা ব্যর্থ হয়েছে।

আক্রমকারীরা অবশ্যই পেশাদার নয় তা বোঝা যাচ্ছিল।

রাম বেড়ার একটা ফাঁক গলে সীমানার বাইরে এসে আংশিক পোড়া কাপড়ের একটা টুকরো দেখতে পেল।

লক্ষ্মণ দ্রুত তার দাদার কাছে এসে রামের হাত থেকে পোড়া কাপড়টা নিয়ে শুঁকল। কিন্তু তাতে কোনো দাহ্য পদার্থের গন্ধ পেল না। 'এটা অঙ্গবস্ত্রের ছেঁড়া টুকরো। বদমায়েসদের একজন বোধহয় ভুলবশত নিজের অঙ্গবস্ত্রেই আগুন ধরিয়ে ফেলেছিল। মূর্খ।'

লক্ষ্মণেরচোখ পড়ল একটা ছুরির ওপর, সে সেটা বেশ ভালো করে দেখে রামের হাতে তুলে দিল। ছুরিটা বেশ ধারালো হলেও পুরোনো আর

জংধরা; কোনো পেশাদার সৈন্য এমন ছুরি ব্যবহার করে না।

রাম বিশ্বামিত্রের দিকে তাকাল,'আপনার কী আদেশ, গুরুজি?

'আমি চাই তোমরা খুঁজে বের করো এই আক্রমণকারীদের যারা যাগযজ্ঞ, পূজাপার্বণ ও আশ্রমের অন্যান্য কাজকর্ম পণ্ড করে দিচ্ছে,' বিশ্বামিত্র বললেন। 'ওদের ধ্বংস করতেই হবে।'

বিরক্ত লক্ষ্মণ না বলে থাকতে পারল না,'কিন্তু এই লোকগুলো এমনকী...'

রাম তাকে চুপ করতে ইশারা করল। 'আমি আপনার আদেশ পালন করব, গুরুজি, কারণ আমার বাবা আমাকে সেটাই করতে বলেছেন। কিন্তু একটা সত্যকথা আপনাকে বলতেই হবে। আপনার এত সৈন্য সামন্ত থাকতে আপনি আমাদের এখানে নিয়ে এলেন কেন?'

'কারণ তোমাদের মধ্যে এমন কিছু আছে যা আমার সৈন্যদের মধ্যে নেই।' বিশ্বামিত্র উত্তর দিলেন।

'সেটা কী?'

'অযোধ্যার রক্ত।'

'এতে আর কী তফাত হয়?'

'আক্রমণকারীরা প্রাচীন ঘরানার অসুর।'

'ওরা অসুর!' বিস্মিত হয়ে বলে উঠল লক্ষ্মণ। 'কিন্তু ভারতবর্ষে তো আর অসুর নেই। ভগবান রুদ্র তো কবেই তাদের শেষ করে দিয়েছেন।'

বিশ্বামিত্র বিরক্ত হয়ে লক্ষ্মণের দিকে তাকিয়ে বলল,'আমি তোমার বড়ো ভাইয়ের সঙ্গে কথা বলছি।' তারপর রামের দিকে ফিরে বললেন, 'ওই প্রাচীন ঘরানার অসুরেরা অযোধ্যাবাসীকে আক্রমণের কথা স্বপ্নেও ভাবে না।'

'কেন গুরুজি।'

'শুক্রাচার্যের নাম কি শুনেছ?'

'হ্যাঁ, তিনি অসুরদের গুরু ছিলেন। তাঁকে অসুরেরা পুজো করে, মান্য করে।'

'এটা জানো কি শুক্রাচার্য কোথা থেকে উদ্ভূত হয়েছিলেন?'

'মিশর।'

'হ্যাঁ, তুমি ঠিকই বলেছ। তবে ভারতবর্ষ উদার হৃদয়। যদি কোনো বিদেশি এদেশকে মাতৃভূমি বলে স্বীকার করে তবে সে আর পরদেশি বলে গণ্য হয় না। শুক্রাচার্য বড়ো হয়ে ওঠেন এদেশেই। তুমি কি আন্দাজ করতে পারো কোন ভারতীয় নগরে তিনি প্রতিপালিত হন?'

রামের চোখ বড়ো বড়ো হয়ে উঠল, 'অযোধ্যা।'

'হ্যাঁ, অযোধ্যা। কোনো প্রাচীন ঘরানার অসুর কখনো কোনো অযোধ্যাবাসীকে আক্রমণ করবে না, কারণ সে স্থান তাদের কাছে পবিত্র।'

পরদিন সকালে দ্বিতীয় প্রহরের প্রথম ঘন্টায় রাম, লক্ষ্মণ ও অরিষ্টনেমী আশ্রম থেকে অশ্বপৃষ্ঠে বেরিয়ে পড়ল। পঞ্চাশজন যোদ্ধা সঙ্গে নিয়ে তারা চলছিল দক্ষিণ দিকে। ধারণা করা হয় এখানকার অসুরদের বাসস্থানে পৌঁছাতে গেলে একদিনের পথ ঘোড়ায় যেতে হবে।

রাম সম্ভ্রমের সঙ্গে মলয়পুত্রদের সেনাবাহিনীর প্রধান অরিষ্টনেমীকে জিজ্ঞাসা করল, 'ওদের নেতার সম্পর্কে আপনি যা জানেন আমাকে বলুন।'

অরিষ্টনেমীর উচ্চতা লক্ষ্মণের সমান সমান কিন্তু সদ্যতরুণ রাজকুমারের মত প্রশস্ত নয়, তার দেহ শীর্ণ, রোগাই বলা যায়। তার পরনে তার গেরুয়া ধুতি, কাঁধে ঝোলানো অঙ্গবস্ত্রের এক অংশ ডান হাতের সঙ্গে বাঁধা, অন্য কাঁধ থেকে ঝুলছে উপবীত, তার মুন্ডিত মস্তক ও বড়ো শিখা, ব্রাহ্মণ বংশ জাতদের চিহ্নস্বরূপ। কিন্তু অন্য ব্রাহ্মণদের বিপরীতক্রমে তার গমরঙা শরীরে বহু যুদ্ধের ক্ষতচিহ্ন। লোকে বলে তার বয়স নাকি সত্তরের উপর। কিন্তু তাকে দেখলে কেউ বলবেনা তার বয়স কুড়ি বছরের চেয়ে একদিনও বেশি। হয়ত মহর্ষি বিশ্বামিত্র তার কাছে প্রকাশ করেছেন দেবতাদের পানীয় রহস্যময় সোমরসের মাহাত্ম্য। এটি পান করলে বয়স বাড়ে না। দুশো বছর বয়স অবধি একজন সুস্থ, সবল ও সমর্থ থাকতে পারে।

'অসুরদলের নেতা মানে নেত্রী হল অধুনা, মৃত তাদের কুলপতি-সুমালির

স্ত্রী তাড়কা' অরিষ্টনেমী বলল। তাড়কার জন্ম রাক্ষসকুলে।

চোখ কপালে তুলে রাম বলল, 'আমার ধারণা ছিল রাক্ষসরা দেবদের সঙ্গে মৈত্রীবন্ধ এবং তারই সূত্রে আমাদেরও বান্ধব শ্রেণির।

'রাক্ষসরা যোদ্ধা জাতি। রাম, আপনি কি জানেন রাক্ষস শব্দের অর্থ কী? রাক্ষস শব্দটি এসেছে সংস্কৃত রক্ষ শব্দ থেকে। যার অর্থ-সুরক্ষা। রাক্ষস শব্দটির উৎপত্তি হয়েছে একারণেই সে যাদের উপর তারা আক্রমণ করত, তারা তাদের হাত থেকে রক্ষা পেতে চাইত। আদিযুগে তারা ছিল উৎকৃষ্টতম ভাড়াটে যোদ্ধা। তাদের মধ্যে একদল ছিল দেবদের সঙ্গে আর অন্যদল অসুরদের সঙ্গে। রাবণ নিজেই একজন আধা-রাক্ষস।

'ওঃ!' রাম চোখ কপালে তুলে বলল।

অরিষ্টনেমী বলতে থাকল, 'তাড়কা তার পুত্র সুবাহুর প্রশিক্ষণপ্রাপ্ত পনেরো জনের একটি সুরক্ষাবাহিনী সদা প্রস্তুত রাখে। নারী, শিশু ও বৃদ্ধ মিলিয়ে ওদের এই উপনিবেশে পঞ্চাশ জনের বেশি লোক নেই।

রাম ভুরু কোঁচকাল, *মাত্র পনেরো জন যোদ্ধা!*

রাতটা একটা অস্থায়ী তাঁবুতে কাটিয়ে পরদিন ভোরেই দলটি আবার যাত্রা শুরু করল।

'এখান থেকে অসুরদের আস্তানা আর মাত্র এক ঘন্টার পথ,' অরিষ্টনেমী বলল। 'আমি আমার সেনাদের নির্দেশ দিয়েছি কেউ আমাদের উপর নজরদারি করছে কি না তা দেখতে এবং ফাঁদ সম্পর্কে সতর্ক থাকতে।'

চলতে চলতে রাম তার ঘোড়াটাকে নিয়ে গেল অরিষ্টনেমীর কাছাকাছি, মিতবাক সেনাধ্যক্ষের সঙ্গে আরও কথাবার্তা বলতে। 'অরিষ্টনেমী, মহর্ষি বিশ্বামিত্র বললেন এরা এক প্রাচীন ঘরানার অসুর। তাহলে তাদের সংখ্যা মাত্র পঞ্চাশজন হতে পারে না। পঞ্চাশ জনের একটা দল একটা প্রাচীন পরম্পরাকে বাঁচিয়ে রাখতে পারে না। অন্যরা কোথায় থাকে?' রাম জানতে চাইল।

অরিষ্টনেমী হাসলেও প্রশ্নের কোনো উত্তর দিল না। *ছেলেটা বুদ্ধিমান। গুরুজিকে আমি এর সঙ্গে সাবধানে কথা বলার পরামর্শ দেব।*

রাম তার আগের কথার খেই ধরেই বলল, 'অসুররা যদি অনেক সংখ্যায় থাকত তবে তারা নিশ্চয়ই দেবতাদের বংশধর হওয়ায় আমাদের আক্রমণ করত। এর থেকে বোঝা যায়, তারা দেশে থাকে না। তবে তারা থাকে কোথায়?'

অরিষ্টনেমী দীর্ঘশ্বাস ফেলে উপরে তাকাল। গাছের ঘন ডালপালায় মাথার ওপরটা চাঁদোয়ার মতো ঢাকা, দিনের আলো পাতার ছাউনি ভেদ করে নীচে নামতে পারছে না। সে ভাবল রাজকুমারকে সত্যি কথাটা বলাই ভালো। 'আপনি বায়ুপুত্রদের সম্পর্কে কিছু জানেন?'

'অবশ্যই জানি,' রাম বলল। 'কেই বা না জানে? তারা পূর্বতন শিব, রুদ্র যে উপজাতিতে জন্মগ্রহণ করেছিলেন তাদের উত্তরসূরী। যেমন আপনারা পূর্বতন বিষ্ণু পরশুরামের বংশের উত্তরসূরী। পৃথিবীতে অশুভের আবির্ভাব হলে ভারতবর্ষকে তা থেকে রক্ষা করার দায়িত্ব তাদের। তারা বিশ্বাস করে সময় হলে তাদের জাতির কোনো একজন পরবর্তী মহাদেব হবেন।'

অরিষ্টনেমী প্রহেলিকাময় হাসি হাসল।

'কিন্তু তাদের সঙ্গে অসুরদের কী সম্পর্ক?' রাম জানতে চাইল।

অরিষ্টনেমীর মুখের ভাবে কোনো পরিবর্তন হল না।

'ভগবান রুদ্র না করুন, বায়ুপুত্রেরা কি ভারতের শত্রু অসুরদের আশ্রয় দিচ্ছে?'

অরিষ্টনেমীর হাসিটা চওড়া হল মাত্র।

আর তখনই রাম সত্যটা ধরে ফেলল, 'অসুররা এখন বায়ুপুত্রদের সঙ্গে মৈত্রী স্থাপন করেছে...'

'হ্যাঁ, তারা সেটাই করেছে।'

রাম দ্বিধাগ্রস্ত হয়ে পড়ল। 'কিন্তু কেন? আমাদের পূর্বপুরুষরা দীর্ঘ সংগ্রামের পর অসুর সাম্রাজ্যকে ধ্বংস করতে সক্ষম হয়েছিল। তাদের তো সমস্ত দেবতা ও তাদের বংশজাতদের ঘৃণা করার কথা। অথচ তারা হাত

মিলিয়েছে এমন দলের সঙ্গে যাদের কাজ সমস্ত অশুভ থেকে ভারতকে রক্ষা করা। কেন তারা তাদের পরম শত্রুদের বংশধরদের রক্ষা করছে?'

'হ্যাঁ, তাই তো করছে। করছে না কি?'

বিস্ময়াহত রাম বলল,'কিন্তু কেন?'

'কারণ ভগবান রুদ্র সেরকমই নির্দেশ দিয়েছেন।'

এই কথার কোনো সারবত্তা নেই। এ তো অবিশ্বাস্য। রামের কাছে এটা প্রবল আঘাতের সমতুল্য মনে হল। কিন্তু আরও বড়ো কথা, এর পিছনে কী যুক্তি বা কৌশল ক্রিয়াশীল তা তার বোধের বাইরে। বিস্ময়বিমূঢ় রাম আকাশের দিকে তাকাল। পুরুষবৈশিষ্ট্যপূর্ণ সমাজের মানুষরা সত্যি ভারি অদ্ভুত, কিন্তু উৎকর্ষমণ্ডিত তারা! সে এখন সেই আদর্শবান মানুষদেরই মুখোমুখি হতে চলেছে।

কিন্তু তাদের ধ্বংস করতে হবে কেন? কোন আইন তারা ভঙ্গ করেছে? আমি নিশ্চিত অরিষ্টনেমী কারণটা জানে। কিন্তু সে আমায় সেটা বলবে না। সে মহর্ষি বিশ্বামিত্রের বিশ্বস্ত মানুষ। অন্ধভাবে ওদের আক্রমণ করার আগে ওদের সম্পর্কে আরও খবরাখবর নিতে হবে।

রাম ভ্রূ কোঁচকালো। হঠাৎই সে বুঝতে পারল একদৃষ্টে তার মুখের দিকে তাকিয়ে আছে অরিষ্টনেমী, মনে হচ্ছে সে যেন পড়ে ফেলছে তার মনের কথা।

অশ্বারোহী বাহিনী প্রায় আধঘন্টা চলার পর হঠাৎ রাম নিঃশব্দে হাত তুলে তাদের থামতে বলল। সঙ্গে সঙ্গে সবাই ঘোড়ার লাগাম টেনে দাড়িয়ে পড়ল। লক্ষ্মণ ও অরিষ্টনেমী ঘোড়াদুটো নিয়ে এল রামের কাছাকাছি। 'সামনে দ্যাখো,' নীচু কণ্ঠে রাম বলল। 'ওই গাছটার ওপর।'

প্রায় পঞ্চাশ মিটার সামনে একটা অশ্বত্থগাছের ওপরে বাঁধা মাচানে একজন শত্রু সৈন্য বসে আছে, মাটি থেকে প্রায় বিশ মিটার উঁচুতে। গাছের

ডালগুলোকে সামনে টেনে সে ব্যর্থ চেষ্টা করছে নিজেকে লুকোতে।

'মূর্খটা এমনকী ঠিকঠাক ছদ্মআবরণও নিতে পারেনি!' বিরক্তিমাখা গলায় লক্ষ্মণ ফিসফিস করল।

অসুর সেনাটা পরেছিল লাল ধুতি। যদি সে গোপনে নজরদারি বা গুপ্তচরবৃত্তির কাজে নিযুক্ত থাকে তবে তার উদ্দেশ্য সম্পূর্ণ ব্যর্থ হয়েছে। ধুতির রঙই চিৎকার করে তার উপস্থিতির জানান দিচ্ছে, যেন কাকেদের ভিড়ে সে একটা টিয়াপাখি।

'লাল রং ওদের কাছে পবিত্র।' অরিষ্টনেমী বলল, 'যুদ্ধে যাবার সময় তারা এই রঙের পোশাক পরে।'

সংশয়ী কণ্ঠে লক্ষ্মণ বলল, 'লোকটা তো এখন যুদ্ধ করছে না, নজরদারি করছে কেবল।'

রাম কাঁধ থেকে ধনুক হাতে নিয়ে ছিলাটা টেনে দেখল, তারপর সামনে ঝুঁকে ঘোড়াটার গলায় হাত বুলোলো। একদম স্থির হয়ে ঘোড়াটা নাক দিয়ে ফোঁস ফোঁস শব্দ করছে। রাম তূণীর থেকে একটা তির নিয়ে ধনুকে সংযোজিত করে ছিলাটা পিছনে টানল। বুড়ো আঙুলের সামান্য টুসকি দিয়েই তিরটা ছেড়ে দিল। ঘুরতে ঘুরতে তিরটা তীব্র গতিতে মাচানকে গাছের ডালের সঙ্গে বেঁধে রাখা দড়িটির দিকে এগিয়ে গেল। এক পলকে দড়িটা ছিঁড়ে অসুরটা ভূমিতলের উদ্দেশে ডালপালায় ধাক্কা খেতে খেতে পড়তে লাগল। ডালপালায় ধাক্কা খাওয়ায় সরাসরি মাটিতে না পড়ায় সে বড়ো কোনো আঘাত ছাড়াই ভূমিশয্যা নিল।

অরিষ্টনেমী অবাক হয়ে দেখছিল রামের অত্যুৎকৃষ্ট তিরন্দাজি। *এ ছেলেটি প্রতিভাধর।*

'এক্ষুনি আত্মসমর্পণ করো তাহলে তোমায় আঘাত করা হবে না,' রাম আশ্বাস দেবার ভঙ্গিতে বলল। 'তোমার কাছ থেকে আমাদের কেবল সামান্য কিছু জানার আছে।'

দ্রুত অসুরটা দাঁড়িয়ে উঠল। নেহাৎই কিশোর, বয়স পনেরোর বেশি নয়। রাগে ও হতাশায় সে তার চোখমুখ কুঁচকে ছিল। সে শব্দ করে মাটিতে

থুতু ফেলে তার তলোয়ারটা খাপ থেকে বের করতে চেষ্টা করতে লাগল। যেহেতু আঘাত পাওয়ায় সে অন্য হাত দিয়ে খাপটা চেপে ধরতে পারছিল না সেজন্য তলোয়ারটা বের হচ্ছিল না। গালিগালাজ করে প্রবল হেঁচকা মারতে অবশেষে মুক্ত হল। অরিষ্টনেমী ঘোড়া থেকে লাফ দিয়ে নেমে অবহেলা ভরে তার তলোয়ারটা বের করল।

'আমরা তোমায় মারতে চাই না। অনুগ্রহ করে আত্মসমর্পণ করো,' রাম বলল।

লক্ষ্মণ দেখল হতভাগ্য ছেলেটার তলোয়ার ধরার মুদ্রা একেবারে ভুল, ভুল শুধু নয়, বিপজ্জনক। এইভাবে তলোয়ার ধরে যুদ্ধ করলে অতিদ্রুত ক্লান্ত হয়ে পড়বে। তলোয়ারটা ভুলভাবে ধরার জন্য তলোয়ারের ভারটা পড়ছে তার হাতের নীচের দিকে, অথচ তলোয়ারের ভারটা বহন করার কথা কাঁধ ও বাহুর পিছনের পেশির। ছেলেটা তলোয়ারের বাঁটটার শেষ দিকটা ধরে থাকায় সহজেই তা হাত থেকে ছিটকে যাবে।

অসুরটা আবার মাটিতে শব্দ করে থুতু ফেলে তীব্র চিৎকার করল, 'শালা, শেয়ালের বিষ্ঠা! তোরা কি মনে করিস আমাদের তোরা হারাতে পারবি? তোরা সবাই মরবি! মরবি! মরবি!'

হতাশায় দুহাত আকাশের দিকে ছুঁড়ে দিয়ে লক্ষ্মণ বলল, 'কেন যে আমরা এখানে এই আহাম্মকদের শিকার করতে এসেছি!'

রাম লক্ষ্মণের কথা অগ্রাহ্য করে আবারও ভদ্রভাবে ছেলেটিকে বলল, 'আমি তোমায় অনুরোধ করছি। তোমার অস্ত্র ফেলে দাও। আমরা তোমায় হত্যা করব না। অনুগ্রহ করে অস্ত্র ত্যাগ করো।'

অরিষ্টনেমী ছেলেটাকে ভয় দেখাবার জন্য তার দিকে ধীরে ধীরে এগোচ্ছিল। কিন্তু এর প্রতিক্রিয়া হল ঠিক উলটো।

অসুরটা প্রবল চিৎকার করে উঠল,'সত্যম একম্!'

সে তেড়ে এল অরিষ্টনেমীর দিকে। ব্যাপারটা এত দ্রুত ঘটল যে রাম কিছু করার সুযোগ পেল না। অসুরটা তলোয়ারটা ওপর থেকে নীচের দিকে নামাল তীব্র গতিতে একেবারে মারণ-আঘাতের উদ্দেশ্যে। কিন্তু এটার জন্য

বিপক্ষের যতটা কাছে থাকতে হয় তা সে ছিল না। পিছন দিকে চকিতে সরে গিয়ে অভিজ্ঞ অরিষ্টনেমী নিজেকে রক্ষা করল।

'থাম!' আবারও সাবধান করল অরিষ্টনেমী।

তরুণ যোদ্ধাটি সে কথায় কর্ণপাত না করে প্রচণ্ড হুংকারে তার শরীরের বাঁ দিকে তলোয়ারটা নিয়ে গিয়ে প্রবল বেগে আবার সেটা সামনের দিকে চালাল। এই ধরনের চালনার সময় তলোয়ার এক হাতে নয়, দুহাতে ধরার কথা। তাহলেও সেটা অরিষ্টনেমীর মতো বলশালী লোকের বিপক্ষে কার্যকরী হত না। মলয়পুত্র প্রবলভাবে তলোয়ার চালাল, তার আঘাতে এতটাই জোর ছিল যে ছেলেটার হাত থেকে তলোয়ার খুলে পিছন দিকে উড়ে গেল। ভারসাম্য নষ্ট না করে উঁচু থেকে কোনাকুনি ভাবে সে তলোয়ার চালাল এমনভাবে যাতে তার প্রতিপক্ষের বুকে সামান্য ক্ষতচিহ্ন ফুটে ওঠে। এর মাধ্যমে ছেলেটাকে ভয় পাইয়ে অরিষ্টনেমী তাকে আত্মসমর্পণ করাতে চাইল।

পিছনে সরে অরিষ্টনেমী তলোয়ারের মাথাটা নরম মাটিতে সামান্য ঠেকিয়ে যে ভঙ্গিতে দাঁড়াল যা থেকে বোঝা যায় ক্ষতি করার উদ্দেশ্য তার নেই।

সে চিৎকার করে বলল,'যা পিছিয়ে যা, আমি তোকে মারতে চাইনা। আমি একজন মলয়পুত্র।' তারপর গলাটা এমন নামাল যে তার কথা ছেলেটা ছাড়া অন্য কেউ শুনতে না পায়, 'শুক্রাচার্যের শুয়োর!'

প্রচণ্ড ক্ষিপ্ত অসুরটা কোমরের পিছনে বাঁধা খাপ থেকে একটা ছোরা বের করে সামনে ধেয়ে আসতে আসতে বলল, 'মলয়পুত্র কুত্তা!'

অরিষ্টনেমী সহজাত ক্ষিপ্রতায় পিছিয়ে গিয়ে তলোয়ার ধরা হাত তুলল। তারপর তলোয়ার ধরা ডান হাতটা রাখল মাটির সমান্তরালে। হুড়মুড়িয়ে অসুর ছেলেটা তার তলোয়ারের ওপরেই এসে পড়ল এবং মসৃণ ভাবে আড়াআড়ি ভাবে তলোয়ার তার তলপেটে ঢুকে গেল।

'যা নরকে যা!' অভিশাপ দিয়ে অরিষ্টনেমী পিছিয়ে গিয়ে টেনে তলপেট থেকে তলোয়ারটা বের করে নিল। সে রামের দিকে ফিরল, চোখে বেদনা।

স্তম্ভিত অসুরটা ধীরে ধীরে হাঁটুর ওপর হাত দিয়ে বসে পড়ল। তার হাত থেকে খুলে পড়েছে ছোরা। সে তার তলপেটের দিকে তাকিয়ে রইল। প্রথমে বিন্দু বিন্দু, পরমুহূর্তেই রক্ত উছলে উঠতে লাগল। ছেলেটি এই আকস্মিকতা ও ভয়াবহতায় হয়ত যন্ত্রণাটা তখনও সেভাবে অনুভব করছিল না। একসময় যখন তার মস্তিষ্ক আর কাজ করতে চাইছিল না, তখন সে মাটিতে লুটিয়ে পড়ল। সে প্রবল চিৎকার করে উঠল, যন্ত্রণায় নয়, ভয়ে।

হতাশায় অরিষ্টনেমী তার ঢাল মাটিতে ছুড়ে ফেলল, 'অসুর, আমি তোকে থামতে বলেছিলাম!'

রাম আকাশের দিকে মাথা তুলল, 'প্রভু রুদ্র করুণা করো...'

মাটিতে ছটফট করছিল ছেলেটা। এখন আর বাঁচবার কোনো আশা নেই। যে গতিতে রক্ত বেরোচ্ছিল তাতে বোঝা যাচ্ছিল গভীরে ঢুকে তলোয়ার গুরুত্বপূর্ণ অঙ্গপ্রতঙ্গ ও ধমনী কেটে ফালাফালা করেছে। রক্তক্ষরণে তার মৃত্যু কেবল সময়ের অপেক্ষা।

মলয়পুত্র রামের দিকে চোখ ফেরাল, 'আমি ওকে সাবধান করে ছিলাম... আপনি সাবধান করেছিলেন... ছেলেটা দৌড়ে এসে পড়ল...'

হতাশায় রাম মাথা নাড়ল,' হতভাগা মুখ্যুটাকে যন্ত্রণা থেকে মুক্তি দিন।'

ছেলেটি উপুড় হয়ে পড়ে আছে। অরিষ্টনেমী এক হাঁটুর উপর শরীরের ভর দিয়ে বসল। সে সামনে এমনভাবে ঝুঁকল যাতে তার মুখভঙ্গি কেবল অসুরটাই দেখতে পায়। আদেশ পালন করার আগে তার মুখে খেলে গেল শ্লেষ ও ব্যঙ্গের ভাব।

।। অধ্যায় ১৭।।

রামের ইশারায় সৈন্যদল আবার একবার দাঁড়িয়ে পড়ল।

লক্ষ্মণ তার ঘোড়াটা রামের কাছে এনে বলল, ‘এই লোকগুলো অপদার্থতার সব সীমা ছাড়িয়ে গেছে।’

রাম, লক্ষ্মণ ও অরিষ্টনেমী সামনে দূরের দিকে তাকাল। মনে হচ্ছে ওগুলোই অসুরদের বাসস্থান। সম্ভাব্য আক্রমণ থেকে রক্ষা পেতে তারা তাদের বাসস্থানের সামনে সুরক্ষা বলয় বানিয়েছে ঠিকই, কিন্তু সেটা সামরিক কৌশলগত দিক দিয়ে একেবারেই উন্নত কোনো ব্যবস্থা নয়। বাসস্থানের বাইরের দিকে প্রাচীর বানানো আছে কাটা তক্তা জুড়ে জুড়ে। এই দেয়াল নিক্ষিপ্ত শস্ত্র, ভল্ল বা তিরের আক্রমণ থেকে রক্ষা পাবার উপযুক্ত ঠিকই কিন্তু ঠিকমতো আগুন লাগলে আর দেখতে হবে না। প্রাচীরের বাইরে দিয়ে বয়ে যাওয়া ছোটো নদীটার সামনেও কোনো সুরক্ষার ব্যবস্থা নেই। নদীর জলের গভীরতা পদাতিকদের পক্ষে বাধা স্বরূপ হলেও অশ্বারোহীদের নদীটা পেরোতে অসুবিধা হবার কথা নয়।

‘আমি নিশ্চিত অরক্ষিত জলাধারটি সন্দিগ্ধ সৈন্যদের জন্য টোপ হিসেবে ইচ্ছে করেই রাখা হয়েছে,’ অরিষ্টনেমী উচ্চস্বরে হেসে উঠল।

অগভীর নদী পেরিয়ে শত্রুপক্ষের অশ্বারোহীদল আক্রমণ করতে পারে ভেবে নিয়েই অসুররা তাদের দিকের নদীর পারে পরিখা বানিয়ে তা

লতাপাতায় ঢেকে রেখেছে। অশ্বারোহীরা মাঝ নদীতে থাকার সময় অসুর তিরন্দাজরা তাদের উপর তির বর্ষণ করতে পারবে। তাত্ত্বিকভাবে এটি প্রয়োজনীয় সামরিক কৌশল। যদি ব্যাপারটা প্রায়োগিক দক্ষতার প্রেক্ষিতে খে লো ও অপেশাদারিত্বের দৃষ্টান্ত।

সামনে জলে কিছু ধপ করে পড়ার শব্দ হতে রামের মনে হল সামনে কোনো ছোট পরিখা আছে। এবং পরিখাটা নদীর কাছে হওয়ায় চুইয়ে জল ঢুকে এর মেঝে পিছল হয়ে গেছে।পরিখাটা যথেষ্টভাবে জল নিরোধক করে তোলা হয়নি কারণ ভিতরে থাকা কোনো সৈন্য পা পিছলে পড়েছে, শব্দটা তারই। অপেশাদরিত্বের আর এক নমুনা হিসেবে গাছের ওপর একটা মাচা বাঁধা আছে, পরিখার মুখোমুখি। যাতে তিরন্দাজরা অপেক্ষায় থাকবে নদী পেরিয়ে আসতে চাওয়া অশ্বারোহীদের উপর তির বর্ষণ করতে। তবে এখন মাচানটা খালি। এর থেকেই মনে হল অসুর সেনারা পরিখায় আত্মগোপন করে আছে।

রাম নীচু হয়ে তার ঘোড়াটার কানে গুনগুন করে কিছু বলতেই ঘোড়াটা নিশ্চল হয়ে গেল। এক পলকে তূণীর থেকে একটা তির তুলে সে তা ধনুকে লাগিয়ে লক্ষ্য স্থির করল।

‘তিরটা অতটা বেঁকে তীব্র গতিতে আছড়ে পড়বে না রাজকুমার।’ অরিষ্টনেমী বলল। ওরা মাটির অনেক নীচে আছে। এভাবে আপনি ওদের আঘাত করতে পারবেন না।’

রাম হাওয়ার গতি অনুযায়ী ধনুক ও তিরের অবস্থান ঠিক করতে করতে ফিসফিস করে বলল, ‘অরিষ্টনেমীজি, আমি পরিখাকে আমার লক্ষ্যবস্তু করছি না।’

রাম ছিলাটা পিছনে টেনে তিরটা বুড়ো আঙুল দিয়ে ঘষতে ঘষতে ছিলা ছেড়ে দিল। মুক্ত তিরটা বনবন করে ঘুরতে ঘুরতে সামনের দিকে এগোতে লাগল। তিরটা মাচানকে ধরে রাখা মূল দড়িটাকে এক লহমায় কেটে দিতেই মাচানের কাঠের টুকরোগুলো নীচে পড়তে লাগল। যার অনেকগুলোই পড়ল পরিখার উপর।

'অসামান্য!' জোরে হেসে উঠল অরিষ্টনেমী।

যে ভারি কাঠের টুকরোগুলো দিয়ে মাচানটা তৈরি ছিল সেগুলোর আঘাতে মৃত্যু হবে না, তবে আঘাত লাগবে বেশ। পরিখার নীচ থেকে ভয়াবহ চিৎকার ভেসে আসতে লাগল।

লক্ষ্মণ জিজ্ঞাসু দৃষ্টিতে রামের দিকে তাকাল। 'আমরা কী —'

'না,' রাম লক্ষ্মণকে কথা শেষ করতে দিল না। 'আমরা অপেক্ষা করব। আমি একটা পুরোদস্তুর যুদ্ধ বাধাতে চাই না। আমি ওদের জীবন্ত ধরতে চাই।'

হালকা একটা হাসি খেলে গেল অরিষ্টনেমীর ঠোঁটে।

পরিখা থেকে ব্যথা, যন্ত্রণা ও ক্রোধের আর্তনাদ তখনও ভেসে আসছিল। হয়তো তাদের ওপর আছড়ে পড়া কাঠের টুকরোগুলো তখন সরাতে ব্যস্ত ছিল অসুররা। একটু পরই প্রথমে একজন তারপর আর একজন পরিখা থেকে মাথা তুলল এবং নিজেদের টেনে হিঁচড়ে মাটির ওপর তুলল। সবচেয়ে লম্বা লোকটা নিশ্চয়ই দলপতি, সে তার নিজেদের যোদ্ধাদের ভালো করে নিরীক্ষণ করল তারপর সে এক ঝটকায় মুখ ঘুরিয়ে তার বিপক্ষের মুখোমুখি হল।

'এই হচ্ছে সুবাহু,' অরিষ্টনেমী বলল। 'তাড়কার ছেলে ও ওদের সৈন্যপ্রধান।'

কাঠের টুকরো পড়ে সুবাহুর বাঁ হাতের হাড় সরে গিয়ে সেটা অকেজো হয়ে গেছে। কিন্তু তার সারা শরীরে অন্য কোনো আঘাতের চিহ্ন নেই। সে তার তলোয়ারটা খাপ থেকে বের করল বটে তবে একহাতে এটা করতে তাকে বেশ বেগ পেতে হল। সে তার তলোয়ারটা উচু করে স্পর্ধিত রণহুংকার দিল। তার সৈন্যরাও তাকে অনুসরণ করল।

রাম এখন সম্পূর্ণ বিহ্বল। সে, হাসবে না এই মূঢ় বীরত্ব, যা প্রায় অশ্রুত মূর্খতার সমগোত্রীয় তাকে বাহবা জানাবে তা বুঝে উঠতে পারছিল না।

'ওঃ প্রভু পরশুরামের দিব্যি!' লক্ষ্মণ গরগর করে উঠল, 'এ লোকগুলো কী পাগল? ওরা কী এটাও দেখতে পাচ্ছে না যে আমাদের সঙ্গে রয়েছে

অশ্বারোহী যোদ্ধা?'

'সত্যম একম্!' গর্জন করল সুবাহু।

'সত্যম একম্!' সমস্বরে বলে উঠল সহযোদ্ধারা।

রাম চরম অবিশ্বাসের সঙ্গে দেখতে লাগল অসুররা তাদের নির্বোধ কাণ্ডকারখানা কেমন নিশ্চিত নিষ্ঠায় চালিয়ে যাচ্ছে। অথচ বিশ্বামিত্র যা বলেছিলেন তা সম্পূর্ণ অন্যরকম। ঘাড় ঘুরিয়ে রাম যা দেখল তা তাকে অসন্তুষ্ট করল।

'লক্ষ্মণ, অযোধ্যার রীতি কী? তুমি কেন এখনও ওটা তুলে ধরনি?'

লক্ষ্মণ বলল, 'কী বলছ?' তারপর পিছন ফিরে দেখল সৈন্যেরা মলয়পুত্রদের বিজয় পতাকা তুলে ধরেছে। অভিযানটা তো আসলে বিশ্বামিত্র দ্বারাই পরিকল্পিত।

আক্রমণোদ্যত অসুরদের দিক থেকে চোখ না ফিরিয়ে রাম চেঁচিয়ে বলল, 'যা বলছি তা এখনই করো।'

ঘোড়ার জিনে লাগানো থলি থেকে লক্ষ্মণ বের করল ভাঁজ করা অযোধ্যার বিজয় পতাকা। তারপর সেটি খুলে উপরে তুলে ধরল। এই প্রতীককে সামনে রেখেই অযোধ্যার যোদ্ধারা লড়াইতে নামে। সাদা পতাকাটির মাঝখানে একটি লালসূর্য, যা সবদিকে রশ্মিমালা বিকিরণ করছে। সেই সূর্যের নিচে লাফ দিতে উদ্যত এক বাঘের ছবি।

'ঝাঁপিয়ে পড়ো।' গর্জন করল সুবাহু।

'সামনের দিকে দৌড়তে শুরু করে তার সেনারা গর্জন করল, 'সত্যম একম্!'

রাম আকাশের দিকে মুষ্টিবদ্ধ হাত তুলে হুংকার দিল, 'অযোধ্যাতঃ বিজেতারহ্।' এটা অযোধ্যার রণহুংকার যার অর্থ-অপরাজেয় নগরের বিজয়ী বাহিনী। দৌড়তে দৌড়তে অযোধ্যার দুই রাজকুমারকে দেখে থমকে দাঁড়াল অসুররা। রামের ঘোড়ার খুব কাছে এসে রাম যাতে শুনতে পায় সেরকম গলায় সুবাহু জিজ্ঞাসা করল,' আপনারা কি অযোধ্যা থেকে এসেছেন?'

'আমি অযোধ্যার যুবরাজ,' রাম বলল। 'আত্মসমর্পণ করো।

আমি অযোধ্যার মর্যাদার নামে শপথ করে বলছি তোমাদের আঘাত করা হবে না।'

হঠাৎই সুবাহুর শিথিল হাত থেকে তার তলোয়ার মাটিতে পড়ে গেল। সে তার হাঁটুর উপর ভর দিয়ে বসল। তার দেখাদেখি অন্য অসুররাও তাই করল। যোদ্ধাদের কয়েকজন নিজেদের মধ্যে ফিসফিস করে কথা বললেও তা রামের কর্ণগোচর হল।

'শুক্রাচার্য...'

'অযোধ্যা...'

'একমের কণ্ঠস্বর...'

রাম, লক্ষ্মণ ও মলয়পুত্রদের আনুষ্ঠানিকভাবে অভ্যর্থনা করে অসুরদের শিবিরে নিয়ে যাওয়া হল। তাড়কা নিজহাতে তার আহত সৈন্যদের শুশ্রূষা করতে শুরু করে দিল।

প্রাথমিক তৎপরতার পর শিবিরের বাসিন্দা ও অভ্যাগতরা সবাই জড়ো হল শিবিরের মাঝখানে এক ফাঁকা জায়গায়। সামান্য জলযোগের পর রাম মলয়পুত্রদের সামরিক বাহিনীর প্রধানকে সম্বোধন করে বলল,' অরিষ্টনেমীজি, অনুগ্রহ করে আমাকে অসুরদের সঙ্গে খানিকক্ষণ একা থাকতে দিন।'

'কেন?' অরিষ্টনেমী প্রশ্ন করল।

'আমি ওদের সঙ্গে একা কথা বলতে চাই।'

লক্ষ্মণ তীব্র প্রতিবাদ করে উঠল, 'দাদা, আমি যখন বলেছিলাম যে আমাদের এইসব মানুষদের উপর আক্রমণ করা উচিত নয় তখন আমি কিন্তু একথাই বলতে চেয়েছিলাম যে আমাদের পক্ষে এইসব অপরিণামদর্শীদের সঙ্গে যুদ্ধ করা মর্যাদাহানিকর। এখন এরা আত্মসমর্পণ করেছে, এখন আর ওদের সঙ্গে আমাদের কোনো ভালোমন্দ সম্পর্কের প্রশ্নই নেই। চলো, ওদের মলয়পুত্রদের হাতে সঁপে দিয়ে যত তাড়াতাড়ি সম্ভব অযোধ্যায় ফিরে যাই।'

'লক্ষ্মণ,' রাম বলল। 'আমি এঁদের সঙ্গে কথা বলতে চাই।'

'কী কথা বলবে তুমি, দাদা?' তার কথা যে অসুরেরা শুনতে পাচ্ছে তা ধর্তব্যের মধ্যেই আনল না লক্ষ্মণ। 'এরা সব অসভ্য। জানোয়ার। এরা সেই তাদের বংশজাত যে কজন রুদ্রের ক্রোধ কোনোক্রমে এড়িয়ে যেতে সক্ষম হয়েছিল। এদের সঙ্গে কথা বলে সময় নষ্ট কোরো না।'

রামের শ্বাসপ্রশ্বাসের গতি কমে এল এবং তার শরীর অসাড় ও শক্ত হয়ে উঠতে লাগল। তার মুখে ফুটে উঠল ভীতিজনক শান্তভাব। লক্ষ্মণ তৎক্ষণাৎ বুঝতে পারল এটা কীসের লক্ষণ। তার দাদার সদাশান্ত মনের ভিতর ক্রোধবহ্নি দাপিয়ে বেড়াচ্ছে। সে জানে এই ক্রোধাগ্নির সঙ্গে মিশে আছে অনড় একগুঁয়েমি। সে দুহাত উপরে তুলে অসহায় আত্মসমর্পণের ভঙ্গি করল।

কাঁধ ঝাঁকিয়ে অরিষ্টনেমী বলল,' বেশ আপনি এদের সঙ্গে কথা বলুন। কিন্তু আমাদের অনুপস্থিতিতে একা একা আলোচনা করা আমাদের যুক্তিযুক্ত মনে হচ্ছে না।'

'আমি আপনার উপদেশের নিহিতার্থ সম্পর্কে অবহিত। আপনাকে ধন্যবাদ। কিন্তু আমি এনাদের বিশ্বাস করি।' রাম বলল।

তাড়কা ও সুবাহু রামের সব কথাই শুনছিল। এটা তাদের সব অসুরদের বিস্ময়াভূত করল, কারণ, এতকাল তারা এদের কেবল শত্রু বলেই বিবেচনা করেছে।

রামের কথা মেনে নিতে বাধ্য হল অরিষ্টনেমী। তবু যাতে অসুররা তার কথা শুনতে পায় এই অভিপ্রায়ে সে গলা তুলে বলল,'ঠিক আছে। আমরা সরে যাচ্ছি। কিন্তু বাইরে আমরা অশ্বপৃষ্ঠে সদাপ্রস্তুত থাকব। সামান্য সমস্যার আন্দাজ পেলে আমরা ভেতরে ঢুকে সবাইকে কচুকাটা করব।'

অরিষ্টনেমী মুখ ঘুরিয়ে চলে যাবার উপক্রম করতেই রাম তার নির্দেশের পুনরাবৃত্তি করল, এবং সেটা তার সদাপ্রহরী ভাইয়ের উদ্দেশে। 'লক্ষ্মণ, আমি এদের সঙ্গে একা কথা বলতে চাই।'

'দাদা, আমি এদের মাঝখানে তোমাকে একা ফেলে যাচ্ছি না।'

‘লক্ষ্মণ!’

‘আমি তোমায় একা ফেলে যাব না, দাদা।’

‘শোনো ভাই, আমার কথা বলা দরকার...’

লক্ষ্মণ গলা তুলে বলল, ‘আমি তোমাকে একা ছেড়ে যাবো না, দাদা।’

‘ঠিক আছে,’ রাম বাধ্য হল ভাইয়ের জোরাজুরিতে নিমরাজি হতে।

সামান্য গণ্ডগোলের আন্দাজ পেলেই ভিতরে ঢুকে রাম ও লক্ষ্মণকে উদ্ধার করার জন্য অরিষ্টনেমী ও মলয়পুত্র যোদ্ধারা অশ্বপৃষ্ঠে অস্ত্রহাতে নদীকে পিছনে রেখে সতর্ক ভাবে অপেক্ষায় ছিল।

একটা উঁচু মঞ্চে বসে ছিল দুই ভাই। তাদের চারপাশে দাঁড়িয়ে আছে আর সব অসুররা। সুবাহু ইতিমধ্যেই আহত বাঁ হাতে পরে নিয়েছে বাহুবন্ধনী। সে, তার মা তাড়কার পাশে প্রথম সারিতে মঞ্চের দিক মুখ করে বসে ছিল।

রাম ধীর অথচ দৃঢ়কণ্ঠে বলল, ‘আপনারা ধীর অথচ নিশ্চিত এক আত্মহত্যার পথ বেছে নিয়েছেন।’

‘আমরা কেবল আমাদের নিয়মনীতিরই অনুসরণ করে আসছি,’ তাড়কা বলল।

ভ্রূ কুঁচকে গেল রামের। ‘ক্রমাগত মলয়পুত্রদের আক্রমণ করে আপনারা কী অর্জন করতে চান?

‘আমাদের উদ্দেশ্য তাদের রক্ষা করা। তারা যদি তাদের ভ্রান্ত বিশ্বাস ত্যাগ করে আমাদের সঙ্গে মিলিত হয় এবং একম্-এর আহ্বানে সাড়া দেয় তবে তারা তাদের নিজেদের আত্মাকেই উন্নত করতে পারবে।’

‘তাহলে আপনারা মনে করেন ক্রমাগত তাদের ব্যতিব্যস্ত করে তাদের যজ্ঞ ব্যাহত করে এবং তাদের হত্যার চেষ্টার মাধ্যমে আপনারা তাদের উদ্ধার করতে চাইছেন?’

‘হ্যাঁ।’ তাড়কা বলল। এবং বলার মাধ্যমে বোঝাল যে, তার কাছে তার

এই যুক্তি অকাট্য। 'সত্যি কথা হল আমরাই শুধু মলয়পুত্রদের রক্ষা করতে চাইছি না। আসলে এটা চাইছেন সেই সর্বশক্তিমান, সেই একম্। আমরা তাঁর ইচ্ছার চালিকাশক্তি মাত্র।'

'কিন্তু যদি একম্ আপনাদের পাশেই থাকেন, তাহলে কী করে মলয়পুত্ররা শতাব্দীর পর শতাব্দী ধরে সমৃদ্ধ হয়ে উঠছে? কী করে আপনি এ বিষয়টা ব্যাখ্যা করবেন যে সপ্ত সিন্ধুর মানুষরা, প্রায় সবাই একম্ সম্পর্কে আপনাদের ব্যাখ্যা অগ্রাহ্য করেই এতকাল ধরে সবার উপর কর্তৃত্ব করে যাচ্ছে? কেন আপনারা, অসুররা আর দ্বিতীয় বারের জন্য ভারতের উপর দখল কায়েম করতে পারলেন না? কেন সে ব্যাপারে আপনাদের সাহায্য করল না আপনাদের একম্?'

'প্রভু আমাদের পরীক্ষা করছেন। আমরা তাঁর ধর্মে নিশ্চয় যথাযতভাবে নিজেদের অর্পণ করিনি!'

'পরীক্ষা করছেন আপনাদের?' রাম জিজ্ঞাসা করল। 'তাহলে শুধুমাত্র আপনাদের পরীক্ষার জন্যই কি একম্ শত শত বছর ধরে সমস্ত যুদ্ধে আপনাদের পরাজিত হতে দিচ্ছেন?'

তাড়কা নিরুত্তর হয়ে গেল।

'কখনো কি মনে হয়নি আপনার যে তিনি আপনাদের কোনো পরীক্ষাই নিচ্ছেন না!' রাম আন্তরিক ভাবে জানতে চাইল। 'হয়ত তিনি আপনাদের কিছু শেখাতে চাইছেন! হয়ত তিনি বলতে চাইছেন যে আপনারাও সময়ের সঙ্গে সঙ্গে নিজেদের বদলে নিন। শুক্রাচার্য নিজেই কি বলেননি যে যদি কোনো কর্মকৌশল ব্যর্থতার মুখ দেখে, তবে প্রশ্নহীনভাবে, অন্ধ আনুগত্যে ভালো কোনো ফল পাবার আশায় তার অনুসরণ করা পাগলামি ছাড়া কিছু নয়?'

'কিন্তু কী করে আমরা এইসব বিতৃষ্ণা উদ্রেককারী, অবক্ষয়ী দেবদের নিয়মনীতি মেনে নিয়ে জীবনযাপন করব, যারা তাত্ত্বিকভাবে সবার পুজো করে অথচ বাস্তবত নির্দিষ্ট কারো প্রতি বিন্দুমাত্র শ্রদ্ধাবান নয়?' তাড়কা প্রশ্ন করল।

‘এইসব বিতৃষ্ণা উদ্রেককারী অবক্ষয়ী দেবতারা এবং তাদের উত্তরসূরিরাই শাসন চালিয়েছে শত শত বর্ষ ধরে,’ লক্ষ্মণ উগ্রভাবে বলল। ‘তারা তৈরি করতে সক্ষম হয়েছে অপূর্ব সুন্দর সভ্যতা এবং নগর। আপনারা পড়ে আছেন এখনও প্রান্তিক অবস্থায় টুটাফুটা তাঁবুতে। সম্ভবত আপনাদেরই বদলাতে হবে নিজেদের জীবনচর্যা ও ভাবনাপদ্ধতি, তবে সেরকম কিছু যদি আদৌ থাকে আপনাদের।’

‘লক্ষ্মণ!’

‘এসব মূর্খতা, দাদা,’ লক্ষ্মণ নিজেকে থামাতে পারে না। ‘এই লোকগুলো কী করে এত বিভ্রান্তির শিকার হতে পারে? এরা কি বাস্তবকে দেখে না?’

‘এঁদের একমাত্র বাস্তবতা ঐতিহ্য, নিয়ম ও নীতি, লক্ষ্মণ’। পুরুষবৈশিষ্ট্য পূর্ণ সমাজে বেড়ে ওঠা মানুষদের পক্ষে পরিবর্তন মেনে নেওয়া সহজ নয়। ওরা সেই প্রাচীন নিয়মের দ্বারাই পরিচালিত। এবং যদি সেসব নিয়মকানুন যদি সময়ের সঙ্গে সঙ্গে বাতিল হয়ে যায় তবে তাদের পক্ষে সেই আইনের বদলে নতুন আইন গ্রহণ করা এতই অসম্ভব যে তারা আরও কঠিনভাবে তাদের প্রাচীন নিয়মনীতিকেই আঁকড়ে ধরে। অন্যদিকে আমরা নারীবৈশিষ্ট্যসুলভ সমাজের পরিবর্তনের পক্ষে যাবার প্রয়াসকে প্রশংসা না করে তাদের তুচ্ছ, দুর্নীতিমুক্ত ও ব্যভিচারী বলে মনে করি যদিও সমাজব্যবস্থার ক্ষেত্রে তারা মুক্তমনা ও উদার।’

‘আমরা আমাদের?’ রাম নিজেকে পুরুষবৈশিষ্ট্যপূর্ণ সমাজের সঙ্গে নিজেকে একাত্ম করছে দেখে লক্ষ্মণ রাগ ও বিস্ময় মেশানো কণ্ঠে জিজ্ঞাসা করে। ‘কী বলছ তুমি?’

তাড়কা ও সুবাহু দুই ভাইয়ের মধ্যে কী কথোপকথন হচ্ছে তা মন দিয়ে শুনতে থাকে। সুবাহু তার মুষ্টিবদ্ধ হাত প্রাচীন অসুর-ঐতিহ্য অনুসারে তার বুকে চেপে ধরে।

রাম লক্ষ্মণকে জিজ্ঞাসা করে, ‘তুমি কি মনে করো ধেনুকার প্রতি যা করা হয়েছে তা অন্যায়?’

‘আমি মনে করি অসুরেরা যেভাবে তাদের একমের ব্যাখ্যার সঙ্গে

অন্যদের মতের মিল না হলেই যথেচ্ছভাবে তাদের খুন করে তা আরও বেশি অন্যায়।'

'এই বিষয়ে আমি তোমার সঙ্গে সহমত পোষণ করছি। অসুরদের আচরণ ন্যায় নয়, তা অন্যায় এবং অশুভ কিন্তু আমি বলছিলাম ধেনুকার কথা।' রাম বলল।

'তুমি কি মনে করো তার ওপর যা হয়েছে তা অন্যায়?'

লক্ষ্মণ এ প্রশ্নের উত্তর দিল না।

'উত্তর দাও, ভাই আমার,' রাম প্রশ্ন করল। 'সেটা কি অন্যায় ছিল?'

'তুমি জানো, দাদা, আমি তোমার বিরুদ্ধাচারণ করব না।'

'তুমি কী করবে তা আমি জানতে চাইছি না। আমি জানতে চাইছি, এব্যাপারে তুমি কী ভাবছ, লক্ষ্মণ?'

লক্ষ্মণ নীরব রইল। কিন্তু তার উত্তর সে দৃঢ়ভাবেই জানত।

সুবাহু কৌতূহল চেপে থাকতে না পেরে প্রশ্ন করল, 'ধেনুকা কে?'

'একজন ভয়ংকর দুষ্কৃতি, সমাজের বুকে এক কলঙ্ক চিহ্ন, যার আত্মা তার কুকর্মের পাপ থেকে মুক্তি পেতে কোটিবার পৃথিবীতে জন্মগ্রহণ করবে। কিন্তু, আইন মোতাবেক তাকে মৃত্যুদণ্ড দেওয়া ছিল অসম্ভব। যদি শুক্রাচার্যের আইন তার মৃত্যুদণ্ডের বিরুদ্ধে যেত তবে কি তাকে যত বড়োই তার অপরাধ হোক, তাকে কি প্রাণদণ্ড দেওয়া যেত?'

সুবাহু চিন্তা করার জন্য এক মুহূর্ত সময় না নিয়েই বলল, 'না।'

রাম সামান্য হেসে লক্ষ্মণের দিকে তার মুখ ঘোরাল, 'আইন সবার জন্য সমানভাবে প্রযোজ্য। এর কোনো ব্যতিক্রম হতে পারে না। এবং আইন ভাঙাও যায় না, একমাত্র ...,'

লক্ষ্মণ মুখ ঘুরিয়ে নিল। তার স্থির বিশ্বাস ধেনুকার ক্ষেত্রে যা করা হয়েছে তা একেবারে ন্যায়সঙ্গত, বিধিসম্মত ও যথার্থ।

রাম এ প্রসঙ্গটাকে বাড়তে না দিয়ে তার সামনে উপনীত অসুরদের ছোটো দলটিকে উদ্দেশ করে বলল, 'তোমাদের যা বলছি তা মন দিয়ে শোনো। তোমরা আইন মেনে চলা মানুষ। তোমরা পুরুষবৈশিষ্ট্যপূর্ণ সমাজের

নিয়মকানুন মেনে চলে থাকো। কিন্তু তোমাদের নিয়ম বর্তমান কালে অচল। তারা বহু শতাব্দি ধরেই অচল হয়ে আছে, কারণ পৃথিবী বদলাচ্ছে প্রতিনিয়ত। পরমেশ্বর বারবার, বারংবার তোমাদের বোঝাতে চাইছেন। যদি নিয়তি বারংবার তোমাদের দিকে নেতিবাচক সর্তকবার্তা পাঠায়, তবে সেটা তোমাদের পরীক্ষা করার জন্য নয়, তোমাদের শিক্ষা দেওয়ার জন্য। তোমাদের প্রত্যেকের মধ্যে যে শিষ্য সত্তা আছে তাকে প্রশ্ন করো, জাগিয়ে তোলো তার মধ্য থেকে এক শুক্রাচার্যকে। তোমাদের প্রয়োজন এক নতুন পুরুষবৈশিষ্ট্যসম্পন্ন নতুন পথ। তোমাদের প্রয়োজন নতুন নিয়ম ও আইনের...,'

তাড়কা বলে উঠল, 'গুরু শুক্রাচার্য বলেছিলেন সময় হলে তিনি আবার অবতীর্ণ হবেন, এবং আমাদের নিয়ে চলবেন নতুন পথে...'

এক দীর্ঘ নীরবতা সভাস্থলে বিরাজ করল বেশ খানিকক্ষণ।

হঠাৎই তাড়কা ও সুবাহু দুজনে একসঙ্গে উঠে দাঁড়াল। তারা দুজনেই তাদের মুষ্টিবন্ধ হাত হৃদয়ের ওপর রেখে অনেকটা নীচু হয়ে রামকে অভিবাদন জানাল; একেবারে অসুরদের ঐতিহ্যিক সম্ভাষণ পদ্ধতি অনুযায়ী। সভাস্থলে উপস্থিত সৈন্যরা, নারী, বৃদ্ধ ও শিশুরা সবাই একসঙ্গে উঠে দাঁড়িয়ে একইভাবে অভিবাদন জানাল রামকে।

রামের মনে হল কেউ যেন হঠাৎ তার বুকের উপর চাপিয়ে দিয়েছে একটা ভীষণ ভারী বোঝা আর তার বুকের মধ্যে থেকে বেরিয়ে গেছে সব হাওয়া। আপনা থেকেই তার মনে পড়ে গেল গুরু বশিষ্ঠের কথা:

তোমার দায়িত্ব অনেক, ঈশ্বর-নির্দেশিত তোমার যে ব্রত তা ভীষণ গুরুত্বপূর্ণ। সে ব্রত ও দায়িত্ব পালনে যত্নবান হও। নম্র হও, কিন্তু এমন নম্রতা নয় যে তুমি তোমার দায়িত্ব পালনে দ্বিধাগ্রস্ত হবে।

লক্ষ্মণ জ্বলন্ত দৃষ্টিতে প্রথমে অসুরদের দিকে, তারপর রামের দিকে তাকাল। যা ঘটে চলেছে তা সে বিশ্বাস করতে পারছিল না।

তাড়কা বলল, 'আমাদের প্রতি আপনার আদেশ কী, প্রভু?'

'বর্তমানে অধিকাংশ অসুর ভারতের পশ্চিম সীমান্তের বাইরে পারিহা নামক স্থানে বায়ুপুত্রদের সঙ্গে বসবাস করে,' রাম বলল। 'আমি চাই

মলয়পুত্রদের সহায়তায় তোমরা সেখানে আশ্রয় নাও।'

'কিন্তু মলয়পুত্ররা আমাদের সাহায্য করতে যাবে কেন?'

'আমি তাদের অনুরোধ করব তোমাদের সাহায্য করার জন্য।'

'ওখানে গিয়ে কী করব আমরা?'

'তোমাদের পূর্বপুরুষরা ভগবান রুদ্রের কাছে যে অঙ্গীকার করেছিলেন তাকে মর্যাদা দিও। বায়ুপুত্রদের সঙ্গে থেকে তোমরা ভারতকে সুরক্ষিত রাখার কাজ করে যাবে।'

'আজকের দিনে ভারতকে সুরক্ষা দেওয়ার অর্থ দেবদের সুরক্ষা দেওয়া...'

'হ্যাঁ, ঠিক তাই।'

'আমরা ওদের সুরক্ষা দিতে যাব কেন? ওরা আমাদের শত্রু। ওরা...'

'তোমরা তাদের সুরক্ষা দেবে, কারণ, ভগবান রুদ্র তোমাদের উপর সে কর্তব্যভারই অর্পণ করেছেন।'

সুবাহু তার মায়ের হাত চেপে তাকে নিবৃত্ত করল, 'আপনি যা আদেশ করছেন আমরা তাই করব, প্রভু।'

তাড়কা, দ্বিধাগ্রস্ত, তার ছেলের মুঠি থেকে এক ঝটকায় হাত ছাড়িয়ে নিয়ে বলল, 'কিন্তু এ আমাদের পবিত্রভূমি। আমরা ভারতবর্ষেই থাকতে চাই। এদেশের পবিত্র বাতাবরণের বাইরে আমরা সুখে থাকতে পারব না।'

'তোমরা আবার ভারতেই ফিরে আসবে। কিন্তু তোমরা যখন ফিরবে তখন আর তোমরা অসুর থাকবে না। তোমাদের আচরিত জীবনচর্যার দিন শেষ হয়েছে। তোমরা ফিরবে নতুন জীবনধারা নিয়ে। তোমাদের প্রতি এ আমার প্রতিশ্রুতি।'

।। অধ্যায় ১৮।।

লক্ষ্মণ আশঙ্কা করেছিল উগ্রচণ্ডা বিশ্বামিত্র-র ক্রোধের মুখে পড়তে হবে; তার বদলে তাঁকে মনে হল উৎসুক, এমনকী যেন মুগ্ধও। মহর্ষির মনোভাব ঠিক আন্দাজ করতে পারল না লক্ষ্মণ।

বটবৃক্ষের চারপাশে বাঁধানো উঁচু বেদিতে পদ্মাসনে বসেছিলেন বিশ্বামিত্র। জোর হাওয়ায় তাঁর মুন্ডিত মস্তকের পিছনের শিখাটি দুলছিল। সাদা অঙ্গবস্ত্রটি রাখা ছিল তার আসনের পাশে।

'বোসো,' আদেশ করলেন বিশ্বামিত্র। তারপর বললেন, 'এটা ঘটতে কিছু সময় লাগবে।'

রাম, লক্ষ্মণ ও অরিষ্টনেমী তাঁর দুপাশে আসন গ্রহণ করল। বিশ্বামিত্র দেখলেন কিছুটা দূরে অসুররা নীরবে দাঁড়িয়ে আছে। তাদের হাত-পা বাঁধা নেই; রামই জোর করেছিল যাতে তা না করা হয়। ব্যাপারটা আশ্রমের আবাসিকদের বেশ অবাক করেছিল। যদিও বোঝা যাচ্ছিল তাদের শৃঙ্খলিত করার কোনো প্রয়োজন নেই। তারা শান্তভাবে সার দিয়ে দাঁড়িয়েছিল। তবুও, যদি প্রয়োজন পড়ে এই ভেবে অরিষ্টনেমী তাদের চারদিকে ত্রিশজন রক্ষীকে দাঁড় করিয়ে রেখেছিল।

বিশ্বামিত্র রামের উদ্দেশ্যে বললেন, 'অযোধ্যার রাজকুমার, তুমি আমায় বিস্মিত করেছ। সব অসুরদের হত্যা করার আমার কঠিন আদেশ তুমি অমান্য

করলে কেন? ওদের আচরণের এই নাটকীয় পরিবর্তন ঘটাতে তুমি তাদের কী বলেছ? এমন কোনো গুপ্ত মন্ত্র আছে নাকি যা অকস্মাৎ অসভ্যদের সভ্য করে তোলে?'

রাম শান্ত কণ্ঠে বলল, 'গুরুজি, আমি জানি আপনি এইমাত্র যা বললেন তা আপনি নিজেই বিশ্বাস করেন না। আমি এও জানি আপনি অসুরদের অসভ্য বলে মনে করেন না, কারণ, এটা আমার জানা যে আপনি ভগবান রুদ্রের উপাসনা করেন। এবং রুদ্র ভগবান তাঁর যে গোষ্ঠীকে রেখে গেছেন তারা এখন বায়ুপুত্রদের সঙ্গে যোগ দিয়েছে। আর বায়ুপুত্ররা আপনার কাজের সাথী, আপনার সহযোগী। তাই আমার মনে হয় আপনি এইমাত্র যা বললেন তা কেবল আমায় উত্তেজিত করার জন্য। কিন্তু অবাক লাগছে আমার এই ভেবে যে তাই বা আপনি করলেন কেন?'

একমাত্র রামের দিকে নিবন্ধ বিশ্বামিত্রের দৃষ্টি ক্ষণকালের জন্য বিস্ফারিত হল। কিন্তু তিনি তাকে তার প্রশ্নের উত্তর দিলেন না। 'তুমি কি মনে করো এই ঘৃণ্য লোকগুলো আমাদের উদ্ধার-প্রয়াসের যোগ্য?'

'আপনার এ প্রশ্ন অর্থহীন, গুরুজি! আসল প্রশ্নটা হল কেন তাদের উৎখাত করা হবে? কী আইন তারা ভেঙেছে?'

'ওরা বারংবার আমার আশ্রম আক্রমণ করেছে।'

'কিন্তু তারা একজনকেও হত্যা করেনি। শেষবার তারা যা করেছে তা হল আপনার লতাগুল্মের বেড়ার সামান্য অংশ পুড়িয়ে দেওয়া। তাছাড়া তারা আশ্রমের মাটি খোঁড়ার কিছু যন্ত্রপাতির ক্ষতি করেছে। এই সামান্য অপরাধের জন্য তাদের মৃত্যুদণ্ড দেবার বিধান কোনো স্মৃতিশাস্ত্রে আছে কি? না, নেই। অযোধ্যার আইন, যা আমি সদাসর্বদা মেনে চলি, তাতে পরিষ্কার বলা আছে দুর্বলরা যদি কোনো আইন ভঙ্গ না করে তবে শক্তিমানদের কর্তব্য তাদের সুরক্ষা দেওয়া।'

'কিন্তু আমার আদেশ ছিল স্পষ্ট ও দ্ব্যর্থহীন।'

'গুরুজি, আমাকেও স্পষ্ট ও দ্ব্যর্থহীন হবার জন্য মার্জনা করুন। আপনি যদি সত্যিই এই অসুরদের হত্যা করতে চাইতেন তবে অরিষ্টনেমী সে কাজ

আপনার জন্য অনায়াসেই করতে পারতেন। আপনার সৈন্যদল প্রশিক্ষিত ও পেশাদার। আর এই অসুররা একেবারেই অপেশাদার। আমার বিশ্বাস আপনি আমাদের এখানে এনেছেন এজন্যই যে ওরা অযোধ্যার রাজকুমারদের কথা ছাড়া অন্যদের কথা শুনবে না। ওরা যে ঝামেলা পাকাচ্ছে আপনি তার একটা বাস্তব ও সংঘাতহীন সমাধান চেয়েছিলেন। আমি যা করেছি তা ধর্মসঙ্গতই কেবল নয়, আপনি যা সত্যি সত্যিই চেয়েছিলেন তার সঙ্গে সংগতিপূর্ণ। আমাকে যেটা অবাক করছে তা হল আপনি কেন আপনার প্রকৃত উদ্দেশ্য আমার কাছে প্রকাশ করতে চাননি।'

বিশ্বামিত্রের মুখে চোখে যে ভাব ফুটে উঠল সেটা এই মহান ব্রাহ্মণের ক্ষেত্রে বিরলতম— একটা বিমুগ্ধ শ্রদ্ধাভাব। তিনি বুঝলেন তার চাতুরি ধরা পড়ে গেছে। হেসে ফেললেন তিনি, 'তুমি কি তোমার গুরুকেও সর্বদা এভাবে প্রশ্ন করো?'

রাম নীরব রইল। তার না বলা উত্তর একেবারে নিশ্চিত, বিশ্বামিত্র নয়, তার আসল গুরু বশিষ্ঠ। সে কেবল তার বাবার নির্দেশেই বিশ্বামিত্রকে গুরুর মর্যাদা দিচ্ছে।

নীরবতার হালকা খোঁচাটা গায়ে না মেখে বিশ্বামিত্র বললেন, 'তুমিই ঠিক। অসুররা খারাপ লোক নয়। শুধু তারা ধর্মের যে ব্যাখ্যা অনুযায়ী চলে তা আজকের পৃথিবীর সঙ্গে খাপ খায় না। প্রায়শই দেখা যায় যে অনুগামীরা ভালো হলেও নেতারাই তাদের অধঃপাতে পাঠায়। ওদের পারিহায় পাঠানোর প্রস্তাবটা ভালো। ওখানে ওরা জীবনের কিছু সার্থকতা পাবে। আমরা ওদের সেখানে পাঠাবার বন্দোবস্ত করছি।'

'আপনাকে অভিনন্দন, গুরুজি।' রাম বলল।

'আর তোমার আসল প্রশ্ন প্রসঙ্গে বলি, আমি এখনই তার উত্তর দেব না, হয়ত পরে কখনো দিতে পারি।'

দু'সপ্তাহের মধ্যেই মলয়পুত্রদের একটা ছোটো দল এবং অসুররা ভারতের

পশ্চিম সিমান্তের ওপারে বায়ুপুত্রদের গোপন নগরের উদ্দেশে যাত্রা করার জন্য প্রস্তুত হয়ে গেল। অসুররা ইতিমধ্যে তাদের চোট-আঘাত থেকে সম্পূর্ণ নিরাময় লাভ করেছে।

বিশ্বামিত্র আশ্রমের সদর দরজায় দাঁড়িয়ে তাঁর লোকেদের শেষ নির্দেশ দিচ্ছিলেন। তাঁর পাশে দাঁড়িয়েছিল অরিষ্টনেমী, রাম ও লক্ষ্মণ। মলয়পুত্ররা ঘোড়ায় চড়ার জন্য এগোতেই তাড়কা ও সুবাহু এগিয়ে এল বিশ্বামিত্রের দিকে। করজোড়ে মাথা নীচু করে তাড়কা বলল, 'এসব কিছুর জন্য আপনাকে আমার কৃতজ্ঞতা জানাই।'

একজন অসুর রমণীর এহেন সৌজন্যমূলক ব্যবহার দেখে বিশ্বামিত্রের মুখে হাসি ফুটে উঠল। তাড়কা এবার রামের দিকে তাকাল, যেন সে রামের অনুমতি প্রার্থনা করছে। মৃদু হেসে রাম সম্মতি জানাল।

'তোমাদের স্বজাতীয় অসুররা বাস করে পশ্চিমে,' বিশ্বামিত্র বললেন। 'তারা তোমাদের নিরাপদেই রাখবে। অস্তমিত সূর্যকে লক্ষ করে চলবে তোমরা। সে-ই তোমাদের ঘরে পৌঁছে দেবে।'

তাড়কা কেমন আড়ষ্ট হয়ে উঠল, 'পারিহা আমাদের ঘর নয়, দেশ নয়। এখানে, এই ভারতই আমাদের ঘর, এটাই আমাদের দেশ। যতদিন দেবরা এখানে আছে, ততদিন আমরাও আছি এখানে। একেবারে শুরু থেকে আমরা এখানে থেকেছি।'

রাম তার কথা শেষ হতে না হতেই বলল, 'যথাসময়ে তোমরা তোমাদের নিজেদের দেশেই আবার ফিরে আসবে। এখনকার মতো, সূর্যের পথকেই অনুসরণ করো।'

অবাক দৃষ্টিতে বিশ্বামিত্র তাকিয়ে ছিলেন রামের দিকে। তিনি কোনো কথা বললেন না।

অরিষ্টনেমী বলল, 'গুরুজি আমরা যা ভেবেছিলাম ব্যাপারটা সেভাবে বাস্তবায়িত হল না।'

মলয়পুত্রদের শিবিরের অদূরে একটা সরোবরের পাশে বিশ্বামিত্র বসে ছিলেন। অরিষ্টনেমী তার খাপখোলা তলোয়ার হাতের কাছেই রেখেছিল; তার প্রভুর সঙ্গে একা থাকলে এমনটা করাই তার অভ্যাস। বিশ্বামিত্রকে কেউ আক্রমণে উদ্যত হলে যাতে দ্রুত ব্যবস্থা নিতে পারে।

'সেজন্য তোমাকে তো বিশেষ অসুখীও মনে হচ্ছে না,' বিশ্বামিত্র বললেন।

নেতার সঙ্গে দৃষ্টি-সংযোগ এড়াতেই অরিষ্টনেমী দূরের দিকে তাকিয়ে রইল। তারপর ইতস্তত ভাবে বলল, 'সত্যি কথাই বলছি, গুরুজি... ছেলেটাকে বড়ো ভালো লেগে গেছে...আমার মনে হয় ওর মধ্যে...'

চোখ সরু করে অরিষ্টনেমীর দিকে রোষদৃষ্টি হেনে বিশ্বামিত্র বললেন, 'আমরা যা অঙ্গীকার করেছি তা কখনো বিস্মৃত হবে না।'

মাথা নীচু করে অভিবাদন জানিয়ে অরিষ্টনেমী বলল, 'অবশ্যই গুরুজি, আপনার ইচ্ছার বিরুদ্ধে কোনো কাজ কি আমি করতে পারি?'

সামান্য সময় এক অস্বস্তিকর নীরবতা বিরাজ করল সেখানে। গভীর শ্বাস টেনে বিশ্বামিত্র তাকিয়ে রইলেন জলের বিশাল বিস্তারের ওপারে। 'যদি অসুররা তাদের শিবিরে রামের দ্বারা মৃত্যুমুখে পতিত হত, তবে তা ...আমাদের কাজে লাগত।'

বুদ্ধিমান অরিষ্টনেমী এ কথার বিরুদ্ধতা করল না।

মাথা ঝাঁকিয়ে কাষ্ঠহাসি হাসলেন বিশ্বামিত্র। 'বুদ্ধির খেলায় হেরে গেলাম এক ছোকরার কাছে, অথচ যার আমাকে হারানোর কোনো চেষ্টাই ছিল না। ছেলেটা কেবল তার ন্যায়নীতির অনুসরণ করেই এটা করতে পারল।'

'তাহলে আমরা এখন কী করব?'

'আমরা দ্বিতীয় কৌশলটা অবলম্বন করব,' বললেন বিশ্বামিত্র। 'সেটাই তো স্বাভাবিক, তাই না?'

'দ্বিতীয় বিকল্পটার উপর আমার কোনো আস্থা নেই, গুরুজি। এমন তো নয় যে ব্যাপারটার উপর আমাদের পুরো নিয়ন্ত্রণ—'

বিশ্বামিত্র তাকে কথা শেষ না করতে দিয়েই বললেন, 'তোমার ধারণা ভুল।'

অরিষ্টনেমী চুপ করে রইল।

'ওই বিশ্বাসঘাতক বশিষ্ঠটা রামের গুরু। বশিষ্ঠের উপর যতক্ষণ রামের শ্রদ্ধা সম্পূর্ণ অব্যাহত থাকবে ততদিন আমি রামকে বিশ্বাস করতে পারব না।'

অরিষ্টনেমী এ ধারণার বশবর্তী না হলেও সে চুপ করে রইল। সে ভালোই জানে বশিষ্ঠ প্রসঙ্গে আলোচনা করার অর্থ বিপদ ডেকে আনা।

'আমরা বিকল্প পথটা ধরেই এবার এগোব।' বিশ্বামিত্র রায়দান করার ভঙ্গিতে বললেন।

'কিন্তু আমরা তাকে দিয়ে যা করাতে চাইছি তা কি সে করবে?'

'সে তার প্রিয় 'আইন'কে তার নিজের উপর ফলাতে বাধ্য হবে। একবার তা হলে, পরবর্তী যা যা ঘটতে থাকবে তার উপর আবার সম্পূর্ণ নিয়ন্ত্রণ থাকবে। বায়ুপুত্রদের ধারণা ভুল। আমি তাদের দেখাব যে আমিই সঠিক।'

অসুররা পারিহার উদ্দেশে চলে যাবার দুদিন পর রাম ও লক্ষ্মণ জেগে উঠল আশ্রমের প্রবল কর্মতৎপরতার শব্দে। সেদিকে দৃকপাত না করে দু-ভাই তাদের কুঁড়ে ঘরের বাইরে এল এবং সরোবরের দিকে চলল স্নান এবং সূর্য ও রুদ্রের উপাসনার উদ্দেশ্যে।

তারা বেরোতেই অরিষ্টনেমী তাদের পাশে চলে এল, 'আমরা খুব শিগগিরি এখান থেকে চলে যাব।'

'আমাদের জানানোর জন্য ধন্যবাদ, অরিষ্টনেমীজি।' রাম বলল। সে চোখ তুলে দেখল একটা অস্বাভাবিক বড়ো সিন্দুক খুব সতর্কতার সঙ্গে বয়ে আনা হচ্ছে। এর মধ্যে নিশ্চয়ই খুব ভারী কিছু ছিল, কারণ, এটা বসানো ছিল একটা ধাতুনির্মিত পালকিতে। যেটা বহন করছিল বারোজন লোক।

চোখ কুঁচকে সন্দেহজনক দৃষ্টিতে সেদিকে তাকিয়ে লক্ষ্মণ বলে উঠল, 'কী ওটা?'

'ওটা এমন কিছু যা একই সঙ্গে শুভ এবং অশুভ,' অরিষ্টনেমী রহস্য করে

বলে রামের কাঁধে হাত রাখল। 'কোথায় যাচ্ছেন আপনারা?'

'যাচ্ছি প্রভাতী প্রার্থনার জন্য।'

'চলুন, আমিও আপনাদের সঙ্গে যাই।'

অরিষ্টনেমী প্রতিদিন সকালে ভগবান পরশুরামের পূজা করে। রাম ও লক্ষ্মণের সাহচর্যে সে আজ ভগবান রুদ্রের পূজা করবে বলে স্থির করল। সব ভগবানের উৎপত্তি তো একই শক্তিকেন্দ্র থেকে।

পূজোর পর নদীর তীরে এক প্রকাণ্ড পাথরের ওপর তারা বসল। অরিষ্টনেমী বলল, 'আমি ভাবছি তাড়কা ও তার গোষ্ঠী পারিহায় নিজেদের মানিয়ে নিতে পারবে কি না।'

'আমি নিশ্চিত ওরা পারবে,' রাম বলল। 'ওরা যদি কাউকে নিজেদের একজন বলে মনে করে তবে ওরা ঠিক নিজেদের তার বা তাদের সঙ্গে মানিয়ে নেবে।'

'ওদের আয়ত্তে রাখতে গেলে একটাই উপায় বোধহয় আছে। স্বজাতির সঙ্গে ওদের থাকতে দেওয়া। বাইরের লোকদের সঙ্গে মানিয়ে গুছিয়ে চলা ওদের পক্ষে অসম্ভব।'

'আমি ওদের বিভিন্ন বিষয়গুলো নিয়ে ভাবনাচিন্তা করেছি। একম্-কে দেখার দৃষ্টিভঙ্গি থেকেই যত সমস্যার সৃষ্টি।'

'আপনি ওদের সেই এক ঈশ্বরের কথা বলছেন?'

'হ্যাঁ,' রাম বলল। 'বারংবার আমাদের বলা হয়েছে যে ওই একম্ বা পরমেশ্বরের স্থান এই মায়ার জগতের পরপারে। তিনি সমস্ত 'গুণ' ও সমস্ত সৃষ্ট বস্তুর বৈশিষ্ট্যের ওপারে। এই গুণই তো সৃষ্টি করেছে এই তাৎক্ষণিক দৃশ্যমান মায়ার জগৎ। জগৎ প্রপঞ্চময়, কারণ, সময়ের কোনো মুহূর্তই শ্বাশ্বত নয়। এজন্যই তো সেই একম্‌কে বলা হয় নিরাকার। কিন্তু সেই তাঁকেই আবার বলা হয় নির্গুণ, অর্থাৎ তিনি সমস্ত প্রকৃতি ও বৈশিষ্ট্যের ঊর্ধ্বে।'

'একদম ঠিক', অরিষ্টনেমী বলে।

'আর এই একম্ যদি এই দৃশ্যমান জগতের বাইরের অস্তিত্ব হন, তাহলে তিনি এই পৃথিবীতে কার পক্ষ নেবেন?' রাম বলে। 'যদি তিনি আকারহীন বা নিরাকার হন, তাহলে কোনো বিশেষ আকার বা জিনিসের প্রতি তার পক্ষপাত থাকে কী করে? তিনি একই সঙ্গে সবার, আবার কারো নন। এবং এটা কেবল মানুষের ক্ষেত্রেই প্রযোজ্য নয়, এ বিশ্বের সমস্ত সৃষ্ট জিনিস—পশুপাখি, উদ্ভিদ, জল, মাটি, শক্তি, নক্ষত্র, আকাশ—সবার ক্ষেত্রেই প্রযোজ্য। যে যাই ভাবুক বা করুক বা বিশ্বাস করুক, সমস্ত সৃষ্ট পদার্থই একম্ থেকে জাত এবং তা একমের।'

ঘাড় নেড়ে সায় দিল অরিষ্টনেমী, 'বস্তুগত দৃশ্যগ্রাহ্য জগৎ ও একমের নিরাকার অস্তিত্ব নিয়ে এই প্রাথমিক ও মূলগত ভুল বোঝাবুঝির মধ্যেই লুকিয়ে আছে ওদের সেই ভ্রান্তি— যে আমার ঈশ্বরই প্রকৃত ঈশ্বর আর অন্যদের ঈশ্বর মিথ্যা, ভুয়ো। একজন বুদ্ধিমান মানুষের কাছে যেমন প্লিহার গুরুত্ব যকৃতের চেয়ে বেশি নয়, সবই সমান গুরুত্বপূর্ণ, তেমনই সেই এক পরমেশ্বরের কাছে কোনো একটি বিশেষ গোষ্ঠীর প্রতি পক্ষপাত বা অনুরাগ নেই। তাঁর কাছে সব এবং সবাই সমান। এর থেকে অন্যভাবে ভাবা মূর্খতা।'

'ঠিক তাই।' রাম বলল। 'তিনি যদি কেবল আমার ঈশ্বর, তিনি যদি অন্যদের বাদ দিয়ে কেবল আমাদের প্রতি পক্ষপাতিত্ব করেন, তবে তিনি পরম ঈশ্বর নন। প্রকৃত পরম ঈশ্বর তিনিই যিনি কারো পক্ষালম্বন করেন না, যিনি সবার আপন, যিনি কারো আনুগত্য বা ভীতি প্রত্যাশা করেন না, বস্তুত, যিনি কারো কাছ থেকে কিছুই প্রত্যাশা করেন না। কারণ, সেই এক পরম ঈশ্বরই কেবল অস্তি, তিনিই স্থিতি এবং তাঁর অস্তিত্বের ওপরই দাঁড়িয়ে আছে অন্য সব কিছুর অস্তিত্ব।'

অরিষ্টনেমী অযোধ্যার এই জ্ঞানী তরুণ রাজকুমারকে শ্রদ্ধা করতে শুরু করেছে। কিন্তু সেটা সে বিশ্বামিত্রের কাছে প্রকাশ করতে ভয় পায়।

রাম বলে চলে, 'শুক্রাচার্যের সম্পূর্ণ পুরুষবৈশিষ্ট্যপূর্ণ সমাজগঠনের উদ্দেশ্যর মধ্যে কোনো ভুল ছিল না। এই জাতীয় সমাজ দক্ষ, ন্যায়পরায়ণ

ও শ্রদ্ধাপূর্ণ। তাঁর যা ভুল হয়েছিল তা হল তিনি এটাকে একটা বিশেষ ধর্ম বিশ্বাসের উপর স্থাপন করেছিলেন। তাঁর উচিত ছিল এই সমাজকে পুরোপুরি আইনের ওপর প্রতিষ্ঠা করা এবং বস্তুগত ও আধ্যাত্মিক বিষয়কে আলাদা রাখা। সময় বদলালে, এবং তা বদলাবেই, মানুষ তার বিশ্বাস, ধর্মবিশ্বাসকে ছাড়তে বা বদলাতে পারে না বরং নতুন শক্তিতে তাকে আরও আঁকড়ে ধরে। সংকটময় সময়ে মানুষ তার বিশ্বাসকে প্রাণপণে, সর্বশক্তি দিয়ে নিজের অস্তিত্বের সঙ্গে এক করে নেয়। কিন্তু যদি পুরুষবৈশিষ্ট্যপূর্ণ সমাজ শুধুমাত্র আইনকে ভিত্তি করে তৈরি হত, তাহলে সম্ভবত, প্রয়োজনের তাগিদে আইনে কিছু রদবদল ঘটিয়ে সমাজকে সুস্থ ও স্বাভাবিক রাখা যেত। পুরুষবৈশিষ্ট্যপূর্ণ সমাজ ধর্মবিশ্বাসের ভিত্তিতে নয়, আইনের ভিত্তিতে তৈরি হওয়া উচিত।'

'আপনি কি সত্যিই মনে করেন যে অসুরদের রক্ষা করা সম্ভব? তাদের অনেকে ভারতেই আছে। ছোটো ছোটো দলে নানা স্থানে আত্মগোপন করে আছে তারা।'

'আমি মনে করি তাদের শৃঙ্খলাপরায়ণ ও অনুগত নাগরিকে পরিণত করা যায়। আমি যাদের নিজের লোক ভাবি সেইসব আইন-ভঙ্গকারী, বিদ্রোহী মনোভাবাপন্ন লোকেদের থেকে তারা ভালো নাগরিক হবে। অসুরদের সমস্যা হল ওদের সমাজের আইন ও নিয়মনীতিগুলো বর্তমান সময়ে অচল হয়ে পড়েছে। ওরা মানুষ হিসেবে ভালো; ওদের যা প্রয়োজন তা হল আলোকপ্রাপ্ত সুদক্ষ নেতৃত্ব।'

'আপনি কি মনে করেন আপনি ওদের তেমন নেতা হতে পারেন? আপনি কি ওদের জন্য তৈরি করতে পারবেন নতুন জীবনধারা?'

রাম গভীরভাবে শ্বাস নিয়ে সামান্যক্ষণ থেমে বলল, 'আমি জানিনা ভাগ্য ভবিষ্যতে আমার জন্য কী ভূমিকা ছকে রেখেছে—'

লক্ষ্মণ কথা শেষ করতে না দিয়ে বলল, 'গুরু বশিষ্ঠ বিশ্বাস করেন রামদাদা পরবর্তী বিষ্ণু হয়ে উঠতে পারে। সে অসুরদের কেবল নেতৃত্বই দেবে না, নেতৃত্ব দেবে সবার, সারা ভারতের। আমিও সেটা বিশ্বাস করি। রামদাদার সমকক্ষ একজনও নেই।'

রাম লক্ষ্মণের দিকে তাকাল, তার মুখে কেমন এক বোধাতীত ভাব।

পিছন দিকে শরীর হেলিয়ে অরিষ্টনেমী গভীর শ্বাস নিল, 'আপনি একজন ভালো মানুষ; না, মানে বলতে চাইছি, বিশেষ মানুষ। আমি নিশ্চিতভাবে দেখতে পাচ্ছি ইতিহাসে আপনি অতি গুরুত্বপূর্ণ ভূমিকা নেবেন। কিন্তু সেটা ঠিক কী, তা আমি জানি না।'

রামের মুখ রইল ভাবলেশহীন।

'আপনাকে শুধু আমার অনুরোধ মহর্ষি বিশ্বামিত্র যা আপনাকে বলবেন সেটা মান্য করবেন, ' অরিষ্টনেমী বলল, 'বর্তমানে যে সব ঋষি আছেন তাঁরা কেউ বিশ্বামিত্রের চাইতে ক্ষমতাবান নন। কেউ না।'

রাম এককথায় কোনো প্রতিক্রিয়া দেখাল না। যদিও তার মুখে অদ্ভুত রকম এক কাঠিন্য দেখা দিল।

'কেউ না', অরিষ্টনেমী আবার বলল বিষয়টাকে গুরুত্ব দিতে। বোঝাই গেল সে বশিষ্ঠের কথা বলতে চাইছে।

জঙ্গলের মধ্যে দিয়ে অশ্বারোহীদের দলটা ধীরেসুস্থে চলছিল। যাত্রীদলের একদম সামনে বিশ্বামিত্র ও অরিষ্টনেমী, ভারী সিন্দুক বহনকারী শকটের ঠিক পিছনে। মাঝখানে হাঁটছে অন্যসব মলয়পুত্ররা। রাম ও লক্ষ্মণকে বলা হয়েছে একেবারে শেষে অশ্বপৃষ্ঠে আসতে। গঙ্গায় নোঙর করা জলযানে পৌঁছোতে তাদের বেশ খানিকটা সময় লাগবে।

বিশ্বামিত্র মাথা ঝাঁকিয়ে অরিষ্টনেমীকে কাছে ডাকল। সে সঙ্গে সঙ্গে লাগাম টেনে তার ঘোড়াটাকে ডানদিকে ঘুরিয়ে চলে এল বিশ্বামিত্রের কাছাকাছি।

'তাহলে?'

'তিনি জানেন,' অরিষ্টনেমী বলল, 'মহর্ষি বশিষ্ঠ তাঁকে বলেছেন।'

'কেন, ওই চক্রান্তকারী দুমুখো হামবড়াটা, ওই শিকড়হীন...'

বিশ্বামিত্র তাঁর কথার বাণ ছোটাতে থাকলে অরিষ্টনেমী বহুদূরে তার দৃষ্টি নিবদ্ধ করল। কথা থামলে নেমে এল কঠোর নৈঃশব্দ্য। বেশ কিছুক্ষণ পর শিষ্য সাহস সঞ্চয় করে বলে উঠল, ‘তাহলে এখন আপনি কী করবেন, গুরুজি?’

‘আমাদের যা করণীয় আমরা তাই করব।’

।। অধ্যায় ১৯।।

রাম ও লক্ষ্মণ গঙ্গার জলে শান্তভাবে চলতে থাকা জলযানগুলির সামনেরটির পাটাতনের উপর দাঁড়িয়ে ছিল। এ যাত্রায় বিশ্বামিত্র অধিকাংশ সময় নিজের কক্ষে নিজেকে আবদ্ধ রেখেছেন। এই সুযোগটা বেশ কাজে লাগাচ্ছে অরিষ্টনেমী। এই মলয়পুত্রের মধ্যে আযোধ্যার দুই রাজকুমারের প্রতি তৈরি হয়েছে অপরিমিত কৌতূহল ও আকর্ষণ।

রাম ও লক্ষ্মণের দিকে আসতে আসতে অরিষ্টনেমী বলল, 'আজ কেমন কাটছে রাজকুমারদের?'

রাম তার লম্বা চুল ধুয়ে কাঁধ ও পিঠের ওপর ছেড়ে রেখেছিল। ভ্যাপসা আবহাওয়ায় কখন যে চুল শুকাবে কে জানে?

'ওঃ, আর বলবেন না, গরমে জ্বলে মরছি,' লক্ষ্মণ বলল।

হাসল অরিষ্টনেমী, 'দাঁড়ান, এই তো শুরু! বৃষ্টি আসতে এখনও বেশ ক-মাস। আবহাওয়া ভালো হওয়ার আগে তা যতটা সম্ভব খারাপ হয়ে উঠবে।'

'সেজন্যই তো এখানে দাঁড়িয়ে আছি, যদি ঈশ্বরের কৃপায় একটু হাওয়া আসে,' লক্ষ্মণ হাতের তালু নাড়িয়ে মুখে হাওয়া করার ভঙ্গিতে বলল। দুপুরের আহারের পর এখন অনেকেই ওপরে উঠে এসেছে একটু হাওয়া পাওয়ার জন্য। একটু পরই এরা নীচের তলায় নেমে যে যার

কাজে লেগে পড়বে।

অরিষ্টনেমী রামের কাছে এসে দাঁড়াল, 'আমাদের পূর্বসূরিদের সম্পর্কে আপনি যা বললেন তা আমায় বিস্মিত করেছে। আপনি কি দেবদের বিপক্ষে?'

'আমিও ভাবছিলাম কখন আপনি এ প্রসঙ্গটা তুলবেন,' রাম বলল মুখে সামান্য বিরক্তির ভাব নিয়ে।

'যাক। আপনাকে আর সে নিয়ে দুর্ভাবনায় থাকতে হবে না।'

রাম হাসল, 'আমি দেবদের বিরুদ্ধে নই। শেষমেশ আমরা তো তাদেরই বংশধর। কিন্তু আমি পুরুষবৈশিষ্ট্যপূর্ণ সমাজব্যবস্থার পক্ষে—সেখানে জীবন পরিচালিত হয় আইন, বশ্যতা, শ্রদ্ধা ও ন্যায়বিচারের মাধ্যমে। আমার পছন্দ এটাই এবং যারা প্রমুক্ত জীবনের প্রবক্তা তাদের বিরুদ্ধে আমি আজীবন এটাই বলে যাব।'

'নারী বৈশিষ্ট্যপূর্ণ সমাজব্যবস্থায় কেবল আসক্তি আর মুক্তি আকাঙ্ক্ষাই নেই রাজকুমার,' অরিষ্টনেমী বলল, 'এর সঙ্গে যুক্ত আছে বাধাহীন সৃষ্টিশীলতা।'

'এটা আমি স্বীকার করছি। কিন্তু সভ্যতার অবক্ষয়ের সময় এই নারীবৈশিষ্ট্যপূর্ণ সমাজের বিচ্ছেদসৃষ্টিকারী ও নিগ্রহকারী হয়ে ওঠার প্রবণতা থাকে। দেবদের যুগের মধ্যভাগে জাতিপ্রথা— যার সূচনা হয়েছিল কর্মকে ভিত্তি করে, তা হয়ে ওঠে বংশগত, ফলে বর্ণব্যবস্থাটাই হয়ে ওঠে গোঁড়া, সংকীর্ণ ও রাজনীতির বিষয়। এই সামাজিক দুর্বলতার জন্যই অসুররা তাদের সহজেই জয় করে। পরবর্তীকালে দেবরা যখন বর্ণব্যবস্থাকে প্রগতিশীল ও উদার করে তখন তারা হয়ে ওঠে শক্তিশালী এবং তারা অসুরদের হারিয়ে দিতে সক্ষম হয়।'

'হ্যাঁ, তা ঠিক, তবে পুরুষবৈশিষ্ট্যপূর্ণ সমাজও গোঁড়া ও অসহিষ্ণু হয়ে ওঠে যখন সে সমাজ পতনোন্মুখ হয়। কেবল একমের ভিন্ন ব্যাখ্যার কারণে দেবদের উপর অসুরদের বারংবার আক্রমণ ক্ষমার অযোগ্য।'

'আমি এ ব্যাপারে আপনার সঙ্গে একমত। কিন্তু এই আঘাতগুলোই তো দেবদের এককাট্টা করেছিল। দেবদের হয়ত স্বীকার করা উচিত ছিল

ওই ভয়াবহ সন্ত্রাসের মধ্যে থেকেও ইতিবাচক কিছু উঠে এসেছিল। এর ফলেই তারা বর্ণব্যবস্থার খারাপ প্রতিক্রিয়ার বিরুদ্ধে ব্যবস্থা নিতে বাধ্য হয়েছিল। তাদের প্রয়োজন ছিল ঐক্যবদ্ধতার। আমার মতামত হল ভগবান ইন্দ্র যে সবচেয়ে গুরুত্বপূর্ণ সংস্কারটি করেছিলেন তা পুনরায় বর্ণব্যবস্থার শিথিলীকরণ— এটাই দেবদের মধ্যে ঐক্যভাব এনে অসুরদের পরাস্ত করতে সাহায্য করেছিল। আর অসুরদের পরাজয়ের কারণও তাদের উন্মত্ত গোঁড়ামি।'

'তাহলে আপনি কি বলতে চাইছেন অসুরদের প্রবল সন্ত্রাসের পরও দেবদের তাদের প্রতি কৃতজ্ঞ থাকা উচিত?'

'না, ঠিক তা আমি বলতে চাই না,' রাম বলল। 'আমি যেটা বলছি তা হল সবচেয়ে ভয়ংকর পরিস্থিতি থেকেও ভালো কিছু উঠে আসতে পারে। প্রত্যেকটি নেতিবাচকতার মধ্যেই থাকে কিছু ইতিবাচকতা এবং প্রত্যেকটি ইতিবাচকতার গভীরে লুকিয়ে থাকে সামান্য হলেও, নেতিবাচকতা। জীবন খুব জটিল ব্যাপার, একমাত্র ভারসাম্যময় ব্যক্তিই দুদিকটা দেখতে পায়। উদাহরণ স্বরূপ, আপনি কি অস্বীকার করতে পারেন অসুরদের অত্যাচারের কথা দীর্ঘদিন ভুলে থাকার ফলে, বর্ণব্যবস্থা আবার কঠোর হয়ে উঠেছে। বর্তমানে সমাজে একজন ব্যক্তির মর্যাদা নির্ভর করে তার কর্মের ভিত্তিতে নয়, বরং তার জন্মের উপর। আপনি কি অস্বীকার করতে পারেন এই অশুভ ব্যাপারটাই আধুনিক সপ্ত সিন্ধুর অন্তর্নিহিত শক্তিগুলোকে ছারখার করে দিচ্ছে?'

'ঠিক আছে, বাবা, ঠিক আছে!' লক্ষ্মণ আর চুপ করে থাকতে পারল না। 'বহুত দার্শনিক কথাবার্তা হয়েছে। তোমরা আমার মাথা খারাপ করে দেবে দেখছি।'

অরিষ্টনেমী হেসে উঠল হো হো করে। রাম লক্ষ্মণের দিকে প্রশ্রয়ের দৃষ্টিতে তাকাল।

'আশা করি অযোধ্যায় নামার সঙ্গে সঙ্গেই এসবের থেকে মুক্তি মিলবে,' বলল লক্ষ্মণ।

'আহ্হ্,' অরিষ্টনেমী বলল। 'রাজকুমার, সামান্য একটু দেরি হয়ত হতে পারে।'

'একথা বলছেন কেন?' রাম জিজ্ঞাসা করল।

'অযোধ্যায় যাবার পথে গুরু বিশ্বামিত্র মিথিলায় একবার যেতে চান। সেখানেও তাঁর একটা গুরুত্বপূর্ণ কাজ আছে।'

লক্ষ্মণ বিরক্তি নিয়েই বলল, 'এটা আমাদের বলার জন্য কবে থেকে আপনারা ভেবে রেখেছিলেন?'

অরিষ্টনেমী বলল, 'আমি এখনই আপনাদের এটা জানাচ্ছি।'

লক্ষ্মণকে ইশারায় ধৈর্য ধরতে বলে রাম বলল, 'ঠিক আছে অরিষ্টনেমীজি, আমাদের বাবা আদেশ করেছেন যতক্ষণ পর্যন্ত বিশ্বামিত্র চান ততদিন তাঁর সঙ্গে আমাদের থাকতে। মাসখানেকের বিলম্বে আমাদের কোনো অসুবিধা হবে না।'

'মিথিলা...' গরগর করে উঠল লক্ষ্মণ। 'সে তো বহুদূরের জায়গা!'

সপ্ত সিন্ধুর অন্য সব শহরের মতো মিথিলা, মাটির 'মানুষদের শহর' অথবা, 'রাজা মিথি নির্মিত' শহর নদী সংলগ্ন শহর নয়, অন্তত কয়েক দশক আগে গণ্ডকী নদী পশ্চিম দিকে সরে যাবার পর থেকে। নদীর এই সরে যাওয়া শহরের ওপর ব্যাপক প্রভাব ফেলেছে। একসময় সপ্ত সিন্ধুর অন্যতম সেরা শহর হলেও এখন এটির দ্রুত অবক্ষয় ঘটে চলেছে। গণ্ডকী শহর থেকে মুখ ফিরিয়ে নেওয়ার মিথিলার সম্পদেও টান পড়েছে, কারণ, ভারতে বাণিজ্যের বেশিটাই হয় নদী ও সমুদ্র বন্দর মারফত। রাবণের কুশলী বণিকরা মিথিলায় যেসব অনুগত ব্যবসায়ী নিয়োগ করেছিল তাদের তুলে নিয়েছে। সামান্য যে পরিমাণ ব্যবসা হয় তার জন্য স্থায়ী কুঠি রাখার কোনো কারণ দেখেনি তারা।

রাজ্যের রাজা জনক একজন সৎ, সুভদ্র, আধ্যাত্মিক মানুষ। ঐতিহ্যিক ভাবেই জনক একজন ভালো মানুষের দৃষ্টান্ত, কিন্তু তিনি যে কাজে নিযুক্ত তার ভিত্তিতে নয়। জনক যদি আধ্যাত্মিক গুরু হিসেবে কাজ করতেন তবে তিনি বিশ্বের সেরাদের একজন হতে পারতেন। যদিও ভাগ্য তাকে রাজা করেছে। একজন রাজা হয়েও তার মূল লক্ষ্য তাঁর দ্বারা স্থাপিত ধর্মসভার

মাধ্যমে নাগরিকদের আধ্যাত্মিক উত্তরণ ঘটানো। যদিও এর ফলে আর্থিক বিকাশ ও সুরক্ষা বন্দোবস্ত বিশেষভাবে ব্যাহত হয়েছে।

মিথিলার দুর্দশার সঙ্গে যুক্ত হয়েছে রাজ পরিবারের অন্দরে শক্তির ভারসাম্য ক্রমশ নির্দিষ্টভাবে জনকের ছোটো ভাই কুশধ্বজের দিকে ঝুঁকে পড়া। নদী সরে যাওয়ায় যত ক্ষতি মিথিলার হয়েছে ঠিক ততটাই লাভ হয়েছে সঙ্কাশ্যর। নদীর সন্নিকটবর্তী হওয়ায় বাণিজ্য যেমন বৃদ্ধি পেয়েছে বহুগুণ, তেমনই জনসংখ্যাও বেড়েছে প্রবল সংখ্যায়। বিত্ত ও জনসংখ্যার বৃদ্ধিকে হাতিয়ার করে কুশধ্বজ চাইছে সপ্ত সিন্ধু সাম্রাজ্যে তাঁর রাজবংশের ও রাজ্যের প্রতিনিধি হতে। কিন্তু প্রকাশ্যভাবে, ভাবমূর্তি বজায় রাখতে সে তার বড়ো দাদার প্রতি ভক্তিভাব বজায় রেখেছে। তবুও গুজব তৈরি হয়েছে যে কুশধ্বজ চক্রান্ত করছে মিথিলাকে তার রাজ্যের অন্তর্ভুক্ত করে নিজেই পুরো রাজত্বের সর্বেসর্বা হতে।

'লক্ষ্মণ, আমরা সেই মিথিলার দিকে এগিয়ে চলেছি গুরুজির মর্জি মতো', রাম বলল। 'সঙ্কাশ্য থেকে আমাদের একজন পথপ্রদর্শক নিতে হবে, কারণ, আমি শুনেছি সঙ্কাশ্য থেকে মিথিলায় যাবার সেই অর্থে কোনো রাস্তা নেই।'

'রাস্তা একটা একসময় ছিল।' অরিষ্টনেমী বলল। 'নদী গতিপথ পরিবর্তন করায় সে পথ ধুয়ে মুছে গেছে। সে পথকে নতুন করে বানাবার আর কোনো ব্যবস্থা করা যায়নি। আসলে মিথিলার বিত্তের অভাব কিন্তু তাদের প্রধানমন্ত্রী মহোদয়া জানিয়েছেন যে একটা পথনির্দেশক দল আমাদের জন্য অপেক্ষা করবে।'

'এটা কি সত্যি যে রাজা জনকের কন্যাই তার প্রধানমন্ত্রী?' লক্ষ্মণ জিজ্ঞাসা করল। 'আমাদের এটা বিশ্বাস করতেই কেমন লাগে! তাঁর নাম কি উর্মিলা?'

'একজন মহিলা প্রধানমন্ত্রী হবে এতে আশ্চর্যের কী আছে, লক্ষ্মণ?' অরিষ্টনেমী উত্তর দেবার আগেই রাম জিজ্ঞাসা করল। 'মানসিক শক্তির দিক দিয়ে নারী পুরুষের সমান।'

'সে আমি জানি, দাদা', লক্ষ্মণ বলল। 'তবে ব্যাপারটা খুব স্বাভাবিক নয়, তাই।'

'মহীয়সী মোহিনী একজন নারীই ছিলেন,' রাম বলল, 'এবং তিনি ছিলেন একজন বিষ্ণু, এটা মনে রেখো।'

লক্ষ্মণ চুপ করে গেল।

অরিষ্টনেমী বন্ধুভাবে লক্ষ্মণের কাঁধে হাত রেখে বলল, 'আপনি ঠিক, রাজকুমার লক্ষ্মণ। রাজা জনকের কন্যাই তাঁর প্রধানমন্ত্রী কিন্তু তিনি রাজকুমারী উর্মিলা নন, যদিও তিনিই জনকের ঔরসজাত সন্তান। জনকের দত্তক কন্যাই তাঁর প্রধানমন্ত্রী।'

রাম অবাক হয়ে জিজ্ঞাসা করল, 'দত্তক কন্যা?' এখনকার দিনে তো দত্তক সন্তানদের ঔরসজাত সন্তানদের সমান অধিকার দেওয়া হয় না। আইন পরিবর্তন করে এ ব্যাপারটাকে বদলানোর ভাবনা তার মাথায় আছে।

'হ্যাঁ,' অরিষ্টনেমী বলল।

'আমার এটা জানা ছিল না। তাঁর নাম কী?'

'তাঁর নাম সীতা।'

'আমার কি সঙ্কাশ্যর রাজার সঙ্গে সাক্ষাৎ করব?' রাম জানতে চাইল। শহর থেকে কয়েক কিলোমিটার দূরে সঙ্কাশ্যের বন্দরে বিশ্বামিত্রের জাহাজগুলো নোঙর করা ছিল। পুলিশ ও বিধি বিষয়ক প্রধান সমীচির নেতৃত্বে মিথিলার একদল সরকারি কর্মচারী তাদের সঙ্গে দেখা করেছে। সমীচি ও তার দল মলয়পুত্রদের প্রায় একশো জনকে পথ দেখিয়ে মিথিলায় নিয়ে যাবে। অন্যরা জাহাজেই থাকবে।

ঘোড়ায় চড়তে চড়তে অরিষ্টনেমী বলল, 'না, গুরু বিশ্বামিত্র এই রাজ্য থেকে অগোচরেই যেতে চান। যদিও রাজা কুশধ্বজ এখন সফরে বেরিয়েছেন।'

যে সাধারণ সাদা পোশাক তাদের দু-ভাইকে পরতে দেওয়া হয়েছে তা লক্ষ্মণ পরীক্ষা করে দেখল। দুই রাজকুমারকে পথ চলতে হবে সাধারণ

মানুষের বেশে।

'ছদ্মবেশ?' লক্ষ্মণ জিজ্ঞেস করল। মলয়পুত্রদের দলটির দিকে তাকিয়ে সঙ্গে সঙ্গে তার মধ্যে সন্দেহ জেগে উঠল। 'আপনারা আমায় বোকা বানাতে চাইছেন।'

অরিষ্টনেমী তাঁর হাঁটু ভাঁজ করে রেকাবে রাখল; চলতে শুরু করল তার ঘোড়া। রাম-লক্ষ্মণও ঘোড়ায় উঠে তাকে অনুসরণ করল। বিশ্বামিত্র সমীচির সঙ্গে দলটির একেবারে সামনে আছেন।

বনপথ এতই সরু যে মাত্র তিনটি ঘোড়াই পাশাপাশি চলতে পারে। যেসব জায়গায় রাস্তা একটু চওড়া সেখানে পুরোনো পাথরের রাস্তার একটা চিহ্ন দেখতে পাওয়া যায়। বেশিরভাগ জায়গাতেই অবশ্য জঙ্গল ফাঁকা জমির দখল নিয়েছে। প্রায়ই অনেকটা পথ অশ্বারোহীরা একজনের পিছনে একজন করে চলছিল।

'আপনারা বোধহয় এর আগে মিথিলা ভ্রমণ করেননি?' অরিষ্টনেমী জিজ্ঞাসা করল।

'ওখানে যাবার কোনো প্রয়োজন আগে হয়নি।' রাম উত্তর দিল।

'ক-মাস আগে আপনার ভাই, রাজকুমার ভরত সঙ্কাশ্যতে এসেছিলেন।'

'অযোধ্যার কূটনৈতিক সম্পর্কের দায়িত্বে আছে সে। এটা স্বাভাবিক যে সে সপ্ত সিন্ধুর সব রাজাদের সঙ্গে দেখা করবে।'

'ওহ্, আমি ভেবেছিলাম তিনি বিবাহ ব্যাপারে রাজা কুশধ্বজের সঙ্গে মিলিত হয়েছিলেন!'

লক্ষ্মণ চোখ কপালে তুলে বলল, 'বিবাহ ব্যাপার? অযোধ্যা যদি কোনো বিবাহ সম্পর্ক স্থাপন করে তা করবে আরও ক্ষমতাবান কোনো রাজ্যের সঙ্গে। সঙ্কাশ্যের সঙ্গে মৈত্রী সম্পর্ক গড়ার কী প্রয়োজন?'

'একাধিক বৈবাহিক সম্পর্ক গড়ে তোলায় বাধা তো কিছু নেই। একথাটা

তো অনেকেই বলে থাকেন যে রাজনৈতিক মৈত্রী স্থাপনের মাধ্যমে ব্যক্তিগত স্বার্থসিদ্ধির জন্য শক্তিশালী হতে বিবাহও একটি পদ্ধতি।'

লক্ষ্মণ অবিশ্বাসের ভঙ্গিতে রামের দিকে তাকাল।

অরিষ্টনেমী লক্ষ্মণের নজর লক্ষ করে বলল,'কী বলছেন? আপনি কী আমার কথার সঙ্গে সহমত পোষণ করেন না?'

লক্ষ্মণ জোরের সঙ্গে বলল, 'রামদাদা মনে করে বিবাহ একটি পবিত্র ব্যাপার। একে রাজনৈতিক উদ্দেশ্যসিদ্ধিতে ব্যবহার করা অনুচিত।'

অরিষ্টনেমী ভ্রূকুঞ্চন করল, 'হ্যাঁ, অতীতকালে অবশ্য ব্যাপারটা তাই ছিল। তবে ওইসব মূল্যবোধকে মানুষ এখন আর গুরুত্ব দেয় না।'

'আমাদের পূর্বপুরুষরা অতীতকালে যা যা করেছেন তার সবগুলোর সমর্থক আমি নই,' রাম বলল। কিন্তু, কিছু কিছু ব্যবহারবিধি ও আচরণের পুনঃপ্রতিষ্ঠা আমাদের পক্ষে লাভজনক হতে পারে। তারই একটি হল বিবাহকে দুটি আমার আত্মার মধ্যে গড়ে ওঠা একটি সম্পর্ক বলে গণ্য করা, তাকে দুটি শক্তিকেন্দ্রের রাজনৈতিক মৈত্রী হিসেবে গণ্য করা নয়।'

'আপনি সেই সামান্য কজন মানুষদের একজন যারা এভাবে ভাবে।'

'তার অর্থ এই নয় আমার ধারণা ভুল।'

লক্ষ্মণ আবারও দুজনের কথার মধ্যে কথা বলে উঠল। 'দাদা আরও বিশ্বাস করে যে একজন লোকের একটি মাত্র বিবাহ করাই উচিত। যদি আপনি একজন পুরুষকে অনেক মহিলাকে বিবাহ করার অনুমতি দেন, তবে একজন মহিলাকেও তার যতগুলি খুশি পুরুষকে বিবাহ করার অনুমতি আপনাকে দিতে হবে। বর্তমান যুগের আইনের সমস্যা হল তা কেবল পুরুষদেরই অগ্রাধিকার দেয়। পুরুষদের বহুবিবাহ আইনসিদ্ধ অথচ নারীদের বহুবিবাহ নিষিদ্ধ। একটা নির্ভেজাল অন্যায়। এসবের পরও আমি বলতে চাই, একজন পুরুষের উচিত তার পছন্দের একজন নারীকে খুঁজে নেওয়া এবং আজীবন তার প্রতি বিশ্বস্ত থাকা।'

'ভগবান ব্রহ্মাকে ধন্যবাদ আপনার মনোভাব কেবল এক জীবনের জন্যই সীমাবদ্ধ, একই নারীতে বহু জন্ম ধরে বিশ্বস্ত থাকার প্রস্তাব আপনি করেন

নি,' অরিষ্টনেমী তালুতে জিভ ঠেকিয়ে শব্দ করে হাসল।

রামও হেসে ফেলল।

'কিন্তু রাজকুমার রাম,' অরিষ্টনেমী বলল, 'আমি নিশ্চিত যে আপনি জানেন কয়েক শতাব্দী পূর্বে বহুবিবাহ ব্যাপারটি প্রচলিত হওয়ার পিছনে কিছু ভালো উদ্দেশ্য ছিল। পঞ্চাশ বছর ধরে চলা সূর্যবংশীয় ও চন্দ্রবংশীয়দের মধ্যে লড়াই-এ কোটি কোটি মানুষ নিহত হয়েছিল। বিবাহযোগ্য পুরুষের সংখ্যা যথেষ্ট ছিল না, সে কারণেই পুরুষদের একাধিক বিবাহে উৎসাহ দেওয়া হয়েছিল। খোলাখুলি বলতে গেলে দেশে জনসংখ্যা বৃদ্ধি করা তখনকার মানুষদের অন্যতম দায়িত্ব ছিল। তারপর থেকে অধিক সংখ্যক মানুষ বহুবিবাহ করতে শুরু করে।'

'হ্যাঁ, কিন্তু সে সমস্যা তো আমাদের এখন নেই, আছে কি?' রাম প্রশ্ন করল। 'তাহলে কেন এখন পুরুষদের ওই বিশেষাধিকার ভোগ করতে দেওয়া হবে?'

অরিষ্টনেমী চুপ করে গেল। কিছুক্ষণ পর সে রামকে জিজ্ঞাসা করল, 'আপনি কি কেবলমাত্র একজন নারীকেই বিবাহ করতে ইচ্ছুক?'

'হ্যাঁ, এবং বাকি জীবন আমি তাঁর প্রতি বিশ্বস্ত থাকব। আমি অন্য কোনো নারীর দিকে চোখও ফেরাব না।'

'দাদা,' দুষ্টুমি ভরা হাসিতে মুখ ভরিয়ে লক্ষ্মণ বলল। 'তুমি অন্য নারীদের দিকে না তাকিয়ে থাকবে কী করে? তাদের উপস্থিতি তো সর্বত্র! সামনে দিয়ে কোনো মহিলা গেলেই কি তুমি চোখ বুজিয়ে ফেলবে?'

রাম হেসে উঠল, 'তুমি বুঝেছ আমি কী বলতে চেয়েছি। আমি যে দৃষ্টিতে আমার স্ত্রীর দিকে তাকাব সেই দৃষ্টিতে অন্য মহিলাদের দিকে তাকাব না।'

'এ প্রসঙ্গে জানতে চাই আপনি একজন নারীর মধ্যে কী কী গুণ দেখতে পেতে চান?' অরিষ্টনেমী প্রশ্ন করল, একটু মজা করেই।

রাম কথা বলা শুরু করতে যেতেই লক্ষ্মণ দ্রুত বলে উঠল, 'না, না, না, এ প্রশ্নের উত্তর আমাকেই দিতে হবে।'

অরিষ্টনেমী লক্ষ্মণের দিকে মজা পাওয়ার দৃষ্টিতে তাকাল।

'দাদা একবার বলেছিল যে সে এমন নারীকে পত্নী হিসেবে চায় যে ওকে বাধ্য করবে সম্ভ্রমে মাথা ঝুঁকিয়ে অভিবাদন জানাতে।' লক্ষ্মণ একথা বলে গর্বিত মুখ করে হাসল। গর্বিত এজন্যই যে সে তার দাদার ব্যক্তিগত কিছু কিছু ব্যাপারও জানে।

অরিষ্টনেমী রামের দিকে বিভ্রান্তি নিয়ে তাকিয়ে হেসে উঠল, 'সম্ভ্রমে মাথা নামিয়ে শ্রদ্ধা জানাবেন?'

রামের এ ব্যাপারে কিছু বলার ছিল না।

অরিষ্টনেমী সামনের দিকে তাকাল। সে একজন নারীর কথা জানে যাকে রাম প্রায় নিশ্চিতভাবেই শ্রদ্ধাপূর্ণ প্রশংসা করতে পারবে।

।। অধ্যায় ২০।।

বিশ্বামিত্র ও তার সঙ্গীসাথিরা মিথিলায় পৌঁছোল এক সপ্তাহ পরে। মিথিলার উর্বর সমতল জলাজমি প্রচুর বৃষ্টিপাত পেয়ে থাকে। মিথিলা ও তার চারপাশের জমি এতই উর্বর যে বলা হয় যে ফসল ফলানোর জন্য মিথিলার চাষিদের জমিতে কেবল শস্যবীজ ছড়ালেই চলে। তারা কমাস পর ফিরে এসে ফসল ঘরে তোলে। চাষের বাকি কাজটা জমি নিজেই করে নেয়। কিন্তু, মিথিলার চাষিরা যেহেতু বেশি পরিমাণ জমি জঙ্গল কেটে হাসিল করেনি এবং যথেষ্ট পরিমাণে বীজ ছড়ায়নি তাই অরণ্য মাটির উর্বরতার সুযোগ কাজে লাগিয়ে শহরের একেবারে কাছে অবধি বিস্তৃত হয়েছে। প্রধান কোনো নদী না থাকাও মিথিলার বিচ্ছিন্নতা বাড়িয়েছে। যেসব প্রধান শহর নদীপথে যুক্ত তাদের সবার থেকে বিচ্ছিন্ন হয়ে পড়েছে মিথিলা।

'নদীর ওপর আমরা এত নির্ভরশীল কেন?' রাম জানতে চাইল। 'আমরা রাস্তা তৈরি করি না কেন? মিথিলার মতো শহরের সবার থেকে বিচ্ছিন্ন থাকা উচিত নয়।'

'একসময় আমাদের ভালো রাস্তাঘাট ছিল,' অরিষ্টনেমী বলল, 'আপনি হয়ত আবার সেসব নির্মাণ করতে পারবেন।'

দীর্ঘ অরণ্য ভেদ করে যাত্রীদল এসে পৌঁছোল সেই জায়গায় যেখানে একসময় সুরক্ষামূলক পরিখা ছিল। এখন সেটাকে জলাধাররূপে ব্যবহার

করা হয়। শহরবাসীরা তাদের প্রয়োজনের জল এখান থেকে নেয়। জলপূর্ণ সেই জলাধারটি এমন সুন্দরভাবে চারপাশ দিয়ে মিথিলাকে ঘিরে আছে যে শহরটাকে দ্বীপের মতো দেখায়। জলাধারে কুমির প্রভৃতি প্রাণী নেই, কারণ এটিকে এখন আর সামরিক সুরক্ষার জন্য ব্যবহার করা হয় না। সহজে নামার জন্য সিঁড়ি নির্মিত আছে। বিরাট বড়ো বড়ো চাকা জল টেনে তোলে এবং নলের সাহায্যে সেই জল পৌঁছে যায় শহরে।

'একটা পরিখাকে জলের প্রধান উৎস হিসেবে ব্যবহার করাটা নেহাত নির্বুদ্ধিতার পরিচয়,' লক্ষ্মণ বলল। 'আক্রমণকারী সেনাদল প্রথমেই যা করবে তা হল শহরে জল সরবরাহ করার প্রাথমিক ব্যবস্থাটা নষ্ট করে দেওয়া। আরও খারাপ হবে যদি তারা জলে বিষ মিশিয়ে দেয়।'

'আপনি যথার্থ বলেছেন,' অরিষ্টনেমী বলল। 'মিথিলার প্রধানমন্ত্রী এ সম্ভাবনার কথা উপলব্ধি করেছিলেন। সে কারণেই তিনি নগর প্রাকারের ভিতর ছোটো কিন্তু খুব গভীর একটি সরোবর খনন করান।'

রাম, লক্ষ্মণ ও অরিষ্টনেমী জলাধারের বর্হিভাগের তীরে এসে নিজ নিজ ঘোড়া থেকে নামল। একটি পন্টুন সেতু পেরিয়ে তাদের শহরের ভিতরে যেতে হবে। যেহেতু পন্টুন সেতু প্রকৃত অর্থে একটি ভাসমান পাটাতন যা জলের ওপর রাখা সার সার গাধাবোট বা নৌকার সঙ্গে বাঁধা থাকে তাই এসব সেতু হয় দোলায়মান ও নড়বড়ে। এমন সেতুতে ঘোড়া থেকে নেমে পায়ে হেঁটে যাওয়াই দস্তুর।

অরিষ্টনেমী উৎসাহের সঙ্গে ব্যাখ্যা করল, 'রীতিমাফিক সেতু বানানোর থেকে এমন সেতু বানাবার খরচ কমই কেবল নয়, শহর আক্রান্ত হলে এমন সেতু ধ্বংস করে দেওয়াও সহজতর। আর নতুনভাবে তৈরিও করা যায় অতি সহজে।'

রাম ভদ্রভাবে তার কথায় সায় দিয়ে অবাক হয়ে ভাবল, অরিষ্টনেমী হঠাৎ মিথিলা বিষয়ে এত উৎসাহী হয়ে পড়ল কেন? একথা বোঝাই যাচ্ছে, একটি পাকা শক্তপোক্ত সেতু বানাবার অর্থ মিথিলার নেই।

তবে সে কথা বললে লঙ্কা বাদে ভারতের কোন রাজত্ব আর এখন সমৃদ্ধশালী? লঙ্কা আমাদের সব সম্পদ নিয়ে গেছে।

সেতু পেরিয়ে তারা উপস্থিত হল দুর্গ প্রাকারের সিংহদরজায়। অদ্ভুত ব্যাপার, তোরণে কোনো সামরিক উক্তি, সৈন্যবাহিনীর প্রতীক বা রাজকীয় দম্ভসূচক কোনো পতাকা নেই। তার বদলে আছে জ্ঞানের দেবী সরস্বতীর বিশালাকায় মূর্তি, যা তোরণের ঊর্ধ্বভাগে পাথর কেটে উৎকীর্ণ করা রয়েছে। তার নীচে এক সাধারণ দ্বিপদী।

স্বগৃহে পূজ্যতে মুর্খাঃ স্বগ্রামে পূজ্যতে প্রভুঃ।
স্বদেশে পূজ্যতে রাজা, বিদ্বান সর্বত্র পূজ্যতে।
মূর্খ পূজিত হয় স্বগৃহে
গোষ্ঠীপতি পূজিত হয় গ্রামে
রাজা পূজিত হন নিজ রাজত্বে,
বিদ্বান ও জ্ঞানী ব্যক্তি সর্বত্র পূজা পেয়ে থাকেন।'

রাম হাসল। *বিদ্যার প্রতি উৎসর্গীকৃত এক রাজ্য!*

'আমরা কী প্রবেশ করব?' ঘোড়া টেনে আনার দড়িটায় বাঁধা ঘণ্টা বাজিয়ে সামনে এগিয়ে অরিষ্টনেমী অনুমতি চাইল।

রাম লক্ষ্মণের দিকে তাকিয়ে ঘাড় নেড়ে সম্মতি জানিয়ে অরিষ্টনেমীর পিছনে পিছনে শহরে প্রবেশ করল। বাইরের সেই তোরণ থেকে একটি সাধারণ পথ এক কিলোমিটার দূরের ভিতরকার প্রাকারের দিকে গেছে। দুই প্রাকারের মধ্যবর্তী অংশ ভাগ ভাগ করে চাষের কাজে ব্যবহৃত হচ্ছে। জমিতে পাকা খাদ্যশস্য গুদামজাত হবার অপেক্ষায় আছে।

'বাঃ বেশ!' রাম নিজের মনে বলল।

'হ্যাঁ দাদা, দুর্গ প্রাকারের দেওয়ালের ভিতর দিকে খাদ্যশস্যের ফলন নগরের খাবারের যোগান সুনিশ্চিত করেছে,' লক্ষ্মণ বলল।

'আরও গুরুত্বপূর্ণ যেটা, সেটা হল এখানে কোনো জনবসতি নেই। কোনো সৈন্যদল বাইরের প্রাকার টপকে এখানে চলে এলে এ হবে আদর্শ বধ্যভূমি। সামনে এগোতে চাইলে সে বাহিনীর প্রচুর লোক মারা পড়বে কারণ পিছিয়ে যাবার রাস্তা সংকীর্ণ। দুটি দুর্গপ্রাকারের মধ্যে জনবসতিহীন এলাকা—সামরিক কৌশলগত দিক থেকে অনবদ্য ভাবনা। আমরা অযোধ্যাতেও এই

ছক অনুসরণ করব।'

অরিষ্টনেমী দ্রুতপদে দুর্গের ভিতরকার সিংহদরজার দিকে চলতে লাগল।

দুর্গের ভিতরকার প্রাকারের ওপরের দিকে আঙুল দেখিয়ে লক্ষ্মণ জিজ্ঞাসা করল, 'ওগুলো যা দেখছি, সেগুলো কি জানালা?'

'হ্যাঁ,' অরিষ্টনেমী বলল।

'লোকজন কী দুর্গপ্রাকারকে থাকবার জায়গা হিসেবে ব্যবহার করে নাকি?' বিস্মিত লক্ষ্মণ জানতে চায়।

'হ্যাঁ, লোকেরা ওখানে থাকে,' অরিষ্টনেমী উত্তর দেয়।

'ওওহ্!' কাঁধ ঝাঁকিয়ে বিরক্ত লক্ষ্মণ বলে ওঠে।

অরিষ্টনেমী হেসে আবার সামনের দিকে তাকায়।

'ওরেঃ সর্বনাশ!' লক্ষ্মণ বেশ জোরেই বলল, ভিতরের নগরপ্রাকার পেরিয়ে হঠাৎ থমকে দাঁড়িয়ে সহজাত তাড়নায় সে তার তলোয়ারে হাত দিয়ে বলল, 'আমাদের ফাঁদের মধ্যে টেনে আনা হয়েছে।'

'শান্ত হোন রাজকুমার,' অরিষ্টনেমী বলল বড়ো করে হেসে, 'এটা কোনো ফাঁদ নয়, মিথিলার ব্যাপার স্যাপার এমনই।'

তারা হেঁটে একটা বিরাট প্রাচীরের সামনে এসে পড়েছে যেটা সিংহদরজার উলটো দিকে খাড়া হয়ে দাঁড়িয়ে আছে। বিরাট পাঁচিলের গায়ে পরপর ঘর। প্রতিটা বাড়িই একে অপরের গায়ে গায়ে লাগানো মৌচাকের মতো, তাদের মাঝখানে সামান্যতম ফাঁকও নেই। প্রত্যেকটি বাড়ির ওপর দিকে একটি মাত্র জানলা। কিন্তু মাটির সঙ্গে লাগানো কোনো দরজা নেই। লক্ষ্মণের একটা অন্ধ ফাঁদের মধ্যে পড়ার আশঙ্কা অমূলক নয়, সত্যিই নির্দয় ও নিরঙ্কুশ হত্যালীলার জন্য বানানো ফাঁদ। এটা বিশ্বামিত্রের দলের কারও নজরে পড়ল না ভেবে লক্ষ্মণের সন্দেহ আরও দৃঢ় হল।

'রাস্তা কোথায়?' রাম জিজ্ঞাসা করল।

যেহেতু বাড়িগুলো পরপর জোড়া তাই রাস্তা তো দূরের কথা সামনে

এগোবার এক চিলতে ফাঁকও নেই।

'আমায় অনুসরণ করুন,' তার সহযাত্রীদের বিভ্রান্তিতে যেন মজা পেয়েছে গলাতেই বলল অরিষ্টনেমী। সে তার ঘোড়াকে নিয়ে পৌঁছে গেল একটা বাড়ির ভিতরের পাথরের সিঁড়ির কাছে।

'কী আশ্চর্য আপনি বাড়ির ছাদে উঠে যাচ্ছেন কেন, তাও আবার ঘোড়া সমেত!' লক্ষ্মণ বিস্মিত কণ্ঠে প্রায় আর্তনাদ করে উঠল।

'আমাকে কেবল অনুসরণ করুন, রাজকুমার,' শান্তকণ্ঠে বলল অরিষ্টনেমী।

রাম লক্ষ্মণের পিঠে চাপড় দিল যেন তাকে শান্ত করার জন্য, তারপর সিঁড়ি ভাঙতে লাগল। লক্ষ্মণ ইচ্ছার বিরুদ্ধেও ঘোড়াকে সামনে নিয়ে সিঁড়িতে পা রাখল। তারা ছাদে উঠে সে দৃশ্যের সম্মুখীন হল তা এক কথায় অভাবনীয়।

প্রত্যেকটা বাড়ির ছাদ আসলে একটাই সমতল ক্ষেত্র, ভূমির উপর ভূমি। রাস্তাগুলো আঁকা আছে রং দিয়ে এবং মানুষজন নানা দিকে যাওয়া আসা করছে উদ্দেশ্যপ্রণোদিত ভাবে বা অন্য কোনো কারণে। অনেকটা সামনে বিশ্বামিত্রের দলবলকে দেখা যাচ্ছে।

'হে ভগবান। আমরা কোথায়? আর ওই সব লোকজন কোনদিকে এগিয়ে যাচ্ছে?' লক্ষ্মণ জিজ্ঞাসা করল; সে জীবনে এমনকিছু দেখেনি।

'কিন্তু লোকগুলো তাদের বাড়িতে ঢোকে কীভাবে?' রাম জানতে চাইল?

যেন উত্তর হিসেবেই একটা লোক ছাদের রাস্তার পায়ে চলা অংশে লাগানো একটা অদৃশ্য দরজা খুলে ভিতরে ঢুকে দরজা বন্ধ করে দিল। রাম এবার দেখতে পেল যে সেই অংশে নির্দিষ্ট দূরত্ব অন্তর রয়েছে লুকানো দরজা যেখান দিয়ে মানুষ তাদের ঘরে ঢুকতে পারে। এখানে কোনো গাড়ি ঘোড়া নেই। কয়েকটি বাড়ির ছোটো উল্লম্ব গরাদ দেওয়া জানলা নজরে এল যা দিয়ে আলো বাতাস তাদের বাড়ির কিছু অংশে প্রবেশ করতে পারে।

'বর্ষাকালে এরা কী করে?' লক্ষ্মণ জিজ্ঞাসা করল।

'যখন বৃষ্টি হয় তখন ওরা দরজা ও জানালাগুলো বন্ধ রাখে,' অরিষ্টনেমী বলল।

'কিন্তু হাওয়া ও আলোর কী ব্যবস্থা?'

অরিষ্টনেমী দেখাল নির্দিষ্ট দূরত্ব অন্তর ছোটো ছোটো গর্ত করা।

প্রত্যেক চারটি বাড়ির জন্য কয়েকটি গর্ত। এইসব গর্তের মুখের দিকে ভিতর থেকে জানালা খোলা থাকে আলো ও হাওয়ার জন্য। বর্ষার জল জমা হয় ওই সব গর্তের নীচে। মৌচাকের নীচে দিয়ে নর্দমা বেয়ে জল হয় বাইরের পরিখায় অথবা ভিতরের সরোবরে জমা হয়। কিছু জল চাষের জন্যও ব্যবহৃত হয়।'

'হে প্রভু পরশুরাম! মাটির নীচে দিয়ে নর্দমা। কী অসামান্য প্রযুক্তিগত কৌশল। অসুখ নিয়ন্ত্রণের জন্য এটা দারুণ কার্যকরী।' লক্ষ্মণ বলে উঠল।

কিন্তু রামের চোখ অন্য কিছুর উপর পড়ল। 'মৌমাছিদের আবাসন বলে কি এই জায়গাটাকে চিহ্নিত করা হয়?'

'হ্যাঁ,' অরিষ্টনেমী বলল।

'কেন? মৌচাকের মতো করে বানানো বলে?'

'হ্যাঁ', বলল অরিষ্টনেমী।

'যে বানিয়েছিল তার রসবোধ ছিল বলতে হবে!'

'আমি আশা করি একটা মৌমাছির ঘর আপনিও পাবেন। কারণ, আমরা এখানেই থাকব।'

'কী?' লক্ষ্মণ অবাক হয়ে জিজ্ঞাসা করল।

'রাজকুমার,' ক্ষমা চাওয়ার ভঙ্গিতে বলল অরিষ্টনেমী। 'এই মৌচাকেই মিথিলার শ্রমিকরা বাস করে। যত আমরা ভিতরে ঢুকব বাগান, রাস্তাঘাট, মন্দির, বানিজ্যকেন্দ্র পেরিয়ে ততই আমরা পৌঁছোব ধনী, অভিজাত ও রাজন্যবর্গের অট্টালিকা ও প্রাসাদ আছে এমন অংশে। কিন্তু আপনারা তো জানেন, গুরু বিশ্বামিত্র চান আপনারা ছদ্মবেশে থাকুন।'

'আমরা কী করব যদি প্রধানমন্ত্রী জানতে পারেন আমরা এভাবে এখানে আছি?' লক্ষ্মণ জিজ্ঞাসা করল।

প্রধানমন্ত্রী শুধু এটুকুই জানেন যে গুরু বিশ্বামিত্র তার সঙ্গী-সাথীদের নিয়ে এখানে এসেছেন। তিনি অযোধ্যার রাজকুমারদের বিষয়ে কিছু জানেন

না। অন্তত, এখনও পর্যন্ত।'

'আমরা অযোধ্যার রাজকুমার,' লক্ষ্মণ বলল, তার হাত মুষ্টিবদ্ধ। 'যে রাষ্ট্র সমস্ত সপ্ত সিন্ধুর অধীশ্বর। আর এখানে আমাদের সঙ্গে এমন আচরণ?'

'আমরা এখানে কেবলমাত্র এক সপ্তাহের জন্য এসেছি,' অরিষ্টনেমী বলল। 'অনুগ্রহ করে...'

তাকে কথা শেষ করতে না দিয়ে রাম বলল, 'ঠিক আছে, ঠিক আছে, আমরা এখানেই থাকব।'

লক্ষ্মণ রামের দিকে ফিরল, 'কিন্তু দাদা...'

'আমরা আগেও এর চেয়ে সাধারণ ঘরে থেকেছি, লক্ষ্মণ। এটা তো কদিনের ব্যাপার। তারপরই আমরা বাড়ি ফিরে যাব। বাবার কথার সম্মান আমাদের রাখতেই হবে।'

ছাদের দরজা খুলে তাদের ঘরে নেমে এসে বিশ্বামিত্র বললেন, 'আশাকরি তোমাদের কোনো অসুবিধা হচ্ছে না।'

বিকেলবেলা তৃতীয় প্রহরের তৃতীয় ঘন্টায় বিশ্বামিত্র অবশেষে মৌচাক আবাসনে এলেন। দুই ভাই-এর আস্তানা হয়েছে মৌচাকের একেবারে ভিতর দিকের শেষ প্রান্তে। যার পাশ থেকেই শুরু হয়েছে এক উদ্যানের। শহর জুড়ে ছড়িয়ে থাকা বহু উদ্যানের এটি অন্যতম। যত শহরের ভিতরের দিকে যাওয়া যায় তত সুন্দর সুন্দর উদ্যান চোখে পড়ে। বিশাল মৌচাকের মধ্যে ভাগ্যক্রমে তাদের এমন একটা ঘর জুটেছে যার বাইরের দেওয়ালে একটা জানালা আছে, যা দিয়ে উদ্যানের অংশবিশেষ দেখা যায়। এখনও পর্যন্ত রাম ও লক্ষ্মণ শহরের ভিতর দিকে যায়নি।

শহরের মাঝখানে রাজপ্রাসাদেই বিশ্বামিত্রের থাকার ব্যবস্থা হয়েছে। একসময় রাজপ্রাসাদটির বিশাল আয়তন ছিল। কালক্রমে দয়ালু রাজা সেই রাজপ্রাসাদের অনেক অংশ ঋষিদের ও তাদের ছাত্রদের বাসস্থান

ও শ্রেণিকক্ষ হিসেবে ব্যবহারের জন্য ছেড়ে দিয়েছেন। দার্শনিক রাজার রাজ্য মিথিলা সারাদেশের জ্ঞানপিপাসু মানুষদের যেন চুম্বকের মতো টেনে নেয়। শিক্ষাদানের সঙ্গে যুক্ত ঋষিরা যাতে সর্বোৎকৃষ্টভাবে শিক্ষাদান করতে পারেন, সেজন্য তিনি তার সামান্য রাজস্বের অনেকটাই দান করে থাকেন শিক্ষাখাতে।

লক্ষ্মণ মুখে শ্লেষাত্মক হাসি এনে বলল, 'নিশ্চয়ই আপনি যে সুখে আছেন আমরা তার থেকে খানিকটা কম সুখে আছি, গুরুজি। আমার আন্দাজ, কেবল আমার ভাই ও আমারই ছদ্মবেশে থাকা প্রয়োজন।'

বিশ্বামিত্র লক্ষ্মণকে সরাসরি উপেক্ষা করলেন।

'আমাদের কোনো অসুবিধে হচ্ছে না, গুরুজি,' রাম বলল। 'আমার মনে হয় মিথিলায় যে কাজের জন্য আপনি আমাদের এনেছেন সে ব্যাপারে নির্দেশ পাবার সময় এবার হয়েছে।'

'ঠিক,' বিশ্বামিত্র বললেন। 'সোজাসুজি আসল কথায় আসি তবে। রাজা জনক তাঁর জ্যেষ্ঠা কন্যা সীতার জন্য এক স্বয়ংবর সভার আয়োজন করেছেন।'

সপ্ত সিন্ধুর শক্তিশালী রাজ্যের তালিকায় মিথিলা পড়ে না। অধিপতি রাষ্ট্র অযোধ্যা মিথিলার সঙ্গে কোনো বৈবাহিক সম্পর্ক স্থাপন করবে এটা দূরতম কল্পনার বিষয়। এমনকী রামেরও কথা বলার মতো অবস্থা ছিল না। কিন্তু লক্ষ্মণের সহ্যের সীমা ভেঙে গেল।

'আমাদের কি এখানে স্বয়ংবরের সুরক্ষার জন্য আনা হয়েছে?' রুক্ষভাবে জানতে চাইল লক্ষ্মণ। 'মনুষ্যেতর অসুরদের সঙ্গে আমাদের যুদ্ধ করতে বাধ্য করানোর চেয়েও এটা অদ্ভুত ছিটগ্রস্ত ব্যাপার!'

বিশ্বামিত্র লক্ষ্মণের দিকে অগ্নিবর্ষী দৃষ্টিতে তাকালেন। কিন্তু তিনি কিছু বলার আগেই রাম, যদিও তার পরম ধৈর্যও ভাঙার মুখে, নম্রভাবে বলে উঠল, 'গুরুজি, আমি মনে করি বাবা মিথিলার সঙ্গে বৈবাহিক সম্পর্ক স্থাপনে সম্পূর্ণ অনাগ্রহী। এবং আমিও প্রতিজ্ঞা করেছি যে রাজনৈতিক বা কূটনৈতিক কারণে বিবাহ করব না বরং—'

বিশ্বামিত্র রামকে কথা শেষ করতে দিলেন না। 'রাজকুমার, স্বয়ংবর

সভায় যোগ দিতে অস্বীকার করার সময় বোধহয় আমরা পেরিয়ে এসেছি।'

রাম তৎক্ষণাৎ বুঝে ফেলল এ কথার মাধ্যমে কী বলতে চাওয়া হচ্ছে। অলৌকিক শক্তিতে নিজের নম্র স্বর ধরে রেখে রাম বলল, 'আপনি কী করে আমার বাবার বা আমার সম্মতি না নিয়ে আমাকে একজন প্রতিযোগী হিসেবে নির্বাচিত করলেন?'

'তোমার বাবা আমাকে তোমার গুরু নির্বাচন করেছেন। রাজকুমার, তুমি পরম্পরা সম্পর্কে অবগত। সন্তানের বিবাহ ব্যাপারে তার বাবা, মা অথবা গুরু সিদ্ধান্ত নেবার অধিকারী। তুমি কী সেই প্রাচীন ঐতিহ্য ভাঙতে চাও?'

প্রবল বিস্ময়ে হতবাক রাম যেখানে দাঁড়িয়েছিল সেখানেই পাথরের মতো দাঁড়িয়ে রইল, তার চোখ দুটো দিয়ে আগুন ঝরছিল।

'এ ছাড়াও, নাম তালিকায় প্রতিযোগী হিসেবে নথিভুক্ত হবার পরও যদি তুমি স্বয়ংবরে যোগদান করতে না চাও তবে তুমি ভাঙবে উম্ন স্মৃতি ও হারিত স্মৃতির আইন। তুমি কি নিশ্চিত তা তুমি করতে চাও?'

রাম একটি কথাও উচ্চারণ করল না। ক্রোধে তার সর্বাঙ্গ জ্বলছিল। বিশ্বামিত্র তাকে কৌশল করে ফাঁদে ফেলে দিয়েছে।

'আমায় মার্জনা করুন!' বলেই ত্বরিত গতিতে সিঁড়ি ধরে উপরে উঠে মাথার উপর দরজা খুলে ছাদে উঠে এল রাম। ক্ষণমধ্যে লক্ষ্মণও দাদাকে অনুসরণ করে ছাদে উঠে দরজাটা সজোরে দড়াম করে বন্ধ করে দিল।

বিশ্বামিত্র তৃপ্তিতে হেসে উঠলেন, 'ওকে আমার প্রস্তাব মানতেই হবে। অন্য কোনো বিকল্প ওর সামনে খোলা নেই। আইন এ ব্যাপারে একেবারে পরিষ্কার।'

অরিষ্টনেমী বেদনাভরা চোখে দরজাটার দিকে তাকিয়ে গুরুর কাছে ফিরে এল ও নীরব রইল।

।। অধ্যায় ২১।।

সিঁড়ি বেয়ে নেমে রাম মাটির উপর নামল। সে একটি উদ্যানে প্রবেশ করে সামনে যে বসার জায়গাটা পেল তার ওপরই বসে পড়ল। নিজের ভিতরের তোলপাড় ছাড়া অন্য কিছুর দিকে তার মন ছিল না। পাশ দিয়ে যাওয়া পথিকদের মনে হবে মাটির দিকে তাকিয়ে বসে আছে একটা লোক। তার নিশ্বাস সমভাবে পড়লেও তার গতি ধীর। কিন্তু লক্ষ্মণ যেমন তার দাদাকে চেনে, তেমনই চেনে তার ক্রোধের প্রকাশকে। যত তীব্র তার ক্রোধ, ততই তাকে শান্ত দেখায়। লক্ষ্মণ তাঁর দাদার জন্য প্রবল যন্ত্রণা অনুভব করছিল, কারণ, এ সব ক্ষেত্রে তার দাদাকে মনে হয় দূরের মানুষ, এবং দাদা যেন তার কাছ থেকে নিজেকে বিচ্ছিন্ন করে রাখে।

'দাদা, সব চুলোয় যাক!' লক্ষ্মণ প্রচণ্ড ঘৃণায় বলে উঠল, 'ওই দাম্ভিক গুরুটাকে ফুটিয়ে দাও, আর চলো আমরা এখান থেকে বিদায় নিই।'

রাম কোনো প্রতিক্রিয়া দেখাল না। তার শরীরের একটি পেশিও কাঁপল না, যাতে অন্তত বোঝা যায় সে তার ভাইয়ের গলাবাজি শুনতে পেয়েছে।

'দাদা,' লক্ষ্মণের চিৎকার থামছে না। 'এই নয় যে আমি আর তুমি বিশেষ করে সপ্ত সিন্ধুর রাজপরিবারদের মধ্যে জনপ্রিয়। ভরতদাদাকে ওদের সামলানোর দায়িত্ব দাও। অন্যের দ্বারা অপছন্দ হবার সামান্য কয়েকটা সুবিধার একটা হল অন্যরা তোমার সম্পর্কে কী ভাবছে তা নিয়ে তোমাকে

আর অস্থির হতে হয় না।'

'আমার সম্বন্ধে কে কী বলল তা আমি গ্রাহ্যের মধ্যে আনিনা,' রাম বলল, তার কণ্ঠস্বর অতিরিক্ত শান্ত। 'কিন্তু এটা আইনের ব্যাপার।'

'এটা তোমার করা আইন নয়। এটা আমাদের আইন নয়। ছাড়ো, ওসব আইনের কথা।'

রাম মুখ ঘুরিয়ে দূরের দিকে তাকাল।

'দাদা...' রামের কাঁধে হাত রেখে লক্ষ্মণ ডাকল।

রামের শরীর প্রতিবাদেই যেন কেঁপে উঠল।

'দাদা, তুমি যে সিদ্ধান্তই নাও, আমি আছি তোমার সঙ্গে।'

কাঁধের পেশিগুলো যেন স্বাভাবিক হয়ে এল। রাম তার উদ্‌ভ্রান্ত ভাইয়ের মুখের দিকে তাকাল। হেসে বলল, 'চলো শহরের ভেতর দিকটায় একটু হেঁটে আসি। মাথাটা আমার পরিষ্কার হওয়া দরকার।'

মৌচাক আবাসনের অপর দিকের মিথিলা শহর আরও শৃঙ্খলাপরায়ণ, চওড়া চওড়া পরিষ্কার রাস্তার দুপাশে বিলাসবহুল সুন্দর সব অট্টালিকা ও প্রাসাদ। বিলাসবহুল শব্দটা অবশ্য কথার কথা, এসব অট্টালিকা ও প্রাসাদের সঙ্গে তুলনীয় অযোধ্যার শ্রেষ্ঠ সব স্থাপত্যকীর্তি। খসখসে, রঙহীন সাধারণ মানুষের পোশাক পরে দু-ভাই হাঁটতে থাকায় তাদের প্রতি কারও দৃষ্টি আকর্ষিত হল না।

উদ্দেশ্যহীন হাঁটতে হাঁটতে তারা একসময় পৌঁছে গেল একটা বিশাল চারচৌকো স্থানে অবস্থিত প্রধান বাজারের সামনে। পাকা পাথরের তৈরি দামি পসরার দোকান ছিল পরপর সাজানো। এরসঙ্গে চৌহদ্দির মাঝখানে ছিল অস্থায়ী কিছু দোকানও, যেখানে কমদামি নানা জিনিস বিক্রি হচ্ছিল। প্রতিটি সংখ্যা দেওয়া দোকানের মাথার ওপর ছিল বাঁশের ভর দেওয়া দামি কাপড়ের আচ্ছাদন। দোকানগুলো ছড়ানো ছিল খড়ি দিয়ে চিহ্নিত অংশের মধ্যে জালিকার মতো, যার মধ্যে দিয়ে লোক চলাচলের সুন্দর ব্যবস্থা ছিল।

একটা দোকান থেকে একটা আম তুলে নিয়ে লক্ষ্মণ বলল, 'দাদা'। সে জানে তার দাদা আম খুব পছন্দ করে। 'এই আমগুলো এ মরসুমের একেবারে প্রথম দিকের ফলন। এটা খুব উন্নত মানের না হলেও, আমই তো বটে।'

রাম বিবশভাবে হাসল। লক্ষ্মণ সঙ্গে সঙ্গে দুটি আম কিনে একটা রামের হাতে দিয়ে অন্যটা দাঁতে ছিঁড়ে তার রসাল শাঁস আনন্দে মুখ দিয়ে চুষতে লাগল চরম তৃপ্তি ও উৎসাহে। লক্ষ্মণের খাবার ভঙ্গি দেখে রাম হেসে উঠল।

লক্ষ্মণ তার দিকে মুখ তুলে তাকাল, 'আম খাবার কী অর্থ যদি তার রস হাতে মুখে লেগে না যায়?'

রামও তার আমটায় কামড় দিল, ভাইয়ের সঙ্গে একইভাবে শব্দ করে খেতে লাগল চেটেপুটে। লক্ষ্মণ তার আমটা আগে শেষ করে আনমনে আঁটিটা রাস্তার পাশে ছুঁড়ে ফেলার অব্যবহিত আগেই রাম বলে উঠল, 'লক্ষ্মণ...'

লক্ষ্মণ এমন ভাব করল যেন কিছুই হয়নি, তারপর অলস পায়ে উঠে গিয়ে দোকানের পাশে রাখা আবর্জনা ফেলার পাত্রে তা ফেলে দিল। রামও তাই করল। তারা যখন শ্রমিক উপনিবেশে ফেরার রাস্তা খুঁজছে তখন তাদের চলার পথের সামনের অংশ থেকে তারা চেঁচামেচির শব্দ পেল। তারা চলার গতি বাড়িয়ে গোলমালের উৎসস্থলের দিকে চলল। তারা শুনল একটি উচ্চগ্রাম ঝগড়াটে কণ্ঠস্বর। 'রাজকুমারী সীতা! বাচ্চা ছেলেটাকে ছেড়ে দিন!'

একটি কঠিন নারীকণ্ঠ শোনা গেল, 'না, আমি ছাড়ব না!'

রাম অবাক হয়ে লক্ষ্মণের দিকে তাকাল।

'দেখি তো ব্যাপারটা কী,' লক্ষ্মণ বলল।

এক লহমায় জমে ওঠা ভিড় ঠেলে ঘটনাস্থলে সামনে এগিয়ে গেল দুই ভাই। ভিড় ঠেলে একেবারে সামনে একটা ফাঁকা জায়গায় চলে এল তারা। এটাই হয়ত বাজারের কেন্দ্রস্থল। একটা দোকানের পিছনের কোনায় দাঁড়িয়ে তারা এক বাচ্চা ছেলের পিঠ দেখতে পেল, ছেলেটার বয়স সাত কি আট বছরের। সে হাতে একটা কিছু ফল ধরে আছে। সে একজন মহিলার পিছনে লুকিয়ে আছে যার মুখটা অন্য দিকে ঘোরানো। ভদ্রমহিলা তার সামনে দাঁড়ানো একটা বড়ো ও দৃশ্যত ক্রুদ্ধ দলের সম্মুখীন।

'উনিই কি রাজকুমারী সীতা?' চোখ বড়ো বড়ো করে রামের দিকে ফিরে লক্ষ্মণ জানতে চাইল। তার দাদার মুখমণ্ডলের ভাব দেখে লক্ষ্মণের মনে হল তার নিশ্বাস বন্ধ হয়ে যেতে বসেছে। সময় যেন বইছে অত্যন্ত ধীর গতিতে, লক্ষ্মণের মনে হল সে কোনো মহাজাগতিক ঘটনা প্রত্যক্ষ করছে।

রাম স্থিরভাবে গভীর পর্যবেক্ষণ করছিল; তার সারা মুখে প্রশান্তি। লক্ষ্মণ তার দাদার শ্যামবর্ণ মুখে কেমন একটা জ্যোতি দেখতে পেল। বোঝাই যাচ্ছে তার হৃদ্‌স্পন্দন চলছে দ্রুতলয়ে। সীতা তাদের দিকে পিছন করে দাঁড়িয়ে ছিল, তবু রাম দেখে বুঝল যে সে মিথিলার মহিলাদের তুলনায় অস্বাভাবিক লম্বা, প্রায় তার মাথায় মাথায়। উচ্চতার সঙ্গে তার দোহারা, পেশিবহুল চেহারা দেখে কেমন যেন মনে হয় ইনি ধরিত্রী মাতৃশক্তির এক বীরাঙ্গনা। পরণে তাঁর মাখনরঙা শাড়ি ও উর্দ্ধাঙ্গে সাদা রঙের বক্ষাবরণ। কাঁধের ওপর ভাঁজ করা তার অঙ্গবস্ত্রের এক প্রান্ত কোমরের কাছে শাড়ির মধ্যে গোঁজা অন্য প্রান্ত বাঁধা বাঁ হাতের সঙ্গে।

রাম লক্ষ করল কোমরের পিছনে আড়াআড়ি ভাবে খাপে আটকানো এক ছোটো ছোরা। এখন খাপটা ফাঁকা। তাকে জানানো হয়েছিল সীতা তার চেয়ে বয়সে সামান্য বড়ো—অর্থাৎ বয়স পঁচিশ বৎসর।

রাম নিজের ভিতরে এক অস্বাভাবিক অস্থিরতা অনুভব করল। তার প্রবল ইচ্ছা হল তার মুখটি দেখতে।

'রাজকুমারী সীতা!' একটা লোক চিৎকার করল, সম্ভবত জড়ো হওয়া লোকগুলোর নেতা গোছের। তাদের পোশাক-আশাক দেখে বোঝা যায় এরা সব পয়সাওয়ালা লোক। 'মৌচাকের এই আবর্জনাটাকে অনেকক্ষণ রক্ষা করেছেন! এবার ওটাকে আমাদের হাতে তুলে দিন!'

'এর শাস্তি হবে আইন মোতাবেক,' সীতা বলল। 'এর শাস্তি তোমরা দিতে পারো না।'

রাম মৃদু হাসল।

'ওটা একটা চোর! আমরা সব বুঝি। আমাদের বেশ ভালোই জানা আছে আপনার আইন কাদের সুবিধা দেয়। ওকে আমাদের হাতে তুলে

দিন!’ ভিড়ের মধ্যে থেকে বেরিয়ে লোকটা সীতার একটু কাছে এগোলো। বাতাসে উত্তেজনা, কেউ জানেনা পরের মুহূর্তে কী ঘটতে চলেছে। যেকোনো মুহূর্তে ব্যাপারটা কারো নিয়ন্ত্রণাধীন নাও থাকতে পারে। উন্মত্ত জনতা ভীতু লোকেদের মধ্যেও বিপজ্জনক সাহস জোগায়।

সীতা ধীরে ধীরে তার কোমরের পিছনের ছোরার খাপের দিকে যেখানে ছোরাটা থাকার কথা সেদিকে হাত এগোতে লাগল। তার হাত উত্তেজনায় কাঁপছে। রাম গভীরভাবে পর্যবেক্ষণ করছিল। যখন সে বুঝতে পারল তার সঙ্গে কোনো অস্ত্র নেই, তখনও হঠাৎ কোনো অঙ্গ সঞ্চালন বা সশঙ্কভাব তার মধ্যে দেখা গেল না।

সীতা শান্ত দৃঢ়তায় বলল, ‘আইন মানুষে মানুষে কোনো পার্থক্য করে না। ছেলেটি শাস্তি পাবে। কিন্তু যদি তুমি এর মধ্যে নাক গলাও তবে তুমিও শাস্তি পাবে।’

রাম হতবাক হয়ে গেল। *ইনি আইনের পুজারি...*

লক্ষ্মণ হাসল। সে কখনো ভাবেনি তার বড়ো ভাইয়ের মতো আইন নিয়ে একই রকম বাতিকগ্রস্ত অন্য কাউকে দেখবে।

‘যথেষ্ট হয়েছে!’ লোকটা চিৎকার করল। তারপর জড়ো হওয়া লোকগুলোর দিকে তাকিয়ে মাথা ঝাঁকিয়ে গর্জন করল, ‘ও একা! আর আমরা কয়েক শত! এগিয়ে এসো, এসো!’

‘কিন্তু তিনি তো রাজকুমারী!’ ভিড়ের পিছন থেকে কেউ একজন দুর্বলভাবে যুক্তি দেখাতে চাইল।

‘না, ও নয়!’ লোকটা আবারও চেঁচাল, এবার আরও জোরে। ‘ও রাজা জনকের নিজের মেয়ে নয়। ও পালিতা মেয়ে।’

সীতা হঠাৎ পিছন থেকে ছেলেটাকে ঠেলে সরিয়ে, পিছিয়ে এসে পা দিয়ে একটা দোকানের ছাউনির সঙ্গে দড়ি দিয়ে বাঁধা মাটিতে পোঁতা একটা বাঁশের টুকরোকে উপড়ে ফেলল। সেটা মাটিতে উপড়ে পড়তেই সে সেটাই পায়ের টোকা দিয়ে বাতাসে তুলে সাবলীল ভাবে ডান হাতে ধরে এমন তীব্রবেগে ঘোরাতে লাগল যে সেই ঘূর্ণনের ফলে জোরে সাঁইসাঁই আওয়াজ উঠল। নেতা গোছের লোকটা লাঠির আওতার বাইরে স্থির দাঁড়িয়ে রইল।

'দাদা,' লক্ষ্মণ ফিসফিস করে বলল, 'আমাদের মাঠে নামতেই হবে।'

'পরিস্থিতিটা ওনার আয়ত্তের মধ্যেই আছে।'

লাঠি ঘোরানো বন্ধ করে সীতা লাঠিটা তার শরীরের পাশে ধরে রইল, লাঠির একটা প্রান্ত তার বাহুমূলে, আঘাত করার জন্য প্রস্তুত। 'শান্তভাবে যে যার বাড়ি ফিরে যাও। তাহলে কেউ মার খাবে না। আইনের যে শাস্তির কথা আছে ছেলেটির তাই হবে, এর বেশিও নয়, কমও নয়।'

নেতা গোছের লোকটা শরীরে লুকোনো একটা ছোরা বের করে অকস্মাৎ সামনে দৌঁড়ে এল। লোকটা ছোরার ফলাটা ভয়ানক ভাবে বাতাসে চালাতে সীতা এক ঝটকায় পাশে সরে গেল, এবং সেই একই ঝটকার সঙ্গে পিছনে এক পা সরে নিজের ভারসাম্য ফিরিয়ে এনে নীচু হয়ে শরীরের ভর এক হাঁটুর ওপর নিয়ে বিদ্যুৎবেগে লাঠি তুলে দুহাতে লাঠিটা চালাল। লাঠিটা যেন অদৃশ্যভাবে লোকটার হাঁটুর পিছনে ছোবল মারল। লোকটার হাঁটু ভেঙে পড়ার আগেই সীতা তার দেহের ভার অন্য পায়ের ওপর নিয়ে লাঠিটা নীচে থেকে তীব্র গতিতে ওপরের দিকে চালাল লোকটার যে পা-টা উপর দিকে ওঠানো সেই পায়ে। লোকটার দুটো পা শূন্যে উঠে গেল এবং প্রবল শব্দে লোকটা চিৎ হয়ে পড়ল তার পিঠের উপর। পলকের মধ্যে উঠে দাঁড়িয়ে সীতা লাঠিটা তার মাথার উপর তুলল দুহাত দিয়ে এবং তার বুকে নামিয়ে আনল এক প্রচণ্ড ও নির্মম আঘাত। রাম এই ভয়াবহ আঘাতে লোকটার পাজরের খাঁচা ভেঙে যাবার মড়মড় আওয়াজ শুনল।

লাঠিটা ঘুরিয়ে সীতা আবার সামনে ধরল, লাঠির এক প্রান্ত বাহুমূলে ধরা। তার বাঁ হাত সামনে বাড়ানো, শরীরকে ভারসাম্য দেবার জন্য দু পা অনেকটা ফাঁক করা যাতে অতিদ্রুত যে যেদিকে খুশি শরীরটাকে ঘোরাতে পারে। 'আর কেউ আছে?'

পুরো ভিড়টা এক পা পিছিয়ে গেল। এত দ্রুত ও এত নির্মম আঘাতে তাদের নেতার পতন হয়ত তাদের মধ্যে কোনো বোধবুদ্ধির উদয় ঘটিয়ে থাকবে। সীতা আবার জোর গলায় তাদের বলল, 'আর কারোর পাঁজরা ভাঙার ইচ্ছে আছে? একদম বিনামূল্যে?'

সামনের দিকের লোকগুলো পিছনে হটতে লাগল, যদিও তাদের পিছনের লোকেরা আগেই পাতলা হয়েছে।

সীতা রামের ডানপাশে দাঁড়ানো একটা লোককে ইশারায় ডেকে মাটিতে পড়ে থাকা লোকটাকে দেখাল 'কৌস্তুভ, কয়েকজন লোককে জোগাড় করে বিজয়কে আয়ুরালয়ে নিয়ে যাও। আমি পরে খবর নেব।'

কৌস্তুভ ও তার বন্ধুরা দৌড়ে সামনে এগিয়ে গেল। সীতা মুখ ফেরাতে পরিশেষে রাম তার মুখমণ্ডল দেখতে পেল।

যদি সারা ব্রহ্মাণ্ড তার সমস্ত প্রতিভাকে একত্রিত করে একটি সর্বাঙ্গসুন্দর নারীমুখ তৈরি করতে চাইত—যা একইসঙ্গে অসামান্য সুন্দর এবং সুতীব্র ব্যক্তিত্বসম্পন্ন তবে তা এই মুখশ্রীই হত। তার মুখ প্রায় গোলাকার, শরীরের অন্য অংশের চেয়ে যা কিছুটা বেশি ফর্সা, তার চিবুকের হাড় উঁচু এবং তীক্ষ্ণ, এবং একটি তীক্ষ্ণ ছোটো নাক, তার ওষ্ঠযুগল পাতলাও নয়, আবার তাকে মোটাও বলা যাবে না, বিস্তৃত চোখকে বড়ো বা ছোটো কিছুই বলা যাবে না, তার রেখাহীন আঁখিপল্লবের উপর আছে ধনুকাকৃতি ঘন ভ্রূযুগল, আর তার স্বচ্ছ দৃষ্টিতে হয়ত সদ্য ঘটে যাওয়া ঘটনার জন্যই কিঞ্চিত রক্তাভ। তার ডান কপালের উপরে ছোট্ট একটা জরুল—মুখটাকে এমন এক বাস্তব সৌন্দর্য দিয়েছে। রামের মনে হলে ত্রুটিহীন ও অপূর্ব সৌন্দর্যমণ্ডিত তার মুখশ্রীতে হিমালয়ের পার্বত্য মানুষদের একটা হালকা ভাব আছে। রামের প্রিয় স্মৃতিতে সেইসব চেহারার ছবি ধরা আছে যা ছোটোবেলায় একবার কাঠমাণ্ডু ভ্রমণের সময় সে দেখেছিল। তার সোজা ঘন-কালো চুল বিনুনি করে সুন্দর একটা খোপায় বাঁধা ছিল। তার যোদ্ধাশরীরে সে বহন করছিল গর্বিত যুদ্ধ-ক্ষতচিহ্ন।

'দাদা...' মনে হল লক্ষ্মণের কণ্ঠস্বর বহু দূরদেশ থেকে ভেসে আসছে। সত্যি বলতে কী সে কণ্ঠস্বর রামের কানে অশ্রুত ঠেকছিল।

রাম এমনভাবে দাঁড়িয়েছিল যেন তার শরীরটা মার্বেল কুঁদে তৈরি করা।

লক্ষ্মণ তার দাদাকে খুব ভালো চেনে, সে জানে তার দাদার মুখ যতটা শান্ত ও সমাহিত তার ভিতরে আবেগের বিক্ষোভ ততটাই বেশি।

লক্ষ্মণ রামের কাঁধ স্পর্শ করল, 'দাদা...'

রাম তখনও সাড়া দিল না। সে মন্ত্রমুগ্ধ। লক্ষ্মণ তার মনোযোগ সীতার দিকে দিল।

সীতা ততক্ষণে বাঁশের টুকরোটা ছুঁড়ে ফেলে বাচ্চা চোরটাকে বলছে, ‘আমার সঙ্গে আয়।’

বাচ্চা ছেলেটা পীড়াপীড়ি করছে, ‘আমায় ক্ষমা করুন, এটাই শেষ বার, আমি আর এমনটা করব না। আমায় ক্ষমা করুন।’

সীতা ছেলেটার হাত ধরে টানতে টানতে দৃপ্ত ভঙ্গীতে রাম ও লক্ষ্মণ যেখানে দাঁড়িয়ে সেদিকে আসতে লাগল। লক্ষ্মণ রামের কনুই ধরে তাকে সীতার পথের সামনে থেকে সরাতে চাইল। কিন্তু রাম যেন বৃহত্তর কোনো শক্তির হাতে বন্দি। তার মুখ ভাবলেশহীন, শরীর কঠিন, তার চোখের পলক প্রায় পড়ছেই না, যদিও তার শ্বাসপ্রশ্বাস স্বাভাবিক ও নিয়মিত। একমাত্র যা সঞ্চালন তা হাওয়ায় তার অঙ্গবস্ত্রের; সে পাথরের মতো স্থির থাকায় সে সঞ্চালন বেশি বলে মনে হচ্ছিল।

রাম মাথা নীচু করে এমনভাবে অভিবাদন জানাল যেন সেটা তার নিয়ন্ত্রণের বাইরে থেকেই হয়ে গেল।

লক্ষ্মণ তার দম বন্ধ করল কারণ তার মুখ হাঁ হয়ে গিয়েছিল। সে কখনো ভাবেনি এমন একটা দিনের সাক্ষী হবে সে, কারণ, সে জানত কোনো মহিলার ক্ষমতা হবে না তার দাদার মতো মানুষের প্রশংসা পাবার? কী করে এমন একটা হৃদয়ে আছড়ে পড়তে পারে ভালোবাসার প্রবল উচ্ছ্বাস, যে হৃদয় অনুগত হওয়া ছাড়া, মনের ওপর চরম নিয়ন্ত্রণ ছাড়া কিছু জানেনি কোনোদিন? যে মানুষের ব্রত সব মানুষের মাথাকে গর্বে ও কর্তব্যবোধে উঁচু করে তোলা, কী করে সেই মানুষের মাথা অন্যের কাছে নত হয়ে যায়?

এক প্রাচীন কাব্যের একটি পঙ্ক্তি তার মনে ভেসে এল, যেটিকে তার প্রেমার্দ্র হৃদয় মনে করে অতীন্দ্রিয়। কিন্তু সে কখনো ভাবেনি তার রক্ষণশীল দাদা তার আগেই সেই পঙ্ক্তির অর্থ নিজ জীবনে উপলব্ধি করবে।

তাঁর মধ্যে আছে সেই বিশেষ গুণ যা থাকে সেই সূত্রের, যে মালার মণিমুক্তাগুলিকে ধরে রাখে। তিনি সবাইকে বেঁধে রাখেন এক সূত্রে,

এক সুরে।

লক্ষ্মণ দেখতে পাচ্ছিল তার বড়ো ভাই খুঁজে পেয়েছে সেই সূত্রকে, যা তার জীবনের ছত্রভঙ্গ হয়ে যাওয়া রত্নগুলোকে বেঁধে দেবে এক সূত্রে।

রাম তার হৃদয় বৃত্তিকে কখনো কোনো স্বাধীনতা দেয়নি তার প্রবল আত্মসংযমের শক্তিতে। এখন তার সেই হৃদয়ই সম্ভবত বুঝে গেছে যে সে তার সর্বশ্রেষ্ঠ মিত্র খুঁজে পেয়েছে। সে খুঁজে পেয়েছে তার সীতাকে।

সীতা তাদের সামনে এসে স্থির হয়ে দাঁড়াল। অবাক হল এই ভেবে যে কেন দুজন ভিনদেশি তার পথ আটকে দাঁড়িয়ে আছে? এদের একজন দৈত্যাকৃতি, এবং দুষ্টু, যাকে দেখলেই ভালোবাসতে ইচ্ছে করে আর অন্যজনকে দেখাচ্ছে অতিরিক্ত মর্যাদাপূর্ণ, হয়ত ওই কোরা কাপড় পরে থাকার জন্যই। আশ্চর্যের ব্যাপার এই যে লোকটা কোনো কারণে মাথা নীচু করে তার প্রতি অভিবাদন জানিয়ে চলেছে।

'আমার যাওয়ার পথ থেকে সরে দাঁড়াও!' রামকে ধাক্কা মেরে পেরিয়ে যেতে যেতে রাগতভাবে বলল সীতা।

রাম সরে দাঁড়াল, কিন্তু তার আগেই সীতা দ্রুত তাকে টপকে গেছে বাচ্চা চোরটাকে হাত ধরে টানতে টানতে।

সঙ্গে সঙ্গে লক্ষ্মণ রামের কাছে সরে এসে রামের পিঠে হাত ঠেকিয়ে বলল, 'দাদা...'

রাম ঘাড় ফিরিয়ে দেখেনি যে সীতা তাকে পেরিয়ে চলে যাচ্ছে। সে তখনও মন্ত্রমুগ্ধের মতো দাঁড়িয়েছিল। নিশ্চিতভাবেই তার শৃঙ্খলাপরায়ণ মন বিশ্লেষণ করতে চেষ্টা করছিল অতি সম্প্রতি যা ঘটে গেল ও তার হৃদয় তার সঙ্গে যে ব্যবহার করল তা নিয়ে। সে নিজেই নিজের আচরণে চরম বিস্মিত হয়ে কেমন স্থানুবৎ হয়ে গেল।

'উউউ! দাদা...' লক্ষ্মণ দাঁত বের করে প্রাণখোলা হাসিতে মুখ ভরিয়ে ডাকল।

'হুম্‌ম্‌?'

'দাদা, উনি চলে গেছেন। আমার মনে হয়, এবার তুমি মাথা

তুলতে পারো!'

রাম বহুক্ষণ পর ঠোঁটের কোণে একটুখানি হাসি ঝুলিয়ে লক্ষ্মণের দিকে তাকাল।

'দাদা!' লক্ষ্মণ আর কিছু না বলতে পেরে উচ্চস্বরে হেসে উঠল, তারপর এগিয়ে গিয়ে দাদাকে জড়িয়ে ধরল। রাম তার পিঠে আদর করে চাপড় দিল। কিন্তু তার মন তখনও অন্য কোনো বিষয়ে সন্নিবদ্ধ হয়ে আছে।

লক্ষ্মণ একটু পিছিয়ে গিয়ে বলল, 'উনি আমার অসামান্য বউদি হবেন!' রাম কড়া চোখে তাকাল। একজন অপরিচিত রাজকুমারীকে তার ভাইয়ের অকস্মাৎ নিজের বউদি বলে আপন করে নেবার অতি উদ্দীপনা বা আদিখ্যেতা তার পক্ষে সমর্থন করা সম্ভব নয়।

লক্ষ্মণ দাদার থেকে একটু সরে গিয়ে মিচকি হেসে বলল, 'আমার মনে হচ্ছে আমরা এখন স্বয়ংবর সভায় যেতেই পারি।'

'এখনকার মতো চলো আমাদের ঘরে ফিরে যাই,' রাম বলল। তার আচরণে সেই স্বাভাবিক শান্ত ভাব।

'ঠিক,' হাসতে হাসতেই বলল লক্ষ্মণ। 'অবশ্যই আমাদের এ বিষয়টা নিয়ে এখন 'দায়িত্বপূর্ণ' আচরণ করতে হবে। হতে হবে 'পরিণত'। 'অবিচল'! 'নীতিনিষ্ঠ'! সংযত! আমি কি কোনো শব্দ বাদ দিয়ে ফেললাম, দাদা?'

রাম চেষ্টা করছিল তার মুখকে ভাবলেশহীন রাখতে। তবে সেটা করতে এবারই যেন তাকে বেশি চেষ্টা করতে হচ্ছিল। অবশেষে তার ভিতরের উপচে ওঠা আনন্দের কাছে তাকে আত্মসমর্পণ করতেই হল, তার মুখ উদ্ভাসিত হল প্রজ্জ্বলিত হাসিতে।

দুই ভাই মৌচাকের দিকে হাঁটতে থাকল।

'আমরা অরিষ্টনেমীজিকে জানাব যে তুমি, পরিশেষে, নিজের ইচ্ছাতেই স্বয়ংবর সভায় যোগ দিচ্ছ,' লক্ষ্মণ বলল।

লক্ষ্মণের থেকে কয়েকপা পিছিয়ে পড়ে সে নিজেকে আর একবার মন ভরে নীরবে হাসতে দিল। এখনই হয়তো সে বুঝতে পারছে তার ওপর দিয়ে কী ঘটে গেছে! তার হৃদয় তাকে দিয়ে কী করিয়েছে।

‘এটা ভালো খবর,’ অরিষ্টনেমী বলল, ‘আমি আনন্দিত যে আপনারা শাস্ত্রের বিধান মেনে নিতে রাজি হয়েছেন।’

রাম তার শান্ত ভাব বজায় রাখল। মনে হল লক্ষ্মণ আর হাসি চাপতে পারছে না।

‘হ্যাঁ, অরিষ্টনেমীজি,’ লক্ষ্মণ সপ্রতিভ ভাবে বলে উঠল। ‘শাস্ত্রবাক্য আমরা কীভাবে লঙ্ঘণ করতে পারি, বলুন? বিশেষ করে যখন দুটি আইনগ্রন্থ বা স্মৃতিতে সেই একই বিষয়ে নির্দেশ দেওয়া আছে!’

অরিষ্টনেমীর ভ্রূ কুঁচকে গেল। ঠিক বুঝে উঠতে পারল না লক্ষ্মণের এই হঠাৎ মত ও আচরণের পরিবর্তন। কাঁধ ঝাঁকিয়ে সে রামের উদ্দেশে বলল, ‘আমি এখনই গুরুজিকে খবর দিচ্ছি যে আপনি স্বয়ংবর সভায় যোগ দিতে সম্মত হয়েছেন।’

ঘরে দৌড়ে এসে লক্ষ্মণ চেঁচিয়ে উঠল, ‘দাদা!’

সীতাকে দেখার পর পাঁচ দিন কেটে গেছে। স্বয়ংবরের বাকি আর মাত্র দুদিনও নেই।

তালপাতার যে পুঁথিটা সে পড়ছিল সেটা পাশে রেখে রাম বলল, ‘আবার কী হল?’

রামের হাত ধরে টানতে টানতে লক্ষ্মণ জোর করল, ‘দাদা, একবারটি আমার সঙ্গে এসো।’

'কী ব্যাপার লক্ষ্মণ?' রাম লক্ষ্মণের এই উত্তেজনার কারণ আবার জানতে চাইল।

তারা মৌচাক আবাসনের ছাদে উঠে এসে রাস্তা দিয়ে হাঁটতে থাকল। তারা শহরের উলটো পথ ধরল। মৌচাকের এই অংশটা মিশে আছে দুর্গের ভিতরের প্রাকারের সঙ্গে। বাইরের প্রাকার অবধি বিস্তৃত কৃষিক্ষেত্র এবং বহিঃপ্রাকারের বাইরের মাঠঘাট এখান থেকে বড়ো সুন্দরভাবে দেখা যায়। প্রাকারের বাইরে জড়ো হয়েছে বিরাট সংখ্যক জনতা। তারা নিজেদের মধ্যে কথা বলতে বলতে উন্মত্তের মতো নানা দিকে হাত দেখাচ্ছে ও নানারকম অঙ্গভঙ্গি করছে।

'লক্ষ্মণ ...আমায় কোথায় নিয়ে চলেছ?'

লক্ষ্মণ তার প্রশ্নের কোনো উত্তর দিল না। 'সরে যাও, সরে যাও,' বলতে বলতে সে ভিড় ঠেলে রামের হাত ধরে এগোতে লাগল। দৈত্যাকৃতি একটা লোককে দেখে জনতা তাদের পথ করে দিল এবং অচিরেই তারা পৌঁছে গেল পাঁচিলের কিনারায়।

পাঁচিলের প্রান্তে পৌঁছালে রাম যা দেখল তাতে তার দৃষ্টি আটকে গেল। দ্বিতীয় প্রাকারের ওপারে, পরিখা-সরোবরের ওদিকে জঙ্গলের সামনের ফাঁকা জায়গায় একটা ছোটো সৈন্যদল শৃঙ্খলাবদ্ধভাবে নিজেদের জায়গা নিয়েছে। নির্দিষ্ট দূরত্ব অন্তর অন্তর এক একজন ধ্বজাধারী পতাকা তুলে ধরে দাঁড়িয়ে রয়েছে। সারিবদ্ধভাবে স্রোতের মতো সৈন্যদল বেরিয়ে আসছে অরণ্যের গর্ভ থেকে! সামান্য সময়ের মধ্যে তারা এক একটা দলে ভাগ হয়ে যে যার বিন্যাস গড়ে নিয়ে দাঁড়াল। প্রত্যেক ধ্বজাধারীর পিছনে অন্তত এক হাজার করে সৈন্য। কী এক অজানা উদ্দেশ্যে তারা তাদের বিভিন্ন বিন্যাসের মাঝখানে বেশ খানিকটা জায়গা ফাঁকা ছেড়ে রেখেছিল।

রাম লক্ষ করল প্রতি ধ্বজাধারীর ধুতির যা রং তার পিছনে থাকা সৈন্যদের ধুতির রংও তাই। সে মনে মনে ভেবে দেখল সৈন্য সংখ্যা অন্তত দশ হাজার। সংখ্যাটা খুব বেশি নয়, তবে মিথিলার মতো অসামরিক শহরের ওপর এ

সৈন্যদলই তাণ্ডব চালাতে পারে।

'কোন রাজ্য এই সৈন্যদল পাঠাল?' রাম জিজ্ঞাসা করল।

'এটাকে সেনাদল মনে হচ্ছে না,' লক্ষ্মণের পাশে দাঁড়ানো একজন বলল। 'এরা দেহরক্ষীদল।'

রাম লোকটাকে আর একটা প্রশ্ন করতে যাচ্ছিল কিন্তু তারা সবাই প্রবল মাটি কাঁপানো শঙ্খধ্বনিতে চমকে উঠল। জমায়েত সৈন্যরা ফাঁকা জায়গাটায় সবাই মিলে শাঁখ বাজাচ্ছে। মুহূর্তকাল পরে, সেই প্রবল শঙ্খধ্বনিকে চাপা দিয়ে আর এক ভয়াবহ গর্জন নিকটবর্তী হতে লাগল— এমন শব্দ রাম আগে শোনেনি। মনে হচ্ছে আকাশে কোনো বিশালাকায় দৈত্য একটা বিপুল তলোয়ার হাওয়ার মধ্যে দিয়ে বিদ্যুৎগতিতে চালাচ্ছে।

লক্ষ্মণ আকাশের দিকে মুখ তুলে শব্দের উৎসটা কী বুঝতে চেষ্টা করল। 'জিনিসটা কী...' ভীতি ও বিস্ময় নিয়ে জনতা আকাশের দিকে তাকিয়ে রইল। এটা নিশ্চয়ই সেই বিখ্যাত উড়ন্ত যান, লঙ্কার গর্বের জিনিস, পুষ্পক বিমান। এটা অজানা ধাতুনির্মিত একটা শঙ্কু আকৃতির যন্ত্র। যন্ত্রটার ওপরে একেবারে কৌণিক বিন্দুতে লাগানো আছে বড়ো মাপের অনুভূমিকভাবে ঘূর্ণমান বিশাল পাখা, যা প্রবল গতিতে ডান দিক থেকে বাঁ দিকে চক্রাকারে ঘুরে চলেছে। একইরকম ছোটো ছোটো ঘূর্ণমান পাখা লাগানো আছে যন্ত্রটির ভিত্তিতলের চারদিকেও। যানটির গায়ে নানা স্থানে রয়েছে রন্ধ্রপথ। যেগুলির ওপর মোটা কাচের আবরণ।

যানটি থেকে যে শব্দ হচ্ছিল তা আক্রমণোদ্যত হাতিদের বৃংহণকেও হার মানায়। জঙ্গলের ওপর যখন সেটা উড়ছিল তখন তার শব্দ আরও যেন বেড়ে গেল। গাছেদের উপর উড়তে থাকা অবস্থায় এর কাচের গবাক্ষের উপর ধাতব আবরণ নেমে এল, যার ফলে বিমানের ভিতরের কোনো কিছু আর দেখা গেল না।

এই অদ্ভুত আকাশযানকে দেখে দুহাত কানে চেপে উপস্থিত জনতা একসঙ্গে বিস্ময়ে হাঁ করল। লক্ষ্মণও তাই করল। কিন্তু রাম অনড় রইল। বিমানটির দিকে তাকিয়ে থাকতে থাকতে সে অনুভব করল তার অন্তরের

গভীর থেকে উঠে আসছে তীব্র ক্রোধ। এই লোকটার জন্য সে জন্মগ্রহণ করার আগে থেকেই নির্দিষ্ট হয়ে গিয়েছিল যে তাকে এক অভিশপ্ত বাল্যকাল ও কৈশোর কাটাতে হবে। সে অত লোকের মধ্যে দাঁড়িয়ে ছিল নিঃসঙ্গভাবে। তার চোখ দিয়ে আগুন ছুটছিল।

ঘূর্ণমান পাখার শব্দ হঠাৎই কমে এল, কারণ বিমানটি ধীরে ধীরে নেমে আসছিল। লঙ্কার সেনাদের বিন্যাসের ঠিক মাঝখানের ফাঁকা জায়গায় তার জন্য নির্দিষ্ট করে রাখা স্থানে পুষ্পক বিমানটি ধীরে ধীরে নেমে এল। মৌচাকে বাস করা মিথিলার লোকেরা সমস্বরে হর্ষধ্বনি করে উঠল। যদিও লঙ্কার সেনা তাদের উপস্থিতি গ্রাহ্যই করছিল না। শৃঙ্খলাবদ্ধ সেনানীর দৃষ্টান্ত হিসেবেই যেন তারা নিজ নিজ স্থানে স্থানুবৎ খাড়া রইল।

কয়েক মিনিট পর বিমানের দেওয়ালের একটা অংশ খুলে গেলে বোঝা গেল ওখানে একটা গুপ্ত দরজা ছিল। দরজা পাশে সরে যেতেই সেখানে এক দৈত্যাকৃতি মানুষ এসে দাঁড়াল। সে মাটিতে নেমে চারপাশে নজর ঘোরাতে লাগল। একজন লঙ্কার সেনা আধিকারিক দৌড়ে এসে তাকে অভিবাদন জানাল। তাদের মধ্যে সামান্যক্ষণ কথা হল এবং দৈত্যাকৃতি লোকটা মন দিয়ে প্রাকারটি এবং সেখানে উপস্থিত উদ্বেল দর্শকদের দিকে তাকাল। তারপর হঠাৎই পাশ ফিরে বিমানের দিকে হেঁটে ভিতরে ঢুকে গেল। একটু পর সে আবার বাইরে বেরিয়ে এল। এখন তার পিছনে হেঁটে আসছে আর এক জন।

দ্বিতীয় লোকটা প্রথম জনের থেকে বেঁটে হলেও সাধারণ মিথিলাবাসীর থেকে লম্বা, প্রায় রামের মাথায় মাথায়। কিন্তু রামের চেহারা দোহারা ও পেশিবহুল। কিন্তু এ লোকটার চেহারা বিকট। তামাটে, বসন্তের দাগ ভর্তি মুখে বিরাট গোঁফ। ঘন দাড়ি লোকটাকে করে তুলেছিল বিভৎস দর্শন। তার পরনে বেগুনি রঙের ধুতি ও অঙ্গবস্ত্র, এই রঙের দামই সপ্ত সিন্ধুতে সবচেয়ে বেশি। তার মাথায় একটা বিরাট শিরস্ত্রান, যার দুপাশ নিয়ে দুটো বাঁকানো ছয় ইঞ্চি শিং উপরে উঠে আছে। সে সামনের দিকে সামান্য ঝুঁকে হাঁটছিল।

'রাবণ...' লক্ষ্মণ ফিসফিস করল।

রাম কিছু বলল না।

নীরব ও নিশ্চুপ হয়ে দাঁড়িয়ে সে দূর দিয়ে হাঁটা লঙ্কার রাজার প্রতিটি অঙ্গভঙ্গি নিরীক্ষণ করতে থাকল।

'দাদা,' লক্ষ্মণ বলল, 'চলো, আমরা চলে যাই।'

রাম লক্ষ্মণের দিকে তাকাল। তার চোখে আগুন। সে পিছন ফিরে দেখল লঙ্কার সেনারা মিথিলার বহিঃপ্রাকারের বাইরে থিকথিক করছে।

।। অধ্যায় ২২ ।।

'দয়া করে চলে যাবেন না,' অরিষ্টনেমী কাতর স্বরে বলল। 'গুরুদেবও আপনাদের মতোই উদ্‌বিগ্ন। আমরা জানি না কেন ও কীভাবে রাবণ এখানে এসে পড়ল। কিন্তু গুরুজি মনে করেন দুর্গপ্রাকারের মধ্যে থাকলে আপনারা নিরাপদই থাকবেন।'

রাম ও লক্ষ্মণ মৌচাকের মধ্যে তাদের ঘরে বসে ছিল। অরিষ্টনেমী গুরু বশিষ্ঠের কাছ থেকে বার্তা নিয়ে তাদের কাছে এসেছে: আপনারা চলে যাবেন না। রাবণ মিথিলার বহিঃপ্রাকারের বাইরে তার শিবির স্থাপন করেছে। সে ভিতরে প্রবেশ না করলেও তার দু-একজন দূতেরা ভিতরে গেছে। তারা সরাসরি প্রাসাদে হাজির হয়ে রাজা জনক ও তার ভাই কুশধ্বজর সঙ্গে কথা বলতে চেয়েছে। স্বয়ংবর উপলক্ষে কয়েকদিন আগে কুশ্বধ্বজ মিথিলায় এসেছে।

'গুরু বিশ্বামিত্র কী ভাবছেন, না ভাবছেন তাতে আমাদের কী?' ঝাঁঝালো কণ্ঠে প্রশ্ন করল লক্ষ্মণ। 'আমি আমার বড়ো ভাই ছাড়া কাউকে রেয়াত করি না! কারও ধারণাই নেই লঙ্কার দৈত্যটার কী করার মতলব আছে! আমরা চলে যাবই! এখনি!'

'অনুগ্রহ করে ব্যাপারটা নিয়ে একটু ঠান্ডা মাথায় ভাবুন। এই গভীর অরণ্যের মধ্যে দিয়ে আপনারা নিরাপদে যাবেন কীভাবে? শহরের প্রাকারের

মধ্যেই আপনারা ভালো থাকবেন। এখানে উপস্থিত মলয়পুত্ররা আপনাদের সুরক্ষা দেবে।'

'কী ঘটবে তার অপেক্ষায় আমরা এখানে বসে থাকতে পারব না। আমি আমার ভাইকে নিয়ে চলে যাচ্ছি। আপনারা মলয়পুত্ররা কী ছাই করবেন, না করবেন তা আপনাদের ব্যাপার!'

'রাজকুমার রাম,' অরিষ্টনেমী রামের দিকে ফিরে অনুনয় করল, 'দয়া করে আমায় বিশ্বাস করুন। আমি যে পরামর্শ দিচ্ছি সেটাই কার্যকরী ব্যবস্থা। স্বয়ংবর থেকে নিজেকে সরিয়ে নেবেন না। দয়া করে শহর ছেড়ে যাবেন না।'

রামের বাহ্যিক শান্তভাব অব্যাহত ছিল তবু অরিষ্টনেমী যেন অন্য কোনো শক্তির উপস্থিতি টের পাচ্ছিল; রামের অন্তরের স্বাভাবিক প্রশান্ত ভাবটা এখন আর নেই।

রাম যদি নিজের কাছে সৎ হয় তবে তাকে স্বীকার করতেই হবে এ জগতে অনেকে তাকে যন্ত্রণা দিয়েছে, এবং তারও উচিত সেসব লোকের প্রতি অসন্তুষ্ট থাকা, তাদের একই তীব্রতায় ঘৃণা করা। অন্যদিকে রাবণ কেবল একটাই কাজ করেছে, সে যে যুদ্ধটা করেছিল তাতে জয়লাভ করেছিল। কিন্তু বাল্যকালে রাম এমনভাবে সহজ যুক্তিতে ব্যাপারটা দেখতে পারত না। সেই নিঃসঙ্গ ও দুঃখী ছেলেটি তার প্রতি ঘটা সমস্ত অন্যায়ের জন্য তার মধ্যে জমে থাকা হতাশা ও রাগ ছুঁড়ে দিত এই পরাক্রান্ত দৈত্যটার প্রতি, যার জন্য তার বাবা বদলে গেছে, হয়ে উঠেছে একটা নির্দয় মানুষ। যে তার সব ব্যর্থতার জন্য ক্রমাগত দায়ী করে গেছে তার ছেলেকে এবং তাকে সম্পূর্ণ অবহেলা করেছে। কমবয়সে সে নিশ্চিতভাবে বিশ্বাস করত যে এই রাবণ লোকটাই তার জীবনের সমস্ত দুঃখের সূচনা করেছে। আসলে সেই ভয়ংকর দিনটাতে কারাচাপের যুদ্ধে রাবণ যদি না জিতত তবে তাকে এক ভয়ংকর একটা জীবন যাপন করতে হত না।

রাবণের প্রতি রামের সেই জমিয়ে রাখা ক্রোধের উৎস ছিল বাল্যকালের স্মৃতি— এমন বিপুল ক্রোধ ছিল বিপর্যয়কারী এবং যুক্তিহীন।

রাম ও লক্ষ্মণকে ছেড়ে অরিষ্টনেমী ফিরে গেছে বিশ্বামিত্রের কাছে, রাজ অতিথিশালায়।

'দাদা, আমায় বিশ্বাস করো, চলো এখান থেকে পালাই, ' লক্ষ্মণ বলল। 'এখানে উপস্থিত দশহাজার লঙ্কার সৈন্য, আর আমরা মাত্র দুজন। আমি তোমায় বলছি, ওদের লক্ষ্য যদি আমরাই হই তবে এমনকী মিথিলার লোকেরা এবং মলয়পুত্ররাও রাবণের পক্ষ নেবে।'

ঘরের একমাত্র জানলা দিয়ে রাম বাগানের দিকে তাকিয়েছিল।

'দাদা,' লক্ষ্মণ আবার জোর করল। 'বাঁচতে হলে আমাদের পালাতেই হবে। আমি শুনেছি যে শহর প্রাকারের উলটোদিকে একটা সিংহদরজা আছে। মলয়পুত্ররা ছাড়া কেউই জানে না আমাদের পরিচয়। আমরা নিঃশব্দে এখান থেকে পালিয়ে অযোধ্যার সৈন্যদল নিয়ে ফিরে আসতে পারব। এবং এই নরকের কীট লঙ্কাবাসীদের চরম শিক্ষা দেব। কিন্তু এখনকার মতো, আমাদের এ শহরের বাইরে যেতেই হবে।'

রাম লক্ষ্মণের দিকে তাকিয়ে অদ্ভুত শান্ত গলায় বলল, 'আমরা ইক্ষ্বাকুর বংশধর, আমরা রঘুর উত্তরসূরি। আমরা পালিয়ে বাঁচব না।'

'দাদা...'

সে আর কথা বাড়াতে পারল না দরজায় টোকা পড়ার জন্য। সে রামের দিকে একবার তাকিয়ে চকিতে তলোয়ার বের করল। রাম ভ্রু কুঁচকে তাকাল, 'লক্ষ্মণ, কেউ যদি আমাদের খুন করতে চায়, সে দরজায় টোকা দেবে না। সে দরজা ভেঙে ঢুকবে। এখানে লুকোবার কোনো জায়গা নেই।'

লক্ষ্মণ একইভাবে দরজার দিকে তাকিয়ে রইল। বুঝতে পারছিল না তলোয়ারটাকে আবার সে খাপে পুরে রাখবে কি না।

'দরজাটা খুলে দাও লক্ষ্মণ,' রাম বলল।

লক্ষ্মণ গুঁড়ি মেরে সিঁড়ি দিয়ে উঠে ছাদের সঙ্গে অনুভূমিক ভাবে লাগানো দরজাটার দিকে এগিয়ে গেল। সে তলোয়ারটাকে পাশে ধরে রইল, প্রয়োজন হলেই যেন সে আঘাত করতে পারে। দরজায় আবার একটা শব্দ হল, এবার একটু অধৈর্যভাবে। লম্বা দরজাটা ঠেলে সরিয়ে সে দেখতে পেল

মিথিলার পুলিশ বিধিপ্রধান সমীচি তার মুখের দিকে ঝুঁকে তাকিয়ে আছে। সে একজন ছোটো করে চুল ছাঁটা, লম্বা, শ্যামবর্ণ পেশিবহুল চেহারার মহিলাকে দেখল যার শরীরের প্রকাশ্য অংশে বহু যুদ্ধের ক্ষত চিহ্ন। সে পরেছিল সবুজ কাপড়ের একটি ধুতি ও জামা। তার হাতে পরা ছিল চামড়া নির্মিত বাহুরক্ষক ও অন্তঃবক্ষাবরণী। তার কোমর থেকে ঝুলছিল কোষবদ্ধ লম্বা তলোয়ার।

লক্ষ্মণ তার তলোয়ার শক্ত মুঠিতে ধরে খসখসে গলায় বলল, 'নমস্কার, সমীচি। আপনার আগমনের কারন যদি অনুগ্রহ করে জানান!'

সমীচি বন্ধুত্বপূর্ণ ভাবেই হাসল। 'তরুণ যুবা, আপনার তলোয়ার আগে কোষবদ্ধ করুন।'

'আমি কী করব না করব তা আমার ওপর ছেড়ে দিন, আপনার আসার উদ্দেশ্য বলুন।'

'প্রধানমন্ত্রী আপনার অগ্রজের সঙ্গে দেখা করতে চান।'

লক্ষ্মণ কেমন যেন ভ্যাবাচাকা খেয়ে গেল। সে রামের দিকে তাকাতে রাম তাকে অতিথিদের ভিতরে আনার জন্য তাকে ইশারা করল। সে সঙ্গেসঙ্গে তলোয়ার খাপে ভরে দেওয়ালের দিকে সরে গিয়ে দলটিকে ভিতরে নেমে আসার পথ করে দিল। সমীচি সিঁড়ি বেয়ে নীচে নেমে এল, পিছনে পিছনে সীতা। সিঁড়িতে পা দিয়ে নামার পূর্বে পিছনে হাত নেড়ে সীতা বলল, 'তুমি এখানেই থাকো, ঊর্মিলা।'

রাম যখন উঠে দাঁড়িয়েছে মিথিলার প্রধানমন্ত্রীকে অভ্যর্থনা করার জন্য তখন স্বাভাবিক প্রবৃত্তি থেকেই লক্ষ্মণ মুখ তুলল ঊর্মিলাকে দেখার জন্য। দুই মহিলা তরতর করে নেমে এলেও লক্ষ্মণ সিঁড়িতেই দাঁড়িয়ে রইল ওপরের দিকে দৃষ্টি নিবদ্ধ করে। ঊমিলা তার দিদির চেয়েও উচ্চতায় অনেকটাই কম। সে সীতার চেয়ে অনেক ফর্সা, এতটাই যে তার গায়ের রং প্রায় দুধের মতো। সে বোধহয় অধিকাংশ সময় বাড়ির ভিতরেই থাকে, সূর্যের কিরণের বাইরে। তার গোলাকার মুখ শিশুদের মতো নিষ্পাপ। তার বড়ো বড়ো চোখ দুটি যদিও তার মুখের মিষ্টি শিশুসুলভ সারল্যের সঙ্গে সঙ্গতিপূর্ণ নয়। তার যোদ্ধা দিদির চেহারার বিপরীতক্রমে সুন্দরী তরুণী ঊর্মিলা তার সৌন্দর্য সম্পর্কে

সচেতন, যদিও তার ব্যবহারে বেশ একটা শিশুসুলভ সারল্য আছে। তার চুল সুন্দর খোঁপায় বাঁধা, একটি চুলও বাইরে বেরিয়ে নেই। কাজল তার চোখের দীপ্তিকে প্রখর করেছে। তার ওষ্ঠদ্বয় রাঙানো। পোশাক কেতাদুরস্ত, কিন্তু উগ্র নয়। তার উজ্জ্বল গোলাপি কাঁচুলির সঙ্গে মানানসই লাল ধুতিটা অনেকটা নীচে নামিয়ে পরা। একটি সুন্দরভাবে পাট করা অঙ্গবস্ত্র ভাঁজ করা তার কাঁধের ওপর। তার সুন্দর পা দুটিতে নূপুর ও আঙুলে আংটি, একইভাবে সুডৌল হাত দুটিতে আংটি ও চুড়ি। লক্ষ্মণ বিমুগ্ধ হয়ে সেই সৌন্দর্যের দিকে তাকিয়ে ছিল। নারীটিরও সেটি বুঝতে অসুবিধা হল না, সে স্নিগ্ধভাবে হেসে লাজুক মুখে অন্যদিকে তাকিয়ে রইল।

সীতা মুখ ঘুরিয়ে দেখল লক্ষ্মণ ঊর্মিলার দিকে অপলক তাকিয়ে আছে। সে এমন কিছু একটা লক্ষ করেছে যা রাম খেয়াল করেনি।

'দরজাটা বন্ধ করো লক্ষ্মণ,' রাম বলল।

লক্ষ্মণ অনিচ্ছা সত্ত্বেও আদেশ পালন করল।

রাম সীতার দিকে ফিরল। 'আমি কীভাবে আপনাকে সাহায্য করতে পারি, রাজকুমারী?'

সীতা হাসল। 'আমাকে এক মিনিটের জন্য মার্জনা করুন, রাজকুমার।' তারপর সমীচির দিকে তাকিয়ে বলল, 'আমি রাজকুমারের সঙ্গে একা কথা বলতে চাই।'

'অতি অবশ্যই,' সমীচি বলল এবং সঙ্গেসঙ্গে সিঁড়ি দিয়ে ওপরে উঠে ঘরের বাইরে চলে গেল।

রাম অবাক হল কীভাবে সীতা তাদের পরিচয় জানল তা ভেবে। সে কিছু না বলে উৎসাহের সঙ্গে ঘরের বাইরে যেতে উদ্যত লক্ষ্মণকে ঘাড় নেড়ে সম্মতি জানাল। মুহূর্তমধ্যে রাম ও সীতা ঘরে হয়ে গেল একা।

সীতা হেসে ঘরের এককোণে রাখা একটা আসনের দিকে অঙ্গুলিনির্দেশ করে বলল, 'অনুগ্রহ করে ওটাতে বসুন, রাজকুমার।'

'না আমি ঠিক আছি।'

তবে কি গুরু বিশ্বামিত্রই আমাদের পরিচয় এঁনার কাছে প্রকাশ করেছেন?

কেন তিনি এই মৈত্রীবন্ধনের ব্যাপারে এমন একরোখা?

সীতা নিজে একটা আসনে বসতে বসতে বলল, 'আমি আপনাকে বসতে বলছি।'

রাম বসে সীতার মুখোমুখি হল। তাদের মাঝে অস্বস্তিকর নীরবতা কিছু সময় ঝুলে থাকার পর সীতাই বলে উঠল, 'আমি বিশ্বাস করি আপনাকে ভুল বুঝিয়ে ফন্দি করে এখানে আনা হয়েছে।'

রাম নিশ্চুপ থাকলেও তার চোখের দৃষ্টি থেকেই উত্তরটা পড়া যাচ্ছিল।

'তাহলে সেটা ধরতে পেরে আপনি চলে গেলেন না কেন?'

'কারণ সেটা আইন ও শাস্ত্রবিরোধী হত।'

সীতা হাসল, 'তাহলে কি আইনই আপনাকে আগামী পরশু স্বয়ংবরে যোগ দিতে বাধ্য করছে।'

রাম নিশ্চুপ রইল, কারণ, সে মিথ্যা বলতে পারবে না।

'আপনি অযোধ্যার রাজপুত্র, যে অযোধ্যা সপ্তসিন্ধুর অধিপতি। আমি সামান্য মিথিলার কন্যা। এই বিবাহ-সম্পর্কের মাধ্যমে কী কোনো রাজনৈতিক উদ্দেশ্য সাধিত হতে পারে?'

'বিবাহের একটি অনেক বড়ো তৎপর্য আছে, যা রাজনৈতিক মৈত্রীবন্ধনের চেয়ে অনেক বেশি গুরুত্বপূর্ণ।'

কেমন এক প্রহেলিকাময় হাসি সীতার মুখে। রামের মনে হল তাকে জিজ্ঞাসাবাদ করা হচ্ছে, তথাপি, আশ্চর্যের ব্যাপার এই যে, রাম না দেখে পারল না যে সুন্দর করে বাঁধা খোঁপার বাঁধন এড়িয়ে কয়েকটি চুল জানলা দিয়ে আসা মৃদু বাতাসে উড়ছে। চুল থেকে তার দৃষ্টি নিলর্জ্জভাবে নেমে এল গলার খাঁজের দিকে। সে বুঝতে পারল তার হৃদ্‌স্পন্দনের দ্রুততা। পরিতাপময় হাসি হেসে নিজেকে ধিক্কার দিয়ে সে ফিরিয়ে আনতে চাইল অন্তরের শান্তভাব। *এ কী হল আমার? আমি নিজেকে সংযত করতে পারছি না কেন?*

'রাজকুমার রাম?'

রাম নিজের চিন্তা ঝেড়ে ফেলে সীতা কী বলছে তার প্রতি মনোসংযোগ করল, 'আমায় মার্জনা করবেন!'

'আমি জিজ্ঞাসা করছিলাম, বিবাহ যদি রাজনৈতিক মৈত্রীবন্ধন না হয়, তবে তা কী?'

'বেশ! শুরু থেকে বলতে গেলে, বিবাহ কোনো প্রয়োজন উপজাত বিষয় নয়, বিবাহের সঙ্গে কোনো বাধ্যবাধকতা যুক্ত থাকতে পারে না। একজন ভুল মানুষের সঙ্গে বিবাহ হবার চেয়ে খারাপ ব্যাপার আর কিছু হতে পারে না। আপনি তখনই বিবাহ করবেন যখন আপনি এমন কাউকে পাবেন যাকে আপনি প্রীতিপূর্ণ শ্রদ্ধা জানাতে পারেন, এমন একজন যিনি জীবনের উদ্দেশ্য বুঝিয়ে তা অর্জন করতে আপনাকে সহায়তা দেবেন। তেমন কোনো মানুষকে খুঁজে পেলে তবেই বিবাহ করা বিধেয়।'

সীতা তার ভ্রূ যুগল উঁচু করল। 'আপনি কি বহুবিবাহের বিপক্ষে? অধিকাংশ মানুষ তো অন্যরকম ভাবেন।'

'পৃথিবীর সব লোক যদি মনে করে বহুবিবাহ ভালো, তবুও তা ঠিক নয়।'

'কিন্তু অনেকেই বহু বিবাহ করে, বিশেষত রাজন্যবর্গ।'

'আমি করব না। অন্য একজনকে বিবাহ করার অর্থ প্রথমা স্ত্রীকে অপমান করা।'

সীতা তার মাথাটাকে পিছন দিকে একটুখানি হেলিয়ে থুতনিটা তুলে ভাবতে লাগল। যেন সে রামকে বিচার করছে। তার চোখ শ্রদ্ধাভাবে নত। সে ফের রামের দিকে ফিরে তাকাতেই তাঁকে চিনতে পারল এবং তার মুখের ভাব হঠাৎই বদলে গেল।

'ক-দিন আগে বাজারে আপনিই ছিলেন না?' সীতা জিজ্ঞেস করল।

'হ্যাঁ।'

'আপনি আমায় সাহায্য করতে এগিয়ে আসেন নি কেন?'

'পরিস্থিতি আপনার আয়ত্তের মধ্যে ছিল।'

সীতা মৃদু হাসল।

এবার রাম প্রশ্ন করল। 'রাবণ এখানে কী করছে?'

'আমি জানি না। কিন্তু এর ফলে স্বয়ংবর আমার কাছে আরও ব্যক্তিগত গুরুত্ব পাচ্ছে।'

রাম একটা ধাক্কা খেল। কিন্তু মুখের ভাব ও ব্যবহার রইল অমায়িক। 'সে কি আপনার স্বয়ংবরে অংশগ্রহণ করতে এসেছে?'

'আমাকে তো তাই বলা হয়েছে।'

'তারপর?'

'তারপর আমি এখানে চলে এলাম...'

রাম তার কথা শেষ হবার জন্য অপেক্ষা করল।

'আপনি তির ধনুকে কতটা পারদর্শী?' সীতা জিজ্ঞেস করল।

রাম কেবল একটুখানি হাসল।

সীতা ভ্রূ তুলে বলল, 'সেটা যথেষ্ট উন্নত মানের তো?'

সীতা তার আসন থেকে উঠে দাঁড়ালে রামও দাঁড়াল। মিথিলার প্রধানমন্ত্রী করজোড়ে বলল, 'ভগবান রুদ্রের আশীর্বাদ আপনার ওপর বলবৎ থাকুক, রাজকুমার!'

রামও সীতাকে নমস্কার জানিয়ে বলল, 'তাঁর আশীর্বাদ যেন আপনার ওপরও বর্ষিত হয়, রাজকুমারী!'

রামের চোখ পড়ল সীতার দুই কবজিতে বাঁধা রুদ্রাক্ষের মালার ওপর। বোঝা যায় সে ভগবান রুদ্রের ভক্ত। না চাইতেই রুদ্রাক্ষ থেকে তার চোখ চলে গেল তার সুগঠিত শিল্পীদের মতো লম্বা আঙুলের দিকে। এ আঙুল কোনো শল্যচিকিৎসকেরও হতে পারত। তবে তার বাঁ হাতের যুদ্ধ থেকে পাওয়া ক্ষতচিহ্ন বলে দিচ্ছিল তার হাত ছুরি কাঁচি নয়, যুদ্ধাস্ত্র ব্যবহারে পারদর্শী।

'রাজকুমার, রাম,' সীতা বলল, 'আমি প্রশ্ন করেছিলাম— '

'ঠিক মনে পড়ছে না, আর একবার বলবেন?' রাম সীতা কী বলছে তা শুনতে মনোযোগ দিল।

'কাল কি আমি আপনাদের দুই ভায়ের সঙ্গে আমার ব্যক্তিগত উদ্যানে মিলিত হতে পারি?'

'হ্যাঁ, অবশ্যই।'

'বাঃ, ভালো,' বলে সীতা যাবার জন্য এগিয়েও আবার দাঁড়িয়ে পড়ল, যেন হঠাৎ তার কিছু মনে পড়ে গেছে। সীতা তার কোমরবন্ধে বাঁধা থলি

থেকে একটা লাল সূত্র বের করল। 'আপনি যদি এটা পরেন আমি খুশি হব। এটা সৌভাগ্যের প্রতীক। এটা প্রতীক হল...'।

কিন্তু রামের মন ততক্ষণে অন্য এক চিন্তা অধিকার করেছে। তার মন তোলপাড় হচ্ছে একটা চিন্তায়, সীতা কী বলছে তা তার কানে ঢুকছে না। মনে পড়ছে এক দ্বিপদী শ্লোকের কথা, যা সে শুনেছিল অনেক বছর আগে এক বিবাহবাসরে।

'মাঙ্গল্যতনতুনানেনা ভব জীবনাহেতু মে'। একটি প্রাচীন সংস্কৃত শ্লোক যার অর্থ— *আমি যে পবিত্র সূত্র তোমায় পরিয়ে দিচ্ছি তার সূত্রে তুমি আমার জীবনের উদ্দেশ্য হয়ে ওঠো...*

'রাজকুমার রাম...?' বেশ জোরেই সীতা ডাকল।

মনের মধ্যে বাজতে থাকা বিবাহ মন্ত্রটি থেমে যেতে সে চমকে সোজা হয়ে দাঁড়াল, 'আমায় মার্জনা করবেন, কী বলছিলেন বলুন।'

সীতা নম্র হেসে বলল, 'আমি বলছিলাম...' তারপর হঠাৎ থেমে গেল, বলল, 'ছেড়ে দিন, কী বলছিলাম। আমি এই সূত্রটা এখানে রেখে যাচ্ছি। যদি আপনার ভালো লাগে তবে অনুগ্রহ করে পরবেন।'

টেবিলের ওপর সূত্রটা রেখে, সীতা সিঁড়ি দিয়ে উঠতে শুরু করল। দরজায় পৌঁছে রামকে শেষবার দেখার জন্য সে মুখ ঘোরাল। রাম সূত্রটা ডানহাতের তালুতে নিয়ে তার দিকে ভক্তিনম্র চিত্তে তাকিয়ে আছে। মনে হচ্ছে যেন সে হাতে ধরে আছে পৃথিবীর পবিত্রতম কোনো জিনিস।

মিথিলা শহরের দৃশ্যাবলি মনোমুগ্ধকর হয়ে উঠতে থাকে যত বাজার এলাকা ছাড়িয়ে শহরের ভিতর দিকে উচ্চশ্রেণির মানুষদের বাড়ি ও উদ্যানসমূহ দৃষ্টিগোচর হয়। এখানেই রাম ও লক্ষ্মণ পরদিন সন্ধ্যায় হাঁটছিল।

'জায়গাটা চমৎকার, তাই না, দাদা?' চতুর্দিকে দেখতে দেখতে লক্ষ্মণ বলল।

মিথিলা সম্পর্কে লক্ষ্মণের মনোভাবের অকস্মাৎ পরিবর্তন রাম গতকাল থেকে লক্ষ করছে। তারা যে রাস্তা দিয়ে হাঁটছিল তা বেশ চওড়া কিন্তু গ্রামের পথের মতো এবড়োখেবড়ো। রাস্তার মাঝখানে পাথর ও চুন-সুরকি দিয়ে বানানো তিন চার ফুট উঁচু পাঁচিলের মধ্যে ফুল ও নানা গাছ শোভা পাচ্ছে। রাস্তার কিনারার থেকে একটু দূর থেকেই শুরু হয়েছে অবস্থাপন্ন মানুষদের রাজকীয় অট্টালিকা, উদ্যান ও সুশোভিত বৃক্ষশ্রেণি। প্রাসাদের সীমানা-প্রাচীরগুলি সুসজ্জিত নানা দেবদেবীর মূর্তি দিয়ে। ধূপ ও টাটকা ফুল রাখা আছে সেইসব মূর্তির পদতলে। এর থেকে শহরের নাগরিকদের আধ্যাত্মিক মনোভাবের পরিচয় পাওয়া যায়। মিথিলা ভক্ত মানুষদের সুন্দর এক শহর।

'আমরা পৌঁছে গেছি,' লক্ষ্মণ ঘোষণা করল।

রাম তার ভাইয়ের পিছনে পিছনে ডান হাতের একটা সরু আঁকাবাঁকা গলিপথ দিয়ে চলতে লাগল। দুপাশের পাঁচিল অনেক উঁচু হওয়ায় তাদের পিছনে কী আছে তা বোঝার উপায় নেই।

দুষ্টুমিভরা হাসিতে মুখ ভরিয়ে লক্ষ্মণ বলল। 'ধুস, এর চেয়ে লাফ দিয়ে পাঁচিল ডিঙিয়ে ঢুকে পড়ি ভেতরে।'

রাম তার দিকে মৃদু ভর্ৎসনার দৃষ্টিতে তাকিয়ে আগের মতোই হাঁটতে লাগল। তাদের কয়েক মিটার দূরে একটা কারুকার্যখচিত লোহার তোরণ। তার সামনে দুজন সৈনিক দণ্ডায়মান।

'আমরা প্রধানমন্ত্রীর সঙ্গে দেখা করতে এসেছি,' সমীচি গতকাল যে আংটি তাকে দিয়েছিল সেটা একজন প্রহরী হাতে দিয়ে সে বলল।

প্রহরী সেই আংটি ভালো করে পরীক্ষা করে এবং সন্তুষ্ট হয়ে অন্য প্রহরীকে তোরণদ্বার খুলে দিতে বলল।

অসামান্য সুসজ্জিত সুগন্ধময় বাগানে রাম ও লক্ষ্মণ প্রবেশ করল। অযোধ্যার রাজকীয় বাগানের মতো নয়, এ বাগানের গাছপালা, লতাগুল্ম, ফুল সবই এই অঞ্চলের। এ বাগান দেখলেই বোঝা যায় অর্থ ঢেলে নয় এ সুন্দর উদ্যান তৈরি হয়েছে দক্ষ মালিদের নিরন্তর সযত্ন প্রয়াসে। উদ্যানটি

সুসজ্জিত ও সৌন্দর্যমণ্ডিত। নীচে ঘন সবুজ মখমলের মধ্যে দাঁড়ানো নানা প্রজাতির বিভিন্ন আকৃতির গাছ চোখকে ও মনকে স্নিগ্ধ করে। প্রকৃতি এখানে যেন তার নিজের মনোবাসনা অনুযায়ী নিজেকে সাজিয়েছে।

একটা গাছের পিছন থেকে বেরিয়ে এসে সমীচি বলল, 'রাজকুমার রাম!'

করজোড়ে তাকে প্রণাম জানাল রাম।

লক্ষ্মণও সমীচির নমস্কার ও অভিবাদন ফিরিয়ে তার হাতে তুলে দিল তার সেই আংটি। 'প্রহরীরা আপনার প্রতীক চিনতে পেরেছে।'

'তাদের সেটাই তো পারার কথা', পুলিশ কর্তা বলল রামের দিকে মুখ ফেরাবার আগে। 'রাজকুমারী সীতা ও উর্মিলা আপনাদের জন্য অপেক্ষা করছেন। আমাকে অনুসরণ করুণ, রাজকুমারদ্বয়।'

রাম ও সমীচির পিছনে হাঁটতে হাঁটতে লক্ষ্মণ আনন্দে বিগলিত হয়ে উঠল।

রাম ও লক্ষ্মণকে বাগানের পিছন দিকে একটা ফাঁকা জায়গায় নিয়ে আসা হল। তাদের পায়ের নীচে নরম ঘাস, মাথার উপর সন্ধ্যার আকাশ।

'নমস্কার, রাজকুমারী!' রাম সীতাকে বলল।

'নমস্কার, রাজকুমার!' প্রত্যুত্তরে সীতা বলল। তারপর তার বোনের দিকে একবার ফিরে রাম ও লক্ষ্মণের দিকে হাত বাড়িয়ে বলল, 'আমি কি আমার ছোটো বোন উর্মিলাকে আপনাদের সঙ্গে পরিচিত করাতে পারি? উর্মিলা, অযোধ্যার রাজকুমারদ্বয় রাম ও লক্ষ্মণের সঙ্গে পরিচিত হও।'

আকর্ণবিস্তৃত হেসে লক্ষ্মণ বলল, 'গতকালই ওঁর সঙ্গে আমার পরিচিত হবার সৌভাগ্য হয়েছে।'

নমস্কারের ভঙ্গিতে লক্ষ্মণের দিকে তাকিয়ে লাজুক হাসল উর্মিলা, তারপর রামের দিকে ফিরে তাকে অভিবাদন জানাল।

'আবারও রাজকুমারের সঙ্গে আমার একটু একান্তে কথা বলার প্রয়োজন,' সীতা বলল।

'অবশ্যই!' সমীচি বলে উঠল, 'তার আগে আমি কি একান্তে আপনাকে একটা কথা বলতে পারি?'

সমীচি সীতাকে কিছুটা দূরে নিয়ে গিয়ে সীতার কানে কানে কিছু বলে রামের দিকে এক ঝলক তাকিয়ে ঊর্মিলার হাত ধরে হাটতে লাগল। লক্ষ্মণ ঊর্মিলাকে অনুসরণ করল।

রামের মনে হল তার উপর জেরা করা কাল যেখানে শেষ হয়েছিল আজ সেখান থেকেই আবার শুরু হবে। 'রাজকুমারী, আপনি আমার সঙ্গে দেখা করতে চেয়েছেন কেন জানতে পারি কি?'

সীতা প্রথমে নিশ্চিত হতে চাইল সমীচি ও অন্যরা অনেকটা দূরে চলে গেছে। সে কথা শুরু করতে যেতেই তার দৃষ্টি পড়ল রামের ডান হাতের কবজিতে বাঁধা লাল সূত্রটির ওপর। সে হাসল,'রাজকুমার, আমাকে একটু সময় দিন।'

সীতা একটা গাছের পিছনে গেল, তারপর নীচু হয়ে তুলে নিল বিরাট বড়ো একটা বোঁচকা। সে ফিরে এল রামের কাছে। রাম বিস্মিত হয়ে সীতার দিকে তাকাল। সীতা বোঁচকার ওপরের কাপড়টা সরাতে উন্মুক্ত হল কারুকার্য খচিত অতি মনোহর এক অস্বাভাবিক বড়ো ধনুক। বিভিন্ন উপাদানে গঠিত ধনুকটি এক অত্যুৎকৃষ্ট অস্ত্র, যার প্রান্তদুটি নীচের দিকে বাঁকানো যা ধনুকটিকে দিয়েছে বিস্তৃত লক্ষ্যের উপর আঘাত হানার ক্ষমতা। রাম ধনুকটার দুপাশে, নীচে ও ওপরে ধরার জায়গার সূক্ষ্ম কারুকাজ নিরীক্ষণ করতে থাকল। ধনুকটিতে অগ্নিদেবতার প্রতীক স্বরূপ একটি অগ্নিশিখা। ঋকবেদের প্রথম সূক্তের প্রথম শ্লোকটিই নিবেদিত এই প্রবল পরাক্রান্ত দেবতার প্রতি। যদিও অগ্নিশিখার এই বিশেষ আকৃতিটি, যেভাবে এর প্রান্তগুলি লাফিয়ে উঠেছে। তা রামের কেমন যেন পরিচিত মনে হল।

সীতা কাপড়ের বান্ডিলের ভিতর থেকে একটা কাঠের পাটাতন বের করে নিষ্ঠাভরে তা ঘাসের ওপর রাখল। এরপর সে রামের দিকে মুখ তুলে তাকাল; 'এই ধনুকটি কখনোই যেন ভূমিস্পর্শ না করে, তা দেখবেন।'

রাম ভ্রূ কুঁচকে ভাবল একটা ধনুকই তো, তা এত গুরুত্বপূর্ণ ও শ্রদ্ধার

পাত্র হয় কীভাবে! সীতা তার পা দিয়ে নীচের অংশটি সোজা করে ধনুকটিকে কাঠের পাটাতনের ওপর রাখল। ডান হাতে জোরে সে অন্যপ্রান্তটা টেনে ধরল। সীতার কাঁধ ও বাহুর পেশির ফুলে ওঠা দেখে রাম বুঝতে পারল এটা একটা ভয়ংকর প্রতিরোধ শক্তি সম্পন্ন শক্তিশালী ধনুক। বাঁ হাত দিয়ে ছিলাটা অনেকটা টেনে সীতা ছেড়ে দিল। সে ধনুকটার উপরের অংশ টেনে সরিয়ে আবার নিজস্থানে ফিরে আসতে দিল এবং দীর্ঘ নিঃশ্বাস ছাড়ল। পরাক্রান্ত ধনুকটির সঙ্গে তার ছিলার টান এখন মসৃণ যাতে তা সর্বাধিক শক্তিতে তিরকে ছুড়তে পারে। সীতা বাঁ হাতে ধনুক ধরে ডান হাতে ছিলাটা অনেকটা টেনে তা ছেড়ে দিতে প্রবল শব্দ উঠল, টোয়াং।

ছিলার শব্দ শুনেই রাম বুঝল যে এটা এক অসাধারণ ধনুক। এমন প্রবল ধ্বনি সে কোনো ধনুক থেকে হতে দেখেনি। সে বলে উঠল, 'বাঃ, এটা তো একটা দারুণ ধনুক!'

'এটা সর্বশ্রেষ্ঠ।'

'এটা কি আপনার?'

'আমি এমন ধনুকের মালিক হতে পারি না। আমি কেবল এখন এটির রক্ষণাবেক্ষণ করি। আমি যখন মারা যাবো, অন্য কারো ওপর ভার পড়বে এটাকে দেখাশোনা করার।'

রাম চোখ সরু করে ধনুক ধরার জায়গায় অগ্নিশিখাটি গভীরভাবে পর্যবেক্ষণ করছিল। 'এই অগ্নিশিখাটি দেখতে অনেকটা —'

সীতা তাকে থামিয়ে দিল। 'এই ধনুকটি একসময় ছিল তাঁর, যাকে আমরা দুজনেই পূজা করি। এটি এখনও তারই।'

রাম আবার ধনুকটির দিকে ভক্তিমিশ্রিত বিস্ময় নিয়ে তাকাল। তার সন্দেহই সত্য প্রমাণিত হয়েছে।

সীতা হেসে বলল, 'হ্যাঁ, এটাই সেই পিনাক।'

পিনাক ছিল পূর্ববর্তী মহাদেব ভগবান রুদ্রের স্মৃতিবিজড়িত পৌরাণিক ধনুক। মনে করা হয় এমন শক্তিময় ধনুক আর একটিও তৈরি হয়নি। ঐতিহ্য অনুসারে বহু বস্তুর সমন্বয়ে তৈরি এই ধনুককে বারংবার নানা বিশেষ

পদ্ধতিতে পরিচর্যার ফলে এটির ক্ষয়কে প্রতিরোধ করা হয়েছে। একথাও বিশ্বাস করা হয় যে এ ধনুকের রক্ষণাবেক্ষণ সহজ কর্ম নয়। ধনুকের ধরার জায়গাটায়, তার শরীর ও বাঁকানো প্রান্তদেশগুলিতে নিয়মিত বিশেষ ধরনের তেল মাখাতে হয়। সীতা নিষ্ঠাভরে এ কাজটি করে থাকে, কারণ ধনুকটিকে একেবারে নতুনের মতো লাগছে।

'মিথিলার হাতে কী করে পিনাকের অধিকার এল?' রাম প্রশ্ন করল। সে একেবারের জন্যও এই অপূর্ব অস্ত্রের দিক থেকে চোখ ফেরাতে পারছিল না।

'সে এক বিরাট গল্প,' সীতা বলল, 'কিন্তু এখন আমি চাই আপনি এটা নিয়ে একটু অনুশীলন করুন। এই ধনুকটাই কালকের স্বয়ংবর-প্রতিযোগিতায় ব্যবহার করা হবে।'

রাম অজান্তেই এক পা পিছিয়ে গেল। স্বয়ংবর পরিচালনার নানা নিয়ম আছে। তার মধ্যে দুটো হল: কন্যা সরাসরি তার স্বামীকে নির্বাচন করবে, অথবা সে কোনো প্রতিযোগিতার আয়োজন করবে এবং প্রতিযোগিতার বিজয়ী স্বয়ংবরার স্বামী হিসেবে নির্বাচিত হবে। কিন্তু, সম্ভাব্য স্বামীকে আগে থেকে প্রতিযোগিতার বিষয় জানিয়ে তাকে স্বয়ংবরার তরফে গোপনভাবে সাহায্য করা, একেবারে পরম্পরা সম্মত নয়। বস্তুত এটা আইনবিরোধী। রাম মাথা নাড়ল। 'যে ধনুক ভগবান রুদ্র নিজ হাতে ধরেছেন তা ব্যবহার করা তো অনেক দূরের কথা, তা স্পর্শ করাটাই সম্মানের ব্যাপার। কিন্তু আমি সেটা কেবল কালই করব, আজ নয়।'

সীতার চোখ বিস্ফারিত হল, 'আমি ভেবেছিলাম প্রতিযোগিতায় জিতে আপনি আমায় স্ত্রী হিসেবে গ্রহণ করতে চান।'

'তাই-ই তো আমি চাই। কিন্তু আপনাকে জয় করতে চাই ন্যায়সঙ্গতভাবে। আর নিয়ম মেনেই সেটা করতে চাই।'

মাথা ঝাঁকিয়ে সীতা হাসল। নিজের মধ্যে সে অনুভব করল ভয়মিশ্রিত এক অদ্ভুত উদ্দীপনা ও আনন্দ।

একটু যেন হতোদ্যম হয়ে রাম বলল,' আপনি এর সঙ্গে একমত হচ্ছেন না?'

'না, হচ্ছি। আমি বিমুগ্ধ, রাজকুমার রাম! আপনি একজন বিশিষ্ট মানুষ।'

রামের মুখ রাঙা হয়ে উঠল। সে মানসিকভাবে নিজেকে ভৎর্সনা করলেও তার হৃদপিণ্ড আবারও চলতে থাকল লাফিয়ে লাফিয়ে।

'আমি কাল সকালে অপেক্ষায় থাকব এই ধনুকে আপনার শরযোজনার করার।' সীতা বলল।

।। অধ্যায় ২৩।।

স্বয়ংবর সভার আয়োজন হয়েছিল রাজসভার বদলে ধর্মভবনে। এর একটাই কারণ যে রাজসভা মিথিলার সর্বাধিক বৃহৎ সভাগৃহ নয়। প্রাসাদ অভ্যন্তরের সবচেয়ে বড়ো ভবনটি রাজা জনক দান করেছিলেন মিথিলা বিশ্ববিদ্যালয়কে। এই ভবনে প্রতিনিয়ত বিভিন্ন প্রাচীন গুপ্তবিদ্যা, ধর্মের প্রকৃতি, ধর্মের সঙ্গে কর্মের সম্পর্ক, পরমতত্ত্ব, দেবতত্ত্ব, দর্শন নিয়ে তর্কসভা ও আলোচনা হয়। দার্শনিক-রাজা জনক তাঁর রাজ্যের অধিকাংশ সম্পদ নিয়োজিত করেছিলেন আধ্যাত্মিক ও মেধার স্ফুরণের কাজে।

ধর্মভবনটির অবস্থান এক পাথর ও চুন সুরকি দিয়ে নির্মিত অট্টালিকায়, যার মাথায় বিশালাকৃতি গোলাকার গম্বুজ। এমনটা ভারতের কোথাও দেখা যায় না। গম্বুজটির সৌন্দর্যময় মনোহারিত্ব নাকি নারীবৈশিষ্ট্যের সূচক—এমন মনে করা হয়। আর সাধারণ মন্দিরের চূড়াকে ধরা হয় পুরুষবৈশিষ্ট্য হিসেবে। রাজা জনকের শাসনব্যবস্থার প্রতি মনোভাব এবং সমস্ত রকম জ্ঞান ও তার অন্বেষার প্রতি তাঁর নিরপেক্ষ উৎসাহদানের সমুন্নত মনোভাবই যেন মূর্ত হয়ে আছে এই অট্টালিকায়। ভবনটি গোলাকার, যা ধর্ম সমন্বয়ের প্রতীক ও তীক্ষ্ণতাহীন। সমস্ত ঋষিরাই নিজ নিজ ক্ষেত্রে সমান মর্যাদায় অধিষ্ঠিত থাকেন এখানে, সবাই নিঃশঙ্ক ভাবে ছাত্রদের নিজ নিজ দর্শন ও ধর্ম বিষয়ে অভিজ্ঞান দেন। ধর্মমত প্রকাশের স্বাধীনতা ভারতের এখানেই সর্বাধিক

স্বীকৃতি পেয়েছে। কোনো মহাঋষি এখানে অন্যদের ওপর তাদের কর্তৃত্ব কায়েম করেন না। সমস্ত ছাত্ররা সব ধর্ম ও দার্শনিক ভাবনার মধ্যে দিয়ে যেতে যেতে নিজ নিজ পথ বেছে নেয়।

যদিও আজকের দিনটা অন্যরকম। নীচু চৌকির উপর রাখা ছিলনা কোনো পাণ্ডুলিপি; কোনো ঋষিই সংযমীভাব নিয়ে মঞ্চের মাঝখানে দাঁড়িয়ে বক্তব্য রাখছিলেন না বা তর্কের মাধ্যমে তাদের বক্তব্য প্রতিস্থাপিত করতে চাইছিলেন না। আজ এই ভবন স্বয়ংবর সভার জন্য রীতিমাফিক প্রস্তুত।

দর্শকদের জন্য তিন থাকওলা বসার জায়গা করা হয়েছে ভবনের সামনের দিকে। একেবারে উলটো দিকে একটি উচ্চ আসনে রাখা আছে রাজমুকুট। সিংহাসনের পিছনে উঁচু একটি বেদির উপর শোভা পাচ্ছে মিথিলার প্রতিষ্ঠাতা রাজা মিথির মূর্তি। আরও দুটি সিংহাসন, রাজার থেকে একটু কম জমকালো, রাখা আছে রাজ সিংহাসনের দু-পাশে। চক্রাকারে অনেকগুলি সুখদায়ক আসন রাখা আছে পরপর রাজা, রাজকুমার ও সম্ভাব্য প্রতিদ্বন্দ্বীদের বসার জন্য।

রাম ও লক্ষ্মণকে নিয়ে অরিষ্টনেমী যখন সভাগৃহে প্রবেশ করল ততক্ষণে দর্শকাসন পরিপূর্ণ। অন্য প্রতিযোগীরাও ততক্ষণ আসন গ্রহণ করেছে। তীর্থযাত্রীর পোশাক পরা দুই অযোধ্যা রাজকুমারকে অধিকাংশ জনই চিনতে পারল না। একজন রক্ষী মিথিলার অভিজাত ও বণিকরা যে তিন থাকের আসনে বসে আছে তার নীচের থাকে তাদের বসতে নির্দেশ দিল। অরিষ্টনেমী তাকে জানাল যে সে এক জন প্রতিযোগীকে সঙেগ নিয়ে যাচ্ছে। রক্ষীটি হঠাৎ চিনতে পারল যে অরিষ্টনেমী মহান বিশ্বামিত্রের একজন সৈন্যাধক্ষ এবং পিছিয়ে এসে সসন্মানে তাদের ভেতরে যেতে দিল। কারণ, জনকের মতো রাজার পক্ষে তার মেয়ের স্বয়ংবরে ক্ষত্রিয়দের সঙেগ, ব্রাহ্মণদের নিমন্ত্রণ করাও অস্বাভাবিক নয়।

ধর্মভবনের দেওয়ালগুলিতে টাঙানো ছিল প্রাচীন যুগের বিশিষ্ট সব ঋষি ও ঋষিকাদের ছবি, যেমন মহাঋষি সত্যকাম, মহর্ষি যাজ্ঞবল্ক্য, মহর্ষি গার্গী, মহর্ষি মৈত্রেয়ী ছাড়াও আরও অনেকের। *রাম ভাবছিল: এই মহান ঋষিদের উত্তরপুরুষ হয়েও আমরা কত না অপদার্থ! মহর্ষি গার্গী ও মহর্ষি মৈত্রেয়ী*

ছিলেন ঋষিকা। অথচ আজকে মূর্খরা বলে যে নারীদের শাস্ত্রপাঠে অধিকার নেই, অথবা তারা এ বিষয়ে নতুন নিয়ম জারি করে। মহর্ষি সত্যকাম ছিলেন এক শূদ্রাণীর পুত্র, তাঁর মা বিবাহিতাও ছিলেন না। তাঁর মহান জ্ঞান ও প্রজ্ঞার পরিচয় ছড়িয়ে আছে উপনিষদে। অথচ এখনকার কিছু গোঁড়া দাবি করে শূদ্ররা ঋষি হতে পারবে না।

রাম দুহাত জোড় করে প্রাচীন যুগের এইসব মহৎ আত্মাদের প্রতি তাঁর শ্রদ্ধা অর্পণ করে প্রণাম করল। *একজন মানুষ ব্রাহ্মণ হয় তার কর্মের মাধ্যমে, জন্মসূত্রে নয়।*

'দাদা,' লক্ষ্মণ রামের পিঠে হাত ছুঁইয়ে ডাকল।

রাম অরিষ্টনেমীকে অনুসরণ করে নির্দিষ্ট আসনে বসল।

সে বসলে অরিষ্টনেমী ও লক্ষ্মণ তার পিছনে দাঁড়িয়ে রইল। সবাই ঘুরে তাকাল তাদের দিকে। প্রতিযোগীরা ভাবছিল কারা এইসব মুনি, যারা তাদের সঙ্গে প্রতিদ্বন্দ্বিতা করে রাজকুমারী সীতাকে জয় করতে চায়। তাদের মধ্যে সামান্য কজনই অযোধ্যার রাজকুমারদের শনাক্ত করতে পারল। প্রতিযোগীদের এক অংশ থেকে ষড়যন্ত্রমূলক গুঞ্জন শোনা যেতে লাগল।

'অযোধ্যা...'

'অযোধ্যা কেন মিথিলার সঙ্গে মৈত্রীবন্ধন চায়?'

রাম অবশ্য তাদের প্রতি আকর্ষণ ও ফিসফিসানির প্রতি একদম উদাসীন ছিল। তাঁর দৃষ্টি নিবদ্ধ ছিল সভার মধ্যভাগে, যেখানে একটি শোভামণ্ডিত টেবিলের উপর রাখা ছিল ধনুকটি। টেবিলের পাশে মেঝেতে রাখা ছিল একটা বড়ো তাম্রপাত্র।

রামের চোখ প্রথমে আটকে গেল পিনাকের উপর। ধনুকটির ছিলা আলাদা রাখা ছিল। আর পাশে মেঝেতে রাখা ছিল নানা মাপের অনেক তির।

প্রতিযোগিদের প্রথমে ধনুক তুলে তাতে ছিলা লাগাতে হবে, যেটা কোনো সহজ কাজ ছিল না। কিন্তু তারপরই শুরু হবে আসল পরীক্ষা। প্রতিযোগীদের, উঠে যেতে হবে তাম্রপাত্রের কাছে। পাত্রটি জলপূর্ণ হলেও অন্য একটি নল লাগানো পাত্র থেকে ক্রমাগত বিন্দু বিন্দু জল তাতে ঝরে পড়ছে। উপচে

পড়া জল একটি জলাধারে পড়ে নলের সাহায্যে বাইরে চলে যাচ্ছে। এর ফলে পাত্রের জলে সর্বদাই সামান্য হলেও কম্পণ উঠছে যা পাত্রের কেন্দ্র থেকে ছড়িয়ে যাচ্ছে পরিধির দিকে। সমস্যা আরও এই যে তাম্রপাত্রে জলের বিন্দু পড়ার গতি সর্বদা একরকম নয়, কখনো বাড়ছে, আবার কমছে কখনো। ফলে, তরঙ্গের বাড়া-কমা হচ্ছে —তার নির্দিষ্ট ছন্দ থাকছে না।

গম্বুজের ওপর থেকে ঝুলছে মাটি থেকে অন্তত একশো মিটার উঁচুতে একটা চাকার সঙ্গে পেরেক দিয়ে গাঁথা আছে এক ইলিশ মাছ। চাকাটি আবার যুক্ত এক অক্ষদন্ডের সঙ্গে। মাছ আটকানো চাকাটা বেশ জোরে ক্রমাগত ঘুরে চলেছে। প্রতিযোগীদের যা করতে হবে তা হল পিনাকে শর সংযোজন করে, তাম্রপাত্রে ঢেউ ওঠা জলে ওপরের ঘূর্ণমান মাছটির প্রতিবিম্ব দেখে তার চোখ লক্ষ করে শর নিক্ষেপ করতে হবে।

প্রথম যে মাছের চোখে তির বেঁধাতে পারবে সেই সীতাকে স্ত্রী হিসেবে লাভ করবে।

'এটা তোমার পক্ষে একেবারেই সহজ ব্যাপার, দাদা,' লক্ষ্মণ দুষ্টুমির সঙ্গে বলল। আমি কি ওদের বলব ওপরের চক্রটাকেও অনিয়মিত গতিতে ঘোরাতে? অথবা তিরের পালকগুলো ভিজিয়ে দিতে? তোমার কী মনে হয়।'

রাম ভাইয়ের দিকে চোখ ছোটো করে খর দৃষ্টিতে তাকাল।

লক্ষ্মণ তখনও হাসতে হাসতে বলল, 'ক্ষমা করো, দাদা।'

সে পিছনে সরে দাঁড়াল। রাজস্তুতি এখনই শুরু হবে।

'মিথি গোষ্ঠির প্রধান, জ্ঞানীদের মধ্যে জ্ঞানীশ্রেষ্ঠ, ঋষিদের প্রিয়, রাজা জনকের জয়!'

সমাগত অতিথিবৃন্দ উঠে দাঁড়িয়ে মিথিলার রাজা ও আজকের অনুষ্ঠানকর্তা জনককে অভিবাদন জানাল। তিনি সভাগৃহের শেষ প্রান্ত থেকে হেঁটে সামনে এলেন। চিরাচরিত প্রথার কিঞ্চিত বদল হল, কেননা তিনি সভাগৃহে এলেন মহর্ষি বিশ্বামিত্রকে সামনে রেখে, নিজেকে পিছিয়ে। জনকের পিছনে ছিল তাঁর ভাই সঙ্কাশ্যের রাজা কুশধ্বজ। আরও আশ্চর্যের ব্যাপার এই যে রাজা জনক সিংহাসনে না বসে মহর্ষি বিশ্বামিত্রকে তাতে বসতে বললেন এবং তার

পাশের ছোটো এক সিংহাসনে নিজে বসলেন। মহর্ষির সিংহাসনের বাঁ দিকের একটি সিংহাসনে বসল কুশধ্বজ। আচরণবিধির এই পরিবর্তনের সঙ্গে তাল মেলাতে আধিকারিকরা ব্যস্তসমস্ত হয়ে ছোটাছুটি করছিল।

এই অভিনব বসার ব্যবস্থা দেখে সভাস্থ লোকেদের মধ্যে বেশ জোরেই গুঞ্জন উঠল, কিন্তু অন্য একটা ব্যাপারে রামের অস্বস্তি হচ্ছিল। তার পিছনে বসা লক্ষ্মণের দিকে তাকাল সে। তার ছোটো ভাই দাদার চিন্তা পড়ে ফেলতে পারল। 'রাবণ কোথায়?'

সভারক্ষক সভাগৃহের প্রবেশপথের সামনে রাখা ঘন্টা বাজিয়ে জানিয়ে দিল যে এবার সবাইকে চুপ করতে হবে।

বিশ্বামিত্র গলা পরিষ্কার করে জোরে কথা শুরু করলেন। ধ্বনিবিজ্ঞান মেনে তৈরি ধর্মসভাকক্ষে উপস্থিত সবার কাছে তার কণ্ঠস্বর পরিষ্কার ভাবে পৌঁছে গেল। 'ভারতের সর্বাধিক জ্ঞানী ও আধ্যাত্মিক ভাব সম্পন্ন রাজা জনক আহুত এই মর্যাদাসম্পন্ন সভায় আপনাদের সবাইকে স্বাগত জানাই।'

জনক কেবল মৃদু হাসলেন।

বিশ্বামিত্র বলতে থাকলেন, 'মিথিলা রাজকন্যা সীতা স্বয়ংম্বর সভাকে গুপ্ত স্বয়ংম্বর করতে মনস্থ করেছেন। তিনি এই সভাকক্ষে নিজে উপস্থিত থাকবেন না। মহান রাজা ও রাজকুমার আপনারা সীতার পাণিপ্রার্থী হিসেবে প্রতিযোগিতায় অংশগ্রহণ করুন—'

মহর্ষির কথা শেষ হবার আগেই সহস্র শাঁখের কান ফাটানো শব্দে সভাগৃহ কেঁপে উঠল। ব্যাপারটা আশ্চর্যের এজন্যই যে এ শঙ্খধ্বনি অত্যন্ত শ্রুতিমধুর। সবাই শব্দের উৎসস্থল সভাগৃহের প্রবেশপথের দিকে তাকাল। পনেরো জন দীর্ঘ, বলিষ্ঠ যোদ্ধা কালো পতাকা বহন করে সদম্ভে সভাগৃহে প্রবেশ করল। কালো পতাকার ওপর আঁকা আগুনের লেলিহান শিখার ভিতর থেকে বের হওয়া গর্জনরত এক সিংহের মুখ। যোদ্ধার শৃঙ্খলাপরায়ণ পদক্ষেপে ভিতরে প্রবেশ করল। তাদের পিছনেই ছিল দুজন সমীহ উদ্রেককারী ব্যক্তি। এদের মধ্যে একজন দৈত্যাকৃতি, লক্ষ্মণের চেয়েও মাথায় উঁচু বিশালবপু লোকটির বিরাট ভুঁড়ি থলথল করছে। তার সমস্ত শরীরভরা ঘন রোম— মানুষ নয়,

তাঁকে একটা দৈত্যাকৃতি ভাল্লুক বলেই মনে হচ্ছে। প্রত্যেক উপস্থিতজনের কাছে সেটা সবচেয়ে খারাপ লাগল তা লোকটার দুটো কান ও কাঁধের বিশ্রী প্রবর্ধিত অংশ। সে একজন নাগবংশীয়। রাম চিনতে পারল; এই লোকটাই প্রথম পুষ্পক বিমান থেকে নেমেছিল।

তার পাশে হাঁটছিল গর্বোদ্ধত রাবণ মাথা উঁচু করে, যদিও তাঁর কাঁধ সামান্য সামনে ঝোঁকা, হয়ত বয়সের কারণেই।

তাদের দুজনের পিছনে আরও পনেরো জন যোদ্ধা, বা বলা ভালো দেহরক্ষী।

রাবণের সাঙ্গোপাঙ্গোরা সভার কেন্দ্রস্থলে পৌঁছে ভগবান রুদ্রের ধনুকের পাশে দাঁড়ালো। প্রধান দেহরক্ষী ঘোষণা করল: 'রাজার রাজা, সম্রাটদের সম্রাট, স্বর্গ-মর্ত-পাতালের অধিশ্বর দেবতাদের প্রিয়, প্রভু রাবণের জয় হোক!'

পিনাকের সবচেয়ে কাছে বসে থাকা একজন ছোটো রাজার দিকে রাবণ তাকাল। সে নীচু ঘড়ঘড়ে গলায় কিছু একটা বলে তার মাথাটা ডান দিকে ঝাঁকাল। এই হালকা অঙ্গভঙ্গি বুঝিয়ে দিল সে কী চাইছে। সেই রাজাটি দ্রুত তার আসন থেকে উঠে প্রায় দৌড়ে সরে গিয়ে আর এক প্রতিযোগীর পিছনে গিয়ে দাঁড়াল। রাবণ সেই আসনের দিকে এগিয়ে গেল, কিন্তু বসল না। সে তার ডান পা আসনে তুলে তার একটা হাত রাখল হাঁটুর উপর। তার দেহরক্ষীরা এমনকী সেই ভাল্লুক মানুষটাও সরে গিয়ে তার পিছনে গিয়ে দাঁড়াল। অবশেষে, অবহেলাভরে বিশ্বামিত্রের দিকে তাকিয়ে রাবণ বলল, 'আপনি বলতে থাকুন, মহান মলয়পুত্র।'

মলয়পুত্রদের প্রধান বিশ্বামিত্র রাগে ফুঁসছিলেন। তাঁর সঙ্গে কোনোদিন কেউ এমন অপমানজনক আচরণ করেনি। তিনি গর্জন করে উঠলেন, 'রাবণ...'

এক অলস উগ্রতা নিয়ে সে বিশ্বামিত্রের দিকে তাকাল।

যদিও বিশ্বামিত্র তাঁর ক্রোধে তখনই লাগাম পরিয়েছেন, কারণ তাকে এখন দায়িত্বপূর্ণ কাজ করে যেতে হবে। রাবণের মহড়া পরে নেওয়া যাবে।

'রাজকুমারী সীতা প্রতিযোগী রাজা ও রাজকুমারদের নাম ক্রমানুসারে লিপিবদ্ধ করে দিয়েছেন, সেই অনুযায়ীই প্রতিযোগিতা চলবে।'

বিশ্বামিত্রের কথা চলাকালীনই রাবণ পিনাকের দিকে হাঁটতে লাগল। রাবণ ধনুটা তুলতে যেতেই বিশ্বামিত্রের ঘোষণা শেষ হল। 'প্রথম যিনি প্রতিযোগী সে তুমি নও, রাবণ। প্রথম প্রতিযোগী অযোধ্যার রাজপুত্র, রাম।'

ধনুকটির থেকে কয়েক ইঞ্চি আগে রাবণের হাত থেমে গেল। সে বিশ্বামিত্রের দিকে তাকাল তারপর ঘাড় ঘুড়িয়ে দেখতে চাইল কে ঋষির আহ্বানে সাড়া দেয়। সে দেখল সাদামাঠা তপস্বীদের পোশাক পরা এক তরুণকে। তার পিছনে দাঁড়িয়ে আছে, একইরকম পোশাকে তার চেয়ে বয়সে ছোটো কিন্তু দৈত্যাকৃতি আর একজন এবং তার পাশে অরিষ্টনেমী। সে রামের দিকে রোষকষায়িত দৃষ্টিতে তাকাল। যদি দৃষ্টির খুন করার ক্ষমতা থাকত তাহলে রাবণ আজ বেশ কয়েকটাকেই শুইয়ে দিত। সে একে একে বিশ্বামিত্র, জনক ও কুশধ্বজের দিকে গলা থেকে ঝোলা সেই ভয়াল মানুষের আঙুলের হাড় দিয়ে বানানো তাবিজটা মুঠোয় ধরে তাকাল। সে ভয়ংকর গর্জন করে উঠল। 'আমাকে অপমান করা হচ্ছে!'

রাম দেখল রাবণের চেয়ারের পিছনে দাঁড়ানো ভাল্লুক-মানুষটা প্রবলভাবে মাথা দোলাচ্ছে, যেন এখানে আসার জন্য এখন তার অনুশোচনা হচ্ছে।

'আমাকে আদৌ আমন্ত্রণ জানানো হল কেন, যখন আগে থেকেই ঠিক করা আছে যে অপটু ছেলেদের আমার আগে প্রতিদ্বন্দ্বিতার সুযোগ দেওয়া হবে?' রাবণের সমস্ত শরীর রাগে থরথর করে কাঁপছিল।

জনক বিরক্ত হয়ে প্রথমে কুশধ্বজের দিকে তাকালেন, তারপর দুর্বল ভাবে রাবণের দিকে তাকিয়ে বলে উঠলেন, 'লঙ্কার মহান রাজা, এটাই এই স্বয়ংবরের নিয়ম...'

হঠাৎ শোনা গেল ব্রজনির্ঘোষ। কথা বলে উঠল ভাল্লুক-মানুষটা। 'অনেক প্রহসন হয়েছে।' সে রাবণের দিকে ফিরে বলল, 'দাদা, আর নয়, চলো।'

রাবণ হঠাৎ সামনে ঝুঁকে পিনাকটা তুলে নিল। কেউ কিছু বুঝে ওঠার আগেই রাবণ ধনুকে ছিলা পরিয়ে একটা তির ধনুকে সংযোজন করল।

প্রত্যেকে নিথর হয়ে বসে থাকতে থাকতে দেখল রাবণ তিরটা সরাসরি বিশ্বামিত্রের দিকে তাক করেছে। লক্ষ্মণকে লোকটার শক্তি ও দক্ষতা মেনে নিতে বাধ্য হতে হল।

সমবেত জনতা আতঙ্কে দম বন্ধ করে দেখল বিশ্বামিত্র দ্রুত উঠে দাঁড়িয়ে অঙ্গবস্ত্র ছুঁড়ে ফেলে বুক বাজিয়ে বললেন, 'রাবণ, তির চালাও!'

রাম একজন ঋষির এমন বীরত্বব্যঞ্জক আচরণ দেখে বিস্মিত হল। জ্ঞানী মানুষের মধ্যে এরকম নির্জলা সাহস বিরল। কিন্তু এটাও ঠিক। বিশ্বামিত্র একসময় যোদ্ধা ছিলেন।

ঋষির গম্ভীর কণ্ঠস্বর সভাগৃহে প্রতিধ্বনিত হতে থাকল। 'কী হল, থামলে কেন? সাহস থাকলে তির চালাও!'

রাবণ ছিলা টেনে ছেড়ে দিল। বিশ্বামিত্রের পিছনে রাখা মিথির মূর্তির ওপর তিরটা আঘাত করে প্রাচীন রাজার নাকটা খসিয়ে দিল। রাম রাবণের দিকে তাকাল; তার হাত অস্বাভাবিকভাবে মুষ্টিবদ্ধ। শহরের প্রতিষ্ঠাতার এহেন অপমানেও মিথিলার মানুষের মধ্যে ধিক্কার শোনা গেল না।

রাবণ হাতের ভঙ্গিতে জনককে অবজ্ঞা দেখিয়ে, রক্তচোখে কুশধ্বজের দিকে তাকাল। সে ধনুকটা টেবিলে ছুঁড়ে ফেলে দরজার দিকে এগোতে লাগল। পিছনে চলল রক্ষীদল।

এইসব হট্টগোলের মধ্যেই দৈত্যাকৃতি ভাল্লুক-মানুষটা টেবিলের দিকে এগিয়ে এসে পিনাকের ছিলাটা খুলে ফেলল এবং দুহাতে ধনুকটি তুলে পরম শ্রদ্ধায় মাথায় ঠেকাল, যেন সে নিঃশব্দে ক্ষমা চাইছে ধনুকটির কাছে। এরপর সে টেবিলে ধনুকটিকে নামিয়ে দ্রুত ঘর থেকে বেরিয়ে গেল রাবণের পিছনে পিছনে। সে সভা থেকে বেরিয়ে যাবার আগে পর্যন্ত রামের দৃষ্টি তার উপর বিঁধে ছিল।

লঙ্কার শেষ প্রহরীটি বেরিয়ে যেতে সভার সমস্ত লোক একযোগে ঘাড় ফিরিয়ে সামনের দিকে তাকাল—যেদিকে বিশ্বামিত্র, জনক ও কুশধ্বজ বসে আছেন।

তাঁরা এখন কী করবেন?

বিশ্বামিত্র কথা বলে উঠল এমনভাবে যেন কিছুই হয়নি। 'প্রতিযোগিতা শুরু হোক!'

সভাকক্ষে সবাই নিশ্চুপ ও নিশ্চল হয়ে বসেছিল, যেন তারা একসঙ্গে সবাই পাথরে পরিণত হয়েছে। বিশ্বামিত্র এবার আরও জোর গলায় বলে উঠলেন, 'প্রতিযোগিতা শুরু হোক! রাম, অনুগ্রহ করে সামনে এগিয়ে এসো।'

রাম আসন ছেড়ে উঠে পিনাকের সামনে গিয়ে দাঁড়ালো। সে মাথা নীচু করে ধনুকটিকে প্রথমে অভিবাদন জানাল, তারপর হাত জোড় করে মৃদুস্বরে এক প্রাচীন স্ত্রোত্র আওড়াল: *'ওঁ রুদ্রায় নমঃ' সমস্ত জগৎ রুদ্রের প্রতি নতজানু হয়। আমিও রুদ্রকে নতমস্তকে প্রণাম জানাচ্ছি।'*

সে ডান হাতটা উপরে তুলে কবজিতে বাঁধা লাল সূত্রটা দুটো চোখে স্পর্শ করাল।

ধনুকটিকে স্পর্শ করতেই সে বুঝল শরীরের ভিতর দিয়ে মুহূর্তে এক বিদ্যুৎপ্রবাহ বয়ে গেল। এটা কি ভগবান রুদ্রের প্রতি তার ভক্তির থেকে ঘটল, নাকি অযাচিতভাবে ধনুকটি নিজের মধ্যেকার সঞ্চিত শক্তিপুঞ্জ অযোধ্যার রাজকুমারের মধ্যে সঞ্চারিত করে দিল? যেসব মানুষ তথ্যভিত্তিক মেধার পক্ষে, তারা বিচার করবে ঠিক কী ঘটেছিল। কিন্তু যারা জ্ঞানের পুজারি তারা কেবল সেই মুহূর্তটাকে মনে-প্রাণে উপভোগ করবে। রাম সেই আনন্দঘন অনুভূতি আস্বাদন করে আবার ধনুকটিকে স্পর্শ করল। তারপর ধনুকটির উপর মাথা ঠেকিয়ে তার কাছ থেকে আশীর্বাদ প্রার্থনা করল।

স্বাভাবিক শ্বাসপ্রশ্বাস নিতে নিতে সে ধনুকটি হাতে তুলে নিল। সীতা কুশধ্বজের ঠিক পাশে চিকের আড়ালে নিজেকে লুকিয়ে রামের দিকে একাগ্র দৃষ্টিতে দমবন্ধ করে তাকিয়েছিল।

রাম ধনুকের একটা প্রান্তকে মাটিতে রাখা একটি কাঠের পাটাতনের ওপর রাখল। সে পিনাকের অন্য প্রান্তটা হাতে ধরে একই সঙ্গে ছিলাটা বাঁধার সময় তার কাঁধ, পিঠ ও বাহুর পেশি ফুলে উঠল। এটা করতে তার শরীরের ওপর চাপ পড়লেও তার মুখে ফুটে উঠেছিল সমাহিত ভাব। সে ওপরের প্রান্তটা বাঁকিয়ে ছিলাটা বেঁধে দিল। উপরের প্রান্তটা ছেড়ে দিতে তার শরীরে

স্বাভাবিক ভাব দেখা দিল এবং সে ধনুকটার যথাস্থানে হাত মুঠো করে ধরল। রাম ছিলাটা একেবারে তার কানের কাছে টেনে এনে ছেড়ে দিল। ছিলার টোয়ং শব্দটা বলে দিল যথার্থভাবে বাধা হয়েছে সেটাকে।

সে একটা তির তুলে নিয়ে ইচ্ছে করেই মন্থর গতিতে তামার জলপাত্রটার দিকে এগিয়ে গেল। সে এক হাঁটুর উপর ভর দিয়ে বসল, মাথার ওপর অনুভুমিকভাবে ধনুকটাকে ধরে জলের দিকে তাকাল, যেখানে উঁচুতে রাখা ঘূর্ণমান মাছের প্রতিবিম্ব ঢেউ এর তালে তালে কাঁপছে, যেন তাকে কাঙ্খিত কোনো কিছুর থেকে বঞ্চিত করতেই। পৃথিবীর কোনো চিন্তা তার মধ্যে নেই, সে মনের সমস্ত শক্তি ততক্ষনে নিবদ্ধ করেছে মাছটির উপর। সে তিরটিকে ধনুকের ছিলায় লাগিয়ে ডান হাত দিয়ে ধীরে ধীরে ছিলাটা নিজের দিকে টানতে লাগল। তার পিঠ একেবারে খাড়া, তার প্রধান পেশিগুলো একেবারে টানটান। তার শ্বাসপ্রশ্বাস নিয়মিত ও ছন্দোবদ্ধ। তার একাগ্রতায় ধরিত্রীও যেন তার একাগ্রতা মিশিয়ে দিচ্ছিল। সে নিজেকে উচ্চতর কোনো শক্তির পায়ে সঁপে দিয়ে, ছিলাটা যতটা সম্ভব টেনে এনে তিরটা ছেড়ে দিল। তিরটা উঠতে লাগল উপরে, আর সে তিরের দিকে সবার দৃষ্টি। তিরটা কাঠের ওপর আছড়ে পড়ার শব্দ সভাগৃহে প্রতিধ্বনিত হতে লাগল। তিরটার মাছের ডান চোখ ভেদ করে ওপরের কাঠের ঘেরে বিঁধে গেছে। ঘূর্ণমান কাঠের পাটাতনটা তিরবিদ্ধ অবস্থাতেও নিজের ছন্দে তখনও ঘুরে যাচ্ছিল। ঢেউ তোলা জলে দৃষ্টি নিবদ্ধ অবস্থাতেই ধীরে ধীরে চারপাশের বাস্তবতার প্রতি রামের চেতনা ফিরে আসছিল। নিজের মনেই হাসল সে। তবে মাছের চোখ বিদ্ধ করার জন্য নয়। তার মনে হচ্ছিল লক্ষ্যবস্তুতে তিরটা বেঁধাতে পেরে সে তার জীবনের কোনো এক অধ্যায় শেষে ব্রত উদ্‌যাপন করতে পারল। এই মুহূর্তের পর থেকে সে আর একা নয়।

নিজের মনের গভীরেই সে অস্ফুটে তার শ্রদ্ধার পাত্রীর প্রতি স্তুতিজ্ঞাপন করল। ঠিক সেই ভাষাতেই, বহু বহু শতাব্দী পূর্বে ভগবান রুদ্র যে ভাষায় তাঁর প্রেমাস্পদ মোহিনীর প্রতি করেছিলেন:

আমি প্রাণ ফিরে পেয়েছি। তুমি আমায় প্রাণদান করেছ।

।। অধ্যায় ২৪।।

রাম স্বয়ংবর জিততেই সেদিনই বিকেলে সরল ধর্মীয় আচারে সীতার সঙ্গে তার বিবাহ সম্পন্ন হল। সেই শুভ মুহূর্তেই যেন লক্ষ্মণের সঙ্গে ঊর্মিলার বিবাহের ব্যবস্থা হয়, সীতার এই প্রস্তাব রামকে বিস্মিত করেছিল। সে আরও বিস্মিত হয়েছিল যখন লক্ষ্মণও প্রবল আগ্রহে প্রস্তাবে সম্মতি জানাল। এটা আগেই ঠিক হয়েছিল অযোধ্যায় যাবার আগে মিথিলাতেই তাদের বিয়ে হবে আর রঘুবংশের কুলতিলকদের মর্যাদার সঙ্গে সঙ্গতি রেখে দুই দম্পতি অযোধ্যায় পৌঁছোলে ধূমধামের সঙ্গে উৎসব উদ্‌যাপিত হবে।

অবশেষে রাম ও সীতা একা হতে পারল। খাবার ঘরে দুজনে মেঝেতে গদি আঁটা আসনে বসেছিল, তাদের সামনে নীচু চৌকিতে রাখা হয়েছিল তাদের আহার্য। তখন সন্ধ্যা অনেকটা গড়িয়ে গেছে—তৃতীয় প্রহরের ষষ্ঠ ঘন্টা। মাত্র ক-ঘন্টা আগে ধর্মমতে তাদের বিবাহ হয়েছে এবং তারা একে অপরের সম্পর্কে অজ্ঞ হওয়ায় তাদের মধ্যে এক সলজ্জ আড়ষ্টতা ছিল।

'উম্‌ম,' রাম থালার দিকে চেয়েই মুখ দিয়ে শব্দ করল।

'হ্যাঁ, রাম, বলুন। কোনো অসুবিধে হচ্ছে?'

'না, আমি দুঃখিত...আসলে খাবারে...'

'আপনার পছন্দমতো হয়নি, তাই না?'

'না, না, ভালো। খুবই ভালো। কিন্তু...'

'বলুন।'

'সামান্য একটু নুন লাগবে।'

সীতা সঙ্গেসঙ্গে তার থালা সরিয়ে উঠে দাঁড়িয়ে হাততালি দিতেই একজন পরিচারিকা উপস্থিত হল প্রায় দৌড়ে।

'রাজকুমারের জন্য একটু নুন আনো।' পরিচারিকা চলে যাবার জন্য পিছন ফিরতেই সীতা বলল,'তাড়াতাড়ি যাও।'

পরিচারিকা দৌড় লাগাল।

রাম তোয়ালেতে হাত মুছে নুনের জন্য অপেক্ষা করতে করতে বলল, 'আপনাকে বিরক্ত করার জন্য দুঃখিত।'

সীতা তার আসনে বসতে বসতে কপট রাগের দৃষ্টিতে রামের দিকে তাকাল। 'আমি আপনার স্ত্রী, রাম। আমার কর্তব্য আপনার যত্ন নেওয়া।'

রাম হাসল। 'উমম্, আপনাকে একটা কথা জিজ্ঞাসা করতে পারি?'

'হ্যাঁ, অবশ্যই।'

'আপনার শৈশবকাল সম্পর্কে আমাকে কিছু বলুন।'

'মানে, আপনি জানতে চাইছেন আমাকে দত্তক নেবার আগের কথা? আপনি তো জানেন যে রাজা জনক আমাকে দত্তক নিয়েছিলেন। তাই না?'

'হ্যাঁ...তবে, সেসব বলতে যদি আপনার কোনো অসুবিধা থাকে তবে আপনাকে তা বলতে হবে না।'

সীতা হাসল, 'না আমার অসুবিধার কিছু নেই, কিন্তু আমার সে সময়ের কথা কিছু মনে নেই। আমার পালক পিতা-মাতা যখন আমার খোঁজ পান তখন আমি নিতান্তই শিশু।'

রাম ঘাড় নাড়ল।

রামের মনে কোনো প্রশ্নের সূত্র পেয়ে সীতা সেই অশ্রুত প্রশ্নের উত্তর হিসেবে বলল,'আপনি যদি জিজ্ঞেস করেন আমার জন্মদাতা কে বা কে আমার মা, তা আমি বলতে পারব না। কিন্তু যেটা আমার ভাবতে ভালো লাগে তা হল আমি ধরিত্রীমাতার কন্যা।'

'জন্মটা একেবারেই গুরুত্বহীন। এটা কর্মের জগত, জন্ম এই কর্মভূমিতে

প্রবেশ করার একটা পদ্ধতি মাত্র। কর্মই আসল, সব কিছুর বিচার্য। এবং আপনার কর্ম দিব্য।'

সীতা হাসল। রাম আরও কিছু বলতে যাচ্ছিল। কিন্তু এসময়ই পরিচারিকা নুন নিয়ে হাজির হল। সে ঘর থেকে চলে যেতে রাম খাবারে সামান্য নুন মিশিয়ে আবার খেতে শুরু করল।

'আপনি কিছু বলতে যাচ্ছিলেন,' সীতা বলল।

'হ্যাঁ, আমার মনে হয় যে...'

রামকে আবার থামতে হল, কারণ দরজায় দাঁড়ানো প্রহরী বেশ জোরেই বলে উঠল, 'মলয়পুত্রদের প্রধান, সপ্তর্ষীদের উত্তরাধিকারী, বিষ্ণুর প্রকরণের রক্ষক, মহর্ষি বিশ্বামিত্র!'

সীতা ভ্রূ কুঁচকে রামের দিকে তাকাল। রাম কাঁধ ঝাঁকিয়ে বুঝিয়ে দিল যে মহর্ষির আগমনের হেতু তার অজানা। সীতা পরিচারিকাকে রাম ও তার জন্য হাত ধোবার পাত্র আনতে বলল।

কোনো প্রাথমিক সম্ভাষণ না করেই বিশ্বামিত্র বললেন, 'একটা সমস্যা দেখা দিয়েছে।

'কী হয়েছে, গুরুজি?' রাম জানতে চাইল।

'রাবণ আক্রমণের জন্য প্রস্তুত হচ্ছে।'

রাম অবিশ্বাসের গলায় বলে উঠল,'কিন্তু ওর সঙ্গে তো কোনো সৈন্যবাহিনী নেই। দশহাজার দেহরক্ষীকে নিয়ে সে করবেটা কী? ওই অল্পসংখ্যক রক্ষী দিয়ে মিথিলার মতো ছোটো রাজ্যও অবরোধ করে সে সুবিধা করতে পারবে না। এরকম যুদ্ধে সে তার রক্ষীদের হারানো ছাড়া আর কিছুই অর্জন করতে পারবে না।'

বিশ্বামিত্র বোঝাতে চাইলেন,'রাবণ যুক্তিপরায়ণ লোক নয়। সে অপমানিত বোধ করেছে। তাই তার রক্ষীবাহিনীকে হারানোর বিনিময়েও মিথিলাকে ছারখার করে দেবে।'

রাম সীতার দিকে তাকাল। সীতা বিরক্তিতে মাথা নাড়িয়ে বলল, 'ভগবান রুদ্রের দিব্যি, কেন ওই দৈত্যটাকে স্বয়ংবরের জন্য নিমন্ত্রণ জানানো হয়েছিল?

আমি জানি আমার বাবা তাকে ডাকেননি।'

বিশ্বামিত্র গভীর শ্বাস নিলেন। তার চোখদুটো শান্ত হয়ে এল। 'সে কথা এখন আর ভেবে লাভ নেই, সীতা। প্রশ্ন যেটা তা হল, আমরা এখন কী করব?'

'আপনার পরিকল্পনা কী, গুরুজি?'

'আমার কাছে অত্যন্ত গুরুত্বপূর্ণ কিছু জিনিস আছে যা আমার গঙ্গাতীরের আশ্রমের মাটি খুঁড়ে সংগ্রহ করা হয়েছে। অগস্ত্যকূটমে গিয়ে কিছু বৈজ্ঞানিক পরীক্ষানিরীক্ষার জন্য সেগুলোর প্রয়োজন হয়েছিল। যে জন্যই আমি ওই আশ্রমে গিয়েছিলাম।'

অগস্ত্যকূটম্ ভারতের দক্ষিণে নর্মদা নদের ওপারে অনেকটা গভীরে মলয়পুত্রদের রাজধানী। বস্তুত এটা লঙ্কার খুব নিকটবর্তী।

'বৈজ্ঞানিক পরীক্ষানিরীক্ষা?' রাম অবাক হল।

'হ্যাঁ, দৈবশস্ত্র সংক্রান্ত পরীক্ষানিরীক্ষা।'

সীতা গভীর শ্বাস টানল। সে জানে দৈব অস্ত্রের ক্ষমতা ও পরাক্রম। 'গুরুজি, আপনি কি বলতে চাইছেন যে আমরা দিব্য অস্ত্র ব্যবহার করব?'

বিশ্বামিত্র সীতার কথায় ঘাড় নেড়ে সম্মতি জানাতেই রাম বলে উঠল, 'কিন্তু তা তো রাবণসেনার সঙ্গে সঙ্গে মিথিলাকেও ধ্বংস করে দেবে!'

'না, তা করবে না। এটা পরম্পরাগত দিব্য অস্ত্র নয়। আমার কাছে যে অস্ত্র আছে তার নাম অসুরাস্ত্র।'

প্রচণ্ড বিচলিত রাম বলল, 'কিন্তু অসুরাস্ত্র তো জীবাণু অস্ত্র!'

'হ্যাঁ, বিস্ফোরণের দমকায় অসুরাস্ত্র থেকে বেরোনো বিষাক্ত ধোঁয়া লঙ্কার লোকেদের দিকে গিয়ে তাদের অসাড় করে দেবে এবং বহুকালের জন্য, এমনকী হয়ত সারা জীবনের জন্য পক্ষাঘাতগ্রস্ত করে তুলবে। আমরা অসাড় লোকগুলো কারাগারে বন্দি করেই সমস্যাটার সমাধান করে দেব।'

'কেবল পক্ষাঘাতগ্রস্ত করবে গুরুজি? আমি তো জেনেছি একটু বেশি পরিমানে ব্যবহার করলে অসুরাস্ত্র হত্যাও করতে পারে? রাম জিজ্ঞাসুভাবে বলল।'

বিশ্বামিত্র জানেন কেবলমাত্র একজনই সম্ভবত এ বিষয়টা রামকে জানাতে

পারে। অন্য কোনো দৈব অস্ত্র বিশারদ তো কখনো এই যুবকের সঙ্গে মিলিত হয়নি। রামের এই জানাটাই তাকে তেলে-বেগুনে জ্বালিয়ে দিল, 'তুমি কি এর থেকে ভালো কোনো পরিকল্পনার কথা জানো?'

রাম নিশ্চুপ হয়ে গেল।

'কিন্তু ভগবান রুদ্রের তৈরি নীতির কী হবে?' সীতা জানতে চাইল।

পূর্ববর্তী মহাদেব রুদ্র, যিনি অশুভ বিনাশক বলে বিশ্রুত, তিনি বহু শতাব্দী আগেই এই অস্ত্রের প্রয়োগ নিষিদ্ধ করে গেছেন। ভয়ানক দেবতা রুদ্রের ভয়েই সবাই এই নীতি এতকাল মেনে চলেছে। তিনি নিয়ম করে গেছেন যদি কেউ এ নীতি লঙ্ঘন করে তবে তাকে চোদ্দ বছরের জন্য নির্বাসিত হতে হবে। দ্বিতীয়বার এ নিয়ম ভাঙলে, তার শাস্তি মৃত্যু।

'আমি মনে করি না সে নীতি অসুরাস্ত্রের ক্ষেত্রে প্রযোজ্য,' বিশ্বামিত্র বললেন। 'এ অস্ত্র গণহত্যা করে না, জনগণকে পক্ষাঘাতগ্রস্ত করে।

সীতা তার চোখ সংকীর্ণ করল। বোঝাই যাচ্ছে সে এ যুক্তিতে আদৌ প্রত্যয়ী নয়। 'আমি এর বিরুদ্ধ মত পোষণ করি। দৈবী অস্ত্র দৈবী অস্ত্রই। আমরা ভগবান রুদ্রের গোষ্ঠী বায়ুপুত্রদের অনুমোদন ছাড়া এ অস্ত্র ব্যবহার করতে পারি না। আমি ভগবান রুদ্রের ভক্ত। আমি তাঁর সৃষ্ট নিয়ম ভাঙব না।'

'তাহলে তুমি কি আত্মসমর্পণ করতে চাও?'

'অবশ্যই নয়। আমরা লড়াই করব।'

উপহাস করে উঠলেন বিশ্বামিত্র, 'লড়াই করবে? তাই নাকি? অনুগ্রহ করে ব্যাখ্যা করবে কারা যুদ্ধ করবে রাবণসেনার বিরুদ্ধে? মিথিলার দুর্বলচিত্ত, ননীর পুতুল ওই বুদ্ধিজীবীরা? তোমার পরিকল্পনা কী? তর্কযুদ্ধে লঙ্কাসেনাকে হনন করবে?'

সীতা শান্তভাবে বলল, 'আমাদের পুলিশ বাহিনী আছে।'

'তাদের রাবণের বাহিনীর মতো প্রশিক্ষণ বা অস্ত্রশস্ত্র কিছুই নেই।'

'আমরা তো তার সেনাবাহিনীর সঙ্গে লড়ছি না। আমাদের লড়াই তাদের রক্ষীবাহিনীর সঙ্গে। তাদের পক্ষে আমার পুলিশ বাহিনীই যথেষ্ট।

'তুমি খুব ভালোভাবেই জানো তারা তা নয়।'

'আমরা দৈব অস্ত্র ব্যবহার করব না গুরুজি,' কঠোর কণ্ঠে বলল সীতা।

রাম বলে উঠল, 'সমীচির পুলিশ বাহিনী একা নয়। লক্ষ্মণ ও আমিও আছি দুর্গপ্রাকারে। দুটো দুর্গপ্রাকার দিয়ে এ শহর সুরক্ষিত। জলাধার দিয়ে ঘেরা গোটা শহরটা। আমরা মিথিলাকে রক্ষা করতে পারব। আমরা লড়াইয়ের জবাব দিতে পারব।'

মুখে চরম ব্যঙ্গের ভাব নিয়ে বিশ্বামিত্র রামের দিকে ফিরলো, 'নির্বোধ! আমাদের চেয়ে ওদের সংখ্যা বহুগুণ বেশি। দুটি দুর্গপ্রাকার... হাঃ।' ঘৃণায় নাক দিয়ে শব্দ করে উঠলেন বিশ্বামিত্র। 'মনে হচ্ছে দুটো প্রাকারের ব্যবস্থাটা খুব উপযোগী! তুমি কি ভাবো রাবণের মতো দক্ষ সৈন্যাধক্ষের পক্ষে এই বাধা দূর করার কৌশল খুঁজে পেতে অনেক সময় লাগবে?'

'আমরা দৈব অস্ত্র প্রয়োগ করব না, গুরুজি।' কঠোর মুখে দৃঢ়কণ্ঠে জানাল সীতা। 'এখন যদি মার্জনা করেন, তবে আমি যুদ্ধের প্রস্তুতি শুরু করে দিই।'

এখন অনেক রাত। চতুর্থ প্রহরের চতুর্থ ঘণ্টা। রাম ও সীতার সঙ্গে যোগ দিয়েছে লক্ষ্মণ ও ঊর্মিলা। মৌচাকের ছাদের কিনারে। মৌচাকের সব বাসিন্দাকে অন্যত্র সরিয়ে দেওয়া হয়েছে। পরিখা-জলাধারের উপর যে পন্টুন ব্রিজগুলো ছিল সেগুলোও ধ্বংস করে দেওয়া হয়েছে।

নারী ও পুরুষ মিলিয়ে মিথিলার পুলিশ বাহিনীর সদস্য চার হাজার। এক লক্ষ লোকের ছোটো শহরের আইন শৃঙ্খলা রক্ষা করার জন্য এরাই যথেষ্ট। দুটি প্রাকারের সুবিধা থাকলেও তারা কী পারবে রাবণের রক্ষীবাহিনীর আক্রমণ প্রতিহত করতে। রাবণের সেনাসংখ্যা তাদের থেকে অনেক বেশি, অনুপাতে প্রতি দুজনে পাঁচজন ।

রাম ও সীতা বাইরের প্রাকার রক্ষার কোনো চেষ্টাই করেনি। তারা চায়, বাইরের প্রাকার ডিঙিয়ে শত্রুরা আক্রমণ শানাক তাদের প্রতি। তখনই তাদের দুই তিরন্দাজরা অবিরল তিরবর্ষণ করে জায়গাটাকে করে ফেলবে হত্যামঞ্চ। অন্যদিকে তাদের ওপরও তিরবর্ষণ হবে বুঝে মিথিলার পুলিশ বাহিনীকে

তাদের কাঠের ঢালগুলো আনতে বলা হয়েছে, যেগুলি দিয়ে সাধারণত ভিড় সামলানো হয়। লক্ষ্মণ তাদের আরও কয়েকটি রক্ষ্মণাত্মক কৌশল শিখিয়েছে যাতে তারা তিরের আঘাত থেকে বাঁচতে পারে।

'মলয়পুত্ররা কোথায়?' লক্ষ্মণ রামের কাছে জানতে চায়।

রামকে যথেষ্ট অবাক করেই মলয়পুত্ররা যুদ্ধের প্রস্তুতিতে অংশ নেয়নি। রাম অস্ফুটে বলে, 'লড়াইটা একা আমাদেরই লড়তে হবে।'

লক্ষ্মণ মাথা নাড়িয়ে মাটিতে শব্দ করে থুতু ফেলে, 'কাপুরুষের দল।'

'সামনে তাকাও! সমীচি বলে।'

সমীচি যেদিকে আঙুল দেখাচ্ছে সীতা ও লক্ষ্মণ সেদিকে তাকায়। রামের ভাবনা তখন অন্য দিকে। সমীচির কণ্ঠে সামান্য হলেও কেমন সশঙ্কিত ভাব। সীতার মতো নয়, সে প্রবল বিচলিত। হয়ত সীতা তাকে যতটা সাহসী বলে বিশ্বাস করে ততটা সে নয়।

রাম তার চোখ ফেরাল শত্রুদের উপর।

মিথিলাকে ঘিরে রাখা পরিখার ওপারে সার সার মশাল জ্বলছে। সারা সন্ধ্যা ধরে রাবণের রক্ষীবাহিনী প্রবলবেগে কাজ করে চলেছে। জঙ্গল থেকে গাছ কেটে তা দিয়ে দাঁড়টানা নৌকা বানাচ্ছে তাদের দুর্গের সামনে নিয়ে যাবার জন্য।

তারা সেদিকে তাকিয়ে থাকতে থাকতেই লঙ্কাবাহিনী তাদের নৌকাগুলো একে একে জলে নামাতে শুরু করেছে।

'সময় হয়েছে!' সীতা বলল। হ্যাঁ' রামও সম্মতি জানাল, 'ওরা বাইরের প্রাকারে আক্রমণ চালাবার আগে আমাদের হাতে আধ ঘণ্টাটাক সময় আছে।'

রাতের অন্ধকার বিদীর্ণ করে প্রবল শব্দে হাজার শাঁখ বেজে উঠল। এখন সবাই জেনে গেছে এই শঙ্খধ্বনি রাবণ ও তার সেনার বজ্রনির্ঘোষ ও রণবাদ্য। মশালের কম্পিত আলোছায়ায় তারা দেখল লঙ্কাবাহিনী বিরাট বিরাট মই বাইরে প্রাকারের দেওয়ালে লাগাচ্ছে। 'ওরা এখানে পৌঁছে গেছে', রাম

বলল। দ্রুত সংবাদ পৌঁছে গেল মিথিলার পুলিশ সৈনিকদের কাছে। রাম একপশলা তিরবৃষ্টি প্রত্যাশা করছিল লঙ্কার কাছ থেকে। ওরা ততক্ষণ তিরবর্ষণ চালাবে যতক্ষণ পর্যন্ত তাদের সৈন্যরা প্রাকারের বাইরে থাকবে। সব সৈন্য ভিতরে এলে তিরবর্ষণ থেমে যাবে। ঝড় শুরুর মুখে যেমন শব্দ হয় তেমনই হু হু শব্দে তির আছড়ে পড়তে লাগল।

'ঢাল তুলে ধরো।' সীতা আদেশ দিল।

মিথিলা বাহিনী সঙ্গে সঙ্গে ঢাল তুলে তিরের আছড়ে পড়ার অপেক্ষা করতে থাকল। রাম একটু বিচলিত হয়ে পড়ল। আওয়াজটাকে তার কেমন অন্যরকম মনে হল। একসঙ্গে হাজার তির ছুড়লে যে আওয়াজ হয় তার চেয়ে অনেক প্রচন্ড আওয়াজ সে পেল। অওয়াজটা প্রায় বিস্ফোরণের মতো। সে যা ভেবেছিল তাই।

প্রবল গতিতে মিথিলার প্রতিরক্ষা বলয়ে ছুটে আসতে লাগল শস্ত্র। প্রবল আর্তনাদ ও উচু থেকে নীচে ঢাল পড়ার আওয়াজের সঙ্গে মুহুর্তমধ্যে মিথিলা বাহিনী লুটিয়ে পড়ল।

তার ঢালের আড়াল থেকে লক্ষ্মণ জিজ্ঞেস করল 'এসব কী হচ্ছে।'

ছুটে আসা এক অস্ত্রের আঘাতে রামের কাঠের ঢাল দুটুকরো হয়ে গেল পরিষ্কার দুভাগে— যেন কেউ মাখনের মধ্যে দিয়ে ছুরি চালালো। একচুলের জন্য সে রক্ষা পেয়েছে। সে সামান্য দূরে পড়ে থাকা শস্ত্রটার দিকে তাকাল।

একটা ভল্ল!

তাদের কঠোর ঢাল তিরের আঘাত প্রতিহত করতে পারে, ভল্লের নয়।

হে ভগবান রুদ্র, কীভাবে ওরা এতদূর থেকে এত জোরে ভল্ল ছুঁড়তে পারছে? এতো অসম্ভব!

ভল্লের প্রথম দাপট থেমে গেল। রাম জানত পরের আঘাতের আগে তাদের হাতে কয়েক মিনিট সময় আছে। সে তার চারপাশে তাকাল।

'ভগবান রুদ্র, করুণা কর...'

একবারের আঘাতেই ক্ষতি হয়েছে বিস্তর। মিথিলা বাহিনীর এক চতুর্থাংশ হয় নিহত নয় ভয়ংকর ভাবে আহত। বিশাল বিশাল ভল্ল ঢাল ভেদ করে

তাদের শরীর বিদীর্ণ করেছে।

রাম সীতার দিকে তাকিয়ে আদেশ করল, 'আর এক দফা আক্রমণ যে কোনো মুহুর্তে শুরু হবে। ঘরের ভিতরে যাও।'

'ঘরের মধ্যে!' চিৎকার করল সীতা।

'বলছি সবাইকে ঘরের মধ্যে যেতে। সৈন্যাধ্যক্ষ পুনরায় বলল এবং দেখল সবাই পড়িমড়ি করে দরজা খুলে ভেতরে লাফিয়ে পড়ছে। এমন পশ্চাদপসরণ সচরাচর দেখা যায় না। কিন্তু তবুও এটা কার্যকরী পদ্ধতি। কয়েক মিনিটের মধ্যে প্রত্যেক জীবিত মিথিলা-পুলিস বাড়ির মধ্যে ঢুকে নিরাপত্তা পেল। দরজাগুলো সব বন্ধ থাকায় নতুন করে শুরু হওয়া ভল্ল আক্রমণ মৌচাকের ছাদে আছড়ে পড়তে লাগল। দলছুট কয়েকজন মৃত্যুমুখে পতিত হলেও অধিকাংশই এখন নিরাপত্তা বলয়ের মধ্যে, অন্তত এখনকার মতো।

লক্ষ্মণ কিছু না বলে রামের দিকে তাকিয়েছিল। কিন্তু তার চোখের ভাষায় স্পষ্ট লেখা— এক ভয়াবহ দুর্যোগ।

এখন করণীয় কী? রাম সীতাকে জিজ্ঞাসা করল। 'রাবণের সৈন্যেরা নিশ্চয় বাইরে প্রাকারে উঠে পড়েছে। এখুনি তারা আমাদের উপর ঝাপিয়ে পড়বে। এদের থামানোর আর কোনো উপায় নেই।'

সীতা প্রবলভাবে হাঁপাচ্ছিল। ক্ষুব্ধ নাগিনীর মতো তার চোখ জ্বলছিল। ক্রোধ ঝরে পরছিল প্রতিটি বিন্দু দিয়ে। রাজকুমারীর পেছনে দাঁড়িয়ে সমীচি অসহায়ভাবে কপালে হাত ঘষছিল।

'সীতা?' রাম ব্যগ্র হয়ে জিজ্ঞাসা করল।

সীতার চোখ হঠাৎ বড়ো হয়ে গেল। 'জানালাগুলো?'

'কী বলছেন?' তার প্রধানমন্ত্রীর কথায় অবাক হয়ে জানতে চাইল সমীচি।

সীতা মুহূর্তমধ্যে তার কজন সেনাপতিকে ডেকে নিল। চারপাশে মৌচাকের সব ঘরের বাইরের দিকের জানালা ভেঙে ফেলার নির্দেশ দিল পুলিশদের। যে জানালাগুলো বাইরের দিকে বা দুই বাড়ির মাঝামাঝি। সেগুলো দিয়ে দুই প্রাকারের মধ্যবর্তী ফাঁকা জায়গা পরিষ্কার দেখা যায়। ওই

সব রন্ধ্র দিয়ে আক্রমণরত লঙ্কা বাহিনী ওপর তির বর্ষণ করতে হবে।

'অসাধারণ!' লক্ষ্মণ চিৎকার করে একটা পাল্লা দেওয়া জানালার কাছে ছুটে গেল। সে মুষ্টিবন্ধ হাতে করে পিছনদিকে নিয়ে গেল এবং পেশি ফুলিয়ে কাঠের উপর ঘুষি চালাল। একটি প্রবল আঘাতেই পাটাতন ভেঙে গেল।

মৌচাক বাড়ির এই অংশ প্রত্যেক বাড়ির ভিতরে বারান্দা দিয়ে সংযুক্ত।

খবর ছড়িয়ে পড়ল সর্বত্র। মুহূর্তকাল মধ্যে জানলার কাঠের পাল্লা ভেঙে দুই প্রাকারের মাঝখানে আটকে পড়া লঙ্কাবাহিনীর ওপর তির বর্ষণ করতে লাগল। লঙ্কা বাহিনী এই প্রতিরোধ কল্পনাই করেনি। তাদের সুরক্ষা বলতে কিছু ছিল না। দু প্রকারের মধ্যে আবদ্ধ সৈন্যেরা অবিশ্রান্ত তির বর্ষণে ছিন্নভিন্ন হয়ে গেল। সামান্য সময়ের মধ্যেই মারা পড়ল বহু সৈন্য। তিরের ধারায় মনের সুখে হত্যা করতে পেরে তারা নাটকীয় ভাবে তিরবর্ষণ কমিয়ে দিল।

অকস্মাৎ আবার শঙ্খধ্বনি হল, তবে এবার তা বেজে উঠল অন্য সুরে। লঙ্কা বাহিনী প্রাণ হাতে নিয়ে মৃত সহকর্মীদের ওপর দিয়ে প্রাণপণে দৌড়ে যতটা দ্রুত ঢুকেছিল তার চেয়ে দ্বিগুণ গতিতে পালিয়ে গেল।

মিথিলা বাহিনী থেকে হর্ষধ্বনি করে উঠল। তারা প্রথম আক্রমণ সামলে আক্রমণকারীদের বিদায় করতে পেরেছে।

যখন ভোর হচ্ছিল তখন রাম, সীতা ও লক্ষ্মণ মৌচাক আবাসনের ছাদে ছিল। সূর্যের নম্র আলোকরশ্মি তীক্ষ্ণ বৈপরীত্যে লঙ্কা বাহিনীর ভল্ল আক্রমণের ধ্বংসস্তুপের উপর নেমে আসছিল। এ দৃশ্য ছিল প্রকৃত অর্থেই হৃদয়বিদারী।

তার চারপাশে মিথিলা পুলিশের ছিন্নভিন্ন মৃতদেহ। কারো কাটা মুণ্ড দেহ থেকে ঝুলছিল, কারো পেটের নাড়িভুড়ি বেরিয়ে এসেছিল, বেশির ভাগ দেহে বিঁধেছিল ভল্ল, তারা রক্তক্ষরণে ধীরে ধীরে মারা গেছে। 'ওহ! অন্তত আমার এক হাজার সৈন্য...'

'আমরাও ওদের প্রবল আঘাত করেছি, বৌদি,' লক্ষ্মণ তার ভ্রাতৃবধূকে

বলল। 'দুই প্রাকারের মধ্যে অন্তত হাজার সৈন্যের মৃতদেহ পড়ে আছে।'

সীতা লক্ষ্মণের দিকে তাকাল। তার স্বাভাবিক উজ্জ্বল চোখে এখন জল টলটল করছে। 'তা ঠিক, তবু ওদের এখনো আছে ন-হাজার, কিন্তু আমাদের মাত্র তিন হাজার। পরিখার ওপারে লঙ্কা শিবিরে লক্ষ্য রাখছিল রাম। আরোগ্য শিবির তৈরি হয়েছে আহতদের চিকিৎসার জন্য। বহু সৈন্য প্রবল উদ্যমে কাজ করছে। গাণিতিক দক্ষতায় তারা একের পর এক গাছ কেটে জঙ্গল সীমানাকে দূরে সরিয়ে দিচ্ছে। বোঝাই যাচ্ছে তাদের পিছিয়ে যাবার কোনো পরিকল্পনা নেই।

পরের বারের জন্য ওরা আরও ভালো প্রস্তুতি নিচ্ছে, রাম বলল। 'ওরা যদি ভিতর প্রাকার ডিঙোতে পারে, তবে সব শেষ।'

সীতা রামের কাঁধে হাত রেখে মাটির দিকে তাকিয়ে দীর্ঘশ্বাস ফেলল। সীতার সান্নিধ্যে রামের চিন্তা একটু বিঘ্নিত হল। সে তার কাঁধে রাখা সীতার হাতের দিকে তাকাল এবং চোখ বুজে ফেলল। তাকে একাগ্র হতে হবে। আবারও আয়ত্ত করতে হবে আবেগকে বশে রাখার কৌশল।

সীতা মুখ ঘুরিয়ে শহরের ভিতর দিকে তাকাল। তার চোখ পড়ল ভগবান রুদ্রের মন্দিরের সুউচ্চ গম্বুজের দিকে, যা দাঁড়িয়ে আছে মৌমাছি আবাসনের কিছুটা পিছনে। ভয়ংকর প্রতিজ্ঞা তার মধ্যে গড়ে উঠতে থাকল, তার ধমনিগুলো হয়ে উঠল প্রত্যয়ে ইস্পাতকঠিন। 'এখনও সব শেষ হয়ে যায়নি। আমি নাগরিকদের ডাক দেব আমাদের সঙ্গে প্রতিরোধে সামিল হতে। আমার নাগরিকরা বঁটি কাটারি নিয়ে যদি আমার পাশে এসে দাঁড়ায় তবে ওই লঙ্কার আবর্জনাগুলোর চেয়ে সংখ্যায় হয়ে উঠব অনেক বেশি, আমরা ওদের সঙ্গে টেক্কা দিতে পারব।'

রাম সীতার আত্মবিশ্বাসের সঙ্গে নিজের বিবেচনাবোধকে মেলাতে পারছিল না। সীতা নিজের মনেই মাথা নাড়ল। যেন সে মনস্থির করে ফেলেছে। সে মিথিলা পুলিশ প্রধানকে অনুসরণ করার আদেশ দিয়ে শহরের ভিতর দিকে দৌড়োতে লাগল।

।। অধ্যায় ২৫ ।।

'আপনি কোথায় ছিলেন, গুরুজি?' রাম নম্রভাবে জিজ্ঞাসা করল। যদিও তার কঠোর মুখভঙ্গি ও শক্ত শরীরের সঙ্গে তার কণ্ঠস্বরের কোনো সাযুজ্য ছিল না। বিশ্বামিত্র শেষমেশ অবতীর্ণ হলেন প্রথম প্রহরের পঞ্চম ঘন্টায়। প্রথম সূর্যের আলোয় দেখা যাচ্ছিল লঙ্কা শিবিরের প্রবল কর্মতৎপরতা। সীতা তখনও চেষ্টা চালিয়ে যাচ্ছিল নাগরিক সৈন্যবাহিনী সংগ্রহ করার। অরিষ্টনেমী দাঁড়িয়েছিল দূরে, অদ্ভুতভাবে এই প্রথম তাকে দেখা গেল এমন দূরত্বে যাতে সে কথা শুনতে না পায়।

'বলুন তো আপনার কাপুরুষ মলয়পুত্ররা ঠিক কোথায় ছিল?' লক্ষ্মণ কোনোরকম ভদ্রতা না দেখিয়ে গর্জন করে উঠল।

বিশ্বামিত্র তীক্ষ্ণভাবে লক্ষ্মণের দিকে তাকিয়ে মুখ ফেরালেন রামের দিকে। বললেন, 'অন্তত একজন প্রাপ্তবয়স্কের উপস্থিতি এখানে প্রয়োজন ছিল। যে আশু করণীয় কী তার সিদ্ধান্ত নিতে পারত।'

রাম জিজ্ঞাসু দৃষ্টিতে তার দিকে তাকাল।

'আমার সঙ্গে এসো।' বিশ্বামিত্র বলল।

বিশ্বামিত্রের সঙ্গে গিয়ে রাম সবিস্ময়ে দেখল, লঙ্কা সেনাদের আক্রমণের পরিধির বাইরে থাকা একটা অংশে মলয়পুত্ররা সারা রাত ধরে পরিশ্রম করে প্রস্তুত করেছে এক অসুরাস্ত্র।

একটি সাধারণ চেহারার নানা অংশবিশিষ্ট অস্ত্র হলেও সেটা তৈরি করতে সময় লেগেছে অনেক। বিশ্বামিত্র ও মলয়পুত্ররা অতি সামান্য আলোয় এটা নিয়ে কাজ করেছে। ক্ষেপণাস্ত্রটি ছোড়ার জন্য প্রয়োজনীয় বেদিটি অবশেষে ব্যবহারের জন্য প্রস্তুত হয়েছে। বেদিটি লক্ষ্মণের চেয়ে সামান্য উঁচু এবং কাঠে তৈরি। ক্ষেপণাস্ত্রটির বহির্ভাগ নির্মিত দস্তা দিয়ে। এর নানা যন্ত্রাংশ ও মূল অংশটি এখন বিস্ফোরক প্রকোষ্ঠে ঢুকিয়ে দেওয়া হয়েছে।

ক্ষেপণাস্ত্র নিক্ষেপের জন্য প্রস্তুত, কিন্তু রাম তখনও ছিল দ্বিধাগ্রস্ত।

সে বাইরে বহিঃপ্রাচীরের ওপারে তাকাল।

জঙ্গল সাফ করে একটা বড় ফাঁকা জায়গা বের করতে প্রবল ব্যস্ত লঙ্কা বাহিনী। তারা ওখানে কিছু একটা করতে চাইছে।

'জঙ্গলের একদম সামনে লোকগুলো কী করছে', লক্ষ্মণ জানতে চাইল।

'ভালো করে লক্ষ করো', বিশ্বামিত্র বললেন।

একদল লোক কাঠের তক্তা তৈরি করছে। প্রথমে লক্ষ্মণ ভাবছিল ওরা নৌকা তৈরি করতে ব্যস্ত, কিন্তু ভালোভাবে দেখে সে বুঝল, তার ধারণা ভুল। তারা তক্তাগুলোকে জুড়ে বিশালাকায় ঢাল তৈরি করছে যার স্থানে স্থানে এবং নিচের দিকেও আটকানো। দুজন সেনা যদি এক একটা এই ঢাল তুলে ধরে তবে তা দিয়ে অন্তত কুড়িজন সেনার সুরক্ষা সম্ভব।

'কচ্ছপ ঢাল'! রাম বলল।

'হ্যাঁ তাই-ই', বিশ্বামিত্রের উত্তর। 'ওগুলো যথেষ্ট পরিমাণে তৈরি হলেই ওরা প্রতি আক্রমণ করবে। আমাদের দিক থেকে প্রতিরোধ না হলে ওরা এবার আর বাহির প্রাকার ডিঙোবে না। সরাসরি ভেঙে ভেতরে ঢুকে আসবে। আর তারপর ওরা কী করবে তা তোমার অজানা নয়। শহরের একটা ইঁদুরও রেহাই পাবে না।'

রাম স্থিরভাবে দাঁড়িয়ে রইল। সে জানে বিশ্বামিত্র যা বলছেন তা সত্য।

তারা দেখতে পাচ্ছিল ওই রকম কুড়ি-পঁচিশটা ইতিমধ্যে তৈরি হয়ে গেছে। লঙ্কা বাহিনী বিস্ময়কর গতিতে কাজ করছে। তাদের পক্ষ থেকে আক্রমণ অতি আসন্ন, হয়তো আজকে রাত্রেই। তার মধ্যে মিথিলা প্রস্তুত হওয়ার সময় পাবে না।

বিশ্বামিত্র বললেন, 'রাম তোমার এটা বোঝা দরকার যে অসুরাস্ত্র প্রয়োগই একমাত্র সমাধান। এখনই অস্ত্রটা নিক্ষেপ করো। ওরা এখনও প্রস্তুত নয়, শহর থেকে ওরা এখন অনেকটা দূরে। তাই মিথিলার ক্ষয়ক্ষতি সম্ভাবনা কম।'

রাম জিজ্ঞাসু চোখে লক্ষ্মণের দিকে তাকাল।

এটাই একমাত্র পথ!

'আপনি ক্ষেপণাস্ত্রটি এখনও নিক্ষেপ করছেন না কেন গুরুজি?' লক্ষ্মণ বলে উঠল। তার কণ্ঠস্বরে এখন শ্লেষের চিহ্নমাত্র নেই।

'আমি একজন মলয়পুত্র, আমি মলয়পুত্রদের নেতা,' বিশ্বামিত্র বললেন।

'বায়ুপুত্র ও মলয়পুত্রেরা একসঙ্গে কাজ করে, যেমন যুগযুগান্ত ধরে বিষ্ণু ও মহাদেবেরা পারস্পরিক সংযোগ রেখে কাজ করছেন। আমি বায়ুপুত্রদের নিয়ম লঙ্ঘন করতে পারি না।'

'কিন্তু আমার দাদার পক্ষে তা করা কি ন্যায়সঙ্গত?'

'তোমার মরার পথও বেছে নিতে পারো। সে বিকল্পটা সর্বদাই খোলা আছে।' বিশ্বামিত্র তিক্ত স্বরে বললেন। তারপর রামের দিকে তাকিয়ে সরাসরি বললেন, 'তাহলে সিদ্ধান্ত কী?'

বিশ্বামিত্র রামের খুব কাছে এসে দাঁড়ালেন। 'রাম, মনে হয় শহরের প্রত্যেকটি মানুষকে অত্যাচার করে খুন করবে রাবণ। তোমার স্ত্রীর জীবনও সংকটাপন্ন। তুমি কি একজন স্বামী হিসেবে স্ত্রীর সুরক্ষা সুনিশ্চিত করবে না? তুমি কি অন্যের মঙ্গলের জন্য নিজের উপর একটা পাপ ডেকে নিতে পারো না? তোমার ধর্ম কী বলে?'

আমি সীতার জন্য তা করব।

'আমরা প্রথম ওদের সাবধান করব,' রাম বলল। 'ওদের পশ্চাদপসারণের একটা সুযোগ দেব। আমি জানি, অসুররাও কোনো দৈব অস্ত্র প্রয়োগের পূর্বে এই আচরণবিধি মেনে চলে।'

'বেশ!'

'আর ওরা যদি সেই সাবধানবাণী উপেক্ষা করে,' রাম বলল; তার হাতের মুঠিতে তখন তার রুদ্রাক্ষ নির্মিত তাবিজ, যেন তা থেকে সে শক্তি আহরণ করছে। 'তাহলে আমরা অসুরাস্ত্র প্রয়োগ করব।'

বিশ্বামিত্র তৃপ্তির হাসি হাসলেন, যেন রামের কাছ থেকে এই সম্মতি তাকে বিশেষ সম্মান দিলল।

দৈত্যাকৃতি ভাল্লুক-মানুষটি ঘুরে ঘুরে কাজের তদারকি করছিল। তার পায়ের কাছে রাখা একটি তক্তায় তির বিঁধে যাওয়া আগের মুহূর্তে সে শব্দটা শুনতে পেল। খানিকটা আশ্চর্য হয়েই মুখ তুলে তাকাল।

মিথিলায় কে এমন আছে যে এত দূর থেকে নির্ভুল লক্ষ্যে তির ছুঁড়তে পারে?

সে শহরের প্রকারের দিকে তাকাল, দেখল দুজন খুব লম্বা মানুষ ভিতর প্রাকারের কিনারায় দাঁড়িয়ে আছে। তাদের চেয়ে সামান্য খাটো অন্য একজন কিছুটা দূরে দাঁড়িয়ে। ধনুক হাতে লোকটিকে দেখে তার মনে হল, যেন সরাসরি তার দিকে তাকিয়ে।

ভালুক-মানুষটা এবার পায়ের কাছে তিরবিব্ধ তক্তার দিকে তাকাতেই দেখল, তিরের আগায় একটা কাগজ আটকানো। একটানে কাগজটা খুলে দেখল।

'তুমি সত্যি সত্যি বিশ্বাস করো কুম্ভকর্ণ, যে ওরা এটা করবে?' নাক দিয়ে বিরক্তিসূচক শব্দ করে চিরকুটটা ছুড়ে ফেল দিল রাবণ।

'দাদা', খুব অমায়িক গলায় কথা বললেও তার কণ্ঠস্বর প্রতিনিয়ত ওঠানামা

করছিল। ‘ওরা যদি একটা অসুরাস্ত্র ছোঁড়ে তবে তা—’

রাবণ তাকে হাতের ইশারায় থামিয়ে দিয়ে বলল, ‘ওদের ওসব নেই, ওরা আমাদের বোকা বানাতে চাইছে।’

‘কিন্তু দাদা মলয়পুত্রদের সত্যিই—’

‘বিশ্বামিত্র ধাপ্পা দিচ্ছে’

চুপ করে গেল কুম্ভকর্ণ।

আশু প্রয়োজনীয়তার উৎকণ্ঠা নিয়ে বিশ্বামিত্র বলল, ‘ওরা কিন্তু এক ইঞ্চিও পিছোলো না। অস্ত্রটা এখনই প্রয়োগ করা দরকার।’

দ্বিতীয় প্রহরের তৃতীয় ঘণ্টায় সূর্যের যা অবস্থান তাতে সবকিছু পরিষ্কার দৃশ্যমান। তিন ঘণ্টা আগে, রাম তার সতর্কবার্তা পাঠিয়েছে লঙ্কা শিবিরের উদ্দেশ্যে। তার যে কোনো প্রতিক্রিয়া হয়নি তা বোঝাই যাচ্ছে।

‘আমরা ওদের এক ঘণ্টার সতর্কবার্তা দিয়েছিলাম।’ বিশ্বামিত্র বললেন। ‘তিনঘণ্টা অপেক্ষা করেছি আমরা। ওরা নিশ্চয়ই ভাবতে শুরু করেছে আমরা ওদের ধাপ্পা দিচ্ছিলাম।’

লক্ষ্মণ বিশ্বামিত্রের দিকে তাকাল, ‘আপনি কি মনে করেন না আমাদের একবার বৌদির মতামত নেওয়া দরকার? তিনি তো পরিষ্কার ভাবেই বলেছেন—’

বিশ্বামিত্র যেদিকে অঙ্গুলি নির্দেশ করেছিলেন সেদিকে রাম ও লক্ষ্মণ একযোগে ফিরে তাকাল।

‘ওরা কি নৌকাগুলোয় উঠছে?’

‘হয়ত ওরা নিজেদের মধ্যে একটু অনুশীলন করে নিচ্ছে,’ লক্ষ্মণ নিজের ধারণা ভুল বুঝেও সময় নেবার জন্য বলল। সেক্ষেত্রে, আমাদের হাতে আরও খানিকটা সময় থাকছে।’

‘রাম, তুমি কি মনে করো আমরা এতটা ঝুঁকি নিতে পারি?’ বিশ্বামিত্র

জিজ্ঞাসা করলেন।

রাম নিশ্চুপ। তার শরীরের কোনো পেশি নড়ল না।

বিশ্বামিত্র জোরের সঙ্গে বললেন, 'আমাদের এখনই ক্ষেপণাস্ত্র নিক্ষেপ করতে হবে।'

রাম তার কাঁধ থেকে ধনুকটি তুলে নিল। সেটিকে আনল তার কানের কাছে এবং ছিলাটা টানল। একেবারে যথার্থ।

'সাবাশ', বললেন বিশ্বামিত্র।

লক্ষ্মণ আগুনঝরা চোখে মহর্ষির দিকে তাকাল। সে রামের কাঁধে হাত রেখে বলল, 'দাদা...'

রাম পিছন ফিরে হাঁটতে শুরু করল। অধিকাংশ দৈবী অস্ত্রকেই উৎক্ষেপণ করা হয় দূর থেকে, জ্বলন্ত তির ছুঁড়ে। এটা এজন্যই করা হয় যাতে ক্ষেপণাস্ত্র উৎক্ষেপণের সময় প্রাথমিক বিস্ফোরণে কেউ অগ্নিদগ্ধ না হয়। কেবল একজন অতিদক্ষ তিরন্দাজই অনেকটা দুর থেকে সেই বিশেষ স্থানে আঘাত করতে পারে, যেখান থেকে লক্ষ্যবস্তুটা একটা ছোট্ট ফলের মতো দেখায়। অসুরাস্ত্র উৎক্ষেপকের থেকে পাঁচশো মিটার দূরে পৌঁছে বিশ্বামিত্র রামকে থামালেন। 'এই যথেষ্ট, অযোধ্যার রাজপুত্র।'

অরিষ্টনেমী রামের হাতে একটা তির তুলে দিল। রাম তিরটার তীক্ষ্ণভাগ নাকের কাছে এনে ধরল। তিরটার ফলায় কিছু দাহ্যবস্তু লাগানো। রাম তিরটার পিছনের পালকগুলোয় নজর দিল। এবং মুহূর্তের জন্য বিস্মিত হল। অরিষ্টনেমী রামের নিজস্ব একটি তিরই তার হাতে তুলে দিয়েছে। রাম এটা নিয়ে ভাবতে নিজেকে সময় দিতে পারল না। অরিষ্টনেমী তার ঘুরন্ত তির ছোঁড়া দেখেই হয়ত এটা করেছে। এখন এসব ভাবার সময় নেই। সে অরিষ্টনেমীর প্রতি ঘাড় নাড়িয়ে ক্ষেপণাস্ত্র উৎক্ষেপকের দিকে মুখ করে তাকাল।

'দাদা...' লক্ষ্মণ প্রায় ফিসফিস করে ডাকল। দৃশ্যত সন্তাপময় রাম তার দৃষ্টি স্থির করল উৎক্ষেপক বেদির দিকে। আশেপাশে কোনো শব্দও তখন তার কানে ঢুকছে না। সে চোখ সরু করে তাকাল। তার চারপাশে সবকিছু যেন

ঘটছে অতি ধীর গতিতে। একটা কাক ডানা ঝাপটাতে ঝাপটাতে অসুরাস্ত্রের উপর দিয়ে উড়ে গেল। যেন সে এ অস্ত্রটা থেকেও অনেক উঁচুতে উড়তে চায়। রাম কাকটার ডানা ঝাপটানো মন দিয়ে দেখল, তার মনে হল হাওয়ার জোর থাকাতেই কাকটাকে উঁচুতে উড়তে কম শক্তি প্রয়োগ করতে হচ্ছে।

রামের মধ্যে এই নতুন তথ্যটা বিশ্লেষিত হতে লাগল। বাতাস উৎক্ষেপক বেদির বাঁদিকে বইছে। সে তার তর্জনী দিয়ে টিপে দেখল, হাতে ধরা ফলাটা তারপর তিরের শেষে লাগানো পালকের বিন্যাস এলোমেলো করে আবার ঠিক করতে লাগল। তারপর সে তিরটাকে ছিলায় লাগাল। তিরটির দন্ড তার বাঁ হাতের বুড়ো আঙুল ও তর্জনির মধ্যে ধরা। ডানহাতে দৃঢ়ভাবে ধরা ধনুকটিকে সামান্য উপর দিকে তুলল যাতে অর্ধবৃত্তাকার পথে গিয়ে নির্দিষ্ট লক্ষ্যে আঘাত হানতে পারে। অরিষ্টনেমী জানত এ ভঙ্গিমা একেবারেই সনাতন শিক্ষানুসারী নয়। রাম তিরের যে কৌণিক অবস্থান রেখেছে তা সে এরকম পরিস্থিতিতে রাখত না। কিন্তু তিরধনুকে রামের অসামান্য দক্ষতা সম্পর্কে সে সচেতন। এবং তার তিরের অসাধারণ পালক বিন্যাসে। সে কোনো কথা বলল না।

রাম লক্ষ্যবস্তুকে সামনে রেখে তাক করল। পাঁচশো মিটার দূরে একটা লাল বর্গক্ষেত্র তার লক্ষ্য। পাশে রাখা উড়ন্ত পতাকাটাও রয়েছে তার লক্ষ্যের ভিতর। আর সবকিছু হারিয়ে গেছে শূন্যতায়। পতাকাটা এতক্ষণ দিকনির্দেশ করছিল বাঁদিকে। কিন্তু হঠাৎই একেবারে থমকে গেল। বাতাস থেমে গেছে।

সেই ক্ষণমাত্র সময়েই রাম ছিলাটা টানল। তার বাহুর সামনের অংশ মাটির থেকে সুক্ষ্ম কোণে তোলা, তার কনুই তিরের সঙ্গে সমান অবস্থানে, ধনুকের ভর পিঠের পেশির ওপর। তার অগ্রবাহু কঠিন, ধনুকের ছিলা তার প্রায় ঠোঁটের কাছে। ধনুকটা যতটা দূরে রাখা যায় ততটাই দূরে। তিরের জ্বলন্ত অগ্রভাগ এখন তার বাঁ হাত স্পর্শ করেছে। বায়ুপতাকা নেতিয়ে আছে। রাম তিরের পিছনের পালকে একটা মোচড় দিয়ে তিরটা ছাড়ল। তিরটা বনবন করে ঘুরতে ঘুরতে তীব্র বেগে সামনে এগোতে লাগল। ঘূর্ণময়তার জন্য হাওয়া তিরটিকে বিশেষ বাধা দিতে পারছিল না। অরিষ্টনেমী বিস্ময়াবিষ্ট হয়ে

তিরন্দাজির এই অসামান্য প্রদর্শন দেখছিল। এটাকে প্রায় কাব্যসুধাময় বলা যায়। এ কারণেই রাম বহু দূর থেকে লক্ষ্যবস্তুতে তিরবিদ্ধ করতে পারে। তিরটি দ্রুততার সঙ্গে চলার ফলে তার অর্ধবৃত্তাকার পথটি ছোটো হয়ে এলো এবং ঘূর্ণন বাতাস কেটে প্রচণ্ড বেগে লক্ষ্যবস্তুর দিকে ধেয়ে যেতে থাকল।

কুম্ভকর্ণ দেখেছিল একজন তিরন্দাজ অগ্নিমুখ তিরটা নিক্ষেপ করছে। তার প্রবৃত্তি তার ভিতর পৌঁছে দিল অশনি সংকেত। সে তার দাদার দিকে দৌড় লাগাল। রাবণ পুষ্পক বিমানের দরজায় তার অপেক্ষায় দাঁড়িয়ে।

তিরটা অসুরাস্ত্র উৎক্ষেপকের ওপরে লাল বর্গক্ষেত্রের মতো জিনিসটির উপর গোঁৎ থেকে নামতেই সে তৎক্ষণাৎ পিছনদিকে সরে গেল। তিরের মুখের আগুন লাল বর্গক্ষেত্রকার জিনিসটার পেছনে একটি ধারকপাত্রে আঘাত করল। এবং মুহূর্তমধ্যে আগুন পৌঁছে গেল ক্ষেপণাস্ত্রের জ্বালানি প্রকোষ্ঠে। আগুনের ঝলকের সঙ্গেসঙ্গেই প্রায় শোনা গেল উৎক্ষেপণের বিস্ফোরণের শব্দ। কয়েক মুহূর্ত পরেই ক্ষেপণাস্ত্রের নীচের দিকে দেখা দিল অগ্নিশিখা এবং তারপরই প্রবল গর্জনে ক্ষেপণাস্ত্রটি উঠে যেতে লাগল উপরে, প্রতি মুহূর্তে আরও গতি সঞ্চয় করতে করতে।

কুম্ভকর্ণ তার দাদার দিকে লাফ দিতেই সে ছিটকে পড়ল পুষ্পক বিমানের ভিতরের দিকে।

এক বিশাল অর্ধবৃত্তাকার পথে মাত্র কয়েক মুহূর্তেই অসুরাস্ত্র মিথিলার বাহির প্রাকার পেরিয়ে গেল। মৌমাছি আবাসনের ছাদে থাকা একজনও সেই ক্ষেপণাস্ত্রের দিকে তাকিয়ে পলক ফেলতে পারছিল না। ক্ষেপণাস্ত্রটি যখন ঠিক পরিখা-জলাধারের ওপর তখন তাতে একটি ছোটো বিস্ফোরণের শব্দ

পাওয়া গেল, ছোটোদের পটকার মতোই প্রায়।

লক্ষ্মণের অবাক ভাব দ্রুত বদলে গেল হতাশায়। তার মুখচোখ কুঁচকে উঠল। 'ওঃ, এই সেই বহুবিশ্রুত অসুরাস্ত্র!'

'কানে হাত চাপা দাও!' বিশ্বামিত্র সংক্ষিপ্ত মন্তব্য করলেন।

কুম্ভকর্ণ গা ঝাড়া দিয়ে পুষ্পক বিমানে উঠে দাঁড়ালেও রাবণ তখন চিৎপাত হয়ে পড়ে আছে। সে দ্রুত দরজার কাছে সরে গিয়ে দরজার পাশের দেওয়ালে লাগানো ধাতব বোতামটির ওপর দেহের সব ভার ছেড়ে দিল। পুষ্পক বিমানের দরজা দুপাশ থেকে সরে আসতে লাগল। দেহের সমস্ত শক্তি চোখে এনে টানটান করে কুম্ভকর্ণ সেদিকে তাকিয়েছিল যেন তার মনের শক্তিতে দরজা দ্রুত বন্ধ হয়ে যায়।

লঙ্কাবাহিনীর মাথার উপর, আকাশেই অসুরাস্ত্রের কানফাটানো বিস্ফোরণ হল। সে শব্দে কেঁপে উঠল মিথিলার প্রাকারদুটিও। অনেক লঙ্কা সেনার মনে হল তাদের কানের পর্দা ফেটে গেছে এবং তাদের মুখের মধ্যে হাওয়া টেনে নিচ্ছে। কিন্তু যে ভয়ানক বিপর্যয় ঘটতে চলেছে, এ ছিল তার প্রারম্ভিক সূচনা মাত্র।

বিস্ফোরণের অব্যবহিত পরই এক গা-ছমছমে নৈঃশব্দ নেমে এল এবং মিথিলার ছাদে দাড়ানো দর্শকরা দেখল এক উজ্জ্বল সবুজ আলো উঠে আসছে ক্ষেপণাস্ত্র ভেঙে পড়ার জায়গা থেকে। প্রচণ্ড শব্দে বিস্ফোরিত হয়ে আগুন নীচে থাকা লঙ্কা সৈন্যদের বিদ্যুৎগতিতে আঘাত করল। সৈন্যরা পাথরের মূর্তির মতো দাঁড়িয়ে রইল প্রাথমিক পক্ষাঘাত জনিত অসাড়তায়। আর তখনই ওপর থেকে ক্ষেপণাস্ত্রের ভাঙা টুকরোগুলো ওদের ওপর নির্দয়ভাবে পড়তে লাগল।

কুম্ভকর্ণ পুস্পকরথের দরজা শক্তভাবে বন্ধ হবার সময় সেই সবুজ আলোর ঝলকানি দেখেছিল। পুস্পকরথের দরজা স্বয়ংক্রিয় ভাবে বন্ধ হয়ে যাওয়ায় এখন বিমানের ভিতরে থাকা যাত্রীদের কোনো বিপদের আশঙ্কা ছিল না। তবু জ্ঞান হারিয়ে কুম্ভকর্ণ ধপাস করে মেঝেতে লুটিয়ে পড়ল। প্রবল চিৎকার করে রাবণ ছুটে গেল তার ভাইয়ের দিকে।

'হে পরম ভগবান রুদ্র!' লক্ষ্মণ অস্ফুটে বলে উঠল। এক শীতল ভয় তার হৃদয়ের দখল নিয়েছে। সে তার দাদার দিকে তাকাল। ধীরে ধীরে বিপুল সবুজ ধোঁয়া উঠে লঙ্কা বাহিনীর মাথার উপর একটা বিশাল চাঁদোয়ার আকার নিল।

'এটা কী?' রাম জানতে চাইলেন।

'ওই বাষ্পটাই অসুরাস্ত্র,' বিশ্বামিত্র উত্তর দিলেন। এই বিষাক্ত ঘন ধোঁয়া লঙ্কাবাহিনীকে সম্পুর্ণ আচ্ছাদিত করে ফেলল। এটা তাদের কয়েকদিন, এমনকী কয়েক সপ্তাহও বেহুঁশ করে রাখবে। এর প্রভাবে সবাই না হলেও কিছু সেনা মারা যাবে। কিন্তু একবারের জন্যও কোনো আর্তনাদ, কোনো ক্ষমার জন্য আর্জি শোনা যাবে না। কেউ পালাবার চেষ্টাও করবে না। তারা কেবল শুয়ে থাকবে, মাটির ওপর অনড়, আর অপেক্ষা করবে কতক্ষনে এই নির্দয় অসুরাস্ত্র তাদের বিস্মৃতির অন্ধকারে ঠেলে দেয়। শান্ত শব্দহীন শিবির থেকে কেবল এক হিসহিস শব্দ উঠছিল...

রাম তার রুদ্রাক্ষের কবচটা মুঠো করে ধরল। তার অন্তরাত্মা অসাড় হয়ে গেছে। দুঃসহ মিনিট পনেরো কাটার পর বিশ্বামিত্র রামের দিকে ফিরলেন, 'ব্যাপারটা চুকে গেছে।'

সীতা লাফিয়ে লাফিয়ে তিনটে সিঁড়ি একেবারে পেরিয়ে মৌচাক উপনিবেশের ছাদে উঠে আসছিল। সে বাজারের মাঠে নাগরিকদের সঙ্গে আন্তরিকভাবে আলোচনার সময় বিস্ফোরণের প্রবল শব্দ শুনতে পায় এবং আকাশে দেখতে পায় আলোর ঝলকানি। সে সঙ্গে সঙ্গেই বুঝে গিয়েছিল অসুরাস্ত্র প্রয়োগ করা হয়েছে। এবং তখনই সে বুঝল এখনই তাকে ছুটতে হবে।

সীতা প্রথম মুখোমুখি হল অরিষ্টনেমীর, যে বিশ্বামিত্র, রাম ও লক্ষ্মণের থেকে বেশ কিছুটা দূরে অন্য মলয়পুত্রদের সঙ্গে দাঁড়িয়ে ছিল।

'কে এটা নিক্ষেপ করল?' সীতা জানতে চাইল। তার পিছনে আতঙ্কগ্রস্ত সমীচি।

অরিষ্টনেমী সরে দাঁড়াতে সীতা রামকে দেখতে পেল, একমাত্র তারই

হাতে ধনুক ধরা।

সীতা অভিশম্পাত করতে করতে ছুটে গেল তার স্বামীর দিকে। সে জানত রাম এখন একেবারে বিধ্বস্ত হয়ে গেছে। নীতিনিষ্ঠ ও আইনের ক্ষেত্রে প্রায় বাতিকগ্রস্ত রাম এই পাপকর্ম করতে বাধ্য হয়ে ভেতর ভেতর জ্বলেপুড়ে যাচ্ছে। বাধ্য হয়েছে সে স্ত্রী ও স্ত্রীর প্রজাদের প্রতি তার কর্তব্যবোধ থেকে।

তাকে এগিয়ে আসতে দেখে বিশ্বামিত্র হাসল, 'সীতা, যা ব্যবস্থা নেবার ছিল, নেওয়া হয়েছে। রাবণবাহিনী ধ্বংস হয়েছে। মিথিলা এখন বিপদমুক্ত।'

সীতা বিশ্বামিত্রের দিকে তাকালেও এতই ক্রোধান্ধ ছিল যে কিছু বলতে পারল না। সে দৌড়ে তার স্বামীর কাছে গিয়ে তাকে জড়িয়ে ধরল। রামের হাত থেকে ধনুকটা পড়ে গেল। সীতা কখনো আলিঙ্গন করেনি রামকে। সে জানে সীতা তার মনোবেদনা ও শ্রান্তি দূর করতে চায়। তবু, দুই হাত শরীরের দুদিকে, তার হৃদস্পন্দন বেড়ে গেল। প্রবল মানসিক প্রক্ষোভ তার শরীরের সব শক্তি নিঙড়ে দিয়েছে; সে কেবল বুঝতে পারল এক ফোঁটা অশ্রু তার গাল বেয়ে নামছে।

সীতা আলিঙ্গনাবদ্ধ এই অবস্থাতেই মাথাটা পিছন দিকে সরিয়ে রামের শূন্য চোখের দিকে গভীরভাবে তাকাল। মুখে ফুটে উঠল দুশ্চিন্তার রেখা। রামকে শক্ত করে ধরে সে কেবল বলতে পারল,'আমি তোমার সঙ্গে আছি, রাম।'

রাম নিশ্চুপ রইল। অদ্ভুতভাবে একটা ভুলে যাওয়া ভাবনা, সম্রাট পৃথুর আর্যত্ব সম্পর্কিত ধারণা তার মনে ভেসে উঠল। সেই পৃথু থেকেই পৃথিবীর নামকরণ। পৃথু বলেছিলেন, ভদ্রজন আর্যপুত্র ও ভদ্রনারী আর্যপুত্রী দুজনেই দৃঢ় ব্যক্তিত্বের অধিকারি হলেও যারা পূর্ণ সাম্যের জন্য প্রতিযোগিতায় অবতীর্ন হবে না, বরং তারা একে অপরের পরিপূরক। দুই সত্তা একে অপরের উপর নির্ভরশীল থেকে অন্যের জীবনের উদ্দেশ্যসিদ্ধির মাধ্যমে এক পূর্ণ্যের দুটি সমান অংশ হিসাবে বিরাজ করবে।

রামের নিজেকে মনে হল এক আর্যপুত্রের মতো যাকে সমর্থন যোগাচ্ছে সাহস যোগাচ্ছে তার আর্যপুত্রী।

সীতা তখনও রামকে দুহাত দিয়ে শক্ত করে জড়িয়ে রেখেছিল, 'আমি

তোমার সঙ্গে আছি, রাম। এ সমস্যা আমরা দুজন মিলেই সামলাব।'

রাম চোখ বন্ধ করল। সে দুহাত দিয়ে জড়িয়ে ধরল সীতাকে। মাথা রাখল সীতার কাধে। এই তো স্বর্গ।

রামের কাঁধের উপর দিয়ে সীতা আবারও বিশ্বামিত্রের দিকে তাকাল। এ এক ভীতিপ্রদ চাহনি। এ যেন ধরিত্রীর বিদ্বেষজাত ক্রোধানল।

বিকারহীন বিশ্বামিত্র, তার দিকে অগ্নিদৃষ্টি হানলেন।

একটা প্রবল শব্দ তাদের সবাইকে বিচলিত করল। তারা মিথিলার প্রাচীরের বাইরে দিকে দেখল রাবণের পুষ্পক বিমান কাঁপতে কাঁপতে জেগে উঠছে। এর বিরাট পাখাগুলো ঘুরতে শুরু করল। সামান্য সময়ের মধ্যেই শক্তি সঞ্চয় করে আকাশ যানটি মাটি থেকে কয়েক ফুট উপরে ভাসতে থাকল। তারপর শব্দ ও শক্তির বিস্ফোরণে সেটা আকাশে উঠে মিথিলা থেকে, অসুরাস্ত্রের বীভৎসতা থেকে দূরে সরে যেতে থাকল।

।। অধ্যায় ২৬ ।।

সীতা তার পাশে অশ্বপৃষ্ঠে চলতে থাকা স্বামীর দিকে এক পলক তাকাল। তাদের পিছনে লক্ষ্মণ ও ঊর্মিলা ঘোড়ার পিঠে সওয়ার হয়ে আসছে। লক্ষ্মণ ক্রমাগত তার স্ত্রীর সঙ্গে কথা বলে চলেছে এবং ঊর্মিলা তার দিকে আগ্রহ নিয়ে তাকিয়ে আছে। ঊর্মিলার বুড়ো আঙুল তর্জনীর আংটির বিরাট হিরেটার ওপর খেলা করছে। তাকে দেওয়া তার স্বামীর মূল্যবান উপহার। তাদের পিছনে চলেছে একশোজন মিথিলার সেনা। আরও একশোজন সেনা চলেছে রাম ও সীতার সামনে। দলটি এগিয়ে চলেছে সঙ্কাশ্য অভিমুখে। যেখান থেকে দলটি অযোধ্যার উদ্দেশে জলযানে পাড়ি দেবে।

অসুরাস্ত্র লঙ্কা শিবিরকে বিধ্বস্ত করার দুসপ্তাহ পর রাম, লক্ষ্মণ ও ঊর্মিলা মিথিলা থেকে যাত্রা করেছে। রাজা জনক ও কুশধ্বজ রাবণের ফেলে যাওয়া লঙ্কা সেনাদের যুদ্ধবন্দি হিসেবে কারাগারে নিক্ষেপ করার আদেশ দিয়েছিলেন। বিশ্বামিত্র ও মলয়পুত্ররা তাদের রাজধানী অগস্ত্যকূটমের দিকে আগেই যাত্রা করেছে। তারা সঙ্গে নিয়েছে লঙ্কার বন্দি সেনাদের। যদিও রাজা জনক চেয়েছিলেন এই যুদ্ধবন্দিদের প্রত্যার্পণের মাধ্যমে তিনি রাবণের সঙ্গে মিথিলার সুরক্ষা সংক্রান্ত একটি চুক্তি করবেন। সীতার পক্ষে তার বন্ধু সমীচিকে ফেলে আসা সহজ ছিল না। কিন্তু এই বিক্ষুব্ধ সময়ে মিথিলার পুলিশবাহিনী নতুন প্রধান নির্বাচনের অবস্থায় ছিল না।

'রাম...'

রাম তার ঘোড়াটাকে সীতার কাছাকাছি এনে তার স্ত্রীর দিকে তাকিয়ে হাসল। 'হ্যাঁ, বলো।'

'তুমি কি এ ব্যাপারে নিশ্চিত?'

রাম ঘাড় নাড়ল। এ সম্পর্কে তার মনে কোনো সন্দেহ নেই।

'তুমিই কিন্তু এই প্রজন্মের প্রথম যে রাবণকে পরাভূত করল। এবং এটা ঠিক দৈব অস্ত্র নয়। যদি তুমি—'

রাম ভ্রূ কুঞ্চন করল। 'এটা একটা পরিভাষাগত কুযুক্তি। আর সেটা তুমি জানো।'

সীতা গভীর শ্বাস নিয়ে বলতে শুরু করল,'কখনো কখনো একটা আদর্শ পৃথিবী গঠনের জন্য একজন যা প্রয়োজন ঠিক সেটাই করেন, একটা ছোটো সময়ের প্রেক্ষাপটে অনেক ক্ষেত্রে সে কাজটিকে 'ন্যায়' বলে চিহ্নিত না করা গেলেও, দীর্ঘ সময়ের প্রেক্ষিতে, একজন নেতা যাঁর জনতার অবস্থার উন্নতি ঘটানোর যোগ্যতা আছে সে অবশ্যই এই তথাকথিত অন্যায়কে পরিভাষাগত যুক্তির নিরিখেই গ্রহণ করবে শুভ উদ্দেশ্যে। এটা তার কর্তব্য যে মানুষের প্রয়োজনে সে অপারগ হবে না। একজন প্রকৃত নেতা তার প্রজাদের মঙ্গলের জন্য দরকার পড়লে কোনো অভিশাপকেও বরণ করে নেবে।'

রাম সীতার দিকে তাকাল। তাকে এখন হতাশ লাগছে। 'আমি তো ওটা আগেই করে ফেলেছি, তাই না? প্রশ্নটা হল এর জন্য আমার শাস্তি পাওয়া উচিত। আমাকে কী এর জন্য প্রায়শ্চিত্ত করতে হবে? আমি যদি আশাকরি আমার প্রজারা আইন মেনে চলবে, তবে আমাকেও আইন মোতাবেক চলতে হবে। একজন নেতা কেবল নেতৃত্বই দেয় না, তাকে অবশ্যই হতে হবে অনুকরণীয় আদর্শ পুরুষ। সীতা, সে যা বলে তা তাকে আগে করে দেখাতে হবে।'

সীতা হাসল। 'বেশ, ভগবান রুদ্র বলেছেন, একজন নেতা এমন একজন লোক নয় যে প্রজারা যা চায় তাই পূরণ করে। তাকে এমন হতে হবে যে সে তার প্রজাদের এভাবে শিক্ষা দিতে পারবে যাতে তারা উন্নত হয়ে উঠবে।'

রাম হাসল। 'এবং আমি নিশ্চিত এরপর তুমি আমায় বলবে দেবী মোহিনীর উত্তর এ বিষয়ে কী ছিল?'

সীতা জোরে হেসে উঠল। 'হ্যাঁ, দেবী মোহিনী বলেছিলেন যে সাধারণ মানুষের মধ্যে সীমাবদ্ধতা আছে। একজন নেতা প্রজাদের যতটা যোগ্যতা তার চেয়ে বেশি তাদের কাছ থেকে প্রত্যাশা করবে না। তুমি যদি তাদের যোগ্যতাকে বাড়াতে চাও তবে তারা ভেঙে পড়বে।'

রাম মাথা নাড়ল। সে সত্যিই মহতী দেবী মোহিনীর সঙ্গে একমত হতে পারছে না। দেবী মোহিনীকে অনেকে বিষ্ণুর অবতার ভাবে। আবার অন্যরা বলে তাঁকে বিষ্ণুর অবতার বলা যায় না। রাম চায় জনতা তাদের সীমাবদ্ধতা অতিক্রম করে নিজেদের আরও উন্নত করবে। কারণ, কেবলমাত্র তখনই আদর্শ সমাজ গড়ে তোলা সম্ভব। কিন্তু সে কখনো দেবী মোহিনীর সঙ্গে তার মতানৈক্যের কথা প্রকাশ্যে বলেনি।

'তুমি কি নিশ্চিত? চোদ্দ বছর সপ্ত সিন্ধুর সীমানার বাইরে থাকতে হবে?' সীতা রামের মুখের দিকে গভীর কৌতূহল নিয়ে তাকাল তাদের আসল আলোচনায় ফিরে আসতে।

রাম আবারও ঘাড় নাড়ল। সে তার সিদ্ধান্ত নিয়েই ফেলেছে। সে অযোধ্যায় গিয়ে বাবার কাছে নিজের উপর আরোপিত নির্বাসনে যাবার অনুমতি প্রার্থনা করবে। 'আমি ভগবান রুদ্রের নিয়ম লঙ্ঘন করেছি। এবং এই হল তাঁর নির্ধারিত শাস্তি। বায়ুপুত্ররা আমাকে শাস্তি দেবার আদেশ ঘোষণা করবে কি না তা দেখা আমার কাজ নয়। এ বিষয়ে আমার লোকেরা আমায় সমর্থন করে কি না সেটাও বিচার্য নয়। আমি নিজে আমার শাস্তি ভোগ করব।'

সীতা তার দিকে ঝুঁকে প্রায় ফিসফিস করে বলল, 'আমরা... আমি নই।'

রামের মুখে অসন্তোষের ভাব ফুটে উঠল।

সীতা আরও কাছে সরে তার হাতের তালু রামের হাতের উপর রাখল, 'তুমি আমার ভাগ্য ভাগ করে নেবে, এবং আমি তোমার। সেটাই হল প্রকৃত বিবাহ।' সীতা হাতের আঙুলগুলি রামের হাতের আঙুলগুলোর মধ্যে জড়িয়ে নিল। 'রাম, আমি তোমার স্ত্রী। আমরা সব সময়, ভালো হোক বা খারাপ,

একসঙ্গে থাকব একদম একাত্ম হয়ে।'

রাম সীতার হাতটায় মৃদু চাপ দিয়ে পিঠ সোজা করল। তার ঘোড়া নাক দিয়ে শব্দ করে হঠাৎ গতি বাড়াল। রাম হালকা করে লাগাম টানল যাতে তার স্ত্রীর ঘোড়ার পাশে চলতে পারে।

'আমার মনে হয় না এটা কাজ দেবে,' রাম বলল।

নববিবাহিত দুই যুগল রাম-সীতা ও লক্ষ্মণ-ঊর্মিলা এখন অযোধ্যার রাজকীয় জলযানে; সরযুতে পাল তুলে জলযান তাদের নিয়ে যাচ্ছে নিজের বাড়িতে। তারা সম্ভবত এক সপ্তাহের মধ্যেই অযোধ্যায় পৌঁছোবে।

জাহাজের পাটাতনে বসে রাম ও সীতা আলোচনা করছিল আদর্শ সমাজ বলতে কী বোঝায় এবং কী পদ্ধতিতে একটি সাম্রাজ্য সুষ্ঠু ভাবে পরিচালিত হতে পারে তা নিয়ে। রামের হাতে একটা আদর্শ রাষ্ট্রের প্রথম শর্তই হল আইনের চোখে সব নাগরিকের সমানাধিকার।

সীতা দীর্ঘক্ষণ গভীরভাবে চিন্তা করছে সাম্য কথাটার অর্থ। তার ধারণা আইনের দ্বারা সাম্য প্রতিষ্ঠা করলেও সমাজের সব সমস্যার সমাধান হতে পারে না। সে মনে করে আইনের চোখে সবাইকে সমান করলেই সমাজের সব সমস্যার সমাধান হয় না। সে মনে করে প্রকৃত ঐক্য ঘটে আত্মার প্রেক্ষিতে। সেখানে অসাম্য নেই। কিন্তু বস্তুগত এই জগতে সবাই সমান নয়। মানুষের মধ্যে কেউ জ্ঞানের ক্ষেত্রে, কেউ সেবার জন্য, কেউ ব্যবসা-বাণিজ্যের ক্ষেত্রে আবার কেউ বা কঠিন পরিক্রমে নিজেদের উৎকর্ষ প্রতিষ্ঠা করে। যদিও সীতার মতে সমস্যাটা এ সমাজে অন্য ব্যঞ্জনা পেয়েছে এজন্যই যে এখানে মানুষের জীবন নির্ধারিত হয় জন্মের মাধ্যমে, তার কর্মের মাধ্যমে নয়। সীতার মতে আদর্শ সমাজ গঠন তখনই সম্ভব যখন মানুষ তার পছন্দের ও যোগ্যতার নিরিখে এবং তার কর্মের প্রেক্ষিতে নিজের কাজের ক্ষেত্র নিজেই নির্বাচন করতে পারবে, তা তারা কোন জাতিতে জন্মগ্রহণ করেছে তার দ্বারা নির্ধারিত

হবে না।

অথচ মানুষের কাজ করা নির্ভর করে তাদের বর্ণের মাধ্যমে। আর এইসব নির্দেশ আসে কোথা থেকে? তা আসে পিতামাতার কাছ থেকে যারা তাদের নিজস্ব মূল্যবোধ ও ভাবনা চাপিয়ে দেয় তাদের সন্তানের উপর। ব্রাহ্মণ পিতামাতা তাদের সন্তানকে পড়াশোনার ক্ষেত্রে এগিয়ে যাবার জন্য চাপ দেয়। অথচ হয়ত বিদ্যার্জন নয় সেই সন্তানটির নিজের ইচ্ছা ব্যবসা-বাণিজ্য সংক্রান্ত ব্যাপারে নিজেকে নিযুক্ত করা। এইসব ভুল পথ নির্বাচনের জন্যই সমাজে দেখা দেয় অসুখ ও অসামঞ্জস্য। এর পরেও সামগ্রিকভাবে সমাজ ক্ষতিগ্রস্ত হয়, কারণ, মানুষকে বাধ্য করা হয় এমন কাজ করতে যা তারা করতে চায় না। আর এই পরিস্থিতির সবচেয়ে বড়ো শিকার হতভাগ্য শুদ্রেরা। এদের মধ্যে অনেকেরই যোগ্যতা আছে ভালো ব্রাহ্মণ, ক্ষত্রিয় বা বৈশ্য হওয়ার, অথচ জন্মগত জাতি নির্ধারণের জন্য তাদের শ্রমিক হিসেবেই কাজ করতে বাধ্য করা হয়। প্রাচীন যুগে জাতি ব্যবস্থা বা বর্ণাশ্রম ব্যবস্থা ছিল নমনীয়। বহু শতাব্দী পূর্বে এর দৃষ্টান্ত আছে। মহর্ষি শক্তি এখন বেদব্যাস নামে পরিচিত। বেদব্যাস একটি উপাধি যা পরবর্তী সব যুগে প্রযুক্ত হত তাদের প্রতি যারা বেদকে নানা ভাগে ও অংশে বিভাজিত করার কাজে যুক্ত থাকত। সেই প্রথম বেদব্যাস জন্মেছিলেন শূদ্র বংশে। কিন্তু তাঁর কর্ম তাঁকে কেবল একজন সাধারণ ব্রাহ্মণ করেনি, করে তুলেছিল এক ঋষি। ঋষি দেবতাদের পরবর্তী স্তর—এবং যেকোনো মানুষ তার শুভ ও সৎ কর্মের মাধ্যমে ওই পদ প্রাপ্ত হতে পারে। যদিও, এখন জন্মগত বর্ণব্যবস্থা অত্যন্ত দৃঢ় হওয়ায় শূদ্রদের মধ্য থেকে একজন মহর্ষি শক্তির উঠে আসা প্রায় অসম্ভব।

'তুমি এ পদ্ধতি কার্যকরী হবে না ভাবতেই পারো, তুমি এমনকী এটাকে কর্কশ মনে করতে পারো। আমি তোমার বক্তব্য মেনে নিচ্ছি যে আইনের চোখে সবাই সমান হবে এবং প্রত্যেকে সমান সম্মানের অধিকারী হবে। কিন্তু সেটাই সব নয়। আমাদের নির্দয়ভাবে জন্মগত চতুবর্ণ প্রথাকে ধ্বংস করতে হবে।' সীতা বলল। 'এই ব্যবস্থা আমাদের ধর্ম ও রাষ্ট্রব্যবস্থাকে দুর্বল করে দিয়েছে। ভারতবর্ষের মঙ্গলের জন্য এই ব্যবস্থার ধ্বংসসাধন

জরুরি। এখন যেমন বর্ণব্যবস্থা আছে তা যদি আমরা ধ্বংস না করি, তাহলে আমরা আমাদের উন্মুক্ত করে দেব বিদেশি আক্রমণের সামনে। তারা আমাদের মধ্যেকার অন্তর্নিহিত বিভাজনকে কাজে লাগিয়ে আমাদের পরাভুত করবে।'

সীতার সমাধানসূত্র সত্যিই রামের কাছে কঠোর বলে মনে হল, তা কার্যকরী করতে গেলে নানা সমস্যা হবে। সীতার প্রস্তাব জন্মক্ষণেই প্রতিটি শিশুকে রাষ্ট্র বাধ্যতামূলক ভাবে দত্তক হিসেবে নেবে। জন্মদাতা মাতাপিতা তাদের সন্তানকে রাষ্ট্রের কাছে সমর্পণ করবে। রাষ্ট্র এইসব শিশুকে পালন করবে, শিক্ষাদান করবে এবং চিহ্নিত করবে কী সহজাত প্রবৃত্তি নিয়ে সে জন্মগ্রহণ করেছে। এইসব শিশু পনেরো বছর বয়স্ক হলে তারা একটি পরীক্ষায় অবতীর্ণ হবে যা তাদের শারীরিক, মানসিক সক্ষমতা ও মনোবৈজ্ঞানিক প্রকৃতি নির্ধারণ করবে। এই ফলাফলের উপর ভিত্তি করে বাচ্চাদের চারটি বর্ণের যে যেটির যোগ্য সেখানে তাদের স্থান দেওয়া হবে। পরবর্তী প্রশিক্ষণ তাদের সহজাত প্রবণতাকে আরও পরিশীলিত করা হবে। এর পরের পদক্ষেপ হল এবার বিভিন্ন বর্ণের নাগরিকরা এদের দত্তক হিসাবে নেবে এবং তাদের পালন করবে। এইসব ছেলেমেয়েরা কখনো তাদের জন্মদাতা মা-বাবার পরিচয় পাবে না। তারা কেবল জানবে তাদের বর্ণ-পিতামাতাকে।

'আমি স্বীকার করি এ ব্যবস্থা অনেকটাই ন্যায়সম্মত,' রাম বলে। 'কিন্তু আমি কল্পনাও করতে পারি না যে পিতামাতার স্বতঃস্ফূর্ত ভাবে তাদের সন্তানদের ওপর অধিকার ছেড়ে দেবে রাষ্ট্রের হাতে চিরকালের জন্য। এবং তারা কোনোদিন আর তাদের দেখতে পাবে না বা নিজের সন্তান বলে চিনতে না পারার ব্যাপারটা মেনে নেবে। এটা কি আদৌ স্বাভাবিক ব্যাপার?'

'মানুষ 'প্রাকৃতিক পথ' থেকে সেদিনই বিচ্যুত হয়েছে যেদিন সে কাপড় পড়তে ও রান্না করতে শিখেছে এবং প্রকৃতিজাত তাড়নাকে পিছনে ফেলে গ্রহণ করেছে সাংস্কৃতিক নিয়মনীতি। সভ্যতা এটাই করে। সভ্যদের মধ্যে ভালো ও মন্দের মীমাংসা হয় সামাজিক-সাংস্কৃতিক ও নিয়মের প্রেক্ষিতে। একটা সময় বহুবিবাহকে কদর্য বলে মনে করা হত, আবার অন্য এক সময়ে ক্রমাগত যুদ্ধের ফলে মানুষের সংখ্যা কমে গেল তখন সে সমস্যার সমাধানে বহুবিবাহকে প্রশংসা করা হতে লাগল। আর, এখন, তুমি জানো যে এক

বিবাহকে আবার রীতি করে তোলা সম্ভব।'

রাম হাসল। 'আমি কোনো নতুন রীতি প্রণয়নের পক্ষে নই। আমি অন্য আর একজনকে এজন্যেই বিবাহ করব না, কারণ, তা করলে তার মাধ্যমে আমি তোমায় অপমানিত করব।'

এখন হাওয়ায় শুকিয়ে যেতে সীতা তার লম্বা কালো চুল, হাত দিয়ে মাথার পিছন দিকে সরিয়ে হাসল। 'বহুবিবাহ কেবল তোমার মতে বেঠিক, তাতে অন্যরা সহমত নাও পোষণ করতে পারে। মনে রেখো ঠিক ও বেঠিকের ভিত্তিতে করা নায়বিচারের ব্যবস্থাটা মনুষ্যকৃত। বিচারের ক্ষেত্রে কোনটা ন্যায় ও কোনটা অন্যায় সেটা নতুনভাবে আমরা পর্যালোচনা করতেই পারি। কারণ আমরা তা করতে চাইছি অধিক মঙ্গলের জন্য।'

'হুম্‌ম, কিন্তু সীতা, সে আইনকে বাস্তবায়িত করা বড়ো সহজ নয়।'

'ভারতের মানুষকে আইনকে সম্মান জানাতে শেখানোর চেয়ে সেটা কঠিন নয়,' সীতা হেসে উঠল। কারণ, সীতা জানে আইনের প্রতি চূড়ান্ত অনুরাগ রামের অন্তর্নিহিত অভ্যাস, যা প্রায় বাতিকের মতো।

রাম জোরে হেসে উঠল। 'অসামান্য মন্তব্য।'

সীতা রামের কাছে সরে এসে তার হাতটা ধরল। সামনে ঝুঁকে রাম তাকে চুম্বন করল। ধীর গভীর চুম্বন যা তাদের হৃদয়দুটিকে ভরিয়ে দিল গভীর আনন্দে।

রাম সীতাকে জড়িয়ে ধরে তাকিয়ে রইল সরযুর দিকে, সীতার চোখও সেদিকে।

'সেদিন আমরা সোমরস নিয়ে আলোচনা শেষ করতে পারিনি... তুমি এনিয়ে কী ভাবছিলে?'

'আমার মনে হয় এটা হয় সবার কাছে সহজলভ্য হবে অথবা কেউ তা ব্যবহার করতে পারবে না। এটা কখনোই ন্যায়সম্মত হতে পারে না যে রাজন্যবর্গ ও অভিজাতরা সোমরস পান করে বহুকাল বেঁচে থাকবে, শক্তিশালী হবে আর অধিকাংশ মানুষই তা করতে সক্ষম হবে না।।'

'কিন্তু সবার জন্যে বহুল পরিমাণ সোমরস প্রস্তুত করতে তুমি পারবে কী

করে?' সীতা জিজ্ঞাসা করল।

'গুরু বশিষ্ঠ এক প্রযুক্তি তৈরি করেছেন যাতে প্রচুর পরিমাণ সোমরস সবার জন্য বানানো যায়। আমি যদি অযোধ্যা শাসন করি—'

'কবে?' সীতা জিজ্ঞাসা করল

'মানে?'

'কোনো যদি নয়, তুমিই অযোধ্যা শাসন করবে, তা চোদ্দ বছর পরে হলেও?'

রাম হাসল। 'বেশ যখন আমি অযোধ্যা শাসন করব তখন আমার ইচ্ছা, গুরু বশিষ্ঠর নতুন প্রযুক্তি দিয়ে একটা বড়ো কারখানা খোলা। আমরা এটা নিশ্চিত করব যাতে সবাই সোমরস পায়।'

'যদি তুমি একেবারে এক নতুন ধরণের জীবন আচার তৈরি করতে পারো, তবে তার জন্য, অর্থাৎ সেই ব্যবস্থার জন্য একটা নতুন নাম থাকা তো দরকার। নতুন ব্যবস্থাবিধিতে সেই পুরোনো নাম চলবেই বা কী করে?'

'আমার মনে হচ্ছে তুমি নামটা ভেবে ফেলেছ?'

'শুদ্ধ জীবনের দেশ!'

'এটাই নাম?'

'না, নতুন নামটার অর্থ এই রকম হলে ভালো হবে এই আর কি!'

'তাহলে আমার রাজত্বের নাম কী হবে বলে দাও।'

সীতা হাসল, 'নাম হবে মেলুহা।'

'তুমি কি উন্মাদ?' চিৎকার করে উঠল দশরথ।

সম্রাট বসেছিলেন কৌশল্যার প্রাসাদে তার নিজের কার্যালয়ে। রাম তাকে এই মাত্র জানিয়েছে তার সিদ্ধান্তের কথা। তার এই সিদ্ধান্ত যে দশরথ মোটেই ভালোভাবে নেয়নি তা বলাই বাহুল্য।

উদ্বিগ্ন কৌশল্যা প্রায় দৌড়ে এসে দশরথকে চেয়ারে বসিয়ে রাখতে তৎপর হল। কিছুদিন হল তার স্বাস্থ্য অতি দ্রুত ভেঙে পড়েছে। 'দয়া করে

শান্ত হও মহারাজ।'

কৌশল্যা এখনও কৈকেয়ী দশরথের ওপর কতটা প্রভাব বিস্তার করে রেখেছে সে সম্পর্কে সন্দিহান হওয়ায় তার সঙ্গে প্রতিটি ব্যবহার করে খুব ভেবেচিন্তে। সে জানে না কতদিন সে দশরথের প্রিয় মহিষী হয়ে থাকবে। তার কাছে এখনও তার স্বামী কেবলই 'মহারাজ'। কিন্তু তার এই সৌজন্যমূলক ব্যবহার দশরথকে আরও উত্তেজিত করে।

'কৌশল্যা, ভগবান পরশুরামের দিব্য আমার সঙ্গে আতুপুতু না করে তোমার ছেলের যাতে বুদ্ধি হয় তার চেষ্টা করো।' দশরথ চিৎকার করে ওঠে। 'চোদ্দ বছরের জন্য ও যদি চলে যায় ভেবে দেখেছ কী হবে? তুমি কি মনে করো অভিজাতরা তার ফিরে আসা পর্যন্ত হাত গুটিয়ে অপেক্ষা করবে?'

'রাম,' কৌশল্যা বলে উঠল, 'তোমার বাবা যথার্থ বলেছেন। কেউ তোমায় শাস্তি দিতে চায়নি। বায়ুপুত্ররাও কোনো দাবি জানায়নি।'

'তারা জানাবে,' রাম দৃঢ় কণ্ঠে বলল, 'এ কেবল সময়ের অপেক্ষা।'

'কিন্তু তাদের কথা আমাদের শুনতেই হবে এমন কোনো বাধ্যবাধকতা নেই। আমরা তাদের নিয়মনীতি অনুসারে চলি না।'

'যদি আমি চাই সবাই আইন মেনে চলুক, তবে আমাকেও তা করতে হবে।'

'তুমি কি আত্মহননের পথ বেছে নিচ্ছ, রাম?' দশরথ বলল। রাগে তার মুখচোখ থমথম করছে, হাত মুষ্টিবদ্ধ।

'আমি কেবল আইন পালন করছি, বাবা।'

'তুমি দেখতে পাচ্ছ না আমার শরীরের অবস্থা? আমি আর বেশি দিন নেই। তুমি যদি এখানে না থাক, ভরতই রাজা হবে। আর যদি তুমি চোদ্দ বছর সপ্ত সিন্ধুর বাইরে থাকো, তুমি আবার যখন ফিরে আসবে ততদিনে ভরত তার শাসন দৃঢ়ভাবে সংহত করবে। তোমার শাসনের জন্য একটা গ্রামও পড়ে থাকবে না।'

'প্রথমত, বাবা, আমি বাইরে থাকাকালীন যদি তুমি ভরতকে যুবরাজ ঘোষণা করো তবে রাজা হবার অধিকার তার। এবং আমি মনে করি ভরত

একজন ভালো শাসকই হবে। অযোধ্যার কোনো ক্ষতি হবে না। কিন্তু যদি তুমি আমাকেই যুবরাজ মনোনীত করে রাখো তবে আমি নিশ্চিত আমি ফিরে এলে ভরত আমাকেই আমার রাজত্ব ফিরিয়ে দেবে। এ বিষয়ে আমার বিন্দুমাত্র সন্দেহ নেই।'

দশরথ কর্কশভাবে হেসে উঠল। 'তুমি কি মনে করো তুমি এখানে না থাকলে ভরতই রাজত্ব চালাবে? না। রাজত্ব করবে তার মা। এবং তোমার নির্বাসনকালে কৈকেয়ী তোমাকে খুন করবে। এটা নিশ্চিত জেনো পুত্র।'

'আমি নিজেকে মৃত্যু থেকে নিশ্চয় রক্ষা করব, বাবা। কিন্তু আমি যদি মারা যাই তাহলে বুঝতে হবে নিয়তি আমার জন্য এমন ব্যবস্থাই রেখেছে।'

দশরথ মুষ্টিবদ্ধ হাত দিয়ে নিজের মাথায় আঘাত করল। ক্রোধে সে নাকমুখ দিয়ে নানারকম শব্দ করতে লাগল।

'বাবা, আমি মনস্থির করে ফেলেছি,' রাম সিদ্ধান্ত জানানোর গলায় জানাল। 'কিন্তু আপনার অনুমতি না নিয়ে আমার যাওয়ার অর্থ আপনাকে অপমান করা এবং সেটা অযোধ্যারও অপমান। একজন অভিষিক্ত যুবরাজ কীভাবে রাজার আদেশ অমান্য করে? সে কারণেই আমি আমাকে নির্বাসনে পাঠানোর জন্য আপনাকে অনুরোধ করছি।'

হতাশায় দুহাত ছুড়ে দশরথ অসহায়ভাবে কৌশল্যার দিকে তাকাল।

'বাবা আপনি চান কি না চান এটা ঘটবেই,' রাম বলল। 'আপনি আমাকে নির্বাসন দিলে অযোধ্যার সম্মান অক্ষুণ্ণ থাকবে। সুতরাং অনুগ্রহ করে তাই করুন।'

দশরথের কাঁধ দুটো সামনে ঝুঁকে পড়েছে সব আশা হারানো মানুষের মতো। তবু মরিয়া হয়েই সে বলে উঠল, 'অন্তত আমার অন্য প্রস্তাবটা মেনে নাও।'

রাম তার দৃঢ়তা থেকে বিচ্যুত হল না। কিন্তু তার মুখে ক্ষমা চাওয়ার মতো আর্তি ফুটে উঠল। সে বলল, 'না'।

'কিন্তু, যদি তুমি কোনো শক্তিশালী রাজ্যের রাজকন্যাকে বিবাহ করতে তবে তোমার জবরদস্ত এক মিত্র থাকত, তুমি নির্বাসন থেকে ফেরার পর

তোমার উত্তরাধিকার ফিরে পাবার দাবির ক্ষেত্রে যারা সহায়ক শক্তি হতে পারত। কেকয়েরা কখনো তোমার পক্ষাবলম্ব করবে না। কারন, শেষমেশ অশ্বপতি কৈকেয়ীর বাবা। কিন্তু রাম, তুমি যদি কোনো সত্যিকারের ক্ষমতাবান রাজ্যের রাজকন্যাকে এখন বিবাহ করো, তবে—'

'তোমাকে বাধা দেবার জন্য আমাকে মার্জনা করো, বাবা। কিন্তু আমি আগে থেকেই বলে এসেছি আমি কেবল একজনকেই বিবাহ করব। এবং তা আমি করেছি। আমি অন্য কাউকে বিবাহ করে তাকে অসম্মানিত করতে পারব না, বাবা।'

দশরথ তার দিকে অসহায়ভাবে তাকিয়ে রইল।

রামের মনে হল বিষয়টা তার আরও পরিষ্কার করা দরকার, 'যদি আমার স্ত্রী মারা যায় তবে আমি তার স্মৃতি নিয়েই বাকি জীবন কাটাব। কিন্তু আর কখনোই বিবাহ করব না।'

কৌশল্যার ধৈয্যের বাঁধ ভেঙে গেল এবার, 'এর মাধ্যমে তুমি কী বলতে চাইছ, রাম? তুমি কি মনে কর তোমার নিজের বাবা তোমার স্ত্রীকে হত্যা করাবে?'

'আমি তা বলিনি, মা,' রাম শান্তভাবে বলল।

'রাম দয়া করে বোঝার চেষ্টা করো,' প্রাণপণ শক্তিতে নিজের ক্রোধ ও হতাশা সংযত রেখে দশরথ অনুনয় করল। 'সে এক দুর্বল রাজ্য মিথিলার রাজকন্যা। তোমার সামনে যে সংগ্রামের জীবন পড়ে আছে সেখানে সে কোনো কাজে আসবে না।'

রামের শরীর শক্ত হয়ে গেল। কিন্তু তার স্বভাবশান্ত ভাব বজায় রেখে রাম বলল, 'সে আমার স্ত্রী, বাবা। অনুগ্রহ করে তার সম্পর্কে অসম্মানসূচক কিছু বলবেন না।'

'সে খুব ভালো মেয়ে, রাম' দশরথ বলল। 'আমি গত ক-দিন তাকে লক্ষ করছি। সে স্ত্রী হিসেবেও উত্তম। সে তোমায় সুখে রাখবে। এবং তুমিও আজীবন তার স্বামী হিসেবেই থাকবে। কিন্তু তুমি যদি অন্য কোনো রাজকন্যাকে বিবাহ করো তবে—'

'আমায় ক্ষমা করবেন, বাবা। এটা করতে পারব না।'

'চুলোয় যাও তুমি!' প্রবল হুংকার দিয়ে উঠল দশরথ। 'আমি ধমনি ফেটে মরার আগে তুমি এখান থেকে দূর হয়ে যাও।'

'হ্যাঁ, বাবা।' রাম বলল এবং শান্তভাবে ঘর ছেড়ে বেরিয়ে গেল।

ফিরে যেতে থাকা রামের দিকে তাকিয়ে দশরথ করল, 'শুনে রাখো, আমার আদেশ ছাড়া তুমি নগরের বাইরে পা রাখতে পারবে না।'

রাম পিছন ফিরে তাকাল। তার মুখে অব্যক্ত বেদনা। যান্ত্রিকভাবে সে মাথা নীচু করে অভিবাদন জানিয়ে করজোড়ে বলল, 'বাবা আমাদের এই মহান দেশের সমস্ত দেবতারা আপনাকে আশীর্বাদ করুন!' তারপর ধীরে ধীরে চলে গেল।

দশরথ কৌশল্যার দিকে রক্তবর্ণ চোখে তাকাল, যেন রামের ইচ্ছাশক্তির কাছে হেরে যাবার জন্য সে-ই দায়ী।

।। অধ্যায় ২৭।।

প্রাসাদে তার নিজের অংশে ফিরে এসে রাম শুনল তার স্ত্রী ঘরে নেই, বাইরে রাজকীয় উদ্যানে গেছে। তার মন চাইল উদ্যানে গিয়ে সীতার সঙ্গে মিলিত হতে। উদ্যানে গিয়ে সে দেখল সীতা ভরতের সঙ্গে কথা বলছে। সবার মতো ভরতও প্রথমে ধাক্কা খেয়েছিল যখন সে শুনছিল এক ছোটো রাজ্যের দত্তক রাজকুমারীর সঙ্গে রামের বিবাহ হয়েছে। যদিও সামান্য সময়ের মধ্যেই ভরত সীতাকে সম্মান জানাতে শুরু করেছে, বিশেষ করে তার বুদ্ধিমত্তা ও চারিত্রিক দৃঢ়তার জন্য। এখন তারা দিনের অনেকটা সময় একসঙ্গে কাটায়, কারণ, তারা একে অপরের মধ্যে প্রশংসনীয় গুণাবলির সন্ধান পেয়েছে।

'...হ্যাঁ, সেজন্যই আমার মনে হয় স্বাধীনতাই জীবনের সবচেয়ে গুরুত্বপূর্ণ জিনিস,' ভরত বলল।

'আইনের চেয়েও গুরুত্বপূর্ণ?' সীতা জিজ্ঞাসা করল।

'হ্যাঁ, আমি বিশ্বাস করি যত কম আইন থাকবে ততই মঙ্গল... সামান্য কয়েকটি আইন এমন এক কাঠামো গড়ে দেবে যার আওতায় থেকে মানুষের সমস্তরকম সৃষ্টিশীলতা সর্বাত্মক রূপ পাবে। স্বাধীনতাই জীবনের স্বাভাবিকতা।'

সীতা অনুচ্চ হাসল। 'তোমার বড়োভাই তোমার এই ভাবনা সম্পর্কে কী বলে।'

রাম পিছন থেকে তাদের দিকে এসে তার স্ত্রীর দুকাঁধে হাত রাখল।

তারপর বলল, 'ওর বড়ো ভাই মনে করে যে ভরত বিপজ্জনক রকম প্রভাব সৃষ্টিকারী!'

ভরত হোহো করে হাসতে হাসতে রামকে আলিঙ্গন করতে উঠে দাঁড়ায়। 'দাদা...'

'আমি কি তোমাকে ধন্যবাদ দেব তোমার বউদিকে উদারনৈতিক মানবতাবাদী ভাবনার মাধ্যমে আনন্দদানের জন্য?'

ভরত হেসে কাঁধ ঝাঁকাল। 'আমি অন্তত অযোধ্যার নাগরিকদের একদল গোমড়ামুখো বানাব না।'

রাম হেসে জিভ দিয়ে শব্দ করে বলল, 'তা বেশ। সেটা তো ভালোই।'

হঠাৎই ভরতের মুখে বদলে কেমন গম্ভীর ও মনমরা হয়ে গেল। 'দাদা, বাবা তোমায় যেতে দেবেন না। তুমিও সেটা জানো। তুমি কোথাও যাচ্ছ না।'

'বাবার অন্য কোনো বিকল্প নেই, তোমারও নেই। তুমি অযোধ্যা শাসন করবে। এবং আমি জানি তুমি তা ভালোই পারবে।'

'আমি এইভাবে সিংহাসনে বসব না'। ভরত মাথা নাড়তে নাড়তে বলল। 'না, আমি সিংহাসনে বসব না।'

রাম খুব ভালো করেই জানে তার এমন কিছু বলার নেই যা ভরতের মনোবেদনা লাঘব করতে পারে।

'দাদা, আমি কেন তুমি এরকম জেদ করছ?' ভরত জিজ্ঞাসা করল।

'এটা আইন ভরত। আমি দৈব অস্ত্র ব্যবহার করেছি।'

'উচ্ছন্নে যাক তোমার আইন! দাদা, তুমি কি মনে করো তোমার চলে যাওয়ায় অযোধ্যার কোনো মহৎ উদ্দেশ্য সাধিত হবে? তোমার আইনের ওপর প্রাধান্য, ও আমার স্বাধীনতা ও সৃষ্টিশীলতার ওপর— দুটো মিলে কী হতে পারে ভেবেছ? তুমি কি মনে করো একসঙ্গে দুজনে যা করতে পারি তা আমি একা করতে পারব?'

রাম মাথা নাড়ল। 'ভরত আমি চোদ্দ বছর পর ফিরে আসব। তুমি একটু আগেই বলেছ আইনের এক বিরাট ভূমিকা আছে সমাজের উপর। আমি যদি নিজেই আইন না মানি তবে আমি অন্যদের আইন মানতে কীভাবে বাধ্য

করব? আইন সমভাবে ও সৎভাবে প্রতিটি মানুষের ওপর প্রযুক্ত হবে। এটা একদম সোজা সরল কথা।' এরপর রাম ভরতের চোখের দিকে তাকিয়ে বলল, 'যদি একজন বর্বর অপরাধী মৃত্যুদণ্ড থেকে উদ্ধার পেয়ে যায় সে-ও ভালো। তবু যেন আইনভঙ্গ না হয়।'

ভরতও রামের দিকে তাকাল। তার মুখের ভাব ঠিক বোধগম্য নয়।

সীতা বুঝতে পারল দুই ভাই এখন অন্য একটা বিষয় নিয়ে কথা বলছে এবং তা ধীরে ধীরে অপ্রীতিকর হয়ে উঠছে। সে উঠে রামকে বলল, 'সৈন্যাধ্যক্ষ মৃগাশ্বের সঙ্গে তোমার দেখা করার কথা না?'

'আমি রূঢ় ব্যবহার করতে চাইছি না, কিন্তু আপনি নিশ্চিত তো যে আপনার স্ত্রী আলোচনার সময় এখানে থাকবেন?' অযোধ্যার সৈন্যাধ্যক্ষ মৃগাশ্ব জানতে চাইল।

তাদের নিজস্ব কার্যালয়ে রাম ও সীতা মৃগাশ্বকে স্বাগত জানিয়েছে।

'আমাদের দুজনের মধ্যে লুকিয়ে রাখার কিছু নেই। সে যাই হোক, আমাদের মধ্যে কী কথা হল তা তো ওনাকে বলবই। তার চেয়ে যা শোনার আপনার কাছ থেকেই সরাসরি শোনা ভালো।'

মৃগাশ্ব দুর্জ্ঞেয় দৃষ্টিতে সীতার দিকে তাকাল এবং দীর্ঘশ্বাস টেনে রামকে উদ্দেশ করে বলল, 'আপনি এখনই সম্রাট হতে পারেন।'

অযোধ্যার রাজা হওয়ার অর্থই সপ্ত সিন্ধুর সম্রাট হওয়া। রঘুর সময় থেকে কোশলের সূর্যবংশীয় শাসকরা এই অগ্রাধিকার ভোগ করে আসছে। মৃগাশ্ব চাইছে রামের রাজ্যপদে বসার পথটা মসৃণ হোক।

সীতা হতবাক হয়ে গেলেও সে তার মুখটা ভাবলেশহীন রাখল। রাম ভ্রূ তুলল।

রামের মনের মধ্যে কী হচ্ছে তা বুঝতে পারল না মৃগাশ্ব। সে ভাবল রাম হয়তো তার একজন অধস্তন আধিকারিককে সামান্য জমি দখলের জন্য শাস্তি দেবার পরও মৃগাশ্ব কেন তাকে সাহায্য করতে চাইছে তা নিয়ে ভাবছে।

'আপনি আমার সঙ্গে যা করেছেন তা আমি ভুলে যেতে প্রস্তুত,' মৃগাশ্ব বলল। 'যদি আপনি মনে রাখেন আমি আপনার জন্য এখন কী করছি কেবল সেইটা।'

রাম নিরুত্তর রইল।

'দেখুন রাজকুমার রাম,' মৃগাশ্ব বলতে থাকল। 'জনসাধারণ পুলিশিব্যবস্থা উন্নত করার জন্য আপনাকে ভালোবাসে। ধেনুকার ব্যাপারটা ঘটার জন্য অবশ্য কিছুদিন আপনি জনপ্রিয়তা হারিয়েছিলেন, তাও সত্য। কিন্তু মিথিলায় রাবণকে আপনি হারাবার পর সবাই সে কথা ভুলে গেছে। সত্যি কথা বলতে কী, আপনি কেবল অযোধ্যার নয়, সারা ভারতের জনতার কাছে হয়ে উঠেছেন জনপ্রিয়। সপ্ত সিন্ধুতে রাবণের মতো ঘৃণিত আর কেউ নেই, এবং তাকে আপনি হারিয়ে দিয়েছেন। আমি অযোধ্যার অভিজাতদের আপনার দিকে নিয়ে আসতে পারি। সপ্ত সিন্ধুর অধিকাংশ রাজ্যই আপনাকে সমর্থন দেবে। আমাদের একমাত্র মাথাব্যথার কারণ কেকয় এবং তাদের প্রভাবে থাকা ছোটো কতকগুলো রাজ্য নিয়ে। তবে ওইসব ছোটো রাজ্যগুলো আমরা অনায়াসে অবজ্ঞা করতে পারি। মোদ্দা কথা হল আমি বলছি রাজসিংহাসন আপনার জন্যই অপেক্ষা করে আছে।'

'কিন্তু আইনের কী হবে?' রাম প্রশ্ন করল।

মৃগাশ্বকে হতভম্ব দেখাল।, যেন কেউ তার সঙ্গে অচেনা ভাষায় কথা বলছে। 'আইন?'

'আমি অসুরাস্ত্র নিক্ষেপ করেছি এবং তার শাস্তি আমাকে পেতেই হবে।'

মৃগাশ্ব শব্দ করে হাসল। 'সপ্ত সিন্ধুর আসন্ন সম্রাটকে শাস্তি দিতে কে সাহস দেখাবে?'

'হয়ত সপ্ত সিন্ধুর বর্তমান সম্রাট?'

'সম্রাট দশরথ চান আপনি সিংহাসনে আরূঢ় হোন। তিনি আপনাকে কোনো অহেতুক নির্বাসনে পাঠাবেন না।'

রামের মুখের ভাবের কোনো পরিবর্তন হল না, কিন্তু তার চোখ বন্ধ করা দেখে সীতা বুঝল যে তার স্বামীর অন্তর প্রবলভাবে আলোড়িত হচ্ছে।

'রাজকুমার?' মৃগাশ্ব জিজ্ঞাসা করল।

রাম তার ডান হাতের তালুটা মুখে বোলাল। সে চোখ খুলে মৃগাশ্বর দিকে যখন তাকাল তখন তার আঙুলগুলো তার চিবুকে ঠেকানো। সে প্রায় ফিসফিস করে বলল, 'আমার পিতা একজন পরমশ্রদ্ধেয় মানুষ। তিনি ইক্ষ্বাকু বংশের উত্তরপুরুষ। তিনি সম্মানজনক কাজই করবেন এবং আমিও তাই করব।'

'রাজকুমার, আমার মনে হচ্ছে আপনি বুঝতে পারছেন না---'

রাম মৃগাশ্বকে থামিয়ে দিয়ে বলল, 'আমার মনে হয় আপনিই বুঝতে পারছেন না, সেনাধ্যক্ষ মৃগাশ্ব। আমি ইক্ষ্বাকুর উত্তরপুরুষ। আমি রঘুর উত্তর - পুরুষ। আমার পরিবার তাদের বংশের উপর অগৌরব নেমে আসতে না দিয়ে বরং মৃত্যুবরণ করেছে।'

'এগুলো তো কেবল শব্দমাত্র...'

'না, এটা একটা দণ্ডবিধি। যে দণ্ডবিধি অনুসারে আমরা জীবনযাপন করি।'

মৃগাশ্ব সামনের দিকে ঝুঁকে এল এমনভাবে যেন একটা বাচ্চাকে বোঝাচ্ছে যে পৃথিবীর আদব কায়দা কিছুই জানে না। 'রাজকুমার রাম আমার কথা শুনুন। আমি আপনার চেয়ে পৃথিবীকে বেশি দেখেছি। সম্মান শব্দটা পাঠ্যপুস্তকের আর একটা শব্দমাত্র। বাস্তব পৃথিবীতে...'

'সেনাধ্যক্ষ, আমার মনে হয় আমাদের আলোচনা শেষ হয়েছে', রাম মৃগাশ্বকে বিনম্র প্রণাম জনিয়ে বলল।

'অ্যাঁ, কী বলছ কী, তুমি নিশ্চিত?' কৈকেয়ী জিজ্ঞেস করল।

মন্থরা আগের থেকে খবর নিয়ে রেখেছিল কখন দশরথ বা তার ব্যক্তিগত সচিবরা থাকবে না। সেই সুযোগ এসেছে। কৈকেয়ীর কর্মচারীদের নিয়ে কোনো সমস্যা নেই। তারা বহুকাল আগে কেকয় থেকেই এসেছিল এবং তারা রানির প্রবল ভক্ত।

মন্থরা এখন রানির পাশে বসেও চূড়ান্ত সাবধানতায় রানির সব

পরিচারিকা ও সেবিকাদের ঘর থেকে বের করে তাদের আদেশ দিয়েছে দরজায় তালা দিয়ে যেতে।

'আমি একেবারে নিশ্চিত না হলে এখানে আসতাম না। মন্থরা আসনে জায়গা বদলে তার পিঠের সমস্যাকে সাময়িক স্বস্তি দিল। এইসব রাজকীয় পুরোনো ধাঁচের আসন বা আসবাব মন্থরার অতি আধুনিক আসবাবপত্রের ধারেকাছে আসে না। 'দ্যাখো, অর্থ সবার মুখ খুলে দেয়! একেকজনের মুখ খোলার দাম একেক রকম। সম্রাট কালই রাজসভায় ঘোষণা করবেন রাম তার বদলে রাজা হবে এবং অরণ্যে বনবাস গ্রহণ করবেন। তবে আমায় যোগ করতে দাও, যে তিনি একা বনবাসী হবেন না, সব রানিদের নিয়েই হবেন। এখন থেকে হয়তো তোমাকেও কোনো জঙ্গল কুটিরে বাস করতে হবে।'

'তুমি কি বলতে চাইছ?'

'তুমি একবার বলেছিলে কারাচাপের যুদ্ধে তুমি তাঁর প্রাণ বাঁচালে দশরথ তোমায় কিছু বর দেবার শপথ করেছিলেন!'

আসনের পিছনে পিঠ ঠেকিয়ে আধশোয়া হতেই কৈকেয়ীর মনে পড়ল বহুদিন আগের এক শপথের কথা, এ এমন একটা ঋণ যা সে ফেরৎ নেবে কখনোই ভাবেনি। রাবণের সঙ্গে সেই ভয়াবহ যুদ্ধে সে তার জীবন বাঁচিয়েছিল, খুইয়েছিল একটি আঙুল ও নিজেও হয়েছিল গুরুতর আহত। যখন জ্ঞান ফিরেছিল দশরথের, তখন সে নিজের থেকেই শর্তহীন ভাবে কৈকেয়ীকে বলেছিল যে, জীবনের যেকোনো সময়ে সে কৈকেয়ীর যেকোনো দুটি বর প্রার্থনা মেনে নেবে। 'ওই দুই বরের কল্যাণে আমি যা কিছু চাইতে পারি।'

'এবং তাঁকে তাঁর শপথের সম্মান দিতে হবে। *রঘুকুল রীত সদা চলি আয়ি, প্রাণ যায়ে পর বচন না যায়ে।*'

মন্থরা যে সূর্যবংশীয়রা অযোধ্যা শাসন করছে তাদের নীতিবাক্য উচ্চারণ করল অথবা যে নীতিবাক্য রঘুর সময় থেকে কার্যকর ছিল।

'সে এখন না বলতে পারবে না...' চোখে বিদ্যুৎ ঝিলিক এনে হিসহিসিয়ে উঠল কৈকেয়ী। মন্থরাও সম্মতি জানাল।

'রামকে চোদ্দ বছরের জন্য বহিষ্কার করতে হবে', কৈকেয়ী বলল। 'আমি তাকে জনসমক্ষে বলতে বাধ্য করব যে সে নির্দেশ দিচ্ছে ভগবান রুদ্রের শাস্তির বিধানকে শ্রদ্ধা জানাতে।'

'খুবই বুদ্ধির কাজ। এতে জনসাধারণও ব্যাপারটা মুখ বুজে মেনে নেবে। রাম জনতার মধ্যে এখন জনপ্রিয় ঠিকই, কিন্তু কেউই ভগবান রুদ্রের নিয়ম লঙ্ঘন করতে চাইবে না।'

'এবং তাকে ভরতকেই অভিষিক্ত যুবরাজ বলে ঘোষণা করতে হবে।'

'একেবারে যথার্থ। দুটি বর, সব সমস্যার এককালীন সমাধান করে দেবে।'

'হ্যাঁ, ঠিক তাই...'

অযোধ্যার বিশাল জলাধারের সেতুর ওপর দিয়ে ঘোড়া ছুটিয়ে যেতে যেতে সীতা পিছন ফিরে দেখতে চাইল তাকে কেউ অনুসরণ করছে কি না। সে তার মুখ ও ঊর্ধ্বাঙ্গ ঢেকে রেখেছে এক অঙ্গবস্ত্রে, যেন সে শেষ সন্ধ্যার শীত ও বাতাস থেকে নিজেকে আড়াল করছে।

পথটা সোজা এগিয়ে গেছে অনেক দূরে, পূর্ব দিকের সেইসব দিকে যে অঞ্চলগুলি কোশলের প্রত্যক্ষ শাসনের অন্তর্ভূক্ত। কয়েক মিটার এগিয়ে আবার পিছনে তাকাল, তারপর লাগাম টেনে ঘোড়াটার মুখ বাঁদিকের রাস্তার দিকে ঘুরিয়ে দিল। সে জঙ্গলের মধ্যে প্রবেশ করেই জিভ দিয়ে একটা আওয়াজ তুলল, যাতে তার ঘোড়াটা তীব্র গতিতে চলতে লাগল। তাকে এক ঘন্টার পথ আধ ঘন্টা সময়ের মধ্যে যেতে হবে।

'কিন্তু তোমার স্বামী কী বলবে?' নাগ জিজ্ঞেস করল

সীতা দাঁড়িয়ে আছে জঙ্গলের মধ্যে একটু ফাঁকা অংশে। তার হাত তার

কোমরে বাঁধা কোমর বন্ধের একটা ছোরার হাতলে; বন্য প্রাণীদের হঠাৎ আক্রমণ থেকে বাঁচার জন্যই এই আয়োজন।

সে সদ্য যে লোকটার সঙ্গে দেখা করেছে তার জন্য কোনো প্রতিরক্ষার প্রয়োজন নেই। সে একজন মলয়পুত্র এবং তাকে সে বড়ো ভাইয়ের মতো শ্রদ্ধা করে। নাগ মানুষটার মুখটা শক্ত ও হাড়-হাড়, তার মুখটা বাইরে উঁচিয়ে আছে পাখির ঠোঁটের মতো। তার মাথা ন্যাড়া কিন্তু মুখে নরম লোমের মতো পালক। তাকে দেখতে শকুনমাথা এক মানুষের মতো।

'জটায়ু,' সীতা সশ্রদ্ধ গলায় বলল,'আমার স্বামী কেবল অসাধারণ নন, এমন মানুষ দশ লক্ষ বছরে হয়তো একবার আসেন। দুঃখের কথা এই যে তিনি নিজে জানেন না তিনি কে। তার কথা যদি বলতে হয় তবে তিনি এখন তাঁর নির্বাসন নিয়ে ব্যস্ত। তিনি প্রার্থনা করেছেন তাকে নির্বাসিত করা হোক। কিন্তু এটা করার মাধ্যমে তিনি নিজেকেই ভয়ংকর বিপদের দিকে টেনে এনেছেন। যে মুহূর্তে আমরা নর্মদা অতিক্রম করব, আমার আশঙ্কা আমরা একের পর এক আক্রমণের লক্ষ্য হতে থাকব। তাকে মেরে ফেলার সমস্ত কৌশল অবলম্বন করবে নানা শক্তি।'

'বোন তুমি আমার হাতে একটা রাখি বেঁধে দিয়েছিলে,' জটায়ু বলল। 'যতক্ষণ আমি জীবিত আছি ততক্ষণ তোমার বা তুমি যাকে ভালোবাস তার কোনো ক্ষতি হবে না।'

সীতা হাসল।

'কিন্তু তোমার স্বামীকে আমার সম্পর্কে বলে রাখবে। আর এটাও বলে রাখবে তুমি আমায় কী প্রয়োজনে চাইছ। আমি জানিনা তিনি মলয়পুত্রদের অপছন্দ করেন কি না, তা যদি তিনি করেন তা খুব একটা অন্যায় হবে না। মিথিলায় যা ঘটেছে তাতে আমাদের ওপর তাঁর খারাপ ধারণা থাকারই কথা।'

'আমি কীভাবে আমার স্বামীকে সামলাব সেটা আমার ওপরেই ছেড়ে দাও।'

'তুমি ঠিক বলছ?'

'এতদিনে আমি তাঁকে ভালোই চিনেছি। তিনি বুঝতে চান না যে গহন

অরণ্যে আমাদের কিছু সুরক্ষার প্রয়োজন। তাঁর ধারণা হয়ত পরে প্রয়োজন হলেও হতে পারে। এখনকার মতো আমি চাই তোমার সেনানীরা আমাদের ওপর সর্বক্ষণ সরাসরি লক্ষ রাখুক। এবং আমাদের উপর অকস্মাৎ আক্রমণকে প্রতিহত করুক।'

জটায়ুর মনে হল সে কোনো শব্দ শুনল। সে তার ছোরাটা বের করে গাছের পিছনে অন্ধকারের দিকে তাকাল। কয়েক মুহূর্ত পর সে স্বাভাবিক হল এবং সীতার প্রতি তার মনোসংযোগ ফেরালো।

'ওটা কিছু না,' সীতা বলল।

'তোমার স্বামী কেন শাস্তি গ্রহণ করতে এমন জোরাজুরি করছেন?' জটায়ু জিজ্ঞাসা করল। 'এ নিয়ে তর্ক করা যায়। অসুরাস্ত্র অবশ্যই গণহত্যার অস্ত্র নয়। তিনি অবশ্যই প্রযুক্তির পরিভাষাগত দিক উল্লেখ করে এটার থেকে সহজেই ছাড় পেতে পারতেন।'

'তিনি শাস্তি পেতে চাইছেন আইনে তা বলা আছে বলে।'

'তিনি এমন...' জটায়ু বাক্যটা শেষ করল না। 'তিনি এমনই, কিন্তু একদিন আসবে যখন তাকে সারা পৃথিবী প্রণাম করবে, আমি সেই দিন পর্যন্ত ওঁকে বাঁচিয়ে রাখব।'

হাসল জটায়ু।

সীতা তার পরের অনুরোধটা রাখতে লজ্জাই পেল। কারণ এটা বড়ো বেশি স্বার্থপর মনে হল তার নিজের কাছেই। তবু তাকে এ ব্যাপারটাতেও নিশ্চিত হতে হবে। 'আর ওই..'

'সোমরসের বন্দোবস্ত করা হবে। আমি জানি, তোমাদের এটা প্রয়োজন হবে। এই চোদ্দ বছর বনবাসী থাকাকালে তোমাদের সুস্থ ও সমর্থ থাকতে এর প্রয়োজন তো হবেই।'

'কিন্তু তোমাকে কী সোমরস পেতে অসুবিধার মুখে পড়তে হবে না? কী করে...'

জটায়ু হেসে বলল,'ওটা নিয়ে আমায় ভাবতে দাও।'

সীতার যা জানার ছিল সে তা জেনে গেছে। সে জানে জটায়ু সব ব্যবস্থাই করবে। 'বিদায় ভাই আমার, পরশুরাম তোমার সঙ্গী হোন!'

'ভগবান রুদ্র তোমার সঙ্গী হোন, বোন আমার।'

সীতা ঘোড়ায় উঠে চলে যাবার আগে পর্যন্ত সে অপেক্ষা করল। তারপর যখন দেখল সীতা চলে গেছে সে সীতা যেখানে দাঁড়িয়েছিল সেই মাটি স্পর্শ করল, সেখান থেকে কিছু ধুলো তুলে কপালে ঠেকাল একজন মহান নেতাকে শ্রদ্ধা জানাবার জন্য।

'ছোটো মা গোঁসাঘরে?' সৎমা কৈকেয়ীর প্রসঙ্গে বলল রাম।

'হ্যাঁ', বশিষ্ঠ উত্তর দিলেন।

রাম আগেই জেনেছিল তার বাবা তার রাজা হিসেবে অভিষেকের কথা পরের দিন সরকারিভাবে ঘোষণা করবে। সেও তার পরবর্তী কার্যক্রম ঠিক করে রেখেছিল। সে ঠিক করেই রেখেছিল যে আনুষ্ঠানিকভাবে সিংহাসন ত্যাগ করে সে অরণ্যে চলে যাবে। কিন্তু এই পরিকল্পনা নিয়ে রামের দ্বিধা ছিল। কারণ এটা করলে জনসমক্ষে তার বাবাকে হেয় করা হয়।

সুতরাং বশিষ্ঠ এসে তার সৎ মায়ের কথা যখন জানালেন তখন রামের প্রতিক্রিয়া খুব নেতিবাচক ছিল না।

কৈকেয়ী গিয়ে ঢুকেছে গোঁসাঘরে। প্রাচীনকালে বহুবিবাহ রাজদরবারে অতি জনপ্রিয় হয়ে উঠলে প্রতি রাজপ্রাসাদেই এইরকম সরকারি গোঁসাঘর বা রাগ দেখাবার কক্ষ বানানো হত। বহু স্ত্রী থাকার ফলে স্বভাবতই রাজার পক্ষে সবাইকে সমান সময় বা অনুরাগ দেখানো সম্ভব হত না। কোনো স্ত্রী তার স্বামীর উপর ক্রুদ্ধ বা অসন্তুষ্ট হলে আশ্রয় নিত এই গোঁসাঘরে— এর মাধ্যমে সরকারিভাবে তার ক্রোধ জ্ঞাপন করা হত। রাজার কাছে এটা একটা সংকেতবার্তার মতো ছিল যে তার বিশেষ কোনো রানির কোনো অভিযোগের সুরাহা তাকে করতে হবে। ধারণা ছিল কোনো রানিকে গোঁসাঘরে রাত পোহাতে দিলে তা অমঙ্গলজনক। এখন দশরথের তার ক্ষিপ্ত স্ত্রীর কাছে উপস্থিত হওয়া ছাড়া গত্যন্তর ছিল না।

'ওনার প্রভাব অনেকটা কমে গেলেও যদি কেউ বাবাকে মত বদলাতে বাধ্য করতে পারে তা ছোটো মা,' রাম বলল।

'মনে হচ্ছে তোমার মনোবাঞ্ছা পূর্ণ হতে চলেছে।'

'হ্যাঁ, আদেশ পেলে আমি ও সীতা এই মুহূর্তেই চলে যেতে চাই।'

বশিষ্ঠ চিন্তিত মুখে বললেন,' লক্ষ্মণ তোমার সঙ্গে যাচ্ছে না?'

'সে তো চাইছে খুবই, কিন্তু আমার মনে হয় তার দরকার নেই। তার স্ত্রী ঊর্মিলার সঙ্গে তার এখানেই থাকার কথা। ও একটা বাচ্চা মেয়ে। আমরা কোনোমতেই তার উপর কঠিন অরণ্যজীবনের কষ্ট চাপিয়ে দিতে পারি না।'

বশিষ্ঠ ঘাড় নেড়ে এ কথায় সম্মতি জানালেন। তারপর তিনি রামের দিকে ঝুঁকে আন্তরিকতাপূর্ণ কণ্ঠে বললেন, 'তোমার ললাট লিখনের কথা মনে রেখো। তুমিই হবে পরবর্তী বিষ্ণু। তোমাকেই আমাদের দেশের ভবিষ্যৎ পুনর্নির্মাণ করতে হবে। আমি সেই লক্ষ্যে কাজ করে যাব এবং এটা নিশ্চিত করব যাতে তোমার ফেরার সময় আমরা সম্পূর্ণ প্রস্তুত থাকি। কিন্তু তোমাকে কেবল এটাই সুনিশ্চিত করতে হবে যে তুমি বেঁচে থাকবে।'

'আমি নিশ্চয় সে বিষয়ে সচেষ্ট হব।'

।। অধ্যায় ২৮ ।।

দশরথ অন্যের সাহায্য নিয়ে পালকি থেকে নেমে খোঁড়াতে খোঁড়াতে গোঁসাঘরে ঢুকল। কদিনের প্রবল মানসিক চাপ তার বয়স দশ বছর বাড়িয়ে দিয়েছে। সে তার আরামকেদারায় বসে হাত নেড়ে সহকারীদের চলে যেতে বলল। কৈকেয়ীকে সে বেশ ভালো করেই চেনে; সে জানে কী ঘটতে চলেছে।

'কী বলার আছে বলো,' দশরথ বলল।

বেদনাভরা চোখে কৈকেয়ী তার দিকে তাকাল। 'তুমি আমাকে আর ভালো না বাসতে পারো, কিন্তু আমি তোমাকে ভালোবাসি।'

'হুম, আমি জানি তুমি আমাকে ভালোবাস, কিন্তু তুমি নিজেকে ভালোবাস তার চেয়েও বেশি।'

এবার অনড় কৈকেয়ীর উত্তর। 'তুমি কি আলাদা? তুমি কি এবার আমাকে স্বার্থত্যাগের পাঠ শেখাবে নাকি? সত্যি?'

দশরথ পরিতাপের হাসি হাসল। 'অসামান্য' অবজ্ঞার পাত্রী হয়ে ওঠা নারীর মতোই রাগে টগবগ করে ফুটছিল কৈকেয়ী। 'তুমি আমার স্ত্রীদের মধ্যে সবচেয়ে চৌকশ। বিপক্ষের সঙ্গে সম্মুখ সমরে যেমন আনন্দ পাই তেমনি তোমার সঙ্গে বাকযুদ্ধও উপভোগ করি। কেন আমি এখন সেইসব তীক্ষ্ণ, তিক্ত শব্দগুলোকে খুঁজে পাচ্ছি না যা রক্তক্ষরণ ঘটায়।'

'আমিও তলোয়ারের কোপে রক্ত ঝরাতে পারি।'

'সেটা আমি জানি।'

কৈকেয়ী পিছনে হেলান দিয়ে শুলো। চেষ্টা করতে লাগল শ্বাস প্রশ্বাসের গতি কমিয়ে নিজেকে সামলাতে। কিন্তু আঘাতটা স্পষ্ট বোঝা যাচ্ছে। 'আমি আমার জীবন তোমাকে উৎসর্গ করেছিলাম। আমি তোমার জন্য মরতে বসেছিলাম। তোমার জীবন বাঁচাতে অঙ্গহানি হয়েছে আমার। তোমার আদরের ধন রামের মতো আমি তোমায় কখনো প্রকাশ্যে অপদস্ত করিনি।'

'রাম কখনো--'

কৈকেয়ী দশরথকে থামিয়ে দিয়ে বলল, 'হ্যাঁ করেছে। এখনই করছে। তুমি খুব ভালোভাবেই জানো সে কাল তোমার আদেশ অগ্রাহ্য করবে। সে তোমাকে অপদস্ত করবে। আর ভরত কখনো--'

এবার দশরথ দাবড়ে উঠে কৈকেয়ীর কথা থামিয়ে দিয়ে বলল, ' আমি রাম ও ভরতকে আলাদা করে দেখছি না। তুমি খুব ভালো করেই জানো তাদের নিজেদের মধ্যেও কোনো সমস্যা নেই।'

কৈকেয়ী সামনে ঝুঁকে হিসহিসিয়ে বলল, 'এটা রাম আর ভরতের কথা নয়। এটা রাম ও আমার কথা। রাম ও আমার মধ্যে থেকে তোমায় একজনকে বেছে নিতে হবে। তোমার জন্য সে কবে কী করেছে? সে একবার তোমার জীবন বাঁচিয়েছে, এই তো? আর গত বহু বছর ধরে আমি প্রত্যেকটা দিন তোমার জীবন বাঁচিয়েছি। তোমার জন্য আমার আত্মত্যাগের কোনো মূল্য নেই, তাই না?'

'বলো তুমি যা বলতে চাও।' তবে, 'রাম আমায় অমরত্ব দান করেছে।'

কৈকেয়ী কথাটা ঠিক ধরতে পারল না। সে চিরকাল দশরথকে প্রচুর পরিমাণে সোমরস জোগান দিয়েছে, বারবার রাজগুরু বশিষ্ঠের কাছ থেকে সংগ্রহ করে। যারা এ পানীয় গ্রহণ করে তাদের আয়ু বৃদ্ধি পায়। যেকোনো কারণেই হোক সোমরসের প্রভাব দশরথের উপর পড়েনি।

'না, রাম আমাকে শারীরিক অমরত্ব দেয়নি,' দশরথ তার আগের কথাটা ব্যাখ্যা করে। 'গত কদিনে আমি আমার মরণশীলতা উপলব্ধি করেছি। আমি জানি আমি আমার জীবন ও সহজাত গুণাবলি নষ্ট করেছি। মানুষজন

পূর্বপুরুষদের সঙ্গে আমার তুলনা করে হতাশা বোধ করে। কিন্তু রাম... সে পৃথিবীর ইতিহাসে সর্বকালের শ্রেষ্ঠ মানুষ হিসেবে উল্লেখিত হবে। আর সে আমার নামকেও ভাস্বর করে রাখবে তার নামের সঙ্গে। রামের পিতা হিসেবে অমর হয়ে থাকব আমি। রামের মহত্ব আমার সব কলঙ্ক মুছে দেবে। সে এই বয়সেই রাবণকে পরাভূত করেছে।'

কৈকেয়ী প্রচণ্ড উপহাসের হাসিতে ফেটে পড়ল। 'মূর্খ তুমি, ও জয়টা নেহাতই কপালের জোরে। ভাগ্য ভালো ছিল ব'লে ওই সময় গুরু বিশ্বামিত্র ওখানে অসুরাস্ত্র নিয়ে হাজির ছিলেন।'

'হ্যাঁ ভাগ্য তাকে নিশ্চয় সহায়তা করেছিল। এর অর্থই হচ্ছে দেবতারা তার পক্ষে।'

কৈকেয়ী দশরথের দিকে বিষাক্ত দৃষ্টিতে তাকাল। কথাবার্তা ভুল পথে চলে যাচ্ছে। 'রাখো ওইসব ফালতু কথা। আসল কথায় এসো। তুমি জানো তুমি আমার আকাঙ্খা না মিটিয়ে পারবে না।'

দশরথ সিংহাসনে হেলান দিয়ে বসে বিষণ্ণ হাসল। 'ওহ্, যেই আমি একটা ভালো আলোচনার দিকে যাচ্ছিলাম, তক্ষুনি...'

'আমি দুটি বর চাই।'

'একসঙ্গে দুটোই?' কিঞ্চিত অবাক হয়েই দশরথ বলল। সে আশা করেছিল কেবল একটা প্রার্থনাই পেশ করা হবে।

'আমি চাই রামকে সপ্ত সিন্ধু থেকে চোদ্দো বছরের জন্য নির্বাসিত করা হোক। তুমি কাল রাজসভায় ঘোষণা করবে যে ভগবান রুদ্রের আদেশ অমান্য করার জন্য তুমি তাকে এই শাস্তি দিচ্ছ। এতে তুমি প্রশংসিত হবে। এমনকি বায়ুপুত্ররাও তোমাকে এজন্য অভিবাদন জানাবে।'

'সত্যিই তুমি যে আমার সম্মান নিয়ে কতটা উদ্বিগ্ন সে তো আমি জানি।' চূড়ান্ত শ্লেষে বলে উঠল দশরথ।

'তুমি কিন্তু আমার কথা অবজ্ঞা করতে পারবেনা।'

দীর্ঘশ্বাস ফেলল দশরথ। 'এবার দ্বিতীয়টাও বলে ফেল।'

'এরপর তুমি ভরতকে পরবর্তী রাজা হিসেবে ঘোষণা করবে।'

চমকে উঠল দশরথ। এতটা সে আশা করেনি। এর উদ্দেশ্য একেবারে পরিষ্কার। সে মৃদু গর্জন করে উঠল, 'নির্বাসনে থাকার সময়ে রামের যদি মৃত্যু ঘটে তবে জনসাধারণ তোমায় গণধোলাই দিয়ে নরকে পাঠাবে।'

কৈকেয়ী একথা শুনে কেমন আতঙ্কগ্রস্ত হয়ে চিৎকার করে উঠল, 'তুমি কি সত্যিই মনে কর আমি রাজরক্ত ঝরাতে পারি? রঘুর রক্ত?'

'হ্যাঁ, আমি মনে করি তুমি তা পারো। কিন্তু এও জানি ভরত তা করবে না। আমি ওকে তোমার সম্পর্কে সাবধান করে দেব।'

'তোমার যা খুশি তাই করো। কিন্তু তার আগে আমার প্রস্তাবিত দুটো বর মঞ্জুর করো।'

ক্রোধান্ধ দশরথ জ্বলন্ত দৃষ্টিতে কৈকেয়ীর দিকে তাকাল। সে হঠাৎ দরজার দিকে ফিরে হাঁক দিল, 'প্রহরী!'

অতিদ্রুত দশরথের সহকারীর সঙ্গে চারজন প্রহরী ঘরে প্রবেশ করল।

রুঢ়স্বরে দশরথ বলে উঠল,' আমার পালকি প্রস্তুত করো।'

কৈকেয়ী চিৎকার করে বলল, 'তোমার আদরের রামকে কিছুই করব না।'

বিশাল সভাগৃহে বসেছে আজকের রাজসভা। দ্বিতীয় প্রহরের দ্বিতীয় ঘন্টায়। দৃশ্যত বিষণ্ণ ও ক্লান্ত হলেও মহিমান্বিত ভাবেই দশরথ বসে আছে রাজসিংহাসনে। তিলধারণের স্থান কোথাও নেই।

সামান্য কজন ছাড়া কারোরই ধারণা নেই রাজসভায় আজকের আলোচ্য কী। কেউই বুঝতে পারছে না রাবণকে হারিয়ে দেবার কারণে কেন রামকে শাস্তি পেতে হবে। বরং অযোধ্যার গৌরব পুনরুদ্ধার ও কলঙ্কমোচনের জন্য যুবরাজের তো সম্বর্ধিত হবার কথা।

'চুপ!' সভাগৃহের ঘোষক চেঁচিয়ে উঠল।

দশরথ ভগ্নহৃদয়ে হলেও রাজকীয় ভাবে বসে, যেন সে পুত্রের গৌরবে গৌরবান্বিত। সভার ঠিক মাঝখানে একেবারে তার দৃষ্টির সম্মুখে দাঁড়িয়ে

আছে রাম। তার চোখ সিংহাসনের সিংহমুখো হাতলের দিকে পড়তে দশরত সামান্য কাশল। সে শক্ত করে হাতলটা চেপে ধরল। সে অনুভব করল তার ভিতরে অপ্রতিরোধ্যভাবে বেড়ে উঠছে সিদ্ধান্ত বদলের প্রত্যয়। আবেগের নিরর্থক আর কিছুর বদল ঘটাবে না তা অনুভব করে নিরুপায় ও অবসাদগ্রস্ত দশরথ চোখ বন্ধ করলো।

তুমি কীভাবে তাকে বাঁচাতে পারো যে মনে করে সেই চেষ্টাই সম্মানহানিকর?

দশরথ সোজাসুজি তার উন্মত্ত ধার্মিক পুত্রের দিকে তাকাল। 'ভগবান রুদ্রের নিয়ম লঙ্ঘিত হয়েছে। এর ফলে অবশ্য মঙ্গলও কিছু হয়েছে। রাবণের দেহরক্ষীরা একেবারে ধ্বংস হয়ে গেছে। সব অর্থেই সে এখন লঙ্কায় বসে তার অপমানে ও ব্যর্থতায় শোক করছে।'

উপস্থিত সবাই বিপুল হর্ষধ্বনি করে উঠল। সবাই রাবণকে ঘৃণা করে, প্রায় সবাই। 'আমার প্রিয় পুত্র রামের সহধর্মিনী আমাদের রাজবধূ সীতার রাজ্য মিথিলা ধ্বংসের হাত থেকে রক্ষা পেয়েছে।'

সমবেত জনতা আবার চিৎকার করে উঠল, তবে এবার তার মাত্রা কম। খুব কম লোকই সীতার সম্পর্কে জানে এবং এখনও অধিকাংশ লোকই বুঝে উঠতে পারেনি কেন তাদের ভবিষ্যত রাজা একটি ক্ষমতাহীন রাজ্যের সঙ্গে মৈত্রীবন্ধনে আবদ্ধ হয়েছেন।

দশরথ কাঁপা গলায় বলতে থাকল, 'কিন্তু নিয়ম লঙ্ঘিত হয়েছে। এবং ভগবান রুদ্রের আদেশ পালন করতেই হবে। তাঁর নিজস্ব জাতিগোষ্ঠী বায়ুপুত্রেরা এখনও রামের প্রায়শ্চিত্তের বিষয়ে জানায়নি। কিন্তু তা রঘুবংশীয়দের কর্তব্য থেকে বিচ্যুত করতে পারে না।'

এক প্রগাঢ় নৈশব্দ নেমে এল সভাগৃহে। কেবল এক অজানা ভয় তাদের কাঁপিয়ে দিল। তারা নিজেদের মনে মনে প্রস্তুত করে নিল। যে ভয়টা তারা করছে সেই ঘোষণাই তাদের রাজা এবার করবেন।

'শাস্তি তার পাওয়া উচিত রাম তা স্বীকার করেছে। সে অযোধ্যা ছেড়ে চলে যাচ্ছে কারণ আমি তাকে সপ্ত সিন্ধু থেকে চোদ্দ বৎসরের জন্য নির্বাসিত

করেছি। প্রায়শ্চিত্তের আগুনে নিজেকে পুড়িয়ে শুদ্ধ করে সে আবার আমাদের মধ্যে ফিরে আসবে। সে ভগবান রুদ্রের একনিষ্ঠ ভক্ত। আপনারা তাকে সম্মান প্রদর্শন করুন।'

এক প্রবল হাহাকার উঠল সভাগৃহে যার মধ্যে মিশে ছিল সাধারণ মানুষের নিরাশা ও অভিজাতদের বিহ্বলতা।

দশরথ হাত তুলতে সমবেত সবাই চুপ করে গেল। 'এমতাবস্থায় আমার অপর প্রিয় পুত্র ভরত অযোধ্যার যুবরাজ ও ভবিষ্যত সপ্ত সিন্ধুর সম্রাট হিসেবে পরিগণিত হচ্ছে।'

নৈঃশব্দ! সমস্ত সভাগৃহ ভরে গেল বিষণ্ণতায়।

রাম দুহাত জড়ো করে দশরথের দিকে তাকিয়ে উচ্চ কণ্ঠস্বরে পরিষ্কার গলায় বলে উঠল, 'পিতৃদেব, আপনার আজকের ন্যায়ধর্ম দেখে আকাশের দেবতারাও অবাক হবেন!'

সাধারণ লোকেদের মধ্যে অনেকেই প্রকাশ্যে কেঁদে উঠল।

'সর্বশ্রেষ্ঠ সূর্যবংশীয় ইক্ষ্বাকুর স্বর্ণাভ আত্মার শক্তি আমাদের মধ্যে বিরাজ করুক, পিতা!' রাম উচ্চকণ্ঠে বলল। 'সীতা ও আমি একদিনের মধ্যেই অযোধ্যা ত্যাগ করব।'

সভাগৃহের সবচেয়ে পিছনে এক স্তম্ভের আড়ালে অত্যন্ত গৌরবর্ণ একজন দাঁড়িয়েছিল। সে একটা সাদা ধুতি পরেছিল। কিন্তু তাকে ধুতি নিয়ে তার বেশ অস্বস্তি হচ্ছিল, সম্ভবত এটি তার স্বাভাবিক পোশাক নয়। তার চেহারার বিশিষ্টতা ফুটে উঠছিল তার বাঁকানো নাক, দুদিকে ঝুলে পড়া গোঁফ ও না-ছাঁটা বিরাট দাড়িতে রামের কথাগুলো শুনে তার বুদ্ধিদীপ্ত মুখে হাসি ফুটে উঠল।

গুরু বশিষ্ঠ যথার্থ লোককেই নির্বাচন করেছেন।

ধুতি সামলাতে সামলাতে গৌরবর্ণ বাঁকানো নাকওলা লোকটা বলল, 'আমাকে বলতেই হবে যে সম্রাটকে দেখে আমি খুবই অবাক হয়েছি।'

লোকটা রাজগুরুর ব্যক্তিগত কক্ষে বশিষ্ঠর সঙ্গে বসেছিল।

'আসল কৃতিত্ব কার সেটা যেন ভুলো না।' বশিষ্ঠ বলল।

'সে আর বলতে, আমি বলব আপনার নির্বাচন যথার্থ।'

'তুমি কি তোমার ভূমিকা পালন করবে?'

গৌরবর্ণ লোকটা দীর্ঘশ্বাস ফেলল, 'গুরুজি আপনি জানেন আমরা কোনোকিছুতেই খুব বেশি জড়িয়ে পড়ি না। সিদ্ধান্তটা তো আমাদের নেওয়ারও কথা নয়।'

'কিন্তু...'

'কিন্তু আমাদের পক্ষে যতটা সম্ভব তা আমরা করব, এই প্রতিশ্রুতি আপনাকে দিতেই পারি। আর আপনি তো জানেন আমরা প্রতিশ্রুতি ভঙ্গ করি না।'

বশিষ্ঠ ঘাড় নেড়ে সায় দিলেন, 'ধন্যবাদ বন্ধু। আমরা চাহিদা ওটুকুই। ভগবান রুদ্রের জয় হোক।'

'পরশুরামের জয় হোক।'

ভরতের আগমনবার্তা ঘোষিত হতে না হতেই সে রাম ও সীতার বৈঠকখানায় ঝুকে পড়ল। তারা দুজনে ইতিমধ্যেই পোশাক বদলে তপস্বীর পোশাক পরে নিয়েছে। তাদের এ পোশাক দেখে ভরতের চোখ কুঁচকে গেল।

'অরণ্যবাসীরা যেমন পোশাক পরে আমাদেরও তাই পরতে হবে ভরত,' সীতা বলল।

চোখে জল ভরে এল ভরতের। হতাশা ও বেদনায় মাথা নাড়তে নাড়তে সে বলল,' দাদা, আমি জানি না তোমার উচ্ছ্বসিত প্রশংসা করা,, না গায়ের জোরে তোমার মধ্যে কিছুটা বাস্তব বুদ্ধি ঢুকিয়ে দেওয়া–– কোনটা উচিত!'

'তোমায় কোনোটাই করতে হবে না,' হাসতে হাসতে রাম বলল। 'কেবল আমাকে আলিঙ্গন করে শুভবিদায় জানাও।'

ভরত দৌড়ে গিয়ে সবলে জড়িয়ে ধরল তার বড়ো ভাইকে। তার দুগাল তখন ভেসে যাচ্ছে চোখের জলে। রামও তাকে বুকে জড়িয়ে ধরল।

ভরত পিছিয়ে যেতে রাম বলল, 'একদম দুশ্চিন্তা কোরো না। কষ্টের মাধ্যমে পাওয়া জিনিস মধুর হয়। কথা দিচ্ছি, যখন ফিরব তখন অনেক বেশি বাস্তব বুদ্ধি নিয়ে ফিরে আসব।'

মৃদু হাসল ভরত। 'তখন আমি তোমার সঙ্গে এই ভয়ে কথা বলব না যে তুমি আমার কথা বুঝতে পেরে যাবে।'

রামও হাসল। 'ভালো করে রাজ্য শাসন কোরো।'

'আমি মিথ্যা বলব না যে আমি এটা চাইনি,' ভরত বলল। 'কিন্তু এভাবে নয়...'

রাম হাত দিয়ে ভরতের বলিষ্ঠ পেশিবহুল কাঁধ জড়িয়ে ধরল 'আমি জানি, তুমি সুশাসন করবে এবং তার মাধ্যমে আমাদের পূর্বপুরুষদের গর্বিত করবে।'

'আমাদের পূর্বপুরুষরা কী ভাবল তা নিয়ে আমার মাথাব্যথা নেই।'

'বেশ তাহলে আমায় গর্বিত কোরো।'

ভরতের মুখ নীচু হল, আবার নতুন করে চোখের জলে মুখ ভেসে যেতে থাকল। সে আবার তার দাদাকে দৃঢ়ভাবে আলিঙ্গন করল এবং এবার তারা বেশ খানিকক্ষণ একে অপরকে জড়িয়ে থাকল। রাম তার স্বাভাবিক পরিমিতি বোধকে উপেক্ষা করেই এতক্ষণ আলিঙ্গনাবদ্ধ রইল। সে জানে তার ভাইয়ের জন্য এটা প্রয়োজনীয়।

ভরত নিজেকে আলিঙ্গন থেকে মুক্ত করে বলল, 'বেশ এখন এই অবধি!' তারপর সীতার দিকে তাকিয়ে বলল,'বউদি, দাদার যত্ন নিও। ও জানেনা এই পৃথিবীটা কতটা অনৈতিক।'

সীতা হাসল, 'সেটা ও জানে। তবু সবকিছু বদলাতে চায়।'

ভরত দীর্ঘশ্বাস ফেলল। তারপর মাথায় হঠাৎ একটা ভাবনার উদয় হতেই রামের দিকে ফিরল। 'দাদা, তোমার জুতোজোড়া আমায় দাও।'

রাম বিস্মিত হয়ে নিজের পায়ের খড়মদুটির দিকে তাকাল।

'এগুলো নয়,' ভরত বলল। 'তোমার রাজকীয় জুতোজোড়া।'

'কেন?'

'আমার দরকার, দাদা, আমাকে দাও।'

রাম বিছানার একধারে গেল যেখানে তার সদ্য ত্যাগ করা রাজপোশাক পড়েছিল। মেঝেতে রাখা ছিল সোনালি রঙের জুতো। যার ওপর অসামান্য সুক্ষ্ম রুপালি ও বাদামি সুতোর কাজ করা ছিল। রাম সে দুটি হাতে করে এনে ভরতের হাতে দিল।

'এগুলো নিয়ে কী করবে তুমি?' রাম জিজ্ঞাসা করল।

'যখন সময় হবে তখন আমি নিজে সিংহাসনে না বসে সিংহাসনের ওপর এ দুটোকেই রাখব।' ভরত বলল। রাম ও সীতা সঙ্গেসঙ্গে বুঝে গেল এর নিহিতার্থ। কেবল এই পদক্ষেপের মধ্যে দিয়ে ভরত বুঝিয়ে দিতে পারল যে রামই অযোধ্যার রাজা। সে অবর্তমানে সাময়িক দায়িত্ব সামলাচ্ছে মাত্র। রাজাকে হত্যা করার ষড়যন্ত্র হলে ষড়যন্ত্রকারীদের উপর সপ্ত সিন্ধুর সমস্ত রাজ্যের আঘাত নেমে আসবে। শীতল মৈত্রী চুক্তির বাইরেও রাজা বা যুবরাজকে হত্যা করা মহাপাপ।

রাম ভরতকে আবার আলিঙ্গন করল, 'ভাই আমার...'

'লক্ষ্মণ,' সীতা বলল। 'আমার মনে আছে তোমায় বলেছিলাম...'

লক্ষ্মণ এইমাত্র রাম ও সীতার বৈঠকখানায় প্রবেশ করেছে। সেও তার দাদা ও বউদির মতো পোশাক পরেছে যা অরণ্যবাসী তপস্বীরা পরে।

লক্ষ্মণের চোখে প্রত্যয় জ্বলজ্বল করছিল যা সীতাকেও কেমন থমকে দিল। সে বলল,'আমি তোমাদের সঙ্গেই যাচ্ছি ভাই।'

'লক্ষ্মণ...' রাম অনুনয় করল।

'আমি না থাকলে তুমি বাঁচবে না, দাদা,' লক্ষ্মণ বলল, 'আমাকে সঙ্গে না নিলে আমি তোমায় যেতে দেব না।'

রাম হাসল। 'আমি আপ্লুত এই ভেবে যে আমার পরিবারের সকলে

আমার উপর কতটা আস্থা রাখে! কেউই বিশ্বাস করে না যে আমি নিজেকে বাঁচিয়ে রাখতে পারব।'

লক্ষ্মণও হেসে উঠল, কিন্তু পরমুহূর্তেই গম্ভীর হয়ে গেল। 'তুমি এনিয়ে হাসতে বা কাঁদতে—যা খুশি করতে পারো কিন্তু আমি তোমার সঙ্গে যাচ্ছি ।

লক্ষ্মণ নিজের ঘরে ঢুকতে ঊর্মিলা লক্ষ্মণকে স্বাগত জানাল। সে সাধারণ কিন্তু কেতাদুরস্ত পোশাকে সজ্জিতা। তার শাড়ি ও জামা সাধারণ বাদামি রঙে রাঙানো। যদিও শাড়ির পাড় অপূর্ব সোনালি রঙের। তার শরীরে সাধারণ মার্জিত স্বর্ণালংকার-– যেমন সে সবসময় পরে তেমন নয়।

'এসো সোনা,' উত্তেজনাপূর্ণ ভাবে শিশুসুলভ হেসে ঊর্মিলা বলল, 'তোমায় দেখতেই হবে। আমি নিজে হাতে সব জিনিসপত্র গুছিয়ে নিয়েছি।'

'জিনিসপত্র?' লক্ষ্মণ অবাক হয়ে মজা করে হাসল।

'হ্যাঁ' ঊর্মিলা লক্ষ্মণের হাত টেনে পোশাক-আশাক রাখার ঘরে নিয়ে এল। ঘরের মাঝখানে দুটো বিশাল কাঠের সিন্দুক রাখা। দ্রুত সে দুটোকে খুলে ফেলল। 'এই দ্যাখো, এটাতে আমার জামাকাপড়, আর ওটাতে তোমার।'

লক্ষ্মণ বিহ্বলভাবে দাঁড়িয়ে রইল। সরলমতি মেয়েটাকে কী বলবে সে ভেবে পাচ্ছে না।

সে আবার লক্ষ্মণকে টেনে নিয়ে গেল তাদের শোবার ঘরে। সেখানে ছিল আরও একটা সিন্দুক, গোছানো এবং তৈরি। এর মধ্যে ছিল বিভিন্ন রকম বাসনপত্র। এর কোণায় রাখা একটা ছোটো পাত্রের দিকে নজর গেল লক্ষ্মণের। ঊর্মিলা সেটা খুলতেই দেখা গেল নানা ধরণের মসলা ছোটো ছোটো থলিতে রাখা। 'দ্যাখো, আমার মনে হয় জঙ্গলে আমরা সহজেই মাংস ও শাকসবজি পাব। কিন্তু ওখানে বাসনকোসন ও মশলা পাওয়া তো অসম্ভব। তাই...'

লক্ষ্মণ তার দিকে তাকাল, একই সঙ্গে মুগ্ধ ও শঙ্কিত।

ঊর্মিলা লক্ষ্মণের দিকে এগিয়ে এসে স্বামিকে আলিঙ্গন করল। ঠোঁটে আদুরে হাসি, 'আমি তোমার জন্য দারুণ সব খাবার বানাব, অবশ্যই সীতাদিদি ও রাম জামাইবাবুর জন্যেও। চোদ্দ বছরের ছুটি কাটিয়ে আমরা বলিষ্ঠ ও স্বাস্থ্যবান হয়ে ফিরব।'

সে উৎসাহে ছটফট করতে থাকা তার বধূর দিকে তাকাল। সে অবশ্যই একটা অবিশ্বাস্য ব্যাপারের মধ্যেও নিজেকে সাধ্যমত তৈরি করে নিতে চাইছে।

সে তো সারাজীবন রাজকুমারীর জীবনই যাপন করেছে, সে ধরেই নিয়েছিল অযোধ্যায় আরও বিলাসবহুল রাজপ্রাসাদে সে বাস করবে। সে খুবই সরল মেয়ে। তার স্বপ্ন কেবল একজন ভালো স্ত্রী হয়ে ওঠা। কিন্তু সে চাইলেই কি স্বামী হিসাবে আমার কি ওকে বনবাসে নিয়ে যাওয়া উচিত? ঠিক যেমন রামদাদাকে রক্ষা করা আমার কর্তব্য, তেমনি নিজের স্ত্রীর রক্ষার দায়িত্বও আমারই নয় কি?

বনবাস এর একদিনও সইবে না, একেবারেই না।

কিন্তু স্বামী হিসেবে বুঝল তাকে যা করতে হবে সবই অতি নম্রভাবে যাতে ঊর্মিলার নরম মনে আঘাত না পায়।

একহাত দিয়ে তাকে জড়িয়ে ধরে অন্যহাতে তার চিবুকে তুলে ধরল লক্ষ্মণ! ঊর্মিলা তার শিশুসুলভ সরল ও প্রাণবন্ত চোখ তুলে ধরল লক্ষ্মণের দিকে। সে খুব স্নিগ্ধ কণ্ঠে বলল 'আমার খুব দুশ্চিন্তা হচ্ছে, ঊর্মিলা।'

'একদম দুশ্চিন্তা করবে না। আমরা দুজনে মিলে সব সমস্যা সামলে নেব। জঙ্গলই হয়ে উঠবে...'

'হ্যাঁ, বাবার শরীর একেবারেই ভালো নয়। এখন থেকে ছোটো মা কৈকেয়ী সব সামলাবে। আর সত্যি কথা বলতে কী, আমি মনে করি না ভরতদাদা তার মার দাপটের সামনে দাঁড়াতে পারবে। আমার মায়ের দেখাশোনার জন্য শত্রুঘ্ন থাকবে। কিন্তু কৌশল্যা মাকে দেখবে কে?'

ঊর্মিলার সামান্য হাঁ হয়ে যাওয়া মুখে কোনো সন্দেহের চিহ্ন নেই।

'বড়ো মাকে সুরক্ষিত রাখার জন্য একজনের থাকা দরকার,' লক্ষ্মণ বলল। তার কথার মর্মবাণী ঊর্মিলার মধ্যে প্রবেশ করিয়ে দিতে।

'হ্যাঁ তা তো ঠিক। রাজপ্রাসাদে তো কত লোক, রামদাদা কী কোনো ব্যবস্থা করেনি।'

লক্ষ্মণ করুণভাবে হাসল। 'রামদাদাকে খুব বাস্তববাদী লোক বলা যায় না। সে মনে করে পৃথিবীর সবলোক তার মতো নীতিনিষ্ঠ।'

ঊর্মিলার মাথা হেঁট হয়ে গেল। 'আমি এখানে তোমাকে ছাড়া একা থাকব না। এরকম কোরো না লক্ষ্মণ। দয়া করো। আমি তোমাকে ভালোবাসি। আমায় ছেড়ে যেও না।'

'আমিও তোমাকে ভালোবাসি। এবং তুমি যা চাও না আমি তোমাকে দিয়ে তা করাতেও চাই না। আমি কেবল তোমায় অনুরোধ করছি। কিন্তু তুমি উত্তর দেবার আগে একবার কৌশল্যা মায়ের কথাটা ভেবে দ্যাখো। এ কদিনে তিনি কীভাবে তার ভালোবাসা তোমায় উজাড় করে দিয়েছেন। তুমিই কি আমায় বলোনি কৌশল্যা মাকে পেয়ে তোমার মনে হচ্ছে অনেকদিন পরে তুমি তোমার নিজের মাকে ফিরে পেয়েছ? তার বদলে সে কি কিছু প্রত্যাশা করতে পারে না?'

ঊর্মিলা কান্নায় ভেঙে পড়ে আবার লক্ষ্মণকে দুহাতে আঁকড়ে ধরল।

তৃতীয় প্রহরের পঞ্চম ঘন্টায় সীতা যখন লক্ষ্মণ ও ঊর্মিলার ঘরের দিকে যাচ্ছে তখন প্রাসাদের ওপর দিয়ে মৃদুমন্দ হাওয়া বয়ে যাচ্ছিল। সীতাকে দেখে প্রহরীরা সেলাম করে খাড়া হয়ে দাঁড়াল। তারা ঘাড় ঘুরিয়ে আগমনবার্তা জানানোর আগেই চিন্তাগ্রস্ত মুখে লক্ষ্মণ দরজার কাছে চলে এল। তার মুখের দিকে তাকিয়ে সীতা গলার ভিতর শক্ত কিছু অনুভব করল।

লক্ষ্মণকে পাশ কাটিয়ে তার বোনের ঘরের দিকে যেতে ধমকের সুরে সীতা বলল, 'আমি এখনই এ সমস্যার সমাধান করে দিচ্ছি।'

লক্ষ্মণ তাকে থামিয়ে দিয়ে তার দুহাত চেপে ধরে করুণ আর্তি নিয়ে বলল, ‘ না বউদি।’

সীতা তার দৈত্যাকার দেওরের দিকে তাকাল। হঠাৎই মানুষটা কেমন অসহায় ও দুর্বল হয়ে পড়েছে।

‘লক্ষ্মণ, আমার বোন আমার কথা শোনে। আমাকে বিশ্বাস করো—’

‘না, বউদি,’ তার কথা শেষ করতে না দিয়ে মাথা কাঁপিয়ে লক্ষ্মণ বলে উঠল। ‘অরণ্যের জীবন খুব কঠোর, প্রতিদিন আমাদের বিপদের মুখোমুখি হতে হবে।’ তার দুচোখ ছাপিয়ে জল নামল। ‘ও আমাদের সঙ্গে আসতে চাইছিল। কিন্তু আমি মনে করি না ওর আমাদের সঙ্গে যাওয়া উচিত। ওকে আমি বুঝিয়েছি না আসার জন্য...এটা হলে সবদিকে ভালো হবে।’

‘লক্ষ্মণ...’

‘এটাই সবদিক থেকে ভালো হবে বউদি’ লক্ষ্মণ পুনরায় বলল, যেন সে এটা নিজেকেই বিশ্বাস করাতে চাইছে। ‘এটাই সবদিক থেকে ভালো হবে।’

।। অধ্যায় ২৯।।

রাম অযোধ্যা ছেড়ে যাবার পর ছমাসে নানা ঘটনা ঘটে গেছে। দশরথের মৃত্যুর খবর জানার পর রাম বারবার নিজের ভাগ্যকে ধিক্কার জানিয়েছে, প্রথম পুত্র হয়েও বাবার শেষকৃত্য ও শ্রাদ্ধশান্তি করতে না পারার জন্য। রামের গভীর মনোবেদনার এও কারণ যে সে তার বাবাকে পেয়েছে জীবনের অনেকটা সময় পেরিয়ে এসে, তার বাবার মৃত্যুর কিছুকাল আগে। অযোধ্যায় ফিরে যাবার কোনো প্রশ্নই ছিল না। কিন্তু অরণ্যের মধ্যেই সে তার প্রয়াত পিতার আত্মার প্রতি শ্রদ্ধা জানাতে ও পারলৌকিক কর্ম হিসেবে যজ্ঞ করেছে। ভরত তার কথা রেখেছে। সে অযোধ্যার সিংহাসনে রামের পাদুকা স্থাপন করে সাম্রাজ্য চালাচ্ছে। বলা চলে রামের ভূমিকা এখন সাম্রাজ্যের বাইরে অবস্থানরত সম্রাটের মতো। ব্যাপারটা ঐতিহ্য অনুসারী না হলেও ভরতের শাসনব্যবস্থা গ্রহণযোগ্য হয়েছে।

রাম,লক্ষ্মণ ও সীতা নদীর তীর ধরে হেঁটে চলেছে দাক্ষিণাত্যের দিকে। একমাত্র প্রয়োজন পড়লেই তারা নদীতীর ছেড়ে জঙ্গলের অভ্যন্তরে প্রবেশ করছে। শেষ পর্যন্ত তারা সপ্ত সিন্ধুর সীমান্তে পৌঁছেছে যেটি রামের মাতামহ শাসিত দক্ষিণ কোশল রাজ্যের খুবই নিকটবর্তী।

রাম দুহাঁটুর ওপর বসে মাটিতে তার মাথা ঠেকিয়ে প্রণাম করল। এই সেই ভূমি যা তার মাকে লালন করেছে। তারপর সোজা হয়ে সে মুখ তুলে

স্ত্রীর দিকে তাকিয়ে এমনভাবে হাসল যেন সে তার মনের গোপন খবর জানতে পেরেছে।

'কী?' সীতা জানতে চাইল।

'কয়েক সপ্তাহ ধরে কিছু লোক আমাদের অনুসরণ করছে,' রাম বলল।

সীতা উপেক্ষার ভাব করে হালকা কাঁধ ঝাঁকিয়ে দূরের অরণ্য শ্রেণির দিকে তাকাল। সে জানে জটায়ু ও তার সৈন্যেরা একটা দূরত্বে থেকে নিঃশব্দে, গোপনে তাদের ওপর নজর রেখেছে। তারা চোখের আড়ালেই আছে। কিন্তু এমন একটা দূরত্ব যেখান থেকে কোনো প্রয়োজন পড়লেই তাদের কাছে দ্রুত পৌঁছানো যায়। বোঝাই যাচ্ছে তারা সীতার কথা অনুযায়ী যথেষ্ট আড়ালে রাখতে পারেনি। অথবা সে হয়ত তার স্বামীর পারিপার্শ্বের উপর নজর রাখা খাটো করে দেখেছে। বড়ো করে হেসে সীতা বলল, 'আমি বলব তোমায় পরে, তবে এখন এটুকুই জেনে রাখো ওরা এখানে আমাদের সুরক্ষার জন্যই আছে।'

রাম তার দিকে অন্তর্ভেদী দৃষ্টিতে তাকাল। কিন্তু এখনকার মতো তা নিয়ে কিছু বলল না।

'ভগবান মনু নর্মদা নদ অতিক্রম করাকে নিষিদ্ধ করেছিলেন,' লক্ষ্মণ বলল। 'আমরা যদি এ নদ অতিক্রম করি তবে সে নিয়ম অনুযায়ী আমরা আর ফিরতে পারব না।'

'আর একটা পথ আছে,' সীতা বলল। 'আমরা যদি দক্ষিণে মা কৌশল্যার পিতার রাজ্য ধরে যাই, তাহলে হয়ত নর্মদা পেরোতে হবে না। দক্ষিণ কোশল রাজ্য বরাবর যদি আমরা এগোই তবে নর্মদাকে অতিক্রম না করেই আমরা দণ্ডকারণ্যে পৌঁছে যাব। তাই না?'

'এটা একটা কৌশলগত দিক। এটা তোমার ও আমার পক্ষে অসুবিধাজনক না হলেও রামদাদার ক্ষেত্রে সুবিধার হবে না।'

'হুম্‌ম্‌! তাহলে কি আমরা পূর্ব দিকে গিয়ে নৌকা করে সপ্ত সিন্ধু ত্যাগ করব?' রাম জিজ্ঞাসা করল।

'কোন ভগবান মনুর কথা বলছ?'

লক্ষ্মণ প্রবল ধাক্কা খেল। তাহলে বউদি কি জানে না ভগবান মনু কে ছিলেন? 'মনু, যিনি বৈদিক জীবন যাপনের সূত্র রচনা করেছিলেন, এটা তো বউদি সবাই জানে।'

সীতা প্রশ্রয়ের হাসি হাসল 'প্রাচীন যুগে অনেকজন মনু ছিলেন, লক্ষ্মণ, কেবল একজন নন। প্রত্যেক যুগেই একজন করে মনু থাকেন। সুতরাং তুমি যখন মনুর আইনের কথা বলবে তখন কোন মনুর কথা বলছ তা-ও উল্লেখ করতে হবে।'

'এটা আমি জানতাম না।' লক্ষ্মণ বলল।

সীতা পুরুষমানুষদের পিছনে লেগে মজা পেয়ে যেমন করে মাথা নাড়ে তেমনভাবেই মাথা নাড়িয়ে বলল, 'তোমরা ছেলেরা গুরুকুল থেকে আদৌ কি কিছু শেখো? তোমার জানা খুব সামান্য।'

'আমি এটা জানতাম।' রাম প্রতিবাদ করে বলল। 'লক্ষ্মণ একদম পড়ায় মন দিত না। ওর সঙ্গে আমাকে একাসনে বসিও না।'

'শত্রুঘ্ন কিন্তু একজন যে সব জানে, দাদা। আমরা সবাই ওর ওপর নির্ভর করতাম।'

'তুমিই বেশি করতে,' রাম মজা করে বলল।

'এটা কোনো আইন নয়, এটা একটা চুক্তি।'

'একটা চুক্তি?' রাম ও লক্ষ্মণ একযোগে বলে উঠল।

সীতা বলতে থাকল, 'আমি নিশ্চিত যে তোমরা জানো যে ভারতের একেবারে দক্ষিণতম প্রান্তের সঙ্গমতামিলের রাজকুমার ছিলেন ভগবান মনু। তিনি নিজের গোষ্ঠী ও দ্বারকার বহু মানুষকে উদ্ধার করে ভারতের উত্তরে সপ্ত সিন্ধুতে নিয়ে গিয়েছিলেন যখন ওই দুই রাজ্য বাড়তে থাকা সমুদ্রের জলে সম্পূর্ণ নিমজ্জিত হয়।'

'কিন্তু ওই দুই স্থানের সব লোক ভগবান মনুর সঙ্গে যায়নি। অধিকাংশ মানুষই সঙ্গমতামিল ও দ্বারকায় থেকে গিয়েছিল। সবার মতো তাঁরও ছিল কিছু শত্রু। তিনি যখন বেশ কিছু মানুষকে উত্তর ভারতে নিয়ে আসছেন তখন তারা তাকে এই শর্তেই যেতে দেয় যে তিনি আর ফিরে আসতে পারবেন না।

সেসময় নর্মদা বইত দ্বারকার উত্তর সীমানার উপর দিয়ে আর সঙ্গমতামিল তো অনেক দক্ষিণে। ফলস্বরূপ, তারা এই চুক্তির পর শান্তিতে দুদলে পৃথক হয়ে গেল। বলা হয়েছিল নর্মদাই হবে স্বাভাবিক সীমানা দুই অংশের মধ্যে। এটা কোনো ভগবান মনু বিরচিত আইন নয় বরং এটা চুক্তিমাত্র।'

'কিন্তু যদি আমরা তাঁর উত্তবসূরি হই, তাহলে তিনি যে চুক্তি করেছিলেন তাকেও আমাদের মান্যতা দিতে হয়,' রাম বলল।

'ঠিক কথা,' সীতা বলল। 'কিন্তু আমায় বলো, চুক্তি সম্পাদনের জন্য ন্যূনতম কী প্রয়োজন হয়?'

'প্রয়োজন দুটি পক্ষের কোনো একটি বিষয়ে ঐক্যমতে পৌঁছোনো।'

'কিন্তু তাদের মধ্যে একটি পক্ষ যদি নাই থাকে, তাহলেও কী সেই চুক্তি বৈধ থাকে?'

রাম লক্ষ্মণ দুজনেই হতভম্ব হয়ে গেল।

'মনু চলে আসার সময়ই সঙ্গমতামিলের অনেকটা অংশ জলের নীচে চলে গিয়েছিল। বাকি অংশটুকুও তাঁর প্রস্থানের পরপরই সমুদ্রগর্ভে চলে যায়। সেসময় সমুদ্র দ্রুত উঠে আসছিল। দ্বারকা সে তুলনায় অনেকদিন স্থায়িত্ব পেয়েছিল। তবু ধীরে ধীরে দ্বারকার বিশাল ডাঙা অঞ্চল, যা ভারতের সঙ্গে যুক্ত ছিল, তা একটা লম্বা, নিঃসঙ্গ দ্বীপে পরিণত হয়।'

'সেটাই কি দ্বারাবতী?' দ্বিধাজড়িত কণ্ঠে রাম প্রশ্ন করল।

দ্বারাবতী ছিল ভারতের পশ্চিম উপকূলে একটা লম্বা সরু দ্বীপ, যা উত্তর থেকে দক্ষিণে প্রায় পাঁচশো কিলোমিটার দীর্ঘ ছিল। প্রায় তিন হাজার বছর আগে সেই বিশাল দ্বীপটিকে সমুদ্র গ্রাস করে নেয়। দ্বারাবতীর রক্ষাপ্রাপ্ত মানুষেরা ছড়িয়ে পড়ে মূল ভারত ভূখণ্ডের সর্বত্র। সত্যি কথা বলতে কী কেউই এখন আর নিজেদের আদি দ্বারকার উত্তরসুরী বলে দাবি করে না। এর প্রধান কারণ এই যে যাদবরা, যারা যমুনার তীরবর্তী এক শক্তিশালী রাজত্বের বাসিন্দা তারা নিজেদের দ্বারকার একমাত্র উত্তরসূরি বলে দাবি করে। কিন্তু সত্যি হল ভারতের বিভিন্ন গোষ্ঠী ও উপজাতিদের মধ্যে এত বেশি আন্তঃসম্পর্ক দীর্ঘকাল ধরে গড়ে উঠেছে যে সবাই নিজেদের একই সঙ্গে সঙ্গমতামিল ও দ্বারকার উত্তরসূরী বলে দাবি করতে পারে।

সীতা ঘাড় নাড়ল সায় দেওয়ার ভঙ্গিতে। 'দ্বারাবতী দ্বীপটি ছিল দ্বারকার উদ্ধার পাওয়া মানুষদের। এখন তারা ছড়িয়ে আছে আমাদের সবার মধ্যে।'

'ওঃ!!!'

'সুতরাং সঙ্গমতামিল ও দ্বারকার সরাসরি উত্তরসূরিরা বহুকাল আগেই নিশ্চিহ্ন হয়ে গেছে। চারপাশে আমরা যারা আছি তারা সেই দুই গোষ্ঠীর সাধারণ উত্তরসূরি। একটা যুক্তি যা আমরা আমাদের নিজেদের মধ্যেই করেছিলাম, তা এখন আর ভাঙার প্রশ্ন কোথায়? এখন আর কোনো দু পক্ষই তো নেই!'

এ যুক্তি অখণ্ডণীয়।

'তাহলে বৌদি,' লক্ষ্মণ বলল, 'তাহলে কি আমরা দক্ষিণ দিকে যাবার পথে দণ্ডকের অরণ্যে থাকব?'

'হ্যাঁ তাই হবে। ওটাই আমাদের পক্ষে নিরাপদতম স্থান।'

রাম, লক্ষ্মণ ও সীতা নর্মদার দক্ষিণ তীরে দাঁড়িয়েছিল। রাম এক হাঁটুর উপর ভর দিয়ে বসে ভক্তিভাবে এক মুঠো মাটি তুলে নিয়ে কপালে তিনটি অনুভূমিক রেখা টানল, যেমনভাবে ভগবান রুদ্রের ভক্তরা ঈশ্বরের আশীর্বাদধন্য ভস্ম কপালে লাগায়। সে আপন মনে মৃদু স্বরে বলল,' আমাদের পূর্বপুরুষরা এই দেশে...এই মাটিতে পা রেখে মহৎ সব কর্ম করেছেন, তাঁরা আমাদের আশীর্বাদ করুন।'

সীতা ও লক্ষ্মণ রামকে অনুসরণ করে মাটি তুলে কপালে তিলক কাটল।

সীতা রামের দিকে তাকিয়ে হাসল,'তুমি তো জানো ভগবান ব্রহ্মা এই দেশ সম্পর্কে কী বলে গেছেন, জানো তো?'

রাম সম্মতি সূচক ঘাড় নাড়ল। 'হ্যাঁ, প্রায়ই এ ঘটনা ঘটেছে যে, যখনই ভারত কোনো অস্তিত্বের সংকটে পড়েছে তখনই নর্মদার দক্ষিণ অংশে থাকা ভারতীয় উপদ্বীপ থেকে আমাদের বংশের কেউ না কেউ উঠে আসে সমস্যার সমাধানে।'

'তুমি কি জানো কে এই কথা বলেছিলেন?'

রাম মাথা নেড়ে জানাল যে সে জানে না।

'এটা তো জানো আমাদের শাস্ত্রসমূহ বলে দক্ষিণ দিক মৃত্যুর দিক, ঠিক কি না?'

'হ্যাঁ।'

'আমাদের দেশের পশ্চিমে অবস্থিত বিদেশি রাষ্ট্রের মানুষরা মৃত্যুকে অশুভ বলে; তাদের কাছে মৃত্যু মানে সব কিছুর শেষ। কিন্তু প্রকৃত অর্থে কিছুই মরেনা। কোনো জিনিসই ব্রহ্মাণ্ড থেকে একেবারে বিলুপ্ত হতে পারে না। তার কেবল আকারের পরিবর্তন হয়। সেই অর্থে মৃত্যু আসলে সৃষ্টির সূচনা; পুরনো আকারের মৃত্যু হয়ে নতুন আকারের সৃষ্টি হয়। এখন দক্ষিণ যদি মৃত্যুর দিক হয়, তবে তা সৃষ্টির দিকও বটে।'

সীতার এইসব কথা রামকে নতুন ভাবনায় উদ্দীপিত করল। 'সপ্তসিন্ধু আমাদের কর্মভূমি, এবং নর্মদার দক্ষিণের দেশ আমাদের পিতৃভূমি, আমাদের পিতৃপুরুষের দেশ। এই দেশেই আমাদের নবসৃষ্টি হবে।'

'এবং একদিন এই দক্ষিণদেশ থেকে ফিরে আমরা ভারতকে সঞ্জীবিত করব।' একথা বলে সীতা দুটি মাটির পাত্র বাড়িয়ে ধরল। তাদের মধ্যে ফেনাময় দুধের মতো সাদা তরল। যে একটা পাত্র লক্ষ্মণ ও অন্যটি রামের হাতে তুলে দিল।

'এটা কী বউদি?' লক্ষ্মণের প্রশ্ন।

'এটা তোমাদের পুনরুজ্জীবনের জন্য,' সীতা বলল। 'পান করো।'

লক্ষ্মণ একটা ছোট্ট চুমুক দিয়ে মুখচোখ কুঁচকে বলে উঠল,'ওয়াক।'

'ওটা পান করো লক্ষ্মণ!' সীতা আদেশ করল।

সে নাক চেপে একেবারে পাত্রটা শেষ করে দিল। তারপর উঠে গিয়ে নদীর জলে নিজের মুখ ও পাত্রটা ধুয়ে নিল।

রাম সীতার দিকে তাকাল। 'এটা কী আমি জানি। তুমি কোথা থেকে পেলে?'

'যারা আমাদের রক্ষা করছে তাদের কাছ থেকে।'

'সীতা...।'

'ভারতের জন্য তুমি গুরুত্বপূর্ণ, রাম। তোমাকে স্বাস্থ্যবান থাকতেই হবে। তোমাকে দীর্ঘদিন বেঁচে থাকতে হবে। চোদ্দ বছর পর যখন আমরা ফিরে যাব তখন অনেক কাজ আমাদের করতে হবে। তোমাকে বুড়িয়ে যেতে দেওয়া যায় না। অনুগ্রহ করে পান করো।'

হেসে বলল রাম, 'সীতা, এক পাত্র সোমরস থেকে খুব বেশি কিছু পাওয়া যাবে না। এটাকে যদি সত্যি শরীর সুস্থ রাখার জন্য কার্যকরী করতে হয় তবে আমাদের বহু বছর ধরে নিত্য পান করতে হবে।। আর তুমি তো জানো সোমরস জোগাড় করা কত সমস্যার ব্যাপার। কখনোই সেটা যথেষ্ট পরিমাণে পাওয়া যায় না।'

'ও ব্যাপারটা আমার ওপর ছেড়ে দাও।'

'তুমি না পান করলে কিন্তু এটা নিচ্ছিনা। আমার দীর্ঘ জীবনের কী মূল্য যদি তা তোমার সঙ্গে ভাগ করে না নিতে পারি?'

হাসল সীতা। 'আমি আমারটা আগেই নিয়েছি, রাম। আমাকে নিতেই হয়েছিল, কারণ প্রথমবার সোমরস পান করলে সাধারণত লোকে অসুস্থ হয়ে পড়ে।'

'এ কারণেই কি তুমি গত সপ্তাহে অসুস্থ হয়ে পড়েছিলে?

'হ্যাঁ, যদি আমরা তিনজনই একসঙ্গে অসুস্থ হয়ে পড়ি তবে সামলানো তো কঠিন হবে। তাই না? আমার শরীর খারাপের সময় তুমি আমার দেখাশোনা করেছ। এখন আমি তোমার ও লক্ষ্মণের দেখাশোনা করব।'

'কেন যে প্রথম সোমরস খেলে মানুষের শরীর খারাপ হয় তা বুঝতে পারি না।'

সীতা হালকা কাঁধ ঝাঁকাল। 'আমিও জানিনা। এ প্রশ্নের উত্তর ব্রহ্মা ও সন্ত ঋষিরাই কেবল জানেন। কিন্তু অসুস্থ হয়ে পড়ার ভয় পেয়ো না। আমার কাছে যথেষ্ট ওষুধপত্র আছে।'

সীতা ও রাম দুজনেই মাটিতে এক হাঁটু বেঁকিয়ে স্থিরভাবে বসে বন্য বরাহটির দিকে তীক্ষ্ণ নজর রাখছিল। রাম ধনুকে তির সংযোজিত করে ঠিক মুহূর্তের জন্য অপেক্ষা করছিল।

'সীতা', ফিসফিস করে রাম বলল। 'আমি জন্তুটাকে ঠিকমতো দেখতে পাচ্ছি। মুহূর্তেই ওটাকে খতম করে দিতে পারি। তুমি কি নিশ্চিত কাজটা তুমিই করবে?'

'হ্যাঁ,' সীতা নীচু গলায় বলল। 'তির ও ধনুক তোমার ব্যাপার, বর্শা ও তলোয়ার আমার। চর্চাটা করে যাওয়া দরকার।'

আঠারো মাস হয়ে গেল রাম, সীতা ও লক্ষ্মণ বনবাসে। অবশেষে, কয়েক মাস আগে সীতা রামের সঙ্গে জটায়ুর পরিচয় করিয়ে দিয়েছে। সীতাকে বিশ্বাস করে রাম সেই মলয়পুত্র ও তার পনেরোজন সেনাকে নিজ দলভূক্ত করে নিয়েছে। সবাই মিলে এখন তারা এক কম বিশজন; তিনজনের দলের থেকে অনেক বেশি সুরক্ষিত। রাম এটা জানে এবং এই মুহূর্তে মিত্রের গুরুত্ব কতটা সেটাও অনুধাবন করতে পারে। কিন্তু মলয়পুত্রদের ব্যাপারে সে সদা সতর্ক।

যদিও জটায়ুর কোনো আচরণ সন্দেহের উদ্রেক করেনা, তবু রাম এটা মন থেকে ঝেড়ে ফেলতে পারে না যে সে ও তার অনুচররা গুরু বিশ্বামিত্রের শিষ্য। গুরু বশিষ্ঠের মতো তারও মলয়পুত্র প্রধানের বিষয়ে সংশয় আছে। নিয়মনীতির তোয়াক্কা না করে বিশ্বামিত্রের দ্বিধাহীন অসুরাস্ত্র প্রয়োগের সিদ্ধান্ত রামকে এখনও যন্ত্রণা দেয়।

দণ্ডকের গভীর অরণ্যে প্রবেশ করতে করতে দলটি এখন প্রত্যেকের কাজ ভাগ করে নিয়েছে। এখনও স্থায়ী শিবির করার মতো উপযুক্ত জায়গা না পেয়ে তারা এক এক জায়গায় দু-তিন সপ্তাহের বেশি থাকছে না। সুরক্ষার ব্যবস্থা কী হবে তা নিয়ে সবাই সহমতে এসেছে। রান্না ও বাসনপত্র ধোয়ার কাজটা পালা করে করার সিদ্ধান্ত যেমন হয়েছে, তেমনিই শিকারের কাজটাও। যেহেতু দলের সবাই মাংস খায় না, ফলে সবসময় শিকারের প্রয়োজন হয়না।

'আক্রমণ করতে তেড়ে আসার সময় জন্তুগুলো ভয়ংকর,' দুশ্চিন্তা নিয়ে রাম সীতার দিকে তাকিয়ে তাকে সাবধান করল।

সীতা তার সুরক্ষার বিষয়ে তার স্বামীর দুশ্চিন্তা দেখে হেসে তলোয়ার কোষমুক্ত করল। 'সে জন্যই তো তুমি তির ছোড়ার পর আমি তোমায় আমার পিছনে থাকতে বলি।' সীতা খুনসুটি করা গলায় বলল।

সেটা বুঝে হাসল রাম। সে বরাহটার দিকে তাকিয়ে নিশানা স্থির করল। ছিলাটা পিছনে টেনে সে তিরটাকে ছেড়ে দিল। তিরটা বক্রগতিতে উড়ে গিয়ে জন্তুটার মাথার পাশ কাটিয়ে বাঁদিকে পড়ল। বরাহটি মাথা ঝাঁকিয়ে ঘুরে তাকাল তার শান্তি বিনষ্টকরী আগন্তুকের দিকে। ক্রুদ্ধভাবে জন্তুটা ঘোঁতঘোঁত করে উঠল।

'আর একবার করো,' সীতা আস্তে আস্তে উঠে দাঁড়াল,তার হাঁটু সামান্য ভাঁজ করা, পা দুটো দুদিকে অনেকটা ছড়ানো; তলোয়ারটা পাশে হাতে ধরা। দ্রুত রাম আরেকটা তির ছুড়ল। তিরটা জন্তুটার কানের পাশ দিয়ে উড়ে মাটিতে গেঁথে গেল। আবার ঘোঁতঘোঁত শব্দ করে মাটিতে পা ঠুকল সেটা। সে মাথা নীচু করে তিরটা যে দিকে থেকে এসেছে সেদিকে লক্ষ করল।

তার লম্বা নাকের পাশ দিয়ে বেরিয়ে আছে আক্রমণোদ্যত ছুরির মতো দুটো বাঁকানো দাঁত।

'এবার আমার পিছনে চলে যাও,' সীতা ফিসফিস করে রামকে বলল। রাম কয়েক ফুট পিছনে দূরে দাঁড়িয়ে তার তলোয়ার বের করল; সীতার প্রয়োজন হলে সে এক মুহূর্ত সময় নষ্ট করবে না।

সীতা চিৎকার করে লাফ দিয়ে ঝোপের আড়াল থেকে বাইরে এল। জন্তুটাও তার দিকে ছুড়ে দেওয়া দ্বন্দ্বযুদ্ধের আহ্বানে সাড়া দিল। মাথা নীচু করে প্রচণ্ড গতিতে ধেয়ে এল সেটা, নাকের দুদিকে দুটো দাঁত যেন শানিত উদ্যত তলোয়ার। একেবারে শেষ মুহূর্তে, যখন মনে হল জন্তুটা সীতার ওপর ঝাঁপিয়ে পড়ে তাকে ছিন্নভিন্ন করে দেবে, দ্রুত একটু সরে সে লাফ দিয়ে উঠল, অসামান্য সময়জ্ঞান! মুহূর্তের ভগ্নাংশে সীতা শূন্যে ভাসমান অবস্থায় দৌড়তে থাকা বরাহটার ঠিক ওপর থেকে প্রবল শক্তিতে উল্লম্ব

ভাবে তলোয়ার চালাল। তলোয়ারটা বিঁধে গেল জন্তুটার গলায় এবং সীতা তখনও শূন্যে থাকায় তার দেহের সম্পূর্ণ ভার নিয়ে তলোয়ারটা ঘাড়ের হাড় ভেঙে গভীরে ঢুকে গেল। তলোয়ারের বাঁটটা ধরে সেটাকে লিভারের মতো ব্যবহার করে সীতা একটু সামনে মাটির ওপর নেমে এল। তার একটু পেছনেই রামের থেকে কয়েক ফুট দূরে বরাহটা মুখ থুবড়ে পড়ল, প্রাণহীন। বিস্ময়ে চোখ বড়ো হয়ে গেছে রামের। জোরে শ্বাসপ্রশ্বাস নিতে নিতে দৃপ্ত ভঙ্গিতে বরাহটার কাছে চলে এল সীতা। 'তলোয়ার ঠিকমতো চালিয়ে এভাবে ঘাড় ভেঙে দিলে মৃত্যু হয় সঙ্গেসঙ্গে, যন্ত্রণাহীন।' সীতা বলল।

রাম তলোয়ার কোষবদ্ধ করতে করতে বলল, 'একদম তাই।'

সীতা সামনে ঝুঁকে বরাহটার মাথা ছুঁয়ে প্রায় অব্যক্তভাবে বলল, 'তোমায় মারার জন্য ক্ষমা করো, হে মহান প্রাণী। তোমার শরীর যখন আমাকে জীবনদান করবে, তখন তোমার আত্মা যেন খুঁজে পায় নতুন সংকল্প।'

রাম সীতার তলোয়ারটার হাতল ধরে জন্তুটার দেহ থেকে টেনে বের করার চেষ্টা করতে লাগল। 'তলোয়ারটা একবোরে গভীরে গেঁথে গেছে,' রাম সীতার দিকে তাকিয়ে বলল।

সীতা মৃদু হাসল। 'আমি তোমার তিরগুলো তুলে আনছি, তুমি ওই তলোয়ারটা বের করো।'

রাম সুক্ষভাবে বরাহর ঘাড় থেকে সীতার তলোয়ারটা বের করতে সচেষ্ট হল। মাথায় রাখতে হচ্ছিল শক্ত হাড়ের সঙ্গে ঘর্ষণের ফলে যেন তলোয়ারের ফলার ক্ষতি না হয়। তলোয়ারটা বের করে, উবু হয়ে বসে গাছের পাতা দিয়ে পরিষ্কার করছিল সে, ফলার দু দিকেই হাত ঠেকিয়ে বুঝল ধার একই রকম আছে, ফলাটার কোনো ক্ষতি হয়নি। সে মুখ তুলে দেখল খানিকটা দুর থেকে সীতা তার দিকে হেঁটে আসছে। হাতে তিরগুলো। সে ফলাটার দিকে ইশারা করে বুড়ো আঙুল তুলে সীতাকে বোঝাল যে ফলাটা চমৎকার অবস্থাতেই আছে। সীতা দূর থেকে হাসল।

'রাজকুমারী!'

জঙ্গলের মধ্যে থেকে খুব জোরে কেউ চেঁচিয়ে ডাকল। সীতার দিকে

দৌড়ে আসতে থাকা এক মলয়পুত্র, মকরন্ত-এর দিকে রামের নজর পড়ল। লোকটা হাত দিয়ে যে দিকটা দেখাচ্ছে সেদিকে রাম ফিরে তাকাল। সে যা দেখল তাতে তার আত্মারাম খাঁচাছাড়া হবার উপক্রম হল। জঙ্গলের গভীর থেকে দুটো বন্য বরাহ সীতার দিকে তীব্র গতিতে ধেয়ে আসছে। সীতার তলোয়ার তার হাতে। তার কাছে অস্ত্র বলতে কেবল একটা ছোরা। রাম লাফিয়ে উঠে তার স্ত্রীর দিকে দৌড়োল।

'সীতা!' রামের ভয়মিশ্রিত চিৎকার শুনে সীতা পিছনে ফিরে তাকাল। মুহূর্তে ছোরা হাতে নিয়ে সে তেড়ে আসা জন্তুদুটোর মুখোমুখি হল। এ সময় দৌড়ে প্রাণ বাঁচানোর চেষ্টা আত্মহত্যার শামিল; গতিতে জন্তুগুলোকে হারানো অসম্ভব, তার চেয়ে ভালো আক্রমণোদ্যত জন্তুগুলোর চোখের দিকে তাকানো। সীতা দৃঢ়ভাবে দাঁড়িয়ে গভীর শ্বাস টেনে তাদের অপেক্ষা করতে লাগল।

'রাজকুমারী!' বলে চিৎকার করে সীতার সামনে ঠিক সময়ে লাফিয়ে পড়ে মকরন্ত প্রবল বিক্রমে তলোয়ার চালিয়ে প্রথম জন্তুটার আক্রমণ প্রতিহত করল। সেটা ছিটকে গেল একদিকে। মকরন্ত নিজের ভারসাম্য ঠিক করতেই দ্বিতীয় বরাহ চলে এসেছে একেবারে কাছে। তার দাঁত ছিঁড়ে দিল মকরন্তের ঊরুর উর্ধ্বাংশ।

'সীতা!' রাম চিৎকার করে সীতার তলোয়ারটা তার দিকে ছুঁড়ে দিয়ে তলোয়ার হাতে মকরন্তের দিকে দৌড়াল।

নিপুণভাবে তলোয়ারটা লুফে নিয়ে সীতা প্রথম জন্তুটার দিকে তাকাল; সেটা ঘুরে দাঁড়িয়ে আবারও তেড়ে আসছে তার দিকে। জন্তুটার প্রবল ধাক্কায় মকরন্তের শরীরটা শূন্যে উঠে গিয়েছিল কিন্তু সংঘর্ষের ফলে জন্তুটাও ছিটকে উলটে পড়েছিল। চোখের পলকে রাম সর্বশক্তি দিয়ে তার তলোয়ার ঢুকিয়ে দিল তার বুকে। তলোয়ারটা বুক ফুঁড়ে একেবার হৃদযন্ত্র পর্যন্ত চলে যাওয়ায় মুহূর্তমধ্যে জন্তুটা প্রাণহীন হয়ে লুটিয়ে পড়ল।

ইতিমধ্যে দ্বিতীয় বরাহটা মাথা দোলাতে দোলাতে প্রচণ্ড বেগে দৌড়ে এসে পড়েছে সীতার একেবারে কাছে। সীতা লাফিয়ে উঠে পা গুটিয়ে

জন্তুটার আঘাত থেকে বাঁচল এবং মাটিতে নামার সময় প্রবল বিক্রমে তলোয়ার চালিয়ে জন্তুটার মুণ্ড দেহ থেকে বেশ খানিকটা বিচ্ছিন্ন করে দিল। নিঁখুত ভাবে গলাটা না কাটলেও জন্তুটা ছিটকে পড়ল মাটিতে। সীতা মাটিতে পা পড়ামাত্র আবার তলোয়ার তুলল, তারপর এক হাঁটুর ওপর ভর দিয়ে তীব্র এক আঘাতে জন্তুটার মুণ্ড দেহ থেকে পুরোপুরি বিচ্ছিন্ন করে দিয়ে তার যন্ত্রণার অবসান ঘটাল।

মুখ ফিরিয়ে সে দেখল তলোয়ার হাতে রাম তার দিকে দৌড়ে আসছে।

সে তাকে নিশ্চিন্ত করে বলল, 'আমি ঠিক আছি।'

সে ঘাড় নাড়িয়ে সায় দিয়ে মকরন্তের দিকে ছুটল। সীতাও ছুটে আসছে আহত মলয়পুত্রের দিকে। রাম দ্রুত অঙ্গবস্ত্রটা দিয়ে ওই সেনার ক্ষতস্থানটা বেঁধে প্রবল বেগে বেরোনো রক্তস্রোত সামান্য হলেও কমাতে পারল। তারপর দুহাতে মকরন্তের দেহটা তুলে উঠে দাঁড়াল।

'এক্ষুনি আমাদের শিবিরে ফিরতে হবে!' রাম বলল।

বন্য বরাহের দাঁত মকরন্তের ঊরুর উপরের চার মাথাওলা পেশির ওপরের অংশ ছিঁড়ে দিয়েছিল। কিন্তু শক্ত হাড়ের সঙ্গে সংঘর্ষের ফলে জন্তুটাও ছিটকে গিয়েছিল মাথায় প্রচণ্ড আঘাত পেয়ে। না হলে তার তীক্ষ্ণ বিরাট দাঁত আরও গভীরে প্রবেশ করে পাকস্থলীর নিম্নভাগকে ছিঁড়ে ফালাফালা করে দিত। তার থেকে যে সংক্রমণ হতে পারত তার চিকিৎসা এই জঙ্গলের মধ্যে সম্ভব ছিল না। অবধারিত মৃত্যু ঠেকানো যেত না। তবে লোকটার প্রচুর রক্তক্ষরণ হওয়ায়, সে বিপদমুক্ত ছিল না।

মকরন্ত স্বার্থহীনভাবে যে তার স্ত্রীর জীবন বাঁচিয়েছে তা রাম জানত আর তাই সীতার সহযোগিতায় সে নিরন্তরভাবে শুশ্রূষা করে সে তাকে সুস্থ করে তুলতে সচেষ্ট ছিল। রামের পক্ষে এটা একেবারে স্বাভাবিক ব্যাপার। কিন্তু মলয়পুত্ররা অবাক হয়ে ভাবছিল সপ্ত সিন্ধুর অধিপতি পরিবারের একজন

রাজপুত্র এমন এক কাজে নিজেকে নিয়োগ করেছে যে কাজ তার করণীয়ের মধ্যেই পড়ে না।

'মানুষটা খুব ভালো,' জটায়ু বলল।

জটায়ু ও অন্য দুজন মলয়পুত্র সেনা শিবিরের প্রধান তাঁবুর বাইরে রাতের খাবার তৈরি করছিল।

'আমার অবাক লাগছে যে, যে কাজ সাধারণ সেনা ও চিকিৎসা সহকারীদের করার কথা তিনি সে কাজ স্বতঃস্ফূর্তভাবে করছেন' কম আঁচে কড়াইতে কিছু নাড়তে নাড়তে একজন মলয়পুত্র বলল।

কাঠের ওপর রেখে ওষধি ও গুল্ম কাটতে কাটতে অন্যজন বলল, 'আমার সবসময়ই ওনাকে খুব চিত্তাকর্ষক মনে হয়। সপ্ত সিন্ধুর চ্যাংড়া সব রাজকুমারদের মতো এঁর মধ্যে কোনো অহংকার বা দেখনদারি নেই।'

'হুম্‌ম্‌! আমি শুনেছি কী দারুণ তৎপরতায় উনি মকরন্তের জীবন বাঁচিয়েছেন,' জটায়ু বলল। 'তৎক্ষণাৎ ওই জন্তুটাকে মেরে না ফেললে ওটা আবার আক্রমণ করে মকরন্তকে ছিঁড়ে শেষ করে দিত এবং রাজকুমারী সীতাকেও রেহাই দিত না।'

'তিনি সবসময়ই একজন বড়ো মাপের যোদ্ধা। আমরা তার বহু দৃষ্টান্ত দেখেছি বা সেসবের কথা শুনেছি,' দ্বিতীয় সেনাটি বলে, 'কিন্তু আসল কথা মানুষটা খুব ভালো।'

'হ্যাঁ, তিনি তাঁর স্ত্রীরও যত্ন নেন। শান্ত ও মাথা-ঠান্ডা লোক বলেই হয়ত তিনি যেমন নেতৃত্বে দক্ষ, তেমনই নিজেও উচ্চমানের যোদ্ধা। কিন্তু যেটা সবচেয়ে উল্লেখযোগ্য তা হল মানুষটার অসামান্য হৃদয়বৃত্তি,' প্রথম মলয়পুত্র সেনা বলল, 'আমার মনে হয়, গুরু বশিষ্ঠ ঠিক লোককেই বেছেছেন।'

জটায়ু কড়া চোখে বক্তার দিকে তাকাল যেন আর একটা কথা বললে তার কপালে দুঃখ আছে। সেনাটি বুঝতে পারল সে বড়ো কথা বলে ফেলেছে। সে সঙ্গেসঙ্গে কথা বন্ধ করে রান্নায় মন দিল। জটায়ু জানে এ বিষয়ে তার লোকেদের মধ্যে কোনো সন্দেহ থাকা উচিত নয়। তাদের অনুগত্য কেবল মলয়পুত্রদের লক্ষ্যের প্রতি আবদ্ধ। 'যত বিশ্বস্তই রাজকুমার রামকে মনে হোক না কেন, সর্বদা মনে রাখবে আমরা গুরু বিশ্বামিত্রের অনুসরণকারী।

আমরা ততটুকুই করব যতটুকু তিনি আমাদের করতে আদেশ করেছেন। তিনি আমাদের প্রধান এবং তিনি জানেন কোনটা আমাদের পক্ষে সর্বোৎকৃষ্ট।'

দুই মলয়পুত্র সেনা ঘাড় নেড়ে তার কথায় সায় দিল।

'অবশ্যই আমরা তাঁকে বিশ্বাস করতে পারি,' জটায়ু বলল। 'এটাও ভালো যে তিনি আমাদের বিশ্বাস করতে পারছেন। কিন্তু ভুলো না আমাদের আনুগত্যের স্থান কোথায়। ব্যাপারটা পরিষ্কার তো?'

'হ্যাঁ, দলপতি,' দুজন সেনা একই সঙ্গে বলল।

অযোধ্যা ছাড়ার পর ছয় বৎসর কেটে গেছে।

উনিশ জনের দলটি পরিশেষে প্রবলা গোদাবরী নদীর পুরোনো এক খাতের পশ্চিমপাড়ে পঞ্চবটী নামক স্থানে পাকাপাকিভাবে শিবির গড়েছে। নদীর খাতটি এই ছোট্ট, সাদাসিধে অথচ আরামদায়ক শিবিরের পক্ষে প্রাকৃতির সুরক্ষাবলয়ের মতো বয়ে চলেছে। শিবিরের মধ্যবর্তী স্থানে নির্মিত মাটির ঘরদুটির একটি রাম ও সীতার, অন্যটি লক্ষ্মণের। তার সামনে একটা পরিষ্কার ফাঁকা জমি ব্যায়ামচর্চা ও সবার একসঙ্গে মিলিত হবার জন্য। শিবিরের একেবারে বাইরের সীমানায় একটা প্রাথমিক পর্যায়ের বিপদ সংকেতের ব্যবস্থাও করা হয়েছে বন্য জন্তুদের অতর্কিত আক্রমণ থেকে রক্ষা পাবার জন্য।

শিবিরের সীমানা দুটি গোলাকৃতি বেষ্টনী দ্বারা সুরক্ষিত করার চেষ্টা করা হয়েছে। বাইরের বেষ্টনীটি বিষাক্ত লতাগুল্ম দিয়ে বানানো জন্তু-জানোয়ারদের আটকাতে। ভিতরের দিকের বেষ্টনীটি তৈরি নাগবল্লী ঝোপ দিয়ে। ঝোপের সঙ্গে সীমানা জুড়ে বাঁধা আছে একটা দড়ি যার একপ্রান্ত পাখি ভরতি একটা বড়ো কাঠের খাঁচার সঙ্গে বাঁধা। পাখিগুলিকে ভালোভাবে রক্ষণাবেক্ষণ করা হয়। এবং এক মাস অন্তর তাদের ছেড়ে দিয়ে নতুন করে ধরা পাখি খাঁচায় ভরা হয়। কেউ যদি বাইরের বেষ্টনী ও নাগাবল্লীর বেড়া পেরিয়ে আসে তবে দড়ির টানে খাঁচার উপরিভাগ খুলে যায়। হঠাৎ ছাড়া পাওয়া পাখিদের চেঁচামেচি

ও একসঙ্গে উড়তে চাওয়ায় পাখার ঝটপটানির শব্দ শিবিরবাসীদের মহামূল্যবান কয়েক মুহূর্ত সময় দেয় নিজেদের প্রস্তুত করার জন্য।

শিবিরের পূর্বদিকের কয়েকটি কুঁড়েতে জটায়ু তার অনুচরদের নিয়ে থাকে। জটায়ুর প্রতি রামের বিশ্বাস থাকলেও এই মলয়পুত্রের প্রতি লক্ষ্মণের সন্দেহ থেকেই গেছে। সব ভারতীয়দের মতোই নাগদের প্রতি তার কিছু খারাপ ধারণা আছে। লক্ষ্মণ কখনোই এই 'শকুন-মানুষটাকে' বিশ্বাস করতে পারবে না; জটায়ুর পিছনে লক্ষ্মণ তাকে ওই নামেই ডাকে।

এই দীর্ঘ ছ-বছরে তারা নানা বিপদের সম্মুখীন হয়েছে, কিন্তু সেসব মনুষ্যঘটিত কারণে নয়। এইসব মাঝে-মধ্যে ঘটা ঝামেলা জঙ্গলে অভিযানের সঙ্গে যুক্ত স্বাভাবিক বিপদের মধ্যেই পড়ে। কিন্তু সোমরসের কল্যাণে তাদের স্বাস্থ্য ও উদ্যম অযোধ্যা ছাড়ার দিনের মতোই অটুট আছে। চড়া রৌদ্রের নীচে অধিক সময় কাটানোয় তাদের গাত্রবর্ণ কিছুটা শ্যাম হয়েছে। রাম চিরকালই শ্যামবর্ণ। কিন্তু সীতা ও লক্ষ্মণের গৌর অঙ্গও কেমন মলিন হয়েছে। রাম ও লক্ষ্মণের বেড়ে ওঠা দাড়ি গোঁফ তাদের দিয়েছে তপস্বী যোদ্ধাদের রূপ।

জীবন একটা নির্দিষ্ট ধারা পেয়ে গেছে এতদিন। রাম ও সীতার ভোরবেলা গোদাবরী নদীতে স্নান ও কিছুটা একান্ত সময় কাটানো অভ্যাস হয়ে গেছে। চারিদিকে ফুটে থাকা বুনো ফলের ঝোপের পাশে বসে হাওয়ায় চুল শুকিয়ে গেলে রাম সীতার চুল আঁচড়ে বিনুনি করে দেয়। তারপর সীতা রামের পিছনে বসে তার আধভেজা চুলে আঙুল বুলিয়ে তার চুলের জট ছাড়াতে থাকে।

'উউউ!' তার চুলে জোরে টান পড়ায় রাম ব্যথা পেয়ে বলে ওঠে।

'মাপ করো,' বলল সীতা।

সাবধানে আর একটা জটা ছাড়াতে ছাড়াতে সীতা জিজ্ঞাসা করে, 'কী ভাবছ এত?'

'লোকে বলে অরণ্য বিপদজনক, একমাত্র নগরে পাওয়া যায় আরাম ও সুরক্ষা। আমার এখন এর উলটোটা মনে হয়। আমি দণ্ডাকারণ্যে থাকার চেয়ে বেশি ভারমুক্ত ও সুখী জীবনে কখনো হইনি।'

সীতা অস্ফুটভাবে সে কথার সমর্থন জানাল।

রাম তার স্ত্রীকে দেখবে বলে মাথা ঘোরাল। 'আমি জানি সভ্যদের জগতে তোমাকেও যন্ত্রণা পেতে হয়েছে।'

'হ্যাঁ, তা একরকম,' সীতা উদাসীন ভাবে বলল। 'লোকে বলে হিরে তৈরি করতে গেলে প্রচুর পরিশ্রম করতে হয়।'

মৃদু হাসল রাম। 'যখন আমি বালকমাত্র, তখন গুরু বশিষ্ঠ আমায় বলেছিলেন করুণা কখনো কখনো অতি প্রশংশিত পুণ্যকর্ম। তিনি আমাকে এক প্রজাপতির রেশম-গুটি ভেঙে বেরিয়ে আসার গল্প বলেছিলেন। এদের জীবনের শুরু হয় কুৎসিত শুঁয়োপোকা থেকে। শুঁয়োপোকা তৈরি করে রেশমগুটি তারপর তার শক্ত খোলের মধ্যে ঢুকে যায়। সবার চোখের আড়ালে, সেই গুটির অভ্যন্তরে সে ধীরে ধীরে প্রজাপতি হয়ে ওঠে। যখন তার বেরোবার সময় হয় তখন সে তার সামনের পাখনার নীচে থাকা ছোট্ট, ধারালো নখ দিয়ে তার সুরক্ষাদাত্রী আবরণের নীচের দিকে একটা ছোটো ছিদ্র তৈরি করে। নিজেকে কুঁচকে ছোটো করে সেই সামান্য ফাঁক দিয়ে বেরিয়ে আসার চেষ্টা করতে থাকে। এটা একটা কষ্টকর, যন্ত্রণাদায়ক দীর্ঘ পদ্ধতি। বিপথচালিত করুণা আমাদের ওই গুটিটার বাহির পথকে একটু বড়ো করে দেবার উৎসাহ দিতে পারে যাতে প্রজাপতিটার কষ্ট কম হয়। কিন্তু ওই সংগ্রামটা জরুরি; যখন সে শরীরটাকে কুঁকড়ে বেরোবার আপ্রাণ চেষ্টা করে তখন তার পুষ্ট শরীরটা থেকে রস নিঃসৃত হয়ে তার ছোটো ছোটো ডানাকে শক্ত করে। তারপর তারা বেরিয়ে এলে সেই তরল শুকিয়ে যায় এবং সেই অসামান্য সুন্দর পতঙ্গ ডানা মেলে উড়ে যায়। গুটির ছিদ্রটাকে বড়ো করে প্রজাপতিকে 'সাহায্য' করা বা তার ক্লেশ কমাতে চাইলে তা আসলে প্রজাপতিটার ডানাগুলোকে দুর্বল করে তোলে। ওই কষ্টকর প্রয়াসটা না থাকলে প্রজাপতি কখনোই তার ডানায় শক্তি পাবে না, উড়তে পারবে না।'

সীতা ঘাড় নেড়ে সায় দেয়। 'আমি অন্যরকম একটা গল্প শুনেছিলাম। ছোট্ট পাখির ছানাগুলোকে তাদের বাসা থেকে তাদের মা-বাবারা ঠেলা দিয়ে ফেলে দেয় যাতে তারা ওড়া শিখতে বাধ্য হয়। কিন্তু দুটি গল্পের শিক্ষা একই।'

রাম হাসল, 'বেশ, আমাদের এই সংগ্রামই আমাদের আরও শক্তিশালী

করে তুলছে।'

সীতা কাঠের চিরুনিটা তুলে রামের চুল আঁচড়ে দিতে লাগল।

'ছোট্ট পাখিদের গল্পটা তোমায় কে বলেছিল? তোমার গুরুদেব?' রাম জিজ্ঞাসা করল।

রাম সামনের দিকে তাকিয়ে থাকার ফলে দেখতে পেল না, এক সেকেন্ডের ভগ্নাংশে সীতার মুখের ওপর খেলে যাওয়া দ্বিধার ভাব। 'আমি অনেকের কাছ থেকে শিখেছি, রাম। কিন্তু কেউই তোমার গুরু বশিষ্ঠের চেয়ে বড়ো নন।'

রাম হাসল। 'আমি ভাগ্যবান যে তাঁকে গুরু রূপে পেয়েছি।'

'হ্যাঁ, তা ঠিক। তিনি তোমাকে যথাযথ তৈরি করেছেন। তুমি একজন সুযোগ্য বিষ্ণু হবে।'

রাম লজ্জার একটা দমকা অনুভব করল। সে তার প্রজাদের পালনের জন্য যেকোনো রকম দায়িত্ব কাঁধে নিতে প্রস্তুত ঠিকই, তবে গুরু বশিষ্ঠের এই নিশ্চিত ধারণা যে সেই মহত্বপূর্ণ সম্মান প্রাপ্তি তার হবেই এটা ভাবতে সে নিজের কাছেই কুণ্ঠিত হল। সে তার নিজের ক্ষমতার বিষয়েই সংশয়ী এবং তার চেয়ে বড়ো কথা, সে ভাবতেই পারে না যে সে এমন কিছুর জন্য আদৌ প্রস্তুত কি না।

'তুমি প্রস্তুত হয়ে উঠবে,' হাসতে হাসতে সীতা বলল, যেন সে রামের মনের ভাব প্রায় পুরোটাই পড়ে ফেলতে পেরেছে। 'আমায় বিশ্বাস করো, সত্যি বলছি তুমি নিজেই জানো না কী রকম বিরল ব্যক্তিত্ব তুমি।'

রাম সীতার দিকে মুখ ফিরিয়ে তার গালে আলতো টোকা মেরে তার

চোখের দিকে গভীরভাবে তাকাল। সে হালকা হেসে আবার তার নজর ঘোরালো নদীর দিকে। সীতা তার মাথার ওপর চুলগুলো খোঁপার মতো জড়িয়ে একটা পুঁতির মালা তাতে জড়িয়ে দিল যাতে সেটা ঠিক জায়গায় থাকে, এ রকম করে চুল বাঁধা রামের পছন্দ।

।। অধ্যায় ৩০।।

রাম ও সীতা একটা লম্বা কাঠের বাঁকে একটা হরিণ ঝুলিয়ে তার দুটি প্রান্ত দু-কাঁধে নিয়ে শিকার থেকে ফিরছিল। লক্ষ্মণ শিবিরেই ছিল। সেহেতু আজ তার রান্নার পালা। তেরো বছর হয়ে গেল তারা সপ্ত সিন্ধুর বাইরে আছে।

'আর মাত্র একটা বছর, রাম,' শিবির সংলগ্ন মাঠে ঢুকতে ঢুকতে সীতা রামকে বলল।

'হ্যাঁ,' রাম বলল। তারপর তারা হরিণশুদ্ধ বাঁকটা নামিয়ে রাখল। 'আর তখনই আমাদের আসল যুদ্ধ শুরু হবে।'

লক্ষ্মণ তার কোমরের পিছন দিকে অনুভূমিক ভাবে রাখা খাপ থেকে একটা ছুরি বের করে এগিয়ে এল। 'তোমরা এবার তোমাদের দার্শনিক এবং কৌশলগত সামাজিক রীতিনীতি নিয়ে আলোচনা চালিয়ে যাও, ইত্যবসরে আমি কিঞ্চিত নারীসুলভ কর্মে ব্যাপৃত থাকি!'

সীতা হালকা করে লক্ষ্মণের গালে চড় মেরে বলল, 'ভারতে ভালো রাঁধুনি হিসেবে অনেক পুরুষও আছে। রান্নাটা একেবারেই মেয়েলি কাজ কে বলল তোমায়! প্রত্যেকেরই রান্না করতে পারা উচিত।'

নাটকীয়ভাবে নতজানু হয়ে অভিবাদন জানিয়ে লক্ষ্মণ বলল, 'ঠি-ই-ই-ক-ই, বউদিমণি!'

তার ভাব দেখে রাম ও সীতা দুজনেই হেসে উঠল।

‘আজকের সন্ধ্যার আকাশটা খুব সুন্দর, তাই না?’ আকাশে আকাশ-দেবতার মনোহর চিত্রণ দেখে সীতা বলে উঠল। রাম ও সীতা প্রধান কুঁড়ের বাইরে মাটিতে চিৎ হয়ে শুয়ে আকাশের দিকে তাকিয়েছিল।

এখন তৃতীয় প্রহরের পঞ্চম ঘন্টা। সূর্যদেবের রথ অন্যদিকের আকাশে যেতে যেতে আকাশ জুড়ে রেখে গেছে নানা রঙের মেলা। অঋতুমাফিক একটা অসহ্য গরম দিনের শেষে পশ্চিম থেকে আসা মিষ্টি ঝিরঝিরে হাওয়া একটু শান্তি দিচ্ছে।

মৌসুমি বর্ষার দিন শেষ হয়েছে, এবার ধীরে ধীরে ঠান্ডা পড়বে।

‘হ্যাঁ,’ রাম হেসে বলল। তারপর, সীতার হাতটা ধরে তাঁর ঠোঁটের কাছে টেনে এনে আলতো ভাবে তার আঙুলগুলোয় চুমু খেল।

সীতা রামের দিকে ফিরে বলল, ‘তোমার মতলব কী, স্বামীন্?’

‘খুবই স্বামীসুলভ ব্যাপার, বউমণি।’

জোরে গলা খাঁকারির আওয়াজ পাওয়া গেল। দুজনেই মুখ তুলে দেখল হাসিখুশি ভাবে লক্ষ্মণ দাঁড়িয়ে আছে। তারা দুজনেই তার দিকে ছদ্ম বিরক্তিতে তাকাল।

‘কী হল?’ লক্ষ্মণ কাঁধ ঝাকিয়ে বলল। ‘তোমরা তো কুঁড়েতে ঢোকার পথ আটকে দিয়েছ। আমার তলোয়ারটা আনতে হবে। অতুল্যর সঙ্গে খানিকটা মকশো করব।’

রাম ডানদিকে সরে গিয়ে লক্ষ্মণকে যাবার জায়গা করে দিল। লক্ষ্মণ কুঁড়ের দিকে যেতে যেতে বলল, ‘আমি এখনই বেরোবো।’

কুঁড়েতে পা রেখেই লক্ষ্মণ থমকে গেল। খাঁচার পাখিগুলো হঠাৎ প্রচণ্ড শব্দে ডানা ঝাপটাচ্ছে। লক্ষ্মণ ঘুরেই দেখতে পেল রাম ও সীতা ছিটকে দাঁড়িয়ে উঠেছে।

‘কী হল?’ লক্ষ্মণ জিজ্ঞেস করল।

রামের সহজাত প্রবৃত্তি বলে দিল আগন্তুকরা বন্যপ্রাণী নয়।

'অস্ত্র!' রাম শান্তভাবে আদেশ করল।

সীতা ও লক্ষ্মণ তাদের কোমরে তলোয়ারের খাপ আটকে নিল। লক্ষ্মণ রামের হাতে তার ধনুক তুলে দিয়ে নিজেরটাও কাঁধে ঝোলাল। দুভাই মুহূর্তে তাদের ধনুকে তির যোজনা করল। তির ভরতি তূণীর পিঠে ঝোলাচ্ছে যখন রাম ও লক্ষ্মণ তখনই জটায়ু তার অস্ত্রধারী সৈন্যদের নিয়ে ছুটে এল। সীতা হাতে তুলে নিল একটা লম্বা বর্শা। এছাড়াও তাদের পিছনে কোমরের কাছে অনুভূমিক বাঁধা ছিল তাদের ছোরার খাপ, যা তারা সদাসর্বদা সঙ্গে রাখে।

'ওরা কারা?' জটায়ু প্রশ্ন করল।

'আমি জানি না।' রাম বলল।

'লক্ষ্মণের প্রাচীর?' সীতা জিজ্ঞাসা করল।

লক্ষ্মণের প্রাচীর লক্ষ্মণের এক মৌলিক রক্ষণাত্মক ব্যবস্থা। প্রধান কুঁড়ে দুটোর সামনে একটা পাঁচ ফুট উঁচু প্রাচীর যা একটা ছোটো বর্গক্ষেত্রকে তিনদিক দিয়ে সম্পূর্ণরূপে ঘেরা ছিল। প্রধান কুঁড়ের দিকটায় কেবল কিছুটা ফাঁক ছিল—যেন একটা চতুর্ভূজ। বাইরে থেকে কাঠামোটাকে দেখলে রান্নাঘর ছাড়া অন্য কিছু মনে হবে না। দক্ষিণ দিকের দেওয়ালের বাইরে পর্যন্ত বেরিয়ে আছে একটা তন্দুর ও রান্নার টেবিলের সামান্য অংশ। এই ঘেরা জায়গার অর্ধেক অংশের উপর ছাউনি আছে। রান্নাঘরের ছদ্মবেশটা বেশ ভালোই। এই অংশটা শত্রুদের তির থেকে রক্ষা পাবার জন্য বানানো। দক্ষিণ পশ্চিম ও উত্তর দিকের দেওয়ালে বড়ো বড়ো গর্ত কাটা আছে। যেগুলোর মুখ ভিতর দিকে সরু, কিন্তু বাইরের দিকে বড়ো। বাইরে থেকে দেখলে এগুলোকে রান্নাঘরের ধোঁয়া বের করার গহ্বর বলেই মনে হবে, এগুলোর সাহায্যে বাইরে থেকে আসা শত্রুদের সহজে দেখা যাবে, কিন্তু বাইরে থেকে ভিতরে কিছু দেখা যাবে না। এই গহ্বরগুলো দিয়ে তিরও ছোঁড়া যাবে।

এই পাঁচিল মাটি দিয়ে তৈরি হওয়ায় একটা বড়ো দলের ক্রমাগত আঘাত সইতে পারবে না ঠিকই, তবু তাদের হত্যার উদ্দেশে পাঠানো কোনো সেনাদলকে রুখে দিতে পারবে, লক্ষ্মণের সন্দেহ ছিল এরকম এক বা একাধিক বাহিনীর মুখোমুখি তাদের হতে হবে। পরিকল্পনা ও রূপরেখার কাজটা লক্ষ্মণ

করলেও এটা তৈরি করতে শিবিরের সবাই হাত লাগিয়েছিল। মকরন্তই এটার নাম দিয়েছে 'লক্ষ্মণের প্রাচীর'।

'হ্যাঁ, ওখানেই চলো,' রাম বলল।

প্রত্যেকেই পাঁচিলের পিছনে গিয়ে উবু হয়ে বসে তাদের অস্ত্র প্রস্তুত করে অপেক্ষা করতে লাগল। লক্ষ্মণ একটু উঁচু হয়ে চোখ রাখল দক্ষিণমুখো গহ্বরে। দৃষ্টি সইয়ে নিয়ে সে দেখল একজন পুরুষ ও একজন নারীর নেতৃত্বে দশজনের একটা দল শিবির প্রাঙ্গণের দিকে দৃপ্তভাবে এগিয়ে আসছে।

সামনের লোকটির উচ্চতা স্বাভাবিক। কিন্তু গায়ের রঙ অসম্ভব রকম ফরসা। তার কৃশকায় শরীর দেখে তাকে দৌড়বীর মনে হলেও সে নিশ্চিতভাবেই কোনো যোদ্ধা নয়। দুর্বল কাঁধ ও রোগা চেহারা হলেও লোকটা এমনভাবে হাঁটছে যে দেখে মনে হয় তার বুক ও কোমর শক্ত মাংসপেশি দিয়ে গড়া। অধিকাংশ ভারতীয় পুরুষদের মতোই তার লম্বা কৃষ্ণবর্ণ চুল মাথার পিছনে ফিতে দিয়ে বাঁধা। তার পুরো দাড়ি বেশ সুন্দর করে ছাঁটা এবং অদ্ভুতভাবে তার রঙ বাদামি। তার পরনে পরম্পরাগত বাদামি ধুতি ও তার চেয়ে একটু হালকা রঙের অঙ্গবস্ত্র। তার শরীরের অলংকার থাকলেও তা দৃষ্টিকটু নয়। কানে তার মুক্তোর টোপা দুল এবং হাতে সরু তামার চুড়ি। তার চেহারার মধ্যে কেমন এক উদ্‌ভ্রান্তভাব, যেন সে দীর্ঘকাল পথ চলছে এবং পোশাকাদিও বদলাবার সুযোগ পায়নি।

সঙ্গের মহিলার বেশ মিল আছে লোকটির চেহারার সঙ্গে, তবে মুখে অসামান্য লাবণ্য; হয়ত লোকটার বোনটোন হবে। ঊর্মিলার মতোই ছোটোখাটো চেহারার মেয়েটির গায়ের রঙ তুষার শুভ্র; এরকম গায়ের রঙে তাকে ফ্যাকাশে ও রুগ্‌ণ দেখাবার কথা, কিন্তু তা তাকে আরও রূপবতী করেছে। তার তীক্ষ্ণ সামান্য উপরে ওঠা নাক, উঁচু চোয়ালের হাড়ের জন্য তাকে অনেকটা পারিহাদের মতো দেখায়। কিন্তু পরিহাদের মতো নয়, তার চুলের রং সোনালি, ভারতবাসীর পক্ষে যে রং অস্বাভাবিক। প্রতিটি চুল একেবারে পরিপাটি করে রয়েছে ঠিক ঠিক জায়গায়। চোখে তার আশ্চর্য আকর্ষণী মাদকতা। সম্ভবত মহিলাটি হিরণ্যলোমের ম্লেচ্ছদের কন্যা, ফরসা

ত্বক, হালকা চোখের তারা ও হালকা রঙা চুলের বিদেশিদের একজন যারা অর্ধেক পৃথিবী দূরে উত্তর-পশ্চিম দিকে বাস করে। তাদের উগ্র স্বভাব ও অবোধ্য ভাষার জন্য ভারতীয়রা তাদের বর্বর বলে। কিন্তু এ মেয়ে বর্বর নয়। বরং সম্পূর্ণ বিপরীতভাবে ইনি একজন লাবণ্যময়ী, নম্র স্বভাবা দোহারা গড়নের নারী। যদিও তার স্তনযুগল তার দেহের তুলনায় সঙ্গতিহীন বড়ো। তার পরনে ঐতিহ্যিক ময়ূরপঙ্খী রঙের ধুতি যাকে দেখাচ্ছে সরযুর জলের মতো। সম্ভবত ধুতিটা পূর্বদেশের প্রসিদ্ধ রেশম থেকে প্রস্তুত যা কেবল অত্যন্ত বিত্তশালীরাই ব্যবহার করতে পারে। ধুতিটি একটু অন্য কায়দায় নীচুতে নামিয়ে পরা—এর ফলে তার মেদহীন পেট ও হালকা সরু কোমর দৃষ্টিগোচর হচ্ছে। তার বক্ষাবরণী, সেটাও রেশম নির্মিত, এতই কম কাপড়ে তৈরি যে তার বুকের খাঁজ সহজেই দৃশ্যমান। তার অঙ্গবস্ত্র ইচ্ছাপূর্বক হালকাভাবে কাঁধ থেকে ঝোলানো, তাতে তার সারা উর্ধ্বাঙ্গ ঢাকা নয়। অতি মূল্যবান গহনা অতিমাত্রায় তার সর্বাঙ্গে ছড়ানো। যেটা একমাত্র খাপছাড়া তা হল তার কোমরে বাঁধা একটা ছোরার খাপ। তার দিকে তাকালে দৃষ্টি ফেরানো শক্ত।

রাম চকিতে সীতার দিকে তাকাল। 'এরা কারা?'

সীতা উত্তর না দিয়ে কাঁধ ঝাঁকাল।

জটায়ু ফিসফিস করে বলল, 'লঙ্কার লোক।'

লক্ষ্মণ হামাগুড়ি দিয়ে কয়েক ফুট এগিয়ে জটায়ুকে জিজ্ঞেস করল, 'তুমি নিশ্চিত?'

'হ্যাঁ, লোকটা রাবণের ছোটো সৎ ভাই বিভীষণ, আর ওই মহিলা রাবণের সৎ বোন শূর্পনখা।'

'এখানে কী করতে এসেছে ওরা?' সীতা জানতে চাইল।

অতুল্য একটা গহ্বর দিয়ে আগন্তুকদের দিকে তাকিয়েছিল। সে রামের দিকে তাকাল। 'আমার মনে হয়না ওরা যুদ্ধ করতে এসেছে। দেখুন...' সে রামকে গবাক্ষে চোখ রাখতে বলল।

প্রত্যেকেই তাদের সামনের গবাক্ষে আবার চোখ রাখল। বিভীষণের পাশে দাঁড়ানো এক সৈন্য একটা সাদা পতাকা তুলল, শান্তির রং। তাদের

আগমনের উদ্দেশ্য বাক্যালাপ ও আলাপ আলোচনা। রহস্য এটাই, কী নিয়ে তারা এই ভর সন্ধ্যাবেলা আলোচনা করতে এসেছে?

সদা সন্দেহবাতিক লক্ষ্মণ বলল,'নরকের কীট রাবণটা আমাদের সঙ্গে কথা বলতে চাইবে কেন?'

'আমার কাছে যা তথ্য আছে তা থেকে জানাই যে বিভীষণ ও শূর্পনখার সঙ্গে রাবণের সম্পর্ক মোটেই খুব মধুর নয়,' জটায়ু বলল। 'আমাদের ধরে নেবার কারণ নেই যে রাবণই ওদের পাঠিয়েছে।'

অতুল্য কথা শেষ হবার সঙ্গে সঙ্গেই বলে উঠল, 'আপনার সঙ্গে সহমত পোষণ করতে পারছি না বলে মার্জনা করবেন, জটায়ুজি, আমি মনে করি না রাজকুমার বিভীষণ বা রাজকুমারী শূর্পনখার নিজের ইচ্ছায় এ কাজ করার সাহস হবে। আমরা ধরে নিতেই পারি যে রাজা রাবণই ওদের পাঠিয়েছে।'

'এখন আলোচনা বন্ধ করে কিছু প্রশ্ন করার সময় এসেছে,' লক্ষ্মণ বলল, 'দাদা?'

রাম আরও একবার অনাহুতদের দিকে তাকিয়ে তার লোকেদের দিকে মুখ ফেরাল।

'আমরা সবাই একসঙ্গে বেরোবো। ওদের খারাপ কিছু মতলব থাকলে তা আটকানো যাবে।'

'হ্যাঁ, এটা বুদ্ধিমানের কাজ হবে,' জটায়ু বলল।

'চলে এসো,' বলল রাম। সুরক্ষা প্রাচীরের বাইরে বেরিয়ে এল সে ডান হাত উপরে তুলে, যার অর্থ তার আঘাত করার কোনো ইচ্ছা নেই। সবাই একইভাবে রামের দৃষ্টান্ত অনুসরণ করে বাইরে বেরিয়ে এল রাবণের ভাইবোনদের সঙ্গে মিলিত হতে।

বিভীষণ রাম, সীতা, লক্ষ্মণ ও সৈন্যদের দেকে হাঁটতে হাঁটতে হঠাৎ কিংকর্তব্যবিমূঢ় হয়ে দাঁড়িয়ে পড়ল। তারপর পাশ ফিরে বোনের দিকে তাকিয়ে যেন জানতে চাইল তার পরবর্তী পদক্ষেপ কী। কিন্তু শূর্পনখার চোখ স্থির হয়ে ছিল রামের উপর। বিন্দুমাত্র লজ্জার ভাব মুখেচোখে না ফুটিয়ে সে

তার দিকে তাকিয়েই রইল। জটায়ুকে দেখে হঠাৎ চিনতে পারার একটা ভাব খেলে গেল বিভীষণের মুখে।

রাম, লক্ষ্মণ ও সীতা এগিয়ে গেল অতিথিদের দিকে, তাদের সামান্য পিছনেই জটায়ু ও তার অনুচরবৃন্দ। অরণ্যবাসীরা লঙ্কার অধিবাসীদের সামনে এসে পড়তেই বিভীষণ পিঠ সোজা করে বুক ভরে শ্বাস টেনে চেহারায় ব্যক্তি ফুটিয়ে বলল, 'আমরা শান্তির জন্যই এসেছি, অযোধ্যার রাজা।'

'আমরাও শান্তিই চাই,' ডান হাত নামিয়ে রাম বলল। তার লোকেরাও হাত নামালো। 'অযোধ্যার রাজা' বলে যে খোঁচাটা বিভীষণ দিতে চেয়েছিল সেটা অবজ্ঞা করে রাম জিজ্ঞেস করল, 'লঙ্কার রাজকুমার, কী অভিপ্রায়ে আপনাদের আগমন জানতে পারি কি?'

রাম তাকে চিনতে পারার জন্য গর্বভরে বিভীষণ বলল, 'মনে হচ্ছে সপ্ত সিন্ধুর লোকেরা পৃথিবীর কোনো খবরই রাখে না বলে আমাদের দেশের লোকেদের যে ধারণা সেটা সর্বাংশে সত্য নয়।'

রাম নম্রভাবে হাসল, ইতিমধ্যেই শূর্পনখা একটা বেগুনি রুমাল বের করে মার্জিতভাবে নাকে চাপা দিল।

'তবু, আমি সপ্ত সিন্ধুর জীবনধারাকে বুঝতে পারি ও সম্মান করি,' বিভীষণ বলল।

সীতা তীক্ষ্ণ চোখে শূর্পনখার ওপর নজর রাখছিল, কারণ রাজকুমারী একদৃষ্টে বেহায়ার মতো তার স্বামীর দিকে তাকিয়েই ছিল। কাছাকাছি আসতে বোঝা গেল শূর্পনখার মাদকতাময় দৃষ্টির রহস্য — তার চোখের তারা উজ্জ্বল নীল। অবশ্যই তার মধ্যে কিছু হিরণ্যলোমের ম্লেচ্ছদের রক্ত আছে। বাস্তবিক পক্ষে মিশরের পূর্বদিকে কারোরই নীল চোখ হয় না। তার শরীরে লাগানো সুগন্ধীর জন্য পঞ্চবটী শিবিরের গ্রাম্য বন্য গন্ধ এখন আর পাওয়া যাচ্ছে না, অন্তত যারা তার কাছাকাছি তারা পাচ্ছিল না।

কিন্তু বন্য ঘ্রাণ তার নিজের নাকে যাচ্ছিলই, কারণ এই দুর্গন্ধ থেকে উদ্ধার পেতে নাকে রুমালটা সে চেপেই রেখেছিল।

'আপনারা কী আমাদের দরিদ্র বাসস্থানে একটু বসবেন?' রাম কুটিরের দিকে হাত দেখিয়ে জিজ্ঞাসা করল।

'না, ধন্যবাদ আপনাকে, মহারাজা,' বিভীষণ বলল। 'আমার এখানেই বেশ ভালো লাগছে।' এখানে জটায়ুর উপস্থিতিটা তাকে বিব্রত করছিল। আলোচনা থেকে কোনো সিদ্ধান্ত উঠে না আসার আগে, অপরিসর কুটিরের মধ্যে বিভীষণ আর কোনোরকম নতুন আশ্চর্যের সম্মুখীন হতে চায় না। আর যাই হোক, সপ্ত সিন্ধুর শত্রু রাবণের ভাই সে। এখানে এই খোলা জায়গাই নিরাপদ, অন্তত এখনকার মতো।

'বেশ তাই হোক,' রাম বলল। 'সোনার লঙ্কার রাজপুত্রের আমাদের কাছে উপস্থিত হবার কারণটা জানতে পারলে কৃতজ্ঞ থাকব।'

শূর্পনখা একটু খসখসে অথচ মোহময়ী কণ্ঠে বলল, 'প্রিয়দর্শন, আমরা আপনার সাহায্য পেতে এসেছি।'

'আমার মনে হয় না আমি আপনার কথা বুঝতে পেরেছি,' রাম বলল। একজন অপরিচিত সুন্দরীর মুখে তার রূপের প্রশংসা শুনে সামান্য সময়ের জন্য হলেও রাম একটু থতমত হয়ে গিয়েছিল। তারপর বলল, 'আমি মনে করি না আমাদের যোগ্যতা আছে সাহায্য করার আপনাদের মতো...'

'তাহলে আমরা আর কার কাছে যেতে পারি, হে মহৎ প্রাণ?' বিভীষণ জিজ্ঞাসা করল। 'আমরা কখনোই সপ্ত সিন্ধুতে গৃহীত হব না, কারণ আমরা রাবণের ভাইবোন। কিন্তু আমরা এও জানি সপ্ত সিন্ধুতে অনেকেই আছেন যারা আপনার কথার অমর্যাদা করবে না। বহুকাল ধরে আমি ও আমার ভগিনী রাবণের পাশবিক অত্যাচারের শিকার। আমরা ওর হাত থেকে বাঁচতে চাই।'

রাম নিশ্চুপ হয়ে চিন্তা করতে লাগল।

'অযোধ্যার রাজা,' বিভীষণ বলতে থাকল। 'আমি লঙ্কার লোক হতে পারি, কিন্তু বাস্তবিক, আমি আপনার লোকেদের মতোই একজন। আমি আপনার আদর্শে বিশ্বাসী, আমি আপনার পথই অনুসরণ করি। আমরা লঙ্কার লোকেদের মতো নই, যারা রাবণের অতুল বৈভব দেখে অন্ধভাবে তার নির্দয় শাসন মেনে নেয়। আর শূর্পনখাও আমারই মতো। আপনি কি মনে করেন না আমাদের প্রতিও আপনার একটা কর্তব্য আছে?'

সীতা মাঝপথে বিভীষণকে থামিয়ে দিয়ে বলল, 'এক প্রাচীন কবি একদা

বলেছিলেন, যখন একটি কুঠার জঙ্গলে প্রবেশ করছিল তখন গাছেরা একে অপরকে বলেছিল: ভয় পেয়ো না, কুঠারের হাতলটি আমাদেরই একজন।'

শূর্পনখা বিদ্রূপাত্মক কণ্ঠে বলল, 'তাহলে কি রঘুবংশের মহান উত্তরসূরি তাঁর হয়ে তাঁর স্ত্রীকেই সিদ্ধান্ত নিতে দিচ্ছেন, তাই কি?'

বিভীষণ আলতোভাবে শূর্পনখার হাত স্পর্শ করতে সে চুপ করে গেল। 'রানি সীতা,' বিভীষণ বলল, 'আপনি দেখবেন কেবল কুঠারের হাতলই এখানে এসেছে। কুঠারের ফলাটা রয়ে গেছে লঙ্কাতেই। আমরা আপনাদের মতো। অনুগ্রহ করে আমাদের সাহায্য করুন।'

শূর্পনখা জটায়ুর দিকে তাকাল। এটা তার নজর এড়াল না যে অন্যসব সময়ের মতো এখানেও প্রত্যেকটি মানুষ, রাম ও লক্ষ্মণ ব্যতিরেকে, সবাই মুগ্ধ বিস্ময়ে তার দিকে চেয়ে আছে। 'মহান মলয়পুত্র, আপনি কি মনে করেন না আপনাদের স্বার্থেই আমাদের আশ্রয় দেওয়া প্রয়োজন? আমরা আপনাদের লঙ্কা সম্পর্কে এমন অনেক কথাই বলব যা আপনারা এখনও জানেন না। আপনাদের জন্য সেখানে অনেক সোনা থাকবে।'

জটায়ু সিঁটিয়ে গেল। 'আমরা পরশুরামের পথের যাত্রী! সোনার প্রতি আমাদের আকর্ষণ নেই।

'সত্যি?...' শূর্পনখা শ্লেষ মাখিয়ে বলল।

এবার বিভীষণ আবেদন জানাল লক্ষ্মণের কাছে। 'বুদ্ধিমান লক্ষ্মণ, অনুগ্রহ করে আপনার দাদাকে বোঝান। আমি কেন বলছি আপনারা অযোধ্যায় ফিরে গেলে আপনাদের সে লড়াইতে আমরা আপনাদের উপকারে আসব তা আপনি বুঝতে পারছেন বলেই আমার স্থির বিশ্বাস।'

'লঙ্কার রাজকুমার, আমি আপনার সঙ্গে সহমতে আসতে পারতাম, কিন্তু আমরা দুজনেই তো ভুল প্রমাণিত হতে পারি, তাই না?' লক্ষ্মণ বলল।

মাথা নীচু করে বিভীষণ দীর্ঘনিশ্বাস ফেলল।

'রাজকুমার বিভীষণ,' রাম বলল, 'আমি অত্যন্ত দুঃখিত, কিন্তু—'

রামকে থামিয়ে দিয়ে বিভীষণ বলে উঠল, 'হে দশরথপুত্র, মিথিলার

যুদ্ধের কথা মনে করুন। আমার দাদা রাবণ আপনার শত্রু। সে আমারও শত্রু। এর ফলেও কি আমাকে আপনার স্বাভাবিক মিত্র হিসেবে গণ্য করেন না?'

রাম নিশ্চুপ রইল।

'মহান রাজা, লঙ্কা থেকে পালিয়ে এসে আমরা আমাদের জীবন সংশয় করেছি। অন্তত কিছুদিন কি আপনি আমাদের অতিথি হিসেবে গ্রহণ করতে পারেন না? আমরা সামান্য ক-দিনের মধ্যেই চলে যাব। মনে করুন তৈত্তিরীয় উপনিষদ কী বলেছে—'অতিথি দেবো ভব।' এমনকী বহু শাস্ত্রও বলেছে দুর্বলকে রক্ষা করা শক্তিমানের কর্তব্য। আমরা যা চাইছি তা কয়েকদিনের জন্য আশ্রয়। অনুগ্রহ করুন।'

সীতা রামের দিকে তাকাল। একটি শাস্ত্রবাক্য উদ্ধৃত হয়েছে। এরপর কী হবে তা সে জানে। এও জানে রাম এখন আর তাদের ফিরিয়ে দিতে পারবে না।'

'সামান্য কদিনের জন্য,' বিভীষণ আবেদন করল। 'অনুগ্রহ করুন।'

রাম বিভীষণের কাঁধ স্পর্শ করল। 'আপনি এখানে কদিন থাকতে পারেন। কিছুদিন বিশ্রাম করুন, তারপর আবার যাত্রা শুরু করবেন।'

বিভীষণ করজোড়ে রামের উদ্দেশে প্রণাম জানিয়ে বলল, 'রঘুবংশের সবার জয় হোক!'

'আমার মনে হয় ওই ভ্রষ্টা রাজকুমারীর তোমাকে খুব পছন্দ হয়েছে?' সীতা বলল। রাত্রের আহার শেষে রাম ও সীতা তাদের ঘরে বসে ছিল। তখন চতুর্থ প্রহরের দ্বিতীয় ঘন্টা। সেদিন সীতা যে খাবার বানিয়েছিল তার বিরুদ্ধে শূর্পনখা তীব্র অভিযোগ করেছে। সীতাও তাকে বলেছে যদি খাবার পছন্দ না হয় তবে না খেয়ে থাকতে।

রাম মাথা নাড়াল, তার চোখের দৃষ্টি দেখেই বোঝা যাচ্ছিল তার কাছে ব্যাপারটা হাস্যকর ও তুচ্ছ। 'কেন তিনি এমন করবেন, সীতা? তিনি জানেন, আমি বিবাহিত। কেনই বা তাঁর আমাকে আকর্ষণীয় মনে হবে?'

খড়ের বিছানায় সীতা তার স্বামীর পাশে শুয়ে পড়ল। 'তোমার জানা দরকার তুমি নিজেকে যা মনে করো তার চেয়েও তুমি অনেক বেশি আকর্ষণীয়।'

রাম অবিশ্বাসী হাসি হাসল, 'যত্ত সব ফালতু...'

সীতাও হেসে তার হাতটা রামের বুকের ওপর রাখল।

অতিথিরা এখন অরণ্যবাসীদের সঙ্গে এক সপ্তাহ বাস করছে। তাদের দিক থেকে কোনো সমস্যাই হয়নি; ব্যতিক্রম কেবল লঙ্কার রাজকুমারী। যদিও লক্ষ্মণ ও জটায়ু লঙ্কার লোকদের সম্বন্ধে সন্দেহ পোষণ করেই চলেছে। প্রথম দিনই তারা অতিথিদের অস্ত্রশস্ত্র নিজেদের দখলে নিয়ে শিবিরের অস্ত্রাগারে তালাবন্ধ করে রেখেছে। এবং ঘড়ি ধরে চব্বিশ ঘণ্টা তারা কঠোরভাবে তাদের উপর নজরদারি চালিয়ে যাচ্ছে।

আগের গোটা রাতটা একহাতে তলোয়ার এবং অন্যহাতে বিপদসংকেত বাজানোর শাঁখ নিয়ে নিদ্রাহীন থাকার ফলে ক্লান্ত লক্ষ্মণ বেলাতেও ঘুমোচ্ছিল। বিকেলবেলায় তার ঘুম ভাঙলে সে দেখল শিবিরে অস্বাভাবিক কর্মব্যস্ততা।

কুটিরের বাইরে এসে সে মুখোমুখি হল জটায়ু ও মলয়পুত্রদের। তারা অস্ত্রাগার থেকে লঙ্কাবাসীদের অস্ত্রশস্ত্র নিয়ে আসছে। বিভীষণ ও তার দল বিদায় গ্রহণের জন্য প্রস্তুত হয়ে আছে। অস্ত্রশস্ত্র, লটবহর নিয়ে তারা অপেক্ষা করছে শূর্পনখার, সে গোদাবরীতে স্নান সেরে যাত্রার প্রস্তুতি নিতে গেছে। আগেই সে সীতাকে অনুরোধ করেছিল তার সঙ্গে যেতে, যাতে কাপড় চোপড় পরা, চুল বাঁধা ইত্যাদি ব্যাপারে সে একটু সাহায্য করতে পারে। সীতা খুশি ছিল এই ভেবে যে অবশেষে সে মুক্তি পেতে চলেছে এই কিন্নরীর হাত থেকে, এই সাধারণ অরণ্য শিবিরেও যার চাহিদার অন্ত ছিল না। তাই সে এই শেষ অনুরোধ করা মাত্রই সীতা তা সানন্দে গ্রহণ করছে।

'আপনার সমস্ত সাহায্যের জন্য আপনাকে ধন্যবাদ, রাজকুমার রাম,' বিভীষণ বলল।

'যদি আপনাদের কিছু সাহায্যে এসে থাকি তার জন্য আমরাও আনন্দিত।'

'আমি কি আপনাকে এবং আপনার অনুচরবর্গকে একটা অনুরোধ করতে পারি যে আপনারা কাউকেই বলবেন না আমরা কোন জায়গার উদ্দেশে যাচ্ছি?'

'অতি অবশ্যই।'

'ধন্যবাদ আপনাকে,' দুহাত জোড় করে নমস্কার জানিয়ে বিভীষণ বলল।

রাম তাকাল গভীর জঙ্গলের দিকে, যার ওপারে গোদাবরী প্রবাহিত। সে আশা করছিল এখন যেকোনো মুহূর্তে তার স্ত্রী সীতা ও বিভীষণের ভগ্নী শূর্পনখা জঙ্গলের সামনের ফাঁকা জায়গায় উপস্থিত হবে।

তার বদলে জঙ্গলের মধ্যে থেকে নারীকণ্ঠের এক তীব্র আর্তনাদ শোনা গেল। রাম ও লক্ষ্মণ নিজেদের মধ্যে এক লহনায় দৃষ্টি বিনিময় করে দ্রুত সেই শব্দের উৎসের দিকে ধাবমান হল। তারা হতভম্ব হয়ে স্থানুবৎ দাঁড়াল যখন তারা দেখল ঋজু ও রাজকীয় চেহারার সীতা জঙ্গল থেকে বেরিয়ে আসছে চপচপে ভিজে ও ক্রোধমত্ত অবস্থায়। সে ধস্তাধস্তি করতে থাকা শূর্পনখাকে নির্দয়ভাবে হাত ধরে টানতে টানতে নিয়ে আসছে। লঙ্কার রাজকুমারীর হাত দুটি কঠিনভাবে বাঁধা।

লক্ষ্মণ ও তার সঙ্গে থাকা অন্য সবাই ইতিমধ্যে তলোয়ার কোষমুক্ত করে নিয়েছে। অযোধ্যার ছোটো রাজপুত্রই প্রথম কথা বলল। অভিযোগের স্বরে সে বিভীষণের দিকে তাকিয়ে বলল, 'এসব কী হচ্ছে এখানে?'

বিভীষণ দুজন নারীর ওপর থেকে চোখ ফেরাতে পারছিল না। কয়েক মুহূর্তের জন্য তাকে হতভম্ব মনে হলেও দ্রুত স্বাভাবিকতায় ফিরে এসে সে বলল, 'তোমার বউদিদি আমার বোনের উপর এসব কী করছেন? বোঝাই যাচ্ছে তিনিই শূর্পনখাকে আক্রমণ করেছেন।'

'নাটক বন্ধ করুন', ভয়ংকর চিৎকার করে উঠল লক্ষ্মণ। 'বউদি এমন করতেই পারে না যদি আপনার বোন প্রথমেই তাঁকে আক্রমণ করে না থাকে।'

সীতা চারদিক থেকে ঘিরে থাকা পুরুষদের সামনে এসে শূর্পনখাকে ছেড়ে দিল। লঙ্কার রাজকুমারী তখন প্রচণ্ড ক্রুদ্ধ ও বোধহীন। দ্রুত তার বোনের কাছে দৌড়ে গিয়ে বিভীষণ ছুরি দিয়ে তার হাতের বাঁধন কেটে দিল। সে তার বোনের কানে কানে কিছু বলল। লক্ষ্মণ ঠিক বুঝতে পারল না বিভীষণ কী বলল, তবে তার মনে হয় সে বলছিল, 'চুপ করো।'

সীতা রামের দিকে ফিরে, শূর্পনখার দিকে আঙুল দেখিয়ে হাতের তালুতে রাখা কিছু শিকড় ও বীজ দেখাল। 'ওই দুরাত্মা লঙ্কার মেয়েটা আমাকে নদীর জলে ঠেলে ফেলে দেবার সময় এগুলো আমার মুখে ঠেসে ধরেছিল!'

রাম জড়িবুটিগুলোকে চিনতে পারল। সাধারণত এগুলো কোনো অস্ত্রোপচারের আগে রোগীকে অচেতন করার জন্য প্রয়োগ করা হয়। সে ক্রোধান্ধ অথচ অন্তর্ভেদী দৃষ্টিতে বিভীষণের দিকে তাকাল, 'এসবের অর্থ কী?'

কথা শেষ হবার সঙ্গে সঙ্গে বিভীষণ উঠে দাঁড়াল। তার গলায় আপশের সুর 'কোনো একটা ভুল বোঝাবুঝি নিশ্চয় হচ্ছে। আমার বোন এমন কাজ কখনো করতে পারে না।'

আক্রমণাত্মকভাবে সীতা বলল, 'তাহলে কী আপনি মনে করেন তার আমাকে জলে ফেলে দেবার ব্যাপারটা নিছকই আমার কল্পনা?'

বিভীষণ শূর্পনখার দিকে তাকাল। সেও এখন উঠে দাঁড়িয়েছে। মনে হল সে তার বোনকে অনুনয় করে বলছে চুপ করে থাকার জন্য। কিন্তু যার উদ্দেশে একথা বলা তার যে মাথায় তা ঢুকছে না তা বলাই বাহুল্য।

'একদম মিথ্যা কথা,' শূর্পনখা গলা চিরে বলে উঠল। 'আমি অমন কিছুই করিনি?'

'তুমি আমায় মিথ্যাবাদী বলছ?' গর্জন করল সীতা।

এরপর যা ঘটল তা এতই দ্রুততায় ঘটল যে কেউ কিছু করে ওঠার সময়ই পেল না। ভয়ানক গতিতে শূর্পনখা পাশ ফিরে তার ছোরাটা বের করে আনল। সীতার বাঁদিকে দাঁড়িয়ে থাকা লক্ষ্মণ শূর্পনখার বিদ্যুৎগতিময় অঙ্গসঞ্চালন দেখে 'বউদি' বলে চেঁচিয়ে সীতার সামনে চলে এল।

আঘাত এড়াতে অতি দ্রুত সীতা অন্যদিকে সরে গেল। মুহূর্তের ভগ্নাংশে লক্ষ্মণ সামনে ঝাঁপিয়ে তেড়ে আসা শূর্পনখার সামনে পড়েই তার দুটো হাত ধরে তাকে সর্বশক্তি দিয়ে পিছন দিকে ঠেলা দিল। এক ঠেলাতেই সুন্দর পরিসদৃশ লঙ্কার রাজকুমারী পিছন দিকে উড়ে গিয়ে পড়ল হতভম্ভ হয়ে দাঁড়িয়ে থাকা লঙ্কার সৈন্যদের ওপর এবং তার হাতে ধরা ছুরি তার নিজের মুখেই রক্ত ঝরিয়ে দিল। ছুরিটা অনুভূমিকভাবে তার মুখে পড়ে তার নাকের ওপর কেটে বসল। সৈন্যদের ওপর পড়তেই ছোরাটা তার হাত থেকে খুলে পড়ে গেল এবং এই অকস্মাৎ আঘাত তার শারীরিক যন্ত্রণা বুঝতে দিল না। প্রচণ্ডভাবে রক্ত বেরোতে থাকলে তার চেতন মন তার শরীরের দায়িত্বে আবার ফিরে এল এবং সামান্য সময়ের মধ্যে ঘটে যাওয়া বিপর্যয় তার সমস্ত অস্তিত্বে কম্পণ তুলতে লাগল। সে হাত দিয়ে মুখ স্পর্শ করে সেই রক্তমাখা হাতটা চোখের সামনে এনে দেখল। সে তখনই বুঝল সারাজীবনের মতো তার মুখে থেকে যাবে গভীর ক্ষতের দাগ। এবং অনেক যন্ত্রণাময় অস্ত্রোপচারের প্রয়োজন হবে তা থেকে মুক্তি পেতে।

সে গলা ফাটিয়ে তীব্র বন্য চিৎকার করে আবার সামনের দিকে লাফ দিয়ে এল, তবে এবারের আক্রমণের লক্ষ্য লক্ষ্মণ। বিভীষণ দৌড়ে গিয়ে তার উন্মত্ত বোনকে কোনোভাবে আটকে রাখল।

'খুন করো ওদের!' যন্ত্রণা ও ক্ষোভে চিৎকার করে উঠল শূর্পনখা। 'ওদের সব কটাকে খুন করো।'

'ধৈর্য ধরো!' করুণভাবে আবেদন করল অসহায় বিভীষণ। অন্তঃস্থ ভীতি তার মুখে ছায়া ঘনিয়েছে। সে জানে সংখ্যার দিক থেকে তারা অরণ্যবাসীদের থেকে কম। সে মরতে চায় না। এবং মৃত্যুর চেয়ে ভয়ংকরও যে কিছু ঘটতে পারে সে ভয়ও সে এখন পাচ্ছে। সে আবারও জোরে বলে উঠল, 'অপেক্ষা করো।'

রাম তার মুষ্টিবদ্ধ বাঁ হাত উপরে তুলে ধরেছে। এটা তার লোকেদের প্রস্তুতি নিয়েও শান্ত থাকার সংকেত। 'এবার বিদায় নিন, রাজকুমার। না হলে আরও বিপর্যয় ঘটবে।'

'আমাদের কী বলা হয়েছিল তা ভুলে যাও,' গলার শিরা ছিঁড়ে চিৎকার করল শূর্পনখা, 'ওদের সবকটাকে খুন করে ফ্যালো!'

সমস্ত শক্তি দিয়ে শূর্পনখাকে আটকে রাখতে থাকা বিভীষণকে ক্লান্ত ও বিমর্ষ দেখাচ্ছিল। রাম তাকে শান্তভাবেই বলল, 'রাজকুমার বিভীষণ, এবার বিদায় গ্রহণ করুন।'

প্রায় ফিসফিস করে বিভীষণ বলল, 'পশ্চাদপসরণ করো।'

সৈন্যেরা একে একে পিছিয়ে গেল, যদিও তাদের তলোয়ার তখনও অরণ্যবাসীদের দিকে তাক করা।

'ওরে কাপুরুষ! ওদের হত্যা করো!' শূর্পনখা তার ভাইয়ের উদ্দেশে উচ্চস্বরে বলল। 'আমি তোমার বোন! আমার ওপর আক্রমণের প্রতিশোধ নাও।'

বিভীষণ তার ক্রোধোন্মত্ত বোনের হাত ধরে টানতে থাকল। তার চোখ রামের দিকে, সে খেয়াল রাখছে হঠাৎ নতুন কিছু আবার ঘটে কি না।

'ওদের হত্যা করো!' আবারও চিৎকার করল শূর্পনখা।

বিভীষণ ক্রমাগত প্রতিবাদ করতে থাকা তার বোনকে টানতে টানতে নিয়ে চলল শিবিরের বাইরে। ততক্ষণে লঙ্কার অন্যরাও বাইরে বেরিয়ে এসে পঞ্চবটী থেকে চলে যাচ্ছে।

রাম, লক্ষ্মণ ও সীতা—তখনও বিহ্বল ও স্তম্ভিত, স্থানুবৎ যে যার জায়গায় দাঁড়িয়ে রইল। সামান্য কিছুক্ষণের মধ্যে যা ঘটে গেল তা চরম বিপর্যয়।

'আমাদের আর এখানে থাকা চলে না,' জটায়ু যা অবধারিত সে কথাটাই বলল। 'আর কোনো বিকল্প নেই। আমাদের পালাতেই হবে।'

রাম জটায়ুর দিকে তাকাল।

'আমরা লঙ্কার রাজরক্ত ঝরিয়েছি; রাজদ্রোহীদের হলেও তা রাজরক্তই,' জটায়ু বলল। 'ওদের রীতি অনুযায়ী এর প্রতিশোধ নেওয়া ছাড়া রাবণের গত্যন্তর নেই। এই একই নিয়ম সপ্ত সিন্ধুর অনেক রাজন্যবর্গের ভিতরেই আছে, তাই না? রাবণ এখানে আসবে। সে ব্যাপারে কোনো সন্দেহই নেই। বিভীষণ কাপুরুষ হলেও রাবণ বা কুম্ভকর্ণ তা নয়। তারা হাজার হাজার সৈন্য

সমেত আসবে। যা ঘটবে তা মিথিলার চেয়েও খারাপ। ওখানে যুদ্ধটা ছিল দুই সৈন্যদলের মধ্যে, যেটা যুদ্ধের স্বাভাবিক নিয়ম। সৈন্যরা জানে এটা তাদেরই কাজ। কিন্তু এখানে যুদ্ধটা ব্যক্তিগত স্তরের। তার পরিবারের এক সদস্য, তার বোন আক্রান্ত হয়েছে। রক্ত ঝরেছে। প্রতিহিংসা না নিলে তা রাবণের পক্ষে অগৌরবের।'

লক্ষ্মণ আড়ষ্ট হয়ে গিয়েছিল, সে কেবল বলতে পারল, 'কিন্তু আমি ওকে আক্রমণ করিনি। ওই—'

'রাবণ ব্যাপারটাকে মোটেই সেভাবে দেখবে না,' জটায়ু বলল। 'রাজকুমার লক্ষ্মণ, রাবণ ঘটনার বিবরণ নিয়ে আপনার সঙ্গে তর্কবিতর্কে অবতীর্ণ হবে না। আমাদের পালাতে হবে। এখনই।'

জঙ্গলের মধ্যে একটা ফাঁকা জায়গায় বসে জনা ত্রিশ যোদ্ধা মুখে খাবার পুরে চিবোচ্ছিল। মনে হচ্ছিল তাদের ভীষণ তাড়া আছে। তাদের সবার সাজ পোশাক একরকম: বাদামি কালো এক জোব্বা তাদের সবার গায়ে, যা কোমরের কাছে মোটা দড়ি দিয়ে বাঁধা। জোব্বা লুকোতে পারছে না যে তাদের প্রত্যেকের কোমরেই ঝুলছে তলোয়ার। তাদের প্রত্যেকের গায়ের রংই অসম্ভব রকম ফরসা, যেটা ভারতের উষ্ণ সমতলে দেখার কথা নয়। তাদের বাঁকানো নাক, সুন্দর ছাঁটা দাড়ি, চওড়া কপাল সাদা চৌকো টুপির বাইরে বেরিয়ে থাকা লম্বা বিনুনি এবং ঝোলা গোঁফ দেখেই বোঝা যাচ্ছিল এরা কারা: এরা পারিহা-র মানুষ।

ভারতের পশ্চিম সীমান্তের ওপারে পারিহা এক লোকশ্রুত দেশ। সেই দেশই পূর্ব মহাদেব ভগবান রুদ্রের দেশ।

এই ছোটো দলটার নেতা যে অবশ্যই একজন নাগ তা বোঝা যাচ্ছিল। তার চেহারা বৈশিষ্ট্য পূর্ণ। পারিহানদের মতো তার গায়ের রংও ফরসা কিন্তু অন্য আর সব ক্ষেত্রে সে অন্যদের চেয়ে আলাদা। দলটার অন্যদের থেকে সে

একটু তফাতে বসে ছিল। তার সাজপোশাক অন্যদের মতো নয়। সে ভারতীয় পোশাক ধুতি ও অঙ্গবস্ত্রে ছিল সজ্জিত—দুটোরই রং গেরুয়া। তার মেরুদণ্ডের নীচ থেকে একটা অংশ বাইরের দিকে বেরিয়ে ছিল, অনেকটা লেজের মতো। যেন সেটার নিজের একটা আলাদা মন আছে — সেটা সারাক্ষণই এপাশ ওপাশ করে দুলছিল। একই সঙ্গে তার শরীরে ভীতিপ্রদ ও দেবসুলভ ভাব। সে বোধহয় তার কোনো অসহায় প্রতিপক্ষের কোমর কেবল হাতের চাপেই ভেঙে ফেলতে পারে। অন্য নাগদের মতো সে তার মুখ ঢাকতে মুখোশ বা মাথা ঢাকা আলখাল্লা ব্যবহার করে না।

'আমাদের খুব তাড়াতাড়ি পথ চলতে হবে!' নেতাটি বলল।

তার থ্যাবড়া নাকটা প্রায় মুখের সঙ্গে বসে আছে। দাড়ি ও লোমে তার মুখটা প্রায় ঢাকা যদিও চোখ মুখগহ্বর ও নাক পরিষ্কার। অদ্ভুতভাবে তার মুখগহ্বরের ওপরে নীচে রেশমের মতো মসৃণ ও রোমহীন। তার মুখের এই অংশটা ফোলা ও হালকা গোলাপি রঙের। ঠোঁটদুটো তার অত্যন্ত পাতলা, চোখে না পড়া বক্ররেখার মতো। তার রোমশ, অনেকটা বাঁকানো ভ্রূযুগল তার আকষর্ণীয় চোখদুটির ওপর — যে চোখ থেকে বিচ্ছুরিত হচ্ছে বুদ্ধিদীপ্তি ও চিন্তাশীল স্নিগ্ধভাব। তার ঘন ভ্রূ তার মুখাবয়বে দিয়েছে জ্ঞানী মানুষের ঔজ্জ্বল্য। তাকে দেখে মনে হয় যেন ভগবান মানুষের মাথায় বসিয়ে দিয়েছে এক বানরের মুখ।

'হ্যাঁ, প্রভু,' এক পারিহান বলল। 'আপনি যদি আর কয়েক মিনিট সময় দেন... লোকগুলো একটানা জঙ্গল ভেঙে চলেছে, একটু বিশ্রাম...'

'বিশ্রাম নেবার মতো সময় নেই,' গর্জন করে উঠল নেতাটি। 'আমি গুরু বশিষ্ঠকে কথা দিয়েছি। আমরা তাদের কাছে পৌঁছোনোর আগে রাবণকে কোনোভাবেই তাদের কাছে আসতে দেওয়া যাবে না! প্রথমে ওদের খুঁজে বের করতে হবে। তোমার লোকেদের তাড়াতাড়ি করতে বলো।'

পারিহানরা দ্রুত সে আদেশ পালনে প্রবৃত্ত হল। অন্য এক পারিহান, যে সবে খাওয়া শেষ করেছে, সে নাগের কাছে উঠে এল, 'প্রভু, এদের জানা দরকার আমাদের উদ্দিষ্ট প্রধান মানুষটি কে?'

নেতা এক মুহূর্তও সময় নষ্ট না করে বলল 'দুজনই। তারা দুজনেই গুরুত্বপূর্ণ। রাজকুমারী সীতা মলয়পুত্রদের কাছে গুরুত্বপূর্ণ, আর রাজকুমার রাম আমাদের কাছে।'

'ঠিক আছে প্রভু হনুমান।'

গত ত্রিশদিন ধরে তারা পালিয়ে বেড়াচ্ছে। দণ্ডকারণ্যের ভিতর দিয়ে পূর্বদিকে দ্রুত এগিয়ে গোদাবরীর সমান্তরালে তারা অনেকটা পথ পেরিয়ে গেছে; যাতে তাদের সহজে চিহ্নিত করা বা খুঁজে পাওয়া না যায়। কিন্তু তারা গোদাবরীর শাখানদী বা অন্য জলাশয় থেকে খুব দূরে সরে যেতেও পারে না, কারণ তাহলে তারা শিকার করার সহজ সুযোগ থেকে বঞ্চিত হবে।

এইমাত্র একটা হরিণ শিকার করে ঘন জঙ্গল ভেদ করে রাম ও লক্ষ্মণ তাদের অস্থায়ী শিবিরের দিকে ফিরছিল। রাম ও লক্ষ্মণের কাঁধ থেকে একটা বড়ো বাঁক থেকে হরিণের দেহটা ঝুলছিল।

লক্ষ্মণ রামের সঙ্গে তর্ক করছিল, 'কিন্তু তুমি এটা আজগুবি বলে ভাবছ কেন যে ভরতদাদা...'

'শস্‌স্‌স্', লক্ষ্মণকে হাত তুলে কথা থামাতে বলল রাম। 'শোনো।'

লক্ষ্মণ কান খাড়া করল। তার মেরুদণ্ড দিয়ে একটা শীতল স্রোত বয়ে গেল। রাম লক্ষ্মণের দিকে তাকালো, তার গোটা মুখে আতঙ্ক ঘনিয়ে এসেছে। তারা দুজনেই শব্দটা শুনেছে। এক প্রবল আর্তনাদ! এ কণ্ঠস্বর সীতার। এতটা দূর থেকেও উন্মত্ত লড়াই-এর শব্দ ভেসে আসছিল। ক্ষীণভাবে তা শোনা গেলেও সে কণ্ঠস্বর সীতারই। সে রামকে ডাকছিল সাহায্যের জন্য।

রাম ও লক্ষ্মণ হরিণটাকে মাটিতে ফেলে ঝোপঝাড় ভেঙে ঊর্ধ্বশ্বাসে সামনে দৌড়োতে লাগল তাদের অস্থায়ী শিবিরে লক্ষ্য করে।

উত্তেজিত পাখিদের কলরব পেরিয়ে সীতার গলা শোনা যাচ্ছিল

'... রা-আ-আ-ম!'

অনেকটা কাছাকাছি এসে পড়ায় তারা অস্ত্রের ঝনঝনানি, ধাতুর সঙ্গে ধাতুর ঠোকাঠুকির উপর্যুপরি শব্দ শুনতে পাচ্ছিল। প্রাণপণে দৌড়োতে দৌড়োতে রামও চিৎকার করল, 'সীইইতাআ!'

লক্ষ্মণ তলোয়ার বের করে ফেলেছে। যুদ্ধের জন্য সে প্রস্তুত।

'... রাআআম!'

ঘন ঝোপঝাড় লতাপাতা ভেদ করে দৌড়োতে দৌড়োতে রাম চিৎকার করল, 'ওকে ছেড়ে দাও!'

'...রাআআম!'

রাম তার ধনুকটা শক্ত করে ধরল। তারা শিবির থেকে আর বেশি দূরে নয়। 'সীইইইতা!'

'...রাআ...'

সীতার কণ্ঠস্বর মাঝপথেই স্তব্ধ হয়ে গেল। সবচেয়ে শোচনীয় ব্যাপারটা মাথায় আনতে না চেয়ে দৌড়তে লাগল রাম। তার হৃদপিণ্ড লাফাতে লাগল, মন হয়ে উঠল দুশ্চিতায় ছায়াচ্ছন্ন।

তারা ঘূর্ণমান পাখার হোয়াম্ হোয়াম্ শব্দ শুনতে পেল। এ রাবণের সেই প্রসিদ্ধ পুষ্পক রথ, তার উড়ন্ত যান।

শক্ত মুঠিতে ধনুক ধরে দৌড়োনো অবস্থায় সমস্ত শক্তি দিয়ে চিৎকার করল রাম। 'নাআআআ!' চোখের জলে তার মুখ ভেসে যাচ্ছিল।

দু-ভাই জঙ্গল পেরিয়ে তাদের অস্থায়ী শিবিরের সামনের ফাঁকা জায়গাটায় এসে দাঁড়াল। শিবির সম্পূর্ণ ধ্বংস হয়ে গেছে। চারিদিকে ছড়িয়ে আছে রক্ত।

'সীইইইতা!'

রাম ওপরের দিকে তাকিয়ে দ্রুত উড়তে থাকা পুষ্পক বিমান লক্ষ্য করে একটি বাণ ছুড়ল। এটা অসহায় ক্রোধের বহিঃপ্রকাশ, কারণ, বিমান তখন অনেকটা উপরে উঠে গেছে।

'সীইইইতা!'

লক্ষ্মণ পাগলের মত শিবিরের তছনছ হয়ে যাওয়া ধ্বংসাবশেষ খুঁজে

দেখছিল। চারিদিকে ছড়িয়ে মৃত সৈনিকদের দেহ। কিন্তু কোথাও সীতার চিহ্নমাত্র ছিল না।

'রাজ...কুমার...রাম...'

রাম সেই ক্ষীণ কণ্ঠস্বর চিনতে পারল। সে দ্রুত কণ্ঠস্বর লক্ষ্য করে এগিয়ে গিয়ে দেখল নাগের রক্তাক্ত, ছিন্নভিন্ন শরীর।

'জটায়ু!'

প্রচণ্ড ভাবে আহত জটায়ু কথা বলার জন্য ভীষণ চেষ্টা করতে লাগল। 'সে...'

'কী?'

'রাবণ ...তাকে...অপ...হরণ...'

রাম ক্রোধোন্মত্ত হয়ে আকাশে তাকাল। বিমান ক্রমশ আরও দূরে সরে যাচ্ছে। যে প্রচণ্ড রোষে আবার চিৎকার করল, 'সীইইইতা!'

'রাজকুমার...'

জটায়ু বুঝতে পারছিল তার আয়ু শেষ হয়ে আসছে। মনের সর্বশক্তি একত্রিত করে, সে উঠে বসে হাত বাড়িয়ে রামকে কাছে তার দিকে টেনে আনল।

শেষ কয়েকটি শ্বাস নিতে নিতে জটায়ু কাশতে কাশতে প্রায় ফিসফিস করে বলল, 'ওঁকে...ফিরিয়ে...আনুন...আমি ব্যর্থ...হয়েছি... তিনি খুব... বিশিষ্ট...নারী...মহীয়সী সীতা...তাকে উদ্ধার...করতেই... হবে... মহীয়সী সীতা... তাকে উদ্ধার... করতেই... হবে... বিষ্ণু... মহিয়সী সীতা...'

...ক্রমশ

অমীশের অন্যান্য বই

শিব ত্রয়ী উপন্যাস

শিবকে নিয়ে লেখা পরস্পর সংযুক্ত তিনটি উপন্যাস। এক সাধারণ মানুষের গল্প যার কর্ম তাকে দেবতাদের দেবতা, আমাদের মহাদেব হিসেবে পুনর্নির্মিত করেছিল।

১৯০০ খ্রিস্টাপূর্বাব্দ। বর্তমানে ভারতীয়রা ভুল করে যে সভ্যতাকে সিন্ধু সভ্যতা বলে জানে সেখানকার অধিবাসীরা সে দেশকে ডাকত মেলুহা নামে—একটি প্রায় আদর্শ সাম্রাজ্য যা বহু শতাব্দী পূর্বে প্রতিষ্ঠা করেছিলেন ভগবান রাম। সে দেশের সম্রাট দক্ষ পৃথিবীর নানা দেশে দূত পাঠিয়েছিলেন বিভিন্ন জনগোষ্ঠীর মানুষকে মেলুহাতে স্থায়ীভাবে বসবাস করার আহ্বান জানিয়ে। এইসব জনগোষ্ঠীর মধ্যে ছিল তিব্বতের গুণ-রা, যাদের প্রধান ছিলেন দুর্ধর্ষ যোদ্ধা শিব। তারা মেলুহাতে এলে এক বিস্ময়কর ঘটনা ঘটল। তিনি ছাড়া তার সঙ্গে আসা সবাই প্রবল জ্বরে পড়ল। শিবের কণ্ঠ নীলবর্ণ ধারণ করল। আরও আশ্চর্যের এই যে অত্যন্ত উন্নত মেলুহারা তার নাম দিল নীলকণ্ঠ, তাদের পৌরাণিক উপকথায় উল্লিখিত তাদের ত্রাণকর্তার নামে। সেখান থেকেই শুরু হল শিবের যাত্রা।

অকস্মাৎ নিয়তি তাকে দায়িত্ব দিলে কর্তব্যবোধ ও ভালোবাসায় চালিতে হয়ে মেলুহার প্রতিহিংসাকে নেতৃত্ব দিয়ে অশুভকে ধ্বংস করার। শিব কি পারবে অশুভ শক্তিকে ধ্বংস করতে? অশুভের সঙ্গে যুদ্ধে প্রকৃত অর্থে কী মূল্য চোকাতে হবে তাকে? এবং সে কি গ্রহণ করবে তাকে প্রদত্ত উপাধি—দেবাদিদেব?

শিবকে নিয়ে লেখা ধারাবাহিক তিনটি উপন্যাস—'মেলুহার মৃত্যুঞ্জয়ীগন', 'নাগদের গুপ্তরহস্য' এবং 'বায়ুপুত্রদের শপথ' আকর্ষিত করেছে বিশাল ও নিবেদিত পাঠককুলকে। বইগুলির কুড়ি লক্ষের উপর কপি ইতিমধ্যেই পাঠকদের কাছে পৌঁছে গেছে।

অমীশের বইগুলি সম্পর্কে বিশদ জানতে দেখুন www.authoramish.com
বিশেষ ছাড়ের জন্য খোঁজ নিন authoramish.com/promotions

লেখকের অন্যান্য বই

শিব ত্রয়ী

ভারতীয় প্রকাশনীর ইতিহাসে সর্বাধিক বিক্রীত ধারাবাহিক:

মেলুহার মৃত্যুঞ্জয়ীগণ
(কাহিনি-১)

১৯০০ খ্রিঃ পূঃ যে সময়ের সভ্যতাকে আধুনিক ভারতীয়রা ভুল করে সিন্ধু সভ্যতা বলে। সেই সময়ের অধিবাসীরা যাকে বলত মেলুহা—প্রায় নিখুঁত এক সাম্রাজ্য যা বহু শতাব্দী আগে প্রতিষ্ঠা করেছিলেন প্রভু শ্রীরাম। এই সাম্রাজ্য তাদের প্রধান সরস্বতী নদীর শুকিয়ে যাওয়ার কারণে গভীর সংকটের সম্মুখীন। তাছাড়া তারা পূর্বদিক থেকে আসা বিধ্বংসী সন্ত্রাসবাদী আক্রমণেরও মুখোমুখি। তাদের পৌরাণিক নায়ক নীলকণ্ঠ কি এই অশুভ শক্তিকে বিনাশ করতে আবির্ভূত হবেন?

নাগ রহস্য
(কাহিনি-২)

দুষ্ট নাগযোদ্ধা তাঁর বন্ধু বৃহস্পতিকে হত্যা করেছে আর এখন তাঁর পত্নী সতীকে চুপিসাড়ে অনুসরণ করছে। তিব্বতীয় অভিবাসী শিব তাঁর দানব প্রতিপক্ষকে না খুঁজে পাওয়া অব্দি বিশ্রম নেবেন না। ভবিষ্যদ্ববাণী অনুযায়ী তিনিই অশুভের বিনাশকর্তা। তাঁর প্রতিশোধস্পৃহা ও অশুভের দিকে চলার পথ তাঁকে নিয়ে যাবে সর্পমানব নাগদের দরজায়। ভয়ংকর যুদ্ধ বেধে যাবে। বিস্ময়কর জোট স্থাপন হবে। রাষ্ট্রীয় বেস্টসেলার *মেলুহার মৃত্যুঞ্জয়ীগণ*-এর পরবর্তী অংশে—শিব-ত্রয়ী কাহিনির দ্বিতীয় বইতে অবিশ্বাস্য সব রহস্যের উন্মোচন হবে।

বায়ুপুত্রদের শপথ
(কাহিনি-৩)

নাগ রাজধানীর পঞ্চবটীতে পৌঁছলেন শিব। নীলকণ্ঠ তাঁর প্রকৃত শত্রুর বিরুদ্ধে ধর্মযুদ্ধের প্রস্তুতি শুরু করলেন। কোনোভাবেই নীলকণ্ঠের হারা চলবে না—তা সে মূল্য যাই হোক না কেন। মরিয়া হয়ে শিব বায়ুপুত্রদের দোরগোড়ায় এসে পৌঁছলেন। তিনি কি সফল হবেন? অশুভশক্তির সঙ্গে সংগ্রামের কি প্রকৃত মূল্য বহন করতে হবে? সর্বাধিক বিক্রীত শিব-ত্রীয় কাহিনির অন্তিম ভাগে খুঁজে পান এইসব রহস্যের উত্তর।

রামচন্দ্র ধারাবাহিক

ভারতীয় প্রকাশনীর ইতিহাসে দ্বিতীয় সর্বাধিক বিক্রীত ধারাবাহিক:

সীতা—মিথিলার যোদ্ধা
(রামচন্দ্র ধারাবাহিক-২)

এক মাঠে এক পরিত্যক্ত শিশুকে পাওয়া গেল। সবার উপেক্ষিত এক ক্ষমতাহীন রাজ্য মিথিলার অধিপতি তাকে আপন করে নিল। কেউ ভাবেনি এই শিশু ভবিষ্যতে বিশেষ কিছু করবে। কিন্তু তারা ভুল করেছিল। কারণ এ কোনো সাধারণ শিশু নয় এ ছিল সীতা। রামচন্দ্র ধারাবাহিকের দ্বিতীয় গ্রন্থ, যা আপনাকে অতীতে নিয়ে যাবে, প্রারম্ভেরও আগে।

রাবণ-আর্য্যাবর্তের অরিশ্রেষ্ঠ
(রামচন্দ্র ধারাবাহিক-৩)

রাবণ মানবসমাজের মধ্যে একজন দৈত্য হিসাবে প্রতিষ্ঠিত হতে, জয় লাভ ও লুন্ঠন করতে এবং মাহাত্ম্য অর্জন করতে দৃঢ়প্রতিজ্ঞ এবং তিনি এটি তাঁর অধিকার বলে মনে করেন। তাঁর চরিত্র বিপরীতমুখী, একদিকে তিনি নৃশংস ও হিংস্র এবং অন্যদিকে প্রভূত জ্ঞানের অধিকারী। তিনি এমন একজন মানুষ যিনি নিঃশর্তে ভালবাসতেও পারেন আবার অনুশোচনাহীন ভাবে হত্যাও করতে পারেন। রামচন্দ্র সিরিজের তৃতীয় বইয়ে অমীশ লঙ্কার রাজা রাবণ চরিত্রের উপর আলোকপাত করেছেন। তিনি কি ইতিহাসের সবচেয়ে বড় খলনায়ক নাকি চিরকালই একজন অন্ধকারের বাসিন্দা?

অ কল্পকাহিনি

মৃত্যুঞ্জয়ী ভারত: নবীন দেশ, নিরন্তর সভ্যতা

অমীশ একগুচ্ছ ক্ষুরধার প্রবন্ধ, সূক্ষ্মাতিসূক্ষ্ম বক্তৃতা এবং বুদ্ধিদীপ্ত বিতর্কের মাধ্যমে আপনাকে নতুনভাবে ভারতকে বুঝতে সাহায্য করবেন। ধর্ম, পুরাণ, ঐতিহ্য, ইতিহাস, সমসাময়িক সামাজিক নিয়ম, শাসন এবং নীতিশাস্ত্র প্রভৃতি বিষয়ে তাঁর গভীর অনুভবের ভিত্তিতে, *মৃত্যুঞ্জয়ী ভারত: নবীন দেশ, নিরন্তর সভ্যতা*-য় অমীশ আকর্ষক আধুনিক দৃষ্টিভঙ্গির দ্বারা বিন্যস্ত করেছেন সেই সুপ্রাচীন বিশাল সংস্কৃতির মহান চালচিত্রকে।